TRAITÉ
HISTORIQUE ET PRATIQUE
DES
DROITS SEIGNEURIAUX.

On s'est sur-tout appliqué, dans cet Ouvrage, à découvrir, dans l'Histoire féodale de France, l'origine de tous les Droits seigneuriaux; tant de ceux qui dérivent de la constitution des Fiefs & de la Haute Justice, que de ceux qui doivent leur établissement à la concession des héritages, à la servitude, & aux affranchissements.

On a encore recueilli, avec le plus de précision qu'il a été possible, dans les Auteurs feudistes, anciens & modernes, tous les principes nécessaires pour faire connoître la vraie nature de chaque droit, pour en régler la perception, & pour résoudre les principales difficultés qui peuvent se présenter sur la matière.

Hic est fructus legendi, æmulari ea quæ in aliis probes, & quæ maximè inter aliorum dicta mireris, in aliquem usum tuum opportunâ derivatione convertere. Macrob. Saturnal. lib. 6°. chap. 1°.

Par Me J. RENAULDON, *Avocat au Bailliage Royal d'Issoudun.*

A PARIS,

Chez DESPILLY, Libraire, rue Saint Jacques, vis-à-vis la Vieille Poste, à la Croix d'or.

M. DCC. LXV.

PRÉFACE.

J'ENTENDS dire, tous les jours, que les droits seigneuriaux sont odieux ; & moi je dis que ce langage est celui du préjugé, de l'ignorance ; j'ajoute même, pour quelques-uns, de l'ingratitude.

Quiconque paie un droit seigneurial, croit que c'est une charge qu'on lui a imposée à plaisir, & gratuitement : cependant, s'il remonte à l'origine des choses, il verra que ce droit seigneurial, qui lui paroît si odieux, n'est qu'une légère marque d'une très-grande libéralité. Aujourd'hui on ne sent que le poids de la charge, & on a oublié le bienfait. Eh! depuis trois ou quatre cent ans, ou plus, qu'il a été conféré, comment ne l'auroit-on pas oublié? Si demain, à coup sûr, vous voulez rencontrer des ingrats ; à l'heure que je vous parle, vous n'avez qu'à répandre des bienfaits à pleines mains, ou rendre les plus importants services. Ce Jardinier qui, au printemps, prépare, avec tant de soin, les fleurs de son parterre aux guêpes & aux frélons ; ne recevra bientôt, pour toute récompense, qu'une morsure de ces vils insectes, regorgés du suc de ces mêmes fleurs.

Je ne prétends pas cependant justifier ici tous les droits seigneuriaux : je sçais qu'il y en a d'usurpés, qu'il y en a de durs ; je sçais que quelques Seigneurs les ont exercés avec tyrannie : mais que prouvent ces cas particuliers? En général, les Seigneurs François ont toujours été magnanimes & bienfaisants. Peut-on imaginer un spectacle qui fasse plus d'honneur à leur générosité, que de se représenter ces anciens Seigneurs Francs, auteurs du gouvernement féodal, de retour & paisibles dans leurs terres, après en avoir fait la conquête? Le vainqueur ne se contente pas d'étaler aux yeux de ses capitaines, de ses soldats, & même de ses captifs, une vaine magnificence; il partage avec eux toute sa conquête : aux capitaines, il donne des fiefs; aux soldats, des terres à un modique cens, ou à emphitéose : les captifs ont aussi part aux bienfaits. Dès que ce Seigneur a mis bas les armes; dès qu'il ne respire plus la fureur des combats, l'humanité de ce généreux Franc souffriroit de voir son prisonnier dans les fers; ils tombent à sa voix du vainqueur : il ne lui donne point d'autre prison que toute l'étendue de sa Seigneurie; il lui permet de s'y établir, d'en cultiver, d'en défricher les terres à sa volonté, moyennant une légère portion de fruits : quelques jours de travail pendant l'année, pour le service du Seigneur, voilà les principales marques de la dépendance d'un captif, qui, par-tout ailleurs chargé de chaînes, auroit gémi toute sa vie au fond d'un cachot. Ainsi, après sa conquête, un guerrier, un Seigneur Franc, d'une grande Seigneurie, qui embrassoit quelquefois toute une Province, ne s'en réservoit en propriété que son château, & quelques dépendances; tout le reste étoit distribué en bienfaits. Or je demande, dans cette première origine des droits seigneuriaux, même de ceux qu'ont produit les servitudes, ce qu'on y peut trouver d'odieux ? On ne peut pas dire que les Seigneurs d'aujourd'hui aient dégénéré de l'ancienne magnanimité de leurs ancêtres. Qu'on parcoure, dans les Provinces, les terres habitées par les Seigneurs, entre cent, on en trouvera peut-être une ou deux, où ils tyrannisent leurs sujets ; tous les autres y partagent patiemment la misère de leurs justiciables : ils vivent avec elle ; ils attendent les débiteurs, leur font des remises, leur procurent toutes facilités pour payer : ils adoucissent, ils tempèrent les poursuites, quelquefois trop rigoureuses, des fermiers, des régisseurs, des gens d'affaire. Pour peu qu'on puisse approcher du Seigneur, lui parler, lui exposer son indigence, on est aussitôt soulagé. En général, telle est la conduite que, dans le gouvernement de leurs terres, tiennent nos Seigneurs François : il est même facile de distinguer ceux dont les anciennes familles ont fait, pour ainsi dire, souche dans la Monarchie, & qui ont également hérité des noms, des seigneuries & des vertus de leurs illustres ayeux.

Ce qui a encore beaucoup contribué à décréditer les droits seigneuriaux, c'est la manière dont en ont traité la plûpart de nos Auteurs : ils n'ont vu que le poids & la charge du droit seigneurial ; les causes premières, cachées dans l'histoire & dans les principes du gouvernement féodal, leur ont échappé. De-là est venu que presque tous ces Auteurs, parlant d'un droit seigneurial, sans examiner les motifs de son établissement, ont pensé que c'étoit une usurpation : ils ont confondu ce qui étoit en effet usurpé, avec ce qui étoit très-légitimement dû, & enveloppé le tout ſous la même qualification de droits odieux.

On ne peut pas refuſer, à quantité d'Auteurs feudiſtes, la qualité de profonds Juriſconſultes & d'habiles Praticiens; mais on ne peut pas nier que la plûpart étoient peu inſtruits de l'hiſtoire & des vrais principes du gouvernement féodal. Le célèbre Loyſeau, par exemple, pour ne s'être pas donné la peine de remonter à l'origine des choſes, a tenu, ſur les Juſtices ſeigneuriales (a), le même langage que beaucoup d'autres; il a penſé qu'elles étoient toutes uſurpées. M. le Préſident de Monteſquieu, qui l'a, malheureuſement pour l'Auteur, obſervé, & qui a prouvé le contraire, a dit que (b) Loyſeau raiſonnoit comme un Bailli de Village.

Quand nos anciens ont voulu chercher l'origine des Fiefs, il eſt inconcevable combien de ſyſtèmes, peu vraiſemblables, ils ont imaginés. L'Avocat Vaillant, dans ſa *Source des Fiefs*, imprimée à Paris en 1604, a prétendu que les Fiefs étoient auſſi anciens que le monde, & que Dieu avoit donné aux enfants d'Iſraël la Judée en Fief. D'autres ont cru appercevoir l'origine de nos Fiefs parmi les clientelles & les colons des Romains : d'autres l'ont cherchée dans les déſerts de la grande Tartarie, chez les Schythes ou chez les Turcs; & aucun d'eux n'a penſé à ouvrir le petit livre des mœurs des Germains, où on trouve la vraie ſource de notre gouvernement féodal.

On ne lit point ſans étonnement, dans Ferrière (c), qu'il y avoit des Maires du Palais ſous la ſeconde race,

(a) Traité des [Just]ices de Village.

(b) Esprit des [Loi]x, t. 3, liv. 30, [ch.] 20.

(c) Dictionnaire [de] Droit, *verbo*, [Mai]re du Palais.

& que leur puissance ne tomba qu'au commencement de la troisième : cependant tout le monde sçait que Pepin, premier Roi de la seconde race, fut le dernier Maire du Palais ; après lui, M. le Président Haynault n'en trouve plus. D'ailleurs qui ne sçait que Pepin étoit un Prince trop habile politique pour souffrir, auprès de son Thrône, un Officier qui auroit pu le renverser, comme lui, Maire du Palais, avoit renversé celui de ses maîtres. Mais rien n'égale l'impéritie de Bruneau, qui, dans son traité *des Criées* (*a*), nous dit sérieusement que Charlemagne institua les douze Pairs de France, en l'honneur des douze Patriarches, ou des douze Prophètes. Après cette rare découverte, que deviendra le sçavant traité de la Pairie, du Comte de Boulainvilliers ?

(*a*) Part. 1, ch. 4, page 72, éd. de 1704.

On peut encore remarquer, dans les Auteurs feudistes, un autre défaut ; c'est la longueur, & quelquefois la confusion, l'obscurité qui règne dans leurs ouvrages. Cependant on ne manque jamais d'annoncer qu'on écrit pour l'instruction des Seigneurs, de leurs Officiers, de leurs Fermiers, de leurs Régisseurs ; mais on ne s'apperçoit pas que, de la façon dont l'ouvrage est fait, il devient également inutile aux uns & aux autres. Les Seigneurs n'aiment point les longues lectures, & ils laissent bientôt là un discoureur qui ne finit point : d'ailleurs on ne présente jamais les objets d'une manière assez simple & assez méthodique pour fixer les idées de personnes telles que sont, dans les campagnes, les Officiers des Seigneurs, leurs Fermiers, leurs Régisseurs, gens ordinairement peu faits au langage sçavant qu'on emploie pour leur parler. Enfin, le nombre & l'énormité des volumes effraie les acquéreurs : quantité d'eux voudroient sans doute être instruits ; mais souvent les moyens leur manquent pour se procurer l'instruction.

Après avoir ainsi censuré la conduite des autres, je me vois insensiblement réduit à rendre compte de la mienne ; &, après le ton que je viens de prendre, je ne m'attends pas (je l'avoue) à beaucoup d'indulgence. Eh ! quoi, me dira-t-on de tous côtés, êtes-vous plus clair & moins diffus que ceux dont vous venez de parler ? Etes-vous plus instruit qu'eux de l'histoire féodale ? Vous y êtes-vous livré à moins d'erreurs ? A toutes ces interrogations, je n'ai d'autre réponse à faire que celle qu'on trouve dans toutes les préfaces, qui est que *l'Auteur se soumet au jugement du Public.*

Dans l'ouvrage que j'ai l'honneur de lui présenter, on a tâché d'éviter tous les écueils qu'on vient d'observer.

1°. On s'est appliqué à rechercher & à découvrir, dans notre histoire de France & dans l'histoire féodale, les causes premières de l'établissement des droits seigneuriaux en général ; ensuite, dans les détails économiques du gouvernement féodal, dans les différentes révolutions qu'il a essuyées, on trouve l'origine de chaque droit en particulier.

2°. Quelque abstraite que soit cette matière dans les dissertations historiques, ainsi que dans les questions de pratique, on s'est servi, autant qu'il a été possible, du style, de la méthode qu'on a cru la plus simple,

ſimple, la plus claire, & par conſéquent la plus à la portée des perſonnes, pour qui cet ouvrage eſt fait.

3°. On a réduit le tout à un ſeul volume, afin que l'inſtruction ſoit moins longue, & que les perſonnes de la campagne, qui en ont le plus beſoin, ſoient en état de ſe la procurer aiſément.

On ſent tout d'un coup que, pour ſe fixer à un ſeul volume, il a fallu écarter les copies entières d'Arrêts, de Réglements, de Déclarations, d'Edits & d'Ordonnances, les diſſertations trop étendues, & quelquefois hors d'œuvre; enfin tous ces détails qui ont conduit les ouvrages de quelques Auteurs feudiſtes juſqu'à des volumes ſans nombre. On n'a pris que la ſubſtance de tout; on s'eſt borné au précis des Ordonnances, aux principes & aux maximes qu'on a trouvées le mieux établis, aux déciſions des Arrêts, à la raiſon de décider, quand on a pu en être inſtruit, aux diſpoſitions des Coutumes; & l'on a abrégé, autant qu'on a pu, les citations des Auteurs. Ainſi les ouvrages de nos célèbres Feudiſtes ſeront pour ceux qui aiment le luxe juſques dans l'érudition : je me contente d'être relégué dans les campagnes, toujours trop heureuſes quand elles ont le néceſſaire.

On ne doit pas être ſurpris ſi, dans la diſtribution des matières, nous n'avons pas ſuivi l'ordre qu'ont tenu ceux qui nous ont précédés : la plûpart ſe ſont livrés à leur travail ſuivant leur goût; c'eſt un beau déſordre : mais, dans un volume qui ne contient que des principes sur une prodigieuse quantité d'objets différents, on a cru qu'il falloit user de méthode & d'analyse. On a donc eu recours aux divisions qui naissent naturellement de la chose, & qui se présentent d'elles-mêmes dans l'histoire. Pour fixer les idées, on a divisé les droits seigneuriaux en cinq classes : 1°. ceux qui dérivent de la haute Justice ; 2°. ceux qui naissent de la constitution des Fiefs ; 3°. ceux qui viennent de la concession des héritages ; 4°. ceux qu'a produits la servitude ; 5°. enfin, ceux qui procèdent des affranchissements.

En parcourant ces cinq classes, on développe tout le système historique de l'établissement des droits seigneuriaux ; on les passe tous en revue, dans leur ordre naturel : on entend ceux dont traitent nos Coutumes ; à l'égard de ceux dont parlent les titres particuliers des Seigneurs, il seroit impossible de les rassembler. Il ne seroit pas plus aisé de donner le vrai motif de leur établissement, qui souvent ne prend son origine que dans le caprice & dans la fantaisie du Seigneur qui a imaginé le droit, & qui l'a imposé. On a cependant indiqué, dans un chapitre séparé, quelques-uns de ces droits singuliers, pris, pour la majeure partie, dans l'*Indice des droits royaux & seigneuriaux*, de Rageau.

On a distribué, dans chacune des classes dont nous venons de parler, les matières que nous ont fournies les Auteurs feudistes, anciens & modernes. En les abrégeant, on s'est appliqué à suivre leurs idées & leurs principes, hors en quelques endroits, où l'on croît qu'ils se sont trompés : on a même donné littéralement ce qu'ont écrit ces Auteurs, lorsque cela a pu se faire, sans déranger le plan qu'on s'est proposé. Quand les choses sont bien dites; quand elles le sont avec netteté & précision, je ne me pique pas de les dire mieux que les autres : &, afin qu'on ne me fasse point là-dessus de tracasseries, j'avoue franchement que ce Traité n'est point un ouvrage absolument nouveau; c'est, en partie, un abrégé méthodique de ce qu'on trouve dans une infinité de volumes sur les droits seigneuriaux; c'est une collection de ce qu'on a trouvé de mieux établi, sur la même matière, dans nos meilleurs Auteurs, dans Dumoulin, Loyseau, Bacquet, Salvaing, la Rocheflavin, Gérault, Brodeau, Duplessis, Argou, Ferrière, & quantité d'autres. L'Auteur de ce Traité n'a pour lui que le plan, l'ordre & la distribution des matières. L'unique but, qu'on s'est proposé, est de rassembler sous un seul point de vue les principes qui regardent l'origine, l'usage & la perception des droits seigneuriaux; de réunir par-tout le point historique au droit féodal pratique; de bien faire connoître la vraie nature de chaque droit, & d'en faciliter la connoissance à ceux qui ont intérêt de cultiver ce genre d'étude, qui devroit être la principale occupation des Seigneurs, de leurs Officiers de Justice, de leurs Fermiers, de leurs Régisseurs.

MM. les Présidents Haynault & de Montesquieu, M. le Comte de Boulainvilliers, sont les garants de ce qu'on a avancé dans les dissertations historiques :

les travaux de ces grands hommes nous ont frayé des routes, qui nous ont paru ſures, même au milieu des ténébres dont eſt enveloppée l'hiſtoire de la première & de la ſeconde race de nos Rois; hiſtoire où il faut abſolument remonter, pour trouver la première origine des droits ſeigneuriaux.

TABLE

DES LIVRES ET CHAPITRES

contenus dans la premiere Partie de cet Ouvrage.

LIVRE PREMIER.

LIVRE SECOND.

LIVRE TROISIÉME.

LIVRE QUATRIÉME.

LIVRE CINQUIÉME.

LIVRE SIXIÉME.

LIVRE SEPTIÉME.

TRAITÉ DES BAUX DES SEIGNEURIES, ET DES VENTILATIONS.

Fin de la Table des Livres & Chapitres contenus dans cet Ouvrage.

PRINCIPES

PRINCIPES
SUR
L'ORIGINE, L'USAGE, ET LA PRATIQUE
DES
DROITS SEIGNEURIAUX.

LIVRE PREMIER.

CHAPITRE PREMIER.

De l'origine des Droits seigneuriaux, de celle des Fiefs, & de leur état actuel.

POUR trouver l'origine des Droits seigneuriaux, tels que nous les connoissons aujourd'hui, il ne faut pas remonter jusqu'à l'établissement des Fiefs en France. Il est vrai que les Fiefs ont occasionné ces Droits; mais ils n'ont pas pris naissance avec les Fiefs.

Si l'on veut trouver quelques lumières dans la matière dont nous entreprenons de parler, il faut distinguer dans les Fiefs deux époques; celle où ils étoient amovibles, & celle où ils devinrent héréditaires.

La première époque nous présente la conquête d'une partie des Gaules par les Francs sur les Romains ; des partages de terres avec les Nations vaincues ; le Domaine de nos premiers Rois établi sur leurs conquêtes ; différentes portions du Domaine données par nos Rois à leurs premiers Capitaines, ces derniers ne possédant les portions de la conquête qu'à vie, comme un simple bénéfice, à la charge unique du service militaire, & de quelques devoirs respectueux envers le Bienfaiteur. Si on trouve quelques-uns de ces dons faits à perpétuité & à titre héréditaire, ce sont des exceptions à la regle générale, mais en très-petit nombre. Voilà tout ce que nous apprend, à peu près, l'histoire de la premiere Race de nos Rois sur la matière des Fiefs.

On comprend aisément, dit M. le Président de Montesquieu, que lorsque les Fiefs étoient amovibles & détentés par des possesseurs qui n'en étoient que les usufruitiers, il n'étoit point question de foi & hommage, d'aveu & dénombrement ; on ignoroit ce que c'étoit que le rachat, le quint & requint, le retrait féodal, & tous autres droits & devoirs de cette espèce. Ce n'est donc pas dans cette première époque qu'on trouve l'établissement de tous ces Droits ; il faut aller plus loin.

Le commencement de l'histoire de la seconde Race de nos Rois nous présente d'abord les événemens les plus brillants. Pepin le Bref rétablit tous les désordres, & réforma tous les abus que la foiblesse des derniers Rois de la premiere Race avoient occasionnés. L'immense pouvoir des Maires du Palais fut anéanti : Pépin ramena à l'obéissance tous ceux qui osèrent s'en écarter ; il laissa la Couronne florissante, son Royaume augmenté, tranquille & soumis. Charlemagne son fils, & son successeur, fut un vrai Héros : tout ce qu'il attaqua, il le vainquit par la valeur de ses armes ; tout ce qu'il vainquit, il le conserva par la sagesse de ses Loix, & fut le Fondateur du plus vaste & du plus puissant Empire qu'on ait jamais vu en Europe, depuis les Romains. Ses successeurs furent peu dignes de lui. Louis le Débonnaire, Charles le Chauve, Louis le Bègue, Charles le Gros, Charles le Simple, Louis le Fainéant, ce Roi dont les chroniques nous ont conservé l'histoire dans ce peu de mots, *juvenis qui nihil fecit*, furent des Princes foibles, mauvais guerriers, plus mauvais politiques, par conséquent malheureux, peu respectés, & même méprisés : les rênes de l'Empire flottèrent long-temps incertaines entre leurs mains ; elles leur échappèrent enfin. Ce fut pendant les troubles & les guerres civiles qui désolèrent les règnes de ces Princes, que le systême féodal éprouva une révolution qui pensa entraîner la ruine de la Monarchie. Les possesseurs des Fiefs, les Ducs, les Comtes, chacun se cantonna dans son Fief, dans son Gouvernement ; les uns extorquèrent de la foiblesse des Rois la propriété de leurs Fiefs ; les autres l'usurpèrent. De cette façon nos Rois, que tout le monde devoit secourir, dont tout le monde devoit défendre la Couronne, furent les seuls abandonnés & les seuls dépouillés. Pour rappeller & pour s'attacher des Vassaux qui refusoient le service, Charles le Chauve crut beaucoup faire que d'établir la succession des Fiefs, & des grands Offices au premier dégré. Cette Loi reçut bientôt des extensions également rapides & funestes à la Famille regnante : en moins d'un siécle on voit la Maison de Charles le Chauve perdre sa Couronne ; cette Couronne devenir elle-même un Fief, qu'on fut forcé de donner au plus puissant Vassal : enfin au commencement de la troisiéme Race l'ouvrage se trouve consommé ; la perpétuité & l'hérédité des Fiefs & des Offices est établie, & par-tout il n'en est plus parlé que comme de biens patrimoniaux, qu'on pouvoit désormais vendre, échanger, aliéner & transporter.

M. le Président de Montesquieu, qui, dans son excellent ouvrage de l'Esprit des Loix, nous a développé les causes & les ressorts de ces grands événemens, nous montre aussi quelles en ont été les conséquences ; & c'est ici que nous devons fixer l'origine des Droits seigneuriaux, soit de ceux qui ne subsistent plus, soit de ceux que nous connoissons encore.

La propriété des Fiefs ou des Offices, usurpée ou extorquée à la foiblesse de l'autorité royale, la réduisoit presque à rien ; chacun s'en attribua une plus grande ou moindre portion, à mesure du pouvoir que lui donnoient ses possessions, ou du crédit qu'il avoit sçu acquérir dans son Gouvernement. Bientôt l'indépendance régna par-tout ; les possesseurs des Fiefs, les Ducs & les Comtes devinrent comme des Rois dans leurs terres

& dans les Provinces dont on leur avoit confié l'administration : ils s'y fortifièrent contre l'autorité royale ; ils y battirent monnoie ; ils y levèrent des troupes, se firent la guerre entre eux, & se crurent en droit de la faire au Roi. On ne lit point sans étonnement, dans l'histoire des successeurs de Hugues Capet, les travaux qu'ils essuyèrent pour dompter des Vassaux trop puissans, toujours inquiets & rebelles. On est également frappé d'indignation, quand on voit quelques-uns de ces Vassaux demander insolemment à leurs Souverains : *Qui est-ce qui vous a faits Rois ?*

La Couronne de France a lutté pendant près de six cent ans contre une multitude de petits Tyrans : mais enfin elle a triomphé de toutes les factions & de toutes les révoltes ; elle a, pour ainsi dire, reconquis toutes les branches d'autorité qu'on lui avoit extorquées, ou qu'on avoit usurpées sur elle.

Ce qu'il y a de plus surprenant, dans cet événement mémorable, c'est que ce grand ouvrage a été conduit à sa perfection par deux Prêtres ; les Cardinaux de Richelieu & Mazarin ; noms chers aux Roix & aux Peuples, mais qui devoient faire frémir tout Gentilhomme. Notre Noblesse guerriere & indocile, toujours prête à se révolter sur le moindre mécontentement, ou sur la moindre espérance, fut forcée de céder aux puissans génies de ces deux Ministres : sous ces grands Maîtres, les grands Seigneurs, comme le simple Gentilhomme, aux dépens de leurs biens confisqués, de leurs châteaux rasés, de leurs têtes abbatues sur les échaffauts, ont enfin appris le respect & l'obéissance qu'ils devoient aux Loix & au Roi. Un Sergent, il y a deux cent ans, ne regardoit qu'avec frayeur les créneaux d'un donjon ; s'il osoit y entrer, on se faisoit un divertissement cruel de l'y voir mettre en piéces : aujourd'hui le plus puissant Feudataire du Royaume n'insulteroit pas impunément un Huissier chargé de l'exécution d'un Arrêt.

Ces Droits chimériques & usurpés, qui rendoient les Seigneurs & les Feudataires également formidables aux Rois & à leurs Sujets, ne subsistent donc plus : de l'ancien gouvernement féodal, nous ne voyons plus que quelques vestiges, qui consistent dans des Droits utiles, ou honorifiques, lesquels ne donnent plus, à ceux qui en jouissent, qu'un pouvoir & une autorité ſubordonnée : encore les Feudataires ne perçoivent-ils pas aujourd'hui leurs droits ſans contradiction ; ſouvent on les leur diſpute, & quelquefois avec ſuccès. En effet, ſi parmi ces droits il en eſt de juſtes & de légitimes, il y en a encore quelques-uns dont on peut aiſément reconnoître l'uſurpation qui en a été faite ſur l'autorité royale, & qui n'ont d'autre motif de leur établiſſement, que la loi du plus fort.

Mais pour connoître, parmi ces Droits, ceux qui ſont le plus ou le moins favorables (& c'eſt préciſément notre objet) il faut examiner quelles ſont les différentes cauſes qui les ont occaſionnés, en partant de l'époque où les Fiefs devinrent héréditaires.

Le plus légitime, le plus ancien, antérieur même à l'époque dont nous venons de parler, le plus reſpectable de tous les Droits attachés aux Fiefs, eſt le Droit de Juſtice. Loyſeau, & quantité d'autres, ont dit que les Seigneurs avoient uſurpé ce Droit ſur l'autorité royale. M. le Préſident de Monteſquieu a dit & prouvé que tous ces gens-là s'étoient trompés. Cet Auteur profond établit, ſur les plus anciens monumens, que dans les premiers temps de la Monarchie, la Juſtice étoit inhérente au Fief, en faiſoit partie, qu'en donnant le Fief, on donnoit la Juſtice. D'ailleurs le même Auteur prouve que les Rois de la première Race ont donné des Bénéfices à perpétuité ; les Donataires n'uſurpèrent donc pas le Droit de Juſtice. Sous la ſeconde Race, il eſt certain que Charles le Chauve, & ſes ſucceſſeurs, donnèrent des Fiefs & des Offices à titre héréditaire : les Seigneurs qui reçurent ces bienfaits des Rois de la ſeconde Race, n'ont donc pas encore uſurpé la Juſtice.

On convient que ſur le déclin de cette famille il y eut beaucoup d'uſurpations dans les Fiefs & dans les Offices ; mais on voit que cette uſurpation n'a pas été générale : ainſi, pour décider la queſtion avec juſtice & avec équité, & conformément aux lumières que fournit l'hiſtoire, il faut dire que, ſous la première & la ſeconde Race de nos Rois, il y a eu des Juſtices patrimoniales à juſte titre, puiſqu'on y voit des Fiefs & des Offices héréditaires par la conceſſion des Rois, ſoit volontaire, ſoit arrachée aux malheurs des temps, & à la néceſſité des circonſtances. Dans le reſte, il n'y a eu d'uſurpation que chez ceux qui s'arrogèrent la propriété de leurs Fiefs & de leurs Offices : en usurpant la propriété du Fief, ils usurpèrent la propriété de la Justice, par la raison que la Justice étoit inhérente au Fief, & faisoit partie du Fief.

Ceux qui travaillent sur les idées des Cardinaux de Richelieu & de Mazarin, pensent qu'il faut réunir toutes les Justices seigneuriales à la Justice du Roi. Mon dessein n'est pas de calculer les avantages ou les inconvéniens que pourroit occasionner l'exécution de ce projet ; mais j'observe seulement que ceux qui en sont les auteurs, ont eu moins l'intention de réparer les suites d'une usurpation, que de dissoudre la nature des choses, d'anéantir les principes de la constitution, pour ramener l'exercice de toute espece d'autorité à un seul point. Si on sépare la Justice des Fiefs qui ont ce droit, ils deviendront des possessions ordinaires, sans aucun privilége de pouvoir & d'autorité : un Seigneur, dans son Fief, y différeroit peu d'un Plébéïen ; il auroit encore le désagrément d'entendre ses Vassaux donner les plus grands applaudissemens à un projet qui les auroit délivrés de la vexation des Justices de campagne. Il seroit très-important qu'on corrigeât les abus ; mais il seroit dangereux d'abolir la chose : c'est un vieil édifice qu'il faut réparer, mais qu'il ne faut pas démolir.

Après le Droit de Justice, les Droits Seigneuriaux qui méritent le plus de considération, sont ceux qui sont établis sur la nature même & la constitution des Fiefs. Parmi ces Droits, il y en a qui sont purement honorables, comme la foi & hommage, l'aveu & dénombrement : il y en a d'utiles & pécuniaires ; tels sont le rachat, le quint & requint, la saisie féodale, le retrait féodal, & autres de cette espece. M. le Président de Montesquieu a fait voir que tous ces droits sont naturellement dérivés de l'hérédité, & de la perpétuité des Fiefs.

Quantité de Droits Seigneuriaux doivent leur existence aux concessions que les Seigneurs ont faites à des Particuliers, d'héritages qu'ils ne pouvoient cultiver eux-mêmes. Ces Droits sont très-favorables ; ils sont le prix de la chose que le Seigneur a donnée, & qu'il a pu donner à telle condition qu'il a jugé à propos ; & qu'il étoit libre au Particulier, qui a contracté, d'accepter, ou de refuser. Tels sont les censives, les lods & ventes, lès parisis, le retrait censuel, ou le droit de retenue, le champart, le terrage.

Beaucoup de Seigneurs ont établi des Droits sur les affranchissemens qu'ils ont accordés à leurs Hommes serfs. Le don de la liberté est sans doute un grand bienfait ; mais, comme le retour à la liberté est en France le Droit commun, ces Droits ne sont pas si favorablement traités, que ceux dont nous venons de parler.

La considération & le respect que les Vassaux doivent à leur Seigneur, la piété & les bienfaits des Seigneurs aux Eglises, ont encore donné lieu à des Droits en leur faveur, que nous appellons Droits honorifiques. Si la vanité & d'autres motifs, que nous développerons en traitant ailleurs cette matiere, ont eu beaucoup de part à l'établissement de ces Droits, ils n'en sont pas moins légitimes, quand le titre & la possession concourent à les établir.

Les Droits Seigneuriaux les plus susceptibles de critique, sont ceux à qui on peut donner pour motif la Loi du plus fort, qu'on peut soupçonner d'usurpation sur l'autorité royale ; ceux dont les motifs ne subsistent plus, & qu'on ne laisse pas de percevoir ; tels sont le guet, la garde, la taille, les servitudes personnelles, les bians & herbans, les corvées, les péages, & autres Droits de cette espece. Pour peu que les titres, que l'on rapporte pour établir ces Droits, ne soient pas en regle, & revêtus des formalités prescrites par les Ordonnances, les Droits y énoncés sont toujours regardés ou comme usurpés, ou comme des exactions ; & dans la pratique, lorsqu'ils sont reconnus légitimes, on les restreint toujours, autant qu'on le peut, à la teneur du titre. *Odia sunt restringenda.*

Les observations précédentes font connoître que les Fiefs se sont établis en France immédiatement après la conquête des Francs ; le fait est certain. Les irruptions des Nations Germaines ont produit les mêmes établissemens en Italie & en Espagne : cela est encore certain, puisque l'établissement des Fiefs dans ces différentes parties de l'Europe, la conquête & les irruptions datent de la même époque : mais ce qu'il y a de très-incertain, est de sçavoir parmi laquelle des Nations Germaines les Fiefs ont pris naissance ; quelle est celle qui la première a inventé ce genre de possessions. Il y a là-dessus autant de systêmes, qu'il y a d'Auteurs Feudistes. Il y en a qui ont poussé leurs recherches jusqu'au fond de la Scythie : je m'étonne que personne n'ait pénétré jusques dans la Grande Tartarie ; les cases & les hordes des Tartares auroient fourni belle matière à faire des Fiefs.

De ce que nous avons ci-dessus dit, on a encore dû connoître quelle fut la nature & la situation des Fiefs sous la premiere Race de nos Rois ; que les révolutions qu'ils essuyèrent sur la fin de la seconde Race, les rendirent perpétuels & héréditaires au commencement de la troisiéme. Ils sont encore aujourd'hui dans la même situation, quoique d'ailleurs ils aient éprouvé quelques changemens.

1°. Dans l'origine des Fiefs, & même jusqu'à la troisiéme Race de nos Rois, il n'y avoit point de Fief sans Justice ; elle étoit inhérente aux Fiefs, elle en faisoit partie. Aujourd'hui c'est un proverbe, que *le Fief & la Justice n'ont rien de commun.* En effet, nous avons une infinité de Fiefs sans Justice ; ce qui ne peut venir que des sous-infeudations ; les Seigneurs de grands Fiefs, quand ils furent devenus héréditaires, en disposoient comme de leurs autres biens patrimoniaux ; ils firent des arrière-Fiefs. La Justice fut rarement attachée à ces arrière-Fiefs, soit parce qu'elle est indivisible, soit parce que les Seigneurs du Fief dominant furent jaloux de ne point diviser, de ne se point dépouiller d'un Droit d'où ils tiroient tout leur pouvoir & toute leur autorité. Nous avons cependant deux Coutumes ; l'Anjou & le Maine, où les Fiefs ont conservé cette prérogative de leur première constitution. Dans les Provinces dont nous venons de parler, on n'y trouve point de Fief sans Justice ; & l'axiome, que *Fief & Justice n'ont rien de commun*, n'y a pas lieu.

2°. Une des principales obligations des Fiefs, étoit le service militaire ; ceux qui en possédoient, à la première requisition du Roi, étoient obligés de marcher avec un nombre d'hommes proportionné à la grandeur de leurs Fiefs. C'est ainsi que se formoient les armées sous la premiere, la seconde Race de nos Rois, & sous la troisiéme, jusques à Philippe-Auguste, qui le premier eut des Milices réglées & entretenues.

Les

Les Ecclésiastiques n'étoient point exempts de ce devoir ; les Evêques, les Abbés conduisoient eux mêmes leurs Vassaux à la guerre, ou se faisoient représenter par leurs Vidames. On voit, dans les Capitulaires de Charlemagne, que ce Prince voulut interdire au Clergé le Service militaire, & que les Evêques lui représentèrent que, s'ils s'en abstenoient, ils cesseroient d'être considérés dans une Nation toute guerrière. Ils continuerent donc d'aller à la guerre : ils y ont encore été longtemps sous la troisiéme Race de nos Rois. Aymar de Monteil, Evêque du Puy, commandoit un corps d'armée à la premiere Croisade, & se signala dans plusieurs combats. A la bataille de Bouvines, sous Philippe-Auguste, le Chevalier Guerin, depuis peu nommé à l'Evêché de Senlis, rangea l'armée en bataille, & admonesta les Barons & Chevaliers à bien défendre l'honneur de Dieu, du Roi, & de la Patrie. Guerin ne combattit pas l'épée à la main, non plus que Philippe, Evêque de Beauvais, frere du Roi, qui se trouva à la même bataille ; mais ce dernier, armé d'une massue, assomma tout ce qu'il rencontra. Aujourd'hui les Feudataires, soit Laïques, soit Ecclésiastiques, ne conduisent plus leurs Vassaux à la guerre ; ils n'y vont plus eux-mêmes à raison de leurs Fiefs, si ce n'est les Feudataires Laïques, lors de la convocation du Ban & de l'arriere-Ban ; secours extrême, dont on ne se sert que dans les plus urgentes nécessités.

3°. Lorsque les Fiefs furent devenus héréditaires, ils ne purent, comme auparavant, être possédés que par des Nobles ; on ne pouvoit les vendre sans la permission du Seigneur. Aujourd'hui tout ce systême est changé ; les Roturiers peuvent posséder des Fiefs, en payant au Roi les Droits de franc-Fief. D'un autre côté, chacun peut vendre librement son Fief, sans la permission du Seigneur dominant, en lui payant les Droits réglés par les Coutumes.

Les changemens qui sont arrivés dans les Fiefs, depuis qu'ils sont devenus perpétuels & héréditaires, prouvent combien ils ont perdu de la grandeur & de la noblesse de leur origine, & qu'ils ne confèrent plus à ceux qui les possedent que très-peu de pouvoir & d'autorité. Les Feudataires n'ont plus de Forteresses; ils ne levent plus de troupes ; ils ne se font plus la guerre, & se croient encore moins en droit de la faire au Roi ; ils ne battent plus monnoie, & leurs Justices même, qu'ils exercent d'une façon très-subordonnée, ne sont plus qu'une ombre de celles qu'ils avoient autrefois : le peu de matières dont elles connoissent, les appels auxquels on les a assujetties, l'attention du Ministère Public à veiller qu'elles ne passent point les bornes étroites qu'on leur a prescrites, & qu'on en acquitte exactement les charges, rendent les Justices seigneuriales plus onéreuses encore qu'elles ne sont honorables.

Les Fiefs, ainsi dépouillés des prérogatives de leur origine, ne sont donc plus aujourd'hui que des possessions qui, en conférant quelques Droits utiles ou honorables, assujettissent à de grandes charges. Ce sont des Châteaux, des Terres, des Seigneuries auxquelles sont attachées la haute moyenne & basse Justice, & autres Droits seigneuriaux, utiles ou honorifiques, d'où dépendent des arriere-Fiefs, ou des Censives, qu'on possède dans la mouvance du Roi ou de quelque Seigneur particulier, envers lesquels pour raison desdits Fiefs, on est tenu de la foi & hommage, & d'autres devoirs & Droits réglés par les Coutumes.

On divise les Fiefs en plusieurs classes ; il y en a de royaux, qui relevent immédiatement du Roi, & qui ont des dignités annexées à la Seigneurie, comme les Duchés, les Marquisats. Les Fiefs non royaux sont ceux qui ne relevent pas immédiatement du Roi, & qui, à son respect, sont arrière-Fiefs.

La seconde division des Fiefs est en Fiefs nobles, & Fiefs non nobles. Les Fiefs nobles sont ceux qui ont quelque dignité annexée, qui relevent immédiatement du Roi, ou qui annoblissent ceux qui les possèdent. Les Fiefs non nobles sont ceux qui n'ont aucune de ces prérogatives.

La troisiéme division est des Fiefs liges, & des Fiefs simples. Les premiers sont réels & personnels ; le Vassal qui a une fois fait la foi & hommage lige, ne peut plus s'en dégager, soit qu'il possède, ou qu'il aliéne le Fief. Les Fiefs simples sont, au contraire, ceux pour lesquels le Vassal ne doit que la foi & hommage, tant qu'il possède le Fief, mais dont il n'est plus tenu, quand il ne le possède plus.

Outre les Fiefs ci-dessus, il y a les Fiefs d'honneur, les Fiefs de profit, & les Fiefs de danger.

Les Fiefs d'honneur sont ceux qui ne doivent au Seigneur que la bouche & les mains, sans aucune charge de rachat, de quints, & autres Droits utiles. Les Fiefs de profit sont ceux qui sont chargés de tous ces Droits. Les Fiefs de danger sont ceux qui obligent l'acquéreur, ou l'héritier en collatérale, de faire la foi & hommage au Seigneur, avant que d'en prendre possession, sous peine de commise.

Les Fiefs se divisent encore en Fief dominant, Fief servant, & arrière-Fief. Le Fief dominant est celui dont un autre Fief releve immédiatement. Le Fief servant est celui qui releve d'un autre ; & l'arrière-Fief est ainsi dit à l'égard du Seigneur suzerain, duquel il ne relève pas immédiatement.

L'érection ou établissement d'un Fief se fait toujours par un acte autentique, à titre gratuit, ou à titre onéreux ; c'est une donation que le Roi, ou un Seigneur, fait à quelque Particulier, pour les services qu'il lui a rendus, de quelque Terre ou Seigneurie, aux charges, clauses & conditions stipulées par le titre de concession.

Comme il est libre à un chacun d'imposer à sa libéralité telles charges que bon lui semble, & que le preneur est également le maître de les accepter ou non, le Roi, ou tout Seigneur qui donne un Fief, n'est point obligé de suivre d'autre Loi que celle de sa volonté, sans être gêné par l'exemple, ou par les Coutumes des lieux : aussi, dans une même Coutume, voit-on des Fiefs assujettis à différentes espèces de devoirs, tandis qu'on en voit d'autres qui sont même exempts de ceux prescrits par la Coutume ; cela dépend donc uniquement du titre de concession, qui, une fois accordé & accepté, établit une Loi perpétuelle entre le Seigneur & le Vassal.

C'est une chose curieuse que de voir dans les anciennes Chartres de concession, les conditions sous lesquelles d'anciens Seigneurs ont donné de très-beaux Fiefs : aux uns, c'est de chanter la chanson à la Dame, de danser habillé en pantalon devant le Seigneur, à sa premiere entrée dans la Seigneurie ; aux autres, c'est de porter la buche au feu du Seigneur la veille de Noël, de tirer la quintanie sous ses fenêtres.

Mais je n'ai rien vu de si singulier, que les cérémonies bisarres avec lesquelles le Prieur de Saint Thomas d'Epernon doit rendre tous les ans la foi & hommage à la Seigneurie de Montorgueil, aujourd'hui réunie au Duché-Pairie de Rambouillet : ce Prieur, botté, éperonné, une épée au côté, une couronne d'épervanche sur la tête nue, une nappe blanche en écharpe croisée d'une autre écharpe d'épervanche, monté sur un cheval qui doit avoir les quatre pieds & le chainfrain blancs, & qui doit être si bien équipé que, s'il y manquoit la moindre bagatelle, le cheval seroit confisqué, avec le revenu du Fief pour l'année ; ce Prieur, dis je, ainsi équipé. doit tous les ans faire la foi & hommage, offrir au Seigneur des gateaux, une bouteille de vin & des gands, avec des formalités aussi bisarres que la cérémonie même, dont on peut voir le détail dans la Description des environs de Paris, par Piganiol de la Force.

Quoique, généralement parlant. on ne puisse devenir Vassal que par la concession d'un Fief, il y a cependant des cas où un Particulier peut le devenir, sans qu'il y ait concession de Fief : nous en parlerons en traitant du démembrement & de la réunion des Fiefs.

CHAPITRE II.

Des Fiefs de Dignité.

LES Fiefs de dignité sont ceux qui ont quelque titre honorable attaché à la propriété utile, comme celui de Duché, de Marquisat, de Comté, &c.

Chercher l'origine & l'établissement de tous ces titres dans les monuments de notre Histoire, c'est un travail immense. Le Président de Montesquieu, qui s'y est livré avec tant de succès, dit que les premiers temps de notre Histoire sont des abysmes, que tout y est mer, & que les rivages mêmes manquent à la mer. C'est d'après ce grand & ce laborieux Ecrivain, d'après M. le Président Hénault, que nous allons dire en peu de mots ce qu'il y a de mieux prouvé sur l'origine des titres de dignité, dont la plûpart des Fiefs sont aujourd'hui décorés.

Le plus ancien titre de dignité que nous trouvions dans notre Histoire, est celui de Comtes : c'étoit des Officiers, ou des Gouverneurs, à qui on assignoit certains cantons, pour y rendre la Justice & y avoir l'intendance des armes. Les Comtes conduisoient les hommes libres de leurs districts à la guerre. Il est naturel de penser que, quand les Comtes avoient des districts fort étendus, ils en gouvernoient une partie par des Lieutenants, & que de-là est venue l'origine de la dignité des Vicomtes : aussi voyons-nous que le Comte de Paris avoit sous lui un Vicomte. Il y en a qui prétendent que les Comtes qui gouvernoient les frontieres s'appelloient Marquis : cela peut être ; mais dans les premiers temps de l'Histoire de France, nous ne trouvons point d'Officiers qui aient porté ce nom. Dans les Formules de Marculfe, on trouve des modèles de provisions pour les Comtes, les Ducs, les Patrices ; on n'en trouve point pour les Marquis.

Tant que les Rois de la premiere race ont commandé leurs armées en personne, il paroît qu'ils n'avoient point d'autres Officiers Généraux que les Comtes & les Leudes ; les Comtes conduisoient les hommes libres, & les Leudes leurs Vassaux : quand les Leudes étoient occupés ailleurs au service du Prince, leurs Vassaux étoient conduits & commandés par les Comtes. Mais quand nos Rois cessèrent de commander en personne leurs armées, on fut obligé d'y envoyer des Généraux pour commander les Comtes ; on les appella Ducs ; & comme le Gouvernement militaire, suivant la constitution de l'État, étoit dans ces premiers temps toujours joint au Gouvernement civil, on donna aussi à ces Ducs des districts, dans lesquels ils avoient plusieurs Comtes sous eux : ainsi les Ducs commandoient dans les armées, & jugeoient dans les villes, & par-tout étoient supérieurs aux Comtes. Il y avoit cependant des Comtes qui n'étoient point soumis aux Ducs : la Chronique de Fredeguaire dit que Dagobert envoya contre les Gascons dix Ducs, & plusieurs Comtes qui n'avoient point de Ducs sur eux.

Il n'étoit pas possible que des armées commandées par tant de Chefs, avec un pouvoir égal, fussent bien disciplinées : de ce commandement multiplié, on en vit naître des inconvéniens sans nombre, qui forcèrent de créer un Duc, qui pût commander à tous les autres, & qui, par une autorité sans bornes, pût rétablir la discipline militaire & se faire obéir de tous les Comtes, les Leudes & autres Capitaines : on confia cette grande charge au Maire du Palais, qui, auparavant, n'avoit d'autre fonction que la surintendance des Maisons royales. Tout le monde sçait combien cet établissement fût funeste aux Rois de la première race, qui furent enfin forcés de céder leur Trône & leur Royaume à un Maire du Palais.

Le titre de Baron, dans les tems dont nous parlons, n'a point été le titre d'une dignité particulière à laquelle fût attaché quelque office ou quelque district : ce fut un titre honorable qu'on donnoit en général à tous les Seigneurs, aux Ducs, aux Comtes, aux Leudes. Lorsque, dans les assemblées générales de la Nation où il y avoit plusieurs Ducs, Comtes, Vicomtes & Gentilshommes, le Roi portoit la parole, il disoit, Seigneurs-Barons.

S'il est vrai que les Comtes qui commandoient sur les frontières ou sur les marches, aient de-là été appellés Marquis ; il paroîtroit que les Comtes & les Marquis devroient être égaux en dignité, puisque c'est la même chose ; cependant aujourd'hui les Marquis sont supérieurs aux Comtes ; mais on ne trouve point dans l'Histoire comment les Marquis ont acquis cette supériorité : les raisons qu'en donne Loyseau ne sont que de convenance, & ne paroissent pas d'un grand poids : au moins les Marquis ne peuvent-ils disputer l'ancienneté aux Comtes. Dans l'Histoire de la premiere race de nos Rois, on trouve par tout des Comtes, & on ne trouve pas un seul Marquis : de plus, je trouve dans Froissart, 1. vol. chap. 33, que le Marquisat de Juliers fut érigé en Comté : preuve certaine qu'anciennement les Comtes, conformément à leur origine, étoient supérieurs aux Marquis.

Jusqu'à présent nous avons vû que les Comtes & les Ducs n'étoient que des Gouverneurs de Provinces & des Généraux d'armées. Sous la première race de nos Rois ils se maintinrent sur ce pied, du moins en apparence. Le Duc Pepin, dont le petit-fils détrôna la Famille régnante, après s'être emparé de l'Austrasie, la gouverna toujours sous l'autorité apparente du Roi Thierry. Il est cependant constant que, sous cette Famille, les Feudataires & les Gouverneurs commencèrent beaucoup à usurper, même à force ouverte, l'autorité royale; mais les Pepin les ramenèrent par la même voie presque tous à l'obéissance : ce ne fut que sur le déclin de la seconde race que les usurpations devinrent générales, & le mal sans remède. Par tout les Ducs & les Comtes usurpèrent la propriété de leurs Offices & de leurs Gouvernements, & les Feudataires la propriété de leurs Fiefs. C'est ainsi qu'en très peu de tems se forma dans le Royaume ce Corps formidable de Vassaux qui pensa anéantir l'autorité royale; c'est ainsi que se sont établis en titres héréditaires, les Ducs, les Comtes, les Vicomtes, les Marquis; à l'égard des Barons, dans la suite des tems ce titre a été accordé privativement à des Seigneurs dont les terres relevoient du Roi, & supérieurs aux Seigneurs Chatelains. On appelloit Hauts-Barons ceux qui possédoient une des quatre principales Baronnies de France, sçavoir, Coucy, Craon, Sully & Beaujeu.

Sous la première & la seconde race de nos Rois, on trouve beaucoup de Pairs, mais on ne trouve point de Pairie réelle. Il y avoit des Pairs par tout, mais on ne voit nulle part des Ducs, des Comtes & Pairs en titre héréditaire.

Pour entendre ceci, il faut observer que, quoiqu'alors, la justice fût rendue par des Officiers militaires, les Ducs, les Comtes ou leurs Lieutenants, les jugements n'étoient pas pour cela arbitraires : ils étoient rendus suivant les Loix qui existoient dans ces tems; ils avoient leurs formes : les Ducs & les Comtes, le Roi lui-même ne pouvoient juger qu'ils ne fussent assistés d'un certain nombre d'Assesseurs ou de Conseillers qu'on appelloit les Pairs : cet usage avoit sur tout lieu, lorsqu'il étoit question de juger les Vassaux ou de prononcer sur les matières féodales. Quand on n'avoit pas le nombre de Pairs suffisant & fixé par les Loix pour juger, on en faisoit venir d'ailleurs : ainsi les Comtes étoient Pairs aux assises du Duc; les Ducs & les Comtes étoient Pairs aux assises du Roi; mais on voit que cette Pairie n'étoit que passagère, & que les assises finies, la Pairie cessoit.

Ce n'eſt que ſur la fin de la ſeconde race, lorſque les Seigneurs eurent uſurpé la propriété de leurs Fiefs & de leurs Offices, que la Pairie fut auſſi uſurpée; elle devint un titre de dignité éminente: lorſque Hugues Capet parvint à la Couronne, il y avoit dans le Royaume ſept grandes Pairies laïques; celle de Paris étoit la plus conſidérable, & elle valut la Couronne à Hugues Capet qui la poſſédoit. On choiſit pour Roi le plus puiſſant Feudat ire, & celui qui pouvoit réunir plus de Provinces à la Couronne. Hugues Capet devenu Roi, y réunit en effet la Pairie de Paris, il n'y laiſſa pour rendre la Juſtice qu'un Vicomte, aujourd'hui repréſenté par le Prevôt de cette Ville.

Quand Hugues Capet fut Roi, il n'y eut donc plus en France que ſix grands Pairs laïcs, c'eſt-à-dire, ſix Seigneurs égaux entr'eux en puiſſance de Fief; les Ducs de Bourgogne, de Normandie & d'Aquitaine, les Comtes de Flandres, de Champagne & de Toulouſe. Dans le même tems il y avoit auſſi en France ſix Evêques égaux entr'eux en puiſſance de Fief, qui, conjointement avec les Pairs laïcs, jugeoient des grandes matières féodales: de ces ſix Evêques, trois étoient Ducs, l'Archevêque de Reims, les Evêques de Laon & de Langres; les trois autres étoient Comtes, ſçavoir, les Evêques de Beauvais, de Chalons, de Noyon. Telle eſt l'origine des douze Pairs de France ſur laquelle nos Anciens ont débité tant de choſes auſſi peu vraiſemblables les unes que les autres. Quelques Auteurs ont dit qu'on devoit attribuer l'établiſſement des douze grandes Pairies au Roi Robert ou au Roi Louis le jeune. Il y a apparence qu'ils ſe ſont trompés: on ne peut pas conteſter que les douze Pairies dont nous avons parlé, n'exiſtaſſent long-tems avant les Rois Robert & Louis le jeune: ce qui peut avoir donné lieu à cette erreur, c'eſt qu'on prétend que le Roi Robert, pour donner plus d'autorité aux déciſions de ſon Conſeil d'Etat, y appella ſouvent les plus grands Seigneurs de ſon Royaume, parmi leſquels les douze Pairs tenoient, ſans contredit, le premier rang: ceci même ne fut pas un honneur ou un privilège que le Roi Robert attacha à la Pairie; c'étoit un devoir qu'il exigeoit: ſelon la Loi des Fiefs, une des principales obligations du Vaſſal étoit d'aſſiſter à la Cour du Seigneur, de l'aider de ſes conſeils, & de garder le ſecret de la Cour.

On

On a encore remarqué que Louis VII. pour rendre la cérémonie du Sacre de son fils Philippes-Auguste plus solemnelle, y convoqua les douze Pairs; mais tous ces faits, quoique vrais, ne prouvent point que ni le Roi Robert, ni Louis le jeune ayent institué les douze Pairs qui, encore une fois, existoient avant eux. Bruneau dans son Traité des Criées, (a) prétend que Charlemagne ou Hugues Capet ont institué les douze Pairs de France en l'honneur des douze Apôtres & des douze Patriarches, (& pourquoi pas des douze Prophètes.) Il est inutile de faire observer le ridicule de cette rare découverte.

(a) Part. 1. chap. 4. pag. 72. édit. de 1704.

Les fonctions publiques des douze Pairs sont encore aujourd'hui les mêmes que celles qu'on prétend leur avoir été attribuées par les Rois Robert & Louis le jeune; ils sont convoqués au Lit de Justice, aux grandes assemblées du Parlement de Paris qui seul est la Cour des Pairs: ils assistent au Sacre de nos Rois, & dans cette auguste cérémonie, chacun des douze Pairs y fait une fonction particulière. Quoique les six grands Pairs laïcs n'existent plus, pour conserver une image de l'ancienne majesté de ces grands Pairs, on les fait représenter par des Seigneurs qu'on commet pour faire leurs fonctions. Par l'art. 3. de l'Edit du mois de Mai 1711, portant règlement général pour les Duchés & Pairies, Sa Majesté a accordé aux Ducs & Pairs qui existent aujourd'hui, le droit de représenter aux Sacres de nos Rois les anciens Ducs & Pairs, lorsqu'ils y seront appellés, au défaut des Princes du Sang, & des Princes légitimés qui auront des Pairies.

L'ancien usage étoit que les Pairs précédoient les Princes du Sang ou légitimés qui n'avoient point de Pairies, ou dont les Pairies étoient postérieures à celles des autres Pairs. Cet usage fut aboli par une Déclaration d'Henry III. donnée à Blois en 1576. Elle règle les rangs des Princes du Sang suivant leur proximité à la Couronne, & porte qu'ils précéderont tous les Pairs, soit que ces Princes ne fussent pas Pairs, soit que leurs Pairies fussent postérieures à celles des autres Pairs. Quand cette Déclaration fut enregistrée, Christophe de Thou, pour lors premier Président, assura le Roi que, depuis l'avénement de Philippe de Valois à la Couronne, il ne s'étoit rien fait de si utile pour la conservation de la Loi Salique.

Des douze Pairies anciennes, il n'en existe plus que les six Pairies ecclésiastiques, les laïques sont éteintes & réunies à la Couronne par différents événements; mais à leur place, de tems en tems, pour soutenir l'éclat & la majesté de leur Trône, nos Rois ont érigé quantité de Terres en Duché-Pairie : nous en avons aujourd'hui environ quarante, dont vingt-trois doivent leur création à Louis XIV. Les premières Lettres d'érection en Duché & Pairie furent accordées par Philippes le Bel à Jean Duc de Bretagne en 1297. Il y eut, la même année, pareille érection en Comté-Pairie pour les Comtes d'Anjou & d'Artois. La premiere Pairie créée en faveur d'un Prince étranger, fut celle de Nevers en 1505. Les Pairs du Royaume, comme les plus anciens Conseillers du Parlement, y ont séance & voix délibérative, après toutefois y avoir prêté serment. La Pairie est donc encore aujourd'hui, comme elle l'étoit autrefois, un Office, & conformément à sa première origine, les Pairs commencèrent à entrer au Parlement l'épée au côté en 1551, malgré les remontrances de la Cour qui représenta au Roi que, de toute antiquité, cette prérogative étoit réservée à lui seul, comme une marque distinctive & spéciale de sa dignité royale.

On connoît en France un titre de dignité fort inférieur à tous ceux dont nous venons de parler ; c'est celui de Vidame : c'étoit anciennement des Officiers choisis par les Evêques, soit pour avoir soin de leur temporel, & pour le défendre, soit pour juger leurs Vassaux & les conduire à la guerre, lorsque les Evêques ne voulurent pas ou cessèrent d'y aller ; les Abbés & les Abbesses même qui possédoient des Fiefs, avoient également leurs Vidames. Il ne pouvoit y avoir qu'un Vidame dans chaque Evêché, & il portoit le nom de la Ville épiscopale ; on dit le Vidame d'Amiens, le Vidame de Chartres. Le titre de Vidame n'étoit donc que le titre d'un Office. Dans la suite les Vidames ont fait comme les Comtes & les Ducs ; ils se sont rendus propriétaires de leurs Offices, & en ont fait des Fiefs héréditaires relevants de quelque Evêque. Les Vidames jouissoient des mêmes honneurs & des mêmes prérogatives que les Vicomtes à qui ils ressembloient parfaitement, & dans leur origine & dans leurs fonctions.

Le dernier titre de dignité que je trouve dans notre Histoire, est celui de Captal. On prétend que ce titre est spécialement affecté à la Maison d'Epernon. C'étoit le Captal de Buch qui commandoit les troupes du Roi de Navarre défaites par Duguesclin à la bataille de Cocherel en 1364, sous Charles V: ce Captal y fut fait prisonnier; il fut élargi lorsque Charles V fit sa paix avec le Roi de Navarre; mais étant de nouveau fait prisonnier (1375) le Roi ne le voulut plus rendre, & il mourut dans sa prison au bout de cinq ans. Environ vingt ans après, sous le règne de Charles VI. il y eut un autre Captal de Buch nommé Archambault de Grailly, qui succéda au Comté de Foix, par Arrêt du Parlement; depuis il n'est plus parlé dans notre Histoire d'aucun Captal de Buch.

Les observations que nous venons de faire prouvent assez que les Pairies, les Duchés, les Marquisats, les Comtés, &c. ne sont point aujourd'hui ce qu'ils étoient autrefois dans leur origine; c'étoient des Offices. Dans la suite une usurpation générale les rendit propres & héréditaires aux personnes & aux familles qui les possédoient. Aujourd'hui ils ne sont plus que des Terres & des Fiefs plus ou moins considérables relevants immédiatement du Roi.

Je doute fort que de notre tems il subsiste encore de ces anciens Duchés, Marquisats & Comtés usurpés. Nous ne connoissons guère à présent que ceux qui ont été érigés tels par nos Rois, en différents tems, pour illustrer des Familles qui ont mérité ces distinctions par l'éclat de leur naissance, jointe aux services importants qu'elles ont rendus au Prince & à la Patrie.

L'érection d'une Terre en Pairie, Duché, Marquisat, Comté, Vicomté & Baronnie, ne se fait pas sans de grandes solemnités. Il faut d'abord avoir un nom assez illustre, ou avoir assez illustré le sien par ses belles actions pour mériter l'attention & les récompenses du Roi : il faut ensuite que la Terre qu'on présente au Prince pour être érigée en Pairie, Duché ou Marquisat, soit d'une étendue & d'un revenu suffisant pour soutenir la dignité qu'on désire d'y attacher. Quand toutes ces circonstances concourent, le Roi donne ses Lettres-patentes dans lesquelles il est ordinairement fait honorable mention des titres de Noblesse de l'Impétrant, de ses belles actions & de celles de ses ancêtres. On présente ces Lettres au Parlement ; & sur la présentation, la Cour rend Arrêt qui ordonne qu'avant de procéder à l'enregistrement, il sera informé *de commodo & incommodo*, de l'érection qu'on a obtenue.

L'information qu'on fait en exécution de cet Arrêt roule sur deux objets ; le premier, si la réunion des Justices n'est point préjudiciable aux Sujets ; & le second, si la Terre qu'on demande être érigée en dignité est assez considérable, soit par les droits qui y sont attachés, soit par les revenus, soit par les Châteaux, Bourgs & Villes qui en dépendent, pour mériter le titre de Pairie, Duché, Marquisat, &c. Lorsque l'information est concluante sur tous ces points, on la rapporte à la Cour, & intervient Arrêt qui ordonne que les Lettres-patentes seront enregistrées pour être exécutées selon leur forme & teneur ; ensuite on présente tant l'Arrêt que les Lettres-patentes à la Chambre des Comptes & au Bureau des Finances dans le ressort desquels sont situées les Terres érigées en dignité, pour y être semblablement enregistrées.

Henry III, par sa Déclaration du 17 Août 1579, défendit de publier aucune érection de Seigneuries en nouvelles dignités, qu'elles ne fussent de la qualité requise par l'Arrêt du Conseil privé du 10 Mars 1578 ; sçavoir que la Terre qui sera érigée en Chatellenie doit avoir d'ancienneté, haute, moyenne & basse Justice, droit de foires, marchés & péages, prévôté & prééminence surtout ès Eglises étant au-dedans de ladite Terre ; que la Baronnie sera composée de trois Chatellenies qui seront réunies & incorporées ensemble pour être portées au Roi sous un seul hommage. Que le Comté aura deux Baronnies, trois Chatellenies pour le moins, ou une Baronnie & six Chatellenies aussi unies & tenues du Roi. Que le Marquisat sera composé de trois Baronnies & six Chatellenies pour le moins, ou de deux Baronnies & six Chatellenies unies & tenues comme dessus.

Charles IX avoit précédemment, dans son Ordonnance de 1566, statué que les Duchés, les Comtés qui seroient à l'avenir érigés, seroient reversibles à la Couronne, venant les propriétaires à décéder sans hoirs mâles. Cette disposition fut confirmée par l'art. 279 de l'Ordonnance de Blois, qui en outre annulle toutes les dérogations qui auroient pu être faites à l'Ordonnance de 1566, & veut que ceux qui dorénavant présenteront des Terres pour être érigées à quelque dignité, soient tenus de se purger préalablement par serment, si ces Terres ne sont point sujettes à fidei-commis ou substitution. Il faut encore observer que ces Terres doivent être toutes dans la mouvance du Roi. Lors de l'érection de la Baronnie de Montmorency en Duché-Pairie en 1551, parmi les Terres présentées pour former ce Duché, on avoit compris le fief d'Ecouen comme mouvant du Roi, mais qui relevoit de l'Abbaye de S. Denis en France. L'Abbé fit ses remontrances au Roi, & il fallut de nouvelles Lettres-patentes à l'effet de distraire la seigneurie d'Ecouen du Duché de Montmorency.

Pour éviter la rigueur des Ordonnances & des Déclarations ci-dessus, on a eu grand soin, depuis l'Ordonnance de 1566, d'insérer dans les Lettres d'érection des clauses dérogatoires à cette Ordonnance & à tous autres Edits & Déclarations portant défenses d'aliéner, & prononçant réversion à la Couronne faute d'hoirs; sans cette précaution, le cas advenant, la Terre ne manqueroit pas d'être réunie à la Couronne.

Il faut observer, sur les Duchés, que les propriétaires n'en peuvent vendre, aliéner, ni démembrer aucune partie; elles doivent demeurer toutes dans leur intégrité réunies au domaine du Duché, afin que le propriétaire soutienne cette dignité avec éclat. Un Arrêt du Parlement du 18 Juillet 1654 jugea que M. le Duc de Chevreuse n'avoit pû démembrer son Duché. Un autre Arrêt du 28 Février 1664 a jugé la même chose pour le Duché de la Vallette.

Comme, dans la personne des Ducs & Pairs, la Pairie est personnelle & distincte du Duché; ils rendent la foi & hommage par deux actes séparés, l'un pour la Pairie, l'autre pour le Duché; c'est ainsi que Louis Comte de Flandres rendit la foi & hommage au Roi Charles V le 27 Juin 1364 pour la Comté-Pairie de Flandres. La foi & hommage de Jean de Bourgogne à Charles VI, le 23 Mai 1404, est aussi en deux actes séparés, l'un pour la Pairie, & l'autre pour le Duché de Bourgogne.

On reconnoît ordinairement, aux armoiries des Seigneurs,

les dignités dont leurs terres sont décorées ; les Ducs portent leurs armes couronnées au timbre d'une couronne fleuronnée de feuilles d'hache ; les Comtes d'une couronne de perles ; les Marquis d'une couronne de trois feuilles d'hache mêlée à des perles.

Les Barons portent un bonnet grêlé de perles, & les Seigneurs de principauté un cercle d'or sans aucun dessus : c'est l'ancienne forme des Diadèmes.

Comme tous les Seigneurs qui possédent des Fiefs titrés sont Seigneurs Hauts-Justiciers, on reconnoît encore aux pilliers de leurs Justices la dignité attachée à leurs Terres.

Les simples Justices sont de deux pilliers. Anjou, art 42. Angoumois, art. 6. Blois, art. 20 & 24.

Le Seigneur Chatellain a trois pilliers ; le Baron & le Marquis en ont quatre ; le Comte six, & le Duc huit : cela est ainsi reglé par différentes Coutumes.

Lorsque ces pilliers ou fourches patibulaires sont tombés de vétusté ou autrement, le Seigneur les peut faire relever dans l'an de leur chûte : mais s'il laisse écouler l'année, il ne le peut plus faire de son autorité privée, il faut en demander la permission au Roi, & obtenir des Lettres en Chancellerie. Auxerre, art. 5. Chaumont, art. 99. Péronne, art. 20. Meaux, art. 209. Melun, art. 1 & 2. Troyes, art. 120.

C'étoit encore autrefois une marque de distinction seigneuriale de mettre sur son Château des girouettes quarrées avec ses armes : mais ce droit n'est pas un droit de Fief qui puisse être prohibé par le Seigneur Haut-Justicier : ainsi jugé par Arrêt du Parlement de Dijon du 22 Février 1659, entre le Baron de Montagny & Vespasien Bolozon son Censitaire, qui avoit fait mettre sur son Château des girouettes ; le Baron de Montagny prétendoit que Bolozon devoit les ôter : l'Arrêt les met hors de Cour.

CHAPITRE III.

Des Fiefs de Reprise, des Fiefs en Pariage, de l'établissement des Arriere-Fiefs.

POUR comprendre ce que c'est que Fief de reprise, & Fief en pariage, il faut parcourir quatre ou cinq cents ans des premiers temps de notre Histoire de France : ce voyage paroît pénible & laborieux ; mais il est de la plus grande utilité pour bien connoître la vraie nature des Fiefs sous la premiere Race de nos Rois, & même quels étoient les principes de leur Gouvernement. Il seroit sans doute très-difficile d'en développer les ressorts, si Corneille Tacite ne nous avoit laissé son admirable ouvrage des mœurs des Germains : c'est là qu'il faut prendre le fil, pour ne se point égarer dans le dédale obscur des premiers temps de notre Histoire féodale.

Tacite nous représente les Princes Germains, moins comme des Rois & des Monarques absolus, tels que nous les imaginons aujourd'hui, que comme les Chefs d'une Nation libre & guerrière. Tout leur pouvoir consistoit à être continuellement environnés d'une brillante & courageuse jeunesse, qui faisoit vœu de les suivre par-tout & de les défendre ; qui rapportoit à leur gloire ses plus brillantes actions ; qui se battoit pour le Prince, tandis que le Prince combattoit pour la victoire : quand il l'avoit acquise, il distribuoit aux guerriers qui y avoient le plus contribué, quelque cheval de bataille, ou quelque arme sanglante & victorieuse. La table du Prince étoit comme la solde des guerriers qui lui étoient attachés : cette table, dit Tacite, n'étoit pas délicate ; elle étoit cependant bien couverte, & la guerre & le pillage fournissoient à la dépense.

Il faut encore observer que ces Princes Germains, tant qu'ils furent renfermés dans l'Allemagne, n'avoient aucune idée de conquête ; ils ne combattoient que pour le butin, que pour avoir un plus grand nombre de gens à leur ſuite, pour trouver dans le pillage de quoi ſubſiſter avec éclat : pour les terres, ils s'en ſoucioient peu ; ils n'étoient point cultivateurs ; ils n'avoient ni maiſon, ni pays fixe, ils s'arrêtoient ſeulement dans les endroits où la fertilité naturelle du terrein les invitoit, ſans y rien ajouter par l'art & la culture. C'eſt encore de cette façon que vivent les grands Tartares au Nord de l'Aſie.

Suivons les Princes Germains hors de leur Pays, nous les voyons, dans leurs conquêtes, conſerver les mêmes mœurs & les mêmes uſages. Tant que les barrières de l'Empire Romain furent aſſez puiſſantes pour contenir les Peuples Germains dans les limites que la nature avoit miſes entre eux & les autres Peuples de l'Europe, ils y vécurent de la manière que nous avons dit ; mais quand enfin les Romains, affoiblis de toutes parts, ne purent plus les contenir, ce fut alors une inondation générale ; en très peu de temps une multitude inconcevable de Barbares, Gots, Oſtrogots, Viſigots, Herules, Vandales, Bourguignons, Lombards, Huns, Francs, Normands, couvrirent toute la ſurface de l'Europe, y conquirent tout ce qui appartenoit aux Romains, demantelèrent leur puiſſant Empire, & y commirent les plus épouvantables ravages.

La rapidité des conquêtes des Princes Germains mit bientôt en leur pouvoir non ſeulement de prodigieuſes richeſſes en or, en argent, en eſclaves, en beſtiaux, mais encore des pays immenſes. Le butin mobilier, après la victoire, fut ſans doute partagé, comme il l'étoit en Allemagne, & employé aux mêmes uſages. A l'égard des terres, il eſt clair qu'un Prince Allemand ne pouvoit avoir l'idée d'en faire ſon domaine ; il ignoroit abſolument quelle utilité il pouvoit en tirer par la culture, ainſi que les détails économiques qu'exige néceſſairement l'adminiſtration d'un domaine ; d'ailleurs ces terres faiſoient partie du butin, & l'uſage étoit qu'il fût partagé, qu'on en fît part aux guerriers qui étoient le plus attachés au Prince, qui s'étoient voués pour le ſuivre & pour le défendre. Ces terres, comme le reſte des richeſſes conquiſes, furent donc partagées, & elles le furent par-tout où s'étendirent les conquêtes des Germains, dans les Gaules, en Italie, en Eſpagne.

Quand les Princes Germains diſtribuoient à leurs braves de

l'or,

l'or, de l'argent, des bestiaux, des esclaves, des armes, ils donnoient tout en propriété ; c'étoit l'usage, & cela ne se pouvoit guère faire autrement. Tant qu'ils furent dans les forêts de la Germanie, ils ne pouvoient guère aussi donner autre chose, puisqu'ils ne combattoient que pour l'acquisition de ces sortes de choses : mais quand il fut question de distribuer des terres aux Germains, ce fut une chose nouvelle pour ces Peuples ; ce qui donna lieu aux Princes, dans la distribution qu'ils en firent, d'introduire pour cette espèce de dons un nouvel usage ; ce fut d'en retrancher la propriété. Il fut statué que les donataires n'en jouiroient que pendant leur vie, & qu'après leur mort ces terres retourneroient en la main du Prince. Cette Loi fut également civile & politique : elle ménageoit au Prince, même après la conquête, la ressource de faire de continuelles gratifications à ses guerriers.

Cette nouveauté auroit peut-être encore eu peine à être goûtée par la Nation, si le Prince n'eût eu la politique d'y attacher des distinctions capables de la faire approuver par un Peuple qui se conduisoit par le point d'honneur, & qui se piquoit surtout d'un inviolable attachement à la personne de ses Chefs. Les portions de terre que le Prince abandonna à ses guerriers, furent appellées bénéfices, honneurs, c'est-à-dire, la récompense du mérite & du courage. On trouva aussi un nom distingué pour les possesseurs ; on les appella *Antrustions*, c'est-à-dire, des personnes qui étoient sous la singulière protection du Prince, qui, par leurs belles actions, avoient mérité ses attentions, & les bénéfices qu'ils en avoient reçus : de façon que, dans ces temps, les portions de pays conquis, dont le Prince gratifioit ses Capitaines, produisoient parmi eux le même effet, qu'aujourd'hui la Croix de S. Louis, ou autre semblable honneur.

Il y a plus : chez les Nations Germaines, selon Tacite, il n'y avoit que les traitres, les déserteurs, les lâches & les infâmes qui fussent condamnés à mort ; à l'égard des autres délits, on les expioit par des amendes en argent, en chevaux, ou autre bétail. Une partie de l'amende appartenoit au Prince, ou au Peuple ; le reste étoit pour la Partie offensée, ou pour ses héritiers. Les Francs, dans l'établissement de la Loi salique &

des Loix ripuaires, conservèrent le même esprit & les mêmes usages; mais le Prince eut l'attention d'y traiter d'une façon très-favorable les Antrustions, ou ceux qui, à cause des bénéfices & des honneurs qu'ils tenoient de lui, étoient sous sa spéciale protection; on leur accorda, pour les torts qu'on leur faisoit, une composition plus forte que celle de tous les autres hommes libres. Il n'en coûtoit que cent sols pour la mort d'un Romain, deux cent pour la mort d'un Ingénu Franc ou Barbare; mais il en coûtoit six cent pour la mort d'un Antrustion, ou du Vassal du Roi.

Cette distinction, jointe à quantité d'autres, rendit les Antrustions très-considérables parmi la Nation: tout le monde auroit voulu l'être; mais le Roi n'avoit pas des bénéfices ou des Fiefs à donner à tout le monde: pour y remédier, on imagina des Fiefs de fiction. La treizième Formule du Livre premier de celles de Marculfe nous apprend comment cela se pratiquoit. On donnoit sa terre au Roi; il la rendoit aussitôt à titre de Fief au donateur, qui dès-lors devenoit le Vassal du Roi, & se trouvoit au nombre de ses Antrustions On appella ces Fiefs de fiction, *Fiefs de reprise*; ils avoient cet avantage sur les autres Fiefs, qu'ils étoient héréditaires dans les familles. La formule que nous venons de citer nous apprend encore que le nouveau Vassal avoit la liberté de laisser son Fief à sa postérité, ou à qui il voudroit; ce que le Roi confirmoit par l'acte d'investiture.

Cette manière de faire des Fiefs étoit fort commode pour le Roi & pour ses Sujets. Le Roi, sans rien donner, s'acquéroit une nombreuse quantité de Vassaux. Les Sujets, sans s'exposer aux périls de la guerre, acquéroient dans l'Etat la même considération, & de la part du Prince, la même protection que les guerriers qui, toute leur vie, avoient combattu pour le Prince & pour la Patrie. Quoi qu'il en soit, l'usage de ces Fiefs de reprise devint fort commun sous la première Race de nos Rois; mais, comme le remarque M. le Président de Montesquieu (*a*), il le fut encore davantage dans le désordre de la seconde Race, où tout le monde avoit besoin d'un protecteur, vouloit faire corps avec d'autres Seigneurs & entrer, pour ainsi dire, dans la Monarchie féodale. Cet usage a enfin con-

(*a*) Esprit des Loix, n. 3. liv. 3. ch. 8.

tinué sous la troisième Race, comme on le voit par plusieurs chartres rapportées par Ducange; mais, sous cette troisième race, je vois naître un autre usage, qui n'intéresse pas moins l'histoire féodale que le précédent.

Il s'en falloit de beaucoup que les premiers Rois de la troisième Race fussent absolus dans leur Royaume : la puissance féodale, qui les avoit conduits au throne, ne put pas leur en assurer la tranquille possession; il falloit sans cesse combattre contre des Vassaux inquiets, & jaloux de leur pouvoir. Ces Vassaux eux-mêmes se faisoient souvent la guerre; chacun se fortifioit dans ses châteaux, & de-là faisoit des courses sur son voisin. Malheur au foible qui n'étoit pas en état de résister; il devenoit la proie du plus fort. Dans ces circonstances, il est facile de concevoir que ceux qui n'étoient pas en état de se défendre par eux-mêmes, cherchèrent à s'associer aux plus forts. Les Ecclésiastiques, qu'on pilloit plus volontiers que les autres, furent sur-tout dans ce cas. Chacun pensa donc à prendre parti, & à faire son traité : les uns eurent recours au Roi, d'autres à quelques-uns de ces Grands Vassaux, qui avoient, dans ces temps-là, autant de puissance que les Rois.

Pour acquérir la protection des uns & des autres, on leur donna non seulement des aleux, pour en faire des Fiefs de reprise, comme on le pratiqua sous la première & la seconde Race, mais encore on donna les Fiefs qui alors étoient devenus héréditaires & biens propres des familles : du moins on en donna la moitié, pour conserver l'autre. Ceci est plus onéreux que le Fief de reprise, où le Roi & les Seigneurs ne prenoient rien; mais aussi les temps étoient plus durs, & il n'y en eut jamais de si durs, que ceux où le Royaume fut gouverné par la puissance féodale. Ceux qui se trouvoient avoir besoin de la protection du Roi, ou de quelqu'autre Seigneur, alloient donc les trouver; ils leur passoient vente, ou faisoient donation de leur Fief, aux conditions qui suivent.

1°. Le vendeur donnoit au Roi la moitié de la propriété de son Fief, à condition que l'autre moitié lui resteroit à titre de Fief relevant de Sa Majesté.

2°. Que le Roi & le Vassal jouiroient en commun du Fief, de façon cependant que le Roi ne pourroit jamais vendre, aliéner, ni même donner en appanage à ses enfans la portion du Fief dont on lui cédoit la propriété.

3°. On convenoit que la Justice sur le Fief seroit exercée alternativement & pendant un certain temps, tantôt par les Officiers du Roi, & tantôt par ceux du Vassal.

4°. Au moyen de ce que dessus, le Roi prenoit le Vassal sous sa singulière protection, & s'engageoit de défendre, envers & contre tous, le Fief, qui s'appella depuis *Fief en pariage*. On voit que c'étoit une espèce d'association entre le Roi & le Vassal, mais qui souvent devenoit inutile au Vassal, dans des temps où les Grands Seigneurs respectoient très-peu l'autorité royale.

Quelques-uns ont prétendu trouver, dans la vingt-quatriéme Formule du Livre premier de celles de Marculfe, l'origine du pariage; mais plusieurs raisons décisives combattent & détruisent ce sentiment. 1°. Dans la Formule de Marculfe on ne trouve aucune des conditions qui établissent le pariage, & qui se trouvent dans les actes qui nous restent. M. Bignon, dans ses notes sur cette Formule, la compare aux lettres que nous appellons *Lettres de garde gardienne*; & c'est en effet la même chose. Le Roi, sans rien recevoir, & gratuitement, y accorde sa protection aux Eglises qui la demandoient. Ce n'est point là le pariage. 2°. Marculfe a composé ses Formules sous la premiere Race de nos Rois, où les Fiefs n'appartenoient point en propriété aux Vassaux; ce qui contredit absolument ce que nous avons dit du pariage. Il auroit été absurde qu'un Vassal eût fait au Roi la proposition de lui vendre la propriété de la moitié d'un bien qui appartenoit en entier au Prince, & de lui demander sa protection pour s'approprier l'autre moitié, en chargeant en outre le Prince de lui défendre cette moitié envers & contre tous. Rien n'auroit été plus ridicule que cette association, où le plus foible auroit fait la Loi au plus fort, & qui plus est, l'auroit dépouillé. Ainsi il faut absolument penser que le pariage n'a pu avoir lieu que quand les Fiefs furent devenus héréditaires & propres aux familles. Le plus ancien acte de pariage que je connoisse ne remonte pas plus haut: c'est celui fait en 1263, entre l'Abbé de Luxeu & le Comte de Champagne, & qu'on trouve dans les mémoires de Pithou.

Nos Auteurs en rapportent encore beaucoup d'autres, mais qui ſont poſtérieurs. Le pariage de l'Abbé de Luxeu, avec le Comte de Champagne, prouve que, dans ces temps de déſordre & de confuſion, on s'aſſocioit non ſeulement avec le Roi, mais avec tous autres Seigneurs dont on eſpéroit ſecours & protection contre ſes ennemis, & même contre le Roi, qui le devenoit de tous ceux à qui les Loix qu'il impoſoit ne convenoient pas.

Graverol, dans ſes notes ſur le chapitre 24 des Droits ſeigneuriaux de la Rocheflavin, dit que les pariages (& cela eſt vrai) furent très-fréquents dans le treizième & le quatorzième ſiécle. Selon cet Auteur, ils ſe faiſoient à temps ou à perpétuité: les premiers étoient limités à la vie des Grands Seigneurs avec qui on traitoit, & ſouvent ſe renouvelloient avec ſes ſucceſſeurs. Il ne nous reſte plus aucuns veſtiges de ces pariages à temps; mais, ceux qui étoient à perpétuité ſubſiſtent encore dans toute leur vigueur, quoique la raiſon de leur établiſſement ne ſubſiſte plus; & c'eſt ſur cette dernière eſpèce de pariage que la Juriſprudence des Arrêts a introduit les maximes ſuivantes.

1°. Celui qui eſt en pariage avec le Roi ne peut contraindre aucuns de ſes Sujets à lui faire hommage ou paſſer reconnoiſſance, ſans y appeller le Procureur du Roi, pour empêcher les uſurpations qu'on pourroit faire ſur les Droits de Sa Majeſté. On peut voir à cet égard pluſieurs Arrêts rapportés par la Rocheflavin, *des Droits ſeigneuriaux*, chap. 1, art. 12, chap. 24, art. 2.

2°. Quand un Seigneur eſt en pariage avec un Seigneur autre que le Roi, il peut faire procéder à ſes reconnoiſſances, ſans l'appeller, & ſuivant l'uſage.

3°. Le Seigneur pariager eſt toujours en droit de ſe faire reconnoître à ſon tour, ſans qu'on puiſſe s'en diſpenſer, ſous prétexte de la reconnoiſſance faite au Roi. Sur ces deux queſtions, on peut conſulter Graverol ſur la Rocheflavin, chap. 1, art. 12.

4°. Dans les Juſtices en pariage, chaque Seigneur pariager n'a pas droit d'avoir ſon Juge particulier; il ne doit y en avoir qu'un ſeul pour l'exercice de la Juſtice en entier, & qui doit être commis alternativement de trois ans en trois ans par le Roi & par le Vassal. C'est la disposition précise de l'art. 25 de l'Ordonnance d'Orléans. On trouve dans Cambolas, liv. 4, chap. 2, un Arrêt du 16 Février 1615, qui, conformément à l'Ordonnance d'Orléans, a jugé que l'Abbé de Simore, en pariage avec le Roi, commettroit un Juge de trois ans en trois ans. Celui commis par le Roi prétendoit être seul.

Comme les circonstances qui ont fait imaginer les Fiefs de reprises, & ceux en pariages, n'ont plus lieu depuis longtemps, on ne fait plus aujourd'hui de ces espèces de Fiefs; il ne nous reste plus qu'à faire quelques observations sur l'époque des établissemens des arrière-Fiefs.

Tant que, sous la première & la seconde Race de nos Rois, les Fiefs furent de simples bénéfices, tenus en usufruit par les possesseurs, il n'est pas possible d'imaginer des arrière-Fiefs. Pour faire un arrière-Fief, il faut avoir un grand Fief, de partie duquel on puisse disposer en propriété en faveur d'un autre: or cette idée ne cadre point avec celle d'un usufruitier, & il est clair que le Roi, alors propriétaire de tous les Fiefs, n'auroit pas souffert une semblable entreprise.

Il est vrai que, sous la première & la seconde Race, les Fiefs de reprise étoient héréditaires dans les familles, & appartenoient en propriété aux possesseurs; mais ces Fiefs, qui ne comprenoient que quelques terres allodiales, n'étoient point assez considérables pour établir dans leur étendue un ou plusieurs arrière-Fiefs.

Il faut donc absolument reculer l'époque des arrière-Fiefs à la fin de la seconde Race, ou au commencement de la troisiéme, lorsque les Grands Seigneurs, les Gouverneurs des Places, & même des Provinces, eurent généralement usurpé & les Fiefs, & la propriété de leurs Gouvernements. Pour se maintenir dans ces usurpations, il fallut se faire des créatures, & les Seigneurs en trouvèrent aisément les moyens, en donnant aux Capitaines qui vouloient s'attacher à eux, en arrière-Fief, une partie des Fiefs & des Provinces qu'ils s'étoient appropriés. En effet, dans les temps dont nous parlons, les donations des Seigneurs aux Eglises & aux Particuliers furent immenses. En donnant aux Eglises, ils se rendoient favorables les Ecclésiastiques, dont l'autorité influoit alors beaucoup dans les affaires de l'Etat : en donnant aux Particuliers, ils se procuroient quantité de Vassaux, qui, liés à leurs intérêts par leurs bienfaits, par le serment de fidélité, devenoient leurs défenseurs, & rendoient leur puissance formidable.

Il est singulier, au milieu de ces profusions des Seigneurs, de voir nos premiers Rois de la troisième Race réduits, pour ainsi dire, à vivre d'économie, à défendre le terrein à la pointe de leur épée. Il s'en faut de beaucoup que ces Princes aient autant donné que leurs prédécesseurs de la première & de la seconde Race. Huges Capet ne possédoit en propriété que le Duché de Paris ; le reste de la France étoit entre les mains des Grands Vassaux : il n'a pas fallu à ses successeurs moins de cinq ou six siécles pour le reconquérir.

Il est probable que l'établissement des arrière-Fiefs a commencé par ces Grands Vassaux : en effet, un Duc d'Aquitaine, devenu propriétaire d'un si grand Fief, qu'en auroit-il fait, s'il n'eût partagé son usurpation avec d'autres capables de la maintenir avec lui ? On donna donc en arrière-Fief tout ce qui put n'être pas à la bienséance du Duc, ou ce que les circonstances des temps le forcèrent de donner pour conserver ses créatures, & pour s'en faire de nouvelles. D'un autre côté, les Seigneurs qui avoient reçu des terreins assez considérables pour y former l'arrondissement d'un Fief, ne manquoient pas de le faire. C'étoit la mode, tout Seigneur vouloit avoir des Vassaux : on n'imaginoit rien au-dessus du pouvoir féodal ; aussi étoit-ce lui qui donnoit de la considération & de l'autorité dans l'Etat, où on n'étoit rien, quand on n'avoit ni Fiefs ni Vassaux.

Nos Rois, qui n'avoient pu empêcher l'usurpation des grands Fiefs, ne purent d'abord en empêcher le démembrement. Pour ne pas diviser le pouvoir souverain sur les grands Fiefs, qu'on ne pouvoit pas contester aux Rois, ils crurent faire beaucoup, en exigeant que les Grands Vassaux leur portassent, sous une même foi & hommage, & leurs Fiefs & les arrière-Fiefs qu'ils avoient établis. Dans la suite, les Seigneurs considérant eux-mêmes combien l'établissement des arrière-Fiefs, & de leur part, & de la part de leurs Vassaux, pourroit leur être préjudiciable, pour en arrêter les progrès, on imagina de nouvelles Loix; il fut statué qu'on ne pourroit plus donner en arrière-Fief qu'une certaine portion de son Fief. Sans cette barrière, les plus grands Fiefs, divisés & subdivisés à l'infini, se seroient enfin éclipsés. Ces Lois sur le démembrement des Fiefs se sont conservées jusqu'à nos jours; elles subsistent dans nos Coutumes : nous verrons dans la suite en quoi elles consistent.

CHAPITRE IV.

De la foy & hommage, de l'aveu & dénombrement, & des solemnités de ces actes.

LES Fiefs ont d'autres règles pour les reconnoissances que les héritages roturiers; la foy & hommage, & l'aveu & dénombrement, sont les vrayes reconnoissances féodales, en même tems qu'elles sont la marque distinctive & fondamentale des Fiefs. On peut même ajouter que ces deux actes renferment toute l'économie du systême féodal. Sans la foi & hommage, il n'y a ni Seigneur, ni Vassal; sans l'aveu & dénombrement, le Fief s'évanouiroit bien-tôt. Si le Vassal n'étoit pas obligé, par son aveu, de donner à son Seigneur un détail exact de toutes les parties d'héritages qui composent le Fief, & de tous les droits qui en dépendent, le Fief demeurant en la libre possession du Vassal, il auroit pû en démembrer telle portion qu'il auroit voulu, sans que le Seigneur dominant pût s'en appercevoir; rien même ne l'auroit empêché de l'aliéner dans sa totalité. Pour peu qu'on soit instruit des loix féodales, on comprend aisément qu'une telle licence faisoit écrouler tout le systême.

Tous les Fiefs, de quelque nature qu'ils soient, doivent la foi & hommage, quand il arrive mutation dans le Fief, par succession, par vente ou autrement.

L'hommage est lige ou simple. L'hommage lige est celui qui

qui se rend à des têtes couronnées par d'autres souverains: tels étoient les hommages des Ducs de Guienne, de Bourgogne, de Bretagne, de Normandie; des Comtes de Flandres, de Champagne & de Toulouse. L'hommage lige se rendoit nuë tête, sans épée, un genouil en terre, la main sur les Saints Evangiles: on se déclaroit homme lige de son Seigneur, à cause de tel Fief; en cette qualité, on juroit de lui garder la foi, & de le défendre envers & contre tous. A ces cérémonies on ajoutoit celle de mettre ses mains dans celles du Seigneur, & de le baiser au visage. Ce serment lige étoit si obligatoire, qu'il lioit le Vassal, soit qu'il possédât le Fief ou non : il ne pouvoit jamais s'en dégager tant qu'il vivoit. Mais peu de ces grands Vassaux ont tenu parole; nos histoires sont pleines de leurs révoltes & de leurs perfidies.

On ne trouve point d'hommage lige sous la premiere & la seconde race de nos Rois, parce qu'il n'y avoit point, ou très peu de Fiefs héréditaires. Quand ils furent devenus tels, soit par la nécessité des circonstances, soit par usurpation; alors sous les Rois de la troisiéme race, naquirent les loix féodales dont la premiere fut de s'assurer au moins de la foi des usurpateurs qu'on n'étoit pas en état de punir: cet expédient fut un remède peu efficace. Les premiers Rois de la troisiéme Race, combatirent continuellement contre des Vassaux rébelles : ceux qu'on réduisit, on imagina de les lier par l'hommage lige. Une lettre de Saint Bernard de l'an 1138, est le plus ancien monument où l'on trouve des traces de cette espéce d'hommage. On employoit à cette cérémonie, outre les solemnités dont nous avons parlé, les reliques des Saints, la présence des Evêques & des plus grands Seigneurs, les serments les plus sacrés, les postures les plus respectueuses: vain spectacle! Un peu plus de pouvoir & d'autorité auroient eu plus d'effet que tant de formalités; le Vassal hors des mains de son Seigneur, à la première occasion, se révoltoit, combattoit contre son Roi, & très-souvent le faisoit impunément: ces désordres ont duré jusqu'à ce que ces grands Fiefs, dont les propriétaires étoient quelquefois plus puissants que nos Rois, se soient enfin éclipsés par la réunion qui en a été faite à la Couronne. Pour parvenir à ce but, combien n'a-t-il pas fallu essuyer de travaux, livrer de combats, conclure de traités? A l'égard des autres Vassaux moins puissants, ils sont aujourd'hui si soumis, que pour les contenir, on n'auroit pas même besoin de la foi & hommage. Cette cérémonie ne sert plus guère qu'à les faire ressouvenir des droits qu'ils doivent payer.

Tous les Fiefs que nous connoissons aujourd'hui en France, ne doivent que l'hommage simple, avec cette différence, que les Fiefs relevant du Roi rendent hommage à Sa Majesté, sçavoir les Fiefs titrés, entre les mains de Monseigneur le Chancellier qui en fait dresser l'acte par un de ses Sécretaires ou en la Chambre des Comptes; & les Fiefs simples au Bureau des Finances des Provinces où sont situés les Fiefs. Quant aux autres Fiefs relevant des Seigneurs, on leur en fait la foi & hommage dans les tems & avec les formalités prescrites par les Coutumes.

L'effet de la foi & hommage simple est de ne lier le Vassal qu'autant qu'il posséde le Fief. On peut voir dans les anciennes foi & hommages que les engagements qui résultoient de la vassalité, étoient bien plus considérables qu'ils ne sont maintenant. Le Vassal étoit obligé de suivre son Seigneur à la guerre, de le défendre contre tous ses ennemis, excepté contre le Roi; à se trouver à la cour & aux assises du Seigneur pour l'aider à juger ses Justiciables; à garder le secret de la cour, & à différents autres services suivant les différentes Coutumes & les différentes charges stipulées par le titre de la concession du Fief. Aujourd'hui tout se réduit au respect que le Vassal doit à son Seigneur; à ne le point dénier, à ne lui point dire d'injures quand on plaide contre lui; à ne le point insulter, ne le point battre.

Nous avons dit que la foi & hommage est dûë toutes les fois qu'il y a mutation dans le Fief servant, par succession, par vente ou de quelque façon que ce soit; le droit commun en cette matière est que la foi & hommage doit se rendre quarante jours après la mutation arrivée : il y a cependant quelques Coutumes qui ne donnent au nouvel acquéreur que vingt jours. Voyez Berry, tit. 5, art. 7. Mais toutes les Coutumes obligent ce nouvel acquéreur à exhiber au Seigneur son titre d'acquisition en même tems qu'il lui rend la foi & hommage, afin que le Seigneur se puisse déterminer sur le retrait féodal, ou qu'il puisse connoître les droits qui lui sont dûs. La Coutume de Berry a encore, à cet égard, une disposition singulière; tit. 5. Par l'art. 10, elle donne au nouvel acquéreur quarante jours pour exhiber son contrat, tandis que par l'article 7, elle ne lui en donne que vingt pour faire la foi & hommage; il est vrai que le Seigneur peut concilier le tout, en ne recevant son Vassal à la foi que dans le tems fixé pour l'exhibition du titre.

Si, lorsque le Vassal appréhende le Fief, il est mineur, le Seigneur est obligé de recevoir à la foi & hommage ses tuteurs & curateurs, si mieux n'aime donner souffrance au mineur jusqu'à sa majorité féodale : elle s'acquiert à 20 ans accomplis pour les mâles, & à 15 ans aussi accomplis pour les filles. Paris, art. 32. Arrêtés de M. de Lamoignon, tit. 10, art. 30.

Il y a plusieurs solemnités à observer pour rendre valablement la foi & hommage.

1°. Le Vassal est tenu d'aller en personne vers son Seigneur, ou celui qui est chargé de sa procuration, pourvû que ce ne soit pas une personne vile. Le Vassal ne peut point s'acquitter de ce devoir par Procureur, & le Seigneur seroit en droit de refuser celui qui seroit chargé de la procuration; il y a cependant un Arrêt du Conseil du 15 Décembre 1733, qui permet aux Vassaux de Sa Majesté, possesseurs de Fiefs simples, & non titrés, lorsqu'ils sont domiciliés au de-là de cinq lieues des Chambres des Comptes & Bureaux des Finances dans les ressorts desquels sont situés les Fiefs, d'y rendre la foi & hommage par Procureur fondé.

Lorsque le Vassal ne trouve ni son Seigneur, ni aucun Procureur fondé de sa part, il y a des Coutumes qui autorisent alors le Vassal à rendre la foi & hommage à la porte du principal manoir du Fief, & d'en laisser acte au Greffe de la Justice du Fief dominant. Paris, art. 63. Berry, tit. 5, art. 20. D'autres Coutumes, comme Anjou, art. 109. Orléans, 67. veulent seulement que le Vassal fasse offre de la foi & hommage, à la charge de faire le devoir si-tôt qu'il en sera interpellé par le Seigneur. Ces offres suffisent pour mettre le Fief à couvert; mais elles ne libérent pas le Vassal de rendre la foi & hommage quand il sera requis par le Seigneur, quand bien même il l'auroit fait à la porte du principal manoir.

Quoique le Vassal soit strictement tenu d'aller en personne vers son Seigneur, cependant il en sera dispensé, s'il a excuse légitime, s'il est infirme, prisonnier, occupé aux affaires d'Etat, s'il est empêché dans les chemins par une inondation ou par les gens de guerre; le Seigneur alors doit recevoir le Procureur fondé du Vassal, ou lui donner souffrance jusqu'à ce que l'excuse cesse. Orléans, art. 65. Bourbonnois, 378. Berry, tit. 5, art. 19.

Nous avons dit que la foi & hommage étoit dûe par le Vassal toutes les fois qu'il y a mutation dans le Fief servant de la part du Vassal: ce devoir a encore lieu lorsqu'il y a mutation de la part du Seigneur dominant; & quoique le Vassal eût rendu la foi & hommage au précédent Seigneur, il ne la doit pas moins au nouveau; & si le Vassal la refusoit, il s'exposeroit à voir son Fief saisi.

Mais, avant que le nouveau Seigneur puisse procéder contre son Vassal par droit de saisie, il doit le mettre en retard. A cet effet, il doit, dit la Coutume de Paris, art. 65, faire proclamer & signifier que ses Vassaux aient à venir lui faire la foi & hommage dans quarante jours; si ce délai passé les Vassaux ne font pas le devoir, leur Fief peut être saisi. Il y a des Coutumes qui ne demandent point cette formalité; auquel cas la prise de possession du nouveau Seigneur, la foi & hommage qu'il a rendue au Roi, suffit pour l'autoriser à saisir le Fief. Lorsqu'il y a mutation de la part du Seigneur, & que d'un autre côté il y a aussi mutation de la part du Vassal par succession ou acquisition; alors c'est au nouveau successeur ou nouvel acquéreur à aller chercher son Seigneur, sans attendre aucune sommation de sa part; & s'il ne le fait, le Seigneur peut saisir le Fief: c'est la disposition de toutes les Coutumes du Royaume; il n'y a que la seule Coutume de Berry, tit. 5, art. 35, qui veut que le nouveau Seigneur somme le Vassal nouveau successeur ou nouvel acquéreur de faire son devoir.

2°. Non seulement le Vassal est tenu d'aller en personne trouver son Seigneur, mais il doit encore se transporter au principal manoir du Fief dominant. Si le Fief avoit deux châteaux, l'un ancien, & l'autre nouveau, il est au choix du Vasſal de faire la foi & hommage en l'un ou l'autre. Dumoulin, ſur l'art. 45 de la Coutume de Paris, *verbo*, *faire les offres*, n. 4 & ſuiv. Si le Fief n'a ni château ni manoir, la foi & hommage peut ſe faire au lieu où ſe fait ordinairement la recette des Droits ſeigneuriaux ; & comme cet endroit, ſouvent, n'eſt pas fixe, Dumoulin, ſur l'article ci-deſſus, penſe qu'alors le Vaſſal peut faire la foi & hommage, ou en faire les offres au domicile ordinaire du Seigneur. Il eſt en effet de droit commun, que *toutes offres faites à perſonnes ou domicile ſont valables* : c'eſt l'eſprit de l'art. 3 du titre 2 de l'Ordonnance de 1667. L'art. 28 du tit. 5 de la Coutume de Berry veut que, quand il n'y a manoir, la foi ſe rende au lieu où eſt la Juſtice du Fief.

S'il y a pluſieurs Seigneurs du Fief, la foi faite à un ſeul ſuffit. Si les Seigneurs ſont frères, il faut faire la foi à l'aîné, s'il eſt ſur lieu, &, en ſon abſence, au puîné, dont on fera mention dans l'acte. Berry, art. 20 & 21 du tit. 5.

Si le Vaſſal trouvoit ſon Seigneur dans quelque endroit éloigné de ſon domicile, il pourroit lui faire la foi & hommage, ſi le Seigneur vouloit la recevoir ; mais le Vaſſal ne peut pas l'y contraindre.

3°. La troiſiéme ſolemnité de la foi & hommage conſiſte dans les reſpectueuſes ſoumiſſions que le Vaſſal doit faire à ſon Seigneur. Les plus ordinaires ſont celles exprimées dans l'art. 63 de la Coutume de Paris. Le Vaſſal doit être nue tête, ſans épée ni éperons, mettre un genouil en terre, & dire qu'il lui porte la foi & hommage, dont il eſt tenu, à cauſe de tel Fief mouvant de lui, & déclarer à quel titre ce Fief lui eſt venu. Berry, tit. 5, art. 20, ne déſire point d'autre ſoumiſſion que celle de baiſer le verouil ou la porte du principal manoir. Quelques Coutumes veulent que le Vaſſal mette ſes mains en celles de ſon Seigneur. En cela il faut ſuivre la diſpoſition de chaque Coutume.

4°. Le Vaſſal, en allant rendre la foi & hommage, ne doit manquer de faire au Seigneur des offres réelles des droits qu'il peut devoir, & même de les payer, ſi le Seigneur veut recevoir ; autrement le Seigneur ne ſeroit point obligé de le recevoir à la foi & hommage, & l'offre de faire la foi & hommage, ſans payer les droits, ou ſans offres réelles, ne couvriroit point le Fief.

5°. Le Vassal doit enfin laisser au Seigneur, ou à son fondé de procuration, son receveur, ou, à leur défaut, au plus proche voisin, en présence d'un Notaire & de deux témoins, l'acte de sa foi & hommage, en parchemin, bien & duement controllé & signé. Cet acte doit contenir les différentes solemnités prescrites par les Coutumes qui régissent les Fiefs, pour lesquels on rend la foi & hommage : il doit y être fait mention des titres de propriété. Le Notaire, qui dressera l'acte de foi & hommage, aura soin de n'admettre aucuns titres, contrats d'acquisition, donations, testaments, qui ne soient controllés & insinués, même ceux qui seroient sous signatures privées, d'en faire mention expresse, à peine de nullité, de 300 livres d'amende contre le Notaire, & pareille somme contre le Seigneur qui rend la foi & hommage, & au triple des droits auxquels lesdits actes seroient sujets. Telle est la rigueur de l'Arrêt du Conseil du 16 Janvier 1717.

Si la foi & hommage est faite à un Procureur fondé, s'il y a minute chez le Notaire de la procuration, elle doit être mentionnée & datée dans l'acte de foi & hommage : si elle est en brevet, il faut la faire déposer, pour être jointe à l'acte ; autrement il n'y auroit pas de sureté pour le Vassal.

Quand le Seigneur féodal refuse, sans cause, de recevoir son Vassal à la foi & hommage, ou lorsqu'il y a combat de Fief entre un ou plusieurs Seigneurs, le Vassal peut se faire recevoir par main souveraine. Cette réception se fait par les Baillifs & Sénéchaux des lieux, en consignant par le Vassal les droits qu'il peut devoir, & en offrant de faire la foi & hommage au Seigneur qui aura gain de cause : le Vassal doit avoir main-levée de toute saisie féodale, si aucune a été faite, & s'il n'en a point été fait, la main souveraine empêche qu'on n'en puisse faire.

Autrefois, pour se faire recevoir par main souveraine, il falloit obtenir des lettres en la Chancellerie ; aujourd'hui l'usage en est abrogé, même dans la Chambre du Domaine : il suffit de s'adresser, *rectâ viâ*, aux Baillifs & Sénéchaux, seuls capables, à l'exclusion de tous autres Juges, de recevoir par main souveraine. La raison est que la main souveraine est de droit commun, & un asyle qui doit être ouvert à tout Vassal opprimé, ou qui craint de l'être, pendant la litispendance du combat de Fief.

Lorsque le Vassal a rendu la foi & hommage, il doit encore une autre reconnoissance à son Seigneur, qu'on appelle aveu & dénombrement : elle consiste dans un acte, par lequel le Vassal avoue son Seigneur pour être celui dont il relève nuement, à cause de tel Fief qu'il reconnoît tenir de sa libéralité. Le Vassal doit ensuite donner une description détaillée du Fief, des droits qui en dépendent, de la justice, des dixmes, des censives, maisons & autres héritages qui composent le Fief, avec leurs noms, leur contenu, leur territoire, leurs bornes nouvelles, référées aux anciennes.

Rien n'est plus important, pour un Vassal, que de faire exactement son aveu & dénombrement : comme cet acte contient un détail circonstancié de tous les droits utiles, réels, honorifiques, personnels & mixtes de la Seigneurie, & rappelle les titres qui établissent ces droits ; quand il est une fois reçu à la Chambre des Comptes, ou au Bureau des Finances, cela forme un titre authentique qui, en cas d'incendie ou de perte de tous les autres titres, peut suffire pour remettre en vigueur tous les droits de la Seigneurie.

L'aveu & dénombrement doit être donné après la foi & hommage, dans le délai fixé par les différentes Coutumes : ce délai, est dans quelques Coutumes, de quarante jours. Paris, art. 8 ; Lorris, art. 64. En Berry il est de soixante jours ; tit. 5, art. 24. Il faut suivre la disposition de chaque Coutume.

Si un Vassal possède plusieurs Fiefs relevant d'un même Seigneur, il peut les comprendre en un seul aveu & dénombrement. Cet acte ne se peut donner sous signature privée ; il doit être, dit l'art. 8 de la Coutume de Paris, en forme probante & authentique, écrit en parchemin, & passé pardevant Notaires. Il est libre au Vassal de le faire dresser par tel Notaire qu'il juge à propos, à moins que le Seigneur n'eût pris des lettres pour la renovation de son terrier ; alors il doit être dressé par le Notaire commis par les lettres. En dressant son aveu, le Vassal doit observer de n'y point prendre d'autre qualité que celle qu'il a prise dans son acte de foi & hommage ; de faire mention du controlle & de l'insinuation des actes énoncés dans l'aveu & dénombrement, sous les peines portées par l'Arrêt du Conseil du 16 Janvier 1717; de dater l'acte de sa foi & hommage, les anciens aveux, s'il y en a; d'avouer les augmentations qui peuvent être survenues à sa Seigneurie, depuis les derniers aveux, d'en rapporter les titres.

Si le Vassal n'a point d'anciens aveux, alors il dressera celui qu'il doit fournir, sur les déclarations & les reconnoissances qui lui auront été fournies par ses Vassaux & Censitaires, & sur la communication des titres du Seigneur dominant qui ne peut lui être refusée. Dumoulin, sur l'art. 40 de la Coutume de Saintonge.

Lorsque l'aveu & dénombrement est dressé, il doit être signé du Vassal, du Notaire, & de deux témoins au choix du Vassal; après quoi, pour le faire recevoir, il y a encore plusieurs solemnités à observer, plus ou moins grandes, selon la qualité des Fiefs.

Si l'aveu est pour une Seigneurie relevant du Roi, & fait à la Chambre des Comptes, il en faut trois copies en parchemin, toutes trois signées du Vassal, du Notaire, & de deux témoins; l'une pour la Chambre des Comptes, l'autre pour le Bureau du Domaine, & la troisième pour le Vassal.

Quand l'aveu est donné au Roi pour une grande Seigneurie, ces trois copies doivent être communiquées au Receveur du Domaine, qui, au bas, mettra son certificat qu'elles lui ont été communiquées, qu'il a été payé des droits qui peuvent lui être dûs, & qu'il n'y a aucuns moyens pour empêcher la réception de l'aveu.

Si le Receveur propose quelques moyens d'opposition, il faut l'assigner au Bureau du Domaine, pour l'en faire débouter.

Si le Vassal, qui donne son aveu au Roi, a quelque droit d'usage dans les forêts de Sa Majesté, ou de pêche dans les rivières navigables, ou même qu'il soit simplement riverain de cent perchées des bois du Roi, des appanagistes ou engagistes, il en doit (a) faire mention dans son aveu, ensemble de la contenue de ses bois, de l'arpentage qui en a été fait, de leur distance des forêts du Roi, ou des appanagistes ou engagistes, & communiquer les trois copies de son aveu au Procureur du Roi de la maîtrise où le Fief est situé. Cet Officier mettra au bas

(a) Art. 8 du tit. 27 de l'Ordonn. de 1669.

bas de chacune son certificat de communication, avec déclaration qu'il n'empêche la réception de l'aveu, ou qu'il s'y oppose.

Si le Procureur du Roi refusoit de donner son certificat, il faudroit lui faire une sommation de le donner, avec déclaration que la sommation vaudra communication : s'il est opposant, il faudra le faire assigner pour déduire ses moyens, & en être débouté.

Quand toutes ces formalités sont remplies, il faut faire publier l'aveu & dénombrement dans les paroisses de l'étendue du Fief, par un Huissier royal, à l'issue des grandes messes paroissiales, par trois dimanches consécutifs : il faut, au bas de chaque copie, un certificat de publication, dans lequel sera déclaré qu'il ne s'est trouvé aucune opposition, ou fait mention de celles qui pourront avoir été faites, & à la requête de qui.

Après ces publications, le Vassal doit remettre les trois copies de son aveu au Greffe de la Justice royale, dans le ressort de laquelle sont situés les Fiefs démembrés, pour être publiées pendant trois audiences consécutives, dont certificat sera donné par le Greffier au bas de chaque copie, avec mention des oppositions qui y ont été formées, ou qu'il ne s'en est trouvé aucunes.

Après cette dernière formalité, le Vassal fait enfin remettre ces trois copies au Greffe de la Chambre ou du Bureau, pour y être aussi publiées pendant trois audiences publiques : s'il se présente des opposans, on les fait assigner, pour déduire leurs moyens & se voir débouter; s'il n'y a point d'opposition, intervient Sentence ou Arrêt qui reçoit l'aveu & dénombrement.

Les aveux qu'on donne aux Seigneurs, des Fiefs qui relèvent d'eux, ne sont pas sujets à un si grand nombre de formalités; il suffit qu'ils soient dressés en la forme que nous avons dit ci-dessus; d'en avoir deux copies, une pour le Seigneur, l'autre pour le Vassal. Il n'est point nécessaire qu'ils soient publiés nulle part, parce que, dans ces aveux, n'y ayant que le Seigneur dominant qui soit intéressé, la publication n'en est pas nécessaire.

Le Vaſſal doit porter en perſonne au château du Seigneur ; ou principal manoir du Fief dominant, ces deux copies, avec les titres & piéces juſtificatives : il doit les laiſſer au Seigneur en perſonne, &, en ſon abſence, à ſon Procureur Fiſcal, ſon Fermier ou ſon Receveur ; & à défaut des uns & des autres, au plus prochain voiſin, dont le Vaſſal prendra acte en préſence d'un Notaire & de deux témoins. Arrêtés de M. le Préſident de Lamoignon, tit. 4, art. 1 & 4.

Il eſt libre au Seigneur de garder l'aveu de ſon Vaſſal pendant quarante jours, pour le blâmer ou le recevoir ; mais, ce délai paſſé, l'aveu eſt tenu pour reçu, ſans qu'il ſoit même beſoin de le faire prononcer ; & le Seigneur ne peut plus ſaiſir le Fief.

Quoiqu'on diſe communément que *l'aveu eſt tenu pour reçu, faute d'être blâmé dans quarante jours*, cet axiome, dit Ferrière, n'eſt pas vrai à la lettre ; il ſignifie ſeulement qu'après les quarante jours le Seigneur ne peut plus uſer de ſaiſie ; mais cela ne l'exclut pas de blâmer l'aveu dans un autre temps, lorſqu'il n'a pas eu la commodité de le faire dans les quarante jours : ce délai expiré, il eſt libre au Vaſſal d'aller lui-même, ou d'envoyer chercher ſon aveu.

La diſpoſition de toutes les Coutumes eſt que, faute par le Vaſſal de rendre la foi & hommage, & de bailler ſon aveu & dénombrement dans les temps portés par les Coutumes, le Seigneur a le droit de ſaiſir le Fief du Vaſſal, & de le tenir ſous ſa main, juſqu'à ce que le Vaſſal ait fait ſon devoir. Nous parlerons ailleurs des cas, des formalités, & des effets de la ſaiſie féodale.

CHAPITRE V.

Des Justices seigneuriales, de leur origine, & de leur état actuel.

NOUS avons dit ailleurs que, dans l'origine des Fiefs, le droit de Justice étoit inhérent au Fief, en faisoit partie; qu'en donnant le Fief on donnoit la Justice. Voilà la première époque de l'établissement des Justices seigneuriales. D'un autre côté, M. le Président de Montesquieu prouve que, dans les commencements de notre Monarchie, le Gouvernement civil étoit toujours joint au Gouvernement militaire : donc les Comtes & les Ducs, qui étoient les Gouverneurs militaires des Provinces, en étoient aussi les Juges; donc, quand les Ducs & les Comtes eurent extorqué à la foiblesse des Rois de la seconde race, ou qu'ils eurent usurpé la propriété de leurs Gouvernements, on commença dès-lors à voir des Justices héréditaires. Il en fut de même pour les Fiefs; & telle est la seconde époque de l'origine des Justices seigneuriales. La première époque fait voir les choses dans l'ordre; la seconde époque offre une usurpation presque générale. En deux mots, quand les Comtes, les Ducs & les Feudataires possédèrent leurs Fiefs, leurs Gouvernements à vie, il n'y eut point de Justices héréditaires : quand les Fiefs & les Offices devinrent perpétuels & héréditaires, les Justices le devinrent aussi. Alors, dit M. le Président Hénault, toutes les marques de l'autorité royale furent effacées de toutes les Provinces, & on leur substitua un Droit seigneurial.

Dans la suite, sous les Rois de la troisième race, la puissance de nos Monarques s'étant raffermie, leur principal objet fut d'affoiblir le pouvoir des Seigneurs, en attaquant leur droit de Justice. D'abord on les soumit à l'inspection des Commissaires que la Cour envoyoit dans les Provinces; ensuite on introduisit des cas royaux, dont la Justice des Seigneurs ne put plus connoître; on soumit enfin leurs jugements à l'appel. Toutes ces restrictions, & différentes autres circonstances, conduisirent l'exercice des Justices seigneuriales au point où nous les voyons encore.

Anciennement les Seigneurs rendoient eux-mêmes la Justice à leurs Justiciables ; & les anciens actes de foi & hommage nous apprennent qu'une des principales obligations des Vassaux étoit d'assister à la Cour du Seigneur haut-justicier, lorsqu'il tenoit ses plaids & ses assises, de l'aider de leurs conseils, & de garder le secret de la Cour. Alors l'exercice de la Justice n'étoit ni fort embarrassant, ni fort compliqué : les Loix qui composoient le droit des Francs étoient simples ; tout consistoit en des réparations ou des amendes pécuniaires, & la Loi du Tallion régloit le reste. Quand les preuves manquoient, ou rendoient le différend douteux, il se décidoit par le combat judiciaire, par les épreuves du fer, de l'eau, ou du feu. Ces jugements bisarres ont, pendant très-long-temps, décidé de la vie, de l'honneur des Sujets, & de la propriété des biens.

La raison, l'humanité, & des événements qu'il n'entre pas dans notre sujet de développer ici, firent enfin disparoître de la France la pratique des Loix Ripuaires, Bourguignonnes, Wisigothes & Lombardes. Des mœurs plus douces introduisirent peu à peu des usages, des coutumes, des Loix plus raisonnables & plus réfléchies, & ramenèrent insensiblement la pratique du Droit Romain : alors il fut nécessaire de faire une longue étude des Loix & des Coutumes ; & comme les Seigneurs hauts-justiciers n'avoient ni le temps ni la volonté de s'appliquer à cette étude, ils devinrent, d'eux-mêmes, inhabiles à l'administration de leurs Justices, & furent contraints de la confier à des gens de Loi.

Une autre circonstance servit peut-être encore de prétexte à ôter aux Seigneurs l'exercice des Justices. Lorsque la France étoit gouvernée par le Code des Loix Barbares, & sur-tout lors de l'établissement des Fiefs, on ne trouvoit par-tout que des Seigneurs & des Serfs ; par conséquent les Seigneurs n'avoient guère de questions de propriété à vuider avec des Serfs, ni les Serfs entre eux. Mais, depuis, les Propriétaires s'étant multipliés, & ayant souvent des questions de propriété à faire décider avec leurs Seigneurs, il parut contre l'équité que le

Seigneur fût Juge & Partie : on les força donc de commettre des Juges, devant lesquels ils ont été obligés de comparoître eux-mêmes, sous le nom de leurs Procureurs Fiscaux ; & c'est sur ce pied-là qu'aujourd'hui sont régies & administrées les Justices seigneuriales.

Les Seigneurs, ne pouvant plus rendre la Justice par eux-mêmes, sont obligés d'y pourvoir, & de nommer à cet effet des Officiers capables & intelligents. *Voyez* l'art. 55 de l'Ordonnance d'Orléans, & l'art. 9 de l'Edit de 1703. Si les Seigneurs ne satisfaisoient à ces Réglements, ils pourroient y être contraints par M. le Procureur Général, &, sur son requisitoire, la Cour ne manqueroit pas d'ordonner que, dans tel temps, le Seigneur pourvoiroit sa Justice de Juges de capacité requise, sinon que le revenu de la terre seroit saisi & régi sous la main du Roi, jusques à ce qu'il y eût satisfait. Cela fut ainsi ordonné contre le Seigneur de Fréterons, par Arrêt du Parlement de Dijon, du 24 Mai 1565. Un autre Arrêt du même Parlement, du 19 Janvier 1600, enjoint à tous les Seigneurs du ressort d'établir des Officiers pour l'administration de leurs Justices, sinon qu'il y sera pourvu à leurs frais.

Non seulement les Seigneurs sont obligés de pourvoir leurs Justices d'Officiers d'une capacité suffisante, mais ils sont encore tenus de leur donner des gages convenables, pour leur faciliter d'autant plus, dit l'article 9 de l'Edit de 1708, les moyens de rendre la Justice. Il y a peu de Seigneurs qui obéissent à cette Loi : les uns ne donnent point de gages à leurs Officiers ; les autres en donnent de si modiques, qu'ils ne sont point capables de remplir les vues de l'Edit. Mais, ce qu'il y a de pire, c'est que la plûpart des Seigneurs vendent aujourd'hui leurs Offices, au mépris de l'article 101 de l'Ordonnance de Blois, qui défend expressément à tous Seigneurs justiciers, tant ecclésiastiques que séculiers, de vendre, directement ni indirectement, les états de judicature, à peine d'être privés de la présentation & nomination à iceux. Il ne seroit pas difficile de faire connoître combien la contravention à cette Loi entraîne, après elle, d'abus & de vexations dans la campagne : mais ce travail seroit aussi infructueux que les déclamations qu'on a faites, & qu'on fera encore long-temps, contre la vénalité des Offices.

Lorsqu'un Officier est pourvu par le Seigneur, avant d'exercer son Office, il doit prêter serment & se faire recevoir aux Justices royales, dans l'étendue desquelles la Justice du Seigneur est située, & dont elle relève par appel. Les Officiers des Duchés-Pairies se font recevoir & prêtent serment en la Cour. C'est ce qui est ordonné par l'art. 30 de l'Ordonnance de Crémieu, par l'art. 35 de celle d'Orléans, & par l'Edit du mois de Mars 1693.

L'exécution de ces Loix est d'autant plus importante, qu'elles tendent à réprimer l'abus qui s'étoit glissé, & qui subsiste encore, de nommer, par les Seigneurs, des Juges à leur dévotion, & dont le choix ne tombe pas toujours sur de fort habiles gens. L'Edit de 1693 donne un autre motif, également intéressant : c'est afin, dit-il, que les Juges supérieurs, & les Peuples, connoissent ceux sur la foi desquels ils doivent se reposer, . . . & que la Justice ne soit administrée, à l'avenir, que par des personnes dont l'état soit certain, & la probité reconnue.

Il est fâcheux qu'une Loi aussi sage que l'Edit de 1693, qui, en renouvellant la disposition des anciennes Ordonnances, assujettit les Juges seigneuriaux à se faire recevoir & à prêter serment, ne soit point exécutée, & ne soit regardée que comme un Edit bursal. Cela est si vrai, que le sieur Ithier de Coulon ayant appellé, tant comme de Juge incompétent qu'autrement, d'une Sentence rendue par Me François de Corsembleu, Bailli du Duché-Pairie de Sully, & l'ayant pris à partie, sous prétexte qu'il n'avoit pas été reçu ni prêté serment en la Cour, intervint Arrêt au Parlement de Paris, le 24 Juillet 1732, rendu sur les conclusions de M. Gilbert, Avocat Général, par lequel l'appellation fut mise au néant ; Me Corsembleu déclaré follement intimé & pris à partie, & Ithier condamné en 300 livres de dommages & intérêts envers lui, & aux dépens, sauf à M. le Procureur Général à demander un Réglement pour la réception des Officiers des Seigneurs ressortissant nuement à la Cour. Cet Arrêt est rapporté dans les nouvelles remarques ſur M. Louet, livre 5, tome 3, édition de 1742.

De même que les Seigneurs ont le pouvoir d'établir des Officiers, ils ont auſſi celui de les révoquer. Ils en eurent la permiſſion par l'article 27 de l'Ordonnance de Rouſſillon, à moins qu'ils n'euſſent été pourvus à titre onéreux, ou pour récompenſe de ſervices. Le motif de l'Ordonnance étoit que les Seigneurs étoient reſponſables du mal jugé de leurs Juges; mais, depuis qu'ils ne le ſont plus, la Juriſprudence a beaucoup varié ſur ces deſtitutions.

On n'a jamais douté qu'un Officier, pourvu à titre gratuit, ne pût être deſtitué à la volonté du Seigneur : à l'égard de ceux pourvus à titre onéreux, ou pour cauſe de ſervices, on a long-temps agité s'ils étoient révocables à volonté. On trouve pluſieurs Arrêts pour & contre, qu'on peut voir dans Chenu, M. Louet, Loyſeau, Brillon, & autres : mais quantité d'Arrêts, rendus dans tous les Parlements du Royaume, ont enfin fixé cette Juriſprudence, de façon qu'il n'eſt plus permis de douter qu'un Officier pourvu, même à titre onéreux ou pour cauſe de ſervices, ne ſoit deſtituable à volonté du Seigneur, en rembourſant par lui le prix de l'Office, ou en indemniſant pour les ſervices rendus, dont néanmoins l'Officier deſtitué doit faire preuve. Arrêts du Parlement de Paris, des 13 Février, 5 Mars & 25 Mai 1693, au profit de M. le Duc de la Trémouille, de M. l'Evêque de Soiſſons, & de M. le Grand-Prieur. Bruneau, en ſon traité *des Criées*, page 477, en rapporte cinq autres, qui ont jugé la même queſtion. Le dernier eſt du 16 Janvier 1701, en faveur de M. Balthazar de Gomicourt, contre Jam de Bugny, ſon Juge, pourvu pour récompenſe de ſervices. On en trouve encore deux autres, plus récents, du Parlement de Dijon; l'un du 6 Février 1736, au profit de M. le Comte de Mont-Revel, contre ſon Procureur d'Office, pourvu à titre onéreux; l'autre du mois d'Août 1745, au profit de Madame de Doctan, contre Antoine Puthod, auſſi pourvu, à titre onéreux, du Greffe de ſa Juſtice des Marches en Bugey.

Loyſeau en ſon Traité des Offices, M. le Bretonnier ſur Henrys, s'élèvent beaucoup contre ces deſtitutions d'Officiers. Me de Ferriere dit qu'elles ſont contre l'équité & l'intérêt public ; mais malgré leurs judicieuses observations, on voit que la Jurisprudence actuelle y est contraire. Il y a eu sans doute, dans la conduite des Seigneurs à cet égard, souvent du caprice, quelquefois même de l'injustice ; mais aussi il n'est pas juste qu'on les force de garder, contre leur gré, des Juges qui peuvent leur être opposés, qui cabalent contr'eux, qui contrarient à chaque instant leur conduite, leurs volontés, qui se révoltent & soulèvent les Justiciables contre les droits du Seigneur.

On divise les Justices seigneuriales en haute, moyenne & basse Justice. Je ne trouve nulle part l'origine de cette distinction. Je crois que les moyennes & basses Justices n'ont eu lieu que quand les Fiefs sont devenus héréditaires, & par l'établissement des arrière-Fiefs. Les possesseurs des grands Fiefs, en les démembrant, crurent aussi qu'ils pouvoient démembrer leurs Justices, ou du moins céder quelque portion de leur pouvoir à cet égard ; mais ils ne le firent pas sans réserve ; ils conservèrent toujours la supériorité sur le moyen & bas Justicier. Dans les affaires civiles, comme dans les criminelles, ils ne peuvent agir que jusqu'à un certain point ; au civil, ils ne connoissent que de certaines matières ; au criminel, le moyen Justicier ne peut qu'informer & décrèter, après quoi, il doit faire transférer le criminel dans les prisons du Seigneur haut-Justicier, & faire porter le procès en son Greffe. Les Seigneurs hauts-Justiciers sçavoient trop que leur principale autorité venoit de la haute-Justice, pour la céder en entier à leurs Vassaux.

Aujourd'hui, un Seigneur qui voudroit établir un arrière-Fief, ne pourroit donner à son Vassal aucun dégré de Justice ni moyenne ni basse. Ce seroit une usurpation sur l'autorité royale, qui seroit bien-tôt réprimée. Il n'y a plus absolument que le Roi qui puisse créer, éteindre, diviser les Justices : toute Justice réside éminemment en sa personne royale, il la communique à qui il lui plaît : mais, sans son consentement, personne ne peut disposer de ses bienfaits à cet égard.

Le droit de nommer des Officiers & de les révoquer, est personnel aux Seigneurs ; leurs Intendants, sans une procuration spéciale de leur part, ne peuvent s'en mêler. M. Bretagne, dans ses observations sur Bourgogne, art. 8, rapporte un Arrêt du Parlement de Dijon, du 21 Avril 1668 qui l'a ainsi

ainsi jugé contre l'Intendant de Madame la Duchesse d'Angoulême, quoique cette Princesse fût intervenue pour approuver la conduite de son Intendant.

Mais cette règle n'a pas lieu à l'égard des Seigneurs qui sont en minorité : leurs Gardiens ont, sans contredit, droit de pourvoir aux Offices des Justices qui appartiennent à leurs mineurs : lorsque ces Offices viennent à vaquer pendant la garde, ils en peuvent disposer, donner des provisions, & ceux qui les auront obtenues, auront droit de jouir pendant la durée de la garde. Les Seigneurs, après leur garde finie, pourront y pourvoir, si bon leur semble ; mais le Gardien ne pourroit pas, de son autorité privée, destituer les anciens Officiers pendant le tems de sa jouissance, si ce n'est qu'il y eût faute notable. Me Charles Loyseau, en son Traité des Offices, liv. 3, chap. 5, rapporte trois Arrêts par lesquels il a été jugé que le Gardien ne pouvoit pas destituer les anciens Officiers. Le 1er du 23 Septembre 1639, pour les Officiers du Comté de Dunois, contre M. de Guise tuteur de M. de Longueville Le 2e est du 16 Février 1564, rendu contre Madame de Guise, qui, comme gardienne & tutrice de Messieurs ses enfants, avoit destitué le Procureur fiscal de la Ferté-Bernard. Le 3e Arrêt est du 5 Août 1586, pour le Bailli de Roanne qu'une mere gardienne avoit destitué. La raison que rend Me Loyseau de cette Jurisprudence, est que le Gardien n'est qu'usufruitier, qu'il ne peut donner de nouvelles provisions qu'au nom du propriétaire, & que le Seigneur propriétaire étant mineur, il n'est pas capable de consentement, & par conséquent, de donner le sien à la destitution des anciens Officiers.

Nous avons dit plus haut que le Roi seul peut créer, éteindre & diviser les Justices. De ce principe, il s'ensuit que le Seigneur Haut-Justicier peut bien vendre sa Justice en entier, mais qu'il ne peut la diviser, la partager, la démembrer de quelque façon que ce soit. On le trouve ainsi jugé contre M. de Montmorency, par Arrêt du 3 Juillet 1625, rapporté au Journal des Audiences. La raison est que la division multiplieroit à l'infini les petites Justices, ce qui seroit fort onéreux au Public. Il faut donc absolument que l'autorité du Roi intervienne pour diviser une Justice ; & cette division ne se fait jamais sans de puissants motifs, & sans de grandes formalités; il faut des Lettres-patentes enregistrées au Parlement, après une information *de commodo & incommodo.*

Un Seigneur qui, en vendant une portion de sa terre, vendroit en même-tems le droit de Justice qu'il avoit sur la chose vendue, feroit une aliénation au préjudice de l'autorité du Roi qui ne pourroit jamais subsister; l'acquéreur même ne seroit pas dans le cas de prétendre des dommages & intérêts: parce que personne ne peut & ne doit rien faire de contraire à l'autorité royale; d'un autre côté, cet acquéreur sçavoit ou devoit sçavoir qu'il étoit incapable d'acquérir une partie de Justice, & que son vendeur étoit lui même dans l'incapacité de la vendre.

Lorsqu'un Seigneur a plusieurs terres voisines les unes des autres, & que chacune a sa Justice, il arrive souvent qu'on en fait la réunion. Quelque favorable qu'elle puisse être, le Seigneur, qui n'a que le gouvernement de sa Justice, & qui n'en a pas la disposition, ne le peut faire de son autorité privée; il faut nécessairement avoir recours à celle du Prince, qui le permet aisément, parce que ces sortes de réunions sont toujours utiles à ses sujets. Nous voyons même que Sa Majesté en donne tous les jours l'exemple dans les Justices royales, dont plusieurs, comme les Prévôtés, les Châtellenies, ont été réunies aux Bailliages dont elles relevoient par appel.

Les Seigneurs, au lieu de songer à partager ou diviser leurs Justices, doivent au contraire avoir la plus grande attention à conserver leurs Justiciables, & à empêcher qu'ils ne soient distraits de leur Jurisdiction; à cet effet, ils doivent recommander à leurs Juges de tenir leurs assises au moins une fois l'an. Ce sont des assemblées de Juges instituées pour faire la publication des règlements de la Seigneurie, & pour reconnoître les Justiciables.

L'usage des assises remonte aux tems les plus anciens; les Seigneurs Hauts-Justiciers avoient leurs assises ordinaires & extraordinaires: dans les assises ordinaires, ils jugeoient les petits différents de leurs Justiciables, ce qu'on appelle le courant des affaires.

Les assises extraordinaires étoient plus solemnelles, & se tenoient communément quatre fois par an. Cet usage est prouvé par quantité de nos Coutumes, telles que Blois, Anjou, Tours, Lodunois. Dans ces assemblées on jugeoit les affaires majeures; on faisoit les règlements : c'étoit ce qu'on appelloit proprement la cour du Seigneur. Il y étoit toujours assisté de ses Pairs, c'est-à-dire des Vassaux qui relevoient de lui, obligés par état à se rendre à la convocation des assises. Nous avons vû qu'un des principaux devoirs du Vassal étoit de se trouver à la cour de son Seigneur, de l'assister & de garder le secret. Quelques-unes de nos Coutumes prononcent des amendes contre le Vassal qui ne se rend pas aux assises : la Coutume de Saint Quentin permet même en ce cas de saisir le Fief du Vassal.

Le Roi tenoit aussi ses assises : il y paroissoit avec tout l'éclat de la majesté royale; il y jugeoit en personne, assisté de ses Pairs, les causes de ses Vassaux, celles où les Comtes & les Ducs avoient refusé de rendre justice, ou celles qu'on avoit portées devant lui par appel, lorsqu'on avoit ouvertement jugé contre les Loix.

Afin que les Chevaliers & les Vassaux n'eussent aucun empêchement pour se rendre aux assises, il étoit défendu de les inquiéter en y allant, pendant leur séjour & leur retour; il n'étoit pas permis, dans ces circonstances, de saisir, pour obligations civiles, leurs meubles, leurs chevaux ou autres effets à eux appartenant; c'est ce qui est précisément ordonné par l'art. 13 du chap. 17 de la Coutume de Lorraine.

Les matières qu'on traitoit dans les assises, étoient très-importantes: après qu'on avoit jugé quelque grande affaire qu'on réservoit pour ces audiences solemnelles, on appelloit tous les Justiciables de la Seigneurie pour leur annoncer qu'ils n'eussent à se soustraire de la Jurisdiction; ensuite on lisoit les anciens usages de la Seigneurie, les règlements de Police, & on en faisoit de nouveaux, lorsqu'il étoit besoin.

Quoique les assises fussent très-intéressantes & très-utiles aux Seigneurs pour faire reconnoître leurs Justices, & aux Justiciables pour leur apprendre les règlements, il y a cependant beaucoup de Justices où on ne tient plus d'assises; on n'en a conservé l'usage que dans quelques Provinces, comme le Blaiſois & dans quelques Juſtices où on eſt dans la néceſſité de veiller à ce que les Juſticiables ne leur échappent ; ce qui arrive ſouvent dans les Bourgs & les Villages où il y a différentes Juſtices : alors il eſt du devoir d'un Procureur fiſcal vigilant, de faire indiquer à la meſſe de paroiſſe le jour & le lieu des aſſiſes, avec ſommation à tous les Juſticiables de s'y trouver : enſuite le Juge & les autres Officiers de la Juſtice, étant au lieu indiqué, après l'expédition des cauſes, le Procureur fiſcal requiert contre les abſents l'amende prononcée par la Coutume.

Quant au lieu où le Seigneur peut & doit tenir ſes aſſiſes, il n'eſt pas douteux qu'il les peut tenir dans tous les lieux & dans toute l'étendue de ſon territoire. Cependant il ne les peut pas tenir à ſa volonté dans les maiſons de ſes Juſticiables ; chacun doit fournir ſa maiſon à ſon tour, & au moins une fois en 30 ans. La queſtion a été ainſi jugée par Arrêt du Parlement de Dijon du 28 Février 1747, contre le Seigneur d'Alloyſe, au profit du ſieur Gallier, & ſuivant les offres qu'il avoit faites de donner ſa maiſon à ſon tour, après qu'on auroit épuiſé les maiſons des autres Juſticiables. Cet Arrêt eſt conforme à la diſpoſition de l'art. 72 de la Coutume de Poitou ; il dit que le Seigneur ne pourra tenir ſes aſſiſes qu'une fois en la maiſon de ſon Vaſſal pendant ſa vie, & que, ſi plus le faiſoit, le Vaſſal peut s'en complaindre.

L'impunité n'eſt nulle part plus grande que dans les Juſtices ſeigneuriales. Les Seigneurs, dans la crainte de fournir aux frais d'un procès-criminel ; leurs Juges, dans celle de faire des procédures dont ils ne ſont pas payés, ne font aucune recherche des crimes les plus atroces ; & ſi les coupables ſont amenés dans leurs priſons, ils trouvent bien-tôt moyen de s'en ſauver, ſoit par la connivence des Officiers du Seigneur, ſoit parce que les priſons ne ſont pas ſures.

Rien n'eſt plus recommandé par les Ordonnances, & notamment par l'art. 55 de celle d'Orléans, aux Seigneurs hauts-juſticiers, que d'avoir des priſons ſures, & de les tenir plus haut que le rez-de-chauſſée, & diſpoſées de façon, dit l'Ordonnance de 1670 que la ſanté des priſonniers n'en puiſſe être incommodée. Un Arrêt du 22 Janvier 1578, rapporté par Bornier ſur l'art. 1 du tit. 13 de cette dernière Ordonnance, enjoint à un Gentilhomme de tenir ses prisons séparées de son Château, en lieu propre & commode.

Les Seigneurs hauts-justiciers sont tenus de faire fournir le pain, l'eau & la paille aux prisonniers, & les Seigneurs ou leurs Fermiers peuvent y être contraints par toutes voyes. Les Procureurs fiscaux sont tenus de visiter chaque semaine leurs prisons pour y recevoir les plaintes des prisonniers. Tout ceci est expressément ordonné par les art. 26 & 35 du tit. 13 de l'Ordonnance de 1670.

Plusieurs règlements ordonnent aux Juges royaux de visiter les prisons seigneuriales de leur ressort, pour examiner si elles sont conformes aux Ordonnances, & si les prisonniers y sont traités suivant les Règlements. Il seroit fort à souhaiter que tous ces règlements fussent plus exactement exécutés. On peut assurer que de cent Justices, il n'y en a pas une qui soit en règle du côté des prisons; en quoi les Seigneurs entendent mal leurs intérêts. 1°. Les Juges royaux instruits de leur négligence, peuvent poursuivre, à leurs dépens, les procès criminels des délits qui se commettent dans leurs terres. 2°. Si leurs prisons ne sont pas sures, ils peuvent être responsables, tant au civil qu'au criminel, des prisonniers qui s'évadent. 3°. Leurs terres deviennent l'asile & le refuge de tous les scélérats du canton.

Il y a plusieurs Arrêts qui ont privé quelques Seigneurs, leur vie durant, de l'exercice de leurs Justices, pour en avoir abusé, pour avoir vexé leurs censitaires, en exigeant d'eux des cens qu'ils ne devoient pas. Bacquet, des droits de Justice, chap. 18, n°. 2, rapporte trois Arrêts qui ont condamné des Seigneurs coupables de ces prévarications, non-seulement à être privés de l'exercice de leurs Justices leur vie durant, mais encore à des peines infamantes. Nos Ordonnances, & notamment l'art. 283 de celle de Blois, ont sans doute servi de fondement à cette Jurisprudence : il y a même quelques Coutumes, comme l'ancienne de Bourgogne, art. 26, qui décident que, si le Seigneur refuse justice à son homme, il cesse d'être son Justiciable.

Le nombre des Officiers nécessaires pour l'administration des Justices seigneuriales, doit être règlé par les titres du Seigneur, il n'en peut pas créer de nouveaux sans la permission du Roi. L'art. 122 de l'Ordonnance de 1629, défend à tous Seigneurs hauts-justiciers, ecclésiastiques & séculiers, de faire nouvelle érection d'Officiers dans leurs terres outre & par dessus le nombre ancien. Il est ordinaire dans les Justices seigneuriales d'y trouver un Bailli & un Procureur fiscal: mais si les titres du Seigneur ne lui donnent pas droit d'avoir un Lieutenant, ou si au moins il n'est pas en possession immémoriale d'en nommer un, il ne le peut faire. Un Arrêt du Parlement du mois d'Août 1702, rapporté au Journal des Audiences, tom. 5, liv. 2, chap. 53, a jugé que la Dame de la terre des Fossés, n'avoit pu, outre un Bailli, nommer un Lieutenant, sans la permission du Roi.

Quoique toute Justice soit émanée de l'autorité royale, cependant les Seigneurs ont le droit de faire intituler les Sentences qui se rendent par leurs Juges de leur nom, & de les faire sceller du sceau de leurs armes. Sur quoi il faut observer que ces Sentences doivent être intitulées du nom de famille des Seigneurs, & non simplement du nom de leurs Seigneuries. La même règle doit être observée dans tous les actes publics que passent les Seigneurs, à peine de nullité: c'est la disposition précise de l'art. 211 de l'Ordonnance de 1629. Le Parlement de Dijon, en enregistrant cette Ordonnance, y apporta une modification très-sage. Il ordonna que la peine de nullité n'auroit lieu qu'au regard des Gentilshommes & des Seigneurs, & à leur préjudice seulement; autrement l'Ordonnance leur auroit pu servir de prétexte pour commettre quantité de fraudes.

CHAPITRE VI.

Des Droits ſeigneuriaux qui dérivent de la haute Juſtice.

LA Juſtice ne conſiſte pas ſeulement dans le droit de juriſdiction ſur ceux qui y ſont ſujets ; elle attribue encore au Seigneur juſticier d'autres droits conſidérables Tels ſont les droits de caducité, la déshérence, la bâtadiſe, les épaves ; tel eſt le pouvoir de s'emparer de tous les biens vacants & abandonnés, ſitués dans l'étendue de ſa Juſtice ; telles ſont enfin les amendes & les confiſcations. Tous ces droits ont été abandonnés au Seigneur haut-juſticier, pour l'indemniſer des dépenſes qu'occaſionne l'exercice de la Juſtice.

De la Déshérence.

C'eſt le droit de ſuccéder à un régnicole, né en légitime mariage, décédé ſans avoir teſté, & ſans héritier apparent habile à ſuccéder au défunt, ſuivant les Loix du Royaume & les Coutumes des lieux.

Bacquet a remarqué que, par le Droit commun, la déshérence appartient au Roi ſeul ; qu'elle n'a rien de commun avec la haute-Juſtice, qui conſiſte à faire rendre à chacun ce qui lui appartient, & non pas à ſuccéder à ceux qui n'ont point d'héritiers : ainſi ce n'eſt qu'une pure tolérance de la part du Souverain, ſi, dans ſon Royaume, les Seigneurs haut-juſticiers jouiſſent du droit de déshérence ; ce qui leur eſt aujourd'hui confirmé par une poſſeſſion immémoriale.

Lorſqu'une ſucceſſion tombe en déshérence, ſi elle conſiſte en biens ſitués en différentes Juſtices, chaque Seigneur haut-juſticier prend les héritages qui ſont ſitués dans ſa Juſtice, ainſi que les effets mobiliers qu'il trouve dans ſon territoire. C'eſt un cas particulier, où les meubles ſont préſumés avoir une assiette certaine, contre la maxime ordinaire, qui veut que *les meubles suivent le domicile de la personne.* Cette Jurisprudence vient sans doute de ce que, dans les commencements, les Seigneurs, sous prétexte de la haute Justice, se sont attribués la déshérence, plutôt par la voie de fait, par usurpation, que par un droit effectif : ainsi chacun se saisissoit, sans façon, de ce qu'il trouvoit sous sa main.

Le Seigneur haut-justicier, qui succède par déshérence, doit payer les dettes du défunt, jusqu'à due concurrence : ainsi chaque Seigneur haut-justicier, qui prend les biens meubles & immeubles du défunt, situés dans sa Justice, est tenu de contribuer au paiement des dettes passives, tant mobiliaires qu'immobiliaires du défunt, à raison de ce qu'il amande dans sa succession.

On demande si un régnicole, qui délaisse des héritages propres paternels & maternels, & qui n'a que des héritiers maternels, ces héritiers succéderont en tous les biens maternels & paternels du défunt, à l'exclusion du Fisc. Bacquet rapporte plusieurs Jugements qui ont décidé l'affirmative ; ce qui est conforme au Droit commun, qui n'appelle le Roi, ou le Seigneur haut-justicier, à la succession d'un défunt son justiciable, que quand il ne se trouve aucune espèce d'héritiers. *Fiscus post omnes.*

On agite la question de sçavoir si la donation entre-vifs, faite par un régnicole décédé sans hoirs, est valable. Il y a une Sentence de la Chambre du Trésor qui déclare une semblable donation nulle, comme faite au préjudice & en fraude du Fisc. Le donataire appella de cette Sentence à la Cour ; mais l'appel ne fut point jugé : s'il l'eût été, je ne doute point que la Sentence n'eût pu être infirmée. Le droit des donations est aussi libre & aussi favorable, en France, que celui des testaments : or comme le Roi ni le Seigneur haut-justicier ne succèdent point au régnicole décédé sans hoirs, lorsqu'il a testé, il y a parité de raison pour décider qu'ils ne doivent point aussi lui succéder, lorsqu'il a disposé de ses biens par donation entre-vifs. Par Arrêt du Parlement de Paris, du 12 Mai 1671, rapporté au Journal du Palais, il a été jugé que la succession d'un Jésuite profès, congédié de la Compagnie, appartenoit

à

à ses parents, & non au Seigneur haut-justicier, par droit de déshérence.

Du Droit de Bâtardise.

Ce droit est celui par lequel le Seigneur haut-justicier succéde à un bâtard décédé dans l'étendue de sa Justice, sans avoir testé, & sans enfants nés en légitime mariage.

Le Droit commun, en France, est que les bâtards ne succèdent ni à leur pere, ni à leur mere, ni aux parents de leurs peres & meres: ils sont regardés comme étrangers dans la famille, dont très-souvent ils sont le déshonneur & le scandale. Ils ne peuvent hériter de leurs pere & mere, ni même prétendre aucune légitime dans leurs successions; ils n'en peuvent recevoir que des pensions alimentaires, ou des legs modiques pour leur tenir lieu d'aliments. Lorsqu'il a plu aux peres ou aux meres de faire à leurs enfants bâtards des legs ou des donations exorbitantes, elles ont toujours été réduites sur ce pied: si on en trouve quelques unes de confirmées, ce ne peut être que sur des circonstances particulières, eu égard, par exemple, à la condition des peres & meres, à l'éducation qu'ils ont donnée à leurs enfants, à l'état où ils les ont poussés dans le monde. Toutes ces considérations, & d'autres de cette espèce sont encore plus favorables, & plus déterminantes, lorsque les peres & meres n'ont aucuns enfants légitimes.

De même que les bâtards ne succèdent à personne; de même aussi, quand ils décèdent sans laisser d'enfants légitimes, ou sans avoir disposé de leurs biens, soit par testament, soit par donation entre-vifs, personne ne leur succède. Alors le Droit commun est que leur succession doit appartenir au Roi seul, à qui elle est déférée par le droit de Bâtardise. La raison de décider est qu'il n'y a que le Roi qui, par sa souveraine puissance, ait le droit de légitimer un bâtard; ce qu'aucun Seigneur haut-justicier ne peut faire. C'est ainsi que la succession des aubains appartient au Roi, par droit d'aubaine, privativement à tous Seigneurs hauts-justiciers, parce qu'il n'y a que le Roi seul qui puisse naturaliser un étranger.

Quoique ces raisons soient fondées sur le droit de souveraineté, cependant, comme les Seigneurs hauts-justiciers sont tenus de prendre soin des enfants exposés dans l'étendue de leurs Justices, au moins jusqu'à l'âge de sept ans, il a paru juste à nos Rois d'indemniser, à cet égard, les Seigneurs hauts-justiciers, en les admettant à la succession des bâtards ; mais ce ne peut être que sous trois conditions : 1°. quand le bâtard est né dans la terre du Seigneur haut-justicier ; 2°. quand il y a été domicilié au temps de son trépas ; 3°. quand il y est décédé. Si l'une de ces trois conditions manque, le Roi succède aux bâtards, à l'exclusion du Seigneur haut-justicier. Mais il faut observer que, dans le cas de bâtardise, le mari & la femme se succèdent, à l'exclusion du Roi & du Seigneur haut-justicier.

Lorsque le Seigneur haut-justicier succède au bâtard, il faut remarquer :

1°. Qu'il ne peut prendre que les biens, du défunt, qui se trouvent dans sa Justice : quant à ceux qui se trouveroient ailleurs, ils appartiennent au Roi, à l'exclusion même des Engagistes, à moins que le droit de bâtardise ne leur soit spécialement accordé par les Lettres patentes de l'engagement.

2°. Le Seigneur haut-justicier, qui succède au bâtard, doit payer les dettes du défunt, jusqu'à due concurrence, tout ainsi que quand il succède par déshérence : à l'effet de quoi, dans l'un & l'autre cas, il doit faire faire inventaire des biens du défunt.

3°. Quand cet inventaire est fait, le Seigneur haut-justicier, soit qu'il succède par droit de bâtardise, ou par droit de déshérence, ne doit pas s'emparer de plein droit des héritages de la succession, ainsi que des meubles : il les doit faire saisir par sa Justice, comme biens vacants, & établir à la saisie un Commissaire ; ensuite il les fera publier, par trois proclamations, pour voir s'il ne se présente point quelque héritier légitime : s'il n'en paroît aucun, il se les fera adjuger, en observant cependant que, si après cette adjudication il se présentoit quelque héritier légitime dans les trente ans, il faudroit rendre les biens, avec restitution de fruits : mais, après les trente ans, on ne seroit plus recevable à reclamer la succession ; la prescription seroit acquise.

On a encore agité la question de sçavoir à qui appartient la succession des enfants des bâtards décédés sans enfants; si c'est au Roi, au Seigneur haut-justicier, ou bien aux parents que ces enfants peuvent avoir du côté de leur mere, qui n'étoit ni bâtarde, ni étrangère. Bacquet semble décider que la succession doit appartenir aux parents maternels. Cette décision paroît très équitable à Loyseau, qui pense que les successions, par droit de bâtardise ou de déshérence, ne peuvent s'adjuger au Roi, ou au Seigneur haut-justicier, que quand il ne se trouve absolument aucuns parents.

Des Epaves.

Dans la plûpart de nos Coutumes, sous le mot d'*épaves*, on entend toutes les choses mobiliaires, vivantes ou inanimées, qui ont été égarées ou dispersées, & dont on ignore le propriétaire; mais qu'il peut reclamer, quand il peut découvrir celui qui les a trouvées.

La plûpart des Auteurs, avec assez de vraisemblance, font deriver le mot d'*épaves** du verbe latin *expavescere*. Suivant cette étymologie, des animaux épaves sont ceux dont l'effroi a occasionné la perte & l'égarement : *expavefacta animalia*.

Les bêtes fauves, dans les forêts, les animaux sauvages, les oiseaux, les poissons, ne sont point des épaves; ils n'appartiennent à personne, & personne ne peut les reclamer.

Dans presque toutes les Coutumes, il y a un temps prescrit au propriétaire de l'épave, pour la reclamer : c'est ordinairement quarante jours après la première publication qui en doit être faite; passé ce temps, l'épave appartient au Roi ou au Seigneur haut-justicier, dans la Justice duquel elle a été trouvée, pourvû qu'on ait observé les formalités prescrites par les Coutumes, & dont les plus ordinaires sont celles qui suivent.

1°. Celui qui a trouvé une épave doit la dénoncer, dans les vingt-quatre heures, au Greffe de la Justice où l'épave a été trouvée; & s'il ne le fait dans ce temps, il est amendable à l'arbitrage du Juge, à moins qu'il n'allègue une excuse légitime.

Par les Loix juives & les romaines, ceux qui avoient trouvé quelque chose d'égaré, soit de l'argent, soit quelques animaux, pour n'être pas suspects de larcin, devoient le faire afficher par des placards publics, afin que le propriétaire pût reclamer ce qu'il avoit perdu. Le motif de ces Loix est qu'il n'est pas permis de s'enrichir des pertes d'autrui.

Le temps de vingt-quatre heures, pour dénoncer, est fatal. Il y a un Arrêt du Parlement de Dijon, du 24 Mars 1666, qui a condamné en l'amende un Paysan, faute d'avoir fait à la Justice, dans les vingt-quatre heures, sa déclaration d'un essain d'abeilles qu'il avoit trouvé dans le tronc d'un chêne, quoiqu'il l'eût fait le troisième jour, & avant la demande contre lui formée par le Fermier. Il y a quelques Coutumes qui autorisent la rigueur de cet Arrêt, & notamment l'article 6 de la Coutume de Nivernois.

2°. Quand la déclaration de celui qui a trouvé la chose égarée est faite, le Seigneur haut-justicier est tenu d'en faire faire la publication & la proclamation, par trois Dimanches consécutifs, à l'issue des messes paroissiales; le tout par un Huissier, depuis l'Edit de 1665, dont l'article 32 exempte les Curés & leurs Vicaires de publier rien à leurs prônes, si ce n'est les bans de mariage & les monitoires.

3°. Si dans les quarante jours, après la première publication, celui à qui appartient l'épave la reclame, & prouve suffisamment qu'elle lui appartient, elle doit lui être rendue, en payant par lui la garde, la nourriture, & les frais de Justice.

Si cependant l'épave est de petite valeur, il ne sera pas nécessaire d'observer de si grandes formalités, de crainte que les frais de publication, ceux de garde & de nourriture, n'en absorbent le prix. Quelques Coutumes, en pareil cas, telles que Sens, article 11, permettent au Seigneur de la faire vendre, après la première quinzaine & après deux proclamations, & d'en garder le prix, pour le rendre au maître, s'il se présente; sinon il doit rester au Seigneur.

4°. Lorsque toutes les formalités ci-dessus ont été remplies, pour que le Seigneur puisse être vrai propriétaire de l'épave, il faut encore qu'il se la fasse adjuger en Justice par son Juge: c'est la disposition expresse de la plûpart des Coutumes, qu'on doit même observer dans celles qui n'en parlent pas.

Si, après les publications de l'épave & l'adjudication qui en a été faite en bonne forme au Seigneur haut-justicier, le propriétaire de l'épave se présentoit, il ne pourroit plus la répéter : ainsi les délais, en cette matière, sont péremptoires; & le propriétaire de l'épave, qui a été duement averti, est censé l'avoir abandonnée, & doit imputer à sa négligence la perte qu'il ressent.

Sous le nom d'*épaves*, on comprend ordinairement tous les animaux domestiques, comme les chevaux, les moutons, les bœufs, & autres animaux privés. A l'égard des abeilles, des pigeons, des oiseaux de fauconnerie, des paons, des faisans, il semble qu'ils devroient appartenir au premier occupant : mais plusieurs Coutumes, comme Tours, le Maine, & d'autres, en ont disposé autrement, & font de ces derniers animaux des épaves, pour lesquelles elles ont fait des réglements particuliers. Dans les Coutumes même qui ne contiennent aucune énumération des épaves, on tient que les abeilles, & les autres animaux dont on vient de parler, appartiennent au Seigneur haut-justicier, & que celui qui les trouve est obligé d'en faire sa déclaration à la Justice du Seigneur, dans les vingt-quatre heures, tout ainsi que des autres épaves.

On doit regarder comme une espèce d'épave, un trésor trouvé par hasard; c'est-à-dire, un amas d'or ou d'argent, ou d'autres matières précieuses, caché dans la terre, dans des murailles, dans de vieilles masures, & dont on ignore le propriétaire. Cette matière a des règles différentes de celles des autres épaves; & celles qui suivent sont les plus ordinaires dans la pratique.

Suivant le Droit romain, celui qui trouve, dans son héritage, un trésor, en devient propriétaire; celui qui le trouve dans le fonds d'autrui, le partage par moitié avec le propriétaire du fonds. Cela se trouve ainsi jugé, à l'exclusion du Roi & du Seigneur haut-justicier, par plusieurs Arrêts rendus en pays de Droit écrit.

En pays coutumier, la règle ordinaire est que celui qui trouve un trésor dans son fonds, le partage par moitié avec le Seigneur haut-justicier du lieu où il le trouve. Si le trésor est trouvé dans le fonds d'autrui, il se partage en trois portions égales, dont l'une appartient au Roi ou au Seigneur haut-justicier, l'autre au propriétaire du fonds, & la troisième à celui qui l'a trouvé.

Il y a cependant un cas, où celui qui a trouvé un trésor dans le fonds d'autrui n'y peut rien prétendre; sçavoir, quand il a fouillé, dans le fonds d'autrui, à l'insçu & sans le consentement du propriétaire; alors le trésor se partage par moitié entre le Roi ou le Seigneur haut-justicier, & le propriétaire du fonds. La raison est qu'on ne favorise pas le dessein de celui qui, par un désir de s'enrichir, a fouillé chez autrui, sans son ordre & sans sa participation.

Si, pendant la saisie d'un Fief, on y trouve un trésor, la part du propriétaire n'appartient pas au Seigneur saisissant, parce que, malgré la saisie féodale, le Vassal reste toujours le véritable propriétaire du Fief, quoiqu'il en perde les fruits. Il en est de même, lorsqu'après la foi & hommage le Seigneur choisit le revenu d'une année pour son relief; par la raison que les trésors ne sont pas *in fructu.* C'est encore la raison pour laquelle celui qui jouit d'un fonds par usufruit; ceux qui en jouissent par engagement; ceux enfin qui n'en sont pas véritables & incommutables propriétaires, ne peuvent prétendre, même en usufruit, la portion qui, dans le trésor trouvé, doit appartenir au vrai propriétaire.

De ces principes, il en résulte qu'un mari, en pays de Droit écrit, ne peut pas s'approprier aucune portion du trésor trouvé dans le fonds dotal, parce qu'il n'en est pas propriétaire véritable & à perpétuité: mais, comme il en doit jouir, il jouira aussi du trésor, à la charge d'en faire la restitution à sa femme, ou à ses héritiers.

En pays coutumier le mari retient le trésor, à cause de la communauté; &, lors de sa dissolution, il est regardé & se prtage comme un effet de la communauté.

D'Argentré, sur l'art. 51 de la Coutume de Bretagne, pense que l'acquéreur d'un héritage à faculté de réméré, profite du trésor trouvé dans cet héritage, pendant que la faculté dure, parce que, pendant ce temps, il est regardé comme le vrai propriétaire de l'héritage.

Si le trésor est trouvé sur un grand chemin, sur un chemin royal, il se partage par moitié entre le Roi & celui qui l'a trouvé; parce que les grands chemins appartiennent au Roi. S'il se trouve sur un chemin de traverse, il doit être partagé entre celui qui l'aura trouvé, & le Seigneur haut-justicier. Mais, pour que le partage soit ainsi fait, il faut, disent les Auteurs, que le trésor ait été trouvé par pur hasard ; car s'il avoit été découvert par une recherche préméditée, il appartiendroit en entier au Roi, ou au Seigneur haut-justicier.

Le trésor trouvé dans un lieu saint ou religieux, tel qu'une Eglise, un Cimetière, suivant le Droit romain, appartient entièrement à celui qui l'a trouvé. Le Parlement de Paris l'adjugeoit anciennement à l'Eglise, sans que l'inventeur, le Roi, ou le Seigneur haut-justicier y puissent rien prétendre.

Bacquet soutient qu'un tel trésor doit se partager par moitié, entre celui qui l'a trouvé, & l'Eglise, à l'exclusion du Roi & du Seigneur haut-justicier, parce qu'ils n'ont aucun droit dans les lieux saints & religieux. Ferrière pense, au contraire, que le Seigneur seroit bien fondé à prétendre sa part dans le trésor, parce que sa Justice ne s'étend pas moins sur les lieux saints & religieux, que sur le reste.

A l'égard du trésor qui est trouvé dans un lieu abandonné, il doit appartenir moitié à l'inventeur, & moitié au Seigneur haut-justicier, dans les Coutumes qui lui accordent les épaves & les biens vacants : dans celles qui ne les lui accordent pas, moitié doit appartenir au Roi, à l'exclusion du Seigneur haut-justicier, & moitié à l'inventeur.

Un mercenaire, ou un domestique, qui a trouvé un trésor dans le fonds de son maître, n'y peut rien prétendre.

Il faut enfin observer que celui qui a trouvé un trésor dans un fonds appartenant à autrui, & qui n'en a pas donné avis au propriétaire & au Seigneur, est privé de sa part dans le trésor, & que les gens du Roi, ou le Seigneur haut-justicier, peuvent, à cet égard, agir contre lui criminellement.

De même qu'il y a des épaves sur terre, il y en a aussi de maritimes : ce sont tous les effets qui sont poussés sur le rivage de la mer, soit qu'ils proviennent de son cru, soit qu'ils proviennent du bris & du naufrage des vaisseaux. La Coutume de Normandie appelle ces effets *varech ;* & les droits que les Seigneurs, qui ont des Fiefs voisins de la mer, prétendent sur ces effets, sont appellés *droits de varech.*

Le varech, proprement dit, est une herbe qui croît en mer,

ſur des roches, & que la mer arrache, en montant, & jette ſur ſes bords. Il eſt défendu de couper cette herbe la nuit, & hors les temps preſcrits par la Coutume.

Toutes ſortes de varechs n'appartiennent pas au Seigneur ; il y en a qui appartiennent au Roi, à ſon excluſion, comme l'or & l'argent monnoyé, ou en maſſe, qui excède vingt livres, les chevaux de ſervice, francs-chiens, oiſeaux, l'yvoire, le corail, les pierreries, l'écarlatte, le verd de gris, les peaux zébélines qui ne ſont pas encore appropriées à aucun uſage d'homme, les trouſſeaux de draps & d'étoffes de ſoie entiers, les lits, enfin tout le poiſſon royal, qui vient en terre ſans le ſecours d'homme, non compris la baleine : à l'exception de ce que deſſus, tous les autres effets, que la mer jette ſur ſes bords, appartiennent au Seigneur de Fief.

Si le propriétaire des choſes que la mer a jettées à terre, les reclame dans l'an & jour, elles lui ſont rendues ; mais s'il laiſſe paſſer ce temps, ſans les reclamer, elles appartiennent au Roi, ou au Seigneur féodal.

Il y a des Coutumes, comme le Maine & l'Anjou, qui, outre les épaves mobiliaires, parlent d'épaves immobiliaires & foncières. Ce ſont des héritages, en fief ou en roture, abandonnés, & dont on ignore le propriétaire. On ne peut donner, à ces objets, le nom d'*épaves*, que très-improprement ; ils ſont plus connus ſous le nom de *biens vacants*, pour leſquels il y a des règles bien différentes que pour les épaves proprement dites, & dont nous allons parler dans l'article ſuivant.

Des biens vacants & abandonnés.

On n'entend point ici par biens vacants, les héritages qui, après la mort de ceux qui en étoient propriétaires, ſe trouvent vacants ou par la renonciation de leurs héritiers à leurs ſucceſſions, ou par défaut d'héritiers apparents, ou enfin par la confiſcation. Nous entendons ici par biens vacants, des héritages abandonnés par le propriétaire qui a ceſſé de les cultiver depuis long-tems, ſoit par pauvreté, abſence, long voyage, ou même par oiſiveté ; ces eſpèces d'héritages appartiennent au Seigneur haut-juſticier au moment qu'ils ſont abandonnés.

mais

Mais il eſt d'uſage que le Seigneur ne ſe ſerve de ſon droit, qu'après le laps de quelques années. La Coutume d'Auxerre fixe ce temps à dix années entre âgés & non privilégiés.

Pluſieurs Coutumes accordent aux Seigneurs cenſiers la faculté de rentrer dans les héritages mouvant de leurs cenſives, faute de tenancier; mais, lorſque le tenancier reclame ſon héritage dans les trente ans, le Seigneur cenſier ne doit avoir les fruits que juſqu'à la concurrence de ſon cens & de ſes arrérages. Lorſque les trente ans ſont paſſés entre âgés & non privilégiés, les héritages vacants appartiennent incommutablement au Seigneur cenſier; mais ni lui, ni le Seigneur haut juſticier, ne doivent point s'emparer des biens vacants de leur autorité privée: il eſt plus régulier de ne le faire que ſur une ordonnance du Juge, après trois publications.

On ne compte point, au nombre des biens vacants, les communaux, les rues, les places, les murailles, les foſſés des villes, les lieux ſaints abandonnés: le Seigneur haut-juſticier a bien les droits de Juſtice, de Police ſur tous ces objets; mais la propriété n'en appartient à perſonne, & chaque particulier a la liberté de s'en ſervir, pourvû qu'il ne porte aucun empêchement à l'uſage commun & général.

Des Confiſcations & des Amendes.

La confiſcation eſt l'adjudication qui ſe fait, au profit des Seigneurs hauts-juſticiers, des biens d'un homme condamné à mort.

Cette peine a été reçue parmi toutes les nations, afin que ceux que la crainte de la mort ne peut arrêter dans le crime, fuſſent au moins touchés du regret de la perte de leurs biens, & de la crainte de laiſſer leurs familles dans l'indigence.

La confiſcation de biens, lorſqu'elle a lieu, eſt acquiſe de plein droit, quand même elle ne feroit pas prononcée par le Juge, ſi ce n'eſt dans les Provinces où, par un privilège ſpécial de nos Rois, elle a été remiſe. Dans ces Coutumes, le Juge ne peut pas même la prononcer; mais, au lieu de la confiſcation, il doit adjuger au Seigneur haut-juſticier une amende modérée, à prendre ſur les biens du condamné.

Quand la confiſcation eſt prononcée au profit du Seigneur haut-juſticier, on doit toujours, en outre, ſur les biens confiſqués, prononcer une amende au profit du Roi, pour réparation de l'injure faite au public, par le crime du condamné ; & cette amende ſe paie par le Seigneur haut-juſticier qui profite de la confiſcation. Si la confiſcation eſt partagée entre pluſieurs Seigneurs hauts-juſticiers, l'amende eſt payée par tous les Seigneurs, à proportion de ce qui revient à chacun d'eux dans les biens du condamné. Il faut obſerver qu'on ne peut pas obliger ces Seigneurs à payer cette amende ſolidairement, parce qu'ils ne ſont pas les héritiers du condamné.

La confiſcation de biens n'a lieu que quand le corps eſt confiſqué par une condamnation à la mort naturelle, ſuivant l'ancienne maxime, *qui confiſque le corps, confiſque les biens.* La confiſcation a également lieu par la mort civile; ſçavoir, par les galères & le banniſſement à perpétuité. L'une & l'autre condamnation rendent, ceux qui la ſouffrent, incapables de tous effets civils. On eſtime, avec juſtice, que celui qui, par ſon crime, eſt retranché de la ſociété civile, eſt indigne de poſſéder ce qui ſert à l'entretenir.

La confiſcation du corps n'emporte la confiſcation de biens, qu'autant que l'accuſé eſt effectivement confiſqué par un Jugement, contre lequel il ne puiſſe pas revenir. Si le Jugement eſt ſujet à l'appel, ou par contumace, la confiſcation ne pourra avoir lieu, que quand le Jugement ſera confirmé par Arrêt définitif, ou quand le temps accordé, pour purger la contumace, ſera expiré.

Il faut encore, de plus, que le Jugement de condamnation ait été exécuté, parce que, tant que l'exécution eſt ſuſpendue, l'accuſé peut obtenir ſa grace. Ainſi, dit Ferrière, lorſque le criminel condamné meurt dans la priſon, avant ſon ſupplice, même prononcé; lorſqu'il meurt dans le tranſport des priſons du Parlement en celles du premier Juge, en conſéquence d'un Arrêt confirmatif de la première Sentence, la confiſcation n'a pas lieu. La raiſon eſt que, tant que le Jugement n'a pas été exécuté au principal, touchant la confiſcation du corps, il ne peut pas l'être en la confiſcation des biens, qui eſt une ſuite de celle du corps.

Il faut, enfin, que le Jugement ait été rendu en ce Royaume; ceux rendus en pays étranger n'ont aucune force parmi nous: ainsi, quand même un tel Jugement auroit été exécuté dans un pays étranger, les biens, que le condamné auroit en France, ne seroient pas confisqués; ils appartiendroient aux héritiers qu'il auroit en ce Royaume.

La confiscation a lieu du jour de la condamnation, & non pas du jour que le crime a été commis. Sur quoi il faut remarquer,

1°. Que si la confiscation a été prononcée par une Sentence, depuis confirmée par Arrêt, cette peine a lieu du jour de la Sentence; parce que l'Arrêt confirmatif a un effet rétroactif, au jour que la Sentence a été prononcée: mais, si le coupable mouroit pendant l'appel, la confiscation n'auroit pas lieu.

2°. Que, du jour que la confiscation est prononcée, le condamné perd son état, & devient incapable de toutes sortes d'acquisitions: il perd également la faculté de disposer de ses biens, soit entre-vifs, soit par dernière volonté. La raison est que, dès l'instant de la condamnation, le condamné est mort civilement: d'où il s'ensuit que toutes les successions qui lui sont échues, depuis ce temps-là, n'ayant pu lui appartenir, n'ont jamais été réputées faire partie de son patrimoine, &, par conséquent, ne peuvent appartenir au confiscataire. En effet, la confiscation ne peut comprendre que les biens qui se trouvent appartenir au condamné.

La règle que nous venons de donner, que *la confiscation n'a son effet que du jour de la condamnation, & non du jour que le délit a été commis*, souffre une exception dans les crimes d'hérésie, de sacrilège, d'apostasie, de lèze-Majesté humaine, de péculat, de concussion, de fausse monnoie: dans tous ces cas, la confiscation est acquise du jour du délit commis.

La confiscation, encourue pour crime de lèze-Majesté au premier chef, appartient au Roi, à l'exclusion de tout Seigneur haut-justicier: ce qui ne doit s'entendre que du crime de lèze-Majesté humaine; car, dans les crimes de lèze-Majesté divine, ou humaine au second chef, la confiscation appartient au Seigneur haut-justicier.

Les choses confisquées appartiennent au Seigneur de la Justice, & non au Seigneur féal : la confiscation suit la Justice, & non le Fief.

Lorsque le condamné a des biens immeubles, & même des meubles situés en différentes Justices, chaque Seigneur prend ce qui se trouve dans l'étendue de sa Justice. Il en est de même, dans la confiscation, comme dans la déshérence ; les meubles, dans l'un & l'autre cas, ont une assiette certaine, & ne suivent pas le domicile. A l'égard des dettes actives du condamné, la plus sure opinion est qu'elles doivent appartenir aux Seigneurs hauts-justiciers des lieux où les débiteurs du condamné sont résidents.

Nous avons dit que le Seigneur haut-justicier peut prendre, par confiscation, tous les immeubles du condamné, situés dans sa haute-Justice : il y a cependant quelques Coutumes, comme Sens, & Duché de Bourgogne, qui en exceptent les héritages main-mortables, & veulent qu'ils appartiennent aux Seigneurs de qui ils sont taillables ou main-mortables, à l'exclusion du Seigneur haut-justicier.

Le motif de cette disposition est que les biens de main-morte appartiennent au Seigneur, qui ne les a donnés qu'à la charge du retour, faute d'héritiers ; auquel cas le Seigneur demeure saisi des biens de son homme, quand le cas de main-morte arrive.

La confiscation a lieu au profit des Seigneurs hauts-justiciers, quand bien même le délinquant auroit été condamné par le Juge royal.

Les Seigneurs hauts-justiciers, sous prétexte de la confiscation prononcée en leur faveur, par une Sentence de condamnation, ne peuvent pas s'opposer à l'entérinement des Lettres de grace, abolition, pardon & rémission accordées par Sa Majesté ; ce seroit arrêter le cours de la clémence du Roi, qui, préférant miséricorde à justice, s'est réservé à lui seul le droit d'accorder ces sortes de Lettres. *Voyez* Imbert, liv. 3, chap. 17 ; Lecoq, quest. 284; Papon, liv. 24, tit. 17.

Les Seigneurs confiscataires doivent payer les dettes du condamné, à proportion & jusqu'à due concurrence de ce que chacun profite dans la confiscation : à l'effet de quoi chacun doit faire inventaire des biens dont il profite ; autrement les confiſcataires pourroient être pourſuivis pour le paiement de toutes les dettes, quand même elles excéderoient les biens du condamné.

Dans les dettes qui doivent être acquitées par les confiſcataires, on comprend,

1°. Les réparations civiles, dont les confiſcataires ne ſont pas recevables à demander la modération ou la diminution. Ainſi jugé par Arrêt du premier Septembre 1704.

2°. L'amende dûe au Roi, & les frais de Juſtice.

3°. Le douaire préfix, ou coutumier, que les enfants du condamné peuvent prétendre, comme créanciers de leur pere: mais ils n'ont aucun droit de demander la légitime ſur ſes biens. La raiſon de cette différence eſt que le douaire eſt dû au jour du mariage, & que les enfants, en renonçant à la ſucceſſion de leur pere, en ſont créanciers, par rapport au douaire : mais on ne peut être légitimaire, qu'on ne ſoit héritier; or qui confiſque ſes biens n'a point d'héritier.

4°. Les conventions des femmes des condamnés, portées par leur contrat de mariage, & leur part dans la communauté.

5°. Généralement enfin, tout ce dont le condamné étoit redevable au temps où la confiſcation a lieu; en obſervant cependant que les biens confiſqués ne peuvent être poſſédés par les confiſcataires, qu'aux mêmes charges & conditions ſous leſquelles les poſſédoit le condamné : ainſi la confiſcation ne peut nuire à celui qui en a l'uſufruit, ni à ceux à qui les biens doivent revenir, par droit de ſubſtitution. C'eſt un principe général, que *le condamné ne peut confiſquer que les biens qui lui appartiennent :* cependant les Criminaliſtes veulent que la condamnation, pour crime de lèze-Majeſté, faſſe ceſſer les ſubſtitutions.

De même que le mari, par ſa condamnation, ne peut pas confiſquer la part qui revient à ſa femme dans la communauté, de même la femme condamnée ne peut pas confiſquer la part qui revient à ſon mari. Il y a plus; lorſque la femme eſt condamnée pour crime commis envers la perſonne de ſon mari, la confiſcation de ſes biens ne comprend point la part qu'elle a dans la communauté; elle appartient au mari, ou à ſes héritiers. Ainſi, quand une femme eſt complice du meurtre de ſon mari, non seulement elle doit être privée de tous ses avantages, mais encore de son droit en la communauté, qui appartiendra toute entière aux héritiers du mari, sans que le confiscataire des biens de la femme y puisse rien prétendre.

Il y a quelques Coutumes particulières, comme Orléans, qui ordonnent que la femme, pour quelque crime qu'elle soit condamnée, ne confisque jamais la part qu'elle a dans la communauté; de sorte que la part, qu'elle peut y avoir, appartient à ses héritiers. D'autres Coutumes, comme Auxerre, portent que la part de la femme demeure au mari. Mais ces Coutumes ne doivent être observées que dans leur territoire; & dans celles qui sont muettes, sur ce point, on adjuge au Seigneur haut-justicier la part que la femme condamnée avoit dans la communauté, & le mari prend le reste : ce qui s'observe, lors même que la confiscation n'est causée que par la mort civile de la femme.

Dans les Coutumes où la confiscation n'a pas lieu, comme en Berry, sauf le crime de lèze-Majesté au premier chef seulement, on se contente de prononcer, au profit du Seigneur haut-justicier, une amende sur les biens du condamné. Dans les Justices seigneuriales il se prononce encore d'autres amendes, soit pour quasi délit, soit pour contravention aux Ordonnances royaux ou de police, soit pour désobéissance à ce que prescrit la Coutume des lieux. Toutes ces amendes appartiennent, sans contredit, au Seigneur haut-justicier, qui en peut poursuivre le recouvrement par ses Fermiers ou Receveurs. Dans un autre endroit, nous traiterons plus amplement des amendes coutumières.

Il faut observer que, parmi les droits dont on a traité dans ce chapitre, ceux qu'on appelle *droits de caducité* ne doivent appartenir qu'au Seigneur haut-justicier, & que les bas & moyens-Justiciers ne les peuvent prétendre. Les droits, qu'on appelle en France de caducité, sont l'aubaine, la déshérence, la bâtardise, & la confiscation. On n'a point ici traité de l'aubaine, parce que ce droit n'est point un droit seigneurial; dans tout le Royaume il appartient au Roi seul, à l'exclusion de tout Seigneur haut-justicier.

CHAPITRE VII.

Des Droits honorifiques appartenant aux Seigneurs Patrons & Hauts-Justiciers.

QU'UN Seigneur, dans son palais, étale à ses Sujets toutes les marques de distinction qui sont dues à sa naissance, à son rang, à ses dignités, cela peut être dans l'ordre : mais que, dans nos Temples, un homme, &, souvent, quel homme ! élève son trone vis-à-vis celui de l'Eternel ; qu'il partage avec lui l'encens qui fume sur ses Autels, c'est un spectacle révoltant pour l'humilité chrétienne, sur-tout dans des lieux où l'étendard de la Croix, arboré de tous côtés, rappelle, aux Fidèles assemblés, la mémoire des humiliations d'un Dieu crucifié.

Je doute fort que, dans ces souterreins qui servoient d'asyle aux premiers Chrétiens, pour célébrer les saints mystères, & d'où leurs persécuteurs les arrachoient souvent, pour les conduire aux supplices, on ait connu un code de Jurisprudence pour régler les rangs. Le Seigneur haut-justicier ne prétendoit d'autre distinction, que celle de monter le premier sur l'échaffaut. Mais lorsque les persécutions cessèrent ; lorsque la paix eut procuré aux Eglises une tranquillité durable, les Empereurs, les grands Seigneurs, les gens riches firent, à l'envi, des dons immenses à l'Eglise. Le Clergé, soit par reconnoissance, soit pour rendre ses bienfaiteurs plus respectables aux peuples, leur accorda, dans les Eglises, les plus grands honneurs : on les plaça dans le sanctuaire ; on les encensa. Cette conduite, dans les commencements, fut très-louable : mais, où les passions humaines ne se glissent-elles point ? dans la suite, la vanité des uns, & la cupidité des autres, ont employé toutes sortes de voies pour introduire, dans les Eglises, ces distinctions singulières qui, souvent prétendues, & souvent refusées, y ont occasionné tant de scandale. Comme les Ecclesiastiques, depuis quelques siécles, reçoivent peu, ils ont peine à se soumettre gratuitement à des usages établis; & comme, d'un autre côté, les Seigneurs, qui ne donnent rien, exigent souvent plus que l'usage ne permet de leur accorder, il a fallu que la sagesse & l'autorité des Magistrats intervînt, pour vaincre l'opiniâtreté des uns, & mettre de justes bornes aux prétentions des autres. C'est ainsi que s'est formée la Jurisprudence, qui sert aujourd'hui à régler les droits honorifiques. Au surplus, la pratique des droits honorifiques, dans les Eglises, date d'une très-grande antiquité : dans les Capitulaires, liv. 5, art. 44, & dans l'Edit de Pistes, de l'an 869, art. 8 & 9, on les voit établis, à peu près, tels qu'ils sont aujourd'hui.

Notre dessein n'est pas de faire un traité fort étendu des droits honorifiques; nous nous contenterons d'abréger les Auteurs qui en ont traité, & d'indiquer, avec eux, les décisions les plus sures que nous connoissions sur cette matière.

Les droits honorifiques, dans les Eglises, sont de plusieurs espèces : tels sont le droit de patronage, le droit d'avoir banc dans le chœur, la préséance aux processions & aux assemblées de la paroisse, l'eau bénite par distinction, les prières nominales, le pain béni par préférence, l'encens, la paix, le droit de sépulture, de tombeaux, de litres & ceintures funèbres, & autres semblables prééminences.

Tous ces honneurs, dans les Eglises, appartiennent, privativement à tous autres, aux Seigneurs qui en sont les Patrons, ou Fondateurs. C'est une reconnoissance qui ne coûte rien, & qu'en conséquence le Clergé a cru devoir à ses bienfaiteurs, soit pour en avoir de plus grands bienfaits, soit pour exciter les autres à imiter leurs exemples.

Après le Patron, le Seigneur haut-justicier est préférable à tous autres; après lui, le moyen; après le moyen, le bas-Justicier, pour les récompenser de ce qu'ils ont souffert que l'Eglise fût bâtie dans l'étendue de leurs Justices.

Quand, dans une Paroisse, il n'y a aucun Seigneur patron ou justicier, autre que le Roi, on souffre ordinairement que le Seigneur du Fief, au-dedans duquel l'Eglise est située, en ait les honneurs.

En tous autres cas, & entre Gentilshommes demeurant dans la

la même Paroisse, on considère celui qui est en possession d'aller le premier aux processions, aux offrandes, & d'avoir le pain béni; car, pour le banc & la sépulture au chœur, la chapelle de Patron à côté, les prières nominales, & la litre funèbre, ces droits n'appartiennent qu'au Patron, ou au Seigneur haut-justicier. Si, à leur défaut, on les laisse au Seigneur du Fief, dans l'étendue duquel l'Eglise est située, c'est plutôt par tolérance, qu'en considération d'un droit positif.

On peut voir, dans Maréchal, les distinctions que les Gentilshommes, qui demeurent dans une même Paroisse, où il n'y a ni Patron, ni Seigneur justicier, doivent observer entre eux. Les plus ordinaires sont que celui qui possède un Fief dans la Paroisse, ait la préférence sur ceux qui n'en possèdent point; que s'il y a plusieurs Gentilshommes possédant Fiefs, le pas appartiendra à celui qui a le plus noble Fief. Si tous ne possèdent point de Fiefs, le plus ancien aura la préséance; & parmi les anciens & les jeunes, le Gentilhomme qui est revêtu de quelque dignité. On observe encore que les Gentilshommes d'extraction précèdent ceux qui ne sont qu'annoblis. Toutes ces distinctions sont ou établies par l'usage, ou réglées par des Arrêts, qu'on peut voir dans l'Autèur que nous avons cité. Nous allons parcourir, en peu de mots, ce qui concerne chacun des droits dont nous avons ci-dessus parlé.

Du Droit de Patronage.

Le Seigneur patron d'une Eglise, ou d'une Paroisse, est celui qui a fondé ou doté l'Eglise, ou qui l'a fait bâtir, en se réservant le droit de nomination, ou de présentation, au bénéfice qu'il y a attaché. Le droit de patronage doit être prouvé par des titres authentiques, ou par une possession de quarante ans, soutenue de trois présentations.

Le droit de patronage est ou personnel, ou réel. Le patronage personnel est celui qui passe du Fondateur à ses enfants, à leurs descendants, ou autres parents en ligne directe ou collatérale, suivant les intentions du Fondateur, énoncées dans l'acte de fondation, qu'il faut suivre à la lettre. Le patronage réel est celui qui, comme un droit incorporel, un accessoire du fonds, est attaché à une Seigneurie, & qui, avec elle, passe à celui qui l'achette & en devient propriétaire. Ceci, cependant, n'a pas lieu dans les aliénations du Domaine, faites en conséquence des Edits de 1695 & 1702. Par celui de Mars 1715, Sa Majesté s'y est réservé le droit de patronage, de quelque nature & qualité qu'il soit, à peine de nullité des nominations & présentations.

Le patronage soit personnel, soit réel, passe aux héritiers des Fondateurs & à leurs successeurs. Si la terre appartient à l'Eglise, le patronage est ecclésiastique; si c'est un bien profane, le patronage est laïc, quoique souvent, par plusieurs événements, il arrive qu'en ce dernier cas, le patronage soit ecclésiastique.

Le patronage ne peut être vendu séparément de la terre, parce que c'est un droit spirituel & indivisible; ce seroit, selon Duperray, une simonie affreuse. S'il tombe à plusieurs héritiers, il doit appartenir à celui qui est choisi, à la pluralité des voix; & elles se comptent par souches, & non par têtes. Si pendant qu'il reste indivis, il est question de nommer au bénéfice, tous les héritiers ou représentants le Patron, doivent être assemblés pour nommer, ou au moins duement appellés, sans quoi la nomination ne seroit pas valable. Ainsi jugé par un Arrêt du Parlement de Paris, du mois de Décembre 1699, rapporté par Me Duperray, chap. 1, n. 11.

Le Patron laïc n'a que quatre mois pour présenter au Collateur ordinaire, celui qui doit remplir le bénéfice, excepté en Normandie & en quelques autres Provinces où il a six mois. Le Patron ecclésiastique a six mois par-tout; aussi il ne peut varier, c'est-à-dire, si celui qu'il a présenté n'est pas trouvé capable, il ne peut en présenter un autre, & il a consommé son droit. Mais le Patron laïc peut varier, en présenter un ou même deux. Les Patrons laïcs ne peuvent être prévenus par le Pape; s'il le faisoit, il y auroit abus: mais les Patrons ecclésiastiques peuvent être prévenus. Au reste, la présentation doit se faire par acte public passé pardevant Notaire, & le Collateur ne peut refuser celui qui est présenté par le Patron, lorsque toutefois il est idoine & capable.

A l'égard des cures & bénéfices à charge d'ames, les Patrons doivent observer deux choses.

1°. Qu'ils doivent se conformer à la Déclaration du Roi du 13 Janvier 1742, & ne nommer que des personnes engagées & constituées dans les ordres de Prêtrise, & qui ont l'âge de vingt-cinq ans accomplis, sans quoi les provisions seroient nulles, & les bénéfices impétrables.

2°. Suivant une autre Déclaration du 27 Avril 1745, lorsqu'il s'agira de pourvoir aux bénéfices cures & autres à charge d'ames, les Patrons qui en ont la présentation, & les Collateurs à qui la disposition en appartient, auront la liberté, même dans les mois de rigueur, sçavoir Janvier & Juillet, de choisir & de préférer parmi les Gradués duement qualifiés, ceux qu'ils jugeront les plus dignes, par leurs qualités personnelles, par leurs talents & par leur bonne conduite, encore qu'ils se trouvassent en concurrence avec des Gradués plus anciens & privilégiés. Aux termes de cette Déclaration, ainsi qu'elle s'en explique elle-même; les mois de Janvier & de Juillet sont réputés mois de faveur, au profit des Gradués ainsi nommés, sans que dorénavant les Patrons soient obligés d'avoir égard aux requisitions des plus anciens Gradués, quoiqu'ils leur eussent fait signifier leurs grades.

Il y a encore une Déclaration du Roi du 11 Août 1742, registrée au Parlement de Rennes le 23 du même mois, concernant le concours des cures de Bretagne; elle doit être consultée par ceux de cette Province qu'elle peut intéresser.

Le droit de patronage & même les droits honorifiques sont tellement inhérents & attachés à la qualité de Fondateur, que, quand même, dans l'acte de fondation, il n'en auroit pas fait réserve expresse, on ne pourroit les lui disputer: c'est la disposition expresse de tous les Canons, & le sentiment de tous les Auteurs fondé sur la Jurisprudence des Arrêts. *Voyez* M. Dolive en ses Questions notables, chap. 3. Me Duperray en son Traité des droits honorifiques, chap. 1. n. 5, 6 & 7.

Il y a quantité de Châteaux où les Seigneurs ont des Chapelles pour satisfaire à leur piété particulière, & pour avoir la commodité d'entendre chez eux la messe les Fêtes & Dimanches, & même tous les jours. Les unes sont desservies par des Chapelains en titre; les autres par des Chapelains amovibles à la volonté du Seigneur. Il y a encore dans les Chapelles des

Châteaux, des Chapelains qui, par le titre des fondations, ont charge d'ames. Les Chapelains en titre & ceux qui ont charge d'ames, doivent être pourvus par l'Evêque diocèsain sur la nomination & présentation du Seigneur qui n'a droit de nommer à ces Chapellenies que par vacance, par mort, ou par démission volontaire. A l'égard des Chapelains amovibles à volonté, il suffit de leur donner de simples provisions, dans lesquelles les Seigneurs doivent avoir l'attention de bien détailler toutes les fonctions dont leurs Chapelains sont chargés & les fondations qu'ils doivent acquitter. Il sera même bon de faire enregistrer ces provisions au Greffe de la Justice; ainsi, en l'absence des Seigneurs, leurs Gens d'affaires ou leurs Officiers instruits de leurs intentions, seront en état de les faire exécuter.

Il y a sur ce sujet deux observations à faire, l'une pour les Seigneurs, l'autre pour les Chapelains, même pour ceux qui sont en titre.

1°. Les Seigneurs qui, dans leurs Châteaux, veulent avoir des Chapelles pour avoir la commodité d'y entendre la messe, sont tenus de demander à l'Evêque diocèsain les permissions sur ce nécessaires, & de les faire renouveller tous les ans, ou suivant qu'il est prescrit dans chaque Diocèse. Pour obtenir ces permissions, & en mériter la continuation, les Seigneurs sont obligés d'entretenir leurs Chapelles en bon état & décemment pourvues des vases sacrés, des livres, habillements & ornements nécessaires pour les offices divins; sans quoi les Evêques ou leurs Archidiacres, lors de leurs visites, se trouveroient dans le cas d'interdire les Chapelles, & d'y défendre la célébration des saints mystères.

2°. Les Chapelains, soit en titre, soit amovibles, doivent sçavoir qu'ils ne peuvent point acquitter ailleurs les messes de fondation que dans les Chapelles où elles sont fondées; les Seigneurs ne doivent pas permettre un abus si contraire aux intentions des Fondateurs; elles doivent être tellement exécutées à la lettre, qu'on ne les peut changer sans une nécessité indispensable, & telle qu'elle puisse faire présumer que les Fondateurs, s'ils existoient, approuveroient le changement: encore, quand les Seigneurs se trouvent dans ce cas, ne peuvent-ils le faire seuls ; il faut le concours de l'Evêque pour juger si la nécessité est véritable, & donner son consentement.

Lorsque dans les Chapelles il se trouve des Reliques authentiques & dont le culte est permis, les Chapelains peuvent les exposer à la vénération des Fidéles aux Fêtes à ce destinées ; & percevoir seuls les offrandes, sans qu'ils puissent en être empêchés par le Curé de la Paroisse dans laquelle la Chapelle est située, & sans que le Curé puisse prétendre de partager les offrandes : cela se trouve ainsi jugé par Arrêt du Parlement de Dijon du 8 Février 1747, contre le Curé de la Paroisse de Champagne en Valromay, au profit du Desservant d'une Chapelle dans la même Paroisse.

Il s'est trouvé beaucoup de Seigneurs qui, dans leurs Terres, ont fondé des Hôpitaux. Rien ne fait plus d'honneur à leur piété & à leur humanité : ceux qui voudroient aujourd'hui imiter de si louables exemples, doivent faire quelques observations.

1°. Qu'il faut, avant toutes choses, se conformer à l'Edit du mois de Décembre 1666, contenant les formalités nécessaires pour l'établissement de toutes sortes de Communautés religieuses. Ces formalités consistent à obtenir de Sa Majesté des Lettres-patentes contenant la permission de faire l'établissement, & les priviléges qu'il plaît à Sa Majesté de lui accorder. Quand on a obtenu ces Lettres-patentes, on doit les présenter au Parlement pour y être enregistrées ; sur la présentation, la Cour ordonne, qu'avant de procéder à l'enregistrement, les Lettres-patentes seront communiquées à M. le Procureur général, à l'Evêque diocèsain, ensemble aux Maire, Echevins & Syndics des Villes & Paroisses où se doit faire l'établissement, pour y donner leur consentement ou dire autrement ce qu'ils aviseront. On ordonne en outre, qu'à la requête de M. le Procureur général ou de son Substitut, il sera informé *de commodo & incommodo*. Lorsque cet Arrêt est exécuté dans toutes ses parties, on rapporte à la Cour les informations & les procès-verbaux dressés par les Evêques, Maire, & Echevins ; si le tout se trouve concluant, la Cour rend Arrêt qui ordonne que les Lettres-patentes seront enregistrées, pour être exécutées selon leur forme & teneur.

2°. Ce n'eſt pas ſans raiſon qu'on a dit, qu'avant toutes choſes, il falloit commencer par obſerver les formalités ci-deſſus; Sa Majeſté, par ſon Edit de 1666, déclare préciſément que ceux à qui l'eſpérance d'obtenir des Lettres-patentes ſerviroit de prétexte pour commencer l'établiſſement d'une Communauté, ſans le concours de ſon autorité, ſeront déclarés indignes & incapables de le faire par la ſuite, & d'obtenir aucunes Lettres-patentes.

3°. Les Seigneurs qui fondent des Hôpitaux & qui veulent bien conſacrer une partie de leurs biens pour ſoulager la misère de leurs pauvres juſticiables, dans l'acte de fondation, doivent prendre les précautions les plus préciſes, pour que les revenus qu'ils donnent pour fonder l'Hôpital, aient une deſtination conforme à leurs pieuſes intentions, & pour demeurer toujours les maîtres de faire exécuter leurs volontés. A cet effet, ils peuvent ſe réſerver à eux, leurs héritiers & leurs ſucceſſeurs le droit de nommer les Directeurs, Receveurs, Chapelains, Médecins & Chirurgiens de leur Hôpital, qui ſeront pourvus ſur de ſimples commiſſions & révocables à volonté: de cette façon les Seigneurs ſeront toujours en état d'être inſtruits de ce qui ſe paſſe dans l'Hôpital, & de remédier aux abus.

4°. Il y a quelquefois des Seigneurs qui confient la conduite de leurs Hôpitaux à des Religieux: leur ſervice eſt, ſans doute, édifiant & plein de zèle; cependant il ne peut être utile que dans les grandes Villes où les ſecours ſont aſſez abondants pour fournir à l'entretien d'une Communauté religieuſe; mais dans une campagne où l'Hôpital eſt réduit au ſimple revenu de ſa fondation, il eſt clair que la dépenſe néceſſaire pour l'entretien d'une Communauté religieuſe abſorbera bien-tôt la ſubſiſtance des malades.

Avant d'entrer dans le détail des droits honorifiques dont nous avons à parler, nous allons réſoudre ici quelques queſtions qui peuvent, ſur cet objet, intéreſſer les Seigneurs, ſoit comme fondateurs, ſoit comme ſeigneurs hauts-juſticiers.

On a demandé, ſi un mineur qui a une Terre d'où dépend un droit de patronage, peut lui-même uſer de ſon droit, & préſenter aux bénéfices; ou bien ce droit ſera-t-il exercé par ses Tuteurs ou Gardiens ? Me de Renusson, dans son Traité de la Garde noble & bourgeoise, chap. 6, n. 46 & 47, agite cette question sur laquelle les Auteurs ont donné différentes décisions. Me Chopin, sur la Coutume d'Anjou, dit qu'une mere ayant la garde noble de son fils mineur, propriétaire d'une Terre d'où dépend un droit de patronage, si le bénéfice qui y est sujet, vient à vaquer, elle pourroit y présenter son fils; mais qu'elle ne le pourroit pas, si elle n'étoit simplement que tutrice. Me Charles Dumoulin, *de mater. feod. tit.* 1. §. 1. *glos.* 1. *in verbo*, le Seigneur féodal, *no*. 5, dit que l'usufruitier d'une Terre, peut jouir du droit de patronage qui y est attaché. Du sentiment de cet Auteur, on en pourroit conclure que le droit de patronage, lorsqu'il a lieu, peut appartenir au Gardien, puisqu'il jouit par usufruit des immeubles de ses pupilles. Pontanus, sur la Coutume de Blois, décide la question plus précisément. Il enseigne que le droit de patronage appartient à la vérité au Gardien; mais que, si le mineur a passé sept ans, il peut lui-même user de son droit, présenter au bénéfice, & que celui qu'il aura présenté, doit être préféré à celui qui l'auroit été par le Gardien. Cette décision est la plus générale & la plus conforme au Droit Canonique. Il faut cependant observer que, dans les lieux où la Garde royale est établie, le Roi qui accorde presque toujours aux mineurs les revenus des Fiefs qui tombent en garde, se réserve aussi toujours le droit de présenter aux bénéfices dont le patronage est attaché aux Fiefs. Je m'étonne que cette observation ait échappé à Me de Renusson.

Quelques Auteurs ont pensé que le droit de patronage ne pouvoit pas être inféodé avec la Terre à laquelle il est attaché : mais l'usage est constamment contraire à ce sentiment, puisque l'on voit tous les jours que les droits de patronage sont insérés dans les aveux & dénombrements ; & ce dernier sentiment est adopté dans la Bibliothéque canonique, t. 2, pag. 185.

Il n'y a aucun doute qu'un Seigneur patron peut, par l'acte de fondation, se réserver sur le bénéfice un cens ou une redevance en signe de patronage. Me Duperray, dans son Traité des Droits honorifiques, liv. 3, chap. 5, rapporte quantité d'Arrêts qui ont adjugé différentes redevances en signe de droit de patronage. Il y a un Arrêt du Parlement assez récent qui condamne le Curé d'Arthon à présenter tous les ans, à la messe de minuit, après l'offrande, accompagné de deux Acolytes en surplis, & la torche à la main, au Seigneur du lieu, étant en son banc, deux sols & demi, pour son droit de patronage. Ce droit est regardé comme imprescriptible, & les Tribunaux ne font jamais difficulté de l'adjuger comme tel, lorsqu'il est fondé sur de bons titres; mais pour prévenir les contestations à cet égard, les Seigneurs patrons doivent avoir l'attention de faire reconnoître leur droit, & même les droits honorifiques qui leur sont dûs, à chaque mutation de Titulaire, & de relater dans la reconnoissance les titres qui servent à établir ces droits.

Les Fondateurs doivent tenir la même conduite à l'égard des Communautés religieuses qu'elles ont fondées; dans les reconnoissances qu'on exigera d'elles, & qu'elles ne peuvent refuser, il faut y détailler tous ces droits; à chaque droit faire mention des Titres, des Arrêts, Sentences qui servent à les constater. Les Patrons & les Seigneurs ne peuvent apporter trop d'exactitude à se faire rendre par les Ecclésiastiques les devoirs qui leur sont légitimement dûs. L'Eglise est également attentive à acquérir & à se libérer, & elle sçai plus qu'aucun autre faire usage de la maxime qui dit que, *pendant que le Seigneur dort, le Vassal veille.*

Les biens unis à la fondation d'un bénéfice en sont indivisibles : les successeurs des fondateurs peuvent bien les augmenter, mais jamais ils ne peuvent traiter pour les diminuer; tous actes faits à cet effet, avec les Ecclésiastiques qui sont toujours réputés mineurs, sont nuls; dans tous les tems on peut les faire casser, & lorsqu'ils le sont, on fait un total des arrérages ou des revenus échûs depuis le traité jusqu'à la restitution, & on en fait emploi au profit du bénéfice. C'est ce qui fut ordonné au profit du Prieuré de Cencoins par Arrêt du Grand Conseil du mois de Septembre 1759; la raison de juger est que jamais la Seigneurie ne peut se soustraire à l'hypoteque qui est acquise au bénéfice, à compter du jour de l'acte de sa fondation.

Un Seigneur, successeur par acquisition d'un Fondateur, ne

ne peut pas ôter ses armes, dans les lieux de la fondation, pour y mettre les siennes à la place : ce seroit faire une injure à l'ancien Patron, & priver sa famille des marques qui sont la preuve de sa piété & de sa magnificence. On trouve, dans le Journal des Audiences, tome 2, liv. 1, chap. 44, un Arrêt de la Chambre de l'Edit du 22 Mai 1658, qui condamne le sieur de Kercroude à rétablir, dans un Couvent de Cordeliers, les armes de la maison de Rohan, qu'il avoit fait ôter pour mettre les siennes. Ce Couvent, dont Messieurs les Princes de Rohan étoient Fondateurs, étoit dans une terre que le sieur de Kercroude ou sa mere avoient acquise de la maison de Rohan.

Il y a des Seigneurs qui, comme représentant le Fondateur d'une Communauté religieuse de filles, prétendent avoir droit d'entrer dans l'intérieur du Couvent, & même y conduire, avec eux, telle compagnie d'hommes & de femmes qu'ils jugent à propos : mais ce droit est abusif, & réprouvé par le Concile de Trente, sous peine d'excommunication. Il y a cependant des Dames qui, fondatrices de Couvents de filles, se réservent le droit de s'y retirer, pour faire de pieuses retraites. Il en peut être de même pour les Seigneurs fondateurs de Couvents d'hommes. Toutes ces réserves sont permises ; mais elles sont personnelles, & ne passent point aux successeurs des Fondateurs. A l'égard de l'entrée dans les Couvents de filles, elle doit être absolument autorisée par le consentement de l'Evêque diocésain.

C'est un grand abus, dans les Paroisses de campagne, d'y voir les Seigneurs avancer ou reculer l'heure des messes paroissiales, à leur fantaisie. Ces heures doivent, par-tout, être fixes & marquées, afin que les Paysans, qui habitent quelquefois des lieux très-éloignés des Eglises, puissent prendre leurs mesures pour entendre la messe, & la faire entendre à leurs domestiques. Ces heures assujettissent également les Seigneurs & les Curés : c'est une loi établie, non seulement par tous les Rituels du Diocèse, mais encore par des loix séculières, très-précises. *Voyez*, sur ce sujet, l'article 3 de l'Edit de 1571, & l'Arrêt de réglement de la Cour des grands Jours de Clermont, du 30 Octobre 1666.

Il n'y a que celui qui a la haute Justice sur l'Eglise paroissiale;

c'est-à-dire, dont la Justice entoure l'Eglise en son entier, qui puisse se dire Seigneur de cette Paroisse, & en porter le nom: il doit aussi en avoir seul les droits honorifiques. Ces questions ont été jugées par Arrêt du Parlement de Grenoble, du 21 Août 1684, contre Messire Benoist le Goux, Président à mortier au Parlement de Bourgogne. La même chose a été décidée par deux Arrêts, plus récents, du Parlement de Paris, des 10 Juin 1716, & 11 Janvier 1734. Le premier est pour le sieur de Baurin, Seigneur de Savie, contre le Seigneur de Bertelle: le second est en faveur des Religieuses de l'Abbaye royale de Saint Cyr, contre M. Bertin, Conseiller au Parlement, Seigneur de Vaugier. Ces trois Arrêts jugent précisément que la qualité de Seigneur de la Paroisse n'appartient qu'au Seigneur haut-justicier, sur le fonds duquel l'Eglise paroissiale est bâtie.

M. le Président Bouhier, dans ses observations sur Bourgogne (a), propose la question de sçavoir si les Seigneurs peuvent assister aux Bureaux des Hôpitaux établis dans leurs terres? Il dit que ce qui fait le principal doute, c'est qu'il semble que la présence du Seigneur peut gêner les autres Administrateurs, & tourner au désavantage de l'Hôpital. Cependant, dit ce Magistrat, cette question s'étant présentée au Parlement de Provence, entre le Marquis d'Oraison, & les Recteurs de l'Hôpital du même lieu, elle fut jugée au profit du Seigneur, par Arrêt du 20 Août 1735, sur la seule considération que l'Hôpital étant sous sa protection, il étoit bien juste qu'il eût part à son administration.

(a) Tome 2, chap. 52, n°. 10.

Lorsqu'il est question de la reddition des comptes des Hôpitaux situés dans une Seigneurie, il est sans contredit qu'ils doivent être rendus en présence du Juge de la Seigneurie, & même que ce Juge doit avoir la préséance sur le Curé du lieu. La question est formellement décidée par une Déclaration du Roi, du 12 Décembre 1698, qui contient un réglement général pour l'administration des Hôpitaux. L'article premier ordonne qu'en chacun desdits Hôpitaux il y aura un Bureau ordinaire de direction, composé du premier Officier de la Justice du lieu, en son absence, de celui qui le représente, du Procureur du Roi, ou du Procureur du Seigneur, du Maire, de l'un des Echevins, & du Curé; & s'il y a plusieurs Paroisses dans le lieu, les Curés y viendront tour à tour, à commencer par le plus ancien. Il est intervenu plusieurs Arrêts conformes à cette Déclaration, entr'autres un du 7 Septembre 1701, pour l'Hôpital de Gonesse: il y a même des endroits, comme dans les principales villes de Bourgogne, où les Curés n'ont aucun droit d'assister aux Bureaux des Hôpitaux. La Peyrère dit que les Curés ne peuvent avoir ce droit que comme Fondateurs des Hôpitaux, ou qu'il n'y ait un statut positif qui leur permette cette assistance.

Les Officiers du Seigneur, en son absence, ont droit, lorsqu'ils sont gradués, de le représenter, & de se faire rendre les honneurs de l'Eglise, par préférence à tous autres Gentilshommes demeurant dans la même Paroisse. Le Magistrat, dit un Auteur, est distingué, par le rang que lui attribue sa dignité, au-dessus des particuliers; au lieu que le Gentilhomme n'a aucune dignité, & est homme privé. Il en est cependant autrement, si ces Officiers ne sont pas gradués; ils sont précédés par les Gentilshommes, à l'exception de la fête patronale, où les honneurs de l'Eglise leur sont déférés, comme représentant le Seigneur. C'est ainsi que l'a réglé un Arrêt du Parlement du 16 Juillet 1706, rapporté au Journal des Audiences, tome 5, liv. 6, chap. 25. Nous avons encore deux Arrêts du même Tribunal, plus récents, conformes à cette Jurisprudence. Le premier, du 14 Juillet 1714, fait défenses au sieur de Lallard, quoique Seigneur d'une Baronnie, de prétendre les honneurs de l'Eglise dans la paroisse de Savie; ordonne qu'ils seront rendus au Seigneur du lieu, &, en son absence, à son Bailli ou Lieutenant, comme premier Officier de Justice. Le second, du 11 Janvier 1734, est en faveur des Dames de Saint Cyr, contre M. Bertin, Conseiller au Parlement. L'Arrêt ordonne que les Dames de Saint Cyr, à cause de leur Baronnie de Saint Remi, auront les droits honorifiques dans l'Eglise de Saint Remi, & après elles, ou en leur absence, leur Bailli ou Lieutenant.

Il est vrai qu'on trouve dans Duperray un Arrêt du Conseil, du premier Septembre 1685, contraire à ces principes. Cet Arrêt fut rendu par Louis XIV, à la requête de la Noblesse du

Poitou ; mais il ne peut servir de réglement que pour les Paroisses de cette Province ; & Sa Majesté n'a point entendu en faire un réglement général. Il faut donc s'en tenir à la Jurisprudence des Arrêts du Parlement de Paris, que nous avons cités, & à quantité d'autres, qui ont toujours décidé la question en faveur des Juges seigneuriaux, lorsqu'ils sont gradués.

Maréchal, dans son traité *des Droits honorifiques* (a), & tous les Auteurs sur cette matière, enseignent que toutes les actions qui peuvent être formées par les Seigneurs, soit au possessoire, soit au pétitoire, au sujet de leurs droits honorifiques, doivent être portées pardevant le Juge royal. La Jurisprudence des Arrêts est conforme à cette doctrine.

(a) Tome 1, tit. 3.

Des Bancs dans le Chœur.

Il n'y avoit autrefois que le Patron qui eût droit d'avoir seul dans le chœur un banc fermé & à queue ; & les vrais principes sont, qu'on ne peut lui disputer ce droit, ni le prescrire contre lui. Cependant les hauts-Justiciers l'ont aussi prétendu, & y ont été maintenus par plusieurs Arrêts ; & aujourd'hui on envisage plutôt la possession d'un chacun, que la rigueur du droit. Lorsque, dans une même Paroisse, il y a deux Seigneurs, l'un Patron, & l'autre haut Justicier, le Patron a son banc à droite, & le haut-Justicier le sien à gauche. Mais, pour que cet arrangement ait lieu, il faut que le chœur soit assez spacieux pour contenir les deux bancs, sans incommoder ni gêner la célébration de l'office divin : autrement on ne peut souffrir les deux bancs, & lorsqu'il convient d'en ôter un, le Seigneur haut-justicier doit ôter le sien, & céder la place au Patron. Ainsi jugé contre le sieur de la Marche, Baron de Fins, Seigneur de la Paroisse de Dun le Poëlier, par Arrêt du Conseil, du 15 Mars 1686, sur un procès verbal de visite de M. l'Archevêque de Bourges.

On ne peut point prescrire le droit de banc dans le chœur contre le Seigneur haut justicier : ainsi, quelque longue que soit la possession d'un Gentilhomme, ou de tout autre, d'avoir son banc dans le chœur, il ne peut y être maintenu, suivant un Arrêt du Parlement de Grenoble, du 21 Août 1684.

Il s'est trouvé quelquefois des Curés assez hardis pour faire ôter, de leur autorité privée, ou faire masquer, d'une façon indécente, les bancs de leurs Seigneurs. Ces entreprises ont toujours été reprimées par des Arrêts des Cours souveraines, mais qui, jusques à présent, n'ont pu vaincre la mauvaise humeur des Curés. Lorsque, dans le chœur, un banc gêne l'office divin, le Curé doit le faire observer à l'Evêque, ou à l'Archi-Diacre, lors de leurs visites; faire ordonner que le banc sera ôté, & poursuivre l'exécution de l'ordonnance, par les voies de droit, lorsque celles de la représentation sont inutiles. Quelle indécence de voir un Curé, armé d'une hache, mettre en piéces le banc de son Seigneur! Il s'en est cependant trouvé, & M. de Clugny, dans son traité *des Droits honorifiques*, en rapporte un exemple.

De l'Eau-bénite.

L'usage de distribuer aux Fidèles l'eau-bénite par aspersion le Dimanche avant la messe paroissiale, est d'une antiquité qui remonte aux premiers siècles de l'Eglise. Dans cette pieuse cérémonie, on a toujours accordé aux Seigneurs-Patrons & Hauts-Justiciers une distinction particulière : ainsi les Curés, après avoir aspergé l'autel & tous les Ecclésiastiques étant au chœur, doivent donner par aspersion & par distinction de l'eau-bénite aux Seigneurs & Dames des lieux, étant en leurs bancs ordinaires. Ce sont les propres termes du règlement de l'assemblée générale du Clergé de France, tenue le 18 Novembre 1656. Cette décision est conforme à tous les rituels du Royaume. Mais sur la forme de donner & de recevoir l'eau-bénite, il y a quatre observations à faire.

1°. Les Seigneurs ne la peuvent prétendre, suivant le règlement, qu'après le Clergé. En général les Seigneurs & les Gentilshommes ne doivent avoir les honneurs de l'Eglise qu'après le Clergé, & même, dit l'art. 45 de l'Edit du mois d'Avril 1695, après les Laïcs dont on est obligé de se servir en certains lieux pour aider au Service Divin, pourvu néanmoins qu'ils soient revêtus d'habits ecclésiastiques. Quelques Gentilshommes & Seigneurs de Paroisses du Diocèse de Laon ayant refusé d'exécuter cet Edit vis-à-vis des Laïcs servant au chœur, ils furent forcés de s'y conformer par deux Arrêts du Parlement de Paris, des 25 Mars 1698 & 3 Février 1699.

2°. Les Seigneurs, pour recevoir l'eau-bénite par distinction, doivent être dans leurs bancs ordinaires; s'il leur plaisoit d'être ailleurs dans l'Eglise, le Curé ne seroit point obligé de les y aller chercher, il seroit même indécent qu'il le fît.

3°. Les Curés pour donner, comme il convient, l'eau-bénite aux Seigneurs par distinction, doivent en passant devant leur banc, les bénir séparément & avec inclination. Cette forme est prescrite par un Arrêt du Parlement de Bourgogne du 21 Juillet 1670; & par un autre du Parlement de Paris, du 12 Janvier 1728, rapporté par Me Denizart.

4°. L'eau-bénite ne se doit point donner aux Seigneurs par la présentation de l'aspersoir, mais par aspersion. Feu Monsieur le Cardinal de Noailles a prouvé, dans un excellent Mémoire, que cet usage est de toute antiquité dans l'Eglise, & qu'il est attesté par tous les rituels des Diocèses du Royaume: aussi le règlement du Clergé de 1656 dit-il que l'eau-bénite se donnera par aspersion. La présentation de l'aspersoir peut produire des effets très-scandaleux. Il faudra donc, dit M. de la Palluelle en ses résolutions des cas de conscience, que le Ministre de Jesus-Christ, revêtu des habits sacerdotaux, nue tête & de bout devant le banc du Seigneur, attende que Madame soit dégantée, & qu'elle ait fini ses compliments avec la compagnie qui est dans son banc.

La distribution de l'eau-bénite par aspersion se prouve encore par l'autorité des Arrêts du Parlement de Paris. Monsieur le Cardinal de Noailles en rapporte deux solemnels, l'un du 20 Juillet 1699, & l'autre du 4 Septembre 1716. On en trouve encore deux autres dans Me Denizart, l'un du 21 Août 1714, & l'autre du 12 Janvier 1728. On peut encore prouver cet usage par l'exemple du Roi, qui ne reçoit dans sa

Chapelle l'eau-bénite que par aspersion. Cette modestie du Monarque devroit engager les Seigneurs à ne pas prétendre de plus grandes distinctions que Sa Majesté.

Il en est cependant qui, par des Arrêts, ont été maintenus dans le droit de se faire donner l'eau-bénite par la présentation de l'aspersoir; mais il faut croire que ces Arrêts ont été rendus sur la circonstance particulière d'une possession immémoriale, ou de l'usage des lieux; au moyen de quoi ils ne sont point de règlement général, & ne peuvent avoir d'application qu'à leur espèce.

On ne peut finir cet article, sans parler de la malice de quelques Curés de campagne. M. de Clugny dit que deux de ces Curés condamnés de donner l'eau bénite par distinction à leurs Seigneurs, firent faire des goupillons énormes, avec lesquels l'un noya la perruque neuve de son Seigneur, & l'autre jetta une si grande quantité d'eau bénite sur une Dame, qu'elle fut obligée de sortir de l'Eglise pour aller changer d'habits & de linge. Ces excès ont, sans doute, été sévérement punis par les Supérieurs; mais ils prouvent bien l'insolence de certains Curés de campagne, & leur opiniâtreté à refuser aux Seigneurs les honneurs qui leur sont légitimement dus.

Des Processions.

Les calamités publiques ont occasionné les processions: elles furent instituées en 469 par Saint Mamert, Evêque de Vienne en Dauphiné, pour appaiser la colère du Ciel par des prières publiques & solemnelles. Les Seigneurs ont désiré avoir le pas à ces processions; & il leur a été accordé par quantité d'Arrêts, & notamment par un du 14 Juillet 1714, que nous avons déja plusieurs fois cité. Si le Patron & le Haut-Justicier se trouvent à la même procession, le Patron qui, dans toutes les occasions, doit passer le premier, marche à droite, & le Seigneur haut-justicier à gauche. Les Gentilshommes doivent suivre, ou en leur absence, doivent avoir le pas, suivant les distinctions dont on a ci-dessus parlé. A l'égard des femmes, elles peuvent, avec leurs enfants, suivre immédiatement leurs maris; c'est ce qu'il y a de plus généralement décidé par la

Jurisprudence des Arrêts. Les Seigneurs, les Gentilshommes, leurs femmes, leurs enfants, doivent aller aux offrandes dans le même rang qu'aux processions : les Arrêts n'ont mis aucune différence entre ces deux cérémonies.

Des Prières nominales.

L'usage de recommander aux prières le Roi & les Princes du sang royal est très-ancien, & il a passé aux Seigneurs hauts-justiciers qui ont été maintenus dans ce droit honorifique. Suivant la Jurisprudence des Arrêts & les instructions de tous les rituels, les Curés, aux prônes des messes paroissiales, doivent recommander aux prières nominalement & distinctement, le Seigneur & la Dame de la Paroisse & leurs enfants, en nom collectif. Telle est la forme prescrite par les Arrêts qu'on peut voir dans Marechal. Telle est la disposition de l'Arrêt du 10 Juin 1717, contre le Curé de Reignac ; de celui de 1718, contre le Curé de la Palisse.

Du Pain-béni.

Les eulogies, dans les premiers siècles de l'Eglise, étoient des pains-bénis que les Evêques, aux principales Fêtes, envoyoient aux autres Evêques, aux Rois & à leurs amis. Marculse rapporte la formule des lettres qui accompagnoient ces présents. Dans l'ancienne Lithurgie Gallicanne, on voit qu'à la fin de la messe, ceux qui n'avoient pas reçu l'Eucharistie, recevoient des eulogies ou pains-bénis, pour prouver qu'ils ne laissoient pas d'être dans la communion de l'Eglise. Hincmar Archevêque de Reims donna en 852, une instruction aux Prêtres de son Diocèse, dans laquelle il ordonne à chaque Curé de bénir de l'eau tous les Dimanches, avant la messe, d'en jetter sur le Peuple qui entre dans l'Eglise, & de bénir aussi des morceaux de pain, pour en distribuer après la messe à ceux qui n'avoient pas reçu la Communion. Ce sont ces différentes pratiques qui ont introduit l'usage de la distribution du pain-béni qu'on fait aux messes paroissiales. Dans cette cérémonie, l'Eglise a cru devoir user de de distinction envers les Seigneurs-Patrons & les Hauts-Justiciers, & leur faire présenter le pain-béni, avant tous autres, immédiatement après le Clergé. Ce qui dans les commencements fut, sans doute, une déférence, est devenu un droit dans lequel les Seigneurs-Patrons, & Hauts-Justiciers ont été maintenus par une foule d'Arrêts. On en trouve plusieurs dans Maréchal & Duperray. Il y en a un notable du 14 Juillet 1714, contre le sieur Lallard, Seigneur de Barlatte qui est le principal Fief de la Paroisse de Savie. Cet Arrêt juge que le Seigneur haut-justicier aura le pain-béni par morceau de distinction & par préférence avant le sieur Lallard. L'Arrêt du 4 Septembre 1716, cité dans le Mémoire de Monsieur le Cardinal de Noailles, a jugé la même chose.

Il y a un Arrêt du Grand Conseil du 23 Janvier 1738, qui décide qu'un Sécretaire du Roi, en outre Président & Trésorier de France, auroit le pain-béni par morceau de distinction & par préférence aux Officiers de la Justice seigneuriale.

De l'Encens & de la Paix.

Le Cérémonial des Evêques recommande au Maître des Cérémonies d'avoir, dans toutes les occasions, les égards convenables pour les personnes laïques constituées en dignité; il règle que les Rois seront encensés avant l'Evêque; les Princes, les Gouverneurs des Provinces, immédiatement après l'Evêque; les Grands Magistrats après les Dignités, & avant les Chanoines; les autres Magistrats après les Chanoines; les Barons & simples Gentilshommes après tous les Magistrats. A l'égard du baiser de paix aux Laïcs, les Arrêts des Cours Souveraines qui ont accordé aux Seigneurs-Patrons & Hauts-Justiciers les honneurs de l'encens, y ont toujours joint le baiser de paix.

Anciennement ces honneurs ne se rendoient qu'au seul Patron: ils ont depuis été étendus aux Seigneurs Hauts-Justiciers. Il est aujourd'hui sans difficulté qu'ils en doivent jouir, après le Patron cependant, lorsque dans une même Paroisse il se trouve un Patron & un Seigneur Haut-Justicier.

Il n'y a rien d'uniformément décidé par les Arrêts sur la

M

forme des encensements. Un Arrêt du 26 Juin 1636, décide qu'un Seigneur & la Dame son épouse seront encensés chacun une fois, & leurs enfants, en quelque nombre qu'ils soient, une fois seulement. Un Arrêt du Grand Conseil rendu au profit de Messire Jean Aubry, Marquis de Vastan, contre le Chapitre de S. Laurian de Vastan, ordonne que le sieur Aubry & la dame son épouse seront encensés chacun trois fois, & leurs enfants chacun une fois. Une Sentence des Requêtes du Palais du 10 Juin 1717, a jugé la même chose au profit du Comte de Regnac. Cette diversité de décisions fait penser qu'on doit se régler à cet égard suivant l'usage des lieux & la possession d'un chacun.

Sur la forme des encensements, il y a cependant deux observations certaines à faire.

1°. Ce n'est pas l'Officiant qui, dans les Fêtes solemnelles, doit encenser; c'est un de ses Ministres *in habitu*; le Sous-Diacre à la messe, & le Sous-Chantre à vêpres.

2°. Les Seigneurs & Dames qui prétendent ces honneurs, doivent être, pour les recevoir, dans leurs bancs ordinaires; s'ils étoient ailleurs dans l'Eglise, on ne seroit pas obligé de les y aller chercher pour leur donner l'encens & le baiser de paix.

De la Sépulture dans le Chœur.

Anciennement il étoit défendu d'enterrer les morts dans l'intérieur des Villes; parmi les Payens un tombeau auroit été une profanation énorme dans un lieu consacré au culte des faux Dieux, & jamais personne ne fut enterré dans le Temple de Jupiter Capitolin. Cet usage s'est conservé assez long-tems dans la primitive Eglise; on crut faire beaucoup d'honneur au Grand Constantin de le faire inhumer dans le Vestibule de la Basilique des Apôtres près la porte. Dans le neuvième siècle les Papes Benoît VIII, & Nicolas I, n'osèrent se faire enterrer que dans le parvis de l'Eglise de Rome. Le 17e Canon du Concile de Tibur tenu en 895, permit aux Prêtres la sépulture dans les Eglises, & le Concile de Meaux en 962, étendit cette permission à tous les Laïcs.

Il eſt cependant à préſumer que long-tems avant l'époque du dixième ſiècle, cette permiſſion avoit été accordée du moins aux Rois & aux Princes ; nous voyons encore aujourd'hui les tombeaux de pluſieurs de nos Rois de la première race, dans les Egliſes qu'ils avoient, à la vérité, fondées ou fait bâtir. Clovis notre premier Roi Chrétien, fut enterré à Paris, dans l'Egliſe de S. Pierre & de S. Paul, aujourd'hui Sainte Geneviéve. Childebert I fut enterré dans l'Egliſe de S. Germain-des-Prés qu'il avoit fait bâtir ſous le titre de Saint Vincent. Clotaire I, le fut à Saint Médard de Soiſſons qu'il avoit fait bâtir ; & Dagobert I, à S. Denis qu'il avoit fondé. Brunehaut, cette cruelle Brunehaut, qui fut l'objet de la haine & de l'exécration des François, ſur qui la Nation exerça les plus terribles vengeances, ne laiſſa pas, après ſon ſupplice, d'être enterrée dans l'Egliſe de S. Martin d'Autun, où on voit encore aujourd'hui ſon tombeau.

L'uſage d'enterrer les Fidèles dans les Egliſes, ne fut pas plutôt introduit, que le Clergé & les Seigneurs s'empreſsèrent à l'envi, les uns d'offrir & les autres de rechercher cette diſtinction. Dès-lors les Seigneurs dédaignèrent d'être enterrés avec leurs corvéables ; & j'ai vu le teſtament d'un ancien Chevalier, qui recommandoit ſur-tout de bien prendre garde qu'on ne le mît après ſa mort *à côté d'un vilain*. Les Eccléſiaſtiques, profitant de cette vanité qui flattoit également les vivants & les mourants, ſçurent bien en tirer parti ; & lorſque dans la ſuite, les Patrons & les Seigneurs hauts-juſticiers prétendirent dans les Egliſes des places de diſtinction pour leur ſépulture, on ne manqua de la leur accorder dans le chœur, comme l'endroit le plus honorable & le moins propre à mêler leur précieuſe pouſſière avec celle des *vilains*.

Les Seigneurs patrons & hauts-juſticiers, ſuivant la Juriſprudence des Arrêts, ont ſeuls privativement à tous autres le droit d'avoir leur ſépulture dans le chœur des Egliſes qu'ils ont fondées, ou de leurs Paroiſſes : eux ſeuls, ainſi que les Princes, & autres perſonnes illuſtres, ont le droit d'y avoir des tombeaux relevés, ornés d'épitaphes, de ſtatues & de piéces d'honneur ; pourvû que cela ſe puiſſe faire ſans gêner le chœur & le service divin, & que d'un autre côté, dit Maréchal, cela se fasse sans blesser la modestie chrétienne.

Ces droits sont prohibitifs aux Seigneurs ; c'est-à-dire qu'ils peuvent empêcher que tout autre Gentilhomme ne se les arroge, quelque possession & quelque prescription qu'on puisse opposer. Cependant les Patrons, ni les Seigneurs hauts-justiciers ne peuvent pas céder ces droits qui leur sont purement personnels. Ils ont, dit Me Duperray, l'usage du tombeau, mais ils n'en ont pas le domaine.

Les femmes des Seigneurs & leurs enfants ont droit d'être enterrés dans les sépultures de leurs maris, & de leurs peres. *Voyez* à cet égard les Arrêts rapportés par Maréchal & par Duperray.

De tout temps ce fut une profanation sacrilège de violer les tombeaux des défunts, & d'en exhumer les cadavres. Ces excès impies ont été sévèrement punis par les Cours souveraines, lorsque l'occasion s'en est présentée. Un Arrêt de la Tournelle Criminelle du Parlement de Paris du 27 Juin 1708, prononce des punitions infamantes contre des particuliers qui avoient violé le sépulchre de Messire Paul, Comte de Beaujeu, Gouverneur d'Ipres, tué au siége d'Arras. Un autre du même Tribunal, du 11 Février 1711, en faveur de M. le Duc de Lesdigueres, condamne les Abbés, Prieurs & Religieux de Saint Wast de Moreuil, les uns aux galères, tous en des amendes honorables, des aumônes & de grosses réparations civiles, pour avoir exhumé les corps des Seigneurs de Crequy enterrés dans leur Eglise, volé & vendu les plombs de leurs cercueils. La Cour traita avec raison ces excès de sacrilége, de profanation, & enseigna par la sévérité de son Arrêt, le respect qu'on doit aux tombeaux, & aux morts qui y reposent.

Des Litres & Ceintures funèbres.

L'usage des litres funèbres n'est pas fort ancien. Dans la grande quantité de nos Coutumes nous n'en trouvons que deux, Tours, art. 60, & Lodunois chap. 5, art. 2, qui parlent des litres funèbres. Leur origine ne peut pas remonter plus haut que le douzième siècle où les armoiries commencèrent à être héréditaires.

La litre funèbre est une ceinture noire qu'on fait peindre dans tout le contour d'une Eglise tant en dedans qu'en dehors, & sur laquelle, de distance en distance, on fait peindre les armoiries du Seigneur qui en a droit.

La litre des Princes se fait jusqu'à trois pieds de largeur avec leurs armes de dix pieds en dix pieds, & le timbre des armes à pleine face; la litre des Seigneurs ne doit avoir que deux pieds, les armes à plus grande distance que celles des Princes avec le timbre de côté, lorsque, dit Maréchal, on veut observer la décence.

Le droit de litre funèbre appartient incontestablement au Seigneur patron, quand il n'auroit dans la Paroisse ni Justice ni Fief. Après le Patron, il appartient au Seigneur haut-justicier. Maréchal dit par-tout, que la litre du Patron peut être mise tant en dedans qu'en dehors de l'Eglise. On trouve cependant dans les arrêtés 15 & 18 de M. le Premier Président de Lamoignon, & dans d'autres Auteurs, que le Patron ne doit avoir sa litre que dans l'intérieur de l'Eglise, & le Seigneur haut-justicier tant en dedans qu'en dehors.

Le Seigneur du Fief en l'étendue duquel l'Eglise est bâtie, n'y a point de litre, s'il ne se l'est réservé en accordant la permission de bâtir l'Eglise. Les moyens & bas Justiciers, dans quelques endroits, sont en possession d'avoir litres, distinguées cependant de celles des Patrons & des Seigneurs hauts-justiciers; mais, dit Maréchal, c'est plûtôt une tolérance qu'un droit.

Quoique tous les Engagistes aient tous les droits honorifiques, ils n'ont cependant pas le droit de litre, parce qu'ils ne sont point propriétaires & ne se peuvent dire Seigneurs. Arrêt du 15 Juillet 1554, rapporté par Maréchal. Autre du 29 Août 1620, rapporté par Bacquet. De tout ceci, on en peut conclure qu'un simple Gentilhomme dans une Paroisse, quelque qualifié qu'il soit, n'y peut pas prescrire le droit de litre contre le Patron ou le Seigneur haut-justicier, quelque possession qu'on oppose. Ainsi jugé par Arrêt du Parlement de Paris, du 10 Février 1700, au profit de M. Feydeau, Commandeur de Saint Maur, contre le sieur de Poitrincourt.

Lorsque dans une même Paroisse il y a plusieurs Patrons, l'aîné, ou celui qui en est issu a sa litre à droite, & les puînés à gauche. Si le Patron est en concurrence avec le Haut-Justicier, le Patron a sa litre au-dessus de celle du Haut-Justicier. Si la Justice est indivise entre plusieurs freres, l'aîné ou ses descendants auront leur litre à droite, & les puînés à gauche. Enfin dans les lieux où les moyens & bas-Justiciers & Seigneurs de Fief sont en possession ou fondés en titre, pour avoir litre, ils la mettront au-dessous de celle du Haut-Justicier.

Il y a quelquefois des Gentilshommes qui dans une Eglise ont une Chapelle qu'ils ont fondée : ils peuvent sans doute y faire peindre litre à leurs armes, mais dans l'intérieur seulement, & non dehors, ni dans la nef. Lorsque le Seigneur fait peindre sa litre, il peut y comprendre la Chapelle tant en dedans qu'en dehors, & mettre sa litre au-dessus de celle du Gentilhomme, soit son Vassal ou non.

Lorsqu'un simple Gentilhomme décède dans une Paroisse, on peut lui donner une petite litre à l'endroit où il avoit son banc, ou à quelque pillier ; mais cette litre doit être au-dessous de celle des Patrons & des Seigneurs justiciers, & effacée au bout de l'an. On ne peut aussi empêcher tel Gentilhomme d'avoir dans l'Eglise, ailleurs que dans le chœur, tombe plate avec épitaphe, & ses armoiries gravées. *Voyez* Maréchal.

Des Comptes de Fabrique.

La présentation des comptes de Fabrique au Seigneur haut-justicier, est un droit honorifique ; on le trouve ainsi jug par un Arrêt notable du Parlement de Paris du 10 Juin 1716, qui ordonne que les comptes de Fabrique seront présentés au Seigneur haut-justicier de la Paroisse de Savie, & qu'il y sera dénommé avant le Curé Il y a peu de Seigneurs qui soient curieux de recevoir les comptes de Fabrique de leurs Paroisses ; ils sont ordinairement remplacés dans cette fonction par leurs Juges qui ont droit de les y représenter : ils y sont autorisés par deux Arrêts de la Cour des 26 Mai & 26 Juillet 1657, qui ordonnent que les comptes de Fabrique de la Paroisse de Conſtans ſeront rendus & préſentés devant les Officiers du Seigneur haut-juſticier, le Curé, les Marguilliers, & les principaux Habitants appellés. Un autre Arrêt du 28 Avril 1727, ordonne que les Officiers d'une Terre appartenante à Madame la Princeſſe de Conti, ſeront appellés à l'examen des comptes des Fabriques.

Des Aſſemblées d'Habitants.

C'eſt encore un droit dépendant de la Haute-Juſtice que les Habitants d'une Communauté ne puiſſent s'aſſembler ſans la permiſſion du Seigneur ou de ſes Officiers, à peine d'amende arbitraire ; c'eſt la diſpoſition de pluſieurs Coutumes, & entre autres, de la Marche, tit. 1, art. 6. de Bourbonnois, art. 9 & 10.

Si le Seigneur ou ſes Officiers refuſent leur permiſſion, la Communauté doit alors avoir recours au Juge Royal d'où relève la Juſtice du Seigneur. Tout ceci eſt de droit public en France où toutes aſſemblées d'Habitants ſont réputées tumultuaires & illicites, lorſqu'elles ne ſont pas convoquées par autorité du Prince ou du Magiſtrat ; & lorſqu'elles ne ſont pas tenues en lieu public deſtiné à cet effet, elles ſont clandeſtines, & toutes les délibérations qu'on y prend nulles.

Outre l'autorité des Coutumes qui aſſujettit les Habitants à demander la permiſſion du Seigneur pour s'aſſembler, c'eſt encore la Juriſprudence des Arrêts. Boniface (*a*) en rapporte un du Parlement d'Aix du 19 Avril 1640, qui juge qu'un Seigneur ayant Juriſdiction, peut obliger les Conſuls de ſon endroit à lui demander permiſſion de s'aſſembler pour faire leurs délibérations. Le même Auteur nous apprend que les Officiers des Seigneurs ne peuvent être élus aux charges des Communautés ; & Frillon dans ſon Dictionnaire, *verbo* Délibération des Communautés, nous enſeigne que les Communautés ne peuvent point délibérer contre leurs Seigneurs en préſence de leurs Officiers ; elles doivent, en ce cas, demander un Juge ſupérieur pour préſider à l'aſſemblée.

(*a*) Tom. 1. liv. 3. tit. 2. chap. 3.

Quelquefois, dans les aſſemblées des Seigneuries, on ne ſe contente pas de cabaler contre les Seigneurs, mais même on s'y oublie jusqu'au point de lâcher contre lui des libelles diffamatoires. Lorsque le Seigneur en poursuit la réparation, il ne suffit pas qu'en général l'assemblée en fasse l'aveu, mais il faut que singuliérement tous en répondent jusqu'à trouver & dénoncer les auteurs, qui sont punis suivant la rigueur des Ordonnances, & condamnés en outre envers le Seigneur, en telles réparations civiles que le cas le requiert. La Cour le jugea ainsi pour le Comte de Tonnerre, par Arrêt du 14 Juin 1548, rapporté par Papon (*a*) dans le Registre *Olim*. (*b*) Nous trouvons encore un Arrêt du Parlement, de la Toussaints 1278, qui a jugé que pour une injure faite à un Seigneur, ou à quelqu'un des siens par une Communauté d'Habitants, les condamnations sont solidaires contre tous les Habitants, même contre ceux qui n'y ont pas été présents. Ces différentes décisions prouvent qu'une Communauté d'Habitants, ne doit jamais rien faire, ni même souffrir qu'on fasse rien de contraire au respect qu'elle doit à son Seigneur.

(*a*) Liv. 8. tit. 3. 10.

(*b*) L. B. fol. 41.

Fin du premier Livre.

PRINCIPES

PRINCIPES
SUR
L'ORIGINE, L'USAGE, ET LA PRATIQUE
DES
DROITS SEIGNEURIAUX.

LIVRE SECOND.

CHAPITRE PREMIER.

Des Droits seigneuriaux qui dérivent de la constitution des Fiefs.

LES Droits des Seigneurs, sur les Fiefs, sont de deux espèces : les uns sont purement honorables, & les autres utiles & pécuniaires.

Les droits honorables sont la foi & hommage, l'aveu & dénombrement ; ce sont proprement les reconnoissances des Fiefs. Nous avons indiqué ailleurs quelles en étoient les formalités & les solemnités.

Les droits utiles & pécuniaires sont en bien plus grand nombre : les principaux sont la saisie féodale, le relief ou rachat, le retrait féodal, le quint & requint, la commise, le droit d'empêcher le démembrement du Fief, la réunion féodale, le droit d'indemnité sur les gens de main-morte, le droit d'aînesse dans la succession des Fiefs, le droit d'empêcher la prescription de la féodalité, le privilège qu'a le Seigneur sur le Fief du Vassal, pour ses profits échus.

Chacune de ces matières pourroit exiger un traité particulier; mais la nature de cet ouvrage ne nous permet pas un si long détail. Nous nous contenterons, dans ce chapitre, ainsi que dans les autres, de puiser, dans les meilleurs Auteurs, les principes les plus connus, & les décisions les plus certaines sur l'origine & sur l'exercice de chaque droit.

De la Saisie féodale.

La saisie féodale est la peine à laquelle s'expose le Vassal qui refuse, ou qui néglige de rendre ou de payer, à son Seigneur, les devoirs & les droits qu'il lui doit, dans les temps, & suivant les formalités prescrites par les Coutumes des lieux. La saisie féodale a été introduite, comme un tempérament équitable, au lieu de la commise, à laquelle s'exposoit autrefois le Vassal, faute par lui de demander l'investiture de son Fief.

Le Seigneur dominant ne peut exercer le droit de la saisie féodale, que dans deux circonstances. La première, lorsque le Vassal refuse ou néglige de rendre la foi & hommage, & de payer les droits échus qu'il doit. La seconde, lorsqu'il refuse ou néglige de bailler son aveu & dénombrement, le tout dans le temps & suivant les formes prescrites par les Coutumes.

Les effets de la première de ces saisies sont plus rigoureux que ceux de la seconde. Pendant la première, tant qu'elle dure, le Seigneur gagne les fruits du Fief saisi : il ne les gagne pas pendant la seconde. La raison est que refuser la foi à son Seigneur, c'est lui faire une espèce d'injure, & manquer au premier devoir du vasselage. Le retard de fournir l'aveu & dénombrement, peut être excusé comme une négligence.

Lorsque le Seigneur a reçu son Vassal à la foi & hommage, sans se faire payer des droits qui lui sont dus, il ne peut plus, pour ce dernier objet seul, saisir féodalement; il doit se pourvoir par simple action. Ainsi le Seigneur, qui veut se conserver le privilège de la saisie féodale, doit avoir l'attention de ne point recevoir son Vassal à la foi & hommage, sans se faire payer les droits qui sont échus; &, d'un autre côté, le Vassal, qui veut se mettre à couvert des effets de la saisie féodale, en offrant la foi & hommage, doit avoir grand soin de faire des offres réelles & suffisantes, pour les droits qu'il peut devoir.

De ce que dessus, il résulte, 1°. que la saisie féodale ne peut être faite que faute de foi & hommage, & de droits non payés, ou faute de fournir aveu & dénombrement; 2°. que faute de paiement des droits seulement, on ne peut pas saisir féodalement; 3°. que la saisie féodale ne peut être faite que dans le temps fixé par les Coutumes. C'est ordinairement quarante jours après la mutation arrivée dans le Fief: pendant ce temps, plusieurs Coutumes veulent que le Vassal jouisse du Fief en bon pere de famille, sans rien détériorer, sans prévenir la maturité des fruits, au préjudice du Seigneur.

Outre les conditions ci-dessus requises, pour exercer la saisie féodale, elle doit être encore accompagnée de plusieurs formalités, toutes nécessaires, pour qu'elle soit valable.

1°. Le Seigneur doit prendre commission du Juge pour saisir, si ce n'est dans les Coutumes qui lui permettent de le faire de son autorité privée.

2°. La saisie doit être faite au nom & à la requête du Seigneur, & non pas au nom de son Procureur fiscal.

3°. L'Huissier, dans son exploit, doit exprimer la cause de la saisie.

4°. L'Huissier doit se transporter sur le lieu du Fief, saisir les héritages qui composent le Fief, & non simplement les fruits. Si ce sont rentes, ou censives inféodées, le Seigneur doit signifier, par un Huissier, aux débiteurs & au Vassal qui en est propriétaire, qu'il saisit lesdites redevances.

5°. Lorsque le Seigneur saisit le Fief, faute d'aveu & dénombrement, le sentiment général est qu'il doit établir un Commissaire à la saisie: mais lorsqu'il saisit faute de foi & hommage, & de droits non payés, les sentimens sont partagés. Argou & Duplessis pensent qu'il faut, dans cette dernière saisie, établissement de Commissaire, fondés sur ce que, dans toutes les saisies, l'Ordonnance veut qu'il y en ait. Ferrière, Louet & Ricard enseignent qu'il n'en faut point, & que le Seigneur saisissant peut même expulser le Commissaire établi par la saisie, pour jouir lui-même, ainsi qu'il lui est permis par plusieurs Coutumes; & rapportent un Arrêt, du 9 Décembre 1586, qui l'a ainsi jugé. Ce dernier sentiment me paroît plus fondé en Jurisprudence. L'Ordonnance de 1667 n'a pensé qu'à pourvoir à la sureté des saisies mobiliaires qui se font entre particuliers, bien différentes, par leurs causes & leurs effets, de la saisie fèodale. D'ailleurs, comme dans cette saisie féodale le Seigneur gagne les fruits, tant qu'elle dure, & les peut retenir par ses mains, & que, d'un autre côté, la Loi lui permet de jouir du Fief saisi, de l'exploiter, à quoi bon l'établissement d'un Commissaire? On peut encore ajouter que si, dans les autres saisies, il faut un établissement de Commissaire, c'est parce qu'avant que la Justice ait jugé de la validité & de la légitimité de la saisie, il seroit peut-être dangereux de laisser les choses saisies entre les mains de la partie saisie, ou du saisissant. Cet inconvénient ne peut avoir lieu dans la saisie féodale, où le Seigneur fait les fruits du Fief saisi siens, tant qu'elle dure, & où il peut, dans les Coutumes qui le permettent, exploiter par lui-même le Fief saisi. Dans ces différentes positions, on voit combien est inutile la fonction d'un Commissaire, puisque le Seigneur prend tout, & qu'après la saisie il n'a point de compte à rendre à la partie saisie. Il n'en est pas de même dans la saisie féodale faite faute d'aveu & dénombrement: le saisissant n'y gagne point les fruits; il faut les rendre au Vassal saisi, sitôt qu'il a fait son devoir. Il est donc nécessaire, à peine de nullité, qu'on établisse à cette saisie un Commissaire, qui rende compte des fruits, après la saisie.

6°. Le Seigneur est obligé de faire signifier la saisie à son Vassal, au principal manoir de son Fief; &, s'il ne trouve personne, il doit la faire publier au prône de la Paroisse du Fief saisi, & la faire enregistrer au Greffe de la Justice du lieu.

7°. Les saisies féodales, suivant la Déclaration du Roi, du 21 Mars 1671, doivent être controllées; elles doivent, en outre, être recordées de deux témoins. Quoique l'établissement du controlle dispense les Huissiers de se faire assister de Records, on en a cependant conservé l'usage, dans tous les exploits de rigueur. *Voyez* l'acte de notoriété du Châtelet, du 23 Mai 1699.

La saisie féodale doit être renouvellée de trois ans en trois ans; autrement, après les trois ans, elle est périe, & les Commissaires déchargés. Mais ceci n'a point lieu quand il y a procès sur la saisie féodale; elle dure, sans être renouvellée, autant que le procès, pourvû qu'il ne tombe pas lui-même en péremption.

Le Vassal ne peut pas prescrire, contre son Seigneur, la foi & hommage; mais il peut prescrire les droits qu'il doit. Ainsi, quelque laps de temps qui se soit écoulé, depuis la mutation, le Seigneur peut saisir féodalement, à défaut de foi & hommage; mais il ne le pourra pas, à défaut de droits non payés, si, depuis la mutation, il s'est écoulé un temps nécessaire pour les prescrire.

La saisie féodale, étant une matière purement réelle, ne peut être évoquée aux Requêtes du Palais & de l'Hôtel, conformément à l'article 24 du titre des *Committimus* de l'Ordonnance de 1669. Il y a un Arrêt du Parlement, du 4 Juin 1703, rendu sur les conclusions de M. Joly de Fleury, Avocat général, qui l'a ainsi jugé.

La saisie féodale a ce privilége, qu'elle n'est jamais convertie en opposition; qu'elle est toujours préférée à toute autre, en ce qu'elle retient toujours le nom de saisie.

Quand il y a plusieurs Seigneurs du Fief dominant, chacun peut saisir, pour sa part; & les uns malgré les autres.

Après avoir parlé des conditions requises pour la saisie féodale, des formalités qui doivent l'accompagner, il faut maintenant examiner quelles en sont les suites & les effets.

Lorsque la saisie féodale est faute d'aveu & dénombrement, les suites n'en sont pas considérables: elle n'a d'autre effet que de durer tant que le Vassal ne fait pas son devoir; mais, sitôt qu'il l'a fait, il doit en avoir main levée, avec restitution des fruits, dont le Commissaire doit rendre compte.

Lorsque la saisie féodale est faute de foi & hommage, & de

droits non payés, les effets en sont beaucoup plus étendus.

1°. Le Seigneur saisissant gagne tous les fruits du Fief saisi, à compter du jour que la saisie est valablement faite.

2°. Il gagne ces fruits francs & quittes de toutes charges, à l'exception de celles qui sont inféodées. A l'égard des rentes constituées, des usufruits, ils sont à la charge du Vassal.

3°. Parmi les fruits, on distingue ceux qu'on appelle *fruits civils*, d'avec ceux qu'on appelle *fruits purement naturels & industrieux*. Les fruits civils, comme ceux qui proviennent d'une rente, d'un loyer de maison, le Seigneur les gagne, à proportion du temps que la saisie dure. A l'égard des fruits naturels & industrieux, on distingue encore : s'ils sont recoltés, lorsque le Vassal se présente pour faire le devoir, ils appartiennent, pour le tout, au Seigneur, en remboursant le Vassal des labours & semences, quand même la saisie n'auroit duré que huit jours. Si, au contraire, ces fruits ne sont pas recoltés, quand le Vassal se présente pour faire le devoir, ou qu'il fait des offres valables, il en doit avoir main-levée, quand même les offres n'auroient été faites qu'à la veille de la recolte, & quand même la saisie auroit duré huit à dix mois.

4°. La disposition de toutes les Coutumes est que le Seigneur qui jouit du Fief saisi, en doit jouir en bon pere de famille, sans rien détériorer, & sans prévenir la maturité des fruits.

5°. Le Seigneur, qui a fait saisir, doit avoir les caves, les greniers, & autres lieux du principal manoir, pour mettre les fruits : il doit avoir aussi portion du logis, sans toutefois déloger le Vassal, ni sa famille.

6°. Si le Vassal a donné son Fief à ferme, le Seigneur, qui saisit, ne peut pas, à moins qu'il n'y ait fraude dans la ferme, expulser le Fermier : il doit se contenter des fermages, à mesure des fruits qui seront recueillis pendant la saisie.

7°. Si le Vassal avoit donné son Fief, en tout ou partie, à rente, le Seigneur ne seroit pas obligé de s'en tenir à cet arrentement, si ce n'est qu'il l'eût inféodé.

8°. Si le Vassal continue de jouir pendant la saisie, comme cela est permis par différentes Coutumes, il doit rendre au Seigneur tous les fruits qu'il a perçus sans fraude.

De ces principes généraux, il en peut naître quantité de

questions de détail, dont on peut voir la résolution dans M. Duplessis, Brodeau, & autres Auteurs.

Du Relief ou Rachat.

Quand les Fiefs devinrent héréditaires, leur propriété passa au possesseur : alors les Seigneurs suzerains perdirent la liberté d'en disposer ; &, pour s'en dédommager, ils établirent, à chaque changement de possesseur, un droit, qu'on appelle *le droit de rachat*, & dont il est parlé dans toutes les Coutumes.

Ce droit se paya d'abord en ligne directe : depuis, par usage, il ne se paya plus qu'en ligne collatérale ; enfin, presque toutes les Coutumes l'ont introduit dans toutes les mutations de Fief, excepté celles qui arrivent par succession & donation en ligne directe, ou par vente, ou par acte équipollent à la vente, pour laquelle les Seigneurs établirent un autre droit, dont on parlera dans la suite.

La Coutume de Paris, dans les articles 47, 48, 49 & 50, explique, beaucoup plus clairement qu'aucune autre, en quoi consiste le rachat : c'est, dit l'article 47, le revenu d'une année du Fief, ou le dire de prud'hommes, ou une somme pour une fois offerte de la part du Vassal, au choix du Seigneur.

Suivant la disposition de cette Loi, à laquelle presque toutes les Coutumes sont conformes, il est donc libre au Seigneur de choisir, pour son droit de rachat, ou la jouissance des fruits d'une année du Fief, ou le prix d'iceux, suivant l'estimation qui en sera faite par Experts, ou les offres qui en seront faites par le Vassal. On pense que, quarante jours après les offres faites par le Vassal, le Seigneur doit faire son option, sinon qu'elle doit être déférée au Vassal. Les Coutumes n'en disent rien ; mais il ne paroît pas raisonnable qu'un Vassal soit dans une perpétuelle incertitude, & coure les risques auxquels pourroient l'exposer les irrésolutions ou les caprices d'un Seigneur.

Quelque élection que fasse le Seigneur, il ne peut plus varier : s'il choisit la jouissance des fruits d'une année, & que, par l'événement d'une stérilité, il ne recueille rien du-tout, c'est en pure perte pour lui. La raison de décider est que, par son option, il est devenu propriétaire de la chose : *res perit Domino.*

Ces principes posés, il s'agit d'indiquer quelles sont les mutations où le rachat est dû, & comment les Seigneurs doivent se comporter dans l'exercice de ce droit.

Ordinairement, quand les mutations arrivent par succession ou donation en ligne directe, ascendante ou descendante, il n'est dû aucun rachat. C'est la disposition des Coutumes, à laquelle cependant il y a quelques exceptions, mais en très-petit nombre.

Dans le Vexin François, le rachat est dû à toutes les mutations, même du pere au fils ; mais, en récompense, les Fiefs de ce pays ne paient point de quint, en cas de vente.

Il y a des Coutumes, comme le Maine, où il n'est point dû de rachat, en cas de succession, si ce n'est qu'on y vienne par droit de représentation.

Dans d'autres Coutumes, à la place du rachat en ligne directe, on paie un droit de chambellage : dans d'autres on paie le chambellage & le rachat, qui, à la vérité, est fixé à une très-modique somme. Les Coutumes, où ces exceptions ont lieu, sont Noyon, art. 25, Saint-Quentin, art. 62, Mantes, art. 6, & Amiens, art. 47.

Quand les mutations arrivent par succession ou donation en ligne collatérale, la disposition générale de toutes les Coutumes, sans exception, est qu'elles doivent le droit de rachat : mais quand, en outre, il y a mutation par vente ou acte équipollent à vente, par échange, par bail emphytéotique, par bail à rente foncière, & non rachetable, par second mariage, ou autres subséquents, il faut distinguer, suivant les Coutumes : les unes, comme Berry, n'ont, pour toutes les mutations, même pour la vente, qu'un seul droit, qui est le rachat ; d'autres, comme Paris, en ont deux ; le quint, pour la vente, & le rachat, pour les autres mutations.

Quand, dans la même année, il arrive plusieurs mutations dans le même Fief, on distingue : si ces mutations arrivent par cas fortuit, c'est-à-dire, par la mort de plusieurs collatéraux, qui se sont succédé les uns aux autres, alors il n'est dû qu'un seul rachat : mais si les mutations arrivent par plusieurs ventes ou donations volontaires, alors il est dû autant de rachats qu'il y y a eu de ventes ; les contractants sont censés s'y être soumis par leur propre fait.

On a exempté les filles, qui ont des Fiefs, de payer le rachat pour le premier mariage, afin de favoriser un engagement si nécessaire au bien de l'Etat & des familles. Comme les seconds mariages n'ont pas la même nécessité, ils ne méritent pas la même faveur ; ils doivent le rachat. Il y a même des Coutumes où il se paie pour le premier mariage ; parce que le mari, percevant les fruits du Fief, il y a une vraie mutation : d'où on conclut, dans ces Coutumes, que quand la femme est séparée de biens, par son contrat de mariage, elle ne doit point de rachat ; parce qu'alors il n'y a aucune mutation, non pas même de possesseur.

Régulièrement la veuve ne doit ni foi & hommage, ni relief ; c'est l'héritier qui doit le tout. Il y a cependant des Coutumes qui obligent la femme à payer le rachat, pour la portion à laquelle monte son douaire ; & d'autres ordonnent que le second mari paiera le rachat du douaire que sa femme a eu d'un premier mari.

Lorsque les Ecclésiastiques possèdent des Fiefs, pour lesquels ils sont obligés de donner homme vivant & mourant, ils doivent le rachat, à chaque mutation qui arrive par la mort naturelle de l'homme vivant & mourant, & non pour la mort civile. L'homme vivant & mourant se donne ordinairement par les Corps & Communautés ecclésiastiques, qui n'ont point de Titulaire & de Chef perpétuel : mais dans les Communautés où il y a Chef perpétuel, comme un Abbé, un Prieur ; dans un bénéfice où il y a un Titulaire, à toutes les mutations qui arrivent par mort, résignation, ou dévolu, le rachat est dû.

Dans quelques Coutumes, comme Berry, tit. 5, art. 5, il est dit qu'on doit rachat pour rente constituée sur le Fief : mais cette doctrine erronée est abrogée par le non usage, & par la Jurisprudence des Arrêts. Nos anciens Praticiens estimoient que celui qui constitue une rente sur ses héritages, les vend jusqu'à concurrence du sort principal de la rente. Depuis on a mieux connu la nature des rentes constituées ; on a observé qu'elles étoient personnelles, & qu'elles ne donnoient qu'une simple hypothèque à la chose.

Nous avons dit que, quand il y a ouverture au rachat, le Seigneur a l'option de jouir des fruits d'une année, ou d'en recevoir le prix, suivant l'estimation des Experts, ou les offres faites par le Vassal. Lorsque le Seigneur choisit les offres du Vassal, ou l'estimation des Experts, la chose n'a pas d'autres suites que de recevoir le prix des offres, ou de l'estimation : mais quand le Seigneur a opté le revenu d'un an en nature, c'est pour ce cas qu'ont été introduites les regles qui suivent, & sur lesquelles néanmoins il faut consulter chaque Coutume, à cause des différences qui peuvent s'y rencontrer.

1°. Le Seigneur, pendant l'année du rachat, ainsi que pendant la saisie féodale, doit jouir en bon pere de famille.

2°. Le Seigneur doit rendre au Vassal ses labours & ses semences; mais il n'est tenu de les rendre qu'après la recolte : d'où il suit que le Seigneur n'est point obligé de laisser les terres au même état qu'il les a prises, tout se trouvant compensé par le remboursement. Mais si la recolte a été enlevée par force majeure, ou stérilité, le Seigneur remboursera-t-il les labours & les semences? On pense que non; du moins Dumoulin l'a ainsi pensé, à l'égard du Fermier.

3°. Le Seigneur, pendant l'année de son rachat, ne peut point déloger le Vassal, ni sa famille, lorsqu'il demeure dans le Fief; on doit se contenter des bâtiments nécessaires pour recuillir les fruits, & d'une portion de la maison pour se loger : encore, s'il n'y a de logement que pour le Vassal, le Seigneur n'en aura point; &, en ce cas, le Vassal ne sera pas même obligé de lui payer de loyer. Mais si le Fief ne consistoit qu'en une maison, occupée par le Vassal, il en devroit alors payer le loyer; parce que le rachat ne consisteroit que dans le prix de ce loyer.

4°. Quand le Fief est affermé, sans fraude, le Seigneur ne peut déposséder le Fermier, & il doit se contenter du prix du bail. Quelques-uns pensent qu'en ce cas le Vassal demeure garant de la solvabilité du Fermier, si ce n'est que, par sa négligence, le Seigneur eût laissé emporter les fruits hors de la ferme, & souffert le divertissement de son gage.

5°. Le Fermier, sous prétexte de la jouissance du Seigneur, ne peut pas, à son préjudice, quitter son bail.

6°. Pendant l'année du rachat, le Seigneur jouit de tous les fruits du Fief, naturels, civils & industrieux; il jouit également des revenus casuels, comme des quints, & autres aventures de mouvance échéant au Fief pendant l'année du rachat.

7°. Le Vassal, pour faciliter la recette du Seigneur, est tenu de communiquer les titres nécessaires, ou de lui en donner des extraits, aux dépens du Seigneur.

8°. Quand il y a, dans le Fief, des bois taillis coupés, & des étangs pêchés pendant l'année du rachat, le Seigneur ne prend pas toute la coupe, ni toute la pêche, parce que c'est le revenu de plusieurs années; mais seulement à proportion d'un an; & si la coupe & la pêche ne s'en faisoit que hors l'année du rachat, & même plusieurs années après, le Seigneur ne laisseroit pas d'y prendre sa part, à proportion de son année, les frais de pêche & de coupe déduits. Il n'en est pas de même pendant la saisie féodale: si, pendant qu'elle dure, il se fait une coupe de bois, une pêche d'étang, tout est pour le Seigneur saisissant; mais si la coupe & la pêche ne se font qu'après la saisie, le Seigneur n'y a rien. La raison de cette différence est que, pendant l'année du rachat, le Seigneur jouit comme un usufruitier, qui a un droit certain & réglé sur toutes choses; & pendant la saisie féodale, il jouit comme un vrai propriétaire, qui prend tout ce qui se trouve prêt à recueillir, mais rien de plus.

Du Quint & Requint.

Le quint a la même origine que le rachat; &, dans les Coutumes où il a lieu, il est dû aux mutations qui arrivent dans le Fief, par vente, ou par acte équipollent à la vente. Ce droit est ainsi appellé, parce qu'il consiste en la cinquième partie du prix de la vente qui se paie au Seigneur d'où relève le Fief; & c'est à l'acquéreur à payer le quint, à moins qu'il n'y ait stipulation contraire.

Pour fixer le quint, on prend non seulement les sommes

payées au vendeur, mais encore celles que l'acquéreur s'est obligé de payer en acquit du vendeur, parce qu'elles font partie du prix de la chose. Par la même raison, dans le prix, on ne comprend point les frais du contrat, ni les loyaux coûts, parce qu'ils ne font jamais partie du prix de la chose.

Lorsque le quint de la vente d'un Fief a été payé par le vendeur, & que, par la suite, la vente est résolue, par la faute de l'acquéreur, le sentiment des Auteurs est que les droits payés par le vendeur, doivent lui être remboursés par l'acquéreur.

Le quint n'est jamais dû que dans deux mutations: 1°. lorsqu'elles arrivent par vente pure & simple, alors le droit est sans difficulté; 2°. lorsqu'elles arrivent par actes équipollents à la vente: sur quoi, rélativement au droit dont est question, il est important de bien distinguer les actes qui sont vraiment équipollents à la vente, d'avec ceux qui ne le sont pas, suivant la Jurisprudence des Arrêts. On va en donner quelques exemples.

Le bail du Fief à rente rachetable, est acte équipollent à la vente, pour raison duquel le quint est dû.

Au contraire, le bail à rente foncière, non rachetable, ne doit point le quint, mais le rachat. La raison de cette différence, dit M. Duplessis, est que, dans le bail à rente foncière non rachetable, il n'y a point de bourse déliée; au lieu que, dans le bail à rente rachetable, s'il n'y en a pas non plus, du moins la destination y est par la stipulation du rachat, dont, pour prévenir la fraude, les Coutumes n'ont pas voulu attendre l'événement. On peut donner, de cette différence, une raison encore plus simple, qui est que, dans toutes les occasions, les Coutumes regardent le bail à rente rachetable, comme une vraie vente, &, comme tel, sujet aux droits qu'elles ont établis pour la vente. Le caractère de la vente ne se trouve pas si parfaitement dans le bail à rente non rachetable, parce que la rente représente à toujours la chose.

Autrefois le quint n'étoit point dû en cas d'échange; mais il est dû depuis les Edits & Déclarations donnés par Louis XIV à cet égard. Il faut cependant observer qu'il se paie au Roi, lorsque les Seigneurs n'en ont pas traité avec lui.

Si je donne, à un étranger, mon Fief en paiement de ce

que je lui dois, c'est un acte équipollent à vente, pour raison duquel le quint est dû. La raison est que la dette, qui est acquittée par le contrat, représente le prix de la chose.

Du partage entre cohéritiers, même avec retour de deniers, le quint n'est point dû.

Si le Fief ne peut être commodément partagé entre cohéritiers, & qu'on soit obligé de le faire liciter en Justice, le cohéritier, qui se rend adjudicataire du tout, ne doit point le quint; mais, si c'étoit un étranger, il le devroit.

Quand l'acquéreur est contraint de déguerpir le Fief, à cause des hypothèques, il n'est dû qu'un seul droit de quint, tant pour la première acquisition, que pour le décret fait après le déguerpissement. De même, quand l'acquéreur, pour purger les hypothèques, fait décreter l'héritage sur soi-même, il n'est dû qu'un seul droit de quint, tant pour la vente, que pour le décret.

Il y a des Coutumes où, dans de certains cas, outre le quint, on doit encore le requint; c'est-à-dire, la cinquième partie du quint. eci, dans les Coutumes qui en disposent, a lieu quand la vente du Fief est faite francs deniers au vendeur; ce qui arrive, lorsque l'acquéreur, outre le prix de son acquisition, se charge de payer les droits seigneuriaux. En ce cas un Fief, qui vaut dix mille livres, n'est vendu que huit, parce que l'acquéreur, qui se charge de payer deux mille livres de quint, regarde le tout comme le prix total de son acquisition. C'est par cette considération que le requint a été introduit dans quelques Coutumes, pour récompenser les Seigneurs de la perte qu'ils souffriroient, lorsque l'acquéreur se charge de payer les droits seigneuriaux. Telle est l'attention avec laquelle les anciens Seigneurs ont calculé tous leurs avantages dans la perception de leurs droits.

Nous avons une Coutume, qui est celle de Nivernois, où il y a le quint en montant: ainsi, quand un Fief est vendu quatre-vingt mille livres, le quint est de vingt mille livres; de cette façon, le droit du Seigneur est le cinquième en sus du prix de la vente.

Du Retrait féodal.

La vente d'un Fief produit deux droits en faveur du Seigneur dominant : le premier est le droit de quint, dont nous venons de parler ; & le second, le retrait féodal, dont nous allons traiter.

Il faut fixer l'origine du retrait féodal, en France, à l'époque où les Fiefs y devinrent héréditaires. Il est vrai que, dans ces commencements, le Vassal qui vendoit son Fief, sans le consentement de son Seigneur, s'exposoit à la commise : mais ce droit de rigueur gênoit le commerce des Fiefs ; il dura peu. On permit donc indistinctement la vente des Fiefs, lors de laquelle les Seigneurs, au lieu de la permission qu'on étoit obligé de leur demander, se réservèrent le quint du prix de la vente, & le pouvoir d'exercer, sur le Fief vendu, le retrait féodal ; afin qu'au moins on ne pût pas forcer le Seigneur à recevoir un Vassal qui lui fût désagréable, qui fût son ennemi, ou contraire à ses intérêts.

L'exercice du retrait féodal est, en France, de toute antiquité ; on en trouve la preuve dans les assises de Jérusalem, dans les Ordonnances de Saint Louis, & dans tous les Auteurs féodaux. Ce droit est général en pays de Droit écrit & coutumier ; & nous ne connoissons que la Coutume de la Salle, en Flandres, qui n'admette pas le retrait féodal, comme la Coutume locale d'Issoudun, en Berry, est la seule qui n'admette pas le retrait lignager.

Sur l'exercice du retrait féodal il faut distinguer quatre choses. La première, qui sont ceux qui peuvent exercer ce droit ; la seconde, dans quelles mutations il peut avoir lieu ; la troisième, en quel temps, après la mutation arrivée, on peut l'exercer ; la quatriéme, quelles sont les formalités du retrait féodal.

Le retrait féodal est un droit accordé, par toutes les Coutumes, au Seigneur dominant, pour retirer des mains de l'acquéreur un Fief mouvant de lui, & qui a été vendu par son Vassal. Suivant cette notion, il n'y a que le Seigneur dominant qui ait droit d'exercer le retrait féodal. Sur quoi il faut observer :

1°. Que s'il y a plusieurs Seigneurs par indivis, chacun peut retirer pour sa part : si l'un veut investir & recevoir les droits, & l'autre retirer, chacun peut exercer ses droits, pour sa portion.

2°. En ce cas, il est au choix de l'acquéreur de forcer celui qui veut retirer, de le faire pour le tout, & non point seulement pour sa portion.

3°. Si l'acquéreur a acquis plusieurs héritages, par un même contrat, & pour un même prix, le Seigneur n'est obligé que de retirer ceux qui sont dans sa mouvance ; &, s'il y a plusieurs Fiefs dans la mouvance du même Seigneur, il pourra retirer celui qu'il voudra, sans retirer les autres.

4°. Si le Vassal vend son Fief à son Seigneur suzerain, le Seigneur immédiat peut exercer le retrait féodal sur le suzerain.

5°. La femme, Dame d'un Fief dominant, peut exercer le retrait féodal, sans le consentement de son mari ; il lui suffit d'être autorisée par Justice.

6°. L'usufruitier d'un Fief dominant peut exercer le retrait féodal en son nom ; mais, après son usufruit fini, le Fief retiré retourne au propriétaire du Fief dominant, pourvû qu'on rembourse l'usufruitier, ou ses héritiers, du prix, dans le délai qui sera fixé par le Juge ; autrement le Fief retiré demeure à l'usufruitier, ou à ses héritiers.

7°. Quoique le retrait féodal n'ait été introduit que pour réunir au Fief dominant le Fief servant, cependant il est certain, dans l'usage, que le Seigneur peut céder ce droit à un étranger, à moins qu'il n'y en ait une prohibition expresse dans la Coutume des lieux.

8°. Le Roi peut aussi céder ce droit ; mais la cession doit être faite en vertu de Lettres patentes.

9°. Suivant la Jurisprudence des Arrêts, l'Appanagiste peut céder le droit de retrait féodal, quoiqu'il ne soit pas expressément compris dans les Lettres de l'appanage. Il n'en est pas de même des Engagistes : si, dans l'engagement, le retrait féodal n'est pas expressément compris, on n'en peut pas faire cession. Il a encore été jugé qu'un Fermier, qui avoit le retrait féodal par son bail, pouvoit l'exercer, ou le céder.

Le retrait féodal, suivant la disposition de toutes les Coutumes, ne peut avoir lieu que dans la vente du Fief servant, ou en contrat équipollent à la vente : c'est pourquoi on a estimé que, dans le contrat de bail à rente rachetable, le retrait féodal avoit lieu; parce que, dans toutes les occasions, les Coutumes ont comparé ce contrat à la vente.

Le temps où on peut exercer le retrait féodal est différent, suivant les Coutumes : dans les unes c'est quarante jours, dans les autres trois mois, dans les autres un an, non pas après la vente, mais à compter du jour que l'acquéreur aura fait exhibition au Seigneur de son contrat d'acquisition ; car, outre tous les autres devoirs des Fiefs, dont l'acquéreur est tenu, l'exhibition du contrat de vente, dans un certain délai, en est encore un, dont l'acquéreur doit s'acquitter. Il a intérêt d'y satisfaire, afin de s'affranchir au plutôt du retrait féodal. Le Seigneur a aussi intérêt de voir ce contrat, pour se déterminer au retrait, ou pour connoître la quotité des droits qui lui sont dus. Si le Vassal avoit un procès avec son Seigneur, pour l'instruction duquel il eût fallu signifier son contrat d'acquisition, cela ne suffiroit pas pour satisfaire à l'exhibition ordonnée par les Coutumes; il faut qu'elle soit expresse & formelle.

Les délais fixés par les Coutumes passés, après l'exhibition du contrat, le Seigneur est déchu du retrait; mais, s'il n'y a point d'exhibition, l'action en retrait féodal va jusqu'à trente ans.

S'il y a combat de Fief, & procès en conséquence, les délais ne laissent pas de courir pendant le procès; mais les Seigneurs, qui veulent se conserver l'exercice du retrait, doivent faire leurs déclarations, offres & protestations, dans le temps fatal, pour exercer le retrait, après le procès fini; sinon ils seroient déchus.

Le retrait féodal n'est sujet à aucunes formalités, ni à aucunes des solemnités requises pour le retrait lignager : il n'est pas même nécessaire d'intenter action pour le retrait féodal; il suffit que le Seigneur fasse sa déclaration & ses offres de rembourser, dans les délais prescrits par les Coutumes.

Si

Si le Vassal tend le giron, & accepte les offres du Seigneur, il faut lui payer, dans les mêmes délais, & même sur le champ, le prix principal de son acquisition, & les loyaux coûts : c'est pourquoi les offres du Seigneur doivent alors être réelles ; autrement il seroit déchu de son retrait.

Si, lors de la déclaration & des offres du Seigneur, le Vassal ne tend pas le giron, & que le Seigneur soit obligé d'intenter action, il n'est point nécessaire de faire aucune consignation ; il suffit de la faire dans le délai qui sera prescrit par le Juge en définitif. Mais si le Seigneur ne consignoit pas, dans ce délai, il seroit déchu.

Lorsque le contrat comprend la vente de plusieurs Fiefs, ou d'un Fief avec plusieurs rotures, comme il est loisible au Seigneur de retirer celui des Fiefs qu'il lui plaît, & que, d'un autre côté, il n'a le pouvoir que de retirer le Fief, & non les rotures, il convient alors de faire ventiler le prix du Fief qu'on veut retirer, d'avec le prix des autres Fiefs, ou des rotures. Il a été jugé, par un Arrêt du Parlement de Paris, du 29 Décembre 1730, que c'est aux frais de l'acquéreur que se doit faire cette opération, après laquelle il suffit au Seigneur de faire ses offres de payer le prix qui sera fixé, par la ventilation, dans le délai qui sera ordonné par le Juge en définitif. Si l'acquéreur refuse de recevoir le prix, il faut le consigner au Greffe, dans le même délai ; sinon le retrayant seroit déchu. Quand on dit consigner & rembourser le prix du Fief retiré, il faut toujours y joindre les frais & loyaux coûts, à peine de déchéance du retrait.

Le retrait féodal produit deux effets : le premier est de subroger le retrayant, au lieu & place de l'acquéreur, en tous les avantages, ainsi qu'en toutes les charges, clauses & conditions de la vente. Le retrayant doit absolument faire enforte que l'acquéreur n'en soit point inquiété, ni par le vendeur, ni par qui que ce soit.

Le second effet du retrait féodal est d'acquérir non seulement le Fief vendu, mais encore tous les fruits qui y étoient pendants par les racines, ou autrement, au temps de la vente, lorsque le Fief & les fruits ne sont point séparés dans le contrat, & sont vendus indistinctement pour le même prix ; car si, dans la vente, les fruits & le Fief avoient un prix séparé, le retrayant n'auroit que le Fief, & non les fruits.

Si, au premier cas, lors du retrait, les fruits étoient recoltés ou consommés, l'acquéreur devroit les rendre en espèce, s'ils existent; sinon suivant l'estimation, déduction faite des frais de recolte.

Nous avons, ci-dessus, indiqué quelques cas où le Seigneur est déchu du retrait féodal; en voici encore quelques autres.

Le Seigneur qui a reçu l'acquéreur à la foi & hommage, ou qui a donné souffrance, qui a reçu de lui les profits, ou qui en a composé, soit par lui-même, soit par son Procureur, spécialement fondé *ad hoc*, n'est plus recevable au retrait féodal; mais il n'en seroit pas exclu, si le tout avoit été fait par son Fermier, ou son Receveur, quoique fondé de sa procuration générale.

La réception faite par l'usufruitier, ou la douairière, des devoirs & droits seigneuriaux, ne préjudicie point au propriétaire du Fief dominant, & ne l'exclut point du retrait féodal: mais, exerçant le retrait, il doit rembourser à l'acquéreur les droits, si aucuns il a payés à l'usufruitier, ou bien en tenir compte à l'usufruitier, si ce dernier ne l'avoit pas encore reçu.

Un Seigneur qui auroit servi, à la vente, de témoin instrumentaire, ou même qui en auroit été caution, ne seroit pas, pour cela, exclus du retrait.

Le mari d'une femme propriétaire d'un Fief dominant, & commun en biens avec elle, exclut son épouse du retrait féodal, lorsqu'il a reçu les devoirs & les droits de l'acquéreur: mais, s'il est séparé de biens, il ne peut préjudicier à sa femme.

Quelque favorable que soit le retrait féodal, cependant les Coutumes & l'usage veulent que le retrait lignager lui soit préféré: mais le retrayant lignager, qui évince le Seigneur de l'héritage qu'il avoit réuni à sa table, par puissance de Fief, est tenu de lui payer ses droits, avant que le Seigneur soit obligé de le recevoir à la foi.

Avant de finir cet article, il faut observer qu'il y a quelques Coutumes, mais en très-petit nombre, qui accordent au Seigneur le quint, conjointement avec le retrait féodal; ce que Dumoulin trouve également rigoureux & injuste. Il y en a encore d'autres qui n'accordent le droit de retrait & le quint, tout ensemble, que quand la vente n'est pas faite francs deniers. Cette disposition peut être juste, parce qu'alors le quint ne regarde pas l'acquéreur.

De la Commise.

La commise est une punition féodale, qui se prononce contre le Vassal, coupable de félonie & forfaiture envers son Seigneur, ou qui l'a désavoué. Cette peine consiste dans la confiscation du Fief, au profit du Seigneur.

Lorsque les Fiefs se donnoient à vie, comme de simples bénéfices, la moindre ingratitude, de la part du Vassal, un manque de respect, une désobéissance, suffisoient pour dépouiller le Vassal de son Fief; & il ne se rendoit digne de le conserver, qu'autant qu'il remplissoit exactement tous les devoirs du vasselage.

Quand les Fiefs furent devenus héréditaires, la commise ne s'exerça plus si rigoureusement; elle n'eut plus lieu que quand le Vassal vendoit son Fief, sans le consentement de son Seigneur, quand il commettoit félonie, ou désavouoit la mouvance. Aujourd'hui la commise ne s'exerce que dans ces deux derniers cas; ainsi, pour perdre son Fief par la commise, il il faut,

1°. Commettre félonie & forfaiture contre son Seigneur, l'injurier, le battre, ou le tuer. C'est l'esprit de l'ancien Droit françois, sur les Fiefs, & qui règne dans presque toutes nos Coutumes. Un Vassal qui donne, en jugement, un démenti à son Seigneur, ne perd pas, à la vérité, son Fief; mais on peut lui en faire perdre les fruits, sa vie durant, & les adjuger au Seigneur. Nos Auteurs rapportent des Arrêts, qui l'ont ainsi jugé, & qui prouvent combien, même dans cette décadence des Loix féodales, sont encore respectables les liens qui attachent le Vassal à son Seigneur.

2°. C'est un très-ancien proverbe, rapporté par quantité de Coutumes, & par tous les Auteurs feudistes, que, *qui Fief nie, Fief perd*. La commise a donc lieu quand le Vassal désavoue son Seigneur; mais, pour que cette peine puisse être prononcée, il faut que le désaveu soit formel, qu'il soit fait en jugement, qu'il soit fait par une personne majeure, usant de ses droits, & propriétaire incommutable du Fief: d'où il suit que le désaveu fait par un mineur, un interdit, ne peut pas opérer la commise.

Un Bénéficier ne peut commettre le Fief, si ce n'est sa vie durant; de même un grévé de substitution, & tout usufruitier. En Fief possédé par indivis, il n'y a commise que de la portion du désavouant; le mari ne peut pas encore commettre le Fief propre de sa femme, si ce n'est pour la jouissance qu'il a droit d'en avoir, durant sa communauté.

Pour que la commise puisse avoir lieu, en cas de désaveu, il faut observer que le Seigneur désavoué doit y conclure expressément; autrement il seroit présumé avoir remis l'injure: il faut, en outre, que la commise soit prononcée par une Sentence juridique.

Si le Vassal, en désavouant, se dit relever du Roi, il n'y a pas lieu à la commise; mais si, quand il est abandonné par le Procureur du Roi, il persiste dans son désaveu, il commet son Fief.

Si le Vassal ne désavoue son Seigneur que pour partie du Fief, il ne commet que la partie désavouée. Il y en a même qui pensent que la commise cesse, en ce cas: d'autres estiment encore que le Vassal peut retracter son désaveu, avant la Sentence adjudicative de la commise; mais de très-graves Auteurs, Dumoulin, Basmaison, Brodeau, Duplessis, pensent le contraire.

Du démembrement des Fiefs.

Lorsque les Fiefs furent devenus héréditaires, le Seigneur suzerain perdit toute espèce de propriété sur la chose; mais, forcé d'abandonner la propriété du domaine, il retint dessus tous les droits qu'il put imaginer, la foi & hommage, l'aveu & dénombrement, des droits pécuniaires à toutes mutations. On y ajouta encore la prohibition au Vassal de démembrer son Fief, sans le consentement des Seigneurs; & les mouvements qu'ils se sont donnés, pour faire exécuter cette loi féodale, ont été cause que presque toutes les Coutumes ont défendu le démembrement des Fiefs.

Cette prohibition a eu deux motifs, suggerés par la constitution même des Fiefs. 1°. On a voulu arrêter le cours des sous-inféodations qui détruisoient les Fiefs; en conséquence on a réglé que les Vassaux conserveroient leurs Fiefs, autant qu'il seroit possible, dans toute leur intégrité; afin qu'ils fussent toujours en état de rendre au Seigneur dominant les services féodaux, sur-tout le service militaire. 2°. On n'a pas voulu qu'il fût loisible à un Vassal de donner à son Seigneur plusieurs autres Vassaux, qui auroient pu être contraires à ses intérêts, ou qui, par la modicité de leurs Fiefs, n'auroient pas été en état de rendre le service: si on l'eût permis, les plus grands Fiefs, & les services qui en dépendent, avec le temps, auroient pu se réduire à rien.

Démembrer un Fief, suivant les Coutumes, c'est donc diviser l'unité & l'intégrité du Fief, sans le consentement de son Seigneur, & contre sa volonté; d'un seul Fief, tenu en un seul hommage, en faire plusieurs, tenus chacun en un hommage séparé. On vient de voir combien cela peut être préjudiciable au Seigneur suzerain. Suivant ces notions, il y a un véritable démembrement de Fief, quand le Vassal en vend partie, avec démission de foi sur la partie aliénée, sans y retenir aucune marque de supériorité, ou aucun droit seigneurial. Le Vassal démembre encore son Fief, quand il remet à ses Vassaux, qui possédoient des arrière-Fiefs ou des censives, dans sa mouvance, le droit qu'il avoit sur eux; lorsqu'il permet à ses Vassaux de posséder le Fief ou la censive relevant de lui en franc-aleu; quand il cède l'un ou l'autre à d'autres Seigneurs: le tout, fait sans la permission, &, à plus forte raison, contre le gré & la volonté du Seigneur dominant, opère le démembrement de Fief prohibé par les Coutumes.

Ce démembrement est volontaire, ou forcé. Le premier est le seul défendu par les Coutumes; le second est celui qui arrive quand le Fief se divise entre plusieurs cohéritiers, dans les Coutumes qui permettent le partage des Fiefs échus par succession: alors il n'y a point de démembrement de Fief, 1°. parce que le Fief ne sort point de la famille; 2°. parce qu'il est nécessaire de satisfaire aux dispositions des Coutumes, qui appellent à la succession des Fiefs les aînés, comme les puînés, soit par égales portions, soit par portions inégales, suivant qu'elles en décident. Dans cette dernière espèce, Duplessis tient que tous les copartageants, pour conserver l'unité du Fief, doivent donner ensemble l'aveu & dénombrement, ou chacun d'eux *in solidum*.

Dans l'Anjou & la Touraine, lorsque le Fief se partage entre l'aîné & les puînés, cela s'appelle parage. Les portions des puînés ne doivent aucun devoir ou droit à la portion de l'aîné; au contraire, tant que le parage dure, l'aîné porte seul la foi & hommage pour tout le Fief, & en garantit ses puînés: mais lorsque le parage est fini, les possesseurs des portions données à l'un des puînés lors du partage, doivent la foi & hommage à l'aîné, & non au Seigneur dominant.

Dans les deux Coutumes dont nous venons de parler, ainsi que dans le Maine, on appelle dépié de Fief ce que les autres appellent démembrement. Dans ces Coutumes, le dépié de Fief arrive en deux manières: la première, quand le Vassal aliéne portion de son Fief; l'autre, quand le Vassal aliéne plus du tiers du Fief avec démission de foi, & sans retenir aucune marque de supériorité ou droit sur la chose aliénée.

La peine du démembrement ou du dépié de Fief, est différente, suivant les Coutumes qu'on peut consulter à cet égard. Il y a des Coutumes qui ne prononcent aucunes peines : dans ces dernières, suivant le sentiment des meilleurs Jurisconsultes Féodaux, le démembrement du Fief n'a d'autre effet que de laisser au Seigneur dominant la liberté d'exercer tous ses droits sur la totalité du Fief, comme s'il n'en avoit été démembré aucune partie. La raison de décider est, 1°. Que jamais le Vassal ne peut nuire à son Seigneur sans son consentement, & contre l'ordre public établi par les Loix féodales. 2°. Que tout démembrement de Fief ne peut valider qu'entre le vendeur & l'acquéreur, n'étant consideré en leurs personnes, que comme une convention de droit particulier qui ne peut contrevenir au droit public établi en faveur du Seigneur dominant. D'où il suit, 1°. Que le Vassal sera toujours tenu de faire la foi & hommage, & de donner aveu & dénombrement pour la totalité du Fief, quelque démembrement qu'il en ait fait. 2°. Dès que le Seigneur dominant se sera plaint judiciairement du démembrement, il y aura ouverture de Fief à son profit, & il le pourra saisir féodalement, s'il n'est servi par celui à qui le démembrement a été fait. Au reste, c'est une erreur de penser que dans les Coutumes qui ne prononcent aucunes peines contre le démembrement de Fief, il puisse donner lieu à la commise, ou qu'il puisse autoriser le Seigneur à former action pour faire déclarer nul le démembrement. Ce sont des peines de rigueur qu'on ne doit & qu'on ne peut point suppléer. La commise, pour le démembrement des Fiefs, n'a guère lieu que dans les Coutumes qui ont des Fiefs de danger. Dans les Coutumes de dépié, la peine du Vassal qui le commet, est de perdre sa féodalité, laquelle est dévolue au Fief dominant.

Si l'esprit de toutes les Coutumes est de défendre le démembrement du Fief sans retenir la foi sur la partie aliénée, d'un autre côté, la plûpart des Coutumes permettent ce démembrement, pourvu que le Vassal retienne la foi entière & quelque droit seigneurial sur ce qu'il aliéne; & ceci est une corruption de la pureté des Loix féodales qui, dans leur origine, ne permettoient pas au Vassal de disposer, soit du Fief entier, soit de la moindre partie, sans le consentement du Seigneur dominant. Si on le faisoit, on commettoit le Fief. Aujourd'hui c'est un jeu de Fief: en effet les aliénations qui se font ainsi par le Vassal, avec la réserve de la foi entière & un droit seigneurial sur la chose aliénée, ne sont qu'un espèce de jeu au respect du Seigneur dominant: d'un côté les portions du Fief aliénées ne cessent point de faire partie du même Fief, & sont toujours garanties sous le même hommage, sans qu'il y ait changement de Vassal; d'un autre côté, le droit seigneurial que le Vassal retient, représente la chose aliénée, & empêche que le Seigneur n'ait un Fief en l'air, c'est-à-dire, un Fief sans Domaine.

Pour qu'il y ait un véritable jeu de Fief, il faut que trois choses concourent. 1°. Que le Vassal retienne la foi entière sur la chose qu'il aliéne. 2°. Qu'il impose un droit seigneurial sur la chose aliénée. 3°. Qu'il n'aliéne pas davantage qu'il ne lui est permis par les Coutumes des Lieux qui sur cette matière ont des dispositions différentes. Quelques-unes permettent au Vassal de se jouer de tout son Fief, pourvu qu'i retienne la foi & hommage & un droit seigneurial ; d'autres ne permettent l'aliénation que d'une partie du Fief, comme des deux tiers ; d'autres enfin, permettent seulement au Vassal de donner son Fief à cens raisonnable, & ne veulent pas qu'il reçoive aucuns deniers pour faire l'accensement à plus petit cens. A l'égard des Coutumes qui ne s'expliquent pas, le commun sentiment des Auteurs féodistes est que le Vassal peut, dans ces Coutumes, sous-inféoder la totalité de son Fief, sans le consentement de son Seigneur, pourvu qu'il retienne la foi entière.

La raison est, que le Fief demeure toujours entier au respect du Seigneur dominant qui ne change point de Vassal, & au respect duquel on peut posséder un Fief en l'air, dans les Coutumes qui n'ont point de dispositions contraires.

Presque toutes les Coutumes permettent au Vassal de se jouer de son Fief, sans le consentement du Seigneur dominant : cependant les aliénations ainsi faites, suivant la remarque des meilleurs Auteurs, peuvent avoir des inconvénients très-considérables, & très-disgracieux pour le Vassal.

1°. Le Seigneur dominant qui n'a pas consenti au jeu de Fief, soit par un consentement exprès, en inféodant le droit qui a été retenu sur le Fief ou sur la partie du Fief aliénée ; soit par un consentement tacite, en recevant l'aveu & dénombrement dans lequel le Vassal a employé ce droit, peut en cas d'ouverture de Fief, faire saisir féodalement non-seulement ce que le Vassal a retenu, mais encore tout ce qu'il a aliéné.

2°. Si le Vassal, après s'être joué de son Fief, sans le consentement de son Seigneur, vient à vendre ce qui lui reste, alors le Seigneur peut retirer par retrait féodal le Fief entier avec les dépendances qui ont été aliénées, en remboursant le prix de l'acquisition du Fief, ensemble les deniers reçus par le Vassal lors du bail à cens ou rente, avec les améliorations, frais & loyaux coûts.

De

De la Réunion féodale.

Les mêmes principes qui ont inspiré la prohibition de démembrer les Fiefs, ont dicté les Loix suivant lesquelles les portions qui ont été démembrées d'un Fief, s'y réunissent dans de certaines circonstances ; & cette réunion est aussi favorable que le démembrement est odieux.

Si les Seigneurs ont été attentifs à ce que les Fiefs qui relèvent d'eux ne fussent point démembrés, ils n'ont pas moins été jaloux de conserver le domaine du Fief dominant dans toute son intégrité. S'ils ont été forcés par la nécessité des circonstances, d'en aliéner, d'en sous-inféoder des portions, de les donner à cens; ils se sont en même tems réservé différents moyens pour les pouvoir rappeller au Fief dominant & les y réunir, lorsque l'occasion s'en présenteroit. Ainsi, quand la partie du Fief dominant qui avoit été donnée en arriere-Fief, est vendue par le Vassal, le Seigneur a droit d'exercer le retrait féodal sur cette vente, afin de réunir au Fief dominant, comme à sa source, à son origine, l'objet qui en avoit été détaché. Il en est de même de l'héritage censuel S'il est vacant & abandonné, le Seigneur peut y rentrer & le réunir au Fief dont il avoit été séparé par le bail à cens. La réunion peut encore se faire, lorque l'héritage censuel est volontairement abandonné ou déguerpi par le censitaire ou son héritier.

Il y a des Fiefs qui n'ont été sous-inféodés que pour un tems ou dont le retour a été stipulé à défaut d'enfants mâles. A l'événement de l'une ou l'autre condition, la réunion de Fief se fait de plein droit au Fief dominant; elle se fait également si le Fief tombe en commise, lorsque le Seigneur acquiert le Fief qui relève de lui.

Si la réunion se fait de la censive au Fief, c'est-à-dire, si le Seigneur du Fief acquiert les héritages censuels qui en dépendent, ou si le propriétaire de l'héritage censuel achette le Fief d'où il relève, la réunion de la censive au Fief, dans ces cas, se fera de plein droit; mais il est loisible à l'un & l'autre acquéreur d'empêcher cette réunion, en faisant une déclaration expresse qu'ils entendent tenir l'héritage censuel séparément du

Fief. Pour éviter à cet égard toutes contestations, la Coutume d'Orléans veut que cette déclaration soit faite par le contrat d'acquisition; c'est le parti & le plus juste & le plus sûr. Cette déclaration produit deux effets importants. 1°. Elle empêche le Seigneur dominant d'exercer aucuns droits féodaux sur la censive qu'on a ainsi déclaré vouloir posséder séparément du Fief. 2°. La censive, par cette déclaration, étant conservée dans son ancienne qualité de roture, elle se partagera dans la succession de l'acquéreur, comme bien roturier, & non comme Fief.

La réunion féodale a deux effets. Le premier est de faire que ce qui est réuni au Fief, en fasse partie, soit porté sous une même foi & hommage, compris dans un même aveu & dénombrement, & sujet, ainsi que le Fief, à tous les autres droits féodaux. Le second effet de la réunion, est que les héritages réunis sont partagés noblement dans la succession de celui qui a fait la réunion.

C'est encore par un effet de la réunion féodale qu'on peut devenir Vassal d'un Seigneur, sans qu'il y ait concession de Fief de la part de ce Seigneur; ce qui peut arriver de plusieurs façons.

1°. Lorsque le Vassal aliéne partie de son Fief sans retenir la foi, alors l'acquéreur de la partie aliénée, dès le moment de son acquisition, devient le Vassal du Seigneur dominant. Nous avons montré que l'aliénation de la moindre partie du Fief, sans la retention de la foi, en détruit l'intégrité; ce que le Vassal ne peut jamais faire, parce qu'alors il diminueroit & altéreroit les droits & les devoirs dûs au Seigneur dominant.

2°. Par la même raison, si le Vassal affranchit l'héritage censuel relevant de sa Seigneurie, sans retenir la foi, dès lors le propriétaire de l'héritage affranchi devient le Vassal du Seigneur dominant à qui il doit la foi, & dans ce cas, l'héritage affranchi se réunit au Fief dominant comme à sa source & à son origine.

3°. C'est encore sur ce même principe que dans les Coutumes où le cens est prescriptible, lorsqu'il se trouve prescrit, l'héritage qui en étoit chargé se réunit au Fief dominant. Il y a des Auteurs qui pensent que le cens éteint par la prescription, rend l'héritage allodial ; cela ne peut être vrai que dans les Coutumes de franc aleu où les héritages sont toujours présumés libres, & où pour les assujettir, le Seigneur doit rapporter titre ; mais dans les autres Coutumes, sur-tout dans celles régies par la maxime *nulle Terre sans Seigneur*, l'héritage affranchi du cens retourne nécessairement & se réunit au Fief dominant d'où il est présumé sortir. Ce n'est pas que dans une Coutume même allodiale, l'héritage affranchi du cens, ne puisse jamais être réuni au Fief. Sa réunion se fera infailliblement, si on peut prouver qu'avant d'être chargé du cens, il faisoit partie d'un Fief. Dans les vrais principes des Coutumes allodiales, pour assujettir un héritage, il faut absolument rapporter un titre.

On peut encore, par les principes de la réunion féodale, résoudre la question de sçavoir, quelle nature les biens reprennent lorsqu'ils sortent des mains ecclésiastiques : pour se décider sur cette importante question, il faut faire deux observations. 1o. Si on peut découvrir & prouver de quelle nature étoient ces biens avant que d'être possédés par les Ecclésiastiques. 2o. Lorsque cette preuve ne se pourra pas faire, si on se trouve dans une Coutume allodiale ou dans une Coutume régie par la maxime *nulle Terre sans Seigneur* : au premier cas, point de difficulté que le franc aleu reste franc aleu, & que le Fief & la censive se réuniront de plein droit au Fief dominant, dès qu'il sera prouvé qu'ils en seront sortis. Au second cas, c'est-à-dire, lorsqu'on ne peut pas prouver de quelle nature étoient les biens donnés à l'Eglise, quand ils en sortent, s'ils sont situés dans des Coutumes régies par la maxime *nulle Terre sans Seigneur* ; alors j'estime que ces héritages doivent nécessairement rentrer dans la directe du Roi ou des Seigneurs, parce que nécessairement il faut penser que ces héritages sont partis de l'une ou l'autre directe. Si au contraire ils se trouvent situés dans des Coutumes allodiales, je distingue ; ou on peut présumer que ces biens ont été donnés en franche aumône par le Roi, soit pour fonder, soit pour doter les Eglises ; ou bien il y a lieu de présumer qu'ils ont été simplement aumônés par des Seigneurs particuliers vassaux du Roi. Au premier cas, les héritages sont sans doute allodiaux, parce que le Roi en les donnant en franche aumône aux Eglises, les a absolument affranchis de toutes charges quelconques, leur a imprimé à toujours & sans retour & par sa toute puissance, un caractère de franchise conservé & protégé par la Loi de la Coutume allodiale qui ne s'exécute que sous le consentement & la protection du Roi. Il n'en est pas de même des biens qu'on pourra présumer avoir été aumônés par des Seigneurs particuliers vassaux du Roi. Quand ils sortent des mains de l'Eglise, ils doivent nécessairement rentrer dans la directe des Seigneurs; la raison est que les Seigneurs de Fiefs, n'ont ni le pouvoir ni la liberté d'imprimer, aux héritages qu'ils détachent de leurs Fiefs, aucune qualité, aucun caractère qui puisse nuire à la réunion féodale & à la mouvance du Roi, qui sont les premières Loix de la constitution des Fiefs.

Il y a des Auteurs qui, sans distinguer les Coutumes, pensent que tout franc aleu qui sort des mains de l'Eglise doit rentrer dans le Domaine du Roi, & y être assujetti à un nouveau cens : ce sentiment qui renverse la liberté des Coutumes allodiales, est plutôt le sistème d'un Traitant que la décision d'un Jurisconsulte. Tout, sans doute, émane de Sa Majesté, & son Domaine est universel dans son Royaume; mais qui pourra nier que Sa Majesté ne puisse gouverner son Domaine par telles Loix qu'elle jugera à propos, & qu'elle n'en puisse donner quelques portions, sans imposer à sa libéralité aucunes charges ? Les Coutumes allodiales sont les dépositaires des bienfaits de Sa Majesté envers ses Sujets; est-il de la dignité du Trône de les lui faire révoquer pour un modique intérêt? On rapporte, je le sçais, des Arrêts du Conseil, mais on en abuse. Ces Arrêts dictés par la Justice même, ont leur application dans les cas pour lesquels ils ont été rendus dans les Coutumes asservies à la maxime *nulle Terre sans Seigneur*. Je connois quantité d'Arrêts du Conseil qui conservent & qui protègent la liberté des Coutumes allodiales, & je n'en connois aucuns qui la renversent.

Du Droit d'Indemnité dû aux Seigneurs par les Gens de main-morte.

La Loi *Papiria* défendoit, chez les Romains, de consacrer au culte des Dieux & à l'entretien des Prêtres aucuns fonds, sans le consentement du Peuple. Si la sagesse de la République n'eût opposé cette barrière à l'indiscrétion de ceux qui donnoient, & à l'avidité de ceux qui recevoient; il seroit arrivé à Rome payenne, ce qui a manqué d'arriver ailleurs. Peu à peu les Prêtres de Jupiter auroient absorbé tous les biens de l'Empire Romain.

M. le Président de Montesquieu a observé qu'il faut que, sous les trois races de nos Rois, on ait donné plusieurs fois au Clergé tous les biens du Royaume: mais si sous la première & la seconde races, on fit aux Eglises des dons immenses, on les dépouilla avec la même facilité. Les Rois, les Seigneurs donnoient d'une main & reprenoient de l'autre. Tout le monde sçait comment Charles Martel en usa vis-à-vis du Clergé, & que les Soldats dont il peupla les Evêchés, les Abbayes & les Monastères, ne furent pas des hôtes fort commodes. En vain les Ecclésiastiques poussèrent les hauts cris: ils damnèrent Charles Martel; ils répandirent que S. Eucher l'avoit vû en corps & en ame dans les flâmes de l'Enfer. Il faut que ce conte soit bien ridicule, puisque même dans les tems dont nous parlons, il n'étonna personne. On ne rendit rien ou très-peu. A cette désolation succéda l'invasion des Normands: ils enlevèrent & pillèrent les restes des Soldats de Charles Martel. Ils firent plus, aux rapines, ils ajoutèrent les incendies & les massacres. A ce fleau terrible se joignirent encore d'autres calamités, les dissensions & les guerres civiles qui divisèrent les Successeurs de Charlemagne: pendant ces tems malheureux, les biens ecclésiastiques, comme les laïcs, le Domaine des Rois, leur Empire, leurs Trones, leurs Couronnes, tout devint la proie du plus fort.

Il faut observer qu'au milieu de tous ces désordres les Ecclésiastiques, quoique persécutés, quoique dépouillés de leurs biens, conservèrent toujours leur crédit sur l'esprit des Peuples, & leur autorité dans les affaires de l'Etat; & même ils en abusèrent au point, que le Moine Vala eut l'insolence de se rendre l'accusateur de Louis le Débonnaire, en plein Parlement. Bientôt des Evêques, aussi séditieux que Vala, crurent avoir le droit de priver de l'Empire & du Trone deux Empereurs, Lothaire & Charles le Chauve.

Il n'est pas étonnant que le Clergé, avec tant de pouvoir sur l'esprit des Peuples & des Grands, ait réparé, en peu de temps, les pertes que les soldats de Charles Martel, les Sarrazins, les Normands, les guerres civiles leur avoient fait essuyer. L'ignorance grossière de ce temps, où on s'imaginoit qu'en donnant son bien aux Eglises, on pouvoit expier toute sorte de crimes & de forfaits; la dévotion des pélérinages particuliers à la Terre sainte; les émigrations générales des Croisades, furent des sources fécondes, qui produisirent, aux Ecclésiastiques, des trésors & des richesses immenses, & dont ils possèdent aujourd'hui une très-grande partie. Dépouiller, encore une fois, le Clergé de ses biens, tel pouvoit être & le désir & le goût des Grands & des Peuples; mais ce n'étoit pas celui des Rois de la troisième race. Sous la première & la seconde, le despotisme & la volonté du plus fort furent les principes d'un Gouvernement dur, sanguinaire, injuste, & les causes de son peu de durée. Les Rois de la troisième race prirent une route toute opposée: des vertus guerrières, tempérées par une saine politique; des loix sages & réfléchies, qui ont toujours sçu concilier la justice qu'on doit aux particuliers, avec l'attention que mérite le bien général de l'Etat, furent les fondements solides de l'élévation de la maison des Capétiens, & sont encore aujourd'hui de surs garands de la perpétuité de son Empire. Les Rois de la troisième race n'ont donc jamais pensé, comme Charles Martel, à livrer les biens des Eglises à la cupidité de leurs soldats, très-peu propres à remplir les intentions des Fondateurs: ils ont cru qu'il étoit plus convenable d'interposer leur autorité, pour arrêter les Ecclésiastiques dans le cours rapide de leurs acquisitions, à les empêcher d'absorber le reste des biens du Royaume, à les forcer de faire un usage des biens déjà acquis, également propre à soutenir l'éclat de la Religion, & à soulager les besoins de l'Etat.

Le prémier de nos Rois, que nous trouvions avoir porté ses attentions sur cet objet important, c'est Saint Louis, ce Roi unique, qui sçut allier la majesté du Trone avec l'humilité d'un Solitaire; qui fut, en même temps, un profond politique, un guerrier intrépide, un héros chrétien. Ce grand Prince fut effrayé de voir que les biens des Ecclésiastiques, devenant inaliénables entre leurs mains, étoient hors de tout commerce, & que le Clergé, par les privilèges accordés à cet Etat, étant exempt de tout service, & de toutes impositions publiques, s'il continuoit d'acquérir, ne laisseroit enfin aux Peuples, épuisés & dépouillés, que le fardeau excessif des charges publiques. D'un autre côté, on envisagea qu'il falloit que le Clergé, subsistât décemment, ne fût point distrait du service divin, par l'indigence & la nécessité, & fût en état de soulager la misère des pauvres. C'est pour concilier tous ces intérêts, que Saint Louis & ses successeurs, jusqu'à présent, ont rendu différentes Loix, tendant également à arrêter le cours des acquisitions ecclésiastiques, à fournir au Clergé les moyens nécessaires pour subvenir aux besoins de l'Etat, & vivre d'une façon à rendre la Religion, & ses Ministres, respectables aux Peuples.

Les plus anciennes de ces Loix sont celles qui défendent, aux Ecclésiastiques, d'acquérir aucune espèce de biens, dans le Royaume, sans la permission du Roi, & qui leur enjoignent de se désaisir de ceux qu'ils possèdent, dans l'an, sous peine de réunion desdits biens au domaine du Roi. Depuis S. Louis, jusqu'à Louis XV, par Edit du mois d'Août 1749, ces défenses ont été si souvent réitérées, qu'on ne peut plus douter de la parfaite incapacité que les gens de main morte ont de pouvoir acquérir aucuns biens, dans le Royaume, sans la permission du Roi.

Quelques précises qu'aient été ces défenses, elles n'ont pas empêché les Ecclésiastiques d'obtenir, de nos Rois, des permissions de jouir des biens acquis, & d'en acquérir de nouveaux; *pour quoi*, dit Saint Louis, *ils payèront finance*. Ce qui a formé le droit de nouveaux acquêts, que nos Rois, par la suite, ont réglé à une plus haute ou moindre qualité, suivant que l'ont exigé les besoins de l'Etat, ce sont ces mêmes besoins qui, en différents temps, ont déterminé nos Rois à accorder aux Eccléſiaſtiques, & gens de main-morte de ce Royaume, des permiſſions générales, ou particulières, d'y tenir & poſſéder des héritages, ſans qu'ils ſoient tenus de les quitter dans l'an. Cette permiſſion s'eſt appellée *amortiſſement;* & la finance, dont elle eſt toujours accompagnée, *droit d'amortiſſement.* L'effet de l'amortiſſement eſt que les gens de main-morte peuvent poſſéder les héritages amortis à perpétuité, ſans pouvoir être contraints de les délaiſſer dans l'an, & ſans payer le droit de nouveaux acquêts. De même que ce dernier droit eſt un dédommagement de la diminution que le Roi a ſoufferte de ſes droits féodaux, cenſuels & domaniaux, pour la jouiſſance paſſée, de même le droit d'amortiſſement eſt la récompenſe de la diminution des mêmes droits, pour l'avenir.

Quelque générale que puiſſe être la permiſſion que le Roi accorde aux Eccléſiaſtiques & gens de main-morte, de poſſéder des héritages dans ſon Royaume, il ne l'accorde cependant jamais au préjudice du droit d'autrui : ainſi, quoique les biens acquis, par les gens de main-morte, ſoient amortis par le Roi, s'ils ſont ſitués dans la mouvance de quelque Seigneur, il faut encore venir à compoſition avec ce Seigneur; il faut qu'ils obtiennent de lui la permiſſion de les poſſéder, dans l'étendue de ſa mouvance. Par cette permiſſion, il eſt clair que le Seigneur éteint, à ſon égard, les droits caſuels qui pouvoient lui revenir, par de fréquentes mutations, & autres accidents de Fiefs : il a donc paru juſte que le Seigneur retirât quelque choſe, qui pût, à l'avenir, lui tenir lieu de récompenſe de toutes ces pertes; & c'eſt ce qu'on appelle *droit d'indemnité.*

Dans les anciennes chartres, on trouve beaucoup d'exemples de Seigneurs qui, en recevant ce droit d'indemnité, accordoient des lettres d'amortiſſement; mais c'étoit une uſurpation, qui ne ſubſiſte plus. Aujourd'hui la maxime eſt certaine, & aucun Seigneur ne la révoque plus en doute, que le droit d'amortiſſement eſt un droit de ſouveraineté, qu'il n'y a que le Roi ſeul qui puiſſe, dans ſon Royaume, rendre les gens de main-morte capables d'y poſſéder des héritages.

Les Seigneurs ne peuvent demander, aux gens de main-morte, leur droit d'indemnité, des héritages acquis dans leur mouvance,

mouvance, qu'après que ces héritages ont été amortis : mais, avant que ces héritages le soient, les Seigneurs peuvent contraindre les gens de main morte à les délaisser dans l'an, à compter du jour de la sommation ; & ils ne peuvent s'en garantir, qu'en obtenant de Sa Majesté des lettres d'amortissement.

On demande si, après les lettres d'amortissement obtenues, & avant l'action intentée par le Seigneur, pour son droit d'indemnité, les gens de main-morte aliénoient l'héritage amorti, le Seigneur pourroit, en ce cas, exiger deux droits, l'un pour l'acquisition, l'autre pour la vente ? On pense qu'oui. La raison est que, par les lettres d'amortissement, les gens de main-morte sont devenus capables de posséder des héritages, tout ainsi qu'un particulier. Or si un particulier achetoit un héritage dans la mouvance d'un Seigneur, & le revendoit quelque temps après, il est clair qu'il seroit dû deux droits, l'un pour son acquisition, & l'autre pour sa vente. Il en doit être de même des gens de main-morte qui, par le moyen de l'amortissement, rentrent dans le droit commun des particuliers : mais les Auteurs observent qu'en payant ce double droit, l'indemnité cesse d'avoir lieu. La raison est que l'indemnité est la récompense de la perte que le Seigneur fait des revenus casuels, & des accidents de Fief, pour l'avenir, sur l'héritage possédé par les gens de main-morte ; mais, par la vente qu'ils en font, cet héritage rentre dans le commerce, & le Seigneur dans l'exercice de ses droits, lorsque l'occasion s'en présente.

Quand un héritage a été délaissé aux gens de main-morte, par testament, c'est aux héritiers du défunt à payer les droits d'amortissement & d'indemnité : c'est, au contraire, aux gens de main-morte à payer ces droits, quand ils acquièrent par donation entre-vifs. Ainsi jugé, par Arrêt du premier Février 1642, contre les Religieux Minimes de Dijon, donataires entre-vifs d'une maison située à Paris, rue Geoffroi-Langevin, dans la censive du Chapitre de Saint Méderic.

Lorsque les gens de main-morte ont fait amortir leurs acquisitions, & payé le droit d'indemnité, ils ne doivent plus aux Seigneurs, dans la mouvance desquels ils ont acquis, que l'homme vivant & mourant, & le rachat à chaque mutation d'homme.

Le droit d'indemnité est de droit commun & général ; mais, pour en régler la quotité, il faut se comporter suivant les Coutumes. Il y en a qui parlent de ce droit, & qui en fixent le montant : dans ces Coutumes, on doit en suivre les dispositions. A l'égard des Coutumes qui ne parlent point du droit d'indemnité, & même dans celles qui en parlent, mais qui sont muettes sur la quotité, à moins qu'il n'y ait un usage contraire établi dans les lieux, on y observe ordinairement ce qui se pratique dans le Parlement de Paris, qui est de fixer cette indemnité au cinquième du prix de l'héritage amorti, si c'est une roture, & au tiers, si c'est un Fief.

Les héritages francs & allodiaux, que les gens de main-morte acquièrent, ne doivent aucun droit d'indemnité. Les héritages allodiaux sont exempts de toutes charges quelconques ; les mutations, qui y arrivent, ne peuvent jamais produire aucuns droits : ainsi le droit d'indemnité tombe de lui-même, dans un cas qui ne fournit aucun motif de l'exercer.

Le droit d'indemnité est réel ; ainsi, lorsqu'il est dû à une terre vendue par décret, il appartient à l'adjudicataire, comme faisant partie du fonds, & non au propriétaire saisi. *Voyez* le Journal des Audiences, tome 5, liv. 5, chap. 16.

Les gens de main-morte, qui acquièrent du Seigneur, ou de son aveu, ne sont point sujets au droit d'indemnité.

Lorsque les gens de main-morte font des acquisitions, dans l'étendue des Seigneuries & Justices royales, la Déclaration du 21 Novembre 1724, art. 2, porte qu'en ce cas le droit d'indemnité se paiera sur le pied fixé par les Coutumes, ou les usages des lieux. L'art. 3, de la même Déclaration, ordonne que, si les biens acquis sont seulement dans l'étendue des Justices royales, l'indemnité sera payée au dixième de la somme qui seroit due au Roi, si les biens étoient aussi dans sa mouvance.

Suivant l'arrêté du Parlement, du 28 Mars 1692, lorsque la main morte acquiert dans la censive d'un Seigneur, qui n'a pas la Justice, si ce Seigneur demande l'indemnité, on doit lui adjuger la dixième partie dans la somme, à laquelle le droit d'indemnité, qui est payé lors de l'acquisition, se trouve monter; & cette somme peut être diminuée, lorsqu'il y a des dispositions dans les Coutumes des lieux, ou des circonstances particulières, qui donnent lieu de le faire.

Le Seigneur qui reçoit homme vivant & mourant, qui reçoit les arrérages du cens à lui dus pour les héritages roturiers, ne préjudicie point à son droit d'indemnité. Le sentiment de tous les Auteurs est que le droit d'indemnité est prescriptible par trente ans, contre un Seigneur laïque, & par quarante, contre le Seigneur ecclésiastique.

Du Droit d'aînesse dans la succession des Fiefs.

Sous la première & la seconde race des Rois de France, on n'y connut point le droit d'aînesse; les successions, même celle de la Couronne, se partageoient également entre tous les frères, sans aucune prérogative. Cet usage pouvoit n'avoir pas de grands inconvéniens, comme Loi civile; mais, comme Loi d'Etat, il en eut d'affreux. Le partage de la Couronne, sous la première & la seconde race, fut une source intarissable de guerres civiles, & de tous les crimes & de tous les malheurs qu'elles occasionnent. Il y a plus; le Royaume, souvent divisé & subdivisé, ne put plus se soutenir; il s'écroula, ruiné par les fondements. Le vaste Empire de Charlemagne, d'abord partagé entre les enfants de Louis le Débonnaire, ensuite subdivisé, presque à l'infini, par leurs successeurs, s'éclipsa en peu de temps. Quand Louis le Fainéant, dernier Roi de la seconde race, mourut, il y avoit encore un légitime héritier de Charlemagne, Charles de Lorraine, oncle de Louis: mais ce Prince, qui ne possédoit pas la centième partie de l'Empire de Charlemagne, ne fut pas en état de soutenir la concurrence vis-à-vis de Hugues Capet; la nation le préféra à Charles, uniquement parce que le premier étoit plus puissant, &, par conséquent, plus en état de soutenir la Couronne. Il y a mille gens qui ont dit que Pepin le Bref & Hugues Capet avoient usurpé la Couronne. Cela n'est pas vrai: ces deux Princes furent Rois, parce que la situation des choses, non seulement l'exigeoit, mais encore forçoit & nécessitoit le choix de la nation.

Lorsque, sous la troisième race, les Fiefs furent devenus héréditaires & patrimoniaux, la Couronne elle-même, qui étoit le Fief principal, le devint également : il fut donc nécessaire d'imaginer des Loix, pour régler la succession des Fiefs & de la Couronne. Alors, dit M. le Président de Montesquieu, la Loi féodale força la Loi politique & la Loi civile ; il fallut penser, dans le partage des Fiefs, à assurer le service militaire, qui en dépendoit. On en chargea l'aîné de la famille ; mais, comme ce service militaire exposoit celui qui en étoit chargé à beaucoup de dépenses, il parut juste de l'en indemniser, en lui donnant, dans le partage des Fiefs, une portion plus considérable qu'aux autres, & qui se trouve diversément réglée par les Coutumes.

Il y en a, comme Berry, & autres semblables, qui ne donnent à l'aîné que le vol du chapon : il consiste dans le principal manoir du Fief, la basse-cour, & un arpent de terre de l'enclos. Si, dans le Fief, il n'y a point de manoir, l'aîné prend, pour son préciput, un arpent de terre labourable, en tel endroit qu'il lui plaît de choisir.

Le vol du chapon est plus ou moins considérable, suivant les Coutumes : les unes le règlent à un arpent, les autres à un arpent & demi : d'autres donnent un arpent de chaque espèce de terre ; les unes le donnent dans l'enclos, les autres à l'entour du manoir. Il faut, à cet égard, se conformer à la disposition de chaque Coutume.

Si, dans l'enclos qui forme le préciput de l'aîné, il se trouve four, moulin, ou pressoir, les bâtiments appartiennent à l'aîné ; mais les revenus du moulin, qu'il soit bannal ou non, du four & du pressoir, s'ils sont bannaux, doivent être partagés : l'aîné peut cependant retenir le tout, en récompensant ses puînés.

S'il se trouve, dans le préciput de l'aîné, un colombier, une garenne, des fossés, tout lui appartient, sans aucune récompense aux puînés.

Quand il n'y a qu'un Fief, dans la succession, s'il contient ſeulement ce que la Coutume donne par préciput, il appartient tout entier à l'aîné; ſauf cependant le douaire & la légitime des puînés, qui ſe prendront ſur le Fief, ſoit en entier, ſoit par ſupplément, ſi les autres biens ne ſont pas ſuffiſants pour remplir & le douaire & la légitime. Telle eſt la diſpoſition de l'article 17 de la Coutume de Paris, qui, à cet égard, doit former le Droit commun, & s'étendre à toutes les Coutumes qui n'en parlent pas.

Il y a des Coutumes qui traitent les aînés plus favorablement que celles dont nous venons de parler. A Paris, par exemple, lorſqu'il n'y a que deux enfants, l'aîné, outre le préciput, prend les deux tiers du reſte des Fiefs; le cadet prend l'autre tiers. S'il y a plus de deux enfants, l'aîné prend la moitié du reſtant des Fiefs; & l'autre moitié ſe partage entre tous les puînés.

Dans l'Anjou & le Maine, les avantages du droit d'aîneſſe, entre nobles, ſont encore plus conſidérables. 1°. L'aîné, outre ſon préciput, prend tous les meubles, à la charge des dettes mobiliaires, & d'accomplir le teſtament du défunt. 2°. L'aîné, outre ſon préciput, prend les deux tiers des immeubles reſtant, de quelque nature qu'ils ſoient, &, en outre, a la propriété de l'autre tiers; de façon que les puînés ne jouiſſent des portions qui leur reviennent, dans ce tiers, que par uſufruit. 3°. L'aîné prend encore la portion de la fille qui a fait profeſſion religieuſe du vivant du père; il prend également la portion de la fille emparagée noblement par le père, & celle de la fille qui a renoncé, quand bien même elle n'auroit eu qu'une dot très-médiocre.

Lorſque, dans la ſucceſſion, il y a des mâles & des filles, il y a des Coutumes qui donnent le droit d'aîneſſe aux ſeuls mâles; & il y en a qui le donnent à l'aînée des filles, au défaut de mâles. Il y en a encore qui admettent les filles de l'aîné à repréſenter leur père au droit d'aîneſſe, comme il y en a d'autres qui les en excluent.

Si l'aîné renonce, ſoit gratuitement, ſoit par quelque donation, à laquelle il veut ſe tenir, alors il n'y a plus de droit d'aîneſſe entre les puînés, à moins que les Coutumes n'en diſpoſent autrement.

L'aîné mâle, quoique né avant le mariage de ſes père &

mère, jouit du droit d'aînesse, s'il est légitimé par leur mariage subséquent. Il n'en est pas de même s'il n'est légitimé que par un second mariage; & s'il y a un fils aîné intermédiaire, d'un premier mariage, le droit d'aînesse appartient à celui-ci.

Lorsque le fils aîné décède avant ses père & mère, & qu'il laisse des enfants, il y a quelques Coutumes qui n'admettent pas la représentation au droit d'aînesse, s'il n'a laissé que des filles, & qui n'admettent même les mâles, que quand le père & la mère n'ont point laissé d'autres enfants mâles. Il y en a qui admettent seulement les filles de l'aîné à représenter leur père, au droit d'aînesse, lorsqu'il n'y a point d'autres mâles.

Lorsque, dans la succession, il n'y a que des filles, il y a des Coutumes, comme Paris, où l'aînée ne jouit point du droit d'aînesse: il y en a d'autres, comme l'Anjou & le Maine, où la fille aînée a tous les avantages du fils aîné.

Tout ce que nous venons d'observer, sur le droit d'aînesse, a lieu dans la succession des Fiefs en ligne directe; mais, quand la succession est en ligne collatérale, les Coutumes n'y sont pas moins différentes qu'en ligne directe. Il y en a qui ne donnent aucun droit d'aînesse en collatérale, & préfèrent seulement les mâles aux filles: en d'autres, pour que les mâles soient préférés aux filles, il faut qu'ils soient du côté & ligne dont les Fiefs propres étoient échus, au défunt de la succession duquel il s'agit: en d'autres, le droit d'aînesse a lieu en collatérale comme en directe: en d'autres, les Fiefs ne se partagent point en collatérale; l'aîné des mâles emporte tous les Fiefs, &, s'il n'y a point de mâles, l'aînée des filles y succède. Enfin, sur la matiére dont est question, il y a tant de variété dans les Coutumes, tant de différentes opinions chez leurs Commentateurs, que même un abrégé du tout feroit un gros volume. Que chacun, à cet égard, consulte donc sa Coutume, ce qui est d'usage dans l'endroit, & ce qu'il y a de mieux établi par la Jurisprudence des Arrêts: nous nous bornerons ici à joindre quelques observations générales, qui sont de Droit commun, & qui frappent généralement sur toutes les Coutumes.

1°. Le droit d'aînesse n'a point lieu dans les pays de Droit écrit; on ne le connoît qu'en pays coutumier.

2°. De ce que nous avons ci-dessus dit, il résulte que le droit d'aînesse consiste dans deux choses : dans le préciput, ou vol du chapon, que généralement toutes les Coutumes accordent; & en outre, dans la plûpart des Coutumes, en une portion avantageuse dans le restant du Fief. Les Coutumes confondent presque toujours ces deux objets, qui sont cependant très-différents. Quand la succession est composée de plusieurs Fiefs, le préciput, ou vol du chapon, ne se peut prendre que dans un seul Fief, au choix de l'aîné; mais la portion avantageuse se prend sur le restant de tous les Fiefs.

3°. Le droit d'aînesse, soit qu'il consiste dans le préciput seulement, soit qu'il consiste dans le préciput & la portion avantageuse, est franc & quitte de toutes dettes en succession directe; mais, en collatérale, le droit d'aînesse contribue aux dettes, à proportion de l'émolument. Si toutefois, en succession directe, tous les biens étoient absorbés en dettes, au droit d'aînesse près, les puînés, comme nous l'avons déjà observé, pourroient y demander la légitime & le douaire, dans les Coutumes où il est propre aux enfants.

4°. Le droit d'aînesse se prend ordinairement dans chaque succession du père & de la mère : il y a cependant quelques Coutumes, mais en très-petit nombre, qui n'accordent à l'aîné qu'un seul droit d'aînesse dans les deux successions.

5°. Quoique, dans chaque succession, on ne prenne qu'un seul droit d'aînesse, le droit se prend cependant dans toutes les Coutumes, qui donnent cet avantage à l'aîné : ainsi, dans les successions où se trouvent des Fiefs situés sous le ressort de plusieurs Coutumes, l'aîné a son préciput dans chaque Coutume, comme s'il s'agissoit de successions différentes.

6°. Entre deux jumeaux, le droit d'aînesse est déféré à celui qui voit le jour le premier. Quelques Auteurs ont pensé différemment; mais on a découvert le danger & l'incertitude de leurs opinions.

7°. Le droit d'aînesse ne se prend qu'à titre d'héritier; c'est pourquoi, si le fils aîné renonce à la succession de son père ou de sa mère, il ne pourroit pas prétendre le droit d'aînesse dans leurs successions.

8°. Dans les Fiefs substitués au père, par un parent collatéral, il y a droit d'aînesse. Ce droit a lieu dans tous les Fiefs qui se trouvent dans la succession du père : on peut ajouter que, le donateur ayant gardé l'ordre des successions, sa volonté, en faisant la substitution, n'a été que d'assurer l'effet de la Loi.

9°. Le droit d'aînesse, étant un avantage accordé par la Loi, le père n'en peut priver son fils aîné, directement ni indirectement : d'où il suit, 1°. que le père ne peut pas transférer ce droit à un autre de ses enfans ; parce qu'il ne peut pas changer la Loi naturelle : 2°. qu'en acquérant un Fief, il ne peut pas stipuler qu'il sera partagé comme roture ; parce qu'il ne peut pas changer la Loi civile, qui règle l'ordre de sa succession.

10°. Lorsqu'un parent, un ètranger, donne un Fief au père, il peut bien stipuler qu'il sera partagé comme roture ; parce qu'il peut imposer à sa libéralité telles conditions que bon lui semble, & qu'il pourroit même le substituer aux puînés, & en priver entièrement l'aîné.

11°. Le droit d'aînesse a lieu sur les Fiefs acquis par les pères & mères à faculté de réméré, même sur les Fiefs qu'ils tiennent à titre d'engagement ; mais si la faculté de réméré est exercée, ou si le Roi rembourse la finance payée par l'Engagiste, les deniers du remboursement sont réputés meubles, & suivent la destination fixée par les Coutumes.

12°. Nous avons dit que, quand l'aîné renonce, il n'y a point de droit d'aînesse : mais il faut qu'il renonce expressément ; & il ne faut point étendre ceci, au cas où l'aîné seroit mort naturellement, ou civilement, avant l'ouverture de la succession du pere, & même avant le partage : alors l'aîné est représenté par ses enfants, s'il en laisse ; &, s'il n'en a pas, par celui des frères qui suit, suivant ce qui est réglé par les Coutumes.

13°. Lorsque les puînés sont dans le cas de prendre leur légitime sur le préciput de l'aîné, cette légitime consiste dans la moitié de ce qu'ils auroient eu, si le manoir, qui compose le préciput, n'avoit pas été en Fief.

14°. L'aîné a les mêmes prérogatives de préciput & de portion avantageuse, dans les francs-aleux nobles, que dans les Fiefs. Le franc-aleu roturier se partage par-tout comme bien roturier.

Du

Du pouvoir d'empêcher la prescription de la féodalité, & du privilège du Seigneur sur le Fief du Vassal, pour les profits échus.

On dit communément que *le Vassal ne peut prescrire contre son Seigneur, ni le Seigneur contre le Vassal, pas même par cent ans & plus :* mais cette maxime n'est pas vraie dans toute son étendue ; au contraire, elle doit être restreinte aux seuls cas qui intéressent la féodalité : ainsi, d'un côté, le Vassal ne peut prescrire, contre son Seigneur, la foi & hommage qu'il lui doit, ni la mouvance de son Fief, quand il auroit été cent ans sans reconnoître son Seigneur : d'un autre côté, le Seigneur ne peut pas, par quelque laps de temps que ce soit, prescrire, contre son Vassal, le Fief qu'il a saisi sur lui, faute de foi & hommage, ou d'aveu & dénombrement. Mais, à l'égard de tous les autres cas, qui n'intéressent point la féodalité en soi, le Seigneur & le Vassal peuvent se servir de la prescription l'un contre l'autre. Si, par exemple, le Vassal a acquis d'un faux propriétaire le Fief dominant, à juste titre ; s'il l'a possédé de bonne foi, pendant le temps nécessaire pour prescrire, il peut opposer la prescription contre le véritable propriétaire qui le veut revendiquer. Les profits des Fiefs échus sont encore sujets à la prescription de trente ans, lorsqu'il n'y a ni saisie, ni demande judiciaire.

Un Seigneur de Fief peut aussi prescrire contre un autre Seigneur ; mais il faut que celui qui se veut servir de la prescription, ait en effet un Fief, & qu'il le prouve par des aveux qu'il ait rendus à son Seigneur, ou par d'autres actes.

C'est un principe de Droit commun, que les Seigneurs ont, sur les Fiefs de leurs Vassaux, pour leurs droits échus, un privilège, pour lequel ils sont préférés à tous autres créanciers.

De la Garde Noble.

Tous nos Auteurs qui ont parlé des Fiefs, ceux même qui en ont le moins approfondi l'origine & les vrais principes, conviennent que le droit dont il s'agit, dérive de la constitution des Fiefs ; il ne put pas, sans doute, avoir lieu tant que les Fiefs furent possédés à vie, comme de simples bénéfices ; mais lorsqu'ils furent devenus héréditaires, on fut embarrassé de sçavoir comment on tireroit le service militaire, & les autres devoirs féodaux, des enfants, des mineurs, à qui les Fiefs passoient à titre successif. Il y a plus, le service militaire ne pouvoit être rendu que par les mâles qui seuls, dans l'origine, pouvoient succéder aux Fiefs ; mais dans la corruption des Loix féodales, les filles y ayant aussi en quelques endroits succédé, ce fut encore un nouveau motif de pourvoir par de nouvelles Loix à la façon dont elles s'acquitteroient du service militaire pendant leur minorité ; devenues majeures, il est probable qu'elles commettoient quelqu'un pour faire le service, de même, par exemple, que les Abbesses qui tenoient Fiefs, commettoient leurs Vidames.

Il est donc certain que ce fut pour assurer le service militaire dû pour raison des Fiefs possédés par les mineurs, que le droit de Garde noble fut inventé ; & ce droit, ainsi que les Fiefs, a varié suivant les tems & suivant les circonstances.

Dans l'origine, & lorsque le gouvernement féodal étoit dans toute sa vigueur, si un enfant succédoit à un Fief, le Roi ou le Seigneur de qui relevoit le Fief immédiatement, prenoit l'enfant en sa garde ; il avoit le soin de son éducation & de son entretien, & cependant recevoit les revenus du Fief jusqu'à l'âge où l'enfant étoit en état de rendre le service militaire. On sent aisément que cet arrangement doit prendre sa source dans la constitution primitive des Fiefs. Il n'y avoit alors que les Nobles qui possédoient les Fiefs, & ceux qui les possédoient ne les pouvoient tenir qu'à la charge du service militaire.

Il est encore aisé de fixer, dans notre Histoire, le tems où la Garde noble commença à avoir lieu. Charles le Chauve fut le premier de nos Rois qui, par une Loi générale, établit la succession des Fiefs & des grands Offices au premier dégré. (a) Il étoit donc conséquent que par une autre Loi, cet Empereur déterminât ce que deviendroit le Fief ; comment se feroit le service militaire attaché au Fief ; quand par succession il passeroit du pere à l'enfant mineur : c'est ce qu'il

(a) Capitul. de l'an . tit. 53. art. 9. & *apud Carisiacum.*

fit par un de ses Capitulaires, (a) donné en la même année, & au même lieu que celui par lequel il avoit établi l'hérédité des Fiefs. Il fut réglé que le Roi les feroit administrer pendant la minorité de l'enfant, qui cependant seroit élevé dans l'exercice des armes. Cet exemple fut bien-tôt imité par les Seigneurs, & donna l'origine à ce qu'on a depuis appellé la *Garde noble*.

(a) Art. 3.

Nous avons une Province dans le Royaume où on observe encore partie de ces anciens usages: c'est la Normandie. (b) Lorsqu'un mineur y succède à des Fiefs qui relèvent immédiatement du Roi, il tombe en la Garde du Roi pour raison de ces Fiefs. Si ces Fiefs relèvent de quelque Seigneur, le mineur tombe en la garde du Seigneur, & c'est ce qu'on appelle *garde royale & garde seigneuriale*: mais ces deux gardes, qui d'abord paroissent les mêmes, différent cependant beaucoup entr'elles. 1°. La garde royale embrasse non-seulement les Fiefs qui relèvent du Roi, mais encore tous ceux qui appartiennent au mineur, en quelque mouvance qu'ils soient; le Seigneur particulier au contraire, n'a la garde que des Fiefs nobles qui sont tenus immédiatement de lui, & non des autres Fiefs qui relèvent d'autres Seigneurs. En Normandie, un mineur qui posséde plusieurs Fiefs relevant de plusieurs Seigneurs, a autant de gardiens qu'il a de Seigneurs suzerains; mais, s'il en posséde un seul relevant du Roi, il attire au Roi la garde de tous les autres. 2°. La garde royale ne finit qu'à vingt-un ans, & la garde seigneuriale finit à vingt. 3°. Quant à l'exercice, les Seigneurs ne se relâchent point sur la garde seigneuriale lorsqu'elle a lieu; mais le Roi la remet presque toujours à ses sujets de Normandie, avec les fruits qu'elle pourroit produire, Sa Majesté ne se réservant ordinairement que le patronage attaché à la garde, & le droit de consentir ou d'empêcher le mariage du mineur, tant que la garde dure.

(a) *Voyez* les 215, 216, 223 & de la Cout. de N.

La garde royale a encore cela de particulier, qu'elle est mise au rang des droits de souveraineté: elle ne peut en aucun cas appartenir aux Seigneurs particuliers, de quelque qualité qu'ils soient, ni même leur être transmise dans le cas de l'aliénation du Domaine du Roi par échange. Nous en avons un exemple assez récent dans les Lettres-patentes du mois de Mars 1731, adressées au Parlement de Rouen pour la confirmation & l'entière consommation de l'échange des terres d'Andely, de Vernon, &c. contre Belle-Isle, entre le Roi & feu M. Fouquet, Maréchal de Belle-Isle. Ces Lettres-patentes furent enregistrées par Arrêt du 20 du même mois de Mars 1731, avec cette restriction expresse, » que M. de Belle-Isle ne jouiroit sur les Domaines, Terres & Seigneuries à lui cédées » par le Roi, des droits d'aubaine, bâtardise, déshérence, » monéage, *garde noble*, & autres droits royaux, appartenant au Roi à cause de sa Couronne, sinon ès cas où le » Roi en jouissoit & avoit droit d'en jouir comme Seigneur » particulier desdits Domaines & Seigneuries.

Dans l'Arrêt rendu le 7 Août 1528, portant enregistrement des Lettres-patentes contenant concession du Comté de Gisors, à la Duchesse de Ferrare, il est dit, » que la Duchesse ne pourra jouir du droit de garde royale, qui n'appartient qu'à la souveraineté, & qu'elle ne jouira que de la » seigneuriale. » Jamais on n'obmet d'insérer dans les titres de don de garde royale qui s'expédient « qu'elle appartient » à Sa Majesté par le droit de sa Couronne & Duché de Normandie. »

La garde royale a été introduite en Angleterre par les Normands, lorsqu'ils en firent la conquête. Le même droit avoit encore anciennement lieu dans le Duché de Bretagne : mais, par un traité fait entre Jean Duc de Bretagne & la Noblesse du Pays en 1277, il fut changé en un droit de rachat, qui consiste dans les fruits d'une année, sans couper les bois, pêcher les étangs, vendre, ni coure en garenne & en forêts; moyennant quoi les Nobles peuvent en Bretagne laisser la garde de leurs enfants à qui bon leur semble.

Les embarras attachés à la garde noble, sur-tout ceux que causoit nécessairement l'éducation des mineurs & l'entretien de leurs biens, dégoutèrent le Roi & les Seigneurs de prendre ces sortes de soins; quelquefois d'abord ils s'en déchargèrent en remettant la garde noble, & les profits qui en pouvoient revenir, aux plus proches parents des mineurs, au pere ou à l'ayeul. Comme dans la suite des tems cela fut pratiqué souvent par le Roi, & que le Roi fut imité par les Seigneurs; peu à peu les Seigneurs ſuzerains perdirent le droit de garde noble dans toutes les Provinces du Royaume, excepté dans la Normandie. Peu à peu, ce qui dans l'origine ne fut que de convenance, devint un uſage & un droit ordinaire en faveur des Nobles: enfin, lors de la rédaction des Coutumes, la garde noble fut par-tout déférée aux parents des mineurs, même dans quelques-unes, aux collatéraux.

Il faut obſerver que, dans les premiers tems, les gardes n'étoient point déſavantageuſes aux mineurs. 1°. Il n'y eut d'abord que leurs Fiefs qui tombèrent en garde; les héritages en rotures n'y étoient pas ſujets, & telle eſt encore la diſpoſition de la Coutume d'Amiens. 2°. Si les mineurs n'euſſent pas été en bail pour raiſon de leurs Fiefs, le Seigneur ſuzerain, faute d'homme qui eût fait auprès de lui le ſervice militaire & rendu les autres devoirs féodaux, auroit ſaiſi les Fiefs, il en auroit fait tous les fruits ſiens, ſans payer aucune dette; le gardien garantiſſoit le mineur de tous ces inconvénients; il faiſoit le ſervice militaire auprès du Seigneur, ou commettoit quelqu'un dans l'occaſion pour le faire. Le bailliſtre étoit en outre tenu de payer les dettes du mineur, & de l'en rendre quitte à la fin du bail, de façon même que ſi les créanciers avoient négligé de faire leurs pourſuites contre les bailliſtres, ils étoient déchus de leurs droits, la garde finie.

Mais aujourd'hui toute cette Juriſprudence eſt changée; l'uſage & les Coutumes ont introduit, au ſujet de la garde noble, des règles & des principes qui, bien loin de rendre la garde avantageuſe aux mineurs, la leur rendent au contraire très-onéreuſe. Ainſi, après avoir obſervé quelle a été l'origine du droit de garde noble, quels ont été les motifs de ſon établiſſement, comment il a été exercé dans les premiers tems; nous allons examiner comment il s'exerce aujourd'hui ſuivant la diſpoſition de nos Coutumes, & ſuivant la Juriſprudence actuelle. Ici comme dans tout le cours de cet ouvrage, nous nous bornerons aux principes ſur une matière aſſez étendue; ceux qui voudront s'inſtruire ſur les queſtions de détail, pourront conſulter les Traités de la Garde noble de Me de Renuſſon & de Me Dupleſſis.

Il y a une grande variété dans les Coutumes touchant les personnes auxquelles la garde noble est déférée. Dans quelques-unes, elle n'est donnée qu'au pere ou à la mere, les autres ascendants & tous collatéraux en sont exclus. (*a*) Dans d'autres, & c'est le plus grand nombre, on la donne au pere ou à la mere, à l'ayeul ou à l'ayeule, & en sont pareillement exclus tous autres ascendants ainsi que les collatéraux. (*b*) Ailleurs, elle s'accorde non-seulement au pere ou à la mere, à l'ayeul ou ayeule, mais encore à tous autres ascendants; il n'y a que les collatéraux qui en sont privés. (*c*) Enfin, dans quelques Coutumes, la garde noble, après le pere ou la mere, & tous autres ascendants, passe aux parents collatéraux. Telle est la disposition de l'art. 34, du tit. 1, de la Coutume de Berry, qui a toujours quelque singularité qui la différencie des autres Coutumes.

Meaux, chap. rt. 147. Lodu- chap. 33, art. 1. aine, art. 98. , art. 85. Paris, art. 265. , art. 236 & Melun, art. Orléans, art. 26. fort, art. 116.

Art. 126.

La Coutume d'Amiens (*d*) a aussi cela de singulier, qu'au défaut du pere ou de la mere, la garde noble appartient *au plus prochain lignager du mineur du côté & ligne dont est venu le Fief noble.*

De ce que nous venons d'observer, on en peut conclure combien sont différentes les dispositions des Coutumes touchant les personnes à qui elles déférent le droit de garde noble; mais, comme ce droit est absolument au préjudice des mineurs, si jamais on faisoit une nouvelle réformation des Coutumes, ouvrage très-nécessaire aujourd'hui, il conviendroit de ne donner la garde noble qu'au pere ou à la mere, à l'ayeul ou à l'ayeule, & d'en exclure les autres ascendants & les collatéraux. Les premiers, parce qu'ordinairement leur grand âge ne leur permet guères de donner les soins convenables à l'administration des biens & des personnes des mineurs. Les seconds, parce que souvent, n'ayant qu'un intérêt éloigné à la personne des mineurs, ils les affectionnent peu. D'ailleurs l'espérance de succéder aux mineurs, peut donner lieu à des crimes que la prudence de la Loi doit prévenir.

Lorsqu'au défaut du pere ou de la mere, il y a concurrence entre les ascendants pour la garde noble, ordinairement l'ayeul est préféré à l'ayeule; & s'il y a deux ayeuls, le paternel est préféré au maternel; c'est même la disposition de quelques Coutumes. (*a*) Il paroît que cette règle générale souffre quelque difficulté, dans la Coutume de Paris, & dans celles qui lui ressemblent à cet égard. Quelques Auteurs, comme Mes Auzanet, Duplessis & de Ferriere, soutiennent que la garde noble doit y être déférée à tous les ayeuls & ayeules, tant du côté paternel que maternel, conjointement par tête; en sorte qu'elle peut se trouver divisée entre deux, trois ou quatre personnes; & si, dans ce nombre de gardiens nobles, l'un d'eux décéde, sa part ne retourne point au mineur, mais elle accroît aux autres gardiens. D'autres Auteurs, comme Tronçon, de Renusson & Denizard, pensent que cette opinion ne doit point être suivie. La garde noble, dit Me de Renusson, (*b*) ne doit être coupée, ni divisée, elle ne doit être déférée qu'à une seule personne, en préférant, *cæteris paribus*, le côté paternel au côté maternel. Il est surprenant que ni les uns ni les autres de ces Auteurs n'ayent rapporté aucun Arrêt qui ait fixé l'usage & déterminé le sens de l'art. 265 de la Coutume de Paris, dont l'ambiguité a donné lieu à ces différentes opinions; la dernière me paroît la plus raisonnable, & la plus simple dans l'exécution.

Pour que la garde noble ait lieu, il faut que le gardien & les enfants soient tous nobles. Si la mère est noble, & que le père ne le soit pas, il n'y aura point de garde; parce que les enfants ne seront pas nobles, & que la mère aura perdu le privilège de sa noblesse, en se mariant à un roturier. Si, au contraire, le père est noble, & la mère ne l'est pas, la garde noble aura lieu; parce que les enfants seront nobles, & que la mère aura été annoblie par le mariage de son mari. Dans cette dernière hypothèse, les ayeuls paternels pourront avoir la garde, parce qu'ils sont nobles; mais non les maternels, qui ne le sont pas. Me Duplessis les en tient exclus. Le même Auteur pense qu'on peut accorder la garde aux annoblis par offices, ou par lettres du Prince.

C'est une règle générale, que *la garde ne se réitère point*, ou que *les mineurs ne peuvent tomber deux fois en garde*: ainsi, les ayeuls, au refus du père, les collatéraux, dans les Coutumes où la garde leur est déférée, au refus des ayeuls, peuvent bien l'accepter: mais si celui qui l'a une fois accepté vient à décéder,

(*a*) Blois, tit. art. 7.

(*b*) Traité de Garde noble, chap. 2, nº. 38 &

même avant l'âge où la garde finit, on ne peut plus donner un autre gardien au mineur; il lui faut donner un tuteur. Sur quoi les Arrêts ont établi deux maximes.

1°. Si le père ou la mère, après avoir reçu la garde, viennent à la perdre, ou par leur mort, ou par un second mariage, elle demeure éteinte; & les ayeuls, ou les collatéraux, n'y peuvent plus prétendre.

2°. Si le père ou la mère répudient la garde; si les ayeuls, à leur refus, &, au leur, les collatéraux (a), négligent de la demander, alors on fait créér un tuteur aux mineurs; & lorsque ce tuteur a commencé son administration, sans reclamation ou protestation de ceux qui peuvent prétendre à la garde, elle demeure encore éteinte pour toujours, sans qu'elle puisse jamais avoir lieu, dans quelque circonstance que ce soit.

Le gardien peut être élu tuteur. Quoique la tutelle & la garde noble soient deux charges très-différentes, elles ne sont pas incompatibles : mais celui qui a accepté la tutelle purement & simplement, qui en a prêté le serment, ne peut plus accepter la garde. L'acceptation de l'une est une renonciation tacite à l'autre; si ce n'est que le tuteur n'eût protesté que ce seroit sans déroger à l'acceptation de la garde, qu'il pourra faire à l'avenir, s'il le juge à propos. On pense universellement qu'un mineur peut demander la garde noble.

Il en est, de la garde noble, comme du droit d'aînesse; c'est la Loi qui la donne : ainsi le prémourant, par son testament, ou par telle autre disposition que ce puisse être, ne peut pas en priver ceux à qui la Coutume la défère.

Quand la garde est acquise, le changement de domicile du gardien n'opère aucune innovation à son droit, quand même il iroit demeurer dans une Coutume qui n'accorde pas la garde. Le moment & le domicile du décès, de celui qui a donné l'ouverture à la garde noble, déterminent ce droit.

Quoique la garde noble soit déférée par la Loi, elle ne l'est cependant pas de plein droit, par le décès, ou par le refus de celui qui donne ouverture à ce droit : ainsi celui qui se déter-

(a) Dans les Coutumes, s'entend, où la garde leur est donnée.

mine

mine à accepter la garde, pour en jouir, doit l'accepter en Jugement, en pleine audience, en personne, & non par Procureur. La Coutume de Paris, & quantité d'autres, le veulent ainsi. La Jurisprudence des Arrêts (*a*) y a de plus introduit l'usage que la garde doit être acceptée pardevant le Juge royal du domicile, & non pardevant un Juge de Seigneurie, ou de privilège ; autrement la garde n'auroit aucun effet. Cela est tellement vrai, dit Me Denizard, que M. Gaston d'Orléans, frère de Louis XIII, fut obligé d'accepter en personne la garde noble de Mademoiselle de Montpensier, sa fille, à l'audience du Châtelet, & non au Parlement, ni aux Requêtes. Mais, pour épargner à ce Prince la peine de se transporter à l'audience, le Roi, par lettres patentes, transféra le Tribunal du Châtelet au palais du Luxembourg, où Monsieur demeuroit, pour y tenir l'audience, & lui donner acte de sa demande & de son acceptation. A la garde noble de la Princesse fut encore jointe sa tutelle, qui fut déférée à M. le Duc d'Orléans, son père, par une Déclaration du 17 Juillet 1627 : preuve historique que la garde noble & la tutelle ne sont point incompatibles, comme nous l'avons précédemment observé.

Ce qui se pratique dans la Coutume de Paris, & autres semblables, au sujet de l'acceptation de la garde noble pardevant le Juge royal, & non pardevant le Juge seigneurial, ne doit point tirer à conséquence dans les Coutumes qui en disposent autrement. Celles de Reims (*b*) & du Grand Perche (*c*) ordonnent que la garde noble sera acceptée en Jugement, le Procureur du Roi, ou du Haut-Justicier, appellé : ce qui donne lieu de croire que, dans ces Coutumes, la garde se pourroit accepter pardevant un Juge de Seigneurie. Un Arrêt rendu le 9 Août 1737, en la Grand'Chambre, sur les conclusions de M. Gilbert, Avocat général, peut confirmer cette opinion. Il fut jugé que, dans la Coutume de Normandie, un Sénéchal, Juge de Seigneur, étoit compétent pour connoître d'une demande en garde seigneuriale. Il y a enfin des Coutumes, comme Anjou (*d*), le Maine (*e*), Berry (*f*), qui ne désirent point que la garde soit demandée en Justice, ni acceptée en Jugement : elles défèrent la garde noble de plein droit, *ipso facto*, dit la Coutume de Blois (*g*), sitôt qu'il y a ouverture à ce droit.

T

(*a*) Arrêt du 1634.

(*b*) Art. 33.

(*c*) Art. 17

(*d*) Art. 8[illegible]

(*e*) Art. 9[illegible]

(*f*) Titr[illegible] 33.

(*g*) Chap.

Dans quelques Coutumes, le temps pour accepter la garde noble est fixé. Dans la Coutume de Reims (a) on a trois mois, à compter du jour de l'ouverture; dans celle de Berry (b) on a trente jours; dans celle d'Orléans (c) on n'en a que quinze. On doit sans doute, dans ces Coutumes, & dans celles qui contiennent de semblables dispositions, se conformer à la Loi. Mais que fera-t-on dans la Coutume de Paris, & autres semblables, qui ne prescrivent point de temps pour accepter la garde? Me Duplessis résout la question : il pense, ainsi que M de Renusson, que, pendant tout le temps que la garde est ouverte, on peut se présenter pour l'accepter, & que l'acceptation, alors, a un effet rétroactif, au jour de l'ouverture du droit : mais cela se doit toujours entendre, pourvû que l'acceptation soit faite *tempore congruo*, & non point quand il y a un tuteur de créé, qui depuis a continué son administration, ni quand le temps de la garde est trop avancé, ou prêt de finir; ces circonstances emportent un refus tacite, qui ne permet plus de demander la garde.

(a) Art. 134.
(b) Tit. 1, art. 38.
(c) Art. 23.

La tutelle est toute au profit du mineur; mais la garde est toute à son désavantage; ce qui suppose de gros émoluments au profit du gardien. Voyons en quoi ils consistent.

Anciennement la garde n'avoit lieu que pour les Fiefs, les héritages, rentes, revenus nobles & féodaux : cet usage s'est encore conservé dans quelques Coutumes (d); mais comme tout s'altère, avec le temps, le droit de garde ne s'est pas également entretenu par-tout dans sa pureté; & la cupidité des gardiens lui a donné des extensions, qu'il n'auroit jamais dû avoir.

(d) Vermandois, ... Laon, art. 286. Amiens, art. 132.

Aujourd'hui c'est une règle presque générale, dans les Coutumes, à l'exception de quelques-unes, en très-petit nombre, que le gardien fait tous les fruits siens, de tous les immeubles appartenant au mineur, par le décès du prédécédé de ses père & mère, tant que la garde dure, & sans qu'il soit obligé d'en rendre aucun compte.

Par les immeubles on entend non seulement les héritages féodaux; mais encore les censives, les rotures, les francs-aleux, les rentes constituées & foncières. Autrefois les gardiens y joignoient encore le gain de tous les meubles; ce qui souvent ruinoit les mineurs : mais cet avantage exorbitant a été retranché par le plus grand nombre des Coutumes, où les gardiens n'ont rien dans les meubles qu'ils doivent recevoir par inventaire. Nous en avons encore cependant quelques-unes, comme Orléans, Senlis, Reims, Berry, & autres semblables, mais en petit nombre, où les gardiens nobles font gain des meubles, à l'exception cependant des collatéraux. *Voyez* Orléans, art. 27, Berry, tit. 1, art. 29. Dans la Coutume d'Orléans ils ne gagnent pas même les fruits des immeubles ; ainsi, comme il n'y a rien à gagner, la garde noble s'y accepte rarement par les collatéraux.

On a douté pendant long-temps si, lorsqu'il tombe au mineur, étant en garde, quelque succession, soit directe, soit collatérale, le gardien en faisoit les fruits siens : mais enfin la négative a prévalu ; parce que la garde est de Droit étroit, qui ne doit point recevoir d'extension. Ainsi la garde, une fois acceptée, n'augmente ni ne diminue jamais ; elle se prend & demeure en l'état qu'on la trouve, & ne comprend que la jouissance & l'administration des biens qui sont échus au mineur par le décès du père ou de la mère, qui a donné lieu à la garde. Si donc, pendant qu'elle dure, il échet au mineur quelque succession directe ou collatérale ; s'il recueille l'effet de quelque donation, de quelque substitution, le gardien n'en jouit pas ; il n'en a pas même l'administration ; à moins que, à la garde, il ne joigne la tutelle.

Si, dans les immeubles du mineur étant en garde, il s'en trouve qui soient situés dans une Coutume où la garde n'est pas admise, le gardien n'en jouira pas ; parce que chaque Coutume, pour les droits réels & pour les immeubles, *quæ habent situm*, oblige de suivre ses dispositions. On peut voir, sur cet objet, l'acte de notoriété donné par M. le Camus, Lieutenant Civil, le 18 Janvier 1701.

Si, pendant la garde, le gardien se trouve obligé de vendre un bois futaie de grande conséquence, l'intérêt de la somme, qui provient de la vente, ne tourne pas au profit du gardien ; il en doit compter à son mineur. Me Denizard rapporte un Arrêt de la Grand'Chambre, du 30 Août 1745, qui l'a ainsi jugé, contre la Marquise de la Grange. Pendant sa garde, elle vendit une forêt, qui dépérissoit, 150000 livres ; elle prétendoit confondre l'intérêt de cette somme en sa personne, & en sa qualité de gardienne noble : l'Arrêt l'en débouta.

Dans les fruits, qui appartiennent au gardien, sont compris les droits de relief & de quint, les amendes, les confiscations mobiliaires, & autres profits de Fiefs ; les droits honorifiques, droits de patronage, collation de bénéfices & d'offices. A l'égard des immeubles confisqués, ou commis par félonie, la jouissance en appartient au gardien, pendant la garde ; mais la propriété en est réservée au mineur.

Le droit de garde noble est personnel, & n'est pas cessible ; nous avons même quelques Coutumes qui contiennent une disposition expresse à cet égard (*a*). La raison est que l'émolument de la garde consiste dans un usufruit : or tout usufruit est un droit personnel, qui doit résider dans la personne à qui il a été concédé.

(*a*) Le Maine, art. ... Anjou, art. 91. Touraine, art. 339.

Si la garde noble confère de grands avantages au gardien, elle l'assujettit aussi à des devoirs & à des charges.

Le premier devoir de tout gardien noble, avant de commencer son administration, est de faire bon & fidèle inventaire des meubles du mineur, & des titres, papiers & enseignements concernant ses immeubles. Cette Loi a même lieu dans les Coutumes qui donnent au gardien le gain des meubles (*b*).

(*b*) Berry, tit. 1, art.

Si le gardien ne faisoit pas faire inventaire, la garde n'auroit pas lieu ; parce que, quand la Loi accorde un privilège & un bénéfice, sous certaines conditions, il faut commencer par les remplir, pour jouir du bénéfice. Ceci doit constamment être observé dans les Coutumes qui fixent le temps pour faire inventaire, & qui imposent une peine, faute de l'avoir fait. A l'égard des Coutumes qui ne parlent ni de l'un ni de l'autre, on devroit y suivre la même règle. Rien n'est plus intéressant, pour les mineurs, que l'inventaire en question. Par quelle autre voie plus sure pourroient-ils avoir connoissance, non seulement de leurs meubles, mais encore de leurs immeubles ? Et, s'il n'y a point d'inventaire à la fin de la garde, comment pourront-ils connoître si le gardien restitue tous les meubles, dans les Coutumes qui ne lui en donnent pas le gain ; s'il n'a point abusé des fruits & des jouissances ; s'il a acquitté toutes les charges ? Sans inventaire, la garde noble peut devenir un pillage : rien ne sera plus facile que de supprimer les contrats de constitution, les acquisitions, les billets, les actes sous signature privée. Malgré toutes ces raisons, Me de Renusson pense cependant que, dans la Coutume de Paris, le gardien noble, faute d'avoir fait inventaire, ne doit pas être privé de la garde. Mais, si on pèse les raisons qu'il en rapporte, on verra qu'elles ne sont nullement comparables, ni pour l'importance, ni pour les conséquences, avec celles qui établissent le sentiment contraire. Ainsi je tiens pour très-sage la Coutume de Berry, qui oblige le gardien noble de faire inventaire, & de le faire avant de commencer son administration : il n'y auroit aucun inconvénient à en faire une Loi générale ; & il peut y en avoir de très-grands à ne le pas faire.

Après l'inventaire, quelques Coutumes (a) veulent que le gardien noble donne caution, telle qu'il la pourra donner ; mais le plus grand nombre des Coutumes en dispensent les gardiens. Les Coutumes, qui donnent la garde noble aux collatéraux, exigent qu'ils donnent caution bourgeoise (b). La Coutume d'Orléans ne leur en demande point. En cela il est aisé de se conformer à ce qui est prescrit par chaque Coutume.

(a) Mantes, art Montfort, art Peronne, art.

(b) Berry, art. 34.

C'est une règle générale, que *les conditions & les charges de la garde doivent être réglées, suivant la Coutume du domicile du père, lors du décès du prémourant des conjoints.* Les charges les plus ordinaires de la garde sont,

1°. De nourrir & d'entretenir les mineurs ; de leur donner une éducation convenable à leur qualité.

2°. D'entretenir les héritages du bail de toutes réparations viagères, & de les rendre à la fin de la garde en bon état. Me Duplessis prétend même qu'il doit être tenu des réparations qui étoient à faire, lorsqu'il est entré en garde.

3°. De payer les frais funéraires du prédécédé.

4°. Les reliefs qui sont dûs du chef des mineurs.

5°. La taxe pour le ban & arrière-ban.

6°. Les frais des procès qui ont pour objet l'administration des revenus, dont le gardien profite.

7°. D'acquitter les mineurs de toutes dettes mobiliaires ;

d'acquitter les arrérages de toutes rentes constituées, foncières & seigneuriales, échues avant la garde, & de continuer celles qui écherront jusqu'à la fin de la garde.

On ne peut être relevé de l'acceptation de la garde, sous prétexte qu'on a ignoré les dettes; on ne peut pas non plus prétendre que l'on n'en sera tenu que *pro ratione emolumenti* : il faut accepter la garde purement & simplement, ou la refuser.

Le gardien, qui n'est pas tuteur, ne peut vendre ni aliéner aucuns immeubles des mineurs : on ne peut faire sur lui aucunes saisies réelles, ni décrets; le tout seroit nul. Il ne peut pas non plus intenter ni poursuivre les actions des mineurs en actions réelles, soit en demandant, soit en défendant; il ne peut agir que pour les fruits qui lui appartiennent. Dans les autres cas ci-dessus, il faut créer un tuteur au mineur; & alors c'est au gardien à lui avancer les frais, quand même ils seroient contre lui, sauf à les répéter.

La garde noble finit de plusieurs façons. 1°. Lorsque l'enfant mineur est parvenu à l'âge prescrit par la Coutume, pour
Art. 268. la fin de la garde. La disposition de la Coutume de Paris (a), & de quantité d'autres, qui forment le plus grand nombre, est que la garde noble finit, lorsque les mâles ont atteint l'âge de vingt ans, & les femelles celui de quinze ans accomplis. Quelques Coutumes allongent ou abrègent ce terme : il est facile de s'y conformer; mais, en général, la garde finit plutôt pour les filles, que pour les mâles; parce que naturellement, dit Me de Renusson, les filles sont plutôt nubiles que les mâles, & que la garde doit finir par le mariage du mineur.

Lorsque le mineur en garde possède des héritages situés dans des Coutumes où la durée de la garde est différente, comme les Coutumes sont réelles, il faut suivre la disposition de chaque Coutume, pour les héritages qui y sont situés, sitôt que le mineur sera arrivé à l'âge que prescrit la Coutume, sans considérer si la garde a été déférée dans une Coutume qui lui donne une plus longue durée.

2°. Toute garde finit par le mariage du mineur, qui devient alors émancipé de plein droit. Il y a même quelques Coutu-
Grand-Perche, mes (b) qui s'en expliquent précisément.
72.
antes, art. 181. 3°. La garde finit par la mort du mineur. S'il y a plusieurs

enfants en garde, elle se considère divisément, pour chacun des enfants; c'est-à-dire, qu'à mesure que chacun des enfants arrive à l'âge prescrit par la Coutume, pour la durée de la garde, elle finit sitôt que le mineur a cet âge; le gardien cesse de gagner les fruits de la part appartenant à l'enfant décédé, quoiqu'indivise avec les survivants.

4°. C'est une règle presque générale, dans les Coutumes, que *la garde finit par le second mariage du gardien.* Telle est la disposition de l'article 268 de la Coutume de Paris, & de plusieurs autres. On en trouve cependant (a) où la garde ne laisse pas de continuer après le second mariage du père & de la mère. L'article 25 de la Coutume d'Orléans veut que les gardiens nobles, qui se remarient, soient tenus de donner caution, s'ils veulent continuer la garde. Il y a d'autres Coutumes, comme Berry (b), Châteauneuf (c), Tours (d), qui disent que la garde finit par le second mariage de la mère seulement, & non par celui du père. Mais, dans les Coutumes qui n'ont aucune disposition à cet égard, il paroît qu'on devroit suivre la Coutume de Paris, comme très-raisonnable : en effet, rien n'est plus naturel & plus ordinaire que l'amour des pères & mères pour leurs enfants; mais il arrive souvent que cet amour est altéré par un second mariage.

(a) Artois, art.

(b) Tit. 1, art

(c) Art. 136.

(d) Art. 339.

5°. Enfin la garde noble finit par la mort du gardien, quand même il décéderoit avant le temps prescrit, par la Loi, pour la fin de la garde. C'est un principe général qu'*elle ne se réitère point, & que les mineurs ne tombent pas deux fois en garde.* Si le gardien décédé étoit en même temps tuteur, il faudroit se contenter d'en faire donner un nouveau aux mineurs.

CHAPITRE II.

Des Droits seigneuriaux qui procèdent de la concession des héritages en roture.

TANT que les Fiefs furent amovibles, possédés par des Militaires, & comme récompenses militaires, ces possesseurs passagers s'embarrassèrent peu de faire le bien de la chose. Mais tout changea de face, lorsque les Fiefs furent devenus héréditaires; & on sent aisément que ce changement, dans l'état des Fiefs, en dut aussi opérer un dans la façon de les régir & de les gouverner. En effet chacun, regardant son Fief comme son patrimoine, y porta les vues du père de famille, songea à en tirer le meilleur parti qu'il lui étoit possible; à tirer utilité de la moindre portion de terrein. Les propriétaires de Fiefs d'une vaste étendue, ne pouvant tout exploiter par eux-mêmes, en détachèrent différentes portions, qu'ils donnèrent à leurs amis, aux plus considérables de leurs sujets, souvent en appanage à leurs enfants, pour en jouir aux charges, clauses & conditions exprimées par les titres de concession. Telle a été l'origine des arrière-Fiefs & des droits féodaux qui en dépendent. Ceux qui avoient des terres vaines & vagues, qui n'étoient pas assez considérables pour former l'arrondissement d'un Fief, ni assez commodement situées pour y établir une habitation seigneuriale, les distribuèrent à différents particuliers, pour les défricher, à la charge de certaines redevances. Les uns retinrent, sur l'héritage, une modique rente en argent, en grains, ou autres denrées, avec de certains droits, quand il y auroit mutation dans la possession de l'héritage. C'est ce qui s'est pratiqué le plus généralement. D'autres se réservèrent une certaine portion des fruits que produiroit l'héritage, toutes les fois qu'il seroit mis en culture. D'autres enfin imaginèrent d'autres droits, plus onéreux & plus extraordinaires. C'est ainsi que se sont établis les cens, les

les terrages, les champarts, peut-être les dixmes, du moins celles qui sont inféodées, le bordelage, le marciage, les parcières, le carpot, les abénevis, le complant, le domaine congéable. Tels sont les droits procédant de la concession des héritages les plus généralement connus dans nos Coutumes, & sur chacun desquels, en particulier, nous allons établir quelques principes.

Du Cens, & des droits qui en dépendent.

Le cens est une redevance annuelle, seigneuriale, foncière & perpétuelle, dont un héritage est chargé envers le Fief ou le franc-aleu, dont il est mouvant, & qui a été imposée, pour la première fois, par le Seigneur qui a fait la concession de l'héritage. L'héritage chargé du cens s'appelle *héritage censier, censive;* celui qui possède l'héritage censier s'appelle *censitaire*, ou *tenancier.* Dans quelques Coutumes, le cens s'appelle *servis*, & ces deux mots s'y joignent toujours ensemble, & on y dit *cens* & *servis.*

De la notion que nous venons de donner du cens, il s'ensuit, 1°. que le cens est la véritable marque de la directe Seigneurie sur les rotures, comme la foi & hommage est le caractère de la directe sur les Fiefs; 2°. que le cens étant la marque de la Seigneurie directe que le Seigneur s'est retenue, lorsqu'il a donné à cens une terre dépendante de son Fief, il ne peut appartenir qu'à un Seigneur de Fief, ou de franc-aleu; 3°. que celui qui tient une terre à titre de cens, ne la peut donner à autre cens; par la raison qu'il ne peut y avoir, en même temps, deux Seigneurs directs du même fonds, & qu'un même héritage ne peut pas être tenu de deux Seigneurs à la même charge; d'où est venue cette maxime, insérée dans presque toutes les Coutumes, que *cens sur cens n'a pas lieu.* Le tenancier ne peut pas non plus charger l'héritage censuel d'une rente foncière non rachetable; parce qu'il ne peut pas diminuer son héritage, au préjudice de son Seigneur.

Le cens se divise en plusieurs espèces.

1°. Il y a cens quérable & non requérable. Le cens quérable, appellé dans quelques Coutumes *cens à queste*, est celui que le Seigneur censier est tenu d'envoyer demander à ses sujets; de sorte qu'il n'y échet amende que quand il est demandé, & que le censitaire a refusé de payer.

Le cens non requérable est celui que le censitaire doit porter au château du Seigneur, à certain jour; &, s'il y manque, il doit payer l'amende. Sur quoi il faut observer que toutes les Coutumes prononcent une amende contre le censitaire qui refuse de payer le cens, lorsqu'il est demandé, ou qui manque de le porter au jour indiqué. Cette amende est plus ou moins forte, suivant les Coutumes; il n'y a d'exception que pour la Ville & la Banlieue de Paris, dans lesquelles, faute de payement du cens, on ne paie point d'amende, à moins que les censitaires ne s'y soient expressément soumis par le bail à cens.

2°. Il y a cens volant, & cens circonscrit. Le cens volant est celui qui est dû sur un héritage particulier, qui ne forme point de territoire. Le cens circonscrit est celui qui est dû sur tous les héritages situés dans l'enclave d'un territoire, qu'on appelle ordinairement *censive jouxtée, limitée & circonscrite.* Il y a cette différence entre le cens volant & le cens circonscrit, que, dans quelque Coutume que ce soit, le cens volant peut être prescrit par le tiers détenteur, & que, dans quelque Coutume que ce soit, il n'est guère possible que, même le tiers détenteur puisse prescrire le cens circonscrit, parce que, dans une censive limitée, jouxtée & circonscrite, le paiement du cens, fait par un seul tenancier, empêche tous les autres de prescrire.

3°. Il y a cens truant, & cens portant lods & ventes. Le cens truant est celui qui, dans les mutations de l'héritage censuel, ne produit aucun profit de lods & ventes: tel est le cens en la Ville & Chastel d'Issoudun; *voyez* Berry, tit. 6, art. 4: c'est pourquoi on l'appelle *cens mort, cens stérile.* Il n'y a que très-peu de Coutumes où cette espèce de cens ait lieu. Le cens portant lods & ventes est celui, au contraire, qui, à chaque mutation, produit des profits de lods & ventes, & qui est général dans presque toutes les Coutumes.

4°. Il y a chef cens & sur-cens. Le chef cens est celui qui a été imposé le premier sur l'héritage. Le sur-cens est le second cens imposé sur l'héritage censuel. Il y a cette différence entre le chef cens & le sur-cens, que le chef cens dénote principalement le vrai Seigneur foncier; qu'il produit toujours des lods & ventes, & qu'il ne se purge point par le décret, faute d'opposition. Le sur-cens, au contraire, que dans quelques Coutumes on appelle *croît de cens*, ne produit jamais de lods & ventes, & se purge par le décret: pour le conserver, il faut une opposition.

5°. Le cens se divise encore en gros & menu cens. Le gros cens est celui qui n'est point distribué sur chaque arpent, ou autre mesure de l'héritage donné à cens, & qui se paie en gros, & généralement sur la totalité. Le menu cens, au contraire, est celui qui est dû par chaque arpent, ou autre mesure de l'héritage censuel.

6°. Nous trouvons encore quelques Coutumes où il est parlé de cher cens, de double cens, de cens abonné.

Le cher cens est plus fort & plus onéreux que le cens: c'est la même chose que le sur-cens; une redevance imposée après le premier cens, & qui monte à peu près au revenu annuel que peut produire, par chacun an, l'héritage censuel. Le cher cens ne produit jamais de lods & ventes.

Le double cens est celui qui double le cens ordinaire & coutumier; ainsi, lorsque le simple cens ordinaire est d'un denier, le double cens est de deux.

Le cens abonné est celui qui se paie en détail sur chaque arpent de terre, ou autre mesure, pour raison de certains fruits spécifiés: d'où il suit que, lorsque le tenancier, redevable d'un tel cens, change la culture de l'héritage censuel en une autre, pour raison de laquelle le cens peut être plus fort, il le devient en effet, par rapport à ce changement. Ainsi, supposé que le cens fût abonné, pour chaque arpent de terre labourable, à quatre sols, &, pour chaque arpent de vigne, à dix livres, celui qui changeroit la terre labourable en vigne, seroit tenu de payer dix livres pour chaque arpent de vigne. Ainsi jugé par Arrêt du Parlement de Dijon, du 21 Février 1619, rapporté par Ferrière, d'après Bouvot.

Sur la division du cens, en cens quérable & cens non quérable, il y a quelques observations à faire.

1°. En Pays de Droit écrit, où tous les héritages sont réputés libres, s'il n'eſt autrement juſtifié, le cens eſt toujours quérable, à moins qu'il ne ſoit, par le titre primitif, expreſſément ſtipulé portable.

2°. Dans les Coutumes qui n'ont, ſur ce point, aucunes diſpoſitions, on tient que le cens y eſt portable, & non requérable, à moins qu'il n'y eût titre au contraire; à la différence des rentes foncières, qui ſont toujours préſumées requérables, s'il n'y a titre contraire. *Voyez* l'Arrêt du 7 Août 1682, rapporté dans le Journal du Palais.

3°. Dans les Coutumes où le cens eſt portable, les cenſitaires ſont obligés de le porter au château du lieu: mais quand un Seigneur a différentes terres ſituées en différents endroits, s'il fait ſa demeure dans l'une de ces terres, les cenſitaires des autres terres ne ſont point obligés de porter leur cens au domicile du Seigneur; en un mot, ils ne doivent point le porter hors de la Paroiſſe où ſont ſitués leurs héritages, s'ils ne s'y ſont expreſſément ſoumis par le bail à cens.

Le cens ſe paie en argent, grains, volailles, ou autres eſpèces, ſelon qu'il eſt ſtipulé par le titre du Seigneur, & dans le temps y porté, à peine d'amende, dans les cas que nous avons ci-deſſus obſervés.

Le cens qui ſe paie en deniers, dans quelques Coutumes, s'appelle *croix cens*, parce qu'anciennement la petite monnoie avoit une croix ſur l'une des deux faces.

Le cens doit être payé dans la même eſpèce qu'il a été impoſé, à moins que la preſcription n'ait apporté un changement; comme ſi, au lieu d'être payé en argent, il avoit été payé en grains pendant plus de trente ans. Cependant, ſi le titre conſtitutif du cens le ſtipuloit payable en froment, & que la terre ſujette au cens ne produisît que de l'orge, on ne pourroit exiger que cette dernière eſpèce; parce que le cens ne ſe paie que de la nature du meilleur bled qui ſe recueille ſur les terres cenſivières. Ainſi jugé par deux Arrêts; le premier, du 8 Juillet 1698, entre M. le Cardinal de Polignac, & le Prieur de Notre-Dame de Daveſſeſcourt; le ſecond, rendu en 1699, contre les Religieux de l'Abbaye de Lanois, Ordre de Cîteaux, Diocèſe de Beauvais.

Quoiqu'un héritage ſoit donné à cens & à rente, par le

même contrat, la rente n'eſt cependant pas de même qualité que le cens; la rente ſe purge par le décret, & non le cens.

Le cens eſt purement réel; c'eſt l'héritage qui le doit, & non la perſonne: ainſi le détenteur d'un héritage cenſuel, qui le déguerpit, en fût-il le propriétaire, ne peut plus être contraint à payer le cens, à compter du jour du déguerpiſſement; mais il doit les arrérages échus pendant ſa détention.

Le Seigneur, pour exiger un cens, n'a pas beſoin d'autre titre que ſa qualité de Seigneur; mais cette maxime n'a lieu que dans les Coutumes régies par la Loi *nulle terre ſans Seigneur*. En Pays de Droit écrit, où tous les héritages ſont réputés libres, & dans les Coutumes allodiales, c'eſt au Seigneur, qui prétend un cens, à le juſtifier par titre.

Quant à la quotité du cens, elle doit être réglée par les titres: ſi elle ne l'eſt pas, c'eſt l'uſage établi dans l'endroit, où la cenſive ſe perçoit, qu'il faut ſuivre. Si le Seigneur n'eſt pas en poſſeſſion d'en percevoir, il faut proportionner le cens à ceux dont les héritages voiſins ſont chargés.

Le cens opère une créance privilégiée en faveur du Seigneur, tant ſur les fruits, que ſur le prix des fonds. Ce privilège eſt tel, qu'il marche avant celui des perſonnes qui ont prêté pour acquérir, & même avant celui des bailleurs à rente foncière: c'eſt une ſuite de l'aliénation primitive; il n'eſt jamais permis au cenſitaire de contracter d'une manière qui puiſſe préjudicier au Seigneur cenſuel.

Le Seigneur cenſuel, pour être payé de ſon cens & des arrérages qui en ſont dus, fuſſent-ils de vingt-neuf ans, a la voie de ſaiſir les fruits pendants par les racines, ſur les héritages ſujets au cens: ſi c'eſt une maiſon, il peut procéder, par voie de ſimple gagerie, ſur les meubles qui ſont dans la maiſon, ſans déplacement.

Dans ces ſaiſies cenſuelles le Seigneur ne fait pas les fruits ſiens, comme dans la ſaiſie féodale; c'eſt pourquoi il y faut abſolument établiſſement de Commiſſaire, qui rende compte des fruits.

Le ſentiment général des Auteurs eſt que les ſaiſies cenſuelles peuvent n'être point précédées d'un commandement; mais elles doivent être faites par ordonnance du Juge, qu'on obtient ſur requête, & qu'on doit signifier à la partie, en saisissant. Il y a un Arrêt de la Grand'Chambre, du 14 Août 1755, rapporté par Denizard, qui déclare nulle une saisie censuelle, faite dans la Coutume de Montargis, faute d'avoir satisfait à cette formalité.

La saisie censuelle a cela de particulier, que, sur une semblable saisie, on ne peut pas procéder à la vente des choses saisies: elle n'opère qu'une espèce de dépossession; & la vente ne se peut faire que quand elle est ordonnée par un Jugement qui déclare la saisie censuelle valable.

Il faut encore observer que le Seigneur ne peut user de la saisie censuelle, que sur l'héritage chargé de cens, & non point sur les autres biens meubles ou immeubles du tenancier: pour les exécuter, il faut une condamnation préalable, motivée sur ce que les choses saisies ne sont point suffisantes pour que le cens soit payé. Le censitaire, en consignant trois années du cens, doit avoir main-levée de la saisie censuelle.

Le Seigneur censuel a le droit d'empêcher le propriétaire de détruire totalement l'héritage; il faut que le censitaire le conserve dans un état tel qu'il puisse toujours, au moins, produire de quoi payer le cens: mais, hors le cas d'une dégradation totale de l'héritage, le propriétaire peut, malgré le Seigneur, en changer la face & la nature; il suffit que le Seigneur ait des suretés pour son cens.

Le Seigneur peut, à défaut de paiement de son cens, demander à rentrer dans son héritage; & on ne lui en refuse pas la faculté, lorsqu'il paroît courir des risques, ou lorsque l'héritage est abandonné: mais on ne lui accorderoit pas cette permission, s'il s'agissoit d'un bien dont la valeur n'eût pas de proportion avec le cens.

Le cens a plusieurs prérogatives, qui le distinguent de toutes les autres redevances.

1°. Par-tout où se trouve le cens, il dénote infailliblement la directe seigneurie.

2°. Le cens est noble, lorsqu'il est inféodé, & se partage noblement entre les héritiers du Seigneur censuel; parce qu'il représente partie du Fief donné à la charge de ce droit domanial.

3°. Le cens est indivisible : ainsi, quoique l'héritage censuel soit divisé entre plusieurs tenanciers, cependant le Seigneur peut poursuivre celui des tenanciers qu'il jugera à propos, pour être payé du cens entier. La raison est que le cens est un droit réel, qui produit une hypothèque, qu'on ne peut diviser sans le consentement du Seigneur. Si cependant le Seigneur a reçu, pendant long-temps, le cens par parties, ou qu'il paroisse, par quelque acte, que le cens a souffert quelque division, le Seigneur ne peut plus prétendre la solidité contre aucuns des détenteurs.

4°. Le cens ne reçoit aucune diminution, pour stérilité ou quelqu'autre accident que ce soit, parce qu'il ne se paie pas comme le revenu annuel de l'héritage; mais uniquement comme marque de la directe seigneurie.

5°. Le cens n'est point rachetable.

6°. Il ne se purge point par le décret.

7°. Le cens est amendable; c'est-à-dire que, faute de le payer au temps & lieu marqué par le titre, ou après qu'il a été demandé, lorsqu'il est requérable, on s'expose à payer l'amende prononcée par les Coutumes : mais, pour exiger cette amende, il faut la demander & la faire prononcer en Justice.

8°. Généralement le cens est imprescriptible; il n'y a que très-peu de Coutumes où il soit prescriptible. *Voyez* à cet égard ce que nous dirons Livre 7, au chapitre *de la prescription des directes*. J'observe seulement que, quand un Seigneur, voisin d'un autre, posséde des héritages enclavés dans la censive de ce voisin, alors il est réputé son censitaire, rélativement à ces héritages enclavés; il ne peut pas prescrire.

Ce seroit une mauvaise équivoque de dire que ce Seigneur voisin peut prescrire la directe, parce que la prescription a lieu de Seigneur à Seigneur. Cette maxime qui est vraie, peut bien mettre un Seigneur en état d'acquérir, par prescription, la directe & le cens qui appartenoient à un autre Seigneur; mais on ne pourroit pas en conclure qu'un Seigneur, qui posséde un héritage dans la censive d'un autre, peut prescrire, contre lui, le cens qui lui est dû pour cet héritage; parce qu'en tant qu'il posséde un héritage dans la censive d'un autre Seigneur, il n'est point considéré comme Seigneur, mais bien comme censitaire;

&, comme tel, il ne peut jamais prescrire contre son Seigneur direct. En un mot, le cens actif peut bien, par la prescription, passer d'un Seigneur à un autre; mais le cens passif ne peut jamais être éteint par la prescription, si ce n'est par le tiers détenteur.

9°. Un Arrêt du Conseil, du 13 Octobre 1750, ordonne que les cens & rentes seigneuriales seront payées au Seigneur, sans retenue de vingtième, de la part des censitaires; & ce, sans avoir égard à l'Arrêt du Parlement de Paris, du 29 Janvier 1749. L'Arrêt du Conseil a été exécuté jusqu'à présent, même dans le ressort du Parlement de Paris.

Quoique le bail à cens rendît originairement le preneur propriétaire de l'héritage censuel, comme il l'est encore aujourd'hui, il n'avoit pourtant pas la liberté alors de vendre son fonds; il étoit obligé d'en demander la permission au Seigneur direct. Mais cette sujetion gênoit le commerce; il a paru plus utile de laisser à un chacun la liberté de vendre les héritages censuels, quand il jugeroit à propos, sans demander aucune permission : mais cela ne s'est pas établi gratuitement. La vente des censives a encore été, pour les Seigneurs, la source de plusieurs droits considérables : l'acquéreur de l'héritage censuel est tenu d'exhiber son contrat d'acquisition au Seigneur; de souffrir le retrait censuel, si le Seigneur juge à propos de l'exercer, sinon lui payer les droits de saisine & de lods & ventes.

Le premier devoir, du nouvel acquéreur d'un héritage censuel, sera donc d'exhiber au Seigneur direct le titre de son acquisition, tel qu'il soit, sous signature privée, ou passé pardevant Notaires.

Il y a des Coutumes qui fixent un délai pour faire cette exhibition; il est ordinairement de quarante jours: d'autres Coutumes donnent un moindre délai; d'autres n'en donnent point: dans ces dernières il faut suivre ce qui est d'usage.

Lorsque le nouvel acquéreur ne satisfait pas au devoir de l'exhibition, le Seigneur peut l'y contraindre, par action qui ne se prescrit que par trente ans : il y a même des Coutumes qui prononcent des amendes contre celui qui n'a pas exhibé dans le temps préfix. Il faut observer que, dans les mutations où il n'est point dû de lods & ventes, le nouveau détenteur n'est point

point obligé d'exhiber son titre, à moins qu'il n'en soit requis par le Seigneur; mais on ne peut refuser d'exhiber, quand le Seigneur le demande, & quand même il s'agiroit de l'acquisition d'un franc-aleu. Comme il peut y avoir de nouveaux détenteurs sans titre, un héritier, par exemple, dans ce cas il n'y a point d'exhibition; le Seigneur doit se contenter de la déclaration du nouveau détenteur, qui n'est point obligé de lui montrer les titres de ses auteurs.

L'exhibition a un double motif: 1°. afin que le Seigneur connoisse s'il y a lieu au retrait censuel; 2°. afin que le Seigneur soit instruit des droits qui lui sont dus. On peut ajouter, afin que le Seigneur connoisse le nouvel acquéreur, l'approuve, & le mette au nombre de ses censitaires, ou de ses justiciables, s'il n'étoit question que d'un franc-aleu.

Lorsque le nouvel acquéreur a exhibé son titre, il est loisible au Seigneur direct d'exercer le retrait censuel, dans les Coutumes qui le lui permettent.

Le retrait censuel est celui qui s'exerce par le Seigneur direct, pour retirer les héritages roturiers dépendant de sa censive, quand ils sont vendus.

Cette espèce de retrait n'est pas de Droit commun, comme le retrait féodal: néanmoins Justinien l'avoit admis; & il a encore lieu dans quelques Provinces du Royaume régies par le Droit écrit.

Il a lieu dans les Parlements de Toulouse & de Bordeaux, selon le témoignage de la Rocheflavin, de Despeisses, de M. de Catelan, de la Peyrère, & autres; mais il n'est pas reçu dans les Parlements de Grenoble & de Provence, suivant les témoignages de MM. de Salvaing & de Morgues. Il n'est pas non plus admis dans les Pays de Droit écrit du ressort du Parlement de Paris. *Voyez* Papon & Henrys.

Dans les Pays coutumiers le retrait censuel est admis par quelques Coutumes, comme Berry, Senlis, Vermandois, Amiens, Peronne, &c.; mais il n'a pas lieu dans la Coutume de Paris, ni dans plusieurs autres.

Le retrait lignager a la même préférence, en Pays coutumier, sur le retrait censuel, qu'il a sur le retrait féodal; & plusieurs des règles, qu'on observe pour cette dernière espèce de retrait, militent aussi pour les retraits censuels : les uns & les autres ne sont sujets à aucunes formalités. Cependant il y a deux Arrêts du Parlement de Paris, rapportés par Me Denizard, des 4 Août 1744, & 12 Mai 1745, qui paroissent avoir jugé que le retrait censuel n'est pas cessible, comme le retrait féodal.

Si, après l'exhibition du contrat, le Seigneur ne juge pas à propos d'exercer le retrait censuel, alors il faut faire ensaisiner son contrat dans les Coutumes qui désirent cette formalité, & payer les droits qui sont fixés par ses Coutumes pour la saisine.

La saisine est une espèce d'investiture que le Seigneur direct donne au nouveau Vassal, & pour laquelle il est dû un droit modique que les Coutumes règlent différemment. Ce terme signifie aussi quelquefois, la possession actuelle en laquelle le vendeur d'un héritage met l'acquéreur.

Anciennement la propriété de tout héritage tenu en Fief ou en censive, ne pouvoit être transférée que par la permission & la coopération du Seigneur dont il étoit mouvant. Le Seigneur ou ses Officiers pouvoient seuls désaisir l'ancien propriétaire de l'héritage, & en saisir le nouveau. Ce privilége éminent de la directe avoit lieu dans tout le Royaume ; mais la réformation des Coutumes y a apporté des changemens considérables.

Quelques-unes, & même le plus grand nombre des nouvelles Coutumes, en négligeant l'ancien usage, ont admis pour principe, que la propriété des immeubles peut être transférée par la seule convention, sans qu'il soit besoin d'ensaisinement. Mais d'autres Coutumes plus attachées à l'ancien droit de la Nation, en ont conservé le génie ; ce sont celles qu'on appelle Coutumes de *Tradition réelle*. Nul contrat, tel qu'il soit, ne peut être translatif de la propriété d'un héritage soumis à leurs dispositions, si la désaisine & la saisine ne sont accomplies : la convention n'opère point de tradition ; elle ne produit qu'une simple action, & l'on ne connoît le nouveau propriétaire que quand il a rempli la formalité prescrite.

Cette classe de Coutumes se divise en deux espèces ; les unes sont simplement nommées Coutumes de saisine & désaisine, ou de vest & dévest; & celles-là n'assujettissent à l'ensaisinement que les contrats translatifs de propriété : telles sont les Coutumes de Senlis, Clermont, Vallois, Chaumont, Vitry, S. Pol, Bourbonnois, la Marche & Sedan.

Les autres, au contraire, admettent pour maxime, qu'*aucun droit réel ne peut se former sans tradition*, & elles étendent l'usage & la nécessité de la saisine jusqu'à la constitution de l'hypotéque : telles sont les Coutumes de Laon, Reims, Ribemont, Chaulny, Péronne, Ponthieu, Amiens & Boulenois; on les nomme *Coutumes de nantissement* : & quoique toutes ces Coutumes différent entr'elles pour la constitution de l'hypotéque; elles sont conformes quant à la nécessité de la saisine qu'elles prescrivent pour tous les actes translatifs de propriété.

Si le Seigneur, sans aucune cause légitime, par caprice ou par humeur, refuse d'accorder la saisine, on peut la demander en Justice; mais le Seigneur peut justement refuser d'ensaisiner, quand il n'est pas payé des lods & ventes & autres droits qui peuvent lui être dus par l'acquéreur, son vendeur ou ses prédécesseurs; ainsi, pour obtenir la saisine, il ne faut point oublier de payer ou d'offrir les droits qui sont dus.

Lorsque le nouvel acquéreur de l'héritage censuel a exhibé son titre d'acquisition, qu'il l'a fait ensaisiner dans les Coutumes qui requièrent cette solemnité, qu'il a payé les droits de saisine, il n'en est pas encore quitte; il faut qu'il paie en outre un droit beaucoup plus considérable, ce sont les lods & ventes.

Lods & ventes, sont les droits qui se paient au Seigneur direct par l'acquéreur de l'héritage censuel, à titre de vente, ou acte équipollent à vente. C'est une portion du prix de la vente que le Seigneur s'est réservée par le bail censuel, ou qui lui est accordée par la disposition de la Coutume.

Généralement dans toutes les Coutumes, la vente de l'héritage censuel produit des lods & ventes. Il y a même quelques Coutumes, comme Sens, qui distinguent les lods & les ventes, & en font deux droits séparés & distincts; mais je ne connois que la Coutume locale d'Issoudun en Berry, encore singulière en ce point, où les mutations de l'héritage censuel, telles qu'elles puissent être, fussent-elles par vente pure & simple, ne produisent jamais de lods & ventes, à moins qu'ils ne soient expressément stipulés par le bail à cens : mais au lieu des lods & ventes, on stipule ordinairement des parisis avec faculté de retenue ; ce qui produit le même effet.

C'est une règle générale, en pays coutumier, que la vente de l'héritage censuel produit des lods & ventes ; mais on ne peut pas dire la même chose de la quotité des lods & ventes & des cas où ils sont dus ; rien n'est si diversement réglé par les Coutumes. Notre dessein n'est pas de rapporter les différences qui s'y trouvent, chacun doit consulter & suivre, à cet égard, ce qui est établi par la Coutume, ou par l'usage, ou par ses titres.

C'est une règle générale, en matière de censive, que les lods & ventes ne sont dus que pour deux mutations, pour la vente & pour l'acte équipollent à vente. Toutes les autres mutations n'en produisent point. A l'égard de la vente pure & simple, elle est facile à connoître ; quant aux actes équipollents à vente, il n'est pas si aisé de les distinguer. Nous allons indiquer ce que les meilleurs Auteurs & la Jurisprudence des Arrêts nous ont, jusqu'à présent, fourni de plus certain. L'objet est également important au Seigneur & au Censitaire ; à l'un, pour exiger ce qui lui est dû ; à l'autre, pour ne payer que ce qu'il doit.

1°. C'est une Jurisprudence à présent certaine, que les lods & ventes sont dus pour bail d'un héritage censuel à rente rachetable, nous avons donné la raison de cette différence en parlant du quint. Quand, par la prescription, la rente rachetable devient non rachetable, Me Duplessis pense qu'alors il est dû des lods & ventes. Il faut ajouter que dans le bail à rente non rachetable, si la rente, par convention, est remboursée ou vendue, les lods & ventes sont dûs.

2°. Lorsqu'un héritage censuel est donné en paiement d'une dette, il y a ouverture aux lods & ventes, si toutefois le paiement se fait d'étranger à étranger ; car quand c'est du pere au fils, ou entre cohéritiers, on y met quelque différence. Quand, par exemple, un pere donne un héritage censuel à son fils, en paiement de ce qu'il lui avoit promis en mariage, un tel délaissement ne produit point de lods

& ventes : il en feroit dû au contraire, si le pere donnoit à son fils l'héritage censuel en paiement d'une somme que lui auroit prêté son fils, ou de ce qu'il lui redevroit pour reliquat de compte de tutelle. Entre cohéritiers, lorsqu'il s'en trouve un créancier de la succession, & qu'on lui donne hors part, en paiement, un héritage censuel, il ne doit point de lods & ventes. Il en est de même, quand on donne à l'un des cohéritiers un héritage censuel, à la charge d'acquitter les dettes de la succession.

3°. Les lods & ventes sont dus d'un héritage adjugé par décret, suivant le prix principal de l'adjudication, non compris les frais des criées.

4°. En échange, il est maintenant dû des lods & ventes, comme en vente pure & simple : mais ces droits appartiennent au Roi, qui se les est appropriés dans toutes les terres & seigneuries de son Royaume. Les Seigneurs ne les peuvent prétendre, ni percevoir, à moins qu'ils n'en aient composé avec Sa Majesté.

5°. Il arrive quelquefois que, après le contrat de vente, le vendeur se repent d'avoir vendu son héritage à vil prix, & menace de prendre des lettres de rescision ; si, pour en éviter l'effet, l'acquéreur donne un supplément du prix de la vente, ce supplément doit des lods & ventes ; parce qu'il fait partie du prix de la vente.

6°. Licitation faite entre cohéritiers ne produit point de lods & ventes ; mais ils seront dus, si l'héritage est adjugé à un étranger.

Par Arrêt du 9 Mars 1722, la Cour a jugé qu'un héritage indivis entre plusieurs cohéritiers, étoit propre, pour le tout, en la personne du cohéritier adjudicataire. La licitation, en ce cas, n'est point regardée comme un acte de commerce, mais comme un partage.

Par Arrêt du 6 Mars 1734, il a été jugé que, pour être exempt de lods & ventes en licitation, il faut que l'adjudicataire soit copropriétaire *ab initio* ; car si l'adjudicataire étoit un étranger, qui eût acquis les droits de l'un des copropriétaires, il devroit lods & ventes ; parce qu'il n'est point copropriétaire *ab initio*.

7°. Dans les ventes conditionnelles, les lods & ventes ne sont dûs qu'après l'événement de la condition ; parce que la vente peut être annullée, si la condition vient à manquer.

8°. Si la vente est faite à faculté de réméré, qui excède neuf ans, il est certain que les lods & ventes sont dûs, dès le moment du contrat, sans espérance de répétition, quelque chose qu'il arrive : mais, quand la faculté est au-dessous de neuf ans, il y a une égale diversité, & dans les Coutumes, & dans la Jurisprudence.

Dans les Coutumes, il y en a, comme Paris, où il n'est rien dû quand le réméré est au-dessous de neuf ans, & qu'il est exercé dans ce temps. Dans Berry, Melun, Blois, Tours & Reims, il n'est rien dû, quand le réméré est au-dessous de trois ans. Dans Orléans, Sens, Auxerre, Bourbonnois, Auvergne, Troyes, le droit est dû pour la vente, & non pour le rachat. Enfin, dans Nivernois & autres le droit est dû pour le rachat & la vente : ce qui est bien rigoureux, dit Coquille. Mais, dans les Coutumes qui sont muettes, ainsi que dans celles qui ne fixent point le temps du réméré, la Jurisprudence des Arrêts est si variée, qu'on peut dire que la question est indécise au Palais. Il y a des Arrêts qui ont jugé, & des Auteurs qui ont pensé que les lods & ventes sont exigibles, dès le moment du contrat, soit que le réméré ait lieu, ou non, dans le délai fixé par le contrat ; de façon même que, quand ils n'auroient pas été exigés, ils pourroient l'être encore, quand le réméré est exercé. D'autres Auteurs, & d'autres Arrêts, ont pensé & jugé qu'il n'étoit point dû de lods & ventes, au cas même où le réméré seroit exercé dans le temps porté par le contrat, & que même ils pourroient être répétés, s'ils avoient été exigés. Sur cette question, *voyez* les notes sur Duplessis.

9°. En décret volontaire, il n'est dû qu'un seul droit pour la vente & pour le décret : le Seigneur a néanmoins l'option de régler ses lods & ventes sur le prix du contrat, ou de l'adjudication ; &, si elle étoit faite à un étranger, il seroit dû double droit ; un pour la vente, & l'autre pour l'adjudication.

10°. En décret forcé, il est sans doute dû des lods & ventes, comme nous l'avons observé ; mais, lorsqu'il y a appel de la Sentence adjudicative des héritages, il a été jugé, par Arrêt du 8 Mai 1602, que le Seigneur direct, nonobstant cet appel, pourroit exiger de l'adjudicataire les lods & ventes, en donnant caution.

110. En partage de biens immeubles, soit en directe, soit en collatérale, soit qu'il y ait soulte, ou non, il n'est point dû de lods & ventes : c'est une maxime générale, à laquelle il n'y a que très-peu d'exceptions, établies par quelques Coutumes. Berry, titre 6, art. 10, statue que les lods & ventes sont dus par le successeur en collatérale, excepté en la Châtellenie d'Issoudun. La Thaumassière, sur cet article, observe que sa disposition est exorbitante du Droit commun ; mais cependant elle est si rigidement exécutée dans la Province, qu'on y fait payer les lods & ventes, même par les frères qui succèdent à leurs frères, quoique par indivis. Nivernois, Tours, Lorris, ordonnent que les lods & ventes sont dus des soultes, retour, & plus valeur, & fixent l'exemption du droit au seul cas où le retour, la soulte, se fait en choses mobiliaires, de la même succession.

Me Denizard a observé que la maxime, qui veut qu'*en licitation, en partage, il ne soit point dû de lods & ventes*, avoit été étendue, par la Jurisprudence des Arrêts, à tous les copropriétaires qui, dans l'origine, ont été coacquéreurs, coassociés, colégataires & codonataires : il rapporte plusieurs Arrêts, & notamment un du 6 Février 1740, qui l'ont ainsi jugé.

Si, après le partage consommé, un des cohéritiers transporte un héritage de son lot, à un autre son cohéritier, il sera dû des lods & ventes ; parce que ceci est une opération étrangère au partage, & qui donne ouverture au droit.

Si, dans un partage où il y a des biens de différentes lignes, on donne, par exemple, des biens maternels à la ligne paternelle, cela donne lieu aux lods & ventes. Cet arrangement change les estocs & lignes, & fait que chacun est étranger aux biens qu'il reçoit, & auxquels, dans l'ordre, il n'auroit point succédé.

Il est également dû des lods & ventes lorsque, dans un partage, un héritier prend des héritages au-delà de sa part & portion, & qu'en récompense il donne, à ses autres copartageants, de ses héritages propres, provenus d'ailleurs que de la succession commune.

Le premier acte qui se fait entre cohéritiers, quoiqu'en forme de transaction, de vente, ou d'échange, est tenu & réputé partage, qui ne donne point ouverture aux lods & ventes. C'est le sentiment de M. le Prestre, cent. 4, chap. 31; de la Thaumassière, sur l'art. 30 du titre 6 de Berry.

12°. En vente de fruits, lorsqu'ils sont détachés du sol, il n'est jamais dû de lods & ventes: mais lorsqu'ils sont vendus avec le fonds où ils sont pendants par les racines, alors les lods & ventes se prennent sur le tout; parce que les fruits font partie du fonds.

13°. La vente d'une coupe de bois de haute futaie ne produit jamais de lods & ventes: il n'y a que le seul Parlement d'Aix où on suit une Jurisprudence contraire. Il est arrivé cependant assez souvent que, pour diminuer les droits du Seigneur, on commence par vendre la coupe de la futaie, & ensuite, quelques jours après, le fonds, par un contrat séparé. Ceci est constamment une fraude; aussi plusieurs Auteurs ont-ils pensé que les lods & ventes étoient dus, tant de la vente de la coupe, que de la vente du fonds, le tout ne faisant qu'une seule vente, d'une même chose, & à un seul prix.

14°. Il n'est jamais dû de lods & ventes pour une vente d'usufruits: cependant, si cette vente étoit faite dans un temps voisin de celui où on auroit vendu à la même personne la propriété, cela feroit présumer une fraude semblable à celle dont nous venons de parler, qui donneroit lieu de décider que les lods & ventes, en ce cas, seroient dus. Me Dénizard atteste que la question a été ainsi jugée, par Arrêt du Parlement de Paris, du 5 Septembre 1738, conforme au sentiment de M. Duplessis.

15°. En donation purement gratuite, il n'est jamais dû de lods & ventes: c'est le Droit commun.

Quand la donation est onéreuse, on examine si on peut estimer les charges à prix d'argent; alors les lods & ventes se paient sur le prix de l'estimation. Si la donation étoit à la charge de nourrir le donateur, pendant sa vie, les Auteurs ont pensé que ce contrat équipolloit à vente; qu'on en pouvoit apprécier

apprécier l'objet en deniers, & que les lods & ventes devoient se payer sur l'estimation. Les Auteurs ont encore décidé la même chose, sur une donation causée pour récompense de services mercenaires, désignés dans l'acte, qui peuvent s'estimer, & être réduits en deniers.

16°. Quand un particulier a acquis, par contrat volontaire, un héritage, qu'il est forcé de déguerpir par le créancier de son vendeur, en ce cas il n'est dû qu'un seul droit, tant pour la vente, que pour le décret fait après le déguerpissement. Si l'acquéreur, qui déguerpit, a payé les lods & ventes de son acquisition, pour s'en dédommager, il a droit de prendre ceux qui proviennent du décret : mais, si ceux-ci excèdent, il est encore au choix du Seigneur de les prendre, en remboursant au premier acquéreur ceux qui lui ont été payés. Si l'acquéreur ne les avoit pas payés, lors du décret sur le déguerpissement, Brodeau dit que les Arrêts ont jugé que le Seigneur ne peut les exiger, & qu'il doit attendre qu'il y ait ouverture à ses droits, par le décret; pourvû, ajoute Brodeau, que l'acquéreur n'eût pas joui, & qu'il n'eût pas fait ensaisiner son contrat. Dans un autre endroit, il soutient qu'il n'y auroit pas lieu aux lods & ventes, quand même l'acquéreur auroit joui, pourvû qu'il n'ait pas été ensaisiné.

17°. En vente ou cession de droits successifs, il faut distinguer ce qui est meuble & immeuble : des meubles on ne doit jamais rien; mais si, parmi les immeubles, il tombe quelque héritage censuel à l'acquéreur, ou au cessionnaire, ils en devront les lods & ventes, suivant le prix fixé par la ventilation qui en sera faite.

18°. Lorsque, par transaction, un héritage censuel est abandonné à un autre, par celui qui le possédoit, cet abandon donne ouverture aux lods & ventes, qui, au contraire, n'ont pas lieu, si, par la transaction, celui à qui appartient l'héritage est confirmé dans sa possession.

19°. Quand une vente est nulle, &, comme telle, est anéantie, elle ne produit aucuns lods & ventes; &, si le Seigneur les avoit reçus, il seroit obligé de les rendre; parce que la vente étant anéantie, c'est comme s'il n'y en avoit jamais eu.

20°. Si la vente est volontairement résiliée par la partie, le sentiment général est qu'il n'est dû aucuns lods & ventes, lorsque ces trois choses concourent : 1°. lorsque le prix de la vente n'est pas payé ; 2°. si l'acquéreur n'a pas pris possession réelle de l'héritage ; 3°. quand le Seigneur n'a pas formé demande de ses droits. Sur cette question, les Coutumes se décident assez diversement : elles veulent bien que le vendeur & l'acquéreur puissent résilier leur contrat, dans un bref intervalle ; mais la difficulté consiste à déterminer cet intervalle. Les unes donnent vingt-quatre heures, d'autres huit jours, d'autres un an. Dans ces Coutumes, il faut sans doute suivre ce qui y est statué : mais dans celles qui disent simplement que les lods & ventes ne sont dus que quand le contrat est dans sa perfection ; dans celles qui sont muettes, il me paroît qu'on doit se décider par les trois circonstances que nous avons ci-dessus observées.

210. Lorsque le vendeur reprend volontairement, ou est forcé de reprendre son héritage, faute de paiement du prix de la vente, pour sçavoir si, en ce cas, il est dû des lods & ventes, les Auteurs distinguent, si la vente a été faite à la charge de payer comptant, ou si le vendeur a donné terme, & reçu caution. Au premier cas, il n'est rien dû, ni pour la vente, ni pour la reprise de l'héritage ; parce que le contrat devenant nul, par le dol, ou par la faute de l'acquéreur, il ne peut produire aucun effet en faveur du Seigneur. Au second cas, point de difficulté que les droits sont dus pour la vente ; parce que la vente est pleinement consommée par le consentement des Parties. Mais la difficulté reste de sçavoir s'ils sont dus pour la remise de l'héritage. Les Auteurs estiment que non ; ils rapportent même un Arrêt, du 8 Juin 1627, qui l'a ainsi jugé. Si l'acquéreur remettoit l'héritage long-temps après la vente, sans aucun sujet ni cause raisonnable, le contrat de remise produiroit des lods & ventes. Il en seroit de même si le vendeur reprenoit son héritage, faute de paiement du prix ; mais pour un prix différent, & à de nouvelles conditions.

Si l'acquéreur n'ayant payé qu'une partie du prix, le vendeur veut être payé du restant, & rentre dans son héritage, faute de paiement, en rendant l'argent qu'il a reçu, il ne sera point dû de lods & ventes : mais, s'il retenoit l'argent qu'il a reçu, par forme de dommages & intérêts, il en devroit jusqu'à concurrence de la somme.

22°. Quand l'acquéreur eſt évincé par lettres de reſciſion, il n'eſt dû aucuns lods & ventes ; le Seigneur, qui les a reçus, eſt tenu de les rendre.

23°. Si l'acquéreur eſt évincé par un lignager retrayant, & s'il n'a pas payé les lods & ventes, c'eſt au retrayant à les payer. Si le Seigneur direct eſt acquéreur, lorſqu'il eſt évincé par un retrayant, le retrayant eſt ſemblablement obligé de lui payer les lods & ventes.

24°. Lorſque l'acquéreur évincé par le retrayant, a un privilège qui l'exempte des lods & ventes, ou quand le Seigneur lui en fait remiſe en tout ou en partie, il peut obliger le retrayant à les lui rembourſer en entier, ſoit comme un bénéfice de ſa charge, ſoit comme un bienfait que le Seigneur n'auroit pas voulu faire à un autre. L'acquéreur n'eſt pas même tenu d'affirmer quelle ſomme il a payée au Seigneur ; il ſuffit qu'il rapporte la quittance, où il eſt énoncé qu'il a été inveſti, & a payé les droits.

25°. Il n'eſt point dû de lods & ventes pour les baux emphytéotiques, à vie ou à longues années, lorſqu'il n'y a point d'argent débourſé. Il n'en eſt point dû pour le tranſport du bail à un autre, ſans autre condition ni argent débourſé. Il n'en eſt encore point dû pour le retour de l'héritage au bailleur, ſoit par l'expiration du bail, ſoit qu'auparavant il ait été volontairement réſolu, pourvû que cependant il n'y ait point d'argent débourſé : mais, quand il y en a, ſoit dans le bail, ſoit dans le tranſport, ſoit dans la rétroceſſion volontaire de l'héritage, avant le bail expiré, alors ces trois actes ſont équipollents à vente, & les droits en ſont dus, juſqu'à concurrence des deniers débourſés.

26°. Un bail à ferme, qui excède neuf ans, eſt un acte qui équipolle à vente, & qui produit des lods & ventes : c'eſt la diſpoſition de beaucoup de Coutumes, & le Droit commun.

27°. Le bail à vie, au contraire, ne produit point de lods & ventes ; parce que le droit, de celui en faveur de qui il eſt fait, ne s'étend point ſur la propriété de l'héritage, & qu'il peut être éteint d'un jour à l'autre.

28°. L'antichrèſe eſt un contrat par lequel un débiteur abandonne à ſon créancier un héritage, dont il conſent qu'il jouiſſe pendant un certain temps, pour lui tenir lieu de l'intérêt de l'argent qu'il a prêté.

Ce contrat est très-suspect d'usure, & même défendu par quelques Coutumes. Dans celles où il ne l'est pas, on a agité la question de sçavoir s'il produit des lods & ventes? Les Auteurs ont décidé que non, quand on n'y découvre point de fraude, & que l'antichrèse n'excède pas le temps de neuf ans; parce qu'alors ce n'est qu'un simple engagement: mais quand il y a fraude, qui puisse faire présumer que l'antichrèse est une vente simulée; quand elle excède neuf ans, alors il est dû des lods & ventes, comme d'un bail à ferme qui excède ce tems.

29°. Une vente faite pour l'utilité publique, par exemple, pour aggrandir une Eglise, élargir un chemin public, une rue, ne doit point de lods & ventes. Maynard rapporte un Arrêt, du 17 Juin 1560, qui l'a ainsi jugé.

30°. Lorsqu'un acquéreur qui, par un même contrat, a acquis plusieurs héritages, est évincé des uns, pour quoi il abandonne les autres, il n'est point sujet aux lods & ventes.

31°. Pour la promesse de vendre un héritage, il n'y a point d'ouverture aux droits seigneuriaux, qui n'ont lieu que quand la vente est parfaite & consommée.

32°. Dans les Coutumes d'assignat, quand le mari, chargé d'employer les deniers dotaux de sa femme, en fait assignat, ou déclaration d'emploi sur un de ses propres, quelques Auteurs, comme Dumoulin, ont pensé que cela produisoit des lods & ventes: Duplessis décide que non. Coquille, sur la Coutume de Nivernois, a traité la question: il dit que l'assignat est une véritable vente, dont les lods & ventes sont dus par la femme, ou ses héritiers qui prennent l'assignat; mais que le Seigneur ne les peut prétendre qu'après la dissolution du mariage, qui suspend l'exécution de l'assignat, lequel peut même devenir inutile, attendu que le mari pouvoit employer les deniers dotaux de sa femme en acquisition d'autres héritages.

Lorsque, par un même contrat & pour un même prix, on a vendu des héritages censuels & des meubles, alors, aux frais de l'acquéreur, il faut ventiler le contrat de vente, & fixer les lods & ventes, sur le prix qui sera réglé, pour les héritages censuels.

Si, par le contrat de vente, les meubles & les immeubles avoient un prix séparé & distinct, de façon cependant qu'on eût lieu de penser que le prix des meubles a été enflé, pour diminuer le prix des immeubles, &, par conséquent, frauder les droits du Seigneur, alors il pourroit demander une nouvelle ventilation, & faire régler la quotité de ses lods & ventes, sur le prix qui, par les Experts, seroit donné aux immeubles. C'est ce qui fut jugé par Arrêt du 15 Septembre 1749, dans une espèce semblable, rapportée par Denizard.

De ce que dessus, il s'ensuit que toutes les fois que, par contre-lettres, ventes simulées, fraude, on cherche à priver le Seigneur de ses droits, ou à les diminuer, de semblables manœuvres ne peuvent lui nuire, ni lui préjudicier: en effet, c'est un vol prémédité; c'est une espèce d'injure. Les héritages censuels ne proviennent que de la libéralité des Seigneurs, ou des conventions qu'on a librement passées avec eux: il est donc de toute justice de ne leur pas manquer de reconnoissance, ou tout au moins d'observer fidèlement les obligations qu'on a solemnellement contractées avec eux.

Ce seroit encore une fraude, de la part d'un acquéreur censuel, si, son contrat de vente passé, il alloit trouver son Seigneur, pour composer avec lui des lods & ventes. On peut le faire avant le contrat; & alors il n'y a point de Seigneur qui ne fasse quelques remises: mais, quand le contrat est passé, il n'y a plus de composition à demander; & si, pour l'obtenir, on cachoit la vente au Seigneur, la composition seroit nulle, & rien n'empêcheroit le Seigneur de se faire payer de ses droits en entier, sur la totalité du prix fixé par le contrat.

Les lods & ventes se paient toujours par l'acquéreur, &, quelques arrangements qu'il y ait entre le vendeur & l'acquéreur, c'est toujours à l'acquéreur qu'il faut s'adresser. Si l'acquéreur refusoit de payer, il faudroit le poursuivre par action personnelle, dont le principal effet est que le Seigneur, comme ayant une hypothèque privilégiée sur le fonds censuel, est préféré, pour ses droits, à tous autres créanciers sur le même fonds.

Nous avons quelques Coutumes qui permettent aux Seigneurs, pour être payés de leurs lods & ventes, de se pourvoir par saisie de l'héritage censuel; mais cette saisie ne peut avoir lieu que dans les Coutumes qui en disposent ainsi.

L'action en paiement de lods & ventes se prescrit par trente ans.

Dans plusieurs Coutumes, faute par l'acquéreur de payer les lods & ventes dans le délai fixé, il doit double lods. Si l'acquéreur étoit empêché de les payer, soit par la mauvaise humeur du Seigneur, soit parce que le Seigneur direct n'auroit pas de domicile en la Justice où seroit situé l'héritage censuel, alors l'acquéreur doit les consigner; il évitera la peine des doubles lods. Mais, pour que la consignation ait cet effet, il faut, 1°. qu'elle soit faite au Greffe de la Justice où est situé l'héritage censuel; 2°. qu'elle soit absolument entière: s'il y manquoit la moindre partie des lods & ventes dus, elle deviendroit inutile.

Il y a plusieurs personnes privilégiées exemptes de payer des lods & ventes, lorsqu'elles acquièrent dans la mouvance du Roi: tels sont les Secrétaires du Roi du grand & petit Collège, les Secrétaires du Roi près les Parlements, les Officiers de la grande Chancellerie, ceux des Chancelleries près les Cours supérieures, les Chevaliers, Commandeurs & Officiers de l'Ordre du S. Esprit, leurs femmes & leurs veuves, tant qu'elles demeurent en viduité, les Maîtres des Requêtes en charge & honoraires, MM. les Présidents, Conseillers, Avocats & Procureur généraux, le premier Commis du Greffe civil, les Substituts de M. le Procureur général du Parlement de Paris.

MM. du Parlement & de la Chambre des Comptes de Provence jouissent, à cet égard, du même privilège que le Parlement de Paris; ainsi que les Officiers du Grand Conseil, la Cour des Aides, la Chambre des Comptes de Paris, toutes celles des Provinces.

La Compagnie des Indes orientales, les Présidents, Trésoriers de France, les Avocats & Procureurs du Roi du Bureau des Finances & Chambre des Domaines des Généralités du Royaume, jouissent encore de ce privilège. Sur quoi il y a quelques observations à faire.

1°. Par Déclaration du Roi, du 19 Juillet 1695, Sa Majesté ordonne que les Officiers de ses Cours, & autres auxquels elle a accordé l'exemption de droits seigneuriaux des terres tenues de Sa Majesté, en Fief ou en censive, n'en pourront jouir dans l'étendue de ses domaines, qui étoient engagés lors de la concession de leurs privilèges.

2°. Pour que les privilégiés puissent jouir de leurs exemptions, ils doivent jouir de leurs offices pendant dix ans, ou décéder titulaires; sauf les Substituts de M. le Procureur général du Parlement de Paris, qui, suivant la Déclaration du 29 Juin 1704, doivent jouir de leurs offices pendant vingt ans, ou mourir revêtus en titre.

3°. Par Arrêt, du 20 Avril 1736, en faveur de M. le Président Pelletier, il a été jugé que les privilégiés pouvoient communiquer leur exemption à ceux qui achètent d'eux.

4°. L'article 5, de l'Edit du mois de Décembre 1743, porte que, pour obvier à fraude, si lesdits privilégiés viennent à revendre, à des non-privilégiés, les biens qu'ils auroient acquis d'autres non-privilégiés, les Fermiers ou Receveurs du Domaine pourront se faire payer des droits dus pour raison d'une des deux acquisitions, à leur choix.

Les lods & ventes sont des fruits casuels; ils appartiennent, sans contredit, au Seigneur qui étoit propriétaire lors du contrat qui les a produits: &, pour que ces droits lui soient acquis irrévocablement, il n'est pas nécessaire que la vente soit consommée; il suffit que la convention soit formée, ou arrêtée, entre le vendeur ou l'acquéreur. On ne doit, dit Dumoulin, consulter que l'instant du contrat, & non son exécution.

Quand les lods & ventes sont affermés, on juge que ceux qui échoient, pendant la jouissance du Fermier, lui appartiennent incommutablement; de sorte que si, après l'expiration du bail, ils étoient payés à un nouveau Fermier, l'ancien seroit en droit de les répéter, comme faisant partie de sa jouissance.

De même, dans les contrats de ventes à faculté de réméré, quoique les ventes ne soient que conditionnelles, on adjuge les lods & ventes au Fermier du temps du contrat, & non pas au Fermier du temps de l'expiration de la faculté de réméré.

Tous les principes que nous venons d'établir sur le cens, & les lods & ventes qu'il produit, sont suivis dans les Pays coutumiers, à moins que les Coutumes ne contiennent des dispositions contraires ; mais, en Pays de Droit écrit, on suit d'autres usages.

Dans ces Pays les droits seigneuriaux, occasionnés par les ventes des héritages roturiers, se nomment *lods*, & non pas *lods & ventes*.

Ce droit de lods est ordinairement la sixième partie du prix, & il est dû dans toutes les mutations pareilles à celles pour lesquelles il y a lieu d'exiger des lods & ventes en Pays coutumier.

Dans toutes les mutations d'héritages roturiers, qui arrivent en Pays de Droit écrit, autres que celles qui donnent lieu aux droits de lods, lors même qu'elles arrivent par des successions collatérales, par des donations, en un mot, pour toute transmission, telle qu'elle puisse être, même pour le simple changement de nom dans la propriété, il est dû des droits seigneuriaux, qu'on nomme *mi-lods*, & qui se paient à raison du douzième de la valeur de l'héritage. Les mutations, qui arrivent par successions directes, sont exemptes de lods & mi-lods.

Une obligation générale, & commune à tous les censitaires de Pays coutumier, ou de Droit écrit, est de fournir de temps à autre, au Seigneur direct, un titre nouvel, & reconnoissance des cens qu'ils doivent. Cette matière est susceptible de quantité d'observations, que nous réservons pour le livre 7e de cet ouvrage.

Des Terrages, ou Champarts.

Le terrage, qu'on nomme *champart* en quelques endroits, que dans d'autres on appelle *agrier*, *tasque*, consiste dans une certaine portion de fruits qui se recueillent dans les héritages roturiers. Cette portion est différente, suivant les différents lieux où il se perçoit, & suivant les différents titres des Seigneurs. Dans quelques endroits le terrage se lève à raison de certaine quantité de gerbes par arpent : dans d'autres il est proportionné à la recolte ; c'est-à-dire que le Seigneur lève certaine quantité de gerbes par cent. Dans Berry, tit. 10, art. 25, le terrage se lève à raison de douze gerbes par cent, s'il n'y a

titre

titre au contraire : le tout dépend des Coutumes & des titres.

Il y a des terres où le Seigneur est obligé d'envoyer chercher le terrage, sur l'héritage même ; dans d'autres, les débiteurs sont tenus de le lui conduire dans sa grange : cela dépend encore des Coutumes, des usages & des titres.

Il y a deux espèces de terrage ; l'un est seigneurial, & l'autre foncier. Il est seigneurial quand l'héritage, sur lequel il est dû, n'est chargé d'aucune autre redevance envers le Seigneur. Il est foncier quand l'héritage est, en outre, chargé d'un cens ou d'une autre redevance seigneuriale.

Le champart foncier se prescrit comme les rentes foncières. Le champart seigneurial, au contraire, est imprescriptible ; il n'y a que sa quotité qui puisse se prescrire.

Le terrage ne se paie qu'après la dixme prélevée, même la dixme inféodée, & sur ce qui reste, la dixme payée. C'est le Droit commun, confirmé par une Jurisprudence qui n'a point encore varié, & notamment par un Arrêt du 13 Mars 1625, qu'on peut voir dans le Journal des Audiences, tome 1, liv. 1, chap. 43.

Lorsque le droit de terrage est contesté, par ceux même qui sont dans l'usage de le payer, le Seigneur peut demander d'être maintenu dans la possession de le percevoir, en justifiant de ses lièves & de ses terriers. C'est ce qui a été jugé par deux Arrêts du Parlement de Paris ; l'un du 5 Mars 1718, en faveur de M. le Duc de Guise, contre les habitans de la Neuville : l'autre, du 27 Janvier 1737, a jugé la même question, & de la même manière, au rapport de M. Delpech de Merinville. Mais il faut observer que les lièves & les terriers doivent faire mention expresse des terres qui sont sujettes au terrage, & ne les pas confondre avec celles qui sont franches, & qui ne doivent qu'un modique cens.

Ceux qui tiennent des terres à terrage, sont non seulement obligés de laisser la part du Seigneur, mais encore de le faire appeller, avant que d'enlever ce qui reste pour lui, sous peine d'amende, dans plusieurs Coutumes.

La Thaumassière dit que le terrage n'arrérage point, ainsi que la dixme, conformément à l'article 2 du tit. 28 de la Coutume de Haynault. Me Denizard en fait un principe général,

& ajoute que le débiteur du terrage & de la dixme n'est point obligé de représenter sa quittance ; qu'il peut même être admis à la preuve testimoniale du paiement, à cause qu'il se fait sur l'héritage même. Cependant Ferrière, dans son Dictionnaire, dit qu'on peut former demande du terrage foncier de cinq années, & du terrage seigneurial de vingt-neuf ans, sans citer aucune autorité ni aucun Arrêt. Me de Ferrière peut avoir été induit dans cette erreur par Dolive, qui la soutient dans ses questions notables du Droit, liv. 2, chap. 24. Mais Gerault, dans son traité des Droits seigneuriaux, liv. 2, chap. 9, n°. 2, cite un Arrêt du Parlement de Toulouse, du 23 Juin 1670, en faveur des habitants de Brissac, contre le Marquis de la Roquette, qui proscrit le sentiment de Dolive, & qui a jugé que le terrage n'arrérageoit que depuis la demande formée : ce qui me paroît très-juste.

Le possesseur de la terre sujette au terrage, ne peut pas non seulement la vendre, sans le consentement du Seigneur, mais encore il ne peut pas l'engager, ni l'hypothéquer. De-là il suit qu'elle ne peut être saisie réellement, ni vendue par décret : si elle l'étoit, le Seigneur peut s'opposer, & demander la distraction. Telle est la doctrine enseignée par la Thaumassière, par Ragueau, par Labbé, sur l'art. 24 du titre 10 de la Coutume de Berry. La raison de décider qu'en donnent ces Commentateurs, est tirée de la nature même du contrat constitutif du champart : il se fait, entre le Seigneur & le détenteur, une espèce de société, lors de laquelle le Seigneur choisit le détenteur qui lui plaît davantage : il n'auroit peut-être pas contracté, s'il eût été question d'un autre. Ainsi le détenteur doit conserver la terre terragière comme une espèce de dépôt, qu'il ne doit pas faire passer, contre le gré & la volonté du Seigneur, entre les mains d'un autre, avec lequel, dans l'origine, il n'auroit pas contracté : *ab initio non contraxisset.*

Comme le terrage ne se lève que sur les fruits que produit la terre sujette au terrage, il se pourroit faire que, pour frauder le Seigneur, le débiteur cessât de cultiver son héritage, ou qu'il le changeât tellement de nature, qu'on n'y pût plus terrager ; comme si, d'une terre labourable, il en faisoit un paccage. Mais les Coutumes ont prévu ces fraudes, & y ont apporté remède. Il y en a, comme Berry, Lorris, & autres, qui permettent au Seigneur de rentrer dans l'héritage, lorsqu'il cesse d'être cultivé pendant trois ans & un mois, pourvu qu'il n'y ait pas un bail exprès, & que le débiteur n'ait pas joui pendant dix ans; ce qui équivaudroit à un bail. Il y en a d'autres, comme Blois & Amiens, qui défendent de changer la nature de la terre sujette au terrage, sans le consentement du Seigneur : en effet, c'est anéantir le terrage, & contrevenir à la nature du bail.

Gérault, *loco citato*, dit que le Seigneur du terrage peut demander, en Justice, que les débiteurs soient tenus de cultiver les terres sujettes au terrage; & qu'autrement, & à faute de ce faire, il lui soit permis d'en faire bail à un autre.

Mais si le Seigneur souffre que, pendant plusieurs années, la terre sujette au terrage demeure sans culture; &, par la suite, si elle change de nature; si, au lieu de terre labourable, propre à rapporter des grains, elle devient vigne, bois, pré, verger, carrière, le Seigneur prendra-t-il aussi le terrage des fruits que la terre pourra produire? Je pense que, si l'usage est dans le Pays qu'on prenne le terrage des vignes, bois & prés, le Seigneur le pourra : mais, si l'usage est contraire; si on n'a coutume d'y percevoir le terrage que des grains, alors le terrage sur les terres qui, par une longue suite d'années, seront restées sans culture, & auront changé de nature, sera perdu pour le Seigneur. La Thaumassière, sur le chapitre 3 de la Coutume de Lorris, décide que les bois, les prés, les vignes, les masures, les terres en Fief, sont exemptes de terrage, s'il n'y a clause au contraire dans les anciens baux. C'est aussi le sentiment de Ragueau, sur l'article 23 du titre 10 de la Coutume de Berry. Il est bien libre au Seigneur terrager d'empêcher que la terre ne change de culture, même de s'en emparer, par droit de commise, si elle reste trois ans inculte; mais si, au bout de trois ans, le Seigneur ne fait pas ses diligences; si, au contraire, sans reclamation & protestation pendant une longue suite d'années, il perd de vue la terre terragière, qui devient enfin vigne, près, ou bois, alors il est censé avoir abandonné son droit, avoir permis que la terre changeât de nature, ou avoir fait, avec les anciens possesseurs, des conventions qui ont éteint son droit : il sçavoit, ou devoit sçavoir, que les bois, les prés, les vignes ne sont point sujets au terrage; c'étoit donc à lui à veiller, à empêcher la conversion du terrein en une nature qui ne doit point, suivant l'usage des lieux, lui produire de fruits sujets au terrage. En Normandie on perçoit bien, suivant Basnage, le terrage des poires & des pommes; mais c'est l'usage, & il doit décider souverainement en cette matière.

Quoique le terrage ne se paie qu'en espèce de grains, ou des autres fruits que produit la terre sujette au terrage, si cependant les débiteurs étoient en possession, appuyée de bons titres, de le payer en argent, le Seigneur ne pourroit pas l'exiger en grains, mais je crois qu'alors il arrérageroit.

Nous avons observé que le terrage seigneurial est imprescriptible, & que le terrage foncier est sujet à la prescription : de-là il suit que, pour être conservé dans le terrage seigneurial, il n'est pas nécessaire de s'oppôser au décret, ainsi que pour le cens; il le faut, au contraire, pour le cens foncier, ainsi que pour une rente foncière.

Il résulte encore, de ce que nous venons de dire, que quoique le terrage soit, ainsi que le cens, un tribut dû à cause des terres, il y a néanmoins plusieurs différences entre le terrage & le cens : nous les allons rapporter, d'après les Auteurs qui les ont observées, pour faire d'autant mieux connoître la nature des deux redevances.

1o. Le cens est par-tout la marque d'une seigneurie directe. Le terrage, dans la plûpart de nos Coutumes, est une servitude particulière, qui peut être due à une personne qui n'a point de seigneurie directe; ce qui peut avoir principalement lieu dans le terrage foncier.

2o. Le cens est presque toujours portable, au lieu que le terrage est presque toujours requérable.

3o. Le cens est annuel : le terrage ne l'est pas par-tout; il cesse quand l'héritage n'est pas en culture. Il y a des Pays même où celui qui a le terrage ne prend rien pendant trois années, & prend tous les fruits de la quatrième.

4o. Le cens produit toujours chaque année un revenu égal;

il n'en est pas de même du terrage ; il consiste dans une portion de fruits, qui n'est pas égale toutes les années.

5o. Celui qui tient des terres en censives ne peut pas être contraint de les cultiver ; on peut y contraindre celui qui tient des terres terragères.

6o. Le cens arrérage, & le terrage n'arrérage point.

7o. Gérault remarque enfin que le cens n'augmente point, quoique l'héritage, sujet au cens, soit augmenté par une alluvion; qu'au contraire le terrage augmente lorsque la terre, sujette à ce droit, est accrue par une alluvion, & que le débiteur doit payer le terrage, sur la portion accrue, comme il doit le payer sur le restant de la terre qui doit le terrage, suivant le titre primordial.

Du Bordelage.

Nous avons très-peu de Coutumes qui parlent du bordelage; il n'est guère connu que dans le Nivernois & le Bourbonnois : mais, comme la Coutume de Nivernois contient un chapitre (le 6e) qui traite de cette matière, d'une façon très-étendue & assez méthodique, contre l'ordinaire des Coutumes ; pour bien faire connoître la nature de ce droit, nous en donnerons le précis ; nous y joindrons les différens sentimens de Coquille, & l'autorité de quelques Arrêts sur cette matière.

Le bordelage est une redevance annuelle, qui consiste ordinairement en argent, en grains, & en volailles, ou au moins en deux de ces trois espèces. Si ces trois espèces se trouvent dans un contrat, le bordelage est établi, quoiqu'il n'en soit pas fait mention expresse : si ces trois espèces ne s'y trouvent pas, il n'y a point de bordelage, à moins qu'il n'y ait convention contraire. Coquille estime, avec beaucoup de raison, que le bordelage est un droit très-rigoureux, soit par la nature de la redevance, soit par les différentes obligations auxquelles elle assujettit le tenancier.

Si le preneur de l'héritage bordelier cesse, pendant trois ans consécutifs, de payer le bordelage ; si son héritier, son successeur médiat ou immédiat, après l'avoir payé pendant deux ans, cesse pareillement de le payer pendant trois ans consécutifs, en l'un & l'autre cas, la commise de l'héritage bordelier a lieu au profit du Seigneur : il ne peut cependant pas s'emparer de l'héritage par voie de fait ; il faut qu'il y soit autorisé par un Jugement rendu en connoissance de cause. Coquille estime que cette disposition de la Coutume de Nivernois est de rigueur, & que le Seigneur peut, dès le lendemain de l'échéance du troisième terme, exercer la commise. Si cependant le débiteur, avant que le Seigneur intentât son action, payoit, ou faisoit offres réelles de payer les trois années échues, la commise n'auroit pas lieu.

Nonobstant la commise prononcée & adjugée, le débiteur n'en est pas moins tenu de payer les arrérages qu'il devoit avant la commise, & de remettre les choses en bon état.

Le débiteur du bordelage dû à certain jour, s'il n'est autrement stipulé par le bail, est tenu de porter sa redevance au domicile de son Seigneur, pourvû que l'héritage bordelier n'en soit pas éloigné de plus de quatre lieues : s'il y a une plus grande distance, il n'y sera pas tenu, à moins qu'il ne soit autrement convenu par le titre. Coquille, sur ce point, pense qu'on ne peut pas contraindre le débiteur bordelier à payer ailleurs qu'à l'ancien domicile du premier bailleur.

Le débiteur du bordelage, sans le consentement du Seigneur, ne peut démembrer ni diviser les héritages sujets à ce droit : un tel démembrement est nul vis-à-vis du Seigneur, qui peut contraindre, par Justice, le débiteur à remettre les choses dans leur premier état ; &, s'il ne le fait dans l'an & jour du commandement qui lui en sera fait, il y a lieu à la commise. Cette prohibition ne s'étend pas aux partages de famille, qui peuvent se faire entre les détenteurs des héritages bordeliers.

Le détenteur bordelier peut amender ; mais il ne peut détériorer l'héritage. S'il y a planté des arbres, élevé quelque édifice, il doit entretenir le tout, sans pouvoir rien arracher ou démolir ; enfin il ne peut pas diminuer la valeur qu'avoit l'héritage, quand il l'a reçu, ou qu'il lui a donnée depuis : s'il fait le contraire, le Seigneur peut le forcer à rétablir les choses, & obtenir même des dommages & intérêts.

Il s'est trouvé, dit Coquille, de si grands partisans du bordelage, qu'ils ont pensé que le détenteur bordelier ne pouvoit pas même couper un arbre fruitier sur son héritage. Le judicieux Coquille désapprouve, avec raison, cette excessive rigueur, & tient que le détenteur bordelier peut couper les arbres nuisibles, ceux qui lui sont nécessaires pour les réparations des bâtiments sujets au bordelage, & qu'il suffit, à cet égard, qu'il se comporte en bon père de famille, dont les vues sont toujours d'amender, & non de détériorer.

Le débiteur du bordelage peut s'en libérer, en abandonnant l'héritage qui y est sujet : mais, pour faire recevoir cet abandon, il faut, 1°. qu'il soit fait au domicile du Seigneur, ou en Justice; 2°. que le détenteur paie les arrérages dus pendant sa détention, & les autres droits portés par les Coutumes; 3°. qu'il laisse les choses en bon & suffisant état; 4°. qu'il remette au Seigneur les titres qu'il peut avoir; sur quoi il doit se purger par serment.

Le bordelage a quelque rapport avec la mortaille : en effet, dans de certains cas, le Seigneur succède à l'héritage tenu en bordelage, à l'exclusion même du parent en dégré de sucéder; ainsi les parents collatéraux ne peuvent succéder, aux biens tenus en bordelage, que lorsqu'ils ont vécu en communauté ou en société de biens, avec leur parent bordelier, au temps de son décès : sans cette communauté légale, ou conventionnelle, l'héritage retourne au Seigneur; & la Coutume ne s'écarte de cette rigueur qu'en faveur des héritiers en ligne directe, & en faveur de ceux qui ont pris le bail bordelier, avec cette clause, *parti & non parti*, par vertu de laquelle l'héritier collatéral, quoique non commun, peut succéder à l'héritage tenu en bordelage.

C'est en réputant l'héritage bordelier mortaillable, que la Cour a jugé, par Arrêt rendu en la troisième Chambre des Enquêtes, au rapport de M. de Lossendière, le 7 Mai 1740, que le détenteur du bordelage n'en peut disposer au profit du parent non commun, soit par testament, soit par donation, au préjudice du Seigneur, quoique ce parent soit dans le dégré pour succéder. Un autre Arrêt, rendu en la seconde des Enquêtes, au rapport de M. Brisson, le premier Avril 1740, entre le sieur de Savigny & le Marquis de Pracontal, a encore jugé qu'on ne peut pas donner entre-vifs un héritage bordelier à quelqu'un qui n'est pas commun, ou associé du donateur.

Le Seigneur qui succède au bordelage, ou qui le prend par droit de commise, prend les fruits qu'il trouve sur l'héritage, à l'instant qu'il s'en empare. Si, quand l'héritage tombe au Seigneur par succession, il ne se trouve pas en bon état, le Seigneur, pour l'y faire remettre, peut avoir son recours contre le précédent détenteur, ou ses héritiers; &, s'il n'a héritiers, contre ses biens tenants.

Lorsque l'héritage tenu en bordelage est vendu, le Seigneur peut user de retenue. Le bordelage, & tous les droits qui en dépendent, se prescrivent, ainsi que le cens, dans la Coutume de Nivernois, par trente ans entre laïques, & par quarante ans contre l'Eglise.

La veuve, soit libre, soit serve, ne peut prétendre son douaire, sur l'héritage bordelier, au préjudice du Seigneur.

Le bordelage est un droit qu'on ne peut imposer que sur les héritages de campagne, comme le désigne le mot même; car il vient du mot allemand *bor*, qui signifie *maison de campagne*. Cependant Coquille remarque que l'avarice de ses compatriotes avoit introduit ce droit jusques sur les maisons des villes; qu'en vain, lors de la rédaction de la Coutume de Nivernois, en 1534, on tâcha d'apporter quelque remède à ce mal; que ce ne fut qu'en 1579 qu'il fut entièrement extirpé, par les soins des Ducs de Nivernois: ils obtinrent différents Arrêts du Conseil, qui ont relégué, sans retour, le bordelage dans les campagnes. Un plus grand bien auroit été de l'anéantir tout-à-fait, s'il eût été possible: de toutes les charges, dont un héritage puisse être chargé, on n'en connoît point de plus onéreuse que le bordelage. Ce droit dénote toujours la directe seigneurie, & produit des espèces de lods & ventes, dans les cas mentionnés par les Coutumes où il a lieu.

Du Droit de Marciage.

Ce droit est aussi extraordinaire, & a des règles aussi singulières que celui dont nous venons de parler, & heureusement est aussi rare dans les Coutumes. Le marciage, proprement dit, n'est connu que dans les Coutumes locales de Verneuil & de

Billy en Bourbonnois, quoiqu'on le trouve établi ſous d'autres noms dans quelques Provinces, & dans les titres particuliers de quelques Seigneurs. Dans le Parlement de Toulouſe, le droit *d'acaptes & arrières-captes* eſt une eſpèce de marciage. Dans le Dauphiné, on le perçoit ſous les noms de *plaît conventionnel*, ou de *plaît accoutumé*, ou de *plaît à mercy*. Le plaît conventionnel ſe perçoit ſuivant les conventions portées par les titres; le plaît accoutumé reſſemble au marciage de Billy: c'eſt le double cens. Le plaît à mercy eſt conforme au marciage de Verneuil, & conſiſte dans les fruits d'une année de l'héritage ſujet à ce droit, & c'eſt ſans doute de cette dernière ſorte de plaît que le mot de *Marciage* tire ſon origine: en effet, le menu peuple de la Châtellenie de Verneuil dit avoir oui dire de tout tems, que, qui dit marciage, quand il eſt dû, crie mercy au Seigneur. *Indè* marciage.

De la diſtinction que nous vénons de faire, il réſulte que le marciage de Verneuil eſt différent de celui de Billy: le premier, beaucoup plus onéreux, conſiſte dans le droit que le Seigneur a de prendre de trois années la dépouille de l'une. Si le marciage ſe perçoit en fruits naturels, le Seigneur prend tout, & cette année le Cenſitaire ne doit aucuns cens. Si le marciage ſe prend en fruits induſtriaux, & que le Seigneur n'en prenne que la moitié, le Cenſitaire ne paiera que la moitié des cens qu'il doit. Le marciage de Billy ne conſiſte qu'en une année du cens que les Cenſitaires ont coutume de payer; ainſi l'année du marciage dans Billy, n'eſt que deux années de la même redevance, au lieu d'une.

Le marciage n'eſt pas, comme on voit, une redevance annuelle: il n'eſt dû qu'à la mort naturelle du Seigneur direct, & à celle du propriétaire utile de l'héritage tenu à titre de cens. Il n'eſt point dû à la mort civile, ſi ce n'eſt à celle qui arrive par l'entrée en Religion & la Profeſſion religieuſe.

Le marciage ſouffre encore d'autres exceptions.

1o. Les héritages tenus à cens, qui emportent amende, quand on ne le paie pas au terme préfix, ne ſont point ſujets au marciage. Verneuil, art. 2.

2o. Les héritages tenus à taille & cens n'y ſont pas non plus ſujets. Billy, art. 2.

3°. L'Eglise ne marcie pas, c'est-à-dire que les héritages tenus en cens & directe seigneurie envers les Ecclésiastiques, ne doivent point de marciage à la mort du Bénéficier. Le marciage n'est dû qu'à la mort du Censitaire. Billy, art. 3.

4°. Le Roi ne prend aucun marciage : c'est la disposition de l'art. 3. de la Coutume de Billy.

Comme le marciage n'est jamais dû que par les héritages chargés de cens, il s'ensuit que le marciage ne peut être dû qu'au Seigneur direct. Les arrérages de ce droit se prescrivent par dix ans. C'est le sentiment des Commentateurs, conforme à l'art. 30 de la Coutume générale de Bourbonnois.

Le marciage de Billy, qui ne consiste qu'en un double cens, ne souffre pas de difficulté, la chose s'explique d'elle même; quant au marciage de Verneuil, qui consiste en la récolte d'une année des fruits de l'héritage, il demande un plus grand détail, & c'est pour cette espèce de marciage que l'usage a introduit les règles qui suivent.

Le Seigneur qui marcie, a trois années pour faire choix de l'une & en prendre les fruits : ces trois années sont privilégiées; s'il ne perçoit pas son droit dans cet intervalle, il est libre au débiteur de lui refuser les fruits des années suivantes, & de le payer en argent, à dire d'Experts, & ce, dans le restant des dix années qu'il a pour se faire payer de son droit.

Si un Censitaire n'a qu'un héritage, & qu'il ne soit pas cultivé, le Seigneur ne perdra cependant pas son droit; il fera faire l'estimation de ce qu'il auroit pû produire en fruits, & les fera payer au Censitaire.

Lorsque le Seigneur aura fixé l'année des trois qu'il aura choisie pour lever son marciage en nature, il le fera sçavoir au particulier, avec sommation de lui laisser la libre perception des fruits, sans fraude. Si le marciage est général, par la mort du Seigneur, il le fera publier à l'issue de la messe paroissiale, trois mois avant la récolte.

Si le Seigneur, pour son marciage, leve la récolte entière de l'héritage, comme d'un pré, d'un souldoy, d'une saulsaye, d'un étang, d'un bois taillis; le censitaire ne paiera aucun cens cette année; mais en outre il doit être remboursé de tous les frais de bouchures, d'entretien & de garde; & ce remboursement se fera avant que le Seigneur fasse la récolte: mais si le marciage se perçoit sur terres en labourages ou en vignes faites à moitié, le Seigneur ne remboursera que moitié des frais de sémences, de labourage & de culture, parce qu'il ne prend que moitié, & que l'autre reste ordinairement au métayer ou au vigneron; mais aussi le propriétaire ne doit payer que moitié du cens dû pour l'année où se leve le marciage.

Lorsque le marciage est dû sur une métairie ou un corps de Fief affermé, le Seigneur ne pourra déposséder le fermier, & se contentera du prix de la ferme; s'il n'y a point de fermier, mais seulement un colon qui exploite à moitié fruits, le Seigneur percevra la moitié qui appartient au maître, sans pouvoir prendre le marciage sur les prés qui dépendent des lieux. Les maisons sont absolument exemptes de marciage, parce qu'elles sont destinées à loger le censitaire, & qu'on ne doit pas le déloger.

Quand, après avoir annoncé l'année choisie pour percevoir la récolte, il arrive une stérilité par grèle ou autre vimaire qui emporte tous les fruits, le Seigneur ne sera pas moins obligé de rembourser le censitaire de ses frais de sémences & de labourage.

Si l'ouverture du marciage arrive la dernière année du bail fait par le Seigneur, son Fermier, si le marciage est compris dans son bail, aura le choix des deux années suivantes, sans qu'il puisse en être empêché par le nouveau Fermier, parce que ce sont fruits échûs pendant le précédent bail, & qui, par conséquent, appartiennent au précédent Fermier.

Les Communautés de fondation royale ne marcient point, parce qu'elles tiennent la place du Roi qui ne prend point de marciage.

S'il tombe deux marciages dans l'année, l'un par la mort du Seigneur, l'autre par la mort du Censitaire, il n'est dû qu'un seul droit de marciage sur les héritages du Censitaire.

Il est d'usage & même de justice, que le Seigneur qui perçoit les fruits d'une année pour son marciage, paie les dixmes, vingtièmes, même la taille imposée sur les héritages sujets au droit : enfin, comme le marciage qui consiste en la récolte des fruits d'une année, ressemble beaucoup au droit de rachat, on peut se servir des mêmes règles & des mêmes principes pour décider les difficultés qui peuvent se présenter sur l'une & l'autre matières.

Des Dixmes inféodées.

Nous avons peu de matière sur laquelle on ait tant écrit & tant disputé que sur les dixmes; nous ne nous étendrons pas cependant beaucoup sur cet objet, parce que je ne puis guères me déterminer à le mettre au nombre des droits seigneuriaux, comme l'ont prétendu quelques Auteurs modernes. Leur systême me paroît plus fondé sur des raisons spécieuses, que sur la vérité des faits.

Ce seroit une peine inutile que de chercher dans notre Histoire quelle est l'époque précise de l'établissement des dixmes: rien n'y est plus obscur. Il seroit encore aussi difficile de fixer le tems de leur inféodation, & de deviner la raison pour laquelle cette espèce de biens est généralement inféodée: je crois cependant l'entrevoir, & je hasarde quelques réflexions.

Les dixmes étoient constamment établies en France sous la premiere Race de nos Rois. Le Concile de Mâcon tenu en 585, & la Constitution de Clotaire II, à qui on peut donner à peu près la même époque, le prouvent sans contredit. Ces deux monuments prouvent également que dans ces tems les dixmes n'appartenoient pas toutes aux Eglises. Le Concile de Mâcon ne contient que des exhortations de payer la dixme; mais la Constitution de Clotaire décide la question. Elle ordonne que les biens des Eglises seront exempts du droit de dixmes. Il s'en falloit donc de beaucoup, dit un célèbre Auteur, que dans ces premiers tems les Ecclésiastiques prétendissent avoir un droit exclusif de lever la dixme sur les autres; toute leur prétention, au contraire, consistoit alors à s'en faire exempter. Tel étoit l'état des dixmes au commencement de l'Eglise Chrétienne en France. On ignoroit alors absolument la distinction de dixmes ecclésiastiques & de dixmes laïques ou inféodées. Il y a lieu de penser qu'elles étoient alors une espèce d'imposition générale sur les terres, qui se payoit par les Cultivateurs au Prince ou aux Seigneurs ; que ce tribut avoit d'abord été imposé par les Romains, après leur conquête, & que les Francs le conservèrent après la leur.

Il est vrai que le Concile de Mâcon dit que la dixme se payoit aux Eglises dans les temps anciens. Mais ces temps anciens ne peuvent pas avoir d'application à l'Eglise Gallicane, qui, lors de la tenue du Concile de Mâcon, ne datoit pas d'une grande antiquité. Il n'y avoit pas encore cent ans que Clovis, premier Roi chrétien, avoit embrassé la Religion chrétienne : l'époque de sa conversion est d'environ l'an 496. Il y a apparence que le Concile vouloit parler des dixmes du Lévitique, & qu'il prêchoit pour en introduire l'usage parmi les Chrétiens.

Nous avons observé ailleurs que les Rois & les Princes de la première Race firent aux Eglises des donations immenses ; mais qu'ils reprenoient avec la même facilité qu'ils donnoient. Ils donnèrent donc beaucoup de dixmes aux Ecclésiastiques. Qui en doute ? mais ils ne donnèrent pas tout. L'Eglise enrichie par cette espèce de biens qui lui convenoit infiniment, prêchoit, exhortoit pour avoir le reste. Elle n'avoit pas tort. Quel genre de bien plus flateur que celui où on prend tout, & où on ne met rien ? Que celui où, sans autre dépense que celle d'aller recevoir, on profite gratuitement du travail & de l'industrie d'autrui ?

Les Soldats de Charles Martel arrivèrent bien-tôt dans les Abbayes, les Monastères, dans les Chapitres. Tout le monde sçait les ravages qu'ils y commirent, & en combien peu de temps ils dépouillèrent les Eglises des biens qu'on leur avoit donnés avec tant de profusion. Les Ecclésiastiques ne purent opposer aux rapines des Soldats de Charles Martel que les plaintes, les clameurs, les plus pressantes exhortations de restituer. Dans ces exhortations, on y confondoit les ravisseurs avec ceux qui possédoient des dixmes à titre légitime. Ce fut un langage général parmi les Ecclésiastiques, que tout laïc qui avoit une dixme, l'avoit volée à l'Eglise ; & ce langage, comme on voit, étoit en général faux.

Jamais Prince n'aima tant le bon ordre que Charlemagne petit-fils de Charles Martel; il auroit bien voulu réparer tout le tort que les Soldats de son ayeul avoient fait aux Eglises; mais ce Prince sentit toute la difficulté de la restitution qu'elles lui demandoient, sur-tout par rapport aux dixmes. Il ne lui parut pas juste de confondre, par une Loi générale, les ravisseurs & les légitimes-possesseurs. Dans cet embarras, Charlemagne fit ce qu'il put; il se joignit aux Ecclésiastiques pour exhorter: il fit plus, il donna l'exemple, en assujettissant tous ses domaines au paiement de la dixme; mais il laissa à la conscience des héritiers de ceux qui avoient ravi les dixmes aux Eglises, le soin de s'imposer eux-mêmes la loi de les restituer. L'exemple du Prince n'eut pas un grand effet. Sous les règnes de Louis le Debonnaire & de l'Empereur Lothaire, on poussa les choses plus loin; on fit des Loix, mais qui ne furent exécutées qu'en partie.

Plus on s'éloignoit des temps de Charles Martel, plus la restitution devenoit difficile & embarrassante; les usurpations paroissoient légitimées par de longues possessions; cependant on étoit toujours exposé aux déclamations des Ecclésiastiques, lorsqu'enfin on trouva au moins une honnête excuse pour s'en débarrasser, & pour rendre la restitution impraticable.

Nous avons vû que, parmi les divisions & les troubles affreux qui divisèrent les Successeurs de Charlemagne, les Fiefs, par une usurpation presque générale, devinrent héréditaires, & qu'alors, pour régir cette espèce singulière de biens, parurent les Loix féodales. La principale de ces Loix, qui tenoit également au Gouvernement civil & politique, étoit qu'on ne pouvoit démembrer aucune partie du Fief sans le consentement du Seigneur dominant. Par l'inféodation des terres, toutes les dixmes se trouvèrent inféodées; il ne fut donc plus libre aux possesseurs des dixmes, tels qu'ils pussent être, de les détacher de leurs Fiefs, pour les restituer aux Eglises, sans le consentement du Seigneur dominant; & comme alors les Loix féodales décidoient souverainement de tout, il y eut donc une Loi d'Etat qui servoit d'excuse à ceux qui pouvoient être dans le cas de la restitution, puisqu'ils ne pouvoient rendre sans le consentement du Seigneur; il est probable que ce consentement étoit souvent refusé. Les Seigneurs qui, sans doute, étoient les plus grands usurpateurs, n'auroient pas voulu donner des armes contr'eux-mêmes.

Il faut cependant avouer que beaucoup de Seigneurs donnèrent leurs dixmes aux Eglises, même dans les temps dont nous parlons; que la circonstance des Croisades leur en ramena un grand nombre; & la grande quantité qu'en possédent aujourd'hui les Ecclésiastiques, me fait croire qu'ils sont suffisamment remplis de celles que purent leur enlever les Soldats de Charles Martel.

Il faut bien que l'inféodation des dixmes & leur assujettissement aux Loix féodales, aient été un obstacle à leur restitution, & que cet obstacle joint aux autres difficultés, ait empêché nos Rois de rendre aucune Loi à cet égard. Depuis l'Empereur Lothaire jusqu'à Philippes le Bel, nous avons eu quantité de Princes très-zélés pour les Eglises; nous avons même eu des Saints: cependant parmi ces Princes nous n'en trouvons aucun qui ait entrepris d'ordonner par une Loi précise la restitution des dixmes, comme avoient fait Louis le Debonnaire & Lothaire, dont la bonne volonté n'étoit point arrêtée par la Loi féodale. Il faut même observer que l'Ordonnance de Philippes le Bel n'est point en faveur des Ecclésiastiques; elle fut au contraire donnée pour réprimer les abus qu'ils commettoient dans la perception des dixmes.

Les Ecclésiastiques n'ayant pû rien gagner auprès des Princes séculiers, eurent recours à la puissance de l'Eglise. En 1179, sous Alexandre II, fut tenu le 3e Concile de Latran. Le Clergé s'y plaignit si hautement de l'usurpation des dixmes, que le Concile décida que les laïcs n'en pourroient plus posséder à titre héréditaire, & qu'on ne pourroit plus les aliéner, sous peine d'excommunication; mais tout le monde sçait que ce Canon du Concile de Latran n'a jamais pû passer en France. Philippes le Bel remontra à Clément V, que les dixmes en France n'étoient point réputées de droit divin; qu'on ne doutoit point que plusieurs personnes n'en eussent enlevé aux Eglises, mais qu'on étoit si éloigné des tems de l'usurpation, qu'il ne seroit pas possible de les distinguer des légitimes possesseurs; qu'en France de tout temps, les laïcs avoient possédé des dixmes, & en avoient disposé comme de leurs autres biens patrimoniaux ; enfin, après bien des contestations, le Pape Clément se rendit aux raisons de Philippes le Bel ; il donna son Bref, par lequel il décida que le Concile de Latran n'auroit pas lieu en France par rapport aux dixmes ; & depuis, ce Bref a toujours eu son exécution.

Les dixmes inféodées, dans leur perception, se règlent à peu près par les mêmes principes que les dixmes ecclésiastiques ; il nous suffit ici d'observer,

1o. Que le Seigneur laïc qui prétend la dixme inféodée, doit justifier de son inféodation avant le Concile de Latran ; mais, comme souvent cette preuve seroit difficile, on peut y suppléer, en faisant preuve d'une possession immémoriale, appuyée de quelques anciens titres, comme des foi & hommages, des aveux & dénombrements, des partages, des testaments & autres semblables actes. Denizard rapporte plusieurs Arrêts très-récents qui rendent cette Jurisprudence certaine.

2o. Lorsque la dixme inféodée passe entre les mains des Ecclésiastiques, c'est une vieille erreur de penser qu'alors il se fait un retour au droit commun ; la dixme conserve toujours la qualité de Fief, & l'Ecclésiastique qui la réunit à son bénéfice, doit la foi & hommage au Seigneur dont elle relève, ainsi que tous les droits seigneuriaux qui suivent la possession des Fiefs. Cette Jurisprudence est encore certaine, attestée par tous nos meilleurs Auteurs.

3o. Ces mêmes Auteurs ont agité la question de sçavoir, si la dixme inféodée peut se prescrire. Elle peut sans doute l'être par un Décimateur contre un autre Décimateur, cela ne fait pas de question ; mais peut-elle se prescrire par le Détenteur de l'héritage, ou autrement ? La dixme passive se prescrit-elle ?

D'anciens Auteurs qui ont traité des dixmes, Grimaudet, Forget, l'ont pensé. La Thaumassière, commentateur de la Coutume de Berry, l'a également pensé ; sur la foi de ces Auteurs, il rapporte même un Arrêt de 1667 : mais il paroît qu'il s'est établi depuis une Jurisprudence contraire.

D'Héricourt, Traité des Loix ecclésiastiques, part. 4, chap. 1, no. 46, dit qu'un Particulier ne peut opposer au Décimateur

Décimateur laïc qu'il est en possession immémoriale de ne point payer la dixme. Ainsi, continue d'Héricourt, un Seigneur laïc justifiant par ses titres qu'il a la dixme inféodée, ne peut être privé de ce droit par un Particulier ou sur un canton : ainsi jugé au Parlement de Paris le 30 Avril 1644, pour le sieur de la Richardie d'Aulial, contre l'Abbé de Manglieu ; & le 18 Juin 1681, pour Me Claude-Ignace Prohet, Avocat au Parlement, contre le Curé de Marmans. Ces deux Arrêts sont rapportés au Journal du Palais, t. 2.

Me de Jouy, Avocat au Parlement, dans son traité des Principes des Dixmes, chap. 8, *de la Prescription*, n°. 23, dit que la dixme peut se prescrire par un Décimateur contre un autre Décimateur ; mais, dit-il, elle ne peut jamais se prescrire par le Détenteur de l'héritage, & personne ne peut acquérir par prescription l'exemption de payer la dixme. N°. 24, il ajoute : plusieurs Arrêts ont jugé que ce principe devoit avoir lieu pour les dixmes inféodées. Il y en a un entre autres du 24 Juillet 1733, rendu en la Seconde Chambre des Enquêtes, au rapport de M. Chabennat de Boinceuil, entre le Marquis du Palais, appellant d'une Sentence de Montbrison, & la Dame du Rosier : par la Sentence il avoit été jugé que les dixmes inféodées étoient prescriptibles ; elle fut infirmée par l'Arrêt ci-dessus, qui a jugé que la prescription n'avoit pas lieu.

Duperray, traité des Dixmes, chap. 6, n°. 6 & 7, le Bretonnier sur Henrys, tom. 1, liv. 1, chap. 3, quest. 25, sont du même sentiment. Ce dernier rapporte deux Arrêts, l'un du 20 Mars 1702, & l'autre du 11 Juillet 1703, qui l'ont ainsi jugé.

Des Parcières & du Droit de Carpot.

Les Parcières sont des droits qui se perçoivent sur la récolte des fruits produits par les héritages, & qui tiennent une sorte de milieu entre la dixme & le champart. Les Parcières sont principalement en usage dans le Bourbonnois, l'Auvergne & la Marche.

Le Carpot est un droit seigneurial, dont il est parlé dans la Coutume de Bourbonnois, art. 351 & 352. Ce droit est, par rapport aux vignes, ce que le champart est par rapport aux terres labourables. Celui qui tient des vignes à Carpot, doit donner le quart de la vendange au Seigneur; si lors de la vendange, le Seigneur ou ses Commis sont sur le lieu, il doit les avertir 24 heures auparavant; s'ils sont absents, le Dimanche qui précède le jour qu'on vendangera, il le doit annoncer à la messe paroissiale. Si le Seigneur ou ses Commis se présentent, ils prennent leur droit de Carpot, sinon on le laisse sur le lieu, à moins que les débiteurs, par les titres constitutifs du droit, ne soient tenus de le porter dans les celliers du Seigneur. Telle est la disposition textuelle de l'art. 351 de la Coutume de Bourbonnois.

L'article suivant décide que le Détenteur des vignes à Carpot ne les peut changer de nature sans le consentement du Seigneur, à peine d'amende & de dommages & intérêts.

Du Complant & du Domaine congéable.

Le Complant est la concession qu'un Seigneur fait à quelqu'un d'un héritage, pour en jouir en usufruit, à la charge d'y planter des arbres, & sur-tout des vignes; & en outre, de rendre par chacun an au Bailleur une certaine portion de fruits. Il est parlé de cette espèce de contrat dans la Coutume de Saint Jean d'Angeli, art. 18, & dans celle de Poitou, art. 75 & 82.

Les Domaines congéables ne sont connus que dans la Bretagne : ils ont cela de singulier, que le possesseur doit s'en désaisir à la volonté du Seigneur qui l'a donné, à la charge cependant de payer à ce possesseur le prix des améliorations qu'il y aura faites.

L'origine de ces Domaines vient de ce que, dans la basse Bretagne, il y avoit beaucoup de terres en landes & en bois, & sans Habitants; les Seigneurs les donnèrent à divers particuliers pour les défricher, à la charge de quelques modiques redevances, & de les abandonner, si-tôt qu'ils en seroient requis.

La concession du Domaine congéable est différente de celle du Fief. Dans la première, le Seigneur retient la propriété qu'il abandonne au preneur dans la seconde.

L'article 541 de la Coutume de Bretagne décide que le Domaine congéable se partage noblement; c'est en effet une espèce d'arrière-fief bâtard.

Frain rapporte un Arrêt du Parlement de Bretagne du 26 Février 1618, qui a jugé que le congéement devoit s'exécuter par provision; mais que le Seigneur qui congédie doit aussi payer, par provision, les augmentations & les améliorations faites dans le Domaine congéable.

Fin du second Livre.

PRINCIPES

SUR

L'ORIGINE, L'USAGE, ET LA PRATIQUE

DES

DROITS SEIGNEURIAUX.

LIVRE TROISIÉME.

CHAPITRE PREMIER.

Des Droits seigneuriaux qu'ont produit les Servitudes.

LES Droits seigneuriaux, dont on a traité jusqu'à présent, sont tous fondés, ou sur des motifs équitables, ou sur les libéralités des Seigneurs, ou sur des conventions plus ou moins onéreuses; mais librement, mais volontairement consenties par les parties. Il est donc de toute justice qu'on s'acquitte des devoirs que doit dicter la reconnoissance, ou qu'on remplisse des obligations qu'on a contractées sous la foi publique.

Il s'en faut de beaucoup que, dans la carrière qui nous reste à parcourir, on puisse espérer de rencontrer des objets aussi satisfaisants. A chaque pas, la nature & l'humanité frémissent; on trouve par-tout les tristes vestiges de l'esclavage de nos pères: c'est désormais la victoire qui va imposer des loix; ce sont des vainqueurs qui vont traiter avec des prisonniers chargés de chaînes; ce sont des maîtres qui parlent à leurs esclaves. Si nous nous retraçons l'histoire de ces temps barbares, où il faut nécessairement remonter, pour en tirer l'origine des droits dont nous allons traiter, on trouve, presque par-tout, la Nation partagée en deux classes; la noblesse, & des serfs. Sans parler de ce que furent les anciens Gaulois, même de ceux qui furent vaincus par les Romains, il est constant que, quand les uns & les autres parurent sous l'empire des Nations germaines, sous la première & la seconde race de nos Rois, même sous la troisième, jusqu'au temps des affranchissements, on ne trouve guère en France que des Seigneurs & des serfs. Les seigneuries y ressembloient assez à des hordes de Tartares; un Chef environné d'un millier d'esclaves, que le sort des armes faisoit sans cesse passer sous de nouveaux maîtres.

M. le Président de Montesquieu a cependant observé que, dans le commencement de la conquête des Francs, & du règne des Rois de la première race, la France respira un air de liberté. On voyoit dans les villes des corps de Bourgeoisie, des Magistrats: mais qui doute que, même dans ces temps, la campagne ne fût remplie de serfs? Tous les monuments de notre histoire en font foi. Saint Remi, Archevêque de Reims, qui baptisa le premier de nos Rois chrétiens, par son testament, légua tous ses serfs à son Eglise. Les chartres de l'Abbaye de Saint Denis nous apprennent que le Roi Dagobert donna, aux Religieux de cet endroit, quantité de terres considérables, avec les esclaves & les serfs qui en dépendoient. Ce Prince ordonna même que les descendants de ces serfs le seroient à perpétuité de l'Eglise de Saint Denis.

Il y a plus; quantité de gens se faisoient serfs par dévotion, en se donnant volontairement aux Eglises. Aimoin nous dit qu'un père & une mère, en reconnoissance de ce que leur fille étoit guérie d'une maladie incurable, par l'intercession de Saint

Benoît, rendirent cette fille serve de l'Abbaye de Saint Benoît sur Loire, avec cette clause singulière, que, si elle venoit à se marier, les enfants qui naîtroient d'elle seroient pareillement serfs des Révérends Pères.

L'image de liberté, dont on veut que la France ait joui au commencement de la première race, pouvoit être pour les Nobles, pour les Romains établis dans les Gaules, pour quelques affranchis; mais point du-tout pour le Peuple: c'étoit l'effet du gouvernement civil que les Romains établirent, dans les Gaules, après leur conquête, & que les Francs conservèrent après la leur. M. de Montesquieu est forcé lui-même de remarquer que cela ne dura pas long-temps; que les guerres civiles, que le droit des gens de ces temps-là, qui mettoit tout au pouvoir des vainqueurs, les hommes & leurs richesses, replongèrent enfin tout le Peuple dans les horreurs de l'esclavage; de façon que, vers le commencement de la troisième race, on ne trouve plus nulle part, en France, que des Seigneurs & des serfs. Je crois que, sans remonter plus haut, on peut s'arrêter à cette époque, pour y fixer l'origine des droits dont nous parlons. Les temps antérieurs sont des abysmes d'obscurité; mais, en partant des règnes de Hugues Capet, & de ses successeurs, les faits se dévélopperont avec plus de certitude; on trouve des guides plus surs; quoique peu éclairés, ils ne laissent pas de fournir des traits de lumière, qui conduisent à la vérité.

Quelque dure & quelque onéreuse que paroisse avoir été la condition des anciens serfs, on ne s'en formeroit cependant pas une vraie idée, si on les comparoit à ces esclaves qu'on trouve aujourd'hui dans l'Afrique & dans l'Asie, ou à ceux qu'avoient les Romains & les autres Nations de leur temps. Ces esclaves, cette malheureuse portion de l'humanité, gémissoient, & gémissent encore dans des fers, dont rien ne pouvoit & ne peut diminuer la pesanteur: ils vivent, & ils meurent; ils commandent, & ils obéissent, suivant la volonté & les caprices de ceux auxquels ils sont asservis. Malheur même à l'esclave qu'on juge propre à être le ministre des sales plaisirs d'un serrail! c'est alors que la nature humaine reçoit des outrages de toutes les espèces, soit qu'il faille assouvir la brutalité, ou tranquilliser la noire jalousie d'un maître barbare.

Les Francs, même dans les forêts de la Germanie, n'ont jamais commis de semblables insultes, vis-à-vis de l'humanité, dans la personne de ceux que la victoire, le sort des armes, ou la loi du plus fort, ont mis en leur pouvoir. L'esclavage, chez les Francs, a toujours été doux & tolérable. Dans les capitulaires de Charlemagne, on trouve des Loix qui mettent en liberté les serfs qui auront été maltraités d'une certaine façon par leurs Seigneurs. Ces esclaves même, que la nécessité de notre commerce nous force d'avoir dans l'Amérique, ne sont point abandonnés aux caprices de leurs Maîtres : Louis XIV & Louis XV n'ont pas dédaigné de jetter des regards de bonté sur ces infortunés ; & l'humanité de ces grands Princes a dicté des loix qui, en conservant les droits des Maîtres, ont mis de justes bornes à leur cruauté & à leur avarice : la nourriture des esclaves, leur habillement, le soin qu'on en doit prendre dans leurs infirmités, les travaux, les châtimens, tout est réglé.

Ce ne fut donc jamais la dernière de toutes les disgraces, de tomber dans la servitude des Francs : Tacite, dans son admirable livre des mœurs des Germains, nous apprend que la douceur de leur gouvernement rendoit l'esclavage, chez eux, beaucoup plus tolérable que chez les Romains. Les Germains, dit Tacite, ne mettent point leurs esclaves aux fers, & ne les outragent point, pour les faire travailler, ou pour les faire servir à leurs plaisirs : ils ne s'en servent point dans les emplois domestiques ; ils se contentent de les obliger, tous les ans, à donner une certaine quantité de bled, d'étoffe, ou de bétail, comme font des Fermiers : on les laisse vivre à part, & en ménage séparé.

Ce passage de Tacite nous apprend que les Nations germaines, en venant dans les Gaules, n'ont point changé de mœurs & d'usages : en effet, nous ne voyons pas que les Seigneurs francs, au milieu de leurs conquêtes, aient abusé des droits que leur donnoit la victoire sur leurs captifs. Ces guerriers, les armes à la main, étoient sans doute terribles, cruels, sanguinaires ; chaque expédition étoit signalée par les incendies, les massacres & les ravages : mais, après la conquête, ils devenoient plus traitables ; & leurs prisonniers, tandis qu'ailleurs ils tomboient dans le plus affreux esclavage, ne conservoient d'autres marques de leur servitude, que la nécessité d'aller dans la terre de leur Seigneur, y travailler, sans en pouvoir partir, ni se marier ailleurs, que de son consentement.

La plûpart de nos Coutumes nous fournissent les preuves les plus complettes de ces vérités, ainsi que des conditions, plus ou moins dures, qui furent imposées par les vainqueurs. C'est pour cela que nous appellons ces Coutumes, *Coutumes serves:* telles sont Troyes, Sens, la Marche, Bourbonnois, Nivernois, Bourgogne, Duché & Comté, & quelques Coutumes locales de Berry. Dans ces Provinces il n'y a point, ou très-peu, de terres où il ne reste des marques de l'ancienne servitude.

Pour bien comprendre quelle étoit cette servitude, & en quoi elle consiste même aujourd'hui, il en faut distinguer deux espèces; l'une personnelle, & l'autre réelle. La première est attachée à la personne; la seconde aux héritages, au domicile de l'homme serf. L'effet de la première est que, quelque part que le serf puisse aller, il est toujours sous la puissance de son Seigneur. L'effet de la seconde est que l'homme n'est serf qu'autant qu'il posséde l'héritage, qu'il demeure dans la terre de son Seigneur; & il cesse de l'être, quand il abandonne l'un, ou quand il quitte l'autre, en changeant de domicile.

Le droit des gens, qui rendoit autrefois les prisonniers de guerre esclaves du vainqueur, ne subsiste plus, depuis long-temps, en France, ainsi que dans le reste de l'Europe. Ce changement a diminué beaucoup la servitude personnelle; & il n'est même guère possible qu'il y en ait aujourd'hui de cette espèce. Cependant, dans les Coutumes dont nous venons de parler, on trouve encore quantité de serfs personnels, & constitués tels par leurs propres reconnoissances, ou par celles de leurs auteurs; mais il y a apparence que ces reconnoissances ont été surprises, ou extorquées, à de malheureux Paysans. On ne présume point qu'un François, quelque malheureux qu'il soit, fasse un sacrifice volontaire de sa liberté; il est même contre nos mœurs d'accepter un semblable sacrifice, & d'abuser des circonstances. Enfin la servitude personnelle ne peut s'établir que par le droit de conquête; & il y a si long-temps que la conquête

conquête eſt faite, & que les Seigneurs n'ont plus le droit de faire la guerre, que ce ſeroit une choſe très-rare, s'il ſubſiſtoit quelque part des familles de ſerfs, aſſez anciennes pour remonter aux temps de la conquête.

Lorſque les Seigneurs n'eurent plus le droit de ſe faire la guerre; lorſque la conquête fut faite & établie; lorſqu'enfin le droit des gens, qui réduiſoit les priſonniers de guerre à la ſervitude, ceſſa, les moyens d'acquérir des eſclaves ceſsèrent; & les Seigneurs ayant perdu ceux que le ſort des armes avoit mis en leur pouvoir, & dont ils avoient peuplé leurs terres, la néceſſité de les faire cultiver leur fit d'abord imaginer de nouveaux moyens d'avoir des laboureurs, qui fuſſent dans une dépendance égale à celle des anciens ſerfs, & dont ils puſſent tirer les mêmes ſervices: ils attachèrent la ſervitude à la poſſeſſion des héritages qu'ils donnoient à leurs nouveaux colons, ou à la demeure qu'ils étoient obligés d'aller faire dans leurs terres.

Les Payſans ſe ſoumettoient à ces arrangements aſſez volontiers; 1°. parce qu'ils ſe faiſoient librement; 2°. parce qu'il étoit toujours libre au vilain de ſe libérer de la ſervitude, en délaiſſant l'héritage qu'il tenoit de ſon Seigneur, ou en allant fixer ſon domicile ailleurs, lorſqu'il y trouvoit une meilleure condition. C'eſt dans ce dernier point principalement que la ſervitude réelle diffère de la ſervitude perſonnelle. Les ſerfs perſonnels ne pouvoient, ſans le conſentement du Seigneur, quitter ſon héritage: quelque part que le ſerf allât, en quelque endroit qu'il tranſportât ſon pécule, le Seigneur pouvoit le revendiquer, par droit de ſuite. Les Auteurs rapportent pluſieurs Arrêts qui établiſſent ce droit; & nous avons pluſieurs traités de Seigneurs, qui s'accordent reſpectivement le droit de ſuite ſur leurs terres.

Il y avoit cependant des lieux d'aſyle & de liberté, où la ſuite des ſerfs n'avoit pas lieu: telle étoit la Ville de Toulouſe; & on prétend que ce privilège lui a été accordé par l'Empereur Théodoſe I. Les Villes de Saint-Malo en Bretagne, de Valenciennes en Hainault, avoient le même privilège. L'article 1 du titre 1 de la Coutume de Berry, dit qu'en la Ville de Bourges il n'y a point droit de ſuite: l'article ſuivant décide que semblable Coutume régit les Villes d'Issoudun, de Vierson, de Mehun, de Dun-le-Roi, & de Concressault. Cependant la Thaumassière observe que Jean I, Duc de Berry, décida, le 17 Avril 1374, que les Religieux de Chesal Benoît avoient droit de suivre leurs serfs dans la Ville & Châtel d'Issoudun. Ce qu'il y a de singulier sur cette matière, c'est que Me Charles Dumoulin remarque que la Ville de Paris n'étoit point lieu d'asyle & de liberté; & on trouve, dans Chopin, que le Seigneur de Châteauroux en Berry fut reçu à suivre son homme serf, qui s'étoit retiré dans la Ville de Paris. Par Arrêt du 17 Juin 1760, la Cour a cependant débouté un Seigneur de Nivernois de la succession mortaillable de Pierre Truchet, décédé à Paris. Ce particulier étoit fils d'un serf de poursuite de la Coutume de Nivernois, qui avoit épousé une femme libre à Paris, & qui y étoit décédé, ainsi que son fils.

Quoique le Seigneur ne pût suivre son homme dans les lieux d'asyle & de liberté, ni lui succéder aux biens qu'il y avoit acquis, cependant il pouvoit s'emparer ou succéder aux biens qu'il avoit laissés dans sa terre. C'est ce qui a été jugé par Arrêt du Parlement de Paris, du premier Septembre 1643, entre le Baron de Linières, M. le Prince de Condé, Seigneur du Chastellet, & les héritiers de Pierre Allegret, homme serf de la Baronnie de Linières. Ce serf s'étoit sauvé en la Ville de Bourges, où il avoit fixé son domicile: après son décès, les biens immeubles qui lui avoient appartenu, situés dans la Baronnie de Linières, furent adjugés au Baron de cette terre, par droit de mortaille.

Après avoir examiné quelle étoit l'origine des droits servils, il est question de sçavoir en quoi ils consistent: ils paroîtront sans doute onéreux à des hommes libres; mais ils prouveront toujours que les Francs, quoique Nation guerrière, ont été les plus humains de toutes les Nations conquérantes. Ils n'employoient ni chaînes, ni cachots, pour contraindre leurs esclaves: un assujettissement de volonté, quelques droits utiles, voilà tout ce que les Seigneurs en exigeoient, & ce qu'ils en exigent encore aujourd'hui. Enfin, que l'on compare l'état de nos anciens serfs, avec celui des esclaves de toutes les autres Nations, & on verra combien l'humanité a été respectée par les François. On ne veut cependant pas dire qu'il n'y ait pas eu des Seigneurs qui n'aient pas étrangement abusé de leur pouvoir sur leurs serfs ; mais ces excès particuliers ne forment point le caractère général de la Nation, ni l'esprit de son gouvernement : témoins les Loix que nous trouvons dans les Capitulaires, & dans quelques Coutumes, qui affranchissent le serf qui aura été excessivement maltraité par son Seigneur.

Lorsque le Seigneur avoit placé son serf dans sa terre ; lorsqu'il lui avoit assigné un terrein, pour le cultiver & pour y former son habitation, le serf ne pouvoit quitter ni l'un ni l'autre, sans le consentement de son Seigneur : tout ce qu'il y acquéroit, il l'acquéroit au profit du Seigneur. Le serf ne pouvoit disposer de ses biens, ni par donation entre-vifs, ni par testament : les enfants, qui naissoient de lui, étoient pareillement serfs. Enfin, outre le respect que le serf devoit naturellement à son Seigneur, il devoit vivre dans une telle dépendance de sa volonté, que, sans son consentement, il ne pouvoit prendre aucun état qui le rendît à la liberté. L'article 79 de la Coutume de Meaux, & l'article 3 de celle de Chaumont, Nivernois, chap. 8, art. 17, défendent précisément, à tous gens de main-morte, de prendre la tonsure cléricale, sans le consentement & le congé de leur Seigneur. *Joannes Gallus*, à ce sujet, rapporte un Arrêt qui condamne un nommé Courtois, homme serf du Chapitre de Soissons, *à rendre la tonsure cléricale*, qu'il avoit reçue sans le consentement de son Seigneur.

Le pouvoir des Seigneurs, sur leurs serfs, ne se bornoit pas à de simples respects, ou aux devoirs d'assujettissement ; ils en tiroient encore un parti plus utile : ils levoient tous les ans, sur leurs serfs, une espèce de taille qui, dans les premiers temps, étoit toujours arbitraire ; en certaines occasions ils en exigeoient des secours extraordinaires. Les serfs étoient obligés de donner, tous les ans, un certain nombre de journées de leur travail, ou de fournir un certain nombre de charrois au Seigneur, ou pour conduire en son château les provisions, ou les matéreaux nécessaires pour l'entretien de la maison, ou pour les réparations des bâtiments. Enfin, quand le serf décédoit sans héritiers communs avec lui, le Seigneur lui succédoit en tous biens meubles & immeubles. De tous ces différents droits est venu l'axiome commun, que *tout homme serf est taillable, corvéable & mortaillable.* Quel état que celui d'un malheureux paysan affublé de ces barbares épithètes! Nous allons établir quelques principes sur l'exercice de ces droits, & résoudre, d'après nos meilleurs Auteurs, les difficultés qui peuvent s'y rencontrer.

De la Taille servile.

La taille servile est une imposition que le Seigneur a droit de lever, tous les ans, sur les serfs qui demeurent en sa terre.

Cette imposition, comme nous l'avons observé, dans les premiers temps, étoit arbitraire, à la volonté du Seigneur: mais, comme il en abusoit souvent, les Coutumes y ont apporté un sage tempéramment, en ordonnant que la taille serve seroit imposée, par rolle, sur les serfs tenant feu & lieu dans la Seigneurie, à volonté raisonnable du Seigneur, en appellant par lui, à la confection du rolle, le Juge du lieu, le Procureur fiscal, & deux ou trois hommes de condition servile, qui ont connoissance de ceux qu'on impose à la taille. Par vertu du rolle, ainsi fait & signé du Greffier de la Justice, les Seigneurs pour la dernière année, peuvent procéder par exécution contre leurs sujets taillables. Dans quelques Coutumes, comme le Chastellet, art. 17, les enfants impubères ne doivent que douze deniers par an, & ne doivent point être compris au rolle des taillables.

Pour imposer la taille servile, les Seigneurs ne sont point obligés de prendre des lettres d'assiette; & ils peuvent assigner les refusants pardevant leurs Juges, comme pour droits seigneuriaux & domaniaux. Ainsi jugé par Arrêt du 23 Mai 1633, au profit du Chapitre de Bourges, contre les Habitants de Bengy.

Cette manière d'imposer la taille, quelque juste qu'elle paroisse, peut cependant être encore sujette à de grands inconvéniens; aussi, dans quelques Coutumes & dans quelques Seigneuries, les serfs ont pris le parti de se racheter de la taille arbitraire, en se soumettant à payer une taille abonnée. Cette taille a un taux fixe, & ne s'augmente jamais.

La taille servile est, pour l'ordinaire, personnelle; elle fait l'homme serf, en quelque lieu qu'il se transporte, hors les lieux d'asyle & de liberté : c'est pourquoi la Coutume de Troyes appelle les serfs taillables, *serfs de poursuite.*

La taille serve étant un droit & une imposition extraordinaire, le Seigneur ne la peut exiger qu'en vertu, ou de la Coutume, ou d'un titre en bonne forme, qui justifie que les serfs s'y sont soumis envers lui, ou en s'abonnant, ou en souffrant l'imposition arbitraire, en la forme que nous avons dit : ainsi un Seigneur ne peut jamais exercer ce droit, à moins qu'il ne lui soit accordé par la Coutume, ou qu'il ne soit fondé en titre. L'art. 280 de l'Ordonnance de Blois en fait une Loi précise.

Dans le Forès, il y a une espèce de taille, qu'on appelle *capitainage, taille baptisée;* c'est un droit, porté par les terriers du Roi, qui consiste en un doublement de cens, & pour la perception duquel on fait des rolles.

Lorsque la taille procède de la servitude réelle; c'est-à-dire, lorsqu'elle est imposée sur des serfs, à cause des héritages qu'ils possèdent, le décret de l'héritage purge le droit, &, pour le conserver, il est nécessaire que le Seigneur s'oppose. La raison est que la taille servile, étant une imposition extraordinaire, on ne la met point au nombre des autres droits seigneuriaux ordinaires.

Des Corvées.

La corvée est un droit que le Seigneur a sur ses sujets serfs; en vertu duquel il peut employer, à son profit, un certain nombre de journées de leur travail, ou de celui de leurs chevaux & bœufs. Les travaux ordinaires des corvéables sont d'aller faucher & faner les foins du Seigneur, scier ses bleds, faire les façons des vignes, curer les fossés du château, les réparer, & faire autres semblables ouvrages, sans en espérer de récompense.

Ce droit, que nous regardons aujourd'hui comme odieux, prend son origine dans la servitude personnelle. Le Seigneur, qui plaçoit son esclave, son captif, dans sa terre; qui lui fournissoit des héritages, pour son entretien & son habitation; qui lui permettoit de vivre dans une espèce de liberté, en ménage séparé, n'en exigeoit pas trop, lorsqu'il le faisoit travailler à sa volonté : le traitement étoit doux pour un esclave, qu'il étoit libre de réduire à une pire condition. Un esclave Turc, ou Algérien, à qui on n'en demanderoit pas davantage, s'estimeroit fort heureux. Mais, depuis très-long-temps, il n'y a plus, en France, de ces esclaves asservis par le droit de conquête. Il a donc paru également dur & injuste, dans la suite, que les Seigneurs exerçassent, sur de malheureux Paysans, que la pauvreté & la misère réduisoient à la nécessité d'aller demeurer dans leurs terres, le même empire & les mêmes rigueurs qu'ils exerçoient sur des captifs. Il étoit raisonnable de mettre quelque différence entre les uns & les autres : ceux-ci étoient asservis par la force des armes ; ceux-là par la misère : circonstance qui doit inspirer la compassion, & que l'humanité doit respecter. D'ailleurs, comment présumer que des malheureux, qui se soumettoient volontairement à la servitude, se soient aussi volontairement soumis à toutes les cruautés & à toutes les vexations que quelques Seigneurs exerçoient sur leurs serfs ?

Il a donc été libre, aux anciens Seigneurs, de commander à leurs esclaves, à leurs captifs, autant de travaux qu'ils jugeoient à propos : mais, depuis, on les a forcés de traiter avec plus de douceur, & avec plus de modération, les serfs que la pauvreté leur a procurés ; &, aujourd'hui, les Seigneurs n'ont point, & ne peuvent avoir d'autres serfs, de servitude personnelle, que ceux de cette dernière espèce. Ainsi, quelques titres, quelques reconnoissances que puisse rapporter un Seigneur, il ne peut plus prétendre des corvées à volonté ; ces prétentions générales & illimitées ont été réduites à un droit juste & modéré : les Loix, les Coutumes, les Tribunaux souverains, tout a concouru pour procurer, dans un Royaume libre, les soulagements que mérite la misère des serfs ; douze ou six corvées par an, voilà à quoi on a réduit les corvées à volonté. Ce nombre a d'abord été fixé par quelques Coutumes, comme Auvergne, chap. 25, art. 18, Châteauneuf, tit. 1, art. 5, & depuis adopté par tant d'Arrêts de différentes Cours souveraines, que c'est une chose aujourd'hui absolument décidée, qu'il n'y a plus de corvées à volonté, & indéfinie.

Quelques Seigneurs, par leurs titres, ont droit de se faire amener les vins, & charroyer les bois nécessaires pour l'entretien de leurs maisons ; ce qui semble indéfini : mais ce service a encore été réduit, par la Jurisprudence des Arrêts, à un certain nombre de charrois, & à une certaine quantité de denrées. Ainsi jugé, contre l'Evêque de Metz, par Arrêt du 27 Janvier 1674, rapporté au Journal du Palais, qui condamne les Habitants de la Garde & de Fribourg, à charroyer & voiturer, par chacun an, cent cordes de bois, & dix charretées de charbon, au château épiscopal de Vic, pour le chauffage du Prélat.

Les corvées, suivant leurs différentes natures, ont différents noms dans les Coutumes. La corvée qui ne consiste qu'en une journée de manœuvre, s'appelle communément *corvée*, ou *ban*, dans les Coutumes de la Marche & de Bourbonnois : lorsque le corvéable fournit un bœuf, ou un cheval, pour être attelé à un autre, cela s'appelle *arban ;* s'il fournit deux bœufs, ou une charrette, c'est une *bohade*, ou *demi-vinade ;* quand il fournit enfin deux paires de bœufs, & une charrette, c'est une *vinade entière*.

Les corvées sont de deux espèces ; les unes sont personnelles, & les autres réelles. Les premières procèdent de la servitude personnelle ; les secondes de la servitude réelle : les premières sont dues à cause de la demeure que le corvéable fait dans l'étendue de la Justice du Seigneur ; les secondes sont dues à cause de la possession de quelque héritage, auquel le droit de corvée a été attaché, ou conjointement avec quelque cens, ou sans autre charge que celle de la corvée.

De quelque nature, de quelque espèce que soient les corvées, le Seigneur ne peut jamais les prétendre qu'en vertu de titres bien précis : c'est la disposition de l'Arrêt de réglement des grands Jours de Clermont, du 9 Janvier 1666, art. 17 ; c'est le sentiment général de tous les Auteurs, & la Jurisprudence uniforme des Arrêts. On a pensé, avec raison, qu'il falloit les plus puissants motifs pour asservir les sujets du Roi à des droits qui les réduisent à une espèce d'esclavage.

Les titres nécessaires, pour établir les droits de corvées, doivent être des titres de stipulation, des transactions faites avec le général des justiciables, des concessions d'héritages, à la charge de ce droit. Plusieurs reconnoissances peuvent suppléer à ces titres primitifs; mais il faut qu'elles soient si conformes, si rélatives, qu'il n'y ait pas absolument la moindre différence : il faut encore qu'elles rappellent les titres de stipulation, ou de concession. C'est ce que le Parlement de Paris a jugé, par Arrêt rendu en la Grand'Chambre, le 29 Juillet 1734, en faveur des Habitants du Menil, contre la Dame Rance. Pour établir le droit de corvée, une, deux reconnoissances ne suffiroient pas; encore moins des aveux & dénombrements, qui, seuls, ne peuvent jamais être suffisants pour acquérir aucune propriété, ni même aucune possession.

De ce principe il s'ensuit, 1°. que le droit de corvées, sans titres, ne peut pas s'acquérir par la simple possession, quelque longue qu'elle puisse être; & qu'on ne pourroit pas être admis à en faire la preuve par témoins. C'est l'esprit de toutes nos Ordonnances, & notamment de celles d'Orléans & de Blois, qui défendent expressément aux Seigneurs d'exiger de leurs justiciables des corvées, sans titres, à peine d'être déclarés roturiers, & privés à jamais des droits qu'ils pourroient prétendre sur leurs sujets.

2°. Il en est de même des droits de corvées personnelles, comme de tous les autres droits seigneuriaux imprescriptibles; quand ils sont une fois établis, par de bons titres, les redevables ne peuvent jamais les prescrire au fond, si ce n'est *à die contradictionis*. C'est ce qui a été jugé par Arrêt du Parlement de Paris, du premier Avril 1720, au profit du Seigneur de Chaseul; & par une Sentence de la Sénéchaussée de Moulins, du 19 Janvier 1725, au profit du Seigneur de la Palisse. Nonobstant la prescription opposée par les redevables, on présume que le Seigneur qui, muni de bons titres, n'a pas exigé ses corvées, ou n'en a pas eu besoin, ou qu'il a voulu user d'indulgence envers ses corvéables. Quant à la quotité, celle des corvées se prescrit, comme celle de tous les autres droits: ainsi un Seigneur qui, par ses titres, auroit droit d'exiger douze corvées par an, de chaque habitant, & qui, par tolérance, ou autrement, n'en auroit exigé que trois, pendant trente ou quarante ans, le reste seroit prescrit; on présumeroit

quelque

quelque transaction, qui en auroit libéré les Habitants, surtout dans une matière aussi odieuse que celle des corvées.

3°. A l'égard des corvées réelles, qui sont dues à cause de la possession des héritages, je pense, avec Coquille, fondé sur la disposition de l'article 16 du titre 17 de la Coutume d'Auvergne, qu'elles sont toutes prescriptibles, de quelque façon qu'elles soient dues. Un Auteur moderne a pensé que, quand les corvées étoient dues sur des héritages, sans aucune autre charge, elles tenoient lieu du cens, & qu'en conséquence, dans les Coutumes où le cens est imprescriptible, les corvées doivent l'être également : mais notre Auteur donne ceci comme une opinion particulière, qui n'est fondée sur aucune autorité, ni sur la décision d'aucun Tribunal. Cette opinion me paroît peu soutenable, aussi-bien que la comparaison de la corvée avec le cens : ce sont deux droits absolument différents, dont l'un est aussi favorable que l'autre est odieux. Le cens ne peut nuire à la liberté ; la corvée conduit à la servitude : il faut donc restreindre cette dernière, autant qu'on peut, dans les termes de droit.

QUESTIONS SUR L'EXERCICE DES CORVÉES PERSONNELLES.

QUESTION PREMIÈRE. Suffit-il d'être domicilié dans la Justice du Seigneur, pour lui devoir des corvées personnelles ? Et qui sont ceux qui doivent en être exempts ?

Les corvées personnelles sont précisément pour les gens de labeur, qui ont leur domicile établi dans la terre du Seigneur : les corvéables doivent être employés à quoi ils sont propres de leur métier. Ces principes sont certains ; d'où il suit que le simple domicile suffit pour assujettir le corvéable : on en doit pareillement conclure qu'il y a plusieurs personnes qui, n'étant propres à aucun métier, ne peuvent être commandées pour les corvées personnelles. Tels sont, en premier lieu, les Nobles,

les Eccléfiaftiques, les Clercs vivant cléricalement. Il eft vrai qu'au fujet des Clercs on rapporte un Arrêt du Parlement de Touloufe, du 23 Mai 1552, qui condamne les Habitants de Chalandey, tant Clercs qu'autres, à fournir leurs corvées au Chapitre de Saint Mannes de Langres; mais cet Arrêt a été rendu fur la circonftance fingulière, que la plûpart de ces Habitants, quoique mariés, & non tonfurés, prenoient des lettres de cléricature, pour s'exempter de femblables droits.

2°. Les Officiers de Juftice, les Avocats, les Médecins, les Notaires, les Bourgeois notables d'une Ville, d'une Paroiffe, d'un Bourg, doivent être exempts des corvées. L'objet des corvées eft de procurer aux Seigneurs les moyens de fcier leurs bleds, faucher leurs foins, vendanger leurs vignes, & faire femblables autres ouvrages, auxquels on conçoit aifément qu'un Juge, un Médecin, un Avocat ne font pas propres. Le fieur Canelle de la Tour, fondé fur un titre qui établiffoit, en fa faveur, que chaque habitant, demeurant dans fa Juftice, devoit trois corvées du métier à quoi il étoit propre, fit fommer Pierre Marcher, Notaire, de venir, pendant trois jours, dreffer procès verbal de ceux qui manqueroient à la corvée, & de ceux qui s'y trouveroient; le Notaire ayant refufé d'obéir, il y fut condamné par le Juge du lieu: mais, fur l'appel, par Arrêt du 13 Août 1735, la Sentence fut infirmée, le Notaire déchargé, & le fieur Canelle condamné en tous les dépens. Me Guyot, dans fes obfervations fur les Corvées, rapporte cet Arrêt, tome 1, chap. 2.

3°. L'humanité veut qu'on exempte des corvées les mendiants, les gens âgés au-deffus de foixante ans, les infirmes. On le prouve encore par une Ordonnance du Roi Jean I, du 6 Mars 1363.

4°. Dans les calamités publiques, dans les temps de pefte & de contagion, foit des hommes, foit des beftiaux, les corvéables ne peuvent être contraints à la corvée, ni condamnés à l'amende, faute de l'avoir faite. Il en eft de même de ceux qui en font empêchés par les inondations, par les courfes des foldats, par toute force majeure. On exempte de la corvée les femmes, les hommes même dont les femmes font dangéreuſement malades, ou en couche : Dans ces circonſtances, il eſt juſte qu'un Payſan, avant tout, donne à ſa femme des ſecours qu'elle ne pourroit avoir d'ailleurs.

5°. La poſſeſſion d'un Fief, lorſqu'il eſt poſſédé par un homme de labeur, n'exempte point de la corvée : autre choſe ſeroit, s'il étoit poſſédé par un Bourgeois. L'exemption des corvées, dit l'article 36 de la Coutume du Maine, deſcend des perſonnes, & non des lieux.

6°. Tant que les enfants demeurent en communauté avec leurs pères & mères, & à même feu, ils ne peuvent être compris aux corvées, que pour un ſeul chef : mais, ſi ces enfants ſe marient, & vont demeurer dans d'autres maiſons, faiſant chacun ménage ſéparé, ils doivent chacun leurs corvées. Brillon rapporte deux Arrêts, l'un du 22 Février 1594, & l'autre du 13 Avril 1608, qui l'ont ainſi jugé.

QUESTION II. Le Seigneur n'eſt-il pas tenu d'avertir les corvéables de ſe trouver aux corvées? Et, faute de ſatisfaire à l'avertiſſement, les corvéables ne ſont-ils pas amendables?

C'eſt une règle générale, établie par l'uſage, par les Coutumes, par la Juriſprudence des Arrêts, & par les ſentiments des Auteurs, que le corvéable doit être averti, au moins deux jours auparavant que de faire ſa corvée, afin qu'il puiſſe prendre ſes arrangements pour ce ſervice, & ſe pourvoir des outils néceſſaires pour les ouvrages qu'on lui demande. Lorſque le corvéable, duement averti, ne ſe rend pas à ſa corvée, il ne ſera pas amendable; mais on peut le faire condamner à la payer en argent, & même aux dommages & intérêts du Seigneur qui, par le refus du corvéable, auroit ſouffert. Il faut cependant ſuppoſer que le corvéable n'ait pas d'excuſes légitimes. Ainſi jugé par Arrêt du Parlement de Dijon, du dernier Juillet 1675. Cet Arrêt eſt rapporté par Revel, ſur les Statuts de Breſſe, remarque 51, pag. 72.

On doit encore obſerver, 1°. qu'il faut toujours mettre un intervalle raiſonnable entre une corvée & une autre; ſans quoi, celui qui les doit, seroit accablé sous le poids de cette charge. Telle est la disposition des Coutumes, & de la Jurisprudence des Arrêts, qui décident tous, qu'on ne pourra demander les corvées que de mois en mois, de quinze jours en quinze jours, de semaine en semaine.

2°. Les corvées ne doivent point être commandées dans le temps des semences & des moissons; c'est-à-dire, qu'un Seigneur, à qui il est dû certain nombre de corvées par an, ne doit pas les exiger toutes dans les temps ci-dessus. On sent aisément que ce seroit absolument ruiner les corvéables, en les empêchant, dans des temps si précieux, de vaquer à leurs propres affaires. Un Arrêt, du 31 Août 1668, dit que le Seigneur de Châtelus ne pourra exiger de ses corvéables qu'une corvée, en temps de recolte, & une autre dans le temps des semences; ce qui me paroît assez équitable. Me Auroux, sur l'article 339 de la Coutume de Bourbonnois, assure que le sentiment de tous les Auteurs, qui ont écrit sur cette matière, est que les Seigneurs, & leurs Fermiers, ne doivent point exiger les corvées en temps trop incommodes, sur-tout pendant ceux des semences & de la recolte.

QUESTION III. Le Seigneur est-il obligé de nourrir les corvéables, & de leur fournir les outils nécessaires pour les travaux qu'il leur commande?

Comme le droit de corvée est défavorable, par lui-même, on doit toujours pencher à procurer quelque aisance aux malheureux corvéables: aussi l'usage & les Arrêts ont toujours décidé que c'étoit au Seigneur à les nourrir, si le contraire n'est établi par de bons titres: encore, dans cette dernière position, le Seigneur doit-il, suivant le sentiment de Despeisses, qui paroît très-juste, nourrir le corvéable dans deux circonstances: la première, lorsque le corvéable est si pauvre, qu'il n'a pas le moyen de se nourrir; la seconde, lorsque les corvéables font leurs corvées si loin, qu'ils ne peuvent pas retourner en leurs maisons le même jour, alors le Seigneur est tenu de les nourrir, & leurs bœufs ou chevaux, & de leur donner gîte. Papon, n°. 1, Arrêt du 22 Septembre 1543, contre le Seigneur de Chalmazel, qui l'a ainsi décidé. Quant aux outils nécessaires pour faire la corvée, c'est, sans contredit, au corvéable à s'en pourvoir : mais, à cet égard, le Seigneur doit avoir de l'indulgence pour ceux qui sont dans l'indigence & la pauvreté. Jabely, sur l'article 137 de la Coutume de la Marche, estime que si, pendant la corvée, il meurt quelque bœuf, s'il se brise quelque charrette, s'il se perd quelque outil, s'il s'en casse, ou s'il en est volé, le Seigneur n'est pas tenu de ces cas fortuits, s'il ne veut.

QUESTION IV. *A quels ouvrages le Seigneur doit-il employer le corvéable ? A quelle heure le corvéable est-il obligé de se rendre au travail ? Et doit-il s'y rendre en personne ?*

L'objet des corvées est de pourvoir aux réparations du château, d'y conduire les denrées nécessaires pour l'entretien de la maison, & faire enfin tous les travaux nécessaires pour la culture des terres, & la recolte des fruits. Voilà les seuls travaux auxquels on peut occuper les corvéables, & on ne peut les forcer à en faire d'autres. Un Arrêt, du 4 Septembre 1677, rendu en faveur de M. le Duc de Bourbon, condamne les Habitants d'Hérisson à faire trois corvées par an, *pour leurs Seigneurs, leurs affaires, & l'exploitation de leurs terres seulement.*

Tous les Auteurs, qui ont écrit sur cette matière, pensent que la journée du corvéable doit commencer au soleil levant, & finir de façon qu'au soleil couchant le corvéable soit de retour en sa maison. La Jurisprudence des Arrêts est conforme à ce sentiment : l'article 339 de la Coutume de Bourbonnois en fait une Loi formelle.

Il doit être indifférent, aux Seigneurs, que les corvéables fassent leurs corvées par eux-mêmes, ou qu'ils les fassent faire par d'autres, pourvû cependant qu'il n'y ait pas de l'affectation, de la part du corvéable, de fournir un homme peu propre, ou absolument inhabile aux ouvrages que le Seigneur veut faire exécuter.

QUESTION V. Le Seigneur peut-il exiger la corvée avec autant de bœufs que le propriétaire corvéable en emploie pour le labourage de ses terres ?

La réponse, à cette question, se trouve dans l'article 20 du Réglement des grands Jours de Clermont, du 9 Janvier 1666 : il fait défenses aux Seigneurs *d'exiger, même sous prétexte de consentement volontaire des redevables, le charroi de plus d'une paire de bœufs.* On dira peut-être que ce Réglement ne doit avoir de force que dans le ressort pour lequel il a été rendu, & qu'il ne peut pas faire une Loi générale : mais il y a un Arrêt, du 27 Juin 1551, qui fixe la corvée de bœufs à deux ; d'ailleurs, dans un point qui n'est pas généralement décidé, on ne peut rien proposer de mieux, que ce qui est si sagement statué par le Réglement des grands Jours de Clermont. On ne peut trop le répèter aux Seigneurs & à leurs Fermiers ; dans la matière des corvées, il faut toujours pencher au soulagement du corvéable. C'est le sentiment de l'humanité, la première & la plus respectable de toutes les Loix.

Lorsqu'au lieu de bœufs le corvéable n'a que des vaches, il est sans contredit qu'il doit la corvée avec ses vaches. Si le corvéable n'a qu'un bœuf, ou une vache, il peut se joindre à un autre, qui n'aura pareillement qu'un bœuf, ou une vache ; & cela doit être compté à chacun pour une corvée. Enfin, celui qui n'a ni bœufs, ni vaches, ni aucuns bestiaux, n'est point obligé d'en louer pour faire sa corvée ; il ne doit qu'une corvée à bras. On peut voir là-dessus l'article 19 du titre 25 de la Coutume d'Auvergne. Bouvot, sous le mot *Corvée*, rapporte un Arrêt du Parlement de Dijon, du dernier Juin 1507, qui a décidé formellement que le corvéable, n'ayant point de bétail, n'est pas tenu d'en louer pour faire sa corvée ; mais qu'à la place il ne doit qu'une corvée de ses bras.

Il n'est point décidé, par aucun Réglement général, de combien pesant on doit charger les charrettes des corvéables. Un Arrêt, du 12 Août 1689, rapporté par Henrys, défend seulement de maltraiter les corvéables, & de surcharger leurs charrettes. Il y a un Réglement, fait au profit du sieur de Levy Château-Morand, pour sa Seigneurie de Chaugy, confirmé par Arrêt contradictoire, du 13 Août 1675, qui paroît très-équitable, & qui peut servir de Réglement, dans tous les Pays où on se sert de boeufs. Suivant ce Réglement, chaque charroi, traîné par quatre bœufs, sera chargé de douze cent; la charrette attelée de quatre vaches, ou de deux bœufs, de six cent; & la charrette tirée par deux vaches, de trois cent pesant.

QUESTION VI. Le Seigneur peut-il employer ses corvéables hors de sa Seigneurie, les garder plusieurs jours de suite, les faire travailler pendant la nuit?

Dans quelques Coutumes, comme Bourgogne, le corvéable ne doit être employé que dans l'étendue de la terre du Seigneur. Bourbonnois, art. 339, permet au Seigneur d'employer le corvéable, soit dans sa terre, soit hors de sa terre. La Marche, art. 135, dit que le corvéable n'est tenu de faire sa corvée plus loin, qu'il ne puisse retourner de jour en sa maison. La diversité est égale dans les Arrêts; cependant on en peut conclure qu'il doit être indifférent au corvéable d'être employé dans ou hors de l'étendue de la Seigneurie, pourvû qu'il puisse se rendre chez lui au soleil couchant. On ne peut pas retenir le corvéable plus d'un jour; car la corvée n'est que le travail d'un jour, & doit se prendre par intervalles: ainsi le corvéable pourroit refuser de travailler plusieurs jours de suite; &, lorsqu'il le fait, chaque jour doit lui être compté pour une corvée. Il est sans difficulté qu'on ne peut pas forcer le corvéable de travailler pendant la nuit.

QUESTION VII. S'il est dû à une Seigneurie six cent corvées par an; & si, par exemple, en l'année 1759 on n'en emploie que deux cent, pourra-t-on employer, en 1760, les corvéables qui ont travaillé en 1759?

Il est de l'équité, dans le cas proposé, que la charge soit égaement repartie sur tous ceux qui y sont sujets ; &, pour remplir exactement ce devoir, le Seigneur, ou son Fermier, doivent avoir l'attention de faire un rolle, contenant les noms de tous les corvéables capables & en état de travailler. En suivant ce rolle, le premier qui aura été employé ne pourra plus l'être, que le rolle ne soit épuisé. Devollant, qui a traité la question sur l'article 91 de la Coutume de Bretagne, dit que chacun doit travailler à son tour, suivant le rolle qui doit être mis au Greffe, pour empêcher, dit l'Auteur, l'interversion du rang & de l'ordre. De cette façon, les uns ne seront pas ménagés, tandis qu'on écrasera les autres. On ne suppose pas qu'il y ait des Seigneurs capables de commettre une pareille injustice ; mais on ne peut trop exhorter les Fermiers à ne pas s'en rendre coupables.

QUESTION VIII. S'il étoit dit, dans le titre du Seigneur, que les sujets feront leurs corvées en personne, ou bien paieront une somme en argent, le Seigneur auroit-il le choix ?

Non ; il doit être déféré au corvéable. C'est le sentiment de Despeisses, appuyé sur un Arrêt du 18 Janvier 1582. Depuis, la même question a été jugée en faveur des Habitants de Chouday en Berry, contre le Seigneur de cette terre, par Arrêt du 23 Juillet 1750. Ces Arrêts décident qu'on doit toujours pencher pour la libération des corvéables.

QUESTION IX. Le Seigneur, ou son Fermier, peuvent-ils céder les corvées à d'autres, pour les employer à des travaux étrangers à l'entretien de la Seigneurie ?

Nous l'avons dit plusieurs fois ; l'objet unique des corvées est l'exploitation des revenus de la Seigneurie, & les affaires du Seigneur ; c'est donc renverser la nature de la chose, que de l'appliquer à d'autres usages. Il n'est pas douteux que le corvéable

véable peut refuser la corvée qui n'a pas précisément pour objet le service du Seigneur. C'est le sentiment de tous les Auteurs, & la disposition textuelle de l'article 339 de la Coutume de Bourbonnois: d'où il suit, 1°. que le Seigneur, ni son Fermier, ne peuvent céder à d'autres les corvées attachées au service de la Seigneurie; 2°. que le corvéable peut refuser toute corvée qui n'est pas pour ce service; 3°. Que le Fermier du Seigneur ne peut pas employer le corvéable à ses affaires particulières; 4°. que les Engagistes, qui n'ont ni châteaux ni domaines à réparer, ne peuvent, sous prétexte de prétendues réparations, exiger les corvées: leurs Fermiers ne peuvent les employer qu'à la seule exploitation des fruits du domaine engagé. *Voyez* Bacquet, des droits de Justice, chap. 29, n°. 41.

QUESTION X. *Les Seigneurs peuvent-ils convertir les corvées en argent? Et les corvées arréragent-elles?*

Rien n'est plus contraire aux Arrêts & Réglements, & notamment à l'article 20 du Réglement général des grands Jours de Clermont, que de convertir les corvées en argent, & de s'abonner, avec les Paysans, à de certaines sommes, pour les en exempter. Les corvées doivent absolument se prendre en nature; elles n'arréragent point; &, si le Seigneur a manqué de les demander pendant une année, l'année suivante, il ne peut pas demander celles de l'année précédente; s'il le faisoit, ou se les faisoit payer, il seroit obligé de les restituer. Ainsi décidé par M. de la Palluelle, dans les cas de conscience, 3e partie, traité 8, quest. 1 & 2, fondé sur le sentiment de Terrien, liv. 5, chap. 3.

QUESTION XI. *Les corvéables seroient-ils tenus de faire les corvées pour l'entretien d'un moulin bannal, donné par le Seigneur à bail emphitéotique?*

Un Auteur moderne décide que non, fondé sur les dispositions des articles 139 de la Coutume de Bourbonnois, & 165 de celle de la Marche. Sa raison de décider est d'ailleurs établie sur les principes. Les corvées sont personnelles au Seigneur ; il ne les peut céder à un autre : d'où il suit, 1°. que le Seigneur, en donnant son moulin à bail emphitéotique, n'a pas pu céder les corvées qui sont attachées au service de ce moulin. 2°. Au moyen du bail emphitéotique, le Seigneur est déchargé des réparations du moulin, qui ne le regardent plus personnellement, mais bien le preneur, à qui les corvéables de la Seigneurie ne doivent point de corvées, & vis-à-vis duquel le Seigneur ne peut pas engager les corvéables, puisqu'il est de principe que *le Seigneur ne peut pas céder à un autre les corvées qui lui sont dues.*

QUESTION XII. *Si le domicile du justiciable est dans la Justice du Seigneur, & l'étable des bestiaux dans une autre Justice, peut-il être contraint à faire la corvée avec ses bestiaux ?*

La question a été décidée, pour l'affirmative, en faveur du Seigneur de la Palisse, contre le nommé Mercier, par Arrêt du 30 Juillet 1726. Mercier convenoit qu'il demeuroit dans la Justice de la Palisse ; mais il soutenoit que ses étables étoient bâties sur la Justice de la Motte. On n'eut aucun égard à ce moyen, parce que les corvées affectent les personnes, & non les bestiaux. Quand, au contraire, les étables du corvéable sont situées dans la Justice du Seigneur, & que le corvéable a son domicile dans une autre Justice, on ne peut pas lui demander la corvée ; c'est une conséquence de la précédente décision.

Un de nos Auteurs remarque très-judicieusement que les grandes Seigneuries, qui subsistent aujourd'hui, se sont ordinairement formées par la réunion de plusieurs Terres : il cite, pour exemple, la Terre de la Palisse, à laquelle ont été réunies la Seigneurie de la Motte des Noyers, & celle de Rozière. Cela posé, seroit-il juste d'assujettir les justiciables de la Motte & de Rozière, qui ne doivent que trois corvées, suivant les titres de ces Seigneuries, aux mêmes corvées que les justiciables de la Palisse, qui en doivent dix par chacun an, suivant les titres de cette Terre? Seroit-il pareillement juste de contraindre les justiciables de Rozière & de la Motte de porter leurs grains au moulin bannal de la Palisse? Me Freminville soutient, avec justice, que tout ceci seroit monopole & vexation. Les Seigneurs, dit-il, ne sont pas capables de les commettre; mais ils ne peuvent apporter trop d'attention, pour empêcher leurs Fermiers d'abuser de leurs noms, pour tyranniser le corvéable; il paie assez, quand il paie ce qu'il doit.

Des Corvées réelles.

Les corvées réelles, nous l'avons dit, sont celles qui sont attachées à la possession de certains héritages: or ces héritages sont, ou de condition servile, ou simplement censuels; ce qui fait naître une différence très-grande entre les corvées réelles, qui sont dues à cause de la possession des héritages de servile condition, & les corvées réelles qui sont dues à cause de la possession des héritages simplement censuels. La possession des premiers héritages rend le possesseur serf; ainsi la corvée, qui y est attachée, affecte également & la personne, & les héritages. La corvée, au contraire, attachée aux héritages de la seconde espèce, affecte uniquement l'héritage, & n'intéresse, en aucune façon, la liberté du possesseur.

Il est très-aisé de connoître les héritages de servile condition; ce sont ceux qui assujettissent le possesseur à la taille réelle: or c'est la disposition générale de toutes les Coutumes serves, que *quiconque doit à son Seigneur la taille réelle, lui doit aussi des corvées de même espèce, en plus ou moins grand nombre, suivant les Coutumes, ou les titres. Voyez* les articles 190, 191 & 495 de la Coutume de Bourbonnois; les articles 136 & 137 de la Coutume de la Marche. De toutes ces différences d'héritages, il en résulte que tout homme, sujet à la taille réelle, est pareillement sujet à la corvée réelle; au lieu que tout débiteur de la corvée réelle peut n'être pas sujet à la taille. Enfin le corvéable, qui est taillable, est un homme vraiment serf: le corvéable, qui n'est pas taillable, est toujours homme libre.

QUESTIONS SUR LES CORVÉES RÉELLES QUI AFFECTENT LES HÉRITAGES ET LES PERSONNES.

QUESTION PREMIÈRE. Le corvéable, de cette espèce, pour être assujetti à la corvée, doit-il nécessairement demeurer dans l'héritage taillable?

Oui; autrement il ne devroit point la corvée. C'est la disposition précise de l'article 495 de la Coutume de Bourbonnois; & l'article 142 de la Coutume de la Marche décide que le Seigneur peut *contraindre* l'homme, qui tient de lui héritage de servile condition, à y faire sa résidence; pourvû, dit l'article 143, que l'héritage soit suffisant pour entretenir une paire de boeufs; sans quoi il n'est tenu y faire feu vif & résidence.

QUESTION II. Si le Seigneur affranchit l'héritage taillable, sans retenir les corvées, pourra-t-il les exiger, après un tel affranchissement?

Non: l'héritage se trouvera réduit à la simple censive, dont il suivra la condition; &, comme la corvée réelle est toujours unie à la taille réelle, qui éteint l'une, éteint l'autre.

QUESTION III. S'il y avoit une franchise dans une Seigneurie, & si, dans cette franchise, il y avoit des maisons, ou autres héritages taillables au Seigneur, seroient-ils aussi sujets aux corvées, malgré la franchise?

Quand il a plu au Seigneur de donner des héritages, de son propre domaine, quoique situés dans les limites de sa franchise, il a été le maître de les donner à telle condition que bon lui a semblé; ensorte que, l'ayant donné à la charge de la taille, il n'est pas douteux que le preneur s'est assujetti aux corvées, qui sont une suite inséparable de la taille; & ce, nonobstant la franchise, à laquelle il est également libre au bailleur & au preneur de déroger.

QUESTION IV. Si un Seigneur vendoit les corvées & tailles qui dépendent de sa Seigneurie, ainsi que les cens énoncés payables & portables en son château, à un autre Seigneur, dont le château seroit fort éloigné, ce nouvel acquéreur pourroit-il forcer les censitaires de porter leurs cens dans son château? Et pourroit-il exiger les corvées des taillables?

Le nouvel acquéreur ne pourroit point exiger que les cens fussent portables en son château; parce que le Seigneur, qui a vendu, ne peut pas faire la condition des censitaires pire qu'elle n'étoit par le titre primitif : les censitaires, qui se sont engagés à porter leurs cens au château du Seigneur, qui est sur les lieux, n'auroient peut-être pas pris cet engagement, si le château eût été fort éloigné : ainsi, dans le cas proposé, le cens, au lieu d'être portable, sera quérable; à moins que le nouvel acquéreur ne juge à propos d'avoir sur les lieux un receveur, pour recevoir les cens; ce qui alors doit être indifférent aux censitaires.

Quant aux corvées, les principes sont certains; elles sont personnelles au Seigneur, qui ne les peut céder ni transporter : d'ailleurs le serf, par l'engagement primitif, en prenant du Seigneur un héritage taillable, ne s'est engagé envers lui aux corvées, que parce qu'il les pouvoit faire sur les lieux : il ne se seroit peut-être pas engagé, s'il lui eût fallu les faire plus loin, ou les faire pour un autre Seigneur. En vendant sa liberté, il doit être au moins libre au serf de se choisir un maître : ainsi, dans le cas proposé, il paroît raisonnable, & même juste, de décider en faveur du corvéable qu'on ne peut le contraindre à faire sa corvée à un château plus éloigné que celui au service duquel il s'est soumis, par son engagement primitif. Si, malgré ces raisons, le nouvel acquéreur forçoit les censitaires, & les taillables, à lui reconnoître le droit de corvées, & que les cens sont portables en son château, ce seroit une vexation, une surcharge au titre primitif; & on ne doute point qu'il ne fût aisé aux censitaires, ainsi qu'aux taillables, de faire annuller de semblables reconnoissances, par la voie des lettres de rescision.

QUESTIONS SUR LES CORVÉES RÉELLES QUI N'AFFECTENT QUE LES HÉRITAGES.

QUESTION PREMIÈRE. La corvée, de cette espèce, est-elle due par celui qui ne fait pas sa demeure dans l'héritage qui y est sujet?

La corvée, dont nous parlons, est une charge foncière de l'héritage envers le Seigneur direct : ainsi les propriétaires de l'héritage, quelque part qu'ils demeurent, sont obligés, comme les autres censitaires demeurant dans la terre, de faire, ou faire faire les corvées qu'ils doivent; de même qu'ils sont obligés de payer leurs cens, n'y ayant aucune différence. Il y a plus; si l'héritage, sujet à cette corvée, étoit possédé par un Ecclésiastique, par un Gentilhomme, que nous avons dit être exempts de toutes corvées, ils doivent cependant faire acquitter la corvée dont est question. *Voyez* de Lalande, sur l'art. 100 de la Coutume d'Orléans, l'art. 18 du chap. 8 de la Coutume de Nevers, l'art. 91 de la Coutume de Bretagne.

QUESTION II. Si, dans une reconnoissance, il y a, avec le cens, une corvée seulement, sans dire si c'est à bœufs, ou un charroi, le tenancier en sera-t-il quitte pour offrir une corvée à bras?

Si la question se présentoit dans la Coutume d'Auvergne, elle la décideroit par l'article 19 du titre 25 de cette Coutume, qui feroit une corvée de bêtes à bât : mais, dans toute autre Coutume, où le mot de *corvée* est générique, une corvée à bras suffiroit ; ce seroit la faute du Seigneur, de n'avoir pas expliqué précisément la chose. Si cependant le censitaire avoit fait des corvées à charrois pendant trente ou quarante années, cet usage auroit suffisamment expliqué le titre, & le censitaire n'auroit plus lieu de prétendre en être quitte, pour une corvée à bras.

QUESTION III. Lorsqu'un héritage sujet à un cens & une corvée, est partagé entre plusieurs, on demande comment ils doivent payer la corvée ?

La corvée réelle, due sur un héritage, ne se peut diviser ; ainsi, lorsque l'héritage se divise, chacun des propriétaires doit faire, ou faire faire, la corvée à son tour. C'est le sentiment de Despeisses & de M. Bretonnier, en ses observations sur Henrys.

QUESTION IV. Les corvées réelles sont-elles dues sans demande, ou sans un avertissement préalable ? Tomberoient-elles en arrérages ?

Pour que la corvée réelle pût n'être pas demandée, il faudroit que le titre indiquât précisément le jour auquel elle doit être faite ; au 15 Mai, par exemple : alors le corvéable seroit censé duement averti ; & si, au jour marqué par le titre, il ne se trouvoit pas, ou ne faisoit pas trouver quelqu'un pour faire sa corvée, il est sans contredit qu'elle tomberoit en arrérages : mais, hors le cas d'un titre précis, les corvées réelles, ainsi que les personnelles, doivent être demandées. Enfin c'est une règle générale, qu'*on ne peut jamais exiger des arrérages de corvées, soit réelles, soit personnelles, sans en obtenir condamnation en Justice, si on ne prouve que la corvée a été demandée, que le corvéable a été bien & duement averti, & qu'il n'a eu aucun égard à l'avertissement.*

C'est encore une règle générale, qu'*on ne peut refuser au corvéable, s'il la demande, quittance de chaque corvée qu'il ac-*

quitte. C'est la disposition précise de l'article 207 de l'Ordonnance de 1629, & de l'article 13 du Réglement des grands Jours de Clermont : l'article 14 ordonne même que, lorsque les redevables ne paient que partie des droits qu'ils doivent, les Seigneurs, ou leurs Fermiers, sont tenus de le recevoir, d'en donner quittance, sans préjudice du surplus.

De la Poule de coutume.

Outre la taille & les corvées, dans quelques endroits, l'homme serf est encore obligé de donner tous les ans, au terme convenu, une poule, ou geline, à son Seigneur. *Voyez* les Coutumes de Châteauneuf sur Cher, de Troyes, de la Marche, & quelques autres.

La poule de coutume est un droit personnel, dû par le serf qui tient feu & lieu dans la Justice du Seigneur. Si plusieurs demeurent ensemble, à même feu & à même pot, ils ne doivent qu'une seule poule ; mais, s'ils tiennent feu & ménage séparé, il sera dû autant de poules qu'il y aura de feux. Tous les droits de servitude sont aussi grands sur un seul serf, que sur toute une communauté composée de plusieurs familles. Les choses ont été ainsi réglées, sans doute, afin que les héritages de campagne fussent mieux cultivés & moins divisés ; au moyen de quoi les droits seigneuriaux se divisent aussi moins, & la perception en est plus sure & plus facile.

Du Droit de Mortaille.

C'est ici le comble de la servitude. Le pauvre serf, après avoir travaillé toute sa vie, pour son Seigneur ; après avoir été tyrannisé, par les Fermiers du Seigneur, en mille différentes façons, il meurt enfin, &, après sa mort, le Seigneur exerce sur ses biens le même pouvoir qu'il exerçoit sur sa personne ; il s'empare de tous ses biens : &, comme le serf ne peut avoir d'autre règle de ses actions que la volonté de son Seigneur, qui toujours est de tout prendre, le serf ne peut préjudicier à cette volonté par aucun testament, par aucune donation entre-vifs ;

vifs; le tout est nul, s'il n'a plu au Seigneur de le ratifier, & de l'avoir pour agréable.

Il y a apparence que, dans l'origine, le droit du Seigneur de succéder à son serf, fut général & illimité; que les enfants du défunt, son pécule, ses immeubles, tout appartenoit au Seigneur : c'étoit une suite naturelle de la conquête, & des droits que la victoire donne sur des captifs. Mais les Seigneurs, ayant perdu les moyens de se faire des serfs de cette espèce, & n'ayant plus que ceux que la misère conduisoit dans leurs terres & forçoit d'y rester, il leur fut au moins libre de stipuler les conditions de leur servitude; & ce fut alors, sans doute que le droit de mortaille reçut les modifications qui suivent, que nous trouvons introduites, ou par la disposition précise des Coutumes serves, ou par les titres particuliers des Seigneurs.

1°. Presque toutes les Coutumes serves ordonnent que le cas de mortaille n'a plus lieu, que quand l'homme serf décède sans enfants, ou parents de même condition, communs & demeurant avec le défunt, au jour de son décès. Telle est la disposition des Coutumes de Nivernois, tit. 8, art. 7; de Bourbonnois, art. 92 & 207; de Bourgogne Duché, tit. 9, art. 12 & 13, & de plusieurs Coutumes locales du Berry.

2°. Les Seigneurs ne succèdent pas généralement, dans toutes les Coutumes, à tous les biens du serf défunt : dans quelques-unes, le Seigneur ne succède qu'aux meubles; dans d'autres, aux immeubles seulement : mais le plus général usage est que, quand il succède à son homme serf, il lui succède en ses biens meubles & immeubles.

Comme la communauté, que l'homme serf peut contracter avec ses parents, nuit, anéantit même le droit de mortaille il est ordonné, par la plûpart des Coutumes, que les gens mortaillables ne peuvent contracter de communauté ensemble, sans le consentement de leur Seigneur; &, s'ils se séparent, ils ne peuvent plus se réunir, sans le même consentement.

Il faut observer, à cet égard, que toute demeure séparée des communs, ou de quelques-uns d'eux, n'induit pas une séparation capable de donner une pleine ouverture à la mortaille: ceux qui sont en service; les enfants qu'on envoie aux études, ou en apprentissage; celui qui dessert une Cure, ne sont point censés séparés. La raison de décider est, dit Coquille, quest. 282, que de telles absences ne sont que passagères ; que les absents ne tiennent pas ménage séparé, & n'ont point tiré leur portion de la communauté. Il faudroit décider le contraire, si l'enfant, ou le commun, possédoit un bénéfice en titre.

Le Seigneur qui succède, par droit de mortaille, soit aux meubles, soit aux immeubles, soit à tous les deux ensemble, est tenu de faire bon & fidèle inventaire, & de payer les dettes du défunt, jusqu'à due concurrence.

Lorsqu'au décès du serf il y a des enfants communs avec lui, ils excluent les frères & sœurs qui ne sont pas communs : car, pour succéder au serf, il faut deux conditions ; être le plus prochain habile à succéder, & être commun avec le défunt. Cela est précisément décidé par les art. 12 & 14 de la Coutume de Nivernois. Dans la Coutume locale de Lignières en Berry, il s'est présenté l'espèce suivante. François Soupison, & Etiennette Soupison, sa nièce, tous les deux serfs, étoient communs ensemble : Etiennette décéda, & sa succession fut adjugée à François Soupison, son oncle, avec lequel elle étoit décédée commune. Le Seigneur fut exclus, parce qu'à son décès Etiennette Soupison avoit un commun. Les sœurs d'Etiennette Soupison, qui prétendoient sa succession, concurremment avec leur oncle, en furent pareillement exclues ; parce que, quoique plus prochaines & habiles à succéder, elles n'étoient point communes avec leur sœur, au jour de son décès.

Il y a un usage singulier dans la Coutume de Lignières : si quelqu'un est né d'un père serf & d'une mère libre, ou d'une mère serve & d'un père libre, il n'est serf que pour moitié ; & si sa succession tombe en mortaille, le Seigneur ne lui succède aussi que pour moitié. Dans les différents titres des Seigneurs, & dans les différentes Coutumes locales, il peut se rencontrer de semblables singularités ; alors il faut s'en tenir strictement à ce qui est statué par la Coutume & par les titres, sur-tout si la possession se trouve jointe au titre & à la Coutume.

CHAPITRE II.

Des Droits seigneuriaux qui proviennent des affranchissements.

JE quitte, avec plaisir, l'odieuse matière des Servitudes; je n'ai pû me rappeller, qu'avec répugnance, la triste condition de mes pères qui, sans doute, étoient serfs; & s'il n'avoit plû à la bonté de nos Rois de les affranchir, ma patrie, mes amis, mes compatriotes & moi-même, nous serions peut-être encore dans les liens de l'esclavage, des vilains, des gens de pote, des serfs corvéables, taillables & mortaillables. Je vole donc précipitamment à ces heureux temps qui ramenèrent la liberté en France, & je ne m'arrête que pour faire quelques réflexions.

N'est-ce pas une chose fort singulière & peut-être unique dans l'Histoire de toutes les Nations, que les Francs, Nation libre & guerrière, vainqueurs des Romains & des Gaulois, soient devenus esclaves eux-mêmes au sein de la victoire & au milieu de leurs propres conquêtes? Quelque obscure que soit l'Histoire du premier établissement des Francs dans les Gaules, on sçait cependant quels furent les avantages des vainqueurs, & le traitement qu'ils firent aux vaincus. Le Franc étoit libre & exemt du cens, imposition servile qui fut réservée pour le Romain & pour le Gaulois. Cette différence devoit naturellement se trouver entre le vainqueur & le vaincu; mais elle diminue considérablement vers la fin de la première Race de nos Rois, & s'éclipse entièrement à la fin de la seconde. On est tout surpris de voir alors les Francs, les Romains & les Gaulois également asservis.

Cette révolution dans l'état des personnes fut incontestablement l'effet du gouvernement féodal & du droit des gens qui subsistoit alors: c'est à M. le Président de Montesquieu que nous devons cette découverte. Le gouvernement féodal assujettissoit tout au Seigneur ; le droit des gens mettoit tout au pouvoir du vainqueur : tels étoient les principes qui régloient l'état civil & politique de la nation, lorsqu'elle se trouva engagée dans les guerres civiles qui divisèrent les Successeurs de Charlemagne pendant près de cent cinquante ans que durèrent leurs affreuses querelles ; les Peuples, les Villes, les Provinces furent tour à tour conquises & reconquises tant de fois, qu'à la fin tout fut enveloppé dans une servitude générale. Quand Hugues Capet parvint à la Couronne, il ne trouva plus en France que des Seigneurs, & des serfs conquis ou par le sort des armes, ou par la force du gouvernement féodal. On ne distingue plus ici le Franc d'avec le Romain & le Gaulois ; tous sont attachés aux mêmes chaînes.

Quand Hugues Capet fut devenu Roi, il sentit & il éprouva, ainsi que ses successeurs, tous les inconvénients du gouvernement féodal. Le nouveau Monarque, à l'exception de ses domaines, n'avoit pas un pouce de terre dans le reste de son Royaume, où il fût sûr d'être obéi : tout étoit possédé en Fief, ou en arrière-Fief, par des vassaux assez puissants pour refuser impunément l'obéissance qu'ils devoient à leur Souverain : aussi Hugues Capet s'y fioit-il si peu, que, pour assurer le Royaume à son fils, il le fit couronner de son vivant. Sage précaution que prirent ses successeurs, jusqu'à Louis VII, qui crut sa famille assez bien affermie sur le Trone, pour se dispenser de prendre des mesures désormais inutiles.

Hugues Capet n'oublia rien pour contenir ses vassaux dans le devoir : il en soumit quelques-uns par les armes, & retint les autres par la sagesse de son gouvernement. Ses successeurs, les Rois Robert, Henri I, Philippe I, employèrent les mêmes voies. Mais Louis le Gros fit quelque chose de plus : ce Prince comprit, ou plutôt, de sages Ministres firent comprendre à ce Prince que le gouvernement le plus modéré n'est pas toujours le plus applaudi par des gens séditieux, inquiets & mutins ; & que, d'un autre côté, par la voie des armes, on hasarde souvent de se compromettre. Trois ans de guerre, qu'il en avoit coûté à Louis le gros pour soumettre le Seigneur du Puiset, justifioient cette dernière maxime. On imagina donc de nouveaux moyens pour réduire les Seigneurs : on attaqua leur puiſſance par les armes de la politique ; ou profita de toutes les occaſions pour diminuer leurs droits, pour les acquérir, & les réunir à la Couronne. Ce projet, qu'on doit attribuer à l'Abbé Suger, premier Miniſtre de Louis le Gros, a été fidèlement ſuivi par ſes ſucceſſeurs, exécuté en grande partie par Louis XI, pleinement conſommé ſous les règnes de Louis XIII & de Louis XIV. C'eſt ainſi que nos Rois de la troiſième race, plus encore par leur prudence que par la force des armes, ont peu à peu rétabli les uſurpations que leurs vaſſaux avoient faites, ſur l'autorité royale, ſous la première & la ſeconde race. On peut remarquer, à ce ſujet, que cet ouvrage, ſi important & pour nos Rois & pour leurs peuples, a été commencé par un Prêtre (l'Abbé Suger) & exécuté par deux autres, les Cardinaux de Richelieu & de Mazarin.

Lorſque le Miniſtère de Louis le Gros inſpira l'abbaiſſement de la puiſſance des Seigneurs, il ne pouvoit ſe trouver dans de plus favorables circonſtances : c'étoit vers la fin des premières croiſades, dans le temps où le zèle de ces célèbres expéditions étoit dans ſa plus grande ferveur. Si elles furent inutiles à leur principal objet, elles furent du moins très-avantageuſes à nos Rois. Les Seigneurs les plus puiſſants, les plus braves, & les plus mutins, s'engagèrent à ces longs voyages, & laiſsèrent le terrein libre : ils ſe ruinèrent, ou ils périrent. Alors il fut facile aux Rois de retirer des mains de leurs veuves, & de leurs mineurs, les terres qu'ils poſſédoient. Cela ſe fit du moins en partie ; quelques-uns même de nos Rois ne firent point de difficulté d'acheter des Seigneurs croiſés leurs terres & Seigneuries. Philippe I acheta la Ville de Bourges du Vicomte Arpin, qui en ſacrifia le prix au ſuccès de la ſeconde croiſade : après s'y être ruiné, il ſe fit Moine à Cluny, & y mourut. C'eſt ainſi, dit Mezeray, que la France, évacuée par ces grandes ſaignées, devint plus ſouple & plus ſoumiſe aux volontés de ſes Rois, dont la puiſſance augmentoit néceſſairement, à proportion que celle des Seigneurs particuliers s'affoibliſſoit. Premier échec au pouvoir des vaſſaux.

L'Abbé Suger, auſſi habile politique que ſon Maître l'étoit peu, eut cependant aſſez de crédit ſur ſon eſprit, pour l'engager à profiter des heureuſes circonſtances où il ſe trouvoit.

Deux choses concouroient sur-tout à établir la puissance des Seigneurs : la première, le grand nombre des serfs despotiquement soumis à leurs volontés ; la seconde, le droit de Justice, qu'ils exerçoient souverainement sur tous les hommes répandus dans leurs Seigneuries & dans leurs Fiefs. Ce fut sous le règne de Louis le Gros qu'on commença à réduire la Justice des Seigneurs à de justes bornes. Nous avons vu ailleurs quels moyens on employa pour y parvenir. Quant à leurs serfs, c'est précisément ici notre objet d'examiner comment on parvint à les soustraire à la puissance des Seigneurs, ou du moins à en diminuer considérablement le nombre excessif ; quelles furent les suites des affranchissements qu'on leur accorda, & quelles en furent les conditions.

Quand on parle ici d'affranchissements, on entend ces affranchissements généraux, par lesquels on accordoit la liberté à une Ville, à un Bourg, à une Seigneurie entière. A l'égard des affranchissements particuliers, il n'est pas douteux qu'avant l'Abbé Suger il s'en faisoit tous les jours. Les formules de Marculfe font voir quelles en étoient les solemnités : mais ces affranchissements particuliers n'auroient jamais pu produire l'effet auquel aspiroient les Ministres de Louis le Gros.

Commander tout d'un coup aux Seigneurs d'affranchir leurs serfs, ç'auroit été s'exposer à une désobéissance générale ; d'ailleurs, quelle justice y auroit-il eu à ordonner aux Seigneurs d'abandonner ainsi la plus considérable & la plus précieuse partie de leurs biens ? On s'y prit plus finement ; on exhorta d'abord les Seigneurs à accorder des affranchissements : mais l'intérêt se laisse difficilement persuader. Quand on vit que les exhortations avoient peu d'effet, on séduisit les Seigneurs par l'exemple : nos Rois furent les premiers qui accordèrent des affranchissements généraux aux serfs qui demeuroient dans les Villes & dans les terres de leurs domaines. L'histoire nous apprend bien, que Louis le Gros fut le premier quidonna cet exemple mémorable ; mais elle ne date l'époque d'aucun affranchissement accordé sous son règne; nous en avons, au contraire, plusieurs datés du règne de Louis le Jeune, son fils. En 1141, il confirma les privilèges de la Ville de Bourges ; en 1144, il affranchit les habitants de Beauvais ; en 1175, ceux de Dun-le-Roy;

en 1180, ceux d'Orléans. En 1315 Louis Hutin exhorta tous les Seigneurs du Royaume à accorder la franchise à leurs serfs, à bonnes & convenables conditions. Il seroit fort inutile de rapporter ici les différents affranchissements accordés, en différents temps, par nos Rois, aux Provinces, Villes & Seigneuries de leur domaine; il suffit d'observer qu'elles sont devenues libres, à mesure qu'elles ont été réunies à la Couronne. C'est ainsi que Charles VII affranchit la Ville d'Issoudun en 1422, & celle de Melun en 1439.

La Noblesse, qui avoit résisté aux exhortations, ne put résister à l'exemple du Prince. Bientôt les Seigneurs, toujours singes de la Royauté, soit pour faire leur cour au Roi, soit par intérêt, soit par nécessité, quelques-uns par pure humanité, d'autres par piété & par dévotion, s'empressèrent, à l'envi, d'accorder des affranchissements aux Seigneuries qui relevoient d'eux : si on n'affranchissoit pas la Seigneurie en entier, on affranchissoit au moins le chef-lieu, ou la Ville capitale, s'il y en avoit; & aujourd'hui on trouveroit peu de Terres seigneuriales, dans le Royaume, où il n'y ait quelque franchise établie. Les plus anciens affranchissements, accordés par les Seigneurs, du moins ceux que nous connoissons, ne remontent pas plus haut que le règne de Louis le Gros; mais depuis, c'est-à-dire depuis le milieu du douzième siècle, jusqu'à présent, on en trouve une infinité. En 1130, Guillaume Talvas, Comte de Ponthieu, affranchit Abbeville; en 1187, Hugues de Bourgogne accorda aux habitants de Dijon le droit de commune, semblable à celui de Soissons; en 1088, Philippe, Comte de Flandres & de Vermandois, accorda la franchise à la Ville d'Orchies: Baune reçut sa liberté en 1203; Thibault, Comte de Champagne, l'accorda à la Ville de Troyes en 1230. Voilà les plus grands Vassaux de la Couronne qui, à l'exemple du Roi, accordent la liberté à leurs serfs. Il suffit d'observer que des exemples d'une si grande autorité ramenèrent peu-à peu la liberté dans tout le Royaume; & aujourd'hui ce n'est plus que dans les campagnes, de quelques Provinces, que nous trouvons des serfs, quelques malheureux paysans, réduits à cet état, plutôt par la nécessité & par la misère, que par le droit civil.

Les affranchissements, que les Seigneurs accordoient à leurs serfs, devoient être approuvés par le Roi; le Seigneur se chargeoit ordinairement d'obtenir cet agrément, qu'on ne lui refusoit jamais: le prétexte du Roi étoit, que la liberté des serfs opéroit une espéce d'aliénation de partie du Fief, ou de sa valeur, qu'on ne peut diminuer sans le consentement du Seigneur suserain; mais le vrai but étoit de diminuer insensiblement le pouvoir des Seigneurs. En effet, lorsque l'affranchissement avoit été approuvé par le Roi, si-tôt que le Seigneur avoit le moindre demêlé avec ses sujets, on avoit recours au Roi, qui ne manquoit jamais de maintenir les droits de l'affranchissement, de les étendre; de façon que peu-à-peu on s'accoutuma à résister au Seigneur, & enfin à ne le plus reconnoître que pour lui payer quelques droits utiles, souvent contestés, & qu'on ne lui accorde aujourd'hui, que quand ils sont fondés sur des titres hors de toute critique. Souvent les Seigneurs, après avoir donné la liberté à leurs serfs, s'obligeoient par serment, entre les mains de l'Evêque diocésain, de conserver toutes les immunités & franchises accordées par l'acte d'affranchissement; les successeurs de la Seigneurie étoient tenus de renouveller ce serment, le tout sous peine d'excommunication. On trouve la preuve de cet usage dans l'affranchissement de Château-Meillan de l'an 1220, rapporté par la Thaumassière, dans ses Coutumes locales; mais cet usage n'a plus lieu depuis le déclin de la Jurisdiction ecclésiastique.

L'époque des affranchissements fut, dans l'histoire de la Nation françoise, l'époque de deux révolutions remarquables; l'une dans les Loix, & l'autre dans l'état des personnes.

L'esprit de licence, de confusion & de désordre, qui pendant près de cent cinquante ans, & jusqu'à la fin de la seconde race de nos Rois, règna en France, réduisit, nous l'avons déja dit, tous les peuples, leurs villes, leurs biens, leurs personnes, à un asservissement général. Cet état fit oublier les anciennes Loix, qui devinrent également inutiles, & pour les nobles, & pour les roturiers: les nobles ne voulurent plus reconnoître d'autres Loix que le droit des fiefs, inconnu à toutes les nations avant l'établissement de cette espéce singulière de biens. Les roturiers asservis n'eurent plus d'autre Loi que

que la volonté des Seigneurs, & les conditions sous lesquelles ils leur permirent de vivre dans leurs terres : lorsque ces malheureux retournèrent à la liberté par la voie des affranchissements, ils devinrent alors capables de se marier, de contracter, d'acquérir, & de se succéder sans le consentement des Seigneurs : il devint donc nécessaire de substituer à la volonté souveraine des Seigneurs, d'autres Loix pour régler l'état civil, & tous les actes qui en dépendent.

Nos Rois, qui les premiers ont donné l'exemple des affranchissements, en les accordant donnèrent à leurs sujets affranchis les loix, qui dans la suite devoient décider leur état civil ; les chartres où elles se trouvent, sont regardées, avec raison, comme les premiers originaux de nos Coutumes. Les Seigneurs, qui imitèrent les Souverains dans les affranchissements, les imitèrent aussi dans le droit qu'ils crurent avoir de donner à leurs serfs affranchis de nouvelles loix ; elles se multiplièrent à mesure que les affranchissements devinrent plus fréquents ; chaque Seigneur les dicta suivant ses caprices : les plus équitables furent ceux qui les modelèrent sur d'anciens usages, dont malgré un long asservissement, on n'avoit point encore perdu la mémoire : c'est ainsi que dans ce Royaume s'est formé cet assemblage énorme & bizarre de différentes Coutumes, loix informes, obscures & confuses, qui nous représentent parfaitement la barbarie des temps qui les ont vu naître, & l'ignorance de ceux qui les ont données. Il est vrai que nos Coutumes ont été postérieurement rédigées & réformées ; mais il faut avouer qu'elles l'ont été dans un siècle, où on ne connoissoit ni méthode ni précision. Si Me Domat, ou M. le Président de Montesquieu avoient été chargés de réformer & de rédiger nos Loix coutumières, il faut penser que cet ouvrage important auroit été conduit à sa perfection par des hommes qui ont si bien connu l'esprit, le langage des Loix, & le rapport qu'elles doivent avoir avec le caractère de chaque Nation.

Le second effet considérable que produisirent les affranchissements, fut l'établissement d'un troisième ordre de personnes dans le Royaume, qu'on appella depuis le tiers-Etat. Dans les assemblées de la Nation, qui se firent sous la premiere & la seconde race de nos Rois, on n'y vit paroître que les principaux du Clergé & la Noblesse. Le Peuple, composé de serfs & d'esclaves, n'influoit en rien dans les affaires du Gouvernement : mais les affranchissements firent naître un nouvel ordre de Citoyens : il se forma dans les Villes des Corps de Magistrats & de Bourgeoisie ; dans les Provinces par conséquent des corps nombreux d'hommes libres, que leurs travaux & leur industrie rendirent puissants dans la suite ; la Noblesse, qui méprisoit autrefois si souverainement les vilains, ne dédaigne pas aujourd'hui leur alliance, quand leurs richesses, devenues nécessaires pour soutenir un grand nom, peuvent mériter leur attention. Nos Rois, loin de blâmer la bassesse des uns, & la sottise des autres, ont vu avec plaisir l'espèce de rivalité qui s'élevoit entre la Noblesse & le Peuple : si quelquefois on a paru vouloir réprimer cette rivalité, l'argent du Fermier, du Commerçant, du Laboureur même, a étouffé les clameurs de la Noblesse ; & l'effet des plus rigoureuses recherches a souvent été de voir un faquin assis à côté du Seigneur, dont il avoit été le Fermier, pour ne pas dire quelque chose de pire. C'est ainsi que cette Noblesse, autrefois si fière & si formidable, aujourd'hui presque confondue avec les Plébéiens, ne cause plus d'inquiétudes à nos Rois. Leurs prédécesseurs ne sont parvenus à ce but qu'en accordant aux Peuples, affranchis des fers de la Noblesse, une protection continuelle, en élevant le Tiers-Etat, en lui confiant les plus importantes Magistratures, en lui donnant le privilège exclusif de s'enrichir par la voie du commerce. Avec des secours si efficaces, le Peuple devint bientôt un Etat puissant, dont nos Rois, en suivant l'exécution de leur projet, se servirent habilement pour l'opposer au Clergé & à la Noblesse, dans les assemblées des Etats généraux du Royaume. Le Tiers-Etat y fut admis, pour la première fois, par Philippe le Bel, en 1355 ; & a toujours continué d'y paroître jusqu'aux derniers Etats, tenus à Paris en 1626. Et pourquoi ne l'y auroit-on pas admis ? Si la Noblesse, avec son épée, défend l'Etat, le Magistrat, le Commerçant, le Laboureur, ne le soutiennent-ils pas par leurs travaux ? Si même la Noblesse refusoit son épée, l'Etat en seroit-il moins défendu ? N'a-t-on jamais vu d'illustres Plébéïens commander des armées, & remporter des victoires ?

Le premier avantage, dont jouissoit l'homme affranchi, étoit d'être exempt de tous les droits serviles, dont nous avons traité dans le chapitre précédent, de la taille arbitraire, des corvées, de la poule de commande, de la mortaille : nous avons cependant quelques affranchissements, où les Seigneurs se sont réservés un certain nombre de corvées, & même la poule de commande ; *salvis nobis gallinis*, dit la Bourgeoisie de Gournay & celle de Saint-Chartier. Outre ces exemptions, les affranchis acquéroient encore tous les avantages de l'état libre ; la faculté entière de disposer de leurs personnes & de leurs biens ; le privilège de ne pouvoir être distraits de leurs Jurisdictions ; celui de ne pouvoir être emprisonnés, ni leurs biens saisis, en matière civile, pourvû qu'ils donnassent bonne & suffisante caution.

Il faut observer que ce privilège est commun dans tous les affranchissements, ainsi qu'on le voit dans ceux de Charrost, de Château-Mellian, de Boussac, & dans plusieurs autres, rapportés par la Thaumassière, dans ses Coutumes locales.

Le Seigneur, qui avoit la souveraine disposition de son serf, le pouvoit conduire à la guerre, où il lui plaisoit, & l'y retenir aussi long-temps qu'il le jugeoit à propos : ce pouvoir fut limité par les affranchissements. La franchise de Lury n'oblige les Bourgeois de suivre leur Seigneur à la guerre, que dans les lieux d'où ils pourront retourner le soir en leurs maisons : celle de Graçay est semblable. Les franchises d'Aix, & de Châteauneuf en Berry, permettent aux Seigneurs de retenir leurs vassaux à la guerre, un jour entier, pourvû qu'ils puissent retourner le lendemain chez eux. Ceci renverse entièrement, dit M. le Président de Montesquieu, le systême de l'Abbé Dubos, qui soutient que les serfs n'alloient point à la guerre. Ils y alloient sans doute ; puisqu'un des principaux privilèges qu'ils acquirent, avec la liberté, consistoit à ne pouvoir plus être contraints de prendre les armes, si ce n'est en certains cas, & pour un certain temps. Les Seigneurs ne pouvoient encore contraindre leurs vassaux de les suivre à la guerre pendant les trèves : les Seigneurs & les vassaux juroient également de les observer. Ce serment ce faisoit entre les mains des Evêques, conservateurs des trèves, & qui les premiers opposèrent ce remède à la fureur des guerres intestines, qui désoloient le Royaume. Dans plusieurs Conciles provinciaux on défendit, sous les peines canoniques, aux Seigneurs de poursuivre par les armes, dans certains jours de la semaine, & dans certains temps de l'année, la vengeance de leurs querelles particulières. Il est inutile d'observer que les Seigneurs n'ont plus ce droit de se déclarer ainsi la guerre : ces usurpations, sur l'autorité royale, sont pleinement rétablies ; & les querelles des Seigneurs ne se décident pas aujourd'hui par d'autres voies que celles des particuliers ; c'est-à-dire par la Justice du Roi, qui, sans acception de personnes, la rend également à tous ses sujets.

Lorsque les serfs étoient sous la puissance de leur Seigneur ; ils n'avoient d'autre Loi que leur volonté ; elle s'expliquoit assez d'elle-même : mais quand, en affranchissant les serfs, on leur donna de nouvelles Loix, jointes à beaucoup de priviléges, alors il fut nécessaire de leur permettre d'élire entr'eux des Magistrats, pour défendre & conserver les privilèges, pour expliquer les Loix accordées à la franchise, les faire exécuter, en faire l'application aux cas particuliers. Dans la plûpart des Villes, ces Magistrats exerçoient la Justice civile & criminelle sur les Bourgeois, & sur tous les hommes libres de la franchise : on se conforma à cet égard aux anciens usages, qui vouloient que chacun fût jugé par ses pairs. Ces Magistrats s'appellèrent ordinairement les *Maires & Echevins*, les *Consuls*, les *Capitouls* ; c'étoit la même chose que ce qu'on appelloit, sous la première race, les *Gravions*, les *Rathimburges*. Aujourd'hui cette Magistrature est réduite, dans les Villes, à très-peu de chose : peu à peu on lui a enlevé la police, le jugement des affaires civiles & criminelles ; & nous n'avons plus que les Villes de Flandres, où l'Echevinage a conservé les droits de son premier établissement.

Nous venons de parcourir les principaux avantages que les Serfs, les Villes, les Provinces ont tirés des affranchissements ; les changements qu'ils ont occasionnés dans les Loix & dans l'Etat civil ; l'utilité dont ils ont été pour l'accroissement de l'autorité royale : sur tous ces objets, nous nous sommes un peu plus étendus qu'à l'ordinaire ; mais, en faisant l'histoire de l'abbaissement de la Noblesse, il m'a paru important de reprimer l'orgueil de nos fiers Bourgeois, en leur rappellant l'origine de leurs pères ; & de leur inspirer quelque modestie dans les fréquentes incursions qu'on leur permet de faire sur la Noblesse. Il nous reste maintenant à examiner quels sont les droits que les Seigneurs se sont réservés sur leurs serfs, en les affranchissant : on peut les comparer à ces antiques ruines d'un palais magnifique, que le voyageur étonné contemple toujours avec admiration.

Nous avons observé que différents motifs avoient engagé les Seigneurs à affranchir leurs serfs ; que les uns l'avoient fait par intérêt, & les autres par générosité : cependant, en examinant les choses de plus près, je trouve que l'intérêt a été le motif général & dominant. Le fait est sans contredit, à l'égard des Seigneurs qui ont vendu la liberté à leurs serfs, moyennant finance, & à deniers comptants, & qui, en outre, se sont réservés des droits utiles sur les serfs affranchis. A l'égard des Seigneurs, qui semblent avoir affranchi leurs serfs de leur propre volonté, & sans finance, il ne faut que consulter les chartres de leurs affranchissements, pour se convaincre que leurs bienfaits n'étoient rien moins que gratuits : en accordant l'exemption des droits serviles, ils en ont substitué d'autres, à la vérité moins odieux & plus supportables à des malheureux, qui sortoient de l'esclavage, mais qui laissoient encore sentir tout le poids de la puissance du Seigneur, & qui équivaloient à tout l'utile qu'ils retiroient de la servitude personnelle.

En général, les Seigneurs se sont réservés, sur leurs serfs affranchis, tous droits de haute, moyenne & basse Justice. Ces droits sont par eux-mêmes considérables ; nous avons dit en quoi ils consistent. Quelques Seigneurs, il est vrai, ont exempté leurs serfs affranchis de toutes corvées ; mais le plus grand nombre s'en sont réservés une certaine quantité par chacun an : s'ils ont quitté leurs hommes de la taille personnelle, ils lui ont substitué les droits de bourgeoisie, qui sont certaines redevances en grains, ou en argent, qu'on paie par chacun an. Ce droit est encore général dans toutes les franchises; on y a ajouté la taille aux quatre cas, le droit de guet & garde, celui d'acheter à crédit des Bourgeois, les droits de bannalité, de blairie, les péages, la leyde, les droits sur les foires & les marchés, & une si grande quantité d'autres, que Ragueau en a trouvé, dans nos Coutumes & dans les titres particuliers des Seigneurs, un nombre assez considérable pour en former un Dictionnaire. Nous allons traiter de ceux qui sont les plus connus, & dont l'usage est plus général: à l'égard des autres, on se contentera de les indiquer seulement dans un chapitre particulier.

De la Taille aux quatre cas.

La taille seigneuriale est de deux sortes; sçavoir, la taille ordinaire, qui dérive de la servitude réelle ou personnelle, & la taille casuelle, qui n'est due que par des hommes libres: c'est pour cela qu'on l'appelle *taille franche ;* dans quelques Coutumes on la nomme *droit d'aide*. C'étoit d'abord un secours volontaire, que les vassaux donnoient à leur Seigneur dans de certaines occasions : depuis les Seigneurs en firent un droit, qu'ils exigèrent par force. Ce n'est pas la seule usurpation qu'ils aient faite.

Nous trouvons, dans les Coutumes, quatre cas où le Seigneur pouvoit exiger, de ses vassaux, la taille dont est question; sçavoir, quand le Seigneur, ou son fils aîné, est fait Chevalier; quand il marioit sa fille aînée; quand il faisoit le voyage d'outre mer, & quand il étoit fait prisonnier dans une guerre juste. Comme, dans toutes ces occasions, les Seigneurs étoient exposés à de grandes dépenses, les vassaux avoient coutume de les aider, par quelques secours extraordinaires.

Des quatre cas ci-dessus, deux n'ont plus lieu; les voyages d'outre mer, c'est-à-dire, ceux pour la conquête de la Terre sainte, & la Chevalerie du fils aîné: cependant M. Salvaing & Berault, sur l'article 168 de la Coutume de Normandie, pensent que le droit est dû quand le fils aîné du Seigneur est fait Chevalier du S. Esprit. Je ne vois pas que ce sentiment soit suivi dans la pratique; il est constant que les Coutumes n'ont entendu parler que de l'ancienne Chevalerie, qui ne subsiste plus depuis long-temps.

Quand le Seigneur marie sa fille aînée, le droit est dû pour le premier mariage seulement, fait par le père vivant : si elle se marie après le décès du père, il n'est rien dû. On a demandé si le Seigneur pouvoit lever la taille quand il faisoit sa fille aînée Religieuse, ou quand il marioit sa fille naturelle, non légitimée. Les meilleurs Auteurs ont estimé qu'il n'est rien dû dans l'un & l'autre cas : dans le premier, parce que les Coutumes odieuses doivent toujours être restreintes aux seuls cas dont elles parlent ; dans le second, parce que les Loix ne reconnoissent point les enfants illégitimes.

Si la fille aînée, après le décès de son père, reste sous la tutelle de sa mère, quoique le père soit décédé, sa veuve, en mariant sa fille aînée, peut demander la taille. *Voyez* Papon, en ses Arrêts, liv. 13, tit. 3, art. 3. Cet usage de faire un présent aux Seigneurs, lorsqu'ils marioient leur fille aînée, est sans doute venu des Romains ; leurs affranchis en faisoient à leurs Patrons, aux mariages de leurs filles. Nous apprenons de Matthieu Paris, que Henri I, Roi d'Angleterre, mariant sa fille Mahault à l'Empereur Henri, leva un impôt de trois sols sur chaque arpent de terre de tout le Royaume.

Le dernier cas de la taille en question est lorsque le Seigneur est fait prisonnier de guerre ; mais il faut que ce soit dans une guerre contre les ennemis du Roi & de l'Etat, & lorsqu'il faut payer rançon. Si le Seigneur acquiert sa liberté par échange, il n'est rien dû ; le secours accordé par les Coutumes n'est que pour aider le Seigneur à payer sa rançon. Si le Seigneur est fait prisonnier dans une guerre civile, la taille n'est pas due ; elle l'est encore bien moins, quand le Seigneur est arrêté prisonnier pour crimes, ou pour dettes.

Le Seigneur ne peut lever la taille, en chacun des quatre cas, qu'une seule fois en sa vie, quoique les cas fussent réitérés plusieurs fois. Quelques Coutumes le décident ainsi : cependant Loysel, dans son Manuel, tit. 3, art. 55, estime que le cas de la rançon se peut réitérer plusieurs fois.

Si tous les cas, ou plusieurs d'eux, arrivoient la même année, le Seigneur ne pourroit pas exiger la taille pour tous les cas, ou pour plusieurs, la même année; il doit le faire alternativement, & par année, pour ne pas surcharger ses sujets.

Le droit de taille aux quatre cas appartient à l'usufruitier comme au propriétaire, & par conséquent au mari, dans la terre de sa femme: s'il est sujet aux charges du Fief, il est bien juste qu'il en reçoive les fruits ordinaires, & les revenus casuels. *Voyez* M. le Prestre, cent. 1, chap. 102; d'Argentré, sur l'article 87 de la Coutume de Bretagne.

La taille aux quatre cas n'est jamais due que quand la Coutume l'accorde au Seigneur, ou lorsqu'il est fondé en titre bien précis. Ce droit, suivant Bretonnier, ne s'acquiert point par une longue possession. L'article 280 de l'Ordonnance de Blois défend à tous Seigneurs de la lever, sinon *ès cas esquels leurs sujets peuvent être contraints, par Justice, de les payer;* ce qui suppose la Coutume, ou le titre. L'article 21 du Réglement général, fait aux grands Jours de Clermont, fait aussi défenses à tous Seigneurs d'exiger la taille casuelle, autrement qu'en argent, & au-delà des sommes portées par la Coutume, ou de changer les cas qu'elle a réglés, à peine de nullité de tous contrats qui seroient passés au contraire.

La quotité de ce droit est différente, suivant les Coutumes: celle de Châteauneuf-sur-Cher le fixe à cent sols pour les plus riches; celle de Graçay à vingt sols pour les plus aisés; & pour les autres, suivant leurs facultés, au dire de quatre Prud'hommes. Quand la quotité n'est point fixée par la Coutume, ou par les titres, elle est ordinairement le double du cens, ou des droits ordinaires; & c'est pour cela que, dans plusieurs Coutumes, la taille aux quatre cas est appellée *doublage*.

Lorsque ce droit est fondé sur la Coutume, ou sur un titre valable, les débiteurs ne le peuvent jamais prescrire, quand le Seigneur auroit été mille ans sans l'exercer, dit d'Argentré, sur l'art. 42 de la Coutume de Bretagne.

Du Droit de Guet & Garde.

Le droit que les Seigneurs croyoient avoir autrefois de se faire la guerre, & même de la faire au Roi, suppose nécessairement celui de lever des troupes, & d'avoir des forteresses: leurs

leurs troupes étoient leurs vassaux, & les forteresses leurs châteaux : en temps de guerre ces châteaux étoient l'asyle des vassaux, qui s'y retiroient, eux, leurs femmes, leurs enfants ; ils y renfermoient encore les plus précieux de leurs meubles. Il étoit donc naturel que les vassaux gardassent & défendissent la forteresse : à cet effet ils y montoient régulièrement la garde, tour à tour. Telle est l'origine du droit de guet & garde, qui, pour être exigé légitimement, suppose, 1°. une forteresse en état de défense ; 2°. une guerre ouverte, ou du moins imminente, qui impose la nécessité de veiller à la garde de la forteresse. Mais aujourd'hui, que les Seigneurs n'ont plus de forteresses, qu'ils ne peuvent plus se faire la guerre, ni la déclarer aux autres, ne doit-on pas être étonné de les voir encore exiger, de leurs vassaux, le droit de guet & garde ? Il est peu de Seigneuries dont les terriers ne contiennent des reconnoissances formelles de ce droit : pour décider de sa légitimité, il est nécessaire de faire quelques observations.

Le droit de guet & garde est personnel, ou réel. Le guet personnel consiste dans le service que chacun des sujets de la terre, à l'exception des nobles, à cause de leur dignité, & des veuves & des mineurs, à cause de leur foiblesse, doit, pour veiller à la conservation de la terre du Seigneur. Or il est constant qu'il n'y a plus, en France, aucun Seigneur qui ait le droit d'exiger ce service de ses sujets ; la Noblesse, comme nous l'avons observé, n'a plus de guerres personnelles à soutenir ; nous n'en craignons plus d'autres, que celles qui concernent la défense de l'Etat ; & alors c'est au Monarque, à ses Généraux, à ses troupes d'y veiller. Si cependant une Seigneurie se trouvoit sur une frontière menacée des courses de l'ennemi, le Seigneur feroit surement son devoir de se retrancher dans son château, de forcer ses sujets d'y venir faire la garde & le guet, afin d'arrêter l'ennemi : mais cette conduite seroit légitimée plutôt par la nécessité du bien public, que par le droit du Seigneur, à qui on ne conseillera jamais, hors cette dernière circonstance, d'exiger de ses sujets qu'ils viennent faire la garde à son château. Outre qu'une semblable prétention n'auroit aucun motif raisonnable en pleine paix, elle seroit bientôt réprimée par le Gouvernement. Il y a plus ; par les anciens Arrêts rendus dans des temps, même où les Seigneurs avoient des forteresses, ils ne pouvoient exiger le droit de guet & garde, qu'ils n'eussent un titre ; &, avec le titre, ils ne pouvoient y assujettir les sujets, sans nécessité, s'il n'y avoit guerre ouverte, ou crainte d'une guerre imminente ; si le château n'étoit assez grand pour donner un asyle sûr, contre l'ennemi, aux habitants de la terre, à leurs bestiaux & leurs effets les plus précieux ; si le château n'étoit pas en état de défense : car, s'il étoit en ruine, ou démoli, le Seigneur ne pouvoit contraindre ses sujets à y faire le guet ; il falloit attendre qu'il fût rétabli & défensable. Tels étoient autrefois les principes qui régloient l'exercice du guet personnel, mais dont les changements, arrivés dans le Gouvernement & dans l'Etat des Seigneurs, ne permettent plus absolument de faire usage. Il nous reste donc à examiner comment ce droit personnel a pu être converti en des redevances réelles & annuelles, telles que les Seigneurs les perçoivent aujourd'hui, ce qui a pu se faire de plusieurs manières.

1°. Quelques Seigneurs se sont obligés, envers leurs sujets, d'entretenir eux-mêmes leurs châteaux en état de défense, de les garder à leurs frais, & d'y donner asyle aux habitants de la terre, à leurs femmes & enfants, à leurs bestiaux, & autres effets, en temps de guerre. D'un autre côté, les habitants, pour recompenser le Seigneur & le mettre en état de leur fournir les secours dont nous venons de parler, lui ont accordé la vingtième partie de tous les fruits qui se recueilleroient dans leur territoire ; moyennant quoi ils demeureroient quittes de toute espèce de contributions pour l'entretien des fortifications du château, & de la sujétion d'y faire la garde en temps de guerre. Ce droit s'est appellé droit de *vingtain*, ou de *sauvement :* la quotité en est plus ou moins onéreuse, suivant que les Seigneurs ont été plus riches, ou moins avares. C'est dans cette espèce qu'est intervenu un Arrêt du Parlement de Toulouse, du 14 Août 1557, entre le Seigneur de Todure & les habitants du même lieu, par lequel le Seigneur a été maintenu dans la possession de percevoir le *vingtain* sur ses sujets, & cependant condamné à réparer les murailles & les portes de Todure, dans un an.

2°. En quelques endroits, les sujets des Seigneurs, pour s'affranchir du droit de guet & garde, & des corvées qu'ils fournissoient pour l'entretien des fortifications du château, en ont composé avec le Seigneur, moyennant une espèce de cens en argent, ou grains, qu'ils ont affecté sur tous, ou sur quelques-uns de leurs héritages. Dans les terriers, on trouve quantité de reconnoissances de ces espèces de cens, à qui on donne le nom du *droit de guet & garde.*

Tous les Auteurs conviennent que le droit de guet & garde, établi des deux façons que nous venons de rapporter, est légitime, & doit être payé en tous temps, malgré le changement des choses, comme un revenu certain, qui fait partie du revenu de la Seigneurie. On n'envisage plus si le château subsiste, ou non; on se décide par la convention volontaire, faite entre l'habitant & le Seigneur : convention qui a eu pour objet l'affranchissement d'un droit onéreux, & dont l'affranchi n'a pas pu prévoir la cessation. Il seroit inutile d'objecter que ces conventions ont été extorquées par violence : comment le prouver ? D'ailleurs, si la redevance, qualifiée de droit de guet & garde, a été originairement affectée sur certains héritages, comment les détenteurs, successeurs, ou acquéreurs à la charge de ce droit, pourroient-ils se libérer ?

3°. Nous trouvons, dans les terriers de quelques Seigneurs, le droit de guet & garde établi d'une troisième façon, bien moins favorable que les deux précédentes; il consiste dans une redevance de cinq sols, qu'ils font reconnoître aux habitants de leur Seigneurie, pour chaque feu. Il n'est guère possible de légitimer ce droit, qui est personnel, & qui, comme tel, est visiblement sans objet, n'y ayant plus aucune nécessité, aux habitants des Terres seigneuriales, de faire le guet au château des Seigneurs, ou de rien payer pour s'en exempter : cependant Papon, liv. 13, tit. 5, art. 2, estime que, si pareil droit se trouve établi *par composition, usage, tolérance, par coutume invétérée*, quand même le droit seroit plus haut que cinq sols, le Seigneur doit y être maintenu. Papon peut avoir raison; mais la nature du droit, odieux par lui-même, sans objet, sans nécessité, doit au moins engager à un examen plus scrupuleux des titres produits par le Seigneur, & à les proscrire, quand ils ne sont pas bien suivis & accompagnés d'une bonne possession. Il en doit être de même de tous les droits dont il nous reste à traiter : les soupçons qu'ils n'aient été extorqués par violence, ou par contrainte, doivent toujours faire pencher du côté de la libération. Nous connoissons, il est vrai, plusieurs Ordonnances de nos Rois, une de Charles VI, du 6 Décembre 1373; une autre de Louis XI, de 1479; une troisième de Louis XII, de l'an 1510, qui ordonnent de faire le guet, & qui prononcent des amendes contre ceux qui y manqueront : mais il est certain que ces Ordonnances ne parlent que du guet personnel, & qu'elles ont été rendues dans des temps où ce service pouvoit être utile & nécessaire; d'ailleurs ces mêmes Ordonnances défendent expressément de rançonner le paysan, sous prétexte du droit de guet; elles ordonnent qu'à l'avenir le guet ne se fera que quand il sera nécessaire; que ceux qui le feront en personne ne payeront rien, & qu'on ne pourra les y occuper que depuis le soleil couchant, jusqu'au soleil levant. Il est donc évident qu'on ne peut faire aucune application de ces Ordonnances au droit de guet & garde, qu'on perçoit aujourd'hui sous tant de différents noms : il est même probable que quelques Seigneurs ont abusé de ces mêmes Ordonnances, pour exiger de leurs sujets les compositions, en vertu desquelles ils se croient à présent en droit de demander des redevances qui n'ont plus aucun objet.

4°. Il s'est trouvé des Seigneurs qui ont interprété les mots de *guet & garde*, par ceux de *sauve-garde* & de *protection*, que les Seigneurs, disent ils, doivent à leurs sujets; mais cette prétention a été proscrite par Arrêt du Parlement de Dijon, du 14 Janvier 1735, au profit des habitants de Souclin & de Soudon en Bugey, contre les Seigneurs de Saint-Rambert : la

Cour jugea que le droit de ſauve-garde & de protection eſt un droit de ſouveraineté, qui ne peut être exercé par aucun particulier.

Du Droit qu'avoient les Seigneurs d'acheter, de leurs Sujets affranchis, les denrées à crédit.

Ce droit prouve que les Seigneurs, en affranchiſſant leurs ſerfs, n'oublioient rien pour leur faire ſentir le poids de l'ancienne domination : s'il ne leur fut plus loiſible d'enlever leurs denrées, ils ſe réſervèrent au moins le droit de les acheter à crédit, & à tel terme qu'ils jugeroient à propos de ſtipuler. Pierre de France ſe réſerva ce droit à Montargis, avec terme de payer pendant un mois.

Les Comtes de Sancerre, en accordant les Coutumes de Lorris aux habitants de Barlieu & de Leſtang, s'attribuèrent le même droit, pour quinze jours ſeulement. Etienne de Sancerre, en donnant les mêmes Coutumes aux habitants de Saint-Briſſon; Robert de Courtenay, en les donnant aux habitants de Mehun; les Comtes de Champagne, lorſqu'ils les introduiſirent à Chaumont en Baſſigny, ſe réſervèrent pareillement le droit d'acheter à crédit, pendant quinze jours.

Les Seigneurs de Berry prirent de plus longs termes pour payer les denrées qu'ils achetoient pour la proviſion de leurs maiſons. La Bourgeoiſie de Graçay accorde le terme de quatre mois; la Coutume de Meneton-ſur-Cher donne trois mois de crédit au Seigneur; celle d'Aix accorde le même terme, & a cela de particulier, qu'elle donne au Seigneur la faculté de faire eſtimer les denrées, qu'il a achetées, par deux hommes qu'il peut choiſir. Dans la chartre qui contient la fondation du Chapitre de Saint Silvain de Levroux, on voit qu'Eudes de Deols, fondateur, donne aux Chanoines le privilège d'acheter à crédit, pendant quarante jours. Les Eccléſiaſtiques ne feroient pas aujourd'hui ſi riches, ſi on ne leur avoit jamais donné que des biens de cette eſpèce.

Le droit, dont eſt queſtion, eſt aſſez rare dans les anciennes chartres; & je ne connois aucune terre où les Seigneurs, qui l'ont par leurs titres, en fassent l'exercice : mais j'en connois beaucoup qui, sans titres, ont étendu le terme du crédit jusqu'à ne jamais payer.

Du Droit de Bourgeoisie.

Les Seigneurs, en affranchissant leurs serfs, voulurent perdre le moins qu'ils purent : ils les exemptoient, il est vrai, de la taille servile; mais ils y substituèrent d'autres droits, &, entr'autres, le droit de bourgeoisie, qui est regardé, par les Seigneurs, comme une espèce de tribut dû par les sujets, en reconnoissance de la liberté qu'ils leur ont accordée.

Ce droit consiste ordinairement en une redevance annuelle en argent, ou en grains, plus ou moins considérable, selon que les Seigneurs étoient plus ou moins généreux. Par la Coutume de Nivernois, titre 9, articles 6 & 7, les Bourgeois doivent, par chacun an, douze deniers tournois de bourgeoisie à leurs Seigneurs. L'Ordonnance du Duc de Bouillon, articles 567 & 568, ordonne que chaque Bourgeois de la Ville de Sedan paiera, pour sa bourgeoisie, vingt deniers par chacun an.

Quand on quittoit une bourgeoisie pour aller dans une autre, on payoit un droit; on en payoit pareillement un pour être reçu dans une bourgeoisie dont on étoit étranger. L'Ordonn. du Duc de Bouillon veut que le Bourgeois, à sa réception, paie deux sols six deniers, s'il est fils de Bourgeois, & cinq sols, s'il est étranger. La Coutume particulière de la ville de Calais statue que les nouveaux Bourgeois paieront, à leur entrée dans la bourgeoisie, vingt-cinq francs. Par deux Arrêts, l'un donné à la Saint Martin 1260, & l'autre à la Toussaint 1266, pour la Commune de Compiègne, il fut jugé que les Bourgeois qui quittoient leur Bourgeoisie, pour aller demeurer ailleurs, devoient payer les droits d'issues accoutumés, & qu'ils ne pouvoient quitter sans avoir satisfait à cette obligation.

Par la chartre accordée aux Nobles de Champagne, par

les Rois Philippe le Bel, Louis Hutin, & Philippe le Long, de l'an 1315, il eſt dit: » Si quelqu'un veut obtenir droit » de bourgeoiſie dans un lieu, il doit ſe tranſporter au lieu » dont il veut être dit Bourgeois; & là, aller trouver le Ma- » giſtrat, ou ſon Lieutenant, & lui dire: *Je vous ſupplie,* » *Monſieur, de m'accorder le droit de me dire Bourgeois de* » *cette Ville, aux offres que je fais de faire les devoirs & les* » *formalités néceſſaires. . . .* «. Pour jouir de ce droit, il falloit faire réſidence, dans le lieu dont on ſe vouloit dire Bourgeois, pendant un certain temps, & ne pas manquer d'y paroître aux jours des bonnes fêtes.

On ne pouvoit pas recevoir à la bourgeoiſie les Bourgeois d'un autre lieu, tant que la première bourgeoiſie duroit : elle ſubſiſtoit juſqu'à ce que le Bourgeois, qui vouloit quitter, eût fait ſa déclaration, & payé les droits d'iſſues. On ne recevoit, dans aucune bourgeoiſie, les ſerfs d'une autre ſeigneurie, les bannis pour crimes, les perſonnes infâmes, & les gens prévenus de crimes capitaux. Lorſque quelqu'un ſe faiſoit recevoir Bourgeois de Lille, le Procureur de la Ville diſoit, entr'autres choſes, au nouveau Bourgeois : . . . *Et ſe vous eſtiez eſrame d'aucun ſiervage envers aucun Seigneur, vous n'en ariez confort d'Eſchevins, ne de la Ville fors de prières, ne de fait mortel auſſi.*

Dans quelques endroits, & notamment du Berry, le droit de bourgeoiſie conſiſtoit en un ſeptier d'avoine, que chaque Bourgeois payoit par chacun an. Cela ſe pratiquoit ainſi autrefois à Iſſoudun & à Mehun; & cela ſe pratique encore dans la Baronnie de Lignières : c'eſt pourquoi nos Auteurs ont appellé ces bourgeoiſies, *bourgeoiſies d'avenages.*

En quelques endroits il y a des grands & petits Bourgeois; ce qui vient de la quotité, plus ou moins grande, des droits qu'ils paient. *Voyez* la Coutume de Nançay, articles 2, 3 & 4. Dans la même Coutume il y a encore des francs Bourgeois : ce ſont ceux qui ne paient aucuns devoirs annuels; mais ils ſont obligés de chaſſer pour le Seigneur, de faire la pêche de ses étangs, & de faire la poursuite des procès criminels à leurs frais, & à la décharge du Seigneur, quand il n'y a point de partie civile.

Les droits de bourgeoisie sont imprescriptibles au fond; mais on en peut prescrire la quotité.

Fin du troisième Livre.

PRINCIPES

PRINCIPES

SUR

L'ORIGINE, L'USAGE, ET LA PRATIQUE

DES

DROITS SEIGNEURIAUX.

LIVRE QUATRIÉME.

CHAPITRE PREMIER.

DES BANNALITÉS.

De celles des Moulins & des Fours.

LES Bannalités, sur-tout celles des fours & des moulins, doivent surement leur origine à ces temps malheureux où tout le Peuple étoit enveloppé dans une servitude générale : cet état, qui lui enlevoit toute espèce de propriété dans les bois & les rivières, lui enlevoit pareillement tous les moyens nécessaires pour l'emplacement, la construction & le service des fours & des moulins : il fallut donc que les Seigneurs, seuls propriétaires des bois & des rivières, bâtissent des moulins & des fours pour subvenir aux besoins & à l'impuissance de leurs serfs & de leurs justiciables. Ces établissements ne contribuèrent pas peu à rendre leurs terres plus habitées, & par conséquent plus florissantes. Les Paysans alloient dans les endroits où ils trouvoient plus d'aisance pour subsister.

Dans la Flandres, l'Artois & le Hainault, Provinces qui constamment ont composé le premier domaine de nos Rois, les moulins y sont domaniaux & appartiennent au Roi seul; il n'y est permis à aucun Seigneur, même haut-justicier, d'en bâtir, sans la permission expresse du Roi, & sans payer à son domaine une redevance.

Ces droits, que la Couronne a conservés jusqu'à présent dans les trois Provinces dont nous venons de parler, me font penser, avec beaucoup de vraisemblance, que les Rois de France ont été les premiers dans ce Royaume qui ont donné l'exemple de la bannalité des moulins, dont ils firent un droit de souveraineté. Les Seigneurs, dans la suite, ayant usurpé la propriété des Fiefs, usurpèrent aussi le droit de se donner des moulins & des fours bannaux; d'y assujettir leurs sujets: ce n'est pas, sans doute, on est obligé de le répéter souvent, la seule usurpation qu'ils aient faite; mais il doit paroître singulier, que le droit ayant été usurpé dans le reste du Royaume, se soit jusqu'à nos jours conservé domanial dans les seules Provinces de l'Artois, de la Flandres & du Haynault.

Quoique la servitude & la misère des Peuples ait donné lieu à l'établissement des bannalités, elles n'ont pas laissé de continuer après les affranchissements; la raison en est sensible: le serf affranchi n'en fut pas d'abord plus riche; il n'eut donc pas alors des moyens suffisants pour se bâtir & entretenir les fours & les moulins, si nécessaires à ses besoins. D'un autre côté, les Seigneurs forcés d'affranchir leurs serfs, voulurent retenir sur eux le plus de droits qu'il leur fut possible, & les droits de bannalité furent ceux qu'ils se conservèrent principalement. Le serf affranchi s'y soumit sans difficulté, soit, parce que, sans le secours du moulin & du four du Seigneur, il n'auroit pu subsister; soit, parce qu'en recevant sa liberté, il ne lui convenoit pas de disputer avec son Seigneur sur les conditions. Dans la suite, les richesses & la puissance du tiers état ont fait penser que le droit de bannalité étoit contraire à la liberté naturelle & publique; mais, si on remonte à l'origine des choses, on trouve que l'établissement des bannalités fut l'effet de l'attention des Seigneurs à soulager la misère de leurs sujets. Aujourd'hui même, si dans une terre, il se trouve quelques particuliers en état de se passer du four & du moulin bannal de son Seigneur, combien n'y en a-t-il pas dans la même terre, qui, sans ces mêmes secours, ne pourroient vivre? L'utilité publique, préférable à celle des particuliers, a donc perpétué jusqu'à nos jours le droit de bannalité.

Malgré ces considérations, le sentiment a prévalu, que les droits de bannalité sont odieux; cela peut être vrai, aujourd'hui que la liberté est le droit commun. C'est dans ce sens que les Ordonnances, & notamment celle de 1629, art. 207, défendent aux Seigneurs d'assujettir leurs sujets à la bannalité de leurs moulins, fours & pressoirs, s'ils ne sont fondés en titres. Les Législateurs d'un Peuple libre, en conservant les anciennes bannalités établies, ont voulu arrêter le cours des usurpations seigneuriales; ce n'est pas qu'aujourd'hui même, l'utilité publique ne puisse donner lieu à l'établissement de quelque nouvelle bannalité, mais ce n'est plus la volonté du Seigneur qui fera la Loi; il faut que l'utilité de l'établissement soit constatée; il faut encore que le libre consentement de tous les justiciables concoure avec la volonté du Seigneur.

L'exercice du droit de bannalité consiste dans la puissance qu'a le Seigneur, à qui ce droit appartient, de contraindre ceux qui demeurent dans l'étendue de sa Justice, de faire moudre leurs bleds à son moulin, & de faire cuire leur pain à son four, en payant un certain droit; comme aussi de leur faire défenses d'aller faire moudre & cuire ailleurs, sous les peines énoncées dans les titres du Seigneur.

La notion que nous venons de donner du droit de bannalité, sembleroit annoncer qu'il ne peut appartenir qu'au Seigneur haut-justicier: en effet, la puissance de contraindre & de défendre, le pouvoir d'attacher des peines à la désobéissance, sont des prérogatives qui ne peuvent émaner que de la Haute-Justice : cependant le droit de bannalité dans toutes les Provinces du Royaume, autres que la Flandres, l'Artois & le Hainault, n'est point un droit essentiellement attaché à la Haute-Justice ; il peut appartenir à tout Seigneur bas & moyen justicier, à tout Seigneur de Fief qui a titre suffisant : plusieurs de nos Coutumes sont conformes à cette décision.

Le titre suffisant & nécessaire pour établir une bannalité, doit avoir les qualités que la Coutume de Paris & celle d'Orléans demandent pour former un titre valable. 1°. Il faut qu'il soit fait dans les formes prescrites par les Ordonnances. 2°. Il faut que le titre soit fondé sur de justes & légitimes causes, pour lesquelles les Habitants se sont soumis à la bannalité. Par exemple, ce sera un titre valable & suffisant que celui qui fera connoître que le Seigneur, envisageant l'utilité publique, s'est engagé à construire des fours & des moulins, & de les entretenir toujours en bon état pour le service auquel ils sont destinés, & que d'un autre côté, les Habitants, pour récompenser le Seigneur des dépenses qu'il a été obligé de faire pour la construction du moulin & du four, ou pour l'indemniser de la remise d'autres droits, se sont obligés de faire moudre leurs bleds & cuire leur pain au moulin & au four bannal moyennant les droits, & sous les peines énoncées au titre. Voilà une obligation respective, justement motivée, qui constamment doit avoir son exécution entre les parties contractantes.

Suivant l'observation de Me Guyot, en son Traité des Fiefs, tome 1, *de la Bannalité des moulins*, chap. 4, sect. 1, il ne suffiroit pas, pour constater un droit de bannalité vraiment seigneurial & irrévocable, d'un consentement de la part des habitants, qui ne seroit fondé que sur leur commodité ; il faut que le Seigneur leur ait fait des avantages capables d'indemniser d'une pareille servitude, comme des concessions de pâturages & usages.

Outre les conditions ci-dessus absolument nécessaires pour la validité du titre constitutif du droit de bannalité, les Auteurs demandent encore, & avec raison, que le contrat soit de convention libre, fait dans un temps & dans un lieu non suspect, & qu'il y ait le consentement de tous les habitants assemblés en corps, sans exception ; les deux tiers ou le plus grand nombre ne suffiroient pas pour obliger l'autre tiers ou le restant ; ce n'est pas la Communauté en corps, mais c'est chaque membre de la Communauté qui oblige sa personne & son bien ; ainsi il faut le consentement de tous.

De ces principes il suit, 1°. Qu'un contrat de vente volontaire suivie d'un décret aussi volontaire, une saisie-réelle & vente forcée, un aveu & dénombrement, des préambules de terrier ou des baux de la Seigneurie, ne sont point seuls des titres suffisants pour établir une bannalité. Tous ces titres, disent les Auteurs, ne peuvent faire loi qu'entre les parties contractantes, mais ils ne peuvent assujettir une Communauté d'habitants qui n'y ont pas parlé, à une servitude pour l'établissement de laquelle il faut absolument leur consentement. 2°. Si la bannalité est un droit qui ne peut s'établir sans titre, il en faut nécessairement conclure qu'on ne peut être admis à faire la preuve par témoins de l'existence de ce droit. 1°. Parce que la bannalité ne peut point s'acquérir par la simple possession, fût-elle centenaire. 2°. Parce qu'en matière de servitude, la simple possession ne peut jamais devenir un titre. 3°. Parce qu'en cette matière on ne reçoit point l'action possessoire, à moins qu'elle ne soit soutenue d'un titre.

Il est cependant certain que la plûpart des Seigneurs seroient fort embarrassés de justifier de leurs bannalités, s'il falloit rapporter les titres constitutifs : l'injure des temps, les incendies, les ravages des guerres civiles, ont consommé une quantité prodigieuse d'anciens titres. Dans ces circonstances, les Auteurs pensent presque tous uniformément, que le Seigneur peut acquérir le droit de bannalité, en prouvant qu'il en a usé, *jure servitutis*, & par prohibition ; c'est-à-dire, par une défense générale à tous ses sujets d'aller moudre ou cuire ailleurs qu'à son moulin ou son four bannal. Si cette défense n'a point été contredite pendant 30 ou 40 ans ; si pendant ce temps l'exercice de la bannalité a été public & paisible ; si pendant cet exercice le Seigneur a fait condamner ceux qui ont voulu se soustraire à la bannalité ; le tout forme, sans contredit, une possession propre à acquérir la bannalité. Le libre exercice du Seigneur, la soumission volontaire des habitants, leur désobéissance réprimée par la Justice, font présumer la légitimité du titre constitutif. *Voyez* la Coutume d'Anjou, art. 28; celle du Maine, art. 31.

La Coutume de Paris résiste cependant à ce qu'aucun Seigneur prescrive le droit de bannalité sans titre; elle veut qu'il ne puisse contraindre ses sujets d'aller à son four & à son moulin, s'il n'a titre valable. Une simple prohibition, quoique suivie d'une possession tranquille, ne seroit d'aucune utilité au Seigneur dans cette Coutume. Le Grand, sur l'art. 74 de la Coutume de Troyes, dit que la même chose doit être observée dans cette dernière Coutume: il prétend qu'une prohibition ne peut engager les sujets à une servitude qu'eux ni leurs auteurs n'ont point contractée, encore qu'ils y aient acquiescé, & même qu'ils y aient été condamnés par Sentence, à moins, ajoute-t-il, qu'à la suite de la prohibition, il n'y ait eu instance, dans laquelle le Seigneur aura justifié de sa bannalité par de bons titres, ou que la prohibition ne fasse mention des causes de la bannalité: cette mention, continue le Grand, sera suffisante pour faire que la prescription de 30 ans commence à courir du jour de la prohibition.

Plusieurs de nos Coutumes, Tours, art. 9. Anjou, art. 17; Lodunois, chap. 1, art. 5; Poitou, art. 38; Bretagne, 379; la Marche 315, permettent au bas & moyen Justicier d'avoir des fours & moulins bannaux; & dans le cas où ils ne seroient pas en état, elles veulent que les sujets aillent moudre au moulin du Seigneur haut-justicier ou suzerain; mais, lorsque le moulin du Vassal sera rétabli, dans l'an & jour, il fera sommation à son Seigneur de lui laisser la mouture de ses sujets, qui seront tenus de retourner à leur moulin ordinaire. Cette disposition prouve que le Seigneur haut-justicier ne peut pas acquérir, par la prescription, le droit de bannalité sur les sujets de son Vassal.

Si un Seigneur, sans titre, & par une simple possession, ne peut pas prescrire la bannalité contre ses sujets, il n'en est pas de même des sujets vis-à-vis du Seigneur. Le droit en question est une servitude réputée odieuse, à la libération de laquelle il faut toujours pencher ; ainſi, non-ſeulement la Communauté entière, mais même le particulier qui, pendant 30 ans, aura ceſſé de moudre ou de cuire au moulin ou four bannal de ſon Seigneur, aura preſcrit ſa bannalité, ſans qu'il ſoit beſoin d'aucune contradiction de ſa part : c'eſt le ſentiment de tous les Auteurs, & la diſpoſition de pluſieurs Coutumes. *Voyez* Bourbonnois, art. 543 ; Anjou, art. 27 ; le Maine, art. 31.

Mais, pour acquérir cette preſcription, il faut deux choſes.

La première que, pendant les 30 ans, les moulins & fours bannaux du Seigneur aient été en état de travailler, & aient en effet travaillé ; car il n'y auroit point de preſcription, ſi le moulin, emporté par une inondation, & ſi le four bannal, détruit par incendie ou autre accident, n'avoient pas été rétablis pendant les trente ans. C'eſt la diſpoſition de l'article 311 de la Coutume de la Marche.

La ſeconde condition, néceſſaire à l'habitant pour recouvrer ſa liberté, eſt que pendant les trente ans il ait été moudre à d'autres moulins, cuire à d'autres fours qu'à ceux de ſon Seigneur, à ſon vu & à ſon ſçu, & que, demeurant dans l'étendue de la bannalité, le Seigneur ne l'ait pas fait contraindre.

C'eſt un principe atteſté par tous les Auteurs, & confirmé par la Juriſprudence des Arrêts, que *tous les habitants, domiciliés dans l'enceinte & l'étendue de la bannalité, y ſont aſſujetis ſans exception.* Sur quoi il faut cependant obſerver :

1°. Quelques Coutumes, comme Angoumois, art. 29, & Poitou, art. 44 & 46, exemptent les Gentilshommes de la bannalité ; mais, preſque par-tout ailleurs, ils y ſont aſſujettis, & notamment dans la Coutume de Paris : cela eſt prouvé par un Arrêt du 7 Mai 1605, rapporté par Peleus. *Voyez* encore l'art. 311 de la Coutume de la Marche. Au ſurplus le Seigneur doit ſe conformer à l'uſage ſuivi par ſes prédéceſſeurs, à l'égard des Gentilshommes qui ſe trouvent dans l'étendue de ſa bannalité ; ils méritent, ſans contredit, des conſidérations perſonnelles, qui ne permettent pas de les aſſujettir à des ſervitudes incompatibles avec la nobleſſe.

2°. Les Communautés de Religieux & Religieuſes, les Hôpitaux, Collèges, & autres maiſons de cette eſpèce, ſur-tout si elles sont de la fondation du Seigneur, & si, par le titre de fondation, il n'a pas réservé ses droits de bannalité, doivent au moins être exemptes de celle du four, à cause du dérangement que cela pourroit causer. Ainsi jugé en faveur des Carmes de Marnay en Franche-Comté. Cependant Dunod, qui rapporte l'Arrêt, en cite un autre du 9 Février 1639, par lequel les Tiersulines de Gray ont été jugées sujettes au four bannal des Chanoines de la même Ville, avec cette modification, qu'elles conserveroient leur four domestique, en dédommageant le propriétaire du four bannal.

3°. Quelques Auteurs, mais en petit nombre, ont pensé qu'il falloit exempter les Curés des droits de bannalité : mais il n'y a pas une seule Coutume qui leur donne ce privilège ; & il y a quantité d'Arrêts, rapportés par Brodeau, Taisan & Dunod, qui ont déclaré les Curés sujets aux droits de bannalité. On en rapporte, il est vrai, deux en faveur de deux Curés ; mais Dunod remarque qu'ils ont été rendus sur des circonstances particulières, & que la Jurisprudence contraire est plus conforme aux principes.

4°. L'utilité publique a engagé quelques Coutumes à faire grace aux Boulangers. *Voyez* les Coutumes du Grand-Perche, tit. 1, art. 28 ; Nevers, chap. 18, art. 14, & plusieurs autres. Dans ces Coutumes, les Boulangers sont dispensés non seulement de cuire au four bannal, mais encore de faire moudre leurs grains aux moulins bannaux, lorsqu'ils ne sont pas propres à faire d'assez belle farine pour leur pain, & lorsque le service du four bannal ne peut pas s'accorder avec le service qu'ils doivent au public. Quelques-unes des Coutumes, qui donnent cette liberté aux Boulangers, avant d'en jouir, exigent qu'ils fassent une déclaration au Greffe de la Justice, qu'ils ne vont moudre ailleurs, que parce que les moulins bannaux ne sont pas en état de faire de la farine assez belle pour faire du pain, tel qu'il le faut pour être débité au public ; offrant de retourner au moulin bannal, sitôt qu'il sera en état. Les Boulangers doivent en agir de même pour le four bannal, en déclarant la cause pour laquelle ils n'en peuvent user. Parmi les Coutumes, dont nous venons de parler, il y en a qui n'exigent point ces déclarations ; mais les Auteurs décident qu'elles n'y sont pas moins

moins néceſſaires. La raiſon eſt que le Seigneur, inſtruit des cauſes qui empêchent ſon moulin de faire de belle farine, peut le mettre en état ; auquel cas les Boulangers ſeroient tenus d'y aller moudre.

Dans toutes les autres Coutumes, qui ne contiennent aucunes diſpoſitions en faveur des Boulangers, il eſt ſans contredit que, par la Juriſprudence des Arrêts, ils ſont aſſujettis, comme les autres, aux bannalités : il y en a un, entr'autres, du Grand Conſeil, du 30 Mars 1713, contre les Boulangers de Briot, Bouflers, & autres lieux, fréquentant les marchés de Grandvilliers. L'Arrêt fait défenſes à ces Boulangers d'apporter, vendre, ni débiter aucuns grains pour l'uſage des habitants de Grandvilliers, dont les farines n'auront pas été moulues aux moulins bannaux, à peine de cinquante livres d'amende pour chaque contravention ; & cependant leur permet, en cas de cherté de pain & de paſſage de gens de guerre extraordinaire, d'en uſer autrement, ſans tirer à conſéquence.

Nous avons dit ci-deſſus que tous ceux qui ſont domiciliés dans l'étendue de la bannalité, y ſont ſujets : pour les connoître, il eſt néceſſaire de régler l'étendue qu'on doit donner à la banlieue de la bannalité. Pluſieurs Coutumes, qui emploient ce terme, n'en déterminent point le ſens : d'autres Coutumes fixent, il eſt vrai, cette étendue ; mais elles ne ſont point uniformes : les unes donnent deux mille pas, en partant de la maiſon du ſujet bannier au moulin bannal ; d'autres donnent deux mille cinq cent toiſes ; d'autres deux mille quatre cent. Quelques Auteurs ont eſtimé que la banlieue comprenoit deux lieues ; d'autres une, à l'entour de la ville, du château, du chef-lieu de la Seigneurie. Cette explication, conſtamment, ne peut être adoptée ; parce qu'il y a beaucoup de hautes Juſtices, de Fiefs, qui ont droit de bannalité, & dont l'enceinte n'a pas deux, ni même une lieue de tour : ce qui augmente l'embarras, c'eſt que les Coutumes, qui permettent les bannalités, ne ſont pas encore uniformes entr'elles, à l'égard des perſonnes à qui elles accordent ce droit : dans quelques-unes la bannalité eſt ſpécifiquement attachée à la haute Juſtice ; d'autres Coutumes la donnent au moyen & bas-Juſticier ; d'autres même la donnent au Fief sans Justice. Il est cependant facile, parmi cette diversité de Coutumes & de sentiments, de se déterminer. Dans les Coutumes où la banlieue est réglée, il faut suivre ce qui y est déterminé; dans les autres, il faut se conformer à l'usage, & se renfermer dans les limites de la Justice & du Fief. C'est dans l'enceinte & dans la circonscription de ces limites que le Seigneur bannier peut & doit exercer son droit, par contrainte & par prohibition; &, en cas de contravention, exiger les amendes qui sont ordonnées par les Coutumes, ou réglées par les titres.

Le droit de bannalité est prohibitif, non seulement en ce sens, que *le Seigneur bannier peut défendre à ses sujets d'aller moudre & cuire ailleurs*, mais encore en ce sens, qu'*il peut leur défendre, dans toute l'étendue de la bannalité, d'avoir chez eux des moulins à bras, des fours particuliers, & d'édifier des moulins à vent, ou à eau. Voyez* Berry, tit. 16, art. 1 & 2. Le Seigneur a droit de faire démolir le tout; mais aussi il est obligé d'entretenir son moulin & son four en bon état: quant au moulin, il doit être à point rond, & bien clos, à peine d'amende arbitraire; c'est la disposition précise de plusieurs Coutumes: s'il se trouvoit des moulins bannaux quarrés, les sujets pourroient en demander la démolition; par la raison que, quand le moulin est à point quarré, quantité de farine s'arrête dans les coins; ce qui en fait perdre une partie. Il faut encore observer que le moulin bannal doit être situé au milieu de la Seigneurie, ou de la banlieue, autant que la situation & les eaux peuvent le permettre.

Il ne suffit pas encore au Seigneur bannier d'entretenir ses moulins en bon état; il doit, de plus, faire ensorte que les chemins & routes, pour y parvenir, soient libres & praticables. Si, entre le moulin bannal & la demeure des sujets, il y avoit un ruisseau, ou une rivière, le Seigneur seroit tenu d'y bâtir un pont, ou d'y entretenir un batteau, pour rendre le passage sûr & libre; autrement les particuliers, qui demeurent au-delà de la rivière, seroient dispensés de la bannalité. C'est ce qu'on trouve jugé par un Arrêt du Parlement de Bretagne, du 19 Octobre 1620, rapporté par Frain, tome 1, quest. 72.

A l'égard du four bannal, il doit être toujours en bon état;

& construit dans le milieu du bourg de la Seigneurie. C'est la disposition de l'article 29 de la Coutume d'Angoumois, qui est, à cet égard, conforme à l'usage de tout le Royaume.

Lorsque le droit de bannalité est contesté contre le Seigneur, il le doit être par le général des habitants; un simple particulier y seroit non-recevable. C'est le sentiment de tous les Auteurs, & notamment de Legrand, sur l'article 64 de la Coutume de Troyes, nombre 40. Le Seigneur, dit cet Auteur, doit être maintenu contre ce particulier, nonobstant qu'il voulût alléguer la possession contraire; parce que tels actes, de quelques particuliers, ne peuvent pas intervertir la possession du Seigneur, qui est fondée, en droit général, sur tous les habitants au-dedans de son territoire. La Jurisprudence des Arrêts est conforme au sentiment des Auteurs; les particuliers ont toujours été condamnés, lorsque leurs Communautés n'ont pas voulu intervenir & contester avec eux.

Brillon, dans son Dictionnaire des Arrêts, *verbo*, *Moulin bannal*, rapporte un Arrêt de la Chambre de l'Edit de Rouen, du 10. Juin 1665, qui a jugé qu'une instance de moulin bannal étoit réelle, & ne pouvoit être évoquée aux Requêtes du Palais par un privilégié.

Les Juges des Seigneurs sont les premiers Juges naturels de ces sortes de contestations: dans la suite nous ferons voir combien il y a d'injustice & de vexation dans les évocations que font souvent les Seigneurs & leurs Fermiers, sous leur nom.

Il n'y a point d'arrérages des droits de bannalité; c'est le sentiment de tous les Auteurs, parmi lesquels on peut consulter la Roche, *des Droits seigneuriaux*, chapitre 16, article 2.

QUESTIONS PARTICULIÉRES SUR LA BANNALITÉ DES MOULINS.

QUESTION PREMIÈRE. *En quel espace de temps le Seigneur bannier est-il tenu de faire moudre les grains de ses sujets? Et en quel cas les habitants peuvent-ils aller moudre à d'autres moulins?*

L'usage & presque toutes les Coutumes s'accordent à décider que le Seigneur est tenu de faire moudre les grains de ses sujets, dans les vingt-quatre heures qu'ils sont apportés au moulin bannal. A cette règle générale, il y a quelques exceptions établies par quelques Coutumes. L'article 386 de Bretagne veut que le sujet soit tenu d'attendre l'eau trois jours & trois nuits, & le vent, si c'est un moulin à vent, un jour & une nuit. La Coutume de Tours, art. 13, dit que le Meûnier est tenu de rendre la farine bien & convenablement moulue, dans deux jours & une nuit, ou bien deux nuits & un jour. Bourbonnois, art. 538, a une semblable disposition.

Lorsque le sujet bannier ne reçoit pas sa farine dans les vingt-quatre heures, ou le terme fixé par les Coutumes, il lui est loisible de retirer son bled, pour le mener moudre ailleurs: il lui est également loisible de le faire, lorsque le moulin bannal a cessé de moudre pendant vingt-quatre ou trente-six heures, faute d'être en état, selon qu'il est réglé par les Coutumes. Il y en a qui veulent que, lorsque le moulin redevient en état, le Seigneur le fasse sçavoir au prône des messes paroissiales.

Les bleds, qui sont conduits au moulin bannal, doivent être moulus dans l'ordre où ils y arrivent; il n'y a que le Seigneur qui doive avoir la préférence.

QUESTION II. *Le moulin à vent peut-il être bannal?*

L'affirmative est sans difficulté; & plusieurs Arrêts l'ont ainsi jugé : mais, pour avoir la bannalité du moulin à vent, il faut absolument un titre précis, suivant l'article 72 de la Coutume de Paris, où ces moulins sont fort communs ; ils diffèrent en cela des moulins à eau, dont on peut acquérir la bannalité, par la possession, quand elle est telle que nous l'avons ci-dessus dit.

QUESTION III. *Si des voisins, habitant hors de la bannalité, étoient venus moudre au moulin bannal, pendant plus de quarante ou cinquante ans, le Seigneur n'auroit-il pas acquis la prescription contre eux ? Et ne pourroit-il pas les contraindre à y venir moudre ?*

Non, quand même ces voisins seroient venus au moulin bannal pendant cent ans, dit Potier, sur l'article 544 de la Coutume de Bourbonnois, qui, à cet égard, a une disposition précise & conforme à l'article 28 de la Coutume d'Anjou. La raison de décider est que le Seigneur n'a aucun droit pour assujettir ceux qui sont hors de sa bannalité : il n'a aucune jurisdiction sur eux ; par conséquent il n'a pas la puissance publique pour leur ordonner, leur enjoindre & leur défendre. Les habitants, qui auroient été pendant un si long-temps au moulin bannal du Seigneur voisin, seroient présumés en avoir ainsi usé *jure familiaritatis* : or, comme on dit, *courtoisie n'engendre pas prescription.* Il y a plus ; si un Seigneur avoit assujetti ses voisins à sa bannalité, par quelque acte, un tel contrat seroit cassé, ainsi que le fut, par Arrêt du 30 Mars 1609, celui par lequel les habitants de Clery s'étoient soumis à la bannalité d'un Seigneur voisin. Les Seigneurs de Clery étoient intervenus, & avoient soutenu que leurs habitants n'avoient pu être assujettis, à leur préjudice, envers un autre Seigneur, qui n'avoit sur eux ni puissance ni jurisdiction. L'Arrêt est rapporté par Legrand, sur l'article 64 de la Coutume de Troyes.

QUESTION IV. Tous les grains qui se recueillent dans la bannalité, & ceux qui y ont séjourné, sont-ils sujets au moulin bannal ?

Les sujets d'une bannalité sont tenus de faire moudre, au moulin bannal, tous les grains qu'ils recueillent dans la bannalité. Il en est de même de ceux qu'ils achetent hors de la bannalité, s'ils les amènent & font séjourner dans leurs greniers; ces bleds ne peuvent être moulus à d autres moulins, à peine de la confiscation & de l'amende : mais, si on les achete hors de la bannalité, & si on les fait moudre à un autre moulin, sans qu'ils entrent dans la banlieue du moulin, on peut en apporter la farine chez soi, sans encourir aucune peine ni amende. Sur ces deux décisions, *voyez* la Coutume du Grand-Perche, article 25; Bourbonnois, art. 515; Nivernois, chap. 18, art. 15; Anjou, art. 19; Lodunois, chap. 1, art. 7.

Les bleds que le sujet bannier achete sur le marché, pour la consommation de sa maison, doivent, sans contredit, être portés au moulin bannal. Telle est la prérogative de la bannalité, que tout ce qui est vendu & porté au marché, est réputé de pareille nature que s'il étoit cru & recueilli dans l'enceinte de la bannalité : mais le sujet bannier peut enlever du bled de la bannalité, le faire moudre où bon lui semble, pour en vendre la farine, ou le pain, hors de la bannalité. C'est la disposition de l'art. 12 de la Coutume de Tours qu'on doit suivre par-tout, comme très-équitable; le sujet alors ne fait aucun tort à la bannalité du Seigneur.

QUESTION V. Qu'est-ce que le droit de verte-moute ?

Pesnelle l'explique parfaitement : suivant cet Auteur, ce droit consiste dans l'obligation qu'ont les vassaux de payer une partie des grains qu'ils recueillent dans l'enclave de la bannalité, encore qu'ils n'y résident point, par rapport à ce qu'ils y pourroient consommer pour l'entretien de leurs familles, s'ils y résidoient. Quelques droits de verte-moute sont encore plus amples; ils consistent à payer la seizième partie des grains qui se recueillent, par le forain, dans l'enceinte de la bannalité. Le droit de verte-moute est sur-tout en usage en Normandie & en Provence; & comme, selon Basnage, il est extrêmement onéreux, il faut un titre précis pour l'établir. Dans la Coutume du Maine, art. 36, ceux qui sont sujets à la bannalité, sont exempts du droit de verte-moute.

QUESTION VI. *Quel est le droit de mouture que les Meûniers doivent prendre sur les sujets de la bannalité?*

La quotité de ce droit n'est point uniformément réglée, ni dans les Coutumes, ni par les Ordonnances, ni dans les titres des Seigneurs; dans quelques endroits c'est le vingt-quatrième, ailleurs le vingtième: la quotité la plus générale est le seizième. Il faut donc que chacun s'en tienne à ce qui est fixé par les Coutumes, suive les usages des lieux, ou ce qui est réglé par les titres de la bannalité. Quand il y aura des doutes, il faut toujours prendre le moindre droit; parce qu'il faut toujours pencher à la libération des sujets.

Les Meûniers ne s'offenseront pas si on dit que, pour éviter les fraudes, dont on ne les accuse que trop souvent, il seroit à souhaiter que le Réglement, qui s'observe en Normandie, fût général dans tout le Royaume: il porte que les Meûniers auront un seizième; c'est-à-dire, une mesure en cuivre, qui sera la seizième partie d'un septier; un boisseau, une quarte, & demi-quarte, le tout bien & duement jaugé, pour mesurer les bleds qui seront portés à leur moulin.

QUESTION VII. *Les sujets, qui paient le droit de mouture en grain, n'ont-ils pas la faculté de le payer en argent?*

Ils y sont autorisés par les Ordonnances de nos Rois, & notamment par l'Ordonnance du Roi Jean I, du mois de Février 1350, tit. 6, art. 55. Ces Ordonnances décident que le Meûnier sera payé en argent, sur le pied du prix courant du bled ; & permettent au sujet, si bon lui semble, de payer en grain. Le sujet a donc le choix ; & ce choix ne fait aucun tort au Seigneur, ni au Meûnier. Mais il faut faire une grande différence pour le sujet bannier : quand il paie en argent, c'est lui qui paie le Meûnier; mais, quand il paie en grain, c'est le Meûnier qui se paie, & qui, en se payant, peut commettre quantité de fraudes.

Les Seigneurs, & encore plus leurs Fermiers, pourront se révolter contre ce systême; mais, pour répondre à leurs objections, il suffit de leur opposer la sagesse des Ordonnances & des Réglements faits par nos Rois, pour la libération & la liberté de leurs sujets. Ces Loix, si équitables, doivent prévaloir, sur-tout quand le Seigneur & le Meûnier n'y perdent rien; à moins que le Seigneur ne rapporte un titre précis, qui prouve que les habitants, en se soumettant à la bannalité du moulin, se sont expressément soumis à payer le droit de mouture en grain.

Lorsque le sujet bannier paie sa mouture en argent, le Meûnier est obligé de rendre le même poids, en farine, qu'on lui a donné en grain, déduction faite du déchet. Suivant l'Ordonnance du 19 Septembre 1439, ce déchet est réglé à deux livres par septier, mesure de Paris, qui pèse deux cent-quarante livres en froment ; & ainsi à proportion des autres poids & mesures. S'il en manque, le Meûnier est tenu de payer en nature de farine ; sinon, pour chaque livre de farine, ce que vaudra la livre de pain le même jour, avec amende arbitraire. C'est la disposition textuelle des articles 8 & 10 de l'Ordonnance ci-dessus.

QUESTION VIII. Si les Meûniers excèdent leurs droits, ne sont-ils pas amendables ?

L'article 6 de l'Ordonnance du 19 Septembre 1439, veut que les Meûniers ne prennent pas de plus grands droits que ceux

ceux qui sont dus; &, en cas de contravention, qu'ils soient amendables, même arbitrairement : enjoint à ceux qui auront connoissance des contraventions, de les dénoncer à la Justice; & leur accorde le quart des amendes.

L'article premier de la même Ordonnance, en renouvellant celles du Roi Jean, des mois de Février & Décembre 1350, porte que les Meûniers auront des balances & des poids bien ajustés, pour peser les bleds qu'ils reçoivent, & les farines qu'ils rendent. Les Réglements faits par le Parlement de Rouen, en 1603 & 1662; celui fait par le Parlement de Bretagne, en 1631, contiennent les mêmes dispositions : celui de Bretagne ajoute que les Meûniers ne pourront changer les grains, ni les farines; leur défend de mettre les farines en lieux humides, pour en augmenter le poids. Le bien public exigeroit sans doute que des Ordonnances si sages, & si utiles, fussent exécutées très-exactement dans tout le Royaume.

QUESTION IX. Si le sujet bannier reçoit du dommage dans son grain, au moulin bannal, qui doit payer ce dommage?

La bannalité forme, entre le Seigneur & le sujet, une obligation réciproque : celle du sujet est d'aller au moulin bannal, & de ne pouvoir aller ailleurs, sous peine d'amende, & même de confiscation des bleds : l'obligation du Seigneur est d'avoir son moulin toujours en bon état, & d'y placer des Meûniers qui fassent exactement & fidèlement le service. Si, par la faute ou le peu de fidélité du Meûnier, le sujet reçoit quelque dommage, le Seigneur doit le faire payer, ou le payer lui-même; &, en cas de refus de sa part, le sujet est dispensé d'aller au moulin bannal, jusqu'à ce qu'on lui ait rendu justice. C'est l'esprit de toutes les Coutumes & de toutes les Loix. *Voyez* le Maine, art. 25; Anjou, art. 26. Dans les Etablissements de S. Louis, chap. 107 & 110, il est dit : *Et où le Seigneur ne fera payer le dommage fait au sujet, le sujet sera dispensé d'aller moudre au moulin du Seigneur, jusqu'à ce que le dommage soit payé.* On doit suivre les mêmes principes, pour le dommage fait au four bannal.

QUESTION X. *Le Meûnier est-il obligé d'aller chercher les bleds des sujets pour les faire moudre?*

Nous n'avons aucune Coutume, dans le Royaume, qui assujettisse précisèment le sujet bannier à porter ses bleds au moulin bannal; & il y en a, au contraire, qui assujettissent le Meûnier à aller chercher les grains, & à reporter la farine. *Voyez* l'article 34 de la Coutume de Poitou, qui s'explique plus nettement, à ce sujet, que toutes les autres : mais, dans les Coutumes qui ne parlent pas si précisèment, il faut suivre l'usage qui est établi sur les lieux; & l'usage, presque général dans le Royaume, est que les Meûniers aillent chercher les grains, & en reportent la farine. Les Seigneurs qui, dans les lieux où cet usage est suivi, prétendroient le contraire, sans titre, exigeroient de leurs sujets une servitude, souvent plus onéreuse que la bannalité même.

Richebourg, sur l'article 311 de la Coutume de la Marche, dit que le sujet bannier est obligé de porter son bled au moulin bannal; que tel est l'usage de la Province, confirmé par plusieurs Sentences. Il faut donc suivre, dans cette Province, ce qui y est établi : mais on ne pense pas, ainsi que Me Guyot, dans ses observations sur les bannalités, qu'on doive regarder comme une règle générale, que *quiconque est sujet à la bannalité d'un moulin, est tenu d'y porter son grain*; je dis, au contraire, que cette obligation ne peut avoir lieu que quand la Coutume ou le titre en disposent précisèment : mais lorsque l'un ou l'autre ne parlent pas, il faut suivre l'usage le plus général, qui est que *les Meûniers vont chercher les grains*. Il est vrai que Me Guyot, pour appuyer son sentiment, rapporte un Arrêt du Parlement, rendu en la cinquième des Enquêtes, le premier Août 1730, qui condamne le Curé de Juchy en Artois, à faire conduire ses grains au moulin bannal du Seigneur de Juchy; mais un Arrêt particulier, rendu en faveur ou contre un particulier, qui ne contient aucun Réglement, ne peut pas faire une Loi générale & exécutoire dans tout le Royaume : d'ailleurs on doit observer que l'Arrêt a été rendu dans la Province d'Artois, où les moulins bannaux sont domaniaux; ce qui peut occasionner de differents usages : à joindre que le Seigneur de Juchy a pu produire des titres qui assujettissoient ses sujets banniers à conduire leurs grains au moulin bannal; ce qui lève toute difficulté.

On peut encore demander, si le Seigneur avoit titre qui prouvât que ses sujets sont tenus de porter leurs grains au moulin bannal, & si, pendant trente ou quarante ans, le Meûnier avoit été les chercher, les habitants auroient-ils prescrit l'obligation portée par le titre ? Je pense qu'oui : toute quotité de droits seigneuriaux, toute manière de les servir, est prescriptible.

QUESTION XI. Le Seigneur bannier peut-il affranchir de sa bannalité le général des habitants qui y sont sujets?

Il faut distinguer si la bannalité a été établie en conséquence de conventions, par lesquelles le général des habitants a cédé & abandonné au Seigneur certains droits, ou certaines possessions, à la charge par lui d'entretenir moulin ou four bannal, pour l'utilité des habitants; ou bien si la bannalité est une prérogative attachée, par la Coutume, à la haute, basse & moyenne Justice, ou au Fief. Au premier cas, la bannalité ne peut être éteinte que par convention avec tous les sujets de la bannalité assemblés, en la même forme qu'elle a été établie : comme, en ce cas, la bannalité est une charge pour le Seigneur, il ne peut pas s'en libérer sans le consentement de ceux avec lesquels il a contracté; & comme il y seroit question des intérêts d'une Communauté, pour anéantir une semblable bannalité, il faudroit sans doute des lettres patentes, & une information *de commodo & incommodo*. Il ne me paroît pas encore douteux que le Seigneur devroit rendre aux habitants les objets qu'il auroit reçus pour l'établissement de la bannalité, ou faire remise d'autres droits en équivalent. Au second cas, où on considère la bannalité comme une supériorité attachée à la Justice, ou au Fief : il est sans contredit qu'il est loisible au Seigneur de renoncer à sa bannalité, & qu'il n'a besoin, pour cela, d'aucun consentement de ses sujets banniers.

QUESTION XII. *Le Seigneur bannier, lorsqu'il affranchit de sa bannalité le général des habitants, peut-il leur imposer une redevance, pour lui tenir lieu des droits de bannalité?*

Nous avons précédemment établi deux cas où le Seigneur peut abandonner la bannalité : dans le premier, il ne peut rien prétendre des habitants ; c'est le Seigneur qui se libère d'une charge : en le faisant, il ne peut en imposer une autre, qui n'auroit aucun objet, & qui seroit une véritable exaction. Dans le second cas, la chose paroît un peu plus douteuse. On trouve un Arrêt, du 12 Août 1606, en faveur du Seigneur d'Autheuil, qui légitime une redevance que ce Seigneur avoit exigée de ses habitants, en les affranchissant de sa bannalité. Dans les terriers, on trouve souvent des reconnoissances de pareilles redevances, qu'on y qualifie même de cens annuel, quoique très-improprement, attendu qu'un pareil cens n'a & ne peut avoir aucune assiette réelle. Les Auteurs, qui ont cité l'Arrêt du 12 Août 1606, n'en ont point rapporté les circonstances précises; & il faut nécessairement qu'il y en ait eu ; car, en consultant les vrais principes, il est certain que les droits de bannalité, qu'on paie, ne sont que pour indemniser le Seigneur, de ce qu'il lui en coûte pour l'entretien & le service du moulin & du four bannal : or le Seigneur, en remettant la bannalité à ses sujets, dans le moment, demeure lui-même déchargé de l'entretien & des réparations du moulin, qui sont souvent très-onéreuses. Il en est de même si c'est un four ; & il a son bois de reste. Dans cette position, si les habitants sont affranchis des droits de bannalité, le Seigneur, de son côté, est quitte des obligations qu'il avoit contractées pour l'entretien & le service de la bannalité ; par conséquent les parties se trouvent de niveau, sans qu'il paroisse que, pour l'affranchissement, le Seigneur ait aucun motif raisonnable d'exiger de ses sujets affranchis aucune redevance : cependant, lorsqu'il s'en trouve de cette espèce, lorsqu'elles ont été servies de temps immémorial, lorsqu'elles sont fondées sur des reconnoissances anciennes, suivies & géminées, il me paroîtroit difficile de les faire proscrire.

QUESTION XIII. Le Seigneur peut-il affranchir quelques particuliers de la bannalité? Et, en les affranchissant, peut-il retenir sur eux quelque redevance?

L'un & l'autre ne peut pas souffrir de difficulté; par la raison que ces affranchissements particuliers ne dispensent pas le Seigneur d'entretenir le moulin & le four bannal, pour le restant des habitants, & que la redevance, qu'il se réserve sur le sujet affranchi, doit être regardée comme un abonnement. Mais, de cette question, il en naît une seconde, dont la solution paroît assez délicate. Si un Seigneur, après avoir affranchi un ou deux particuliers, d'autres, à leur exemple, avoient obtenu la même grace, de façon qu'insensiblement tous les habitants se fussent libérés de la bannalité, qui par conséquent ne subsisteroit plus: il est question de sçavoir si la redevance, que le Seigneur s'est réservée sur chaque particulier, en l'affranchissant, peut être légitimement exigée, la bannalité se trouvant totalement éteinte. On peut objecter, contre le Seigneur, qu'étant libéré des charges de la bannalité, sa libération doit opérer celle des habitants: contre les habitants, on peut dire que la redevance a une cause juste dans chacun des actes qui la perpétuent. On peut décider qu'une semblable redevance pourroit être reprouvée par un Casuiste; mais qu'elle peut être tolérée civilement.

QUESTION XIV. Le Seigneur bannier peut-il vendre ses moulins bannaux, ou les donner à rente, ou à bail emphitéotique?

Soit que le droit de bannalité dépende de la haute Justice, soit qu'il dépende du Fief, il ne peut être vendu, ou aliéné séparément de la Justice & du Fief; & comme le bail à rente, ou à emphitéose, contient aliénation, la bannalité ne peut semblablement être ainsi aliénée, divisément, d'avec la Justice & le Fief. *Voyez* l'article 48 de la Coutume de Poitou; Richebourg, dans ses notes sur l'article 311 de la Coutume de la Marche, qui rapporte, à ce sujet, un Arrêt du premier Mars 1625: Lelet, sur l'article 34 de la Coutume de Poitou, en rapporte un autre, de 1636, qui lève toute difficulté sur la question.

Me Guyot, en son traité des bannalités, chap. 6, décide au contraire; par la raison que la rente foncière non rachetable représente effectivement la chose arrentée: mais il ne peut se vendre en argent ou en rente rachetable, séparément du Fief; ou du moins les habitants seroient, dans ce cas, déchargés du droit de bannalité.

QUESTION XV. Un particulier, qui auroit acheté un moulin bannal, séparément de la Justice ou du Fief; qui l'auroit ainsi pris à bail à rente, ou à emphitéose, pourroit-il exercer les mêmes droits que le Seigneur sur les sujets, soit pour les contraindre, soit pour leur commander les corvées attachées au service des moulins?

L'exercice de la bannalité consiste principalement dans le droit que le Seigneur bannier a de contraindre, de défendre & de prohiber, sous peine d'amende & de confiscation. Ce droit ne peut émaner que du pouvoir que donne la Justice ou la Seigneurie: il est personnel à celui qui possède l'un ou l'autre; ainsi, celui qui achette un moulin bannal sans la Justice, ou sans la Seigneurie, n'a aucune puissance publique pour contraindre, défendre & prohiber, infliger des peines, en cas de désobéissance: il a donc une entière incapacité pour exercer le droit de bannalité, en ce qu'il ne peut contraindre personne de venir à son moulin bannal.

Il en est de même des corvées pour le service du moulin

bannal. Nous avons fait voir, en ſon lieu, que les corvées ne peuvent être cédées, ni vendues, ſans la Seigneurie; elles ſont perſonnelles au Seigneur, & il ne peut les exiger que pour ſes propres affaires: ce ſont les vrais principes. Or l'acquéreur du moulin bannal, qui n'a pas acquis la Seigneurie, n'eſt pas Seigneur: il ne peut donc exiger aucunes corvées, que le Seigneur ſeul a droit de prétendre, ſans pouvoir les vendre, ni les céder.

De ce que nous venons d'établir, ſuivant le ſentiment des Auteurs, il s'enſuit, 1°. que tout contrat, contenant aliénation du moulin bannal, ſéparément de la Juſtice ou du Fief, dont il dépend, eſt nul à tous égards: 2°. que l'acquéreur ne peut contraindre perſonne à aller à ſon moulin, ni exiger les corvées néceſſaires pour en faire le ſervice: 3°. que les tranſactions, ou tous autres actes que l'acquéreur auroit pu paſſer avec les ſujets de la bannalité, pour les engager à aller à ſon moulin, ſeroient nulles, & ne pourroient produire aucun effet; parce que perſonne ne peut ſe donner d'autres ſupérieurs que ceux qui lui ſont donnés par les Loix & le Droit public: 4°. que l'acquéreur, ne pouvant jouir de ſon acquiſition, peut obliger le Seigneur à reprendre ſon moulin, ſans pouvoir cependant prétendre aucuns dommages & intérêts; parce qu'en achetant, il a dû prévoir qu'il avoit une entière incapacité pour jouir de ſon acquiſition: 5°. Il eſt enfin décidé que le Seigneur, en vendant ſon moulin bannal, ſéparément de ſa Juſtice, n'a pas perdu ſon droit de bannalité, qu'il en peut continuer l'exercice, ſoit en bâtiſſant un nouveau moulin, ſoit en reprenant celui qu'il a vendu.

QUESTION XVI. Si un moulin bannal eſt commun entre deux Seigneurs, & qu'il y ait des réparations à faire, celui qui, ſur le refus de ſon commun, les a fait faire à ſes frais, n'a-t-il pas droit de prendre le produit entier du moulin, juſqu'à ce qu'il ſoit entièrement rembourſé?

L'Ordonnance de Saint Louis, chapitre 108, décide nettement cette question : elle porte que » si quelqu'un avoit moulin « commun, auquel il fallût des meules, pour quoi il ne pour- » roit moudre, il doit avertir son personnier, pardevant la » Justice, de contribuer à cette réparation ; & s'il ne le fait, » & que l'autre mette le moulin en état, il aura toute la mou- » ture, jusqu'à ce que l'autre lui ait rendu sa part des coûts & » dépens : & s'il n'a pas averti & sommé son personnier, il lui » rendra compte des moutures, en paiement de sa portion ; &, » s'il a plus reçu, il lui paiera le surplus «.

L'article 20 de la nouvelle Coutume d'Anjou, & l'art. 374 de la Coutume de Bretagne, contiennent de semblables dispositions : elles sont si justes, qu'elles peuvent servir de Loi générale dans tout le Royaume.

QUESTION XVII. Peut-on construire un moulin bannal, ou autre, au-dessus & près des ponts, sur lesquels passent les grandes routes, & autres chemins publics ?

Le grand mouvement d'un moulin peut ébranler insensiblement l'assiette d'un pont, & enfin en occasionner la chûte ; ce qui interrompt la communication des grandes routes, & peut beaucoup nuire au commerce. Pour prévenir ces inconvénients, Sa Majesté, par deux Arrêts de son Conseil, des 8 Mars & 20 Décembre 1746, entr'autres choses, a ordonné que les propriétaires des moulins, sur les ponts, remettroient leurs titres de propriété entre les mains des Commissaires départis, dans trois mois, pour avoir leur avis, & être ensuite statué ce qu'il appartiendroit : faute par les propriétaires de représenter leurs titres, dans le délai ci-dessus, veut Sa Majesté que lesdits moulins soient démolis, ainsi que tous les ouvrages faits dans le lit des rivières & au pied des ponts, pour l'avantage desdits moulins. Fait défenses à tous propriétaires de faire, à l'avenir, aucuns ouvrages dans le lit des rivières, dessus & au pied des ponts, sans une concession expresse de Sa Majesté, qui fera mention de la nature & dimension des ouvrages qui seront permis, à peine de mille livres d'amende, & de demeurer garands

garands & responsables des dégradations qui arrivent aux ponts.

QUESTION XVIII. Si un particulier avoit des terres voisines d'un moulin à vent, dans lesquelles il y eût de grands arbres, qui empêchâssent le vent, le Seigneur ne pourroit-il pas forcer ce particulier à couper ou ébrancher ces arbres ?

Geraud, dans son Traité des Droits seigneuriaux, liv, 2, chap. 7, nomb. 16, rapporte un Arrêt du Parlement de Toulouse, du 27 Août 1604, qui a jugé la négative, au profit de deux particuliers, contre le sieur de la Grave, qui prétendoit que ces particuliers devoient couper des arbres noyers, qui empêchoient le vent à son moulin : ils furent renvoyés de la demande, avec dépens. La raison de décider est qu'il est permis à un chacun de faire, sur son fonds, ce que bon lui semble. Les héritages de la campagne, dans de certaines Provinces, sont si asservis, qu'on doit veiller à leur conserver le peu de liberté qui leur reste, & à ne les point assujettir à d'autres servitudes que celles qui sont stipulées par les titres.

QUESTIONS PARTICULIÈRES SUR LES FOURS BANNAUX.

QUESTION PREMIÈRE. La trop longue distance des maisons des habitants d'un lieu au four bannal, ne doit-elle pas obliger le Seigneur d'y en construire ?

Quelque distance qu'il y ait de la demeure des sujets au four bannal, ils ne sont point, pour cela, dispensés d'y aller, & ils ne peuvent point contraindre le Seigneur de leur bâtir un four sur les lieux ; ce qui deviendroit trop à charge. La question a été jugée par Arrêt du Parlement de Toulouse, du 26 Juin 1626, rapporté par Albert, *verbo*, *Bannalité*, art. 8. Les habitants du hameau de Caselles & de Parognan, quoiqu'éloignés de trois quarts de lieue du four bannal, furent condamnés à y porter leurs pâtes cuire, si mieux n'aimoient s'abonner pour avoir des fours particuliers. La même chose avoit été jugée par Arrêt du Parlement de Dijon, du 15 Mars 1580, en faveur du sieur Legrand, contre les habitants de Sainte-Colombe, éloignés du four bannal de plus d'une lieue.

QUESTION II. *Les habitants, sujets au four bannal, ne peuvent-ils pas avoir de petits fours dans leurs maisons, pour cuire des pâtes non levées, sans préjudicier à la bannalité?*

En général, on ne doit pas le permettre; parce que, sous prétexte d'avoir de ces petits fours pour cuire des pâtisseries & faire sécher des fruits, l'on y cuit du pain; & c'est une occasion de fraude. Dunod, dans son Traité des Prescriptions, dit qu'il l'a vu ainsi juger aux Requêtes du Palais, pour l'Abbesse de Baune, contre des particuliers de la même Ville. Auzanet, sur l'art. 71 de la Coutume de Paris, rapporte un Arrêt, du 9 Juillet 1594, contre les habitants de Desize en Nivernois, qui leur fait défenses d'avoir dans leurs maisons des fours, sinon pour la pâtisserie: mais il faut observer que cet Arrêt est conforme à l'art. 5 du chap. 18 de la Coutume de Nivernois, qui permet aux sujets banniers d'avoir dans leurs maisons four, jusqu'à un boisseau, mesure de Nevers, pour cuire des gateaux, pâtés, & autres friandises, dit la Coutume. Cette disposition de la Coutume de Nevers est une exception à la règle générale. Taisand, sur Bourgogne, titre 13, art. 2, note 2, rapporte un Arrêt, du 2 Mai 1589, qui ordonna que des fours, même à cuire des pâtisseries, seroient démolis, nonobstant que les Propriétaires alléguassent une possession de trente-cinq ans.

QUESTION III. *Le Fournier du four bannal ne doit-il pas cuire tous les jours, ou au moins très-souvent, pour la commodité du public ?*

La Coutume de Nevers, chap. 18, art. 10, contient à cet égard une disposition qu'on peut suivre par-tout. Elle porte : » Et quant au four bannier, le Fournier est tenu de cuire si » souvent, que les sujets au ban puissent cuire leur pain & » pâte, selon leurs besoins; &, s'il ne le fait, il est tenu aux » intérêts des parties, dont elles seront crues «. C'est donc le besoin des sujets à la bannalité, leur nombre, qui doit régler le service du four bannal. Il y a des Villes & des gros Bourgs où l'on cuit tous les jours, même deux fois par jour; il y en a d'autres où l'on ne cuit que trois fois par semaine; dans d'autres, deux seulement : c'est au Procureur fiscal à faire là-dessus les réglements nécessaires & les plus convenables pour l'utilité publique.

QUESTION IV. *Les Boulangers sont-ils dispensés de cuire leur pain au four bannal ?*

Il faut distinguer : l'usage général, même quelques Coutumes, en dispensent précisèment, comme Poitou, art. 47, Touraine, tit. 2, art. 49; & veulent que les Boulangers ne soient point tenus de porter au four bannal le pain qu'ils débitent au public, si ce n'est, dans quelques endroits, le gros pain qu'ils vendent en leurs boutiques. Ainsi jugé, par Arrêt du 9 Mai 1620, contre les Boulangers de Vendôme. Cet Arrêt est rapporté par M. le Prestre, cent. 3, chap. 53. A l'égard du pain, dont les Boulangers ont besoin pour la consommation de leur famille, il est sans contredit qu'ils le doivent faire cuire au four bannal, ou bien s'abonner à cet égard. On trouve dans Bacquet, *des Droits de Justice*, chap. 29, n°. 24 un Arrêt, du 28 Septembre 1565, qui l'a ainsi jugé. M. le Prestre rapporte deux Arrêts postérieurs, qui ont confirmé cette Jurisprudence. On prétend qu'à Rennes, & dans d'autres Villes de Bretagne, les Boulangers ne sont point assujettis à cette rigueur; mais l'exemption ne peut avoir lieu que dans cette Province, où elle est établie par l'usage & la Jurisprudence du Parlement de Bretagne.

CHAPITRE II.

De différentes autres Bannalités.

LA nécessité de se procurer le pain a présidé à l'établissement des moulins & des fours bannaux: d'autres besoins, auxquels les habitants n'auroient pu satisfaire, sans le secours du Seigneur, ont semblablement donné lieu à d'autres bannalités. Nous allons parcourir celles qui sont le plus connues, en indiquant les principes qui conviennent à chacune en particulier.

Des Moulins bannaux à Draps & à Ecorces.

Plusieurs de nos Coutumes établissent la bannalité des moulins à draps, à écorces, à mailler chanvre: l'art. 8, de la Coutume de Châteauneuf en Berry, dit que les gens de servile condition sont tenus d'aller *fouler leurs draps, & battre leurs écorces, aux moulins bannaux du Seigneur*. La Coutume d'Anjou, art. 21, établit la bannalité des moulins à draps; l'art. 21 de la Coutume du Maine, l'art. 388 de la Coutume de Bretagne, parlent aussi des moulins bannaux à draps. D'après ces Coutumes, il ne peut être douteux que des moulins, de l'espèce dont nous parlons, ne puissent être bannaux.

La banlieue de ces moulins est ordinairement plus étendue que celle des moulins à bled. La Coutume d'Anjou donne trois lieues de chasse au moulin à draps; la Coutume de Bretagne lui en donne cinq: dans les Coutumes muettes, on se doit régler suivant les titres & l'usage.

Comme la bannalité des moulins, dont nous parlons, est moins généralement établie par les Coutumes que celle des moulins à bled, pour prétendre avoir moulin bannal à draps, à écorce, à huile, à mailler chanvre, il faut absolument un titre précis, fondé sur les conventions particulières des parties, & dans la même forme que nous l'avons demandé pour la bannalité des fours & des moulins. Collet, sur les Statuts de Savoie, rapporte que le Comte de Saint-Alban, qui prétendoit que ses moulins, battoirs & huilières, dans la paroisse d'Asserans au Pays de Gex, étoient bannaux, fut condamné, par Arrêt du 15 Juin 1644, parce qu'il ne put justifier d'aucuns titres pour établir sa demande. Le même Auteur rapporte un Arrêt du Sénat de Chambery, de 1555, qui maintient le Seigneur de Conflans dans la bannalité d'un moulin à draps & à mailler chanvre : le Seigneur avoit rapporté le titre constitutif de ces bannalités, du 8 Mars 1324.

Du Pressoir bannal.

Le Seigneur, qui a pressoir bannal, a droit de contraindre tous ceux qui ont des vignes situées dans l'étendue de la bannalité, de conduire leurs vendanges à son pressoir, pour y être pressurées, en payant un certain droit : d'où il suit que la bannalité du pressoir est un droit réel, qui affecte les vignes du territoire, & de la banlieue où il se trouve établi.

Les pressoirs bannaux sont anciens : une Chartre du Roi Jean, donnée à Paris en 1354, portant confirmation des privilèges de la Ville de Joinville, fait mention que le moulin, le four & le pressoir y sont bannaux. M. de Sassenage, Marquis de Pont en Royans dans le Dauphiné, a un pressoir bannal, qui date encore d'une plus grande antiquité : la chartre qui l'établit est de 1030, donnée par le Prince Ismidon, l'un des ancêtres de M. de Sassenage. M. Salvaing, dans son *Usage des Fiefs*, chap. 64, remarque que le droit de pressoir bannal est très-rare dans le Dauphiné, & qu'il ne connoît que la terre de Pont en Royans où cette espèce de bannalité soit établie & connue.

Malgré l'antiquité des pressoirs bannaux, nous n'avons que

très-peu de Coutumes qui en parlent ; & je n'en connois que deux qui en fassent un droit général pour les Seigneurs. La Coutume de Lorraine, tit. 6, art. 5, dit : » Droits de bannalités de fours, moulins & pressoirs, appartiennent régulièrement aux hauts-Justiciers, si, par usage ou droits particuliers, il n'appert du contraire «. La Coutume du Maine, art. 28, donne le même droit au bas-Justicier, pour les vignes que ses sujets tiennent de lui ; pourvû que le pressoir soit à demi-lieue de distance des vignes. L'article 29 permet au sujet, qui a dix quartiers de vignes, ou au-dessus, d'avoir un pressoir particulier, pour pressurer sa vendange, en avertissant le Seigneur, & lui payant cinq sols quatre deniers tournois.

Dans les Coutumes muettes, pour établir la bannalité d'un pressoir, il faut un titre précis & particulier : cette bannalité, quand elle est une fois établie, s'étend généralement sur tous ceux qui ont des vignes dans l'étendue de la bannalité, soit nobles ou roturiers, soit laïcs ou ecclésiastiques, soit même qu'on prétende que les vignes sont en franc-aleu. Telle est la Jurisprudence des Arrêts : Papon en rapporte un, du 22 Décembre 1552, qui condamne le Seigneur de Chalmazel à envoyer ses vendanges au pressoir bannal du Baron de Couzan en Forest. Un Arrêt du Grand Conseil, du 20 Août 1735, rendu au profit des Prêtres de la Congrégation de la Mission, Supérieurs du Séminaire de la Ville de Toul, Seigneurs de la terre de Bruley, condamne les Abbé, Prieur & Religieux de Rieval, Ordre de Prémontré, à démolir le pressoir qu'ils avoient fait construire à Bruley ; leur fait défenses de s'en servir ; ordonne qu'ils seront tenus de faire apporter leurs raisins aux pressoirs bannaux de la seigneurie de Bruley, pour y être pressurés, en la manière ordinaire. Entr'autres moyens, les Religieux de Prémontré alléguoient que leurs vignes étoient en franc-aleu, & que cette nature de biens affranchissoit de la bannalité. On n'y eut aucun égard.

Parmi nos Coutumes, nous n'en avons qu'une seule qui parle des pressoirs à cidre ; c'est la Coutume du Maine, art. 31 : mais cette Coutume n'en parle que pour accorder à un chacun la liberté d'avoir chez soi un pressoir à cidre, ou de l'aller faire pressurer où bon semblera, si le Seigneur n'a titre, possession ou prescription au contraire. La disposition de cet article doit être étendue à tous les Pays coutumiers & de droit écrit, puisqu'elle réduit le tout aux titres du Seigneur.

Du Taureau bannier.

En certains lieux, les Seigneurs ont droit d'avoir un taureau bannal, pour les vaches de leurs sujets, & peuvent leur défendre de les faire couvrir par d'autres : pour chaque vache, qui est amenée au taureau bannal, les Seigneurs hauts-justiciers & féodaux prennent un certain droit, suivant qu'il est réglé par les titres. Nous n'avons aucunes Coutumes qui parlent de cette espèce de bannalité, qui ne peut être établie que par des titres particuliers & précis : il n'y a donc que les Seigneurs, qui en ont de cette espèce, qui puissent prétendre d'avoir un taureau bannal, qu'en quelques endroits on appelle *varet bannier.*

Des Boucheries bannales.

La bonne police & l'utilité publique ont donné lieu à l'établissement des boucheries bannales ; il n'y a guère de Villes seigneuriales où il n'y en ait. La corruption des chairs, les immondices des étables & des tueries infecteroient bientôt les Villes, si les Magistrats n'y mettoient ordre : c'est pour prévenir les inconvéniens qui en pourroient résulter, que, dans toutes les Villes, les Bouchers ont des rues particulières, écartées, situées le long de quelque rivière ou ruisseau, si cela se peut, pour exercer leur métier. D'un autre côté, pour remédier aux abus qui pourroient arriver, s'il étoit loisible aux Bouchers de vendre leurs chairs dans leurs maisons particulières, on les a forcés de les exposer en public, & de les y vendre dans des lieux destinés à cet usage, & où il fût loisible, tant aux Officiers de Police qu'aux particuliers, de veiller sur leur conduite, & à ce que les chairs, qu'ils débitent, soient au moins saines. Tels ont été les motifs des boucheries bannales.

Dans les petites Villes de Champagne, il auroit été difficile de parvenir à ces établissements, si les Seigneurs ne s'y fussent prêtés : pour les faciliter, ils donnèrent des places pour édifier des boucheries ; d'autres en firent construire eux-mêmes, avec des halles, & des étaux dessous, pour les Bouchers, en se réservant, sur chaque Boucher, une certaine redevance pour la place qu'il occupe ; & à la charge, par le Seigneur, d'entretenir toujours en bon état de réparations les halles & boucheries, & de fournir les étaux nécessaires ; ou bien, sous telles autres conventions qu'on juge à propos, pourvû qu'elles soient consenties par les parties.

Dans quelques endroits, outre la redevance, les Seigneurs ont droit de se faire donner les langues & les pieds des animaux que les Bouchers tuent, à l'exception des langues de veaux ; parce que, sans elles, on ne pourroit pas vendre les têtes. Henrys rapporte un Arrêt, du 21 Juin 1656, qui l'a ainsi jugé.

Dans la plûpart des Villes seigneuriales, les Bouchers, avant de s'y établir & y exercer leur métier, doivent en obtenir une permission expresse du Seigneur.

Comme nos Coutumes ne font point, de la bannalité des boucheries, un droit général pour les Seigneurs, ceux qui prétendent cette espèce de bannalité, doivent avoir des titres précis, suivant lesquels on en doit régler l'exercice : lorsqu'il est question de reconnoître ce droit au terrier de la Seigneurie, il faut le faire reconnoître par tous les Bouchers en corps.

Du Ban des Moissons & des Fénoisons.

Quelques Auteurs ont pensé que le ban des moissons étoit aboli ; il est facile de faire voir qu'ils se sont trompés. Les mêmes motifs d'une bonne police, qui ont donné lieu à l'établissement du ban des vendanges, doivent avoir lieu pour celui des moissons, des fénoisons, & des autres recoltes : il est vrai que ce ban est fort oublié dans les campagnes, par le négligence des Officiers de Police, qui ont insensiblement perdu de vue les anciens usages, & la sagesse des Ordonnances faites à cet égard.

Boutillier, qui vivoit du temps de Charles VI, dans sa somme rurale, tit. 88, atteste l'ancien usage du ban des moissons, rapporte la formule usitée pour la publication de ce ban, suivant

vant laquelle il paroît qu'il n'étoit permis à personne de moissonner avant l'ouverture du ban, sous peine de soixante sols d'amende.

Carondas, qui a fait des annotations sur Boutillier, observe, sur le titre que nous venons de citer, que le droit de ban des moissons est plutôt de Justice que de Fief; qu'il est en usage non seulement en France, mais encore en Italie, & en plusieurs lieux : il rapporte, à ce sujet, un passage de Cepola, *de servit. rustic. præd. cap.* 20, qui renferme les vrais principes sur cette matière. *In quibusdam locis*, dit cet Auteur, *sunt statuta, ne quis possit vindemiare, vel messem facere, etiam in suo, nisi certo tempore : hoc ideò à Dominis locorum constitutum, ne fruges decerpere immaturas, & tempore non suo, cogerentur.*

L'article 49 de l'Ordonnance de Blois, conforme à l'article 28 de l'Edit de Melun, ordonne la publication des moissons & des vendanges. Dans l'intérêt des Décimateurs ecclésiastiques, on pourra objecter que c'est à eux seuls à requérir l'exécution de cette Ordonnance; mais on estime qu'elle devroit être étendue à tous les Décimateurs en général, qui tous ont le même intérêt à prévenir ou faire punir les fraudes qui se commettent dans le paiement de la dixme.

M. le Président Bouhier, dans ses observations sur Bourgogne, rapporte un Arrêt du Parlement de Dijon, du 4 Juillet 1629, rendu entre le Curé & les habitants de Morogues, qui a jugé que *le jour des moissons, & autres recoltes, seroit arrêté & publié trois jours avant que de recueillir les fruits; & que la moisson se feroit par contrée, le plus commodement que faire se pourroit, selon qu'il seroit avisé entr'eux.*

» Je n'ai pas oui dire, dit M. le Président Bouhier, qu'il » soit survenu d'autre contestation par rapport à ce ban; » mais, s'il s'en présentoit, il y a apparence qu'on y suivroit à » peu près les règles du ban des vendanges «.

On trouve au Journal des Audiences, tome 5 de l'ancienne édition, un Arrêt du Parlement de Paris, du 6 Juillet 1688, qui, en confirmant une Sentence du Bailliage de Sens, rendue entre les habitants de Champigny, & le Prieur gros Décimateur, ordonne, entr'autres choses, que les habitants ne pourront commencer leurs moissons, qu'au préalable il n'y ait un ban publié au prône de la Paroisse.

Toutes ces Loix, ces Arrêts, & ces autorités, prouvent bien clairement que le ban des moissons n'est point aboli, comme l'ont prétendu quelques Auteurs : tout, au contraire, concourt à prouver la nécessité de le faire rétablir dans les lieux où on en a perdu l'usage, par la négligence des Officiers de Police & des Décimateurs. Pour faire sentir cette nécessité, nous rapporterons ce qui en a été dit par Nicolas Perrier, dans ses observations sur la Coutume de Bourgogne ; on ne peut rien ajouter à la sagesse de ses réfléxions.

» Dans plusieurs endroits de la Province, dit notre Au-» teur, les Seigneurs hauts-justiciers font aussi donner des bans » pour les moissons & les fauchaisons ; ce qui est très-utile au » bien public, à cause de l'empressement qu'a la plûpart du » peuple, de cueillir les fruits de la terre, avant qu'ils soient » en pleine maturité ; en quoi il porte un préjudice considéra-» ble aux autres propriétaires & cultivateurs des héritages ; » parce que, dès que ces particuliers ont commencé à faucher, » ou à moissonner, sans qu'il y ait eu des bans donnés, les » autres héritages sont exposés au dégât, & les fruits à être » volés.

» Il est sur-tout important d'observer cette police dans les » Pays où il y a de grandes prairies, parce que l'on fauche les » prés, avant que les herbes aient acquis un certain point de » maturité : ils sont sujets à être taris & desséchés ; ce qui di-» minue leur qualité «.

Du Ban des Vendanges.

Autant le ban des moissons est négligé, autant le ban des vendanges est généralement en usage dans toutes les Provinces du Royaume, où il y a des vignobles. Les motifs qui ont engagé, dans tous les temps, la Police à y avoir une particulière attention, sont des plus pressants ; outre l'intérêt que les Seigneurs décimateurs peuvent avoir dans la chose, le Public n'y est pas moins intéressé. Le ban des vendanges tend à la conservation des fruits, empêche qu'ils ne soient enlevés avant leur maturité : d'ailleurs, s'il étoit loisible à chacun de vendanger, suivant sa volonté, & sur-tout suivant l'empressement que le menu peuple a d'avoir du vin, il arriveroit souvent que quelques particuliers, qui auroient les premiers vendangé dans un clos, laisseroient le reste à découvert, exposé au dégât des bestiaux, des chiens, qui mangent les raisins, & des glaneurs qui, sous prétexte de grapiller dans les vignes vendangées, voleroient nuit & jour les fruits de celles qui ne le seroient pas.

Le droit de donner le ban, pour les vendanges, est de pure Police, & attaché à la haute-Justice; par conséquent, pour exercer ce droit, le Seigneur haut-Justicier n'a besoin d'aucun titre; il est fondé sur les Loix anciennes, les Ordonnances, les Coutumes, la considération & la nécessité du bien public, le premier motif de toutes les Loix. Il faut observer que le moyen ou bas-Justicier ne peuvent avoir ce droit au préjudice du Seigneur haut-justicier : Bretonnier, sur Henrys, rapporte un Arrêt qui l'a ainsi jugé.

Le Seigneur, qui a droit de donner le ban des vendanges, a aussi le droit de commettre des Gardes-vignes, lorsqu'elles commencent à entrer en maturité, & de rendre ses ordonnances, pour enjoindre à tous les habitants de la campagne, voisins des clos de vignes, de contenir leurs chiens & leurs bestiaux, de façon qu'ils ne puissent entrer dans les vignes, pour y causer aucun dégât.

Suivant l'article 3 du titre 15 de la Coutume de Berry, les Vignerons, commis à la garde des vignes, ne doivent point entrer dans celles des particuliers, si ce n'est pour prendre les personnes qui y voleroient, & capturer les bestiaux qui causeroient quelque dommage; pour prévenir l'un & l'autre inconvénient, autant qu'il leur est possible, ils doivent tenir tous les passages bien clos & bouchés, faire exactement la garde autour des bouchures, par dehors, & spécialement le long des grands chemins : s'ils ne s'acquittent pas de leur devoir, ils sont amendables, & responsables des vols & des dégâts auxquels leur négligence pourroit donner lieu.

Lorsque les vignes sont parvenues à leur maturité, le Seigneur doit faire proclamer le ban des vendanges ; c'est-à-dire, indiquer le jour où il peut être permis à un chacun de vendanger sa vigne, avec défenses de vendanger avant le jour fixé. L'article 6 du titre 15 de la Coutume de Berry, prononce une amende de cent sols, même de plus grosse somme, à discrétion de Justice, contre les contrevenants, & les condamne aux dommages & intérêts des voisins.

Le Seigneur haut-justicier ne peut faire proclamer le ban des vendanges, sans observer les formalités prescrites par les anciennes Ordonnances, les Coutumes, ou les Arrêts de réglement intervenus sur la matière.

Une Chartre, donnée par Charles, Régent du Royaume, sous le Roi Jean, au mois de Février 1355, portant confirmation des privilèges des Bourgeois de Nevers, porte : » Les » quatre Bourgeois élus feront publier, au nom du Comte de » Nevers, le jour auquel commenceront les vendanges «. Cette Chartre prouve que, de toute ancienneté, le ban des vendanges ne se donnoit que sur le rapport de quatre notables Habitants.

La Coutume de Berry, tit. 15, art. 5, s'explique avec plus de détail : elle veut qu'avant d'ouvrir le ban des vendanges, & pour y parvenir, les vignes soient visitées par quatre notables Bourgeois dans les Villes royales, ou par quatre Vignerons à la campagne, qui examineront, en leur conscience, dans les différents vignobles, si les fruits sont en maturité suffisante pour être vendangés, en donneront leur avis, afin que sur icelui l'ouverture des vendanges soit faite, en chaque contrée, pour le bien & utilité commune.

On trouve dans les observations de M. Bretagne, sur la Coutume de Bourgogne, un Arrêt du Parlement de Dijon, du 29 Avril 1717, rendu au profit du Seigneur haut justicier de Rumigny, fort instructif sur la matière : comme les dispositions de cet Arrêt, qui est en forme de réglement général, ne laissent rien à désirer sur notre objet, nous en rapporterons le dispositif en entier.

» La Cour maintient & garde ledit de Frondas, Seigneur » haut-justicier de Rumigny, au droit de donner, par ses » Officiers, le ban des vendanges, & au droit & possession

» de vendanger ses vignes, un jour avant celui indiqué pour » l'ouverture des vendanges : ordonne qu'à cet effet, environ » le temps des vendanges, la communauté, & les propriétaires » ou cultivateurs des vignes, seront assemblés, à la place pu- » blique & devant le Juge, à la diligence des Echevins, au » son de la cloche, à la manière accoutumée : permet aux fo- » rains, propriétaires de vignes, de se trouver à ladite assem- » blée, pour, à la pluralité des voix, nommer quatre Pru- » d'hommes, qui, après le serment prêté devant le Juge, » procéderont à la visite des vignes du territoire, & recon- » noissance de la maturité des raisins, dont ils feront leur » rapport, qu'ils remettront & affirmeront au Greffe de la » Justice des lieux, le même jour des visites & reconnois- » sances, pour, par le Juge, faire incessamment, sans retard » & sans frais, une Ordonnance, par laquelle il indiquera le » jour de l'ouverture générale des vendanges, conformément » au rapport; sauf, où il arriveroit accident imprévu, être » statué par le Juge, de l'avis des Prud'hommes, pour être » ensuite l'Ordonnance publiée à la manière accoutumée. Fait » expresses inhibitions & défenses aux habitants & forains » d'enfreindre le ban, à peine, contre chacun contrevenant, » de trois livres cinq sols d'amende, & même de confiscation » des raisins, s'il y échoit, si ce n'est qu'ils en aient la per- » mission par écrit du Seigneur, laquelle néanmoins il ne » pourra accorder que pour cause raisonnable, pressante, & » gratuitement.

Lorsque le ban des vendanges est une fois publié, il oblige généralement tout le monde, sans aucune exception, les Ecclésiastiques, les Nobles, comme les Roturiers. C'est la disposition textuelle de plusieurs Coutumes; de Berry, titre 15, art. 4; de Nevers, chap. 13, art. 1; du Maine, art. 204; d'Anjou, art. 186. Salvaing, dans son ouvrage *des Fiefs*, chap. 39, dit que le droit de ban des vendanges est réel, & que les Gentilshommes & les Ecclésiastiques n'en sont pas exempts, quand même ils articuleroient une possession immémoriale de vendanger avant le ban, & en offriroient la preuve. Il y a un Arrêt du Parlement de Dijon, qui l'a ainsi jugé au profit du Seigneur de Mavilly, contre le Curé du même lieu.

Bretagne, dans ses observations sur Bourgogne, en cite deux autres qui l'ont également jugé contre les Nobles.

Les Forains, qui ne sont pas justiciables du Seigneur haut-justicier, se prétendent aussi quelquefois exempts de son ban des vendanges; mais, comme c'est un droit réel, ils y sont soumis comme les autres. Il seroit encore inutile d'opposer la possession immémoriale, parce qu'on ne prescrit point contre les devoirs qui sont établis par l'autorité publique. Ainsi jugé par Arrêt du Parlement de Dijon, du 29 Mars 1681, au profit du sieur Passerat, Seigneur de Bogne.

Il est sans contredit que le Seigneur peut vendanger, un ou deux jours avant l'ouverture du ban; qu'il peut aussi donner permission de vendanger avant ce terme, pour des causes justes & raisonnables. C'est l'usage par-tout; & l'usage est conforme à la disposition textuelle de plusieurs Coutumes, & à la Jurisprudence des Arrêts, & notamment de celui de Rumigny, que nous venons de rapporter.

Malgré la Loi générale, qui assujettit tout le monde au ban des vendanges, il en faut cependant excepter ceux qui ont des vignes au milieu des terres labourées & closes de haies vives: il est clair que les motifs qui ont établi la Loi du ban des vendanges, ne peuvent avoir lieu à leur égard; & qu'en vendangeant, lorsqu'ils le jugent à propos, ils ne font de tort à personne. Cette exception est également admise par la disposition de quelques Coutumes; *voyez* Nevers, chap. 13, art. 2: par le sentiment des Auteurs; *voyez* Ragueau sur l'art. 4 du tit. 15 de Berry; Henrys, tom. 1, liv. 3, chap. 5, quest. 36, s'explique ainsi: » On excepte de cette police ceux qui sont tellement clos, qu'ils peuvent vendanger sans faire tort aux autres; notamment quand c'est pour pièces détachées, & qui ne portent pas conséquence pour les autres vignes «. Bretagne, dans ses observations sur Bourgogne; Salvaing, dans son *usage des Fiefs*, sont de même sentiment.

La Loi qui oblige les particuliers à ne pouvoir vendanger avant l'ouverture du ban, ne les oblige pas précisément à vendanger, ou à commencer leurs vendanges, le jour indiqué par le ban; chacun peut différer à un autre jour, en faisant garder sa vigne. *Voyez* l'art. 151 de la Coutume de Bourbonnois.

Si le Seigneur, ou ses Officiers, après en avoir été duement requis, refusoient de donner le ban des vendanges, les propriétaires pourroient vendanger, sans encourir aucune peine. C'est ce qui est statué par l'art. 4 du tit. 13 de la Coutume de Nevers. Il ne seroit pas juste de laisser périr sa vendange, par un refus capricieux, qui n'auroit aucun fondement légitime : mais, en ce cas, les habitants doivent observer qu'il faut que leur requisition soit faite de façon qu'il en puisse résulter une preuve certaine de leur soumission.

CHAPITRE III.

Du Droit de Banvin.

LE banvin est le droit qu'ont quantité de Seigneurs, soit par vertu de la Coutume des lieux, soit par des titres particuliers, de vendre le vin du crû de leur Seigneurie, pendant un certain temps de l'année, à l'exclusion de tous autres ; car tout droit composé du mot *ban*, contient un privilège exclusif.

Beaucoup d'Auteurs ont parlé de ce droit ; mais aucun n'en a détaillé les principes ; il y en a même qui s'en sont écartés. Nous allons tâcher de développer ce droit dans son origine, d'en développer le progrès dans nos Coutumes, & de faire connoître quelles restrictions y ont été apportées, par l'Ordonnance des Aides, dans les Provinces où les droits d'aides ont lieu.

A juger de ce droit par sa nature, & par son ancienneté, il paroît qu'on en peut faire remonter l'origine jusqu'au temps des affranchissements. Nous avons remarqué, en son lieu, que les Seigneurs, forcés par différentes circonstances d'affranchir leurs sujets, retinrent sur eux le plus de droits qu'ils purent. Dans ces temps nous avions peu de commerce hors du Royaume; dans l'intérieur même, nous n'en connoissions pas les avantages : d'ailleurs la division de la France en cinq ou six Etats, tous indépendants les uns des autres, mettoit souvent de grands obstacles au commerce intérieur. Quand tous ces Etats ont été réunis à la Couronne, & n'ont plus formé qu'un même Royaume, le commerce s'est facilement étendu au dehors : dans l'intérieur, les communications se sont établies de Province à Province, & ont rendu le commerce du dedans presque aussi considérable & aussi florissant que celui du dehors. Si le temps des servitudes avoit duré jusqu'à ce jour ; si aujourd'hui il étoit question de commencer l'ouvrage des affranchissements, il y a apparence que les Seigneurs qui ont des vignes dans la Bourgogne, la Champagne, la Brie, l'Orléannois, le Blesois, ne se seroient pas fort embarrassés de se réserver le droit de banvin, qui leur seroit d'une très-médiocre ressource. Mais, dans ces temps anciens, où le défaut de commerce forçoit les Seigneurs à consommer leurs denrées dans leurs terres, le droit de banvin pouvoit être de quelque importance ; & il l'est encore dans les Provinces où la difficulté des chemins, les éloignemens des grandes Villes, & des rivières navigables, ne permettent pas le transport des vins. Il n'est donc pas étonnant que les Seigneurs, qui recueilloient beaucoup de vin dans leurs Seigneuries, en affranchissant leurs serfs, se soient réservés la faculté de vendre leurs vins, pendant un certain temps de l'année, à l'exclusion de tous autres. Les Seigneurs, en donnant la liberté aux peuples, étoient les maîtres des conditions ; & il ne faut que consulter les Chartres des affranchissements, pour connoître que chacun, suivant la position de ses affaires, y a ménagé ses intérêts, le plus avantageusement qu'il lui a été possible.

La plus ancienne Chartre, où il soit parlé du Banvin, remonte précisément aux temps des affranchissements : elle est de 1141, donnée à Château-Landon, sous le règne de Louis VII, au sujet du banvin de la Ville de Bourges. Environ dans le même temps, les Comtes de Sancerre, en affranchissant les habitants de Barlieu & de l'Etang, se réservèrent le droit de banvin pendant un mois de l'année. Les anciennes Coutumes de Lorris, accordées par Louis le Gros ; celles de Montargis, accordées par Pierre de France, fils de Louis le gros, en 1170, attribuent le droit de banvin au Roi, ou au Seigneur, à l'exclusion de tous autres. *Nullus Loriaci*

riaci vinum cum edicto vendat, excepto Rege, disent les Coutumes de Lorris. Celles de Montargis s'expliquent en ces termes : *Nullus Montisargi vinum cum edicto vendat, excepto Domino, proprium vinum in cellario suo.*

Dans les Coutumes accordées par le Roi Philippe-Auguste, aux habitants de Boiscommun en Gâtinois, de l'an 1186, le Roi se réserva le droit de banvin. Ce Prince fit la même chose dans la franchise qu'il accorda aux habitants de Voysimes, en 1187. Les Seigneurs de Châteauneuf-sur-Cher, en accordant la liberté aux habitants de cette Ville, n'oublièrent pas de se donner le droit de banvin pendant le mois d'Août : la Chartre est de 1258. L'Ordonnance de S. Louis, de 1270, prononce soixante sols d'amende contre ceux qui vendront vin, pendant le temps fixé pour l'exercice du banvin.

Dans les temps postérieurs, on ne manque point de Chartres qui prouvent que nos Rois, en affranchissant les Villes, les Bourgs de leur domaine, s'y sont réservés le droit de banvin; que les Seigneurs ont fait la même chose; que nos Rois ont confirmé ces privilèges, & qu'ils ont même accordé le droit de banvin aux Seigneurs, qui, en affranchissant leurs sujets, ne se l'étoient pas réservé.

Dans les anciens monumens, dont nous venons de parler, on trouve peu de choses réglées sur l'exercice du banvin ; il n'y est guère parlé que du temps où il sera permis d'exercer ce droit, & des amendes contre les contrevenants. Il n'est donc pas étonnant que les Seigneurs, toujours attentifs à étendre leurs droits, aient tenté de donner au banvin des extensions tout-à-fait contraires à l'établissement du droit : les Seigneurs, tout-puissants dans leurs terres, s'y comportoient despotiquement, & exerçoient leurs droits assez arbitrairement. Ainsi, dans l'exercice du banvin, comme dans celui de tous les autres droits seigneuriaux il s'introduisit quantité d'abus, qu'on peut connoître par les remèdes qu'y apportèrent les Coutumes générales, lors de leur rédaction, commencée dans un temps où la puissance des Seigneurs étoit beaucoup affoiblie.

Nos Coutumes, en parlant du banvin, n'en parlent pas, comme les anciens titres, en termes vagues & généraux ; elles entrent dans le détail le plus circonstancié; elles prescrivent au Seigneur les règles les plus précises, pour se conduire dans l'exercice du banvin. Les anciens titres ne peuvent servir qu'à prouver l'antiquité du droit; mais les instructions, que contiennent nos Coutumes, prouvent l'attention qu'elles ont eu de réprimer les abus, en nous faisant connoître les vrais principes du droit de banvin, & les vrais motifs de son établissement.

L'art. 102 de la Coutume de Tours s'explique en ces termes: » Le Seigneur qui a droit de banvin, peut vendre le vin du » crû de son Fief, pour raison duquel il a droit de bannalité: » ledit vin, bon, pur & net, à prix raisonnable, selon le » cours du pays, durant son ban, par les mains de ses servi» teurs, ou commis, au dedans de ladite bannalité : & ledit » droit ne pourra bailler, ne affermer généralement avec sa » terre, particulièrement, ne autrement; & ne durera ledit » ban que quarante jours, pendant lesquels il peut faire dé» fenses à toutes personnes, demeurant en sa bannalité, de » vendre vin en détail. Toutefois sondit vin vendu, en pour» ront ses sujets vendre, encore que lesdits quarante jours ne » soient passés: & si le Seigneur use dudit droit autrement qu'il » est contenu ci-dessus, il perd, & est déchu dudit droit «.

Cette disposition comprend presque toutes les instructions nécessaires pour l'exercice du banvin, rélativement aux Coutumes. Les autres Coutumes, qui ont parlé de ce droit, en ont à-peu-près disposé comme celle de Tours; elles ne contiennent que quelques différences, qu'il n'est pas cependant inutile d'observer. Anjou, art. 84, attribue le droit de banvin aux Seigneurs châtelains, ou autres suzerains, & non aux inférieurs, s'ils ne l'ont par titre ou prescription. Le Maine, art. 202, ordonne que si le Seigneur n'a pas du vin sain & net, pour vendre pendant son ban, ou s'il ne le vend pas à prix raisonnable, il sera privé du ban, pour l'année seulement. Lodunois, article 1 du chapitre 9, porte que le Seigneur qui contrevient à la Coutume, dans ce qui lui est prescrit pour l'exercice de son banvin, en doit être privé pour l'année, & la suivante. La Marche, art. 318, dit que le Seigneur est obligé de donner son vin pour le prix qu'il vaut le jour précédent du ban, & qu'il doit le faire apprécier par ses Officiers, s'il a Justice, ou bien par quatre Prud'hommes. La Coutume de

Château-Meillan, tit. 7, art. 39, a cette singularité, qu'elle permet au Seigneur d'affermer son droit de banvin : mais ceci a été réformé par Arrêt contradictoire de la Cour des Aides de Paris, du 30 Juillet 1673, rendu entre la dame de Lusignan, veuve du sieur Comte de Château-Meillan, conformément à ce qui est prescrit par la Coutume du lieu ; à la réserve qu'il n'est pas permis aux Seigneurs d'affermer ce droit. La Roche-flavin, Graverol, & autres Auteurs, rapportent plusieurs Arrêts conformes aux dispositions des Coutumes.

Les Coutumes & les Arrêts, avant l'Ordonnance de 1680, avoient donc déjà réduit l'exercice du droit de banvin à des règles fixes & certaines, qu'il est facile de résumer en peu de mots.

1°. Le Seigneur, qui a droit de banvin, doit l'exercer pendant un mois, ou quarante jours tout au plus, & dans le temps de l'année qui est fixé par le titre.

On ne remarque guère que les Barons de Vauvert, dans le Diocèse de Nismes, qui, suivant leurs titres, peuvent exercer leur droit de banvin, dans tel temps de l'année que bon leur semble.

2°. Le Seigneur, en faisant l'ouverture de son ban, peut défendre, par proclamation & cri public, à tous ses sujets, de quelque condition qu'ils soient, de vendre aucuns vins pendant le temps du ban. Le droit de banvin est universel ; il affecte toutes les personnes nobles, roturières & ecclésiastiques, qui sont domiciliées dans l'étendue de la bannalité : il n'y a d'exemption que pour les Cabaretiers du lieu, qui, pendant le banvin, peuvent vendre de leur vin aux étrangers, & non à d'autres, dans leur cabaret, & non ailleurs. Ainsi jugé par Arrêt de la Cour des Aides de Paris, du 28 Août 1751, contre le Marquis de Nonan, Seigneur de Château-Meillan. Cet Arrêt décide encore que, pendant le banvin, les Officiers du Seigneur ne peuvent point faire de visites chez les Cabaretiers.

3°. Le vin que le Seigneur a droit de vendre en détail, pendant le temps de son privilège, doit être vin provenu de son crû ; c'est-à-dire, du domaine de son Fief, pour raison duquel il a droit de bannalité. S'il avoit des vignes dans d'autres Paroisses, qui ne fussent pas de son Fief, le vin qui en proviendroit ne doit pas être mis au nombre des vins du crû du Fief.

On répute comme vin du crû, celui qui provient des dixmes de la Seigneurie, ou des pressoirs bannaux, que le Seigneur exploite & fait valoir par ses mains. Si les dixmes & les pressoirs sont affermés à moitié, la part, qui revient au Seigneur seul, est réputée du crû : mais, si le tout étoit affermé en entier, le Seigneur ni le Fermier ne pourroient jouir de ce privilège, pour les vins qui proviendroient de ces fermes.

4°. Le vin doit être vendu dans la maison ou château du Seigneur, par ses gens & domestiques. Lorsqu'il n'y a point de maison seigneuriale, on peut faire le débit dans la maison destinée pour le Fermier, lorsqu'il n'y a point de Fermier.

5°. Le droit de banvin ne peut être cédé ou affermé en ferme générale ou particulière. L'Arrêt de Château-Meillan prouve que les Seigneurs ne le pourroient pas faire, quand même la liberté leur en seroit accordée par des titres particuliers.

6°. Le vin du crû, mis en vente par le Seigneur, doit être bon, pur, sain & net, au même prix qu'il se vend, sur les lieux, dans les cabarets publics : il doit être taxé, par les Officiers de la Justice du lieu, avant d'être exposé en vente.

7°. Lorsque le vin du crû de la Seigneurie, destiné pour être vendu pendant le temps du ban, est entièrement débité, le Seigneur n'en peut vendre d'autre, quand même ce seroit du vin qu'il prendroit sur le lieu & chez ses sujets, pour achever le temps du ban : pour lors tous les particuliers de la Paroisse peuvent vendre leurs vins en détail, quoique le temps du ban ne soit pas encore expiré.

Telles sont les Loix prescrites par nos Coutumes, pour arrêter les usurpations & les abus qui se commettoient dans l'exercice du banvin : mais ces Loix, si sages & si équitables, auroient peut-être été de foibles barrières, si nos Rois n'eussent souvent employé l'autorité royale, pour fortifier les dispositions des Coutumes.

L'Ordonnance de Charles VI, du 4 Janvier 1392, enjoint aux Seigneurs, qui ont droit de banvin, de ne commettre aucune fraude dans l'exercice de ce droit ; & dans le cas où quelqu'un seroit surpris à en commettre, Sa Majesté veut qu'il soit à toujours privé des exemptions accordées par ladite Ordonnance ; c'est-à-dire, du droit de huitième, & puni d'amende, selon l'Ordonnance des Elus, à qui la connoissance en appartiendra.

L'Ordonnance de Charles VII, donnée en 1435 ; celle de Louis XII, de l'an 1507, renouvellent les dispositions de l'Ordonnance de Charles VI, celle de Henri II, du mois de Septembre 1553, défend aux Seigneurs, qui ont droit de Banvin, de permettre à d'autres d'en vendre concurremment avec eux, pendant le temps du banvin.

Il est surprenant qu'il ait fallu tant de Loix pour empêcher la fraude de s'introduire dans l'exercice du banvin : il n'est guère à présumer cependant qu'un Gentilhomme, un Seigneur, veuille s'avilir au point de se mettre de niveau avec un Cabaretier, pour vendre dans sa maison, à pot & à pinte, du vin qu'il auroit acheté, ou pour commettre autres semblables fraudes, prohibées par les Coutumes & les Ordonnances. Mais, ce dont les Seigneurs sont incapables, souvent leurs domestiques le font ; &, en le faisant, ne craignent point de compromettre leurs maîtres. Ainsi les Seigneurs, forcés de confier à leurs gens l'exercice de leur droit de banvin, ne peuvent trop veiller sur leur conduite, pour prévenir les désagréments personnels que les contraventions de leurs gens pourroient occasionner.

Dans les Provinces où les Aides ont cours, il est presque impossible qu'il y ait lieu à la fraude : la rigueur de l'Ordonnance de 1680 y a apporté les obstacles les plus insurmontables. Mais il faut avouer que la vigilance des Commis, à qui l'exécution de l'Ordonnance est confiée, a souvent plus d'effet que la Loi même. Comme cette Loi est encore dans toute sa vigueur, il est très-important aux Seigneurs, à leurs gens d'affaires, à leurs domestiques, d'en connoître les dispositions qui concernent le banvin : les Seigneurs les doivent sçavoir, pour en ordonner l'exécution ; les domestiques en doivent être pareillement instruits, pour ne rien faire qui les rende indignes de la confiance de leurs maîtres, & pour ne se rendre coupables d'aucune prévarication, qui puisse exposer les Seigneurs aux peines prononcées par l'Ordonnance.

En parcourant les différentes dispositions du titre 8 de l'Ordonnance de 1680, qui traite des droits de banvin, il est facile d'observer que l'intention du Législateur a été de remettre en vigueur les anciennes Ordonnances, & de rappeller les vrais principes concernant le banvin, consacrés dans nos Coutumes, & notamment dans celles de Tours, Lodunois & la Marche, dont nous avons déjà rapporté les dispositions. Ceux qui voudront s'instruire de la rélation qu'il y a entre toutes ces Loix, peuvent consulter Jacquin, Commentateur de l'Ordonnance de 1680. Nous nous contenterons d'indiquer ici les nouvelles règles prescrites, par cette Ordonnance, aux Seigneurs qui ont droit de banvin : ceci, joint aux règles que nous avons ci dessus tirées des Coutumes, formera l'instruction la plus complette sur la matière, soit pour les Coutumes où les droits d'aides n'ont pas lieu, soit pour les Provinces où on perçoit ces mêmes droits.

1°. Les Seigneurs, qui prétendent le droit de banvin, doivent l'établir par des titres qui soient d'une date antérieure au premier Avril 1560, sans qu'on puisse avoir égard aux anciens aveux & dénombrements, s'ils n'ont été reçus avec les Officiers du Roi, à qui la connoissance en appartient.

Jacquin dit que l'Ordonnance, dans cette disposition, s'est conformée à l'article 71 de la Coutume de Paris, qui, pour les bannalités des fours & des moulins, demande des titres de cette espèce ; c'est-à-dire, qui datent au moins de vingt-cinq ans avant la réformation de la Coutume, qui se fit en 1580.

La disposition de l'Ordonnance est encore conforme aux Coutumes qui ne donnent le droit de banvin aux Seigneurs, qu'avec titre légitime & valable. On ne regarderoit point comme tel un contrat, un décret, où ce droit seroit énoncé ; on n'auroit non plus aucun égard à des aveux & dénombrements d'une date postérieure à 1560 : il faut des titres formels, passés avec parties légitimes, & vrais contradicteurs.

2°. Les Seigneurs sont obligés de souffrir les visites & marques du Fermier, comme tous autres particuliers, lorsqu'on procédera aux inventaires des vins, après la recolte.

3°. Ils doivent déclarer, lors desdits visites & inventaires, le vin par eux recueilli, provenant du crû de ladite Seigneurie; en spécifier la quantité & la qualité; en faire diférence d'avec les autres vins qu'ils ont recueillis en l'année.

4°. Ils sont aussi tenus de représenter, aux Commis, les vins vieux du crû, pour être recollés sur les précédents inventaires; &, en cas de fausse déclaration, & qu'ils aient vendu d'autres vins, que ceux compris aux inventaires, pour vins du crû, l'Ordonnance veut que le vin soit confisqué au profit du Fermier, & qu'ils soient condamnés en trois cent livres d'amende.

5°. Ils sont tenus, lors des inventaires, de déclarer en même temps la qualité de leurs vignes, leur situation, par tenants & aboutissants.

6°. Ils doivent faire publier, au prône de la messe de Paroisse, le jour qu'ils feront l'ouverture de leur ban; & faire signifier l'acte de cette publication au Fermier des Aides, huit jours avant l'ouverture du ban.

7°. Ils ne peuvent vendre d'autres vins que ceux de leur crû. L'Ordonnance répute vin du crû, ceux provenus des dixmes inféodées. Ceci est entièrement conforme aux dispositions des Coutumes, & à l'Ordonnance de Charles VI, que nous avons citée plus haut. Suivant l'Ordonnance de 1680, le Fermier est reçu à faire preuve par témoins, ou autrement, que le vin n'est pas du crû; ce qui est conforme à l'art. 11 du Réglement de 1553.

8°. Ils ne peuvent vendre leur vin ailleurs que dans la maison seigneuriale, encore qu'elle fût séparée du Bourg, ou du Village: ils ne le peuvent vendre qu'à pot, à pinte, & sans assiettes, par les mains de leurs serviteurs & domestiques.

De la disposition de cette Loi, en 1688, le Fermier des Aides prit occasion de faire un procès à la dame de Château-Meillan: il prétendit que, pendant la durée de son banvin, elle n'auroit pas dû souffrir qu'on bût & qu'on mangeât dans la maison d'un de ses gardes; pourquoi elle étoit sujette aux droits du Roi. L'affaire portée en l'Election de la Chatre, la dame de Château-Meillan y fut condamnée, par Sentence du 28 Août 1688. Sur l'appel, par Arrêt de la Cour des Aides, du 31 Août 1689, la Sentence fut infirmée; ladite dame de Château-Meillan déchargée des condamnations contre elle prononcées, & le Fermier condamné aux dépens.

Cet Arrêt prouve que, pourvû que le Seigneur fasse vendre, dans son château, son vin à pot, sans assiettes, il n'y a point de contravention. Par cette expression, *sans assiettes*, on entend qu'il n'est pas permis de donner à boire dans le château, ou la maison dans laquelle s'exerce le banvin.

Il est essentiel d'observer que l'exemption de tous droits de détail, accordée par l'Ordonnance de 1680, conformément à tous les Réglements précédents, n'est accordée qu'aux Seigneurs ecclésiastiques, ou nobles, qui ont droit de banvin, & non aux roturiers qui pourroient avoir un semblable droit. Mais, pour que les Ecclésiastiques, ou les Nobles, puissent jouir de cette exemption, il faut qu'ils observent, avec exactitude, les huit conditions que nous venons de détailler: s'ils y manquent, ils sont obligés de payer les droits de détail, comme feroit un roturier; &, en outre, l'Ordonnance veut qu'ils soient privés du droit de banvin, non seulement pour l'année où ils auront prévariqué, mais encore pour l'année suivante; &, en cas de récidive, que le Seigneur en soit déchu pour toute sa vie. Telle est la rigueur de l'art. 15 du tit. 8 de l'Ordonnance de 1680.

Suivant l'article 8 du même titre, si le droit de banvin appartient à plusieurs cohéritiers, qui en jouissent conjointement, ils doivent s'accorder du temps; ensorte qu'il soit continu, & sans interruption, suivant les Coutumes & les titres: ils doivent aussi s'accorder pour faire faire les publications, & observer les autres formalités prescrites par l'Ordonnance.

Enfin, suivant l'article 16 du titre ci-dessus, les contestations, qui peuvent arriver entre le Seigneur & le Fermier des Aides, doivent être portées, en première instance, aux Elections, &, par appel, à la Cour des Aides. Il est défendu à tous autres Juges d'en connoître, à peine de nullité des procédures & des jugements. Les Seigneurs, qui ont droit de *committimus*, ne peuvent pas s'en servir; ils doivent absolument se pourvoir aux Elections, &, par appel, aux Cours des Aides.

Postérieurement

Postérieurement à l'Ordonnance de 1680, le Roi, par Edit, du mois d'Avril 1702, a établi un droit de banvin, dans les Provinces où les droits d'aides n'ont point cours, & dans les lieux où ce droit ne se trouve pas établi au profit du Roi, ou des Seigneurs particuliers, fondés en titre. Par cet Edit, il est permis aux Seigneurs d'acquérir ce droit de Sa Majesté, de l'unir à leur Fief, & d'en jouir tout ainsi que les Seigneurs qui ont pareil droit par leurs titres, & ce, pendant quarante jours; à condition que les acquéreurs ne pourront l'affermer, ni en user, que pour les vins de leur crû, lesquels ne seront point sujets aux droits d'aides spécifiés par l'Ordonnance de 1680. Cet Edit prouve bien précisément combien se sont écartés des principes quelques Auteurs, qui, contre la disposition de toutes les Coutumes, des Ordonnances, & la Jurisprudence des Arrêts, ont soutenu que les Seigneurs pouvoient affermer leur droit de banvin, &, pendant le temps du banvin, vendre d'autres vins que ceux de leur crû.

L'ouverture & l'exercice du banvin est ordinairement réglé par le Juge de Police de la Seigneurie. La veille du jour de l'ouverture, il doit faire ôter les enseignes qui sont aux petits cabarets, où on ne loge point: les Cabaretiers, qui tiennent auberge publique, avec enseigne, & qui logent les passants, peuvent leur donner de leur vin, pendant le banvin du Seigneur. On ne répute point comme passants, les habitants du lieu & de la Paroisse, qui, pendant le banvin, vont boire aux cabarets du lieu.

Durant le temps du banvin, les Commis aux Aides peuvent faire leur exercice pour les droits du Roi, sans néanmoins qu'ils puissent empêcher les habitants, directement ni indirectement, d'aller prendre du vin au ban à pot & en détail, pour la consommation de leurs maisons.

Il y a quantité de Seigneurs qui, pour éviter toutes contestations, ou pour ne pas s'exposer aux désagréments que pourroient leur occasionner les infidélités de leurs domestiques, composent de leur droit avec le Fermier des Aides, moyennant une certaine somme par chacun an.

CHAPITRE IV.

Du Droit de Blairie.

CE droit appartient au Seigneur haut-Justicier, pour la permission qu'il accorde aux habitants de faire paccager leurs bestiaux sur les terres situées en l'étendue de sa Justice, après la récolte, ou bien dans les terres vaines & vagues, places communes, & chemins de la Seigneurie.

La blairie n'a point lieu en Pays de droit écrit, où tous les héritages sont réputés libres; mais elle est fort connue en Pays coutumier, sous les différents noms de *moisson*, *civerage*, & *avenage* : ce n'est guère que dans les Provinces de Bourbonnois, Nivernois, Auvergne & Bourgogne, qu'on appelle ce droit *blairie*. Quelques Auteurs ont eu tort d'y joindre le Berry; le mot & le droit ne sont connus ni dans la Coutume générale, ni dans les Coutumes locales : l'ancienne Coutume d'Issoudun, tit. 10, art. 6, dit, au contraire, qu'en lieux incultivés, qui sont en chomme, en fraiche, bruères, buissons, n'y échet prise de bêtes, en quelque temps que ce soit. Celle de Mehun, rubriche 3, art. 11, a la même disposition; & quantité d'autres en ont de semblables. Enfin, dans toutes les Coutumes locales du Berry, recueillies par la Thaumassière, on ne trouve que le seul article 10 de la Coutume locale de Rezay, terre dépendante de la Baronnie de Lignières, où le mot *bléerye* est employé pour signifier des bleds en plein champ, que la Coutume déclare défensables, bien qu'ils ne soient bouchés, à moins qu'ils ne soient le long d'un grand chemin, ou à l'issue du Bourg.

Il est vrai que, dans quelques Seigneuries du Berry, on paie des droits d'avenage; mais ce n'est pas pour la blairie, c'est pour le droit de bourgeoisie : il se paie en avoine à Châteauneuf-sur-Cher, à Lignières; & on le payoit ainsi autrefois à Issoudun & à Mehun. Il est encore à ma connoissance que quelques Seigneurs du Berry, en rassemblant différents abonnements particuliers, ont tenté de se faire, dans leurs terres, un droit d'avenage général, semblable à la blairie; mais leurs prétentions ont été proscrites dans les Tribunaux de la Province; & je ne connois aucun Seigneur qui ait risqué de se faire juger par Arrêt. Enfin, pour prouver que la blairie a lieu en Berry, on cite Ragueau, sur l'art. 10 du tit. 11 de Berry; mais cet article parle du mur mitoyen, & non point du droit de blairie. On ne voit point que Ragueau, ni sur cet article, qui ne permet pas de traiter du droit en question, ni sur aucun des articles du titre des droits prédiaux, parle du droit de blairie, comme d'un droit général établi dans le Berry. La Thaumassière, autre Commentateur de la Coutume de Berry, n'en parle pas plus que lui.

Pour connoître la vraie nature de la blairie, & pour se décider sur sa légitimité, ou sur l'usurpation de ce droit, il faut sans doute remonter à l'origine des choses, à ces premiers établissements, où le Seigneur étoit propriétaire de toute l'universalité du terrein qui composoit sa Seigneurie. Après avoir tiré partie des terreins propres à former les censives, les terrages, les bordelages; après avoir distribué les cantons propres à l'arrondissement de quelque Fief; après avoir enfin donné les emplacements nécessaires pour bâtir la Ville ou le Bourg, chef-lieu de la Seigneurie; tous ces arrangements pris, il se trouva quantité de Seigneurs, à qui il resta encore beaucoup de terres, peu propres à la culture, & qui demeurèrent vaines & vagues: d'ailleurs, pour faire les établissements dont nous venons de parler, il fut nécessaire de laisser des chemins, des places vuides, soit pour borner les divisions, soit pour les communications; & il n'est pas encore douteux que ces chemins & ces places appartenoient, en toute propriété, au Seigneur.

Les besoins des habitants de la Seigneurie, sur-tout de ceux qui n'avoient que des censives, donnèrent bientôt occasion aux Seigneurs de faire emploi des terreins vains & vagues, des places vuides qui leur étoient restées, & même de l'herbe qui croissoit sur les chemins de la Seigneurie, & le long des haies & des buissons qui les bordent. Les Seigneurs les plus généreux, comme ceux du Berry, & de plusieurs autres Provinces, abandonnèrent gratuitement tous ces objets à leurs habitants, pour le paccage & la nourriture de leurs bestiaux; mais les plus intéressés n'accordèrent à leurs justiciables la permission de faire paccager leurs bestiaux dans les terres vaines & vagues, dans les places vuides, sur les chemins de leurs Seigneuries, qu'en payant un certain droit en argent, ou en grains, dont ils ont fait un droit seigneurial & général, qu'on a appellé *droit de blairie*. On ne peut pas absolument dire que la blairie, établie de cette façon, n'ait un fondement légitime: il a toujours dû être libre aux Seigneurs de disposer des terreins qui leur appartenoient, à telles conditions qu'ils ont jugé à propos.

Le droit de blairie s'est encore établi d'une autre façon, mais moins favorable que celle dont nous venons de parler. Coquille, question 263, nous apprend comment cela s'est fait dans les Seigneuries où les Seigneurs n'avoient aucuns terreins vains & vagues à donner pour le paccage des bestiaux de la commune. Il est clair que les chemins & les places vuides, qui pouvoient s'y rencontrer, n'étoient pas une ressource suffisante: dans cette position, pour subvenir aux besoins communs, les habitants convinrent entr'eux qu'on pourroit envoyer paccager ses bestiaux dans les héritages de chaque particulier, qui ne seroient ni fermés, ni clos, après la recolte des fruits, comme dans les prés, quand ils sont dépouillés de la premiere & de la seconde herbe; dans les terres labourables, après la moisson; dans les bois, aux temps & saisons qu'ils ne sont pas défensables; & c'est ce qu'on appelle *vaine pâture*, c'est-à dire, paccage dans les héritages, au temps qu'ils ne sont point défensables. Dans cet arrangement, l'utilité publique & les besoins communs forcèrent la Loi civile, qui veut qu'il ne soit permis à aucun d'entrer dans l'héritage d'autrui, contre la volonté du maître. Il est clair que, dans cet arrangement, les Seigneurs ne mirent rien du leur: cependant, sous prétexte des droits attachés à la haute Justice, mais par une vraie usurpation, ils se sont attribués à eux seuls, non seulement le pouvoir de donner la permission de faire paccager sur les héritages d'autrui, mais encore de tirer de cette permission un droit considérable, qu'ils ont appellé *droit de blairie*.

En résumant ce que nous venons de dire, on voit que la

blairie, dans son origine, est fondée sur deux choses : la première, sur la permission qu'ont pu donner les Seigneurs, de faire paccager les bestiaux dans les terreins vains & vagues de leurs Seigneuries ; la seconde, sur la permission qu'ils ont cru pouvoir donner, de faire la même chose sur les héritages des autres, dans les temps où ils ne sont pas défensables. La première permission procède d'un droit légitime ; la seconde d'une usurpation manifeste.

Voici une autre usurpation du droit de blairie, bien plus injuste & bien plus criante. Aujourd'hui on voit quantité de Seigneuries, dans lesquelles on perçoit ce droit, pendant que le Seigneur jouit seul des places communes, & des terres vaines & vagues que, dans les premiers temps, il avoit accordées aux habitants, pour acquérir le droit de blairie. Malgré leur usurpation, ces Seigneurs ne laissèrent pas de se faire maintenir dans la perception de la blairie : on en peut voir plusieurs Arrêts rapportés par Henrys & par Salvaing.

Il y a plus ; la blairie a encore pour motif la permission accordée par le Seigneur de faire paccager les bestiaux sur les chemins de la seigneurie, & les aisances qui s'y rencontrent. Dans quelques endroits, on a vu les Fermiers des Seigneurs retrécir les chemins, joindre le surplus, ainsi que les aisances qui s'y trouvent, au domaine de la Seigneurie : cependant on ne laisse pas de faire reconnoître aux habitants la blairie. C'est ainsi que ce droit se perpétue, tandis que le Seigneur jouit des objets pour lesquels il l'avoit acquis : il ne lui en coûte plus que la permission, qu'il accorde à ses habitants, de faire paccager leurs bestiaux sur les héritages d'autrui, après la récolte. On objectera sans doute que les habitants devroient s'opposer aux usurpations ; mais des malheureux paysans craignent toujours de s'exposer au ressentiment d'un Seigneur puissant, & encore plus à celui de ses Fermiers.

Il n'est donc que trop vrai que la plûpart des Seigneurs hauts-justiciers, après avoir abandonné aux habitants de leurs Justices les terres vaines & vagues qui s'y rencontrent, à titre de blairie, les reprennent, les appliquent à leur profit, & en disposent à leur gré. C'est un abus, dit de Lalande, sur l'art. 149 de la Coutume d'Orléans ; c'est une usurpation dont on peut se plaindre en Justice : si les parties intéressées le faisoient; elles seroient rétablies en la jouissance de ce qu'on leur a si injustement ôté; car leur cause, continue-t-il, est pleine d'équité, & soutenue par les dispositions des Ordonnances, qui défendent expressément aux Seigneurs de s'approprier les communaux de leurs sujets, sur-tout après qu'ils les leur ont abandonnés à titre onéreux. La cause de ces habitants seroit encore appuyée sur les vrais principes de la blairie : ce droit ne peut appartenir aux Seigneurs hauts-justiciers, que pour l'abandon qu'ils ont fait dans les premiers temps à leurs justiciables, des terres vaines & vagues, des places vuides qui se sont trouvées dans l'étendue de la Justice, pour le paccage des bestiaux. C'est pour acquérir cette aisance, que les habitants se sont soumis au droit de blairie : le Seigneur blairier qui le perçoit, comme le prix de la chose qu'il a abandonnée, ne peut donc plus la reprendre ; elle ne lui appartient plus ; elle est entièrement à la commune. Il sera mal-aisé, dit Basnage, sur l'art. 82 de Normandie, de persuader ces maximes aux Seigneurs, & encore plus de les engager à rendre ce qu'ils ont usurpé. C'est cependant ce qui est prescrit non seulement par l'équité naturelle, mais encore par des Loix positives, par les Ordonnances, & notamment par l'Edit du mois d'Avril 1667.

Il se trouve aujourd'hui beaucoup de Seigneurs qui n'ont point le droit de blairie établi par d'anciens titres : sous prétexte des droits attachés à la haute Justice, ils voudroient s'emparer des terres communes, qui se trouvent dans l'étendue de leurs Justices, pour s'y former ensuite un droit de blairie, ou pour les appliquer à leur usage particulier, à l'exclusion de tous autres.

Pour se décider sur le mérite de cette prétention, il suffit de remonter aux principes. Il est certain que toutes terres hermes, vacantes & abandonnées, dont aucun ne se peut dire propriétaire, appartiennent au Seigneur ; mais, dit l'art. 361 de la Coutume de Bourbonnois .... » ne sont point réputées terres » hermes & vacantes, ces terres & pâtureaux dont aucunes » villes, villages ou communautés jouissent & ont joui, pour » leur aisance, & de leur bétail, & de tel & si long temps, » qu'il n'est mémoire du contraire «.

La disposition de cet article prouve bien clairement que les terres qui, pendant un temps immémorial, ont servi de paccages communs aux communautés, ne peuvent plus appartenir aux Seigneurs, qu'ils n'en peuvent plus disposer, & qu'ils ne peuvent plus prétendre que les droits de blairie sur les habitants, lorsqu'ils sont fondés en titre.

Lalande, sur l'art. 149 de la Coutume d'Orléans, dit qu'en plusieurs endroits il y a des prés, pâtis & terres incultes, qui ont été abandonnés à des Paroisses, qu'on appelle vulgairement *communeaux*; que le Seigneur haut-justicier n'en peut pas disposer à son plaisir; qu'il n'y a que le droit d'usage, comme l'un des habitants, & que même il n'en doit pas abuser. Basmaison, sur la Coutume d'Auvergne, tit. 28, art 5; Basnage, sur celle de Normandie, art. 82; Legrand, sur la Coutume de Troies, établissent les même principes.

M. Pocquet de Livonnières, dans son traité *des Fiefs*, définit trois sortes de communes.

1°. Il y a, dit cet Auteur, des bois, prés, marais, bruières & pâtures qui appartiennent à des Paroisses & Communautés d'habitants, dans lesquels les Seigneurs n'ont droit que comme premiers habitants.

2°. Il y a d'autres communes, dont les Seigneurs peuvent demander le triage, ou distraction du tiers, à leur profit.

3° Enfin, il y a des bois, prés, marais & bruières, dont la propriété appartient aux Seigneurs, & dans lesquels les habitants n'ont que le droit d'usage.

Sur la première espèce de ces communes, Pocquet dit que, pour en décider, il faut s'arrêter au titre de concession; mais il ne dit rien sur la difficulté qui pourroit se rencontrer, si les Seigneurs & les habitants, de part & d'autre, n'avoient aucun titre: en ce cas il n'est pas douteux qu'il faudroit se décider par la possession où les habitants seroient de faire paccager leurs bestiaux sur les places communes. Cette possession seroit un titre suffisant, en faveur des habitants, pour établir que le Seigneur n'y a pas plus de droit qu'un simple habitant, puisqu'il ne peut justifier que la place commune vient originairement de la concession des Seigneurs ses prédécesseurs.

Il est vrai que, si la place commune étoit entièrement environnée d'héritages situés dans la directe du Seigneur, on présumeroit aisément, sur-tout dans les Coutumes qui ne sont pas allodiales, qu'elle a fait anciennement partie du domaine de la Seigneurie; mais cette présomption, qui ne seroit soutenue d'aucun titre, n'établiroit pas que le Seigneur dût avoir, dans les places communes, autre droit que son usage, comme premier habitant; dès que, d'un autre côté, il seroit prouvé que les habitants sont en possession paisible & immémoriale de ces communaux; qu'ils en ont joui de toute ancienneté, sans payer aucuns droits de blairie, ou autres de semblable espèce: car, pour prétendre dans les communaux le tiers par distraction, suivant l'art. 4 du titre 18 de l'Ordonnance de 1669, il ne suffit pas au Seigneur de dire qu'ils sont situés dans sa haute Justice; il faut qu'il rapporte un titre, qui prouve que la concession en a été originairement faite par ses prédécesseurs, & que cette concession a été gratuite. On doit donc, à plus forte raison, conclure, de toutes les observations précédentes, que jamais un Seigneur, sous prétexte des droits attachés à la haute Justice, ne peut s'emparer des terres communes, situées dans l'étendue de sa Seigneurie, pour en disposer à son profit, dès qu'il sera prouvé que, de temps immémorial, les habitants des lieux en auront joui pour le paccage de leurs bestiaux. Outre que les principes, la disposition des Coutumes, le sentiment des Auteurs, le bien & l'utilité publique s'opposent à une telle usurpation, elle est encore formellement défendue par plusieurs de nos Ordonnances.

Celle de Henri III, donnée à S. Maur, en Avril 1569, s'explique ainsi: .... » Défendons à toutes personnes, de » quelque état & condition qu'elles soient, de prendre & s'at» tribuer les terres vaines & vagues, pâtis & communaux de » leurs sujets «.

L'Ordonnance de 1629, article 206, dit: ... » Nous » voulons que lesdites défenses aient lieu pour les Seigneurs & » Gentilshommes qui usent de semblables exactions sur leurs » tenanciers; leur défendant pareillement d'usurper les com» munes des villages, & les appliquer à leur profit, ni les » vendre, engager, ni bailler à cens, sous les peines portées » par les Ordonnances; &, si aucunes ont été usurpées, seront » incontinent

» incontinent restituées aux villages qui en jouissoient «.

Dans les Coutumes où la blairie a lieu, ce droit n'y est cependant pas général ; il faut aux Seigneurs, qui le prétendent, des titres particuliers, ou au moins d'anciens aveux & dénombrements, soutenus d'une longue possession : de même aussi le droit de blairie ne peut appartenir qu'au Seigneur haut-justicier : mais tout Seigneur haut justicier ne le peut pas prétendre ; il n'y a que ceux qui ont des titres précis, & possession. C'est ce qui a été jugé au profit des Religieux Célestins de Vichy, contre les habitants de la paroisse de Censat, par Arrêt du 14 Juillet 1657, rapporté par Henrys, tome 2, lett. 3, quest. 21. Lorsque le Seigneur ne rapporte point de titre, on doit présumer & tenir pour certain, que toutes les places vuides & communaux, situées dans sa Justice, ont été abandonnées aux habitants, pour le paccage de leurs bestiaux, ainsi qu'on le pratique dans les Coutumes où on ne connoît pas le droit de blairie.

QUESTION PREMIÈRE. *Les particuliers, qui ne sont pas domiciliés dans la Justice où est établi le droit de blairie, & qui cependant y possèdent des héritages, peuvent-ils avoir droit dans les communaux & places vagues de la Seigneurie ?*

L'affirmative est précisèment décidée par l'Arrêt rendu contre les habitants de la paroisse de Censat, dont nous venons de parler. Après avoir condamné différents particuliers à payer la blairie aux Célestins de Vichy, il y condamne pareillement tous locataires, métayers, fermiers, *& autres non demeurant* en ladite Paroisse, qui posséderont & cultiveront des domaines & terres situées en ladite Paroisse, & auront bestiaux paccageant dans les communaux d'icelle.

La raison de décider est que l'établissement des communes a été fait pour faciliter aux habitants la culture de toutes les terres qui sont dans l'enceinte de la Justice, en leur donnant le moyen de nourrir des bestiaux, pour engraisser leurs terres. Il est donc du bon ordre que tous ceux qui ont des héritages dans l'étendue de la Paroiſſe, aient droit aux communaux qui y ſont, en contribuant au droit de blairie, annuellement dû au Seigneur.

QUESTION II. Si le droit de blairie eſt fixé à une certaine ſomme, à prendre ſur tous les habitants & ſujets qui ont des héritages & beſtiaux dans la Juſtice, comment s'en fera la répartition?

L'Arrêt de Cenſat décide encore cette queſtion, & peut même, à cet égard, ſervir de réglement général. Il diſpoſe que, chacun an, il ſera fait deux états, trois mois avant le jour de Saint Julien, l'un pour les nobles, l'autre pour les roturiers, par les Fabriciens, Marguilliers de la paroiſſe de Cenſat, commiſſion préalablement priſe du Lieutenant; leſquels ſeront tenus de percevoir ledit droit de blairie, pour le payer auxdits Religieux Céleſtins de Vichy. Or les états, dont parle l'Arrêt, ne ſont autre choſe qu'un rolle, où ſont enregiſtrés les nobles, pour les domaines qu'ils font valoir, & ils ſont impoſés, dans ce rolle, à proportion des beſtiaux qu'ils peuvent avoir; & un pareil rolle pour les roturiers, & à même proportion. Il y a beaucoup de Seigneuries où le droit de blairie ſe perçoit à-peu-près dans le même genre, & avec les mêmes formalités: il y en a d'autres où les Seigneurs lèvent ce droit avec leurs cens, parce qu'il ſe trouve reconnu, dans leurs terriers, par des reconnoiſſances générales & particulières.

QUESTION III. Si le titre, qui donne le droit de blairie, ne faiſoit mention que de bœufs, vaches & taureaux, le Seigneur ne ſeroit-il pas fondé à empêcher ſes ſujets de faire paître, dans les communaux, des chevaux, mulets, & autre bétail, ou leur faire payer le même droit que pour les bœufs?

Les places & les communaux, qui appartiennent à des habitants, ne leur ont été abandonnées que pour faciliter leur établissement, en leur procurant l'aisance de nourrir les bestiaux nécessaires pour la culture des terres. Or toute espèce de bestiaux peuvent y contribuer; les chevaux, les bœufs, les mulets, & même les menus bestiaux qui, en donnant beaucoup de profit, servent encore à engraisser les terres. Il est sensible que les habitants, qui se sont soumis au droit de blairie, pour acquérir des communaux, les ont acquis pour y faire paccager tels bestiaux qu'ils jugeront à propos. Si le Seigneur prétendoit les gêner en ce point, ce seroit une vraie chicane de sa part : c'en seroit pareillement une, de la part des habitans, si, quand le titre ne parle de bœufs, & quand la nécessité des circonstances les force à cultiver les terres avec des chevaux, ils refusoient au Seigneur le droit de blairie, sous prétexte que le titre, contenant l'établissement de la blairie, ne parle que de bœufs, vaches, ou taureaux. Salvaing prouve que cette ridicule prétention a été proscrite par quatre Arrêts qu'il rapporte, en remarquant que les Gentilshommes du Dauphiné, ainsi que leurs Fermiers & Métayers, pour raison de leurs fermes, sont exempts du droit de Civerage, qui est le même que la blairie. Il rapporte un Arrêt, du 29 Juillet 1624, qui l'a ainsi jugé, contre Christophe de Monchenu, Seigneur de Beausemblant.

QUESTION IV. *Les communaux, qui appartiennent aux habitants, peuvent-ils être vendus sans la permission du Seigneur qui les a concédés? Peut-on les faire vendre forcément, pour les dettes particulières de la Communauté?*

S'il étoit possible d'aliéner des communaux, il est sans contredit qu'on ne le pourroit faire sans le consentement du Seigneur haut-justicier, qui est toujours présumé avoir concédé les communaux; d'ailleurs il faudroit au moins le considérer comme premier habitant. Mais ces aliénations sont expressément défendues par Edit du mois d'Avril 1667. Avant cet Edit, plusieurs Seigneurs s'étoient emparés des communes de quantité de Paroiſſes; & des particuliers même, ſous prétexte de dettes, ſe les étoient fait adjuger dans les formes les plus régulières, mais dont ils avoient abuſé : ſi ces abus euſſent continué, bientôt il n'y auroit plus eu de communaux dans les campagnes, dont la plûpart, ſans ce ſecours, ſeroient reſtées incultes. Pour prévenir cet inconvénient, Louis XIV, par ſon Edit, ordonna que dans un mois, à compter du jour de ſa publication, les Paroiſſes & Communautés, dans toute l'étendue de ſon Royaume, rentreroient, ſans aucune formalité de Juſtice, dans les fonds, prés, pâturages, bois, terres, uſages, communes & communaux, droits, & autres biens communs, par eux vendus, ou baillés à cens, ou bail emphitéotique, depuis vingt ans, pour quelque cauſe & occaſion que ce pût être : défend Sa Majeſté aux Communautés d'aliéner à l'avenir leurs communaux, à peine de 3000 livres d'amende contre les Conſuls & Sindics. En vertu de cet Edit, il n'a donc tenu qu'aux Communautés de rentrer dans leurs biens ; & elles le peuvent toujours, puiſque l'Edit eſt encore dans toute ſa vigueur.

PRINCIPES SUR L'ORIGINE, L'USAGE ET LA PRATIQUE DES DROITS SEIGNEURIAUX.

LIVRE CINQUIEME.

CHAPITRE PREMIER.

Des Péages, de leur origine, de leur état actuel.

CETTE matière est devenue très-simple depuis la réforme que des loix précises y ont introduite ; on pourroit même pousser plus loin cette réforme, en supprimant aujourd'hui quantité de Péages dont l'origine n'est point connue, dont l'exercice est sans objet, & n'est par conséquent qu'une vexation sur les sujets du Roi.

Le droit de Péage est un des plus anciens qu'on ait levés sur les peuples ; il le fut d'abord par les Romains : d'eux il a passé aux François & aux autres nations de l'Europe. Il est appellé dans les capitulaires de Charlemagne *Tholonea*,

Le vrai & le seul motif de l'établissement des Péages est de faciliter le commerce; à cet effet on a construit des ports de mer, des ponts sur les rivieres navigables, des chaussées sur les grands chemins pour les rendre commodes & praticables. C'est pour l'entretien de ces ouvrages publics qu'on exigeoit, & qu'on exige encore aujourd'hui des Marchands & de ceux qui y passent, les droits de Péages.

Plusieurs Seigneurs hauts-justiciers ont pensé que le droit de Péage étoit une prérogative attachée à leur Justice; c'est une erreur contre laquelle Salvaing, dans son Traité des Fiefs, chap. 34 & 92, se récrie beaucoup & avec raison. Tout Péage est de concession royale, établi pour l'utilité du commerce, & à la charge de quelqu'établissement favorable au commerce.

Voilà les vrais principes sur cette matière; & ils sont si vrais que même, suivant l'ancienne Jurisprudence, les Seigneurs péagers étoient non-seulement tenus d'entretenir les chemins en bon état, mais encore obligés de les rendre sûrs depuis le soleil levant jusqu'au soleil couché; ils étoient responsables des vols qui s'y commettoient en plein jour. C'est sur ces principes que, par Arrêt de l'an 1256, le Seigneur de Vernon fut condamné à indemniser un Marchand volé sur un chemin sujet au Péage envers ce Seigneur. On trouve un semblable Arrêt contre le Comte d'Artois de l'an 1287, rapporté par Bouchel. L'un & l'autre Arrêts sont encore cités par M. le Président Haynault à l'article de Louis IX.

Quoique, dans les principes, tout Péage doive être de concession royale, il est cependant vrai que sur la fin de la seconde race de nos Rois, tems où les usurpations de toute espèce furent générales, au commencement de la troisième race, pendant les croisades, la prison du Roi Jean en Angleterre & les guerres civiles du regne de Charles VI, les Seigneurs usurpèrent insensiblement ce droit sur l'autorité royale. C'est sans doute pendant ces temps de confusion que s'établirent dans le Royaume cette multitude effroyable de Péages, qui, loin de favoriser le commerce, le rendoient impraticable. On ne pouvoit pas remonter ou descendre une lieue sur les grandes rivieres, sans être arrêté pour payer des droits considérables. C'étoit la même chose sur terre, à chaque ville, à chaque bourg, à chaque passage, les Marchands & leurs marchandises étoient rançonnées.

A peine la paix & la tranquillité fut-elle rétablie en France, que la première attention de nos Rois fut de délilivrer leurs peuples de ces vexations, & de procurer au commerce intérieur un peu plus de liberté. Les Ordonnances de Charles VII, de François I, d'Henri II, d'Henri III, en sont la preuve. L'Ordonnance de Blois, art. 282, abolit tous Péages qui ne sont pas fondés en titre & possession légitime; ordonne que ceux à qui ils appartiennent entretiendront en bon état les chemins, ponts & passages; qu'ils percevront leurs droits ainsi qu'il est prescrit par les anciennes Ordonnances.

Louis XIII reconnut que rien ne gênoit plus le commerce intérieur & la navigation que les Péages établis sur les rivieres; que les possesseurs de ces Péages cherchoient continuellement à étendre leurs droits, ou du moins les exerçoient d'une façon dure & ruineuse pour les Marchands; ce qui nuisoit beaucoup à l'approvisionnement des grandes villes, & sur-tout de celle de Paris. Ces considérations engagèrent le Monarque à donner sa Déclaration du 12 Janvier 1633, par laquelle il supprime tous les Péages établis sur la riviere de Seine & autres y affluentes jusqu'à Rouen: ordonne que les propriétaires de ces Péages seront remboursés selon la liquidation qui en sera faite; & pour tenir lieu à Sa Majesté des sommes qui seront employées à ce remboursement, le Roi établit certains droits qui n'ont point de rapport à notre objet, mais qu'on peut voir dans le nouveau Traité des droits d'Aydes que M. Lefebvre de la Bellande, qui nous a fourni cette remarque, vient de donner au public.

Louis XIII, en supprimant tous les Péages sur la riviere de Seine, imita la conduite des Rois ses prédecesseurs, qui par leurs Ordonnances des mois de Mars 1432, Décembre 1559, Octobre 1570, Décembre 1577, supprimèrent tous les Péages établis depuis cent ans sur la Loire & les rivières y affluentes, en confirmant ceux qui de toute ancienneté avoient été perçus. Cette suppression étoit très-interessante pour le commerce intérieur; la riviere de Loire sépare la France en deux portions égales, & a plus de 120 lieues de navigation.

Louis XIV commença, pour ainsi dire, sa législation par renouveller la vigueur des anciennes Ordonnances sur le fait des Péages, par plusieurs Arrêts de son Conseil, & notamment par celui du dernier Janvier 1663. L'article premier fait défenses à tous ses sujets de percevoir dans le Royaume aucuns Péages, sans être fondés en titre, sous peine de confiscation de corps & de fief. L'article 2 enjoint à ceux qui ont des titres de les représenter pour être examinés, & ensuite enregistrés, si faire se doit. En 1665, Sa Majesté informée des usurpations & des vexations que les Hauts-justiciers des provinces d'Auvergne, de Bourbonnois, la Marche, Combraille, Lyonnois, Forèz, Beaujolois & Mâconnois, avoient faites & exécutées sur ses peuples pendant les guerres civiles & étrangères qui avoient duré près de trente ans, Elle établit à Clermont une Cour des Grands-Jours pour réprimer & corriger les abus. Ce Tribunal, le 29 Janvier 1666, rendit un Arrêt de Reglement, dont l'article 17 ordonne que tous Seigneurs & autres prétendant droit de Péage, en rapporteront les titres dans un mois; & faute de ce faire, leur fait défenses de lever aucun Péage, à peine de 500 livres d'amende. L'article 18 ajoute, & en cas de rapport de titres suffisans pour établir que le Péage est légitimement dû, il sera dressé, aux frais des Seigneurs, un état de la forme dont il doit être perçu, dont la minute demeurera au Greffe de la Justice royale, & dont sera délivré une grosse aux Seigneurs pour être mise au Greffe de leur Justice. Il est donc nécessaire aux Seigneurs des Provinces ci-dessus, pour établir qu'ils ont droit de Péage, de rapporter la Sentence du Bailliage dans lequel le Péage est situé, & de prouver par-là qu'ils ont satisfait à l'Arrêt des Grands-Jours; sans quoi on doit les réputer sans titre & sans qualité.

En 1668 au mois d'Avril, Sa Majesté rendit encore une

autre Déclaration : Elle veut que tous les possesseurs & détenteurs de Péages, passages, bacs, bateaux, ponts, & autres droits, soient tenus, pour être confirmés dans lesdits droits, de justifier qu'eux & leurs auteurs en sont en paisible possession & jouissance dès avant cent ans. Par la suite on ne s'est pas contenté de cette simple preuve, qui même pouvoit être susceptible de plusieurs abus ; par les Edits des mois d'Avril 1683 & de Décembre 1693, Sa Majesté ordonne que tous propriétaires de Péages, passages, ponts & bateaux rapporteroient des titres de propriété authentiques faits avec les Rois ses prédecesseurs, en bonne forme, auparavant l'année 1566, & des actes authentiques de leur possession commencée sans vice avant le premier Avril 1556, sans interruption, pour être confirmés dans leurs droits.

Ces deux derniers Edits avoient déja été précedés de l'Ordonnance du mois d'Août 1669. A toutes les loix particulieres que Louis XIV avoit rendues sur le fait des Péages, il crut devoir y en ajouter une générale d'une publicité authentique, & dont personne ne pût éluder l'exécution. A cet effet, dans son Ordonnance des Eaux & Forêts, il inséra un titre particulier sur le fait des Péages, & autres semblables droits connus dans les différentes Coutumes, sous les noms de barrages, coutumes, subsides, touvils, truages, travers, levages, balisemens, &c.

Entr'autres dispositions contenues au titre 29 de l'Ordonnance de 1669, Sa Majesté, par l'article premier, supprime tous les Péages établis sans titre depuis cent ans sur les rivieres ; défend de les lever, à peine d'exaction & de répétition du quadruple au profit des Marchands contre les Seigneurs ; ordonne que toutes barrières, digues, chaînes & autres empêchements aux chemins seront ôtés & rompus, ainsi que les Bureaux établis pour la perception de ces droits. L'art. 2 ordonne, à l'égard des Péages établis avant cent ans par titres légitimes, dont la possession n'aura point été interrompue, que les Ecclésiastiques & les Seigneurs & propriétaires desdits Péages justifieront de leur droit & possession pardevant les Grands-Maîtres des Eaux & Forêts, pour, sur leurs Procès-verbaux, être statué ce qu'il appartiendra.

En exécution de ce dernier article, le Grand-Maître des Eaux & Forêts au Département de Champagne rendit une Ordonnance le 23 Novembre 1671, portant que dans deux mois les particuliers prétendant droit de Péage sur la riviere de Marne lui représenteroient leurs titres pour en dresser ses procès-verbaux & en faire rapport à Sa Majesté, & cependant fait défenses de lever aucuns desdits Péages. Cette Ordonnance nettoya en peu de temps la riviere de Marne de quantité de Péages qui rendoient la navigation de cette riviere également incommode & ruineuse pour les Marchands.

Par l'article premier du titre 12 de l'Ordonnance des Gabelles du mois d'Août 1680, Sa Majesté défend de lever aucun Péage, ou autre semblable droit en essence sur le sel, sauf aux propriétaires à s'en faire payer en argent, suivant le Réglement arrêté au Conseil.

Par différents Arrêts du Conseil des 12 Décembre 1711 & 20 Juin 1714, Louis XIV termina sa législation sur les Péages, en ordonnant l'examen des titres concernant les Péages établis sur les rivieres de Loire & du Cher; à l'effet de quoi les propriétaires desdits Péages seront tenus de représenter leurs titres dans trois mois aux Grands-Maîtres du département; & faute par eux de le faire, Sa Majesté leur fait défenses de lever lesdits Péages, à peine de restitution du quadruple & de 3000 liv. d'amende.

L'attention de Louis XIV a fait faire la recherche de l'origine des Péages, en a fait disparoître une grande quantité; mais il étoit réservé au glorieux règne de Louis XV de faire la grande police & la grande réforme des Péages. Ce Prince, ainsi que son prédecesseur, signala les premieres années de son regne par ses soins à regler les Péages des rivieres de Seine & du Rhône: on peut voir, à cet égard, les Arrêts de son Conseil des 24 Avril 1717, & 28 Juin 1718. Mais ce Monarque observant que tant d'Arrêts ne remedioient qu'à quelques abus, il établit en 1724 une commission particulière pour l'examen des titres de tous les diffévents Péages qui se perçoivent aujourd'hui dans le Royaume, tant par eau que par terre. Il n'est pas possible de dire les services que cette importante commission a rendus au public; le nombre des Péages qui se sont trouvés usurpés ou dépourvus de titres est presqu'incroyable. M. Lefebvre de la Bellande a remarqué qu'on en avoit supprimé plus de douze cents, & qu'on en supprime encore tous les jours. Il faut espérer que la vigilance & l'exactitude de ceux à qui Sa Majesté a confié l'exécution de ses volontés, conduiront cette grande réforme à sa perfection.

Après toutes les Ordonnances, Edits & Déclarations que nous venons de rapporter, il est facile de déterminer les titres indispensablement nécessaires pour établir un droit de Péage. Le premier & le plus important est la concession qui a dû en avoir été faite par le Roi ou par ses prédecesseurs. Il s'agit d'un impôt qui se lève sur les sujets du Roi: il n'y a que lui qui puisse le permettre; tout autre établissement de Péages est une usurpation, c'est une exaction. Soëfve rapporte un Arrêt du 27 Janvier 1665, qui a jugé qu'il n'est point nécessaire à celui qui prétend jouir d'un droit de Péage, d'en rapporter le titre primordial de concession, qu'il suffit d'établir une possession immémoriale accompagnée de quelques titres, faisant mention du droit, comme des aveux & dénombrements. Jabely, sur l'article 343 de la Coutume de la Marche, va plus loin; il dit qu'on peut acquérir le droit de Péage aussi-bien par la possession immémoriale de 40 ans, au vu du Roi ou de ses Officiers sur les lieux, que par une concession. Balde, Bacquet, Despeisses & Dunod admettent aussi la possession immémoriale pour la preuve du Péage.

Le sentiment de tous ces Auteurs, si respectables d'ailleurs, n'est ici d'aucune considération; & on ne pourroit l'adopter qu'autant que la Jurisprudence, sur le fait des Péages, auroit été fixée par la Déclaration du Roi du mois d'Avril 1668, qui admettoit la preuve résultant de la possession immémoriale, non pas de quarante ans, suivant Jabely, mais de cent ans. Nous avons dit plus haut que les inconvénients qui pouvoient résulter de la preuve de cette possession avoient déterminé Louis XIV à changer de sentiment dans son Ordonnance du mois d'Août 1667, ainsi que dans ses Edits des mois d'Avril 1683 & Décembre 1693. Le Législateur a absolument voulu que les Seigneurs péagers, pour établir leur droit, rapportassent des titres de propriété authentiques faits avec nos Rois, en bonne forme, avant l'année 1566, & des actes authentiques de leur possession commencée sans vice avant le premier Avril 1556, sans interruption. Voilà l'époque d'où il faut partir, & conclure qu'aucun Seigneur ne peut aujourd'hui établir le droit de Péage par d'autres titres que ceux requis par les Edits de 1683 & 1693, ou bien par des titres qui équipollent au primordial, tels que seroient des Arrêts du Parlement ou du Conseil, énonciatifs du titre de concession. Toute possession même immémoriale doit être rejettée, fût-elle appuyée de plusieurs aveux & dénombrements; ces actes à peine suffisants pour établir tout autre droit seigneurial, comment suffiroient-ils pour celui-ci? Suivant tous les principes, le titre nécessaire, pour prouver la légitimité d'un Péage, doit annoncer expressément deux choses : 1°. la volonté du Souverain qui accorde le Péage; 2°. les conditions sous lesquelles il l'accorde. Or un aveu & dénombrement, qui ne contient qu'une énonciation vague du droit en question, ne peut jamais produire cet effet.

2°. Le titre de concession doit être suivi d'une possession sans interruption; voyez l'Edit de 1683. Les Lettres-patentes qui contiennent la concession doivent être vérifiées au Parlement qui en ordonne l'exécution, & l'enregistrement au Greffe du Bailliage royal où est situé le Péage; & pour être autorisés à percevoir le droit, il faut que les possesseurs justifient avoir satisfait à l'article premier du titre 29 de l'Ordonnance 1669, & aux Edits de 1683, 1693, 1724 & 1725, qui ordonnent qu'ils représenteront leurs titres aux Grands-Maîtres des Eaux & Forêts, ou au bureau établi par l'Edit de 1725 pour la vérification des Péages.

3°. Le titre de concession d'un Péage doit nécessairement contenir deux choses, sinon il doit être rejetté comme surpris : 1°. le détail ou le tarif des droits & des sommes que

Sa Majesté a entendu être levées pour le Péage ; 2°. des charges auxquelles le Péage est assujetti. C'est un principe invariable établi par toutes les loix rendues sur le fait des Péages, qu'il n'y en peut absolument avoir sans charges.

Quelquefois le titre de concession & l'Arrêt confirmatif disent simplement : *aux charges ordinaires & accoutumées* ; ce qui est suffisant : mais on trouve quantité d'Arrêts qui contiennent le détail de ces charges. Nous nous contenterons d'indiquer ici les principales, afin de réveiller l'attention des Seigneurs Péagers à les remplir. On les avertit que, lorsqu'ils y manquent, ils peuvent y être contraints par les Officiers des Eaux & Forêts à qui seuls, depuis l'Ordonnance de 1669, appartient la connoissance de ces sortes de matières : ils peuvent en conséquence visiter les Péages, y faire exécuter les Ordonnances, corriger les abus, punir les malversations, forcer les Seigneurs péagers à s'acquitter de leurs obligations ; & afin qu'on ne pût apporter aucun retard à l'exécution des Jugements rendus en pareils cas, Sa Majesté a voulu qu'ils fussent exécutés par provision, nonobstant & sans préjudice de l'appel ; c'est le texte de l'article 6 du titre 29 de l'Ordonnance de 1669. Si la négligence du Seigneur péager à remplir ses devoirs échappoit aux Officiers des Eaux & Forêts, il n'est pas douteux que les habitants du voisinage peuvent se plaindre, & contraindre le Seigneur aux réparations des chemins, passages, ponts, ports & bacs où il reçoit le Péage, & que même ils peuvent refuser de le payer, jusqu'à ce qu'ils aient remis les choses en bon état ; c'est la disposition de l'article 107 de l'Ordonnance d'Orléans.

Pour bien connoître toute l'étendue des charges attachées à la jouissance des Péages, il faut les distinguer en trois classes ; ceux qu'on paie aux ports & sur les ponts des rivières navigables & flottables ; les Péages qu'on paie par terre sur quelque chemin & à quelque passage ; & ceux qu'on paie au passage des bacs sur les rivières.

1°. Le Péage qui se perçoit sur un pont s'appelle *Pontonnage* ; ce droit est ordinairement accordé par forme d'indemnité à ceux qui ont fait des avances pour la construction du pont. Les charges sont toujours de l'entretenir en bon état de toutes réparations, ainsi que les avenues & chemins qui y aboutissent, de les rendre praticables en tout tems pour la sûreté des Marchands, des voituriers, & généralement de tous les passants. Entre plusieurs Arrêts du Conseil qui ont fixé cette espece de charge, on peut voir celui du 8 Août 1730, qui maintient le sieur Comte de Chatelus dans le droit de Péage au pont de Chatelus sur la rivière de Cure en Bourgogne.

2°. Le Péage qui se paie sur les bateaux & marchandises qui montent ou descendent dans une rivière, a toujours pour objet l'entretien du port de la rivière, d'en rendre l'abordage facile & sûr aux bateaux. Les Seigneurs péagers sont également tenus à l'entretien des ponts & des chemins qui conduisent au port, de bien baliser la riviere, & d'en tenir en tout tems les bords & le marche-pied en bon état, dégagés de tous les obstacles qui pourroient empêcher le hallage & tirage des bateaux; le tout dans l'étendue de la Justice où le Péage est établi. Le marche-pied d'une rivière navigable est un espace de 24 pieds en largeur, qui doit se trouver entre les bords de la riviere & les héritages voisins. L'obligation du Seigneur péager est de tenir en tout tems cet espace en bon état, de faire combler les trous & les fossés qui peuvent s'y rencontrer, d'établir des ponts de planches & commodes sur les ruisseaux qui descendent dans la rivière, de faire arracher tous les arbres qui s'y rencontrent. Lorsque ces opérations ne sont pas à la charge du Seigneur péager, elles sont à celle des propriétaires des héritages aboutissants à la rivière. S'ils négligent de les faire, elles se feront à leurs frais, à la diligence du Procureur du Roi des Maîtrises; c'est ce qu'on trouve décidé par Arrêt du Conseil d'Etat du 4 Juin 1746 pour la rivière d'Eure.

Le balisage d'une riviere n'est autre chose que la nétoyer de tous les empêchements qui peuvent nuire à la navigation, comme de faire ôter les arbres qui sont renversés dans la rivière, faire égaler les terres qui s'écroulent le long des rivages & qui en comblent le lit, &c. Ces opérations sont aussi à la charge des propriétaires de moulins & écluses, bacs & ponts sur les riviéres navigables; nous le trouvons ainsi décidé par un Arrêt du Conseil du 10 Mai 1735.

Le Corps des Marchands a ordinairement des balifeurs pour faire nétoyer & curer le lit des rivières navigables. Louis XIV fit un Réglement, le 4 Juin 1668, pour empêcher que ces balifeurs n'abufaffent de leurs pouvoirs. L'art. 13 leur défend très-expreffément de couper le long des rivières, fur les bords & marche-pieds d'icelles, aucuns arbres, finon ceux qui feront jugés nuifibles à la navigation, après que la vifite & la marque en aura été faite par le Procureur des Marchands.

Les Seigneurs péagers, qui fe prétendent propriétaires d'ifles & iflots dans les rivières navigables, doivent encore obferver que cette partie eft comprife dans le balifage des rivières : c'eft pourquoi, fi ces ifles font jugées nuifibles à la navigation, ainfi qu'aux turcies & levées, elles doivent être abfolument détruites. A l'égard de celles qu'il n'eft pas eftimé néceffaire de ruiner, il faut en arracher tous les bois, buiffons, faules & autres arbres plantés tant au dedans qu'alentour, enforte qu'elles ne puiffent fervir à l'avenir qu'au labourage & au pâturage ; telles font les difpofitions des art. 8 & 9 du Reglement du 4 Juin 1688, renouvellé par un Arrêt du Confeil du 10 Mars 1749.

3°. Les Péages qui fe perçoivent fur terre font les mêmes, par leur nature, que les Péages fur les rivières ; il faut, pour tous, les mêmes titres revêtus des mêmes formalités. A l'égard des charges attachées aux Péages par terre, c'eft ordinairement d'entretenir les chemins, ponts & chauffées dans l'étendue de la Seigneurie où eft fitué le Péage, en bon état, pour la commodité publique ; c'eft ce qui eft prefcrit par tous les Arrêts confirmatifs de cette efpece de Péage.

4°. Quant aux bacs, nous établirons dans un article particulier comment ils peuvent s'établir, par l'autorité de qui, & quelles en font les charges.

A toutes les obfervations générales que nous venons de faire fur les Péages, on peut encore ajouter celle-ci, que tout Péage doit feulement être perçu fur les marchandifes qui font détaillées dans le tarif. A l'égard de celles qui n'y font pas comprifes, c'eft une exaction que de l'exiger ; il n'y a que le Roi feul qui puiffe établir un impôt, & fixer les denrées fur lefquelles on doit le percevoir. Cette maxime si respectable ne l'a pas sans doute été beaucoup pour les Seigneurs péagers; il est constant, nous le disons ici en passant, que lors de l'établissement de quantité de Péages, on ne connoissoit point en France un grand nombre de marchandises que le commerce avec les étrangers, & sur-tout avec les Indes, y ont introduit depuis; ces marchandises par conséquent n'ont pas pu être comprises dans les anciens tarifs: on ne justifie pas non plus que postérieurement le Prince ait permis d'en lever le Péage: cependant non-seulement on le perçoit, mais encore on prend les deux sols pour livre du principal; on prend des étrennes pour valets, on exige le tout comme des droits légitimes. C'est par de semblables monopoles qu'un Péage qui n'étoit, il y a cent ans, affermé que 100 livres, rapporte aujourd'hui 1400 livres; qu'un autre affermé 39000 liv. en rapporte 90000. On laisse aux lecteurs les réflexions qui se présentent naturellement sur des augmentations aussi exhorbitantes, & que la nature des droits rendroit impossibles, si d'autorité privée, contre les principes, contre toutes les loix les plus prohibitives, on n'avoit donné aux Péages une extension qu'ils ne peuvent absolument recevoir que de la seule volonté du Prince.

QUESTIONS PARTICULIERES SUR LES PÉAGES.

QUESTION PREMIERE. *Un Seigneur péager peut-il se dire propriétaire incommutable de son Péage ?*

Il n'y a point de Seigneur de Péage qui ne se croie vraiement tel; quelques Coutumes même donnent aux Seigneurs les droits de Péage comme un attribut de la haute Justice; mais dans les temps où nos Coutumes ont été rédigées, temps d'ignorance & d'usurpation, que n'accordoit-on pas aux Seigneurs hauts-justiciers! & quelles n'étoient pas leurs prétentions! Aujourd'hui on s'attache plus scrupuleusement aux principes, qui tous nous enseignent que le droit de de Péage eſt un droit purement royal, que les Seigneurs n'en jouiſſent que par la conceſſion du Prince, qui ſeul peut les établir & les ſupprimer lorſqu'il le juge convenable au bien de ſes ſujets. D'un autre côté, le Péage eſt un impôt qu'on leve ſur les ſujets du Roi; & qui donc autre que lui peut dans ce Royaume en ordonner l'impoſition & la levée? Vivrions-nous encore dans ces temps où les Hauts-Juſticiers croyoient pouvoir s'attribuer tous les pouvoirs du trône, & ſur-tout rançonner leurs vaſſaux à diſcrétion? Diſons donc que les Seigneurs ne ſont que les ſimples uſufruitiers des Péages, qu'ils ne les perçoivent qu'en vertu de l'autorité du Prince, qu'ils n'en peuvent toucher les revenus qu'après les charges faites; c'eſt la diſpoſition préciſe de toutes les loix rendues ſur le fait des Péages.

Le tarif qui contient les droits du Péage doit être intitulé: *De par le Roi*, & timbré de ſes armes, & non de celles du Seigneur; autre preuve que ce dernier n'a aucune propriété dans la choſe. On peut encore ajouter qu'on ne ſçauroit vendre, ceder, donner un Péage avec garantie; elle ſeroit illuſoire. La garantie ſimple ne peut avoir lieu pour les faits du Prince. Or à tous moments le Roi ſupprime des Péages.

QUEST. II. *N'y a-t-il pas des Péages momentanés, c'eſt-à-dire qui ne ſont pas perpétuels?*

Nous en avons un exemple dans le Péage de l'iſle Barbe, près Lyon. Sa Majeſté l'établit d'abord pour quelques années par Arrêt & Lettres-patentes des 4 Août & 22 Novembre 1722, pour être employé aux ouvrages néceſſaires à faire le long de la riviere de Saône vis-à-vis l'iſle Barbe. Le produit de ce Péage n'ayant pas ſuffi pour la perfection de cette entrepriſe, Sa Majeſté en a continué & prorogé la levée par différents Arrêts de ſon Conſeil, & notamment par celui du 3 Novembre 1739, pour quinze années. Il y a apparence que, s'il ne reſte plus d'ouvrages à faire qui puiſſent exiger un revenu annuel, ce Péage ne ſubſiſte plus.

QUEST. III. *Le Seigneur d'un Péage, pour se décharger de l'entretien, peut-il l'abandonner au Roi, ou peut-il le vendre à un particulier? En le vendant, peut-il le charger d'un cens?*

1°. L'article 14 de la Déclaration du Roi du 31 Janvier 1663, ordonne aux Trésoriers de France, en cas de négligence de la part des Seigneurs péagers de satisfaire aux charges attachées à la possession des Péages, de les y contraindre, non-seulement par la saisie du revenu des Péages, mais encore de celui de leurs terres pour y être employés; si mieux n'aiment, ajoute le même article, lesdits Seigneurs péagers abandonner lesdits Péages, dont ils seront tenus de faire la déclaration dans le mois après la publication des Présentes. Or cette faveur n'a été faite qu'à ceux qui ont profité du délai accordé par Sa Majesté; mais ceux qui dans le temps n'ont pas fait leur déclaration ne peuvent plus abandonner leur Péage sans une permission expresse accordée par un Arrêt du Conseil, seul capable d'opérer la décharge du Seigneur. L'établissement d'un Péage se fait par une espece de contrat synallagmatique entre le Roi & le Seigneur. Le Roi accorde certains droits, le Seigneur s'engage envers le Roi à certaines charges. Il est donc de la nature du contrat de ne pouvoir être résilié sans le consentement des Parties contractantes.

2°. Par la même raison, un Seigneur péager ne peut pas vendre son Péage séparément de sa Terre & de sa Justice, sans la permission du Roi; mais il le peut conjointement avec la Terre & la Justice. S'il le faisoit autrement, la vente seroit nulle, le Péage seroit confisqué & réuni au domaine: la raison de décider est qu'il n'est pas libre à un particulier de donner à un autre le pouvoir de lever sur les sujets du Roi un impôt tel que le Péage; mais ceci ne doit s'entendre que des Péages purs & simples, & non des bacs, passages & pontonnages, & autres semblables droits qu'on peut vendre séparément ou conjointement avec la Terre, comme on juge à propos.

3°. Il y a quelques exemples de cens imposés sur les Péages, mais ils sont rares.

QUEST. IV. *Un Seigneur qui a cessé pendant quelque temps de lever son Péage, en peut-il, de son autorité privée, renouveller la perception?*

Non : n'eût-il cessé que pendant un an, à moins qu'il ne prenne des Lettres-patentes de Sa Majesté, duement enregistrées au Parlement : c'est ce qui est prescrit par l'article premier da la Déclaration du Roi du 31 Janvier 1663, à peine de confiscation de corps & de biens, même des fiefs des propriétaires desdits Péages, que Sa Majesté a déclaré audit cas réunis au domaine.

Il faut encore observer que les Seigneurs péagers ne peuvent lever aucuns Péages, s'ils ne sont confirmés par les Rois à chaque avénement à la Couronne. Nous trouvons cette confirmation ordonnée depuis François I jusqu'à Louis XV notre glorieux Monarque, par ses Arrêts du Conseil des 29 Août 1724, 24 Avril, 20 Novembre 1725, vérification préalablement faite des titres. Ainsi ceux qui n'ont pas représenté leurs titres pour être confirmés & vérifiés, doivent être déchus de leurs droits de Péages en vertu desdits Arrêts.

QUEST. V. *Comment doit se faire la perception des Péages?*

1°. Avant que de lever aucun Péage, il faut afficher, sur un poteau planté à l'endroit où se perçoit le Péage, une pancarte ou tableau qui contienne, en caracteres que chacun puisse lire, en françois, & non en latin ou autre idiôme étranger, le tarif des droits à percevoir; c'est la disposition du Reglement du 10 Septembre 1659, art. 29. 2°. L'Arrêt du Conseil qui a fait la vérification des titres y doit être joint par extrait. 3°. La perception, comme nous l'observerons ci-après, question VI, doit se faire précisément à l'endroit où le Péage est établi, & non ailleurs. 4°. Il doit y avoir un Commis pour faire cette perception. 5°. Il faut que ce Commis tienne un journal de recette. 6°. Qu'il donne quittance des sommes qu'il reçoit jusqu'à cinq sols. Toutes ces formalités sont indispensables ; elles sont toutes prescrites par des Reglements précis.

QUEST. VI. *N'est-il pas enjoint aux Seigneurs de percevoir leurs droits de Péages absolument sur les lieux ?*

Toutes les Ordonnances en font une obligation étroite & précise. L'article 11 de l'Ordonnance de 1608 porte que les Péages seront levés aux lieux où, de toute ancienneté, ils ont accoutumé d'être reçus précisément, & non ailleurs, pour quelque cause & occasion que ce puisse être, à peine contre les Seigneurs de confiscation & de 10000 livres d'amende, & contre les Fermiers ou Receveurs, de punition corporelle & d'amende arbitraire. Ainsi un Péage sur une rivière doit se lever au port sur lequel il est établi ; si c'est un bac, dans le lieu où il se tient ; si c'est un pontonnage, sur le pont précisément ; & si c'est un Péage par terre, dans la ville ou le village de son établissement.

Lorsque le Péage appartient à plusieurs Seigneurs, ils doivent convenir entr'eux d'un même & seul Receveur pour le percevoir ; ainsi reglé par plusieurs Arrêts du Conseil, & entr'autres par celui du 6 Août 1743, qui confirme l'Abbesse & Religieuses de Molaise dans le Péage qu'elles ont au port de Chazelles sur la Saône, & ordonne que le droit sera perçu à l'avenir *par un seul & même Receveur, & non ailleurs* qu'audit port.

QUEST. VII. *Si un Seigneur avoit adiré sa pancarte, ne peut-il pas continuer la perception de son Péage, & en faire faire une nouvelle sur l'attestation de ses habitants ?*

Une pareille conduite seroit absolument contre les principes. Il y en a cependant des exemples ; tel est le Péage de

Roquemaure sur le Rhône ; il y a apparence qu'on ne s'est pas plaint ; les Commissaires établis pour la vérification des Péages n'auroient pas manqué de le supprimer : en effet, un tarif arrêté sur l'attestation de gens qui sont à la dévotion du Seigneur peut être sujet à de grands abus.

QUEST. VIII. *Un Seigneur qui a deux Péages sur une même rivière, pourroit-il les percevoir dans un même bureau ?*

Il ne le peut absolument qu'en obtenant de Sa Majesté la permission de transferer l'un des Péages à l'endroit où on perçoit l'autre. Cette permission s'accorde par des Lettres-patentes qu'il faut faire enregistrer au Parlement & au Bailliage des lieux, après une information *de commodo & incommodo*, faite à la requête de M. le Procureur Général. Telle est la disposition de l'article 14 de la Déclaration du 31 Janvier 1663.

QUEST. IX. *Est-il permis au Seigneur péager de convertir l'espèce de Péage ?*

Non : il doit être perçu suivant la pancarte & le titre de concession. Voyez l'article 11 du Reglement de 1608. Cependant si la pancarte portoit que le Péage seroit payé en denrées, on pourroit le faire convertir en argent ; c'est ce qui a été fait par Arrêt du 9 Octobre 1731, portant réglement pour le Péage de la Motte ; l'article 12 dit qu'à l'avenir chaque douzaine de tourterelles paiera un sol, au lieu d'une par douzaine de tourterelles.

QUEST. X. *Peut-on lever de plus grands droits que ceux portés par la pancarte, & quelle peine encourent ceux qui le font ?*

Les Reglements de 1608, article 7, & de 1663, article 5, défendent très expressément de rien percevoir au-delà de la pancarte ou du tarif publiquement affiché, encore qu'il fût volontairement offert, à peine de restitution, de punition corporelle, & d'amende arbitraire. Un Arrêt du Conseil du 31 Mars 1739, condamne le Seigneur de Pontoux, ayant Péage, son fermier ou receveur, à la restitution de droits indirectement perçus, & non compris dans les tarifs des Péages de la Seigneurie de Pontoux, & en 500 livres d'amende envers Sa Majesté.

QUEST. XI. *Les Commis ou Receveurs des Péages, pour fixer au juste la perception de leurs droits, peuvent-ils visiter les bateaux de marchandises qui passent; & s'il y a des marchandises renfermées dans des tonneaux, barrils, ou autres vaisseaux, peuvent-ils les enfoncer pour voir ce qui est dedans, afin d'en exiger les droits?*

Le premier cas est expressément défendu par l'article 8 du Réglement de 1663, & par les articles 2 & 14 de celui de 1608. Le second l'est également par un Arrêt du Conseil du 4 Octobre 1735, rendu contre les Chapitres de la ville d'Agen, ayant droit de Péage sur la Garonne. Les motifs de ces Réglements sont qu'on ne doit apporter aucun empêchement au cours des bateaux chargés de marchandises, qui doivent arriver dans les lieux de leur destination précisément aux jours marqués par leurs lettres de voiture. Souvent il y auroit du retard, si à chaque Péage on arrêtoit les bateaux pour les visiter. Au lieu de ces visites défendues par les Reglements ci-dessus, à peine même de punition corporelle, les Fermiers ou Receveurs des Péages doivent se contenter des déclarations portées par les lettres de voiture, de la quantité & de la qualité des marchandises sujettes au Péage. Si on soupçonnoit ces déclarations d'être fausses, alors les Fermiers ou Receveurs peuvent suivre les bateaux au lieu de leur destination, ou y envoyer un homme de leur part, à leurs dépens, pour assister au déchargement. Si le Marchand se trouve en fraude au déchargement, les marchandises non comprises dans sa déclaration doivent être confisquées au profit du Seigneur péager, & les Marchands ou Voituriers condamnés en une amende & aux dépens. On peut voir à cet égard les articles 9 du Reglement de 1603, & 3 de celui de 1608.

QUEST. XII. *Faute de paiement des droits de Péage, le Seigneur, ses Fermiers ou Receveurs ne peuvent-ils pas saisir les marchandises?*

L'article 3 de l'Ordonnance des Eaux & Forêts de 1669, permet cette saisie jusqu'à la concurrence de ce qui seroit légitimement dû par estimation raisonnable. En saisissant, il faut établir un Commissaire pour être procedé à la vente, si le cas y échet.

Cette saisie doit être faite avec beaucoup de diligence, & telle qu'elle ne puisse pas apporter un retard notable au voyage des bateaux ou autres voitures. C'est l'esprit de l'article 4 de la même Ordonnance. En cas de contravention, dit cette loi, il sera à l'instant dressé procès-verbal, & procedé sommairement à la décision par le premier Officier des Eaux & Forêts du lieu; & s'il n'y en a pas, par le Juge ordinaire, sans épices & sans frais. Si, le différend jugé ainsi provisoirement, le Marchand prétend qu'il y a vexation dans le procédé du Seigneur, de ses Fermiers ou Receveurs; en ce cas, il doit se pourvoir au Siege de la Maîtrise où Sa Majesté entend que la vexation soit promptement & sévèrement punie & réparée, avec condamnation d'amende, & des dommages & intérêts du retard & séjour des passants contre les Fermiers & les Seigneurs péagers qui se trouveront mal fondés. Telle est la disposition précise de la seconde partie de l'article 4 du titre 29 de l'Ordonnance de 1669. Un Arrêt du Conseil d'Etat du 30 Octobre 1736, ordonne que, pour regler les droits de Péage, tous les chargements en marchandises se feront au poids de marc de 16 onces la livre, & à raison de six cens livres par charges.

QUEST. XIII. *Quelles sont les obligations des Marchands & Voituriers à l'égard des Péages ? Quelles peines méritent-ils lorsqu'ils commettent contravention ? Les Juges peuvent-ils modérer ces peines ? Et à qui appartiennent les amendes prononcées en pareil cas ?*

Les obligations du Marchand, à l'égard des Péages, se réduisent à deux principales ; la premiere, de faire une déclaration fidelle des marchandises sujettes au droit de Péage, leur quantité, leur qualité, & d'en justifier au Commis du Péage par les lettres de voiture & certificats de chargement dont il doit être muni. La seconde obligation du Marchand est d'observer le poteau où la pancarte du Péage est affichée, de ne le point outre passer sans avoir payé les droits au Commis qui doit en donner quittance, à moins que la somme ne soit au dessous de cinq sols. Nous avons vu plus haut que la peine de la fausse déclaration est la confiscation des marchandises sujettes au Péage, & une amende arbitraire.

Quant à la seconde contravention, quelques coutumes la punissent d'une amende de soixante sols. Il y a un Arrêt du Conseil d'Etat du 7 Octobre 1732, qui condamne en pareille amende ceux qui passent au-de-là de la ville d'Amiens, sans avoir payé le Péage pour les marchandises qu'ils conduisent, si elles peuvent être arrêtées dans l'étendue du travers. Voyez au surplus l'art. 3 du titre 29 de l'Ordonnance de 1669, qui, faute de paiement des droits de Péage, permet de saisir les marchandises jusqu'à concurrence de ce qui sera légitimement dû par estimation raisonnable.

L'article 12 du Réglement de 1608 défend à tous Juges de moderer les peines portées par les Ordonnances sur le fait des Péages, à peine d'en répondre en leurs propres & privés noms. Toutes les amendes appartiennent naturellement au Seigneur haut Justicier : cependant la Coutume de la Marche, art. 343, donne au Seigneur péager la moitié de de l'amende encourue par le Marchand qui a passé le Péage sans payer, & l'autre moitié au Seigneur haut-Justicier. Or, comme le Roi est haut-Justicier des rivières navigables & des grands chemins, cette moitié d'amende doit lui appartenir, à moins qu'elle n'ait été comprise dans les Lettres de concession, & Arrêts intervenus en conséquence.

QUEST. XIV. *N'y a-t-il pas des personnes & des marchandises exemptes des Péages ?*

Il y en a plusieurs : les personnes privilégiées sont, 1°. les Enfants de France & Princes du Sang royal. 2°. Les écoliers, maîtres & suppôts des Universités. 3°. Les Chevaliers de Malthe. 4°. Les Religieux mendiants, tant pour eux que pour leurs provisions de bouche. 5°. *Item*, les Officiers des Cours souveraines & des Chancelleries. 6°. Tous les approvisionnements des armées de terre & de mer. 7°. Les équipages des Ambassadeurs. 8°. Les marchandises qui passent en *transit*, & toutes les marchandises de Librairie. 9°. Les Voitures publiques & les Messageries.

QUEST. XV. *Ne se commet-il pas de grands abus dans la perception des Péages ?*

Oui, sans doute. Nous avons vu ci-dessus les règles qu'on devoit observer pour la perception des Péages, quels devoient être les titres pour les percevoir légitimement, & quelles sont les obligations des Seigneurs péagers : le tout est reglé par des Loix très-sages, & toutes les fois qu'on y contrevient, ce sont autant d'abus dont tout le monde a intérêt de se plaindre pour les faire réformer. Si on avoit eu le courage de le faire, les plaintes auroient occasionné la suppression de quantité de Péages ; il y en a très-peu dans le Royaume qui soient en règle du côté des titres, & presque tous ne s'exercent point conformément aux Réglements.

DES BACS.

Un Bac est un grand bateau qui sert à passer une rivière à l'issue de quelque grand chemin, pour favoriser les communications d'un lieu à un autre, la commodité du public & l'utilité du commerce ; en payant de certains droits au Seigneur à qui le droit de Bac a été accordé.

Les droits qu'on paie aux Bacs sont bien différents de ceux qu'on paie aux Péages. Ceux-ci se perçoivent sur les marchandises, & non sur les personnes ; le droit de Bac, au contraire, se lève seulement sur les personnes, les chevaux, bœufs, charrettes, carrosses, & autres semblables équipages, qui passent le Bac ; les marchandises n'y doivent rien. D'ailleurs les Bacs ont toujours une utilité permanente, & ne courent point risque d'être supprimés ; les Péages, au contraire, courent risque de l'être d'un moment à l'autre, lorsqu'ils seront jugés inutiles au bien du commerce, ce qui dépend absolument de la seule volonté du Prince.

Il n'est pas permis à tout Seigneur, qui a une rivière dans sa Seigneurie, d'y établir un Bac de son autorité privée ; il faut absolument qu'il en obtienne la permission de Sa Majesté, qui l'accorde ordinairement par un Arrêt de son Conseil, fondé sur les motifs de la commodité du public & de l'utilité du commerce.

Les droits que le propriétaire du Bac doit lever sur les personnes, les chevaux, les équipages qui y passent, doivent être détaillés dans l'Arrêt du Conseil ; & avant de les percevoir, le Seigneur du Bac doit en faire afficher le tarif à un poteau placé à l'entrée du Bac, de hauteur convenable, de façon que tout le monde le puisse commodément lire.

La concession d'un Bac ne se fait jamais sans imposer des charges. Les plus usitées sont d'entretenir le bateau en état de faire le service, le fournir de tous les agrêts & outils qui y sont nécessaires ; de faire au port les réparations convenables pour sa sûreté ; de rendre praticables les chemins qui abordent au port, & ce dans l'étendue de sa Justice ; de mettre enfin, sur le bateau, des Mariniers expérimentés & en nombre suffisant pour passer depuis le matin jusqu'au soir les passagers, sans les faire attendre & sans danger.

L'article 7 de l'Ordonnance du mois d'Octobre 1669, concernant la Jurisdiction du Prévôt des Marchands de la ville de Paris, porte qu'aucun ne sera reçu au métier de passeur d'eau qu'il n'ait fait apprentissage pendant deux ans, & ne sera reçu audit métier qu'après avoir fait expérience devant les maîtres du lieu.

L'article 10 de la même Ordonnance décide que les maîtres passeurs d'eau demeureront responsables de toutes les pertes arrivées à leurs bateaux conduits par leurs compagnons de rivière, & solidairement tenus avec eux de la restitution, & des amendes en cas d'exaction au-delà du tarif.

Quand Sa Majesté accorde un droit de Bac, elle l'accorde presque toujours pour l'exercice depuis un tel endroit jusqu'à un tel autre; ainsi dans ces limites il est libre au propriétaire du Bac de le descendre, ou de le remonter, suivant que les circonstances, les débordements des eaux, & les changements qui arrivent dans le lit de la rivière le demandent, pourvu que le public soit bien servi, & qu'on rende praticables les chemins qui abordent au Bac. Un Arrêt du Conseil du 22 Août 1717 l'a ainsi jugé entre la Dame Prieure de Marcigny & la Dame du Tronchy.

Le fermier d'un Bac ne peut pas le sous-affermer au fermier d'un Bac voisin; il y auroit à craindre qu'on ne joignît les deux Bacs ensemble, ce qui nuiroit au bien public par le changement des chemins & par la suppression de l'un des deux Bacs.

Les bateliers d'un Bac doivent passer les allants & les venants à toute heure pendant le jour; mais pendant la nuit ils ne doivent passer personne: ils sont obligés pendant ce temps de tenir leurs Bacs & bateaux attachés à des chaînes de fer avec des serrures fermant à clef, du côté des Paroisses des Greniers à sel du Roi, afin d'empêcher le passage des faux-sauniers & des autres contrebandiers. C'est ce qui est ordonné par l'article 15 du titre du faux-saunage de l'Ordonnance du mois d'Août 1680, par l'Arrêt du Conseil d'Etat du 7 Juillet 1722, par les Lettres-patentes du 16 du même mois, enregistrées à la Cour des Aydes, les Chambres assemblées, le 28 Mars 1724.

Si cependant un Bac étoit saisi par les Gardes des fermes du Roi, transportant des faux-sauniers avec du faux sel, ou autres marchandises de contrebande, il n'y auroit pas lieu de confisquer le Bac au profit de l'adjudicataire ; il doit se contenter des amendes prononcées par les Ordonnances & les Réglements. Cette question s'est présentée plusieurs fois à la Cour des Aydes, qui par plusieurs Arrêts, & notamment celui du 4 Mars 1672, a confirmé cette Jurisprudence.

Les Pontonniers & bateliers d'un Bac doivent passer les Marchands, & autres passagers, à mesure qu'ils se présentent, sans les faire attendre, pour s'éviter plusieurs voyages. Ce Réglement est très-mal observé ; rien cependant n'est plus précisément ordonné par plusieurs Arrêts du Conseil, & notamment par celui du 17 Mars 1739, pour le Bac du port Masson sur la rivière de Saone. Cependant, lorsque les passagers sont en trop grand nombre, il ne faut pas les passer tous à la fois, c'est le seul cas d'en faire attendre une partie pour passer l'autre en sûreté. En chargeant trop un bateau, il peut courir risque d'être submergé ; on en a vu les exemples les plus funestes.

Dans les temps de débordements, les bateliers sont obligés de se faire aider d'un nombre suffisant d'hommes pour passer sûrement les voyageurs, sans que pour ce travail extraordinaire ils puissent prétendre de plus grands droits que ceux exprimés dans la pancarte. Un Arrêt du Grand-Conseil, du 26 Août 1732, l'a ainsi reglé pour le Bac du port de la Corde en Bresse sur la rivière d'Ain. Il y a plusieurs autres Arrêts du Conseil précédents, qui rendent ce point de Jurisprudence constant.

Un Arrêt du même Tribunal, du 24 Juin 1727, rendu pour le Bac au port de Gilly sur la Loire, a décidé que les Curés, en allant ou revenant de leurs fonctions curiales, ne doivent payer aucuns droits en passant aux Bacs. Le même Arrêt décide encore que ceux qui passent & repassent plusieurs fois en un même jour ne doivent qu'un seul droit.

La question s'étant présentée au Conseil de sçavoir si ceux qui passent la rivière à Gué doivent le droit de Bac, elle a été jugée pour la négative ; c'est un des points jugés par l'Arrêt du 26 Août 1732, que nous avons ci-dessus cité ; il maintient le sieur Guyot de Bussiere dans le droit de Bac sur la rivière d'Ain, & cependant lui fait défenses de rien exiger pour ce qui passera à Gué.

Une Communauté qui tient d'un Seigneur un Bac à titre de cens, peut être reçue à le déguerpir, en payant les arrérages du passé. Basset dans son recueil d'Arrêts du Parlement de Grenoble (*a*) en rapporte un du 2 Avril 1615, qui l'a ainsi jugé.

(*a*) Tom. 2. liv. 3. tit. 11. ch. 8.

Salvaing décide que les propriétaires des héritages qui aboutissent à une rivière ne peuvent point empêcher que les bateliers n'y attachent leurs Bacs & bateaux de passage, lorsqu'ils le jugent convenable pour leur sûreté.

CHAPITRE II.

Du droit de Leyde, ou mesurage ; des Foires & Marchés ; des Poids & Mesures.

LE droit de Leyde est une imposition qui se lève par les Seigneurs sur les marchandises qu'on apporte à leurs foires & marchés, pour donner aux Marchands la liberté & les aisances convenables pour les vendre. Ce droit a différents noms dans les différentes Coutumes ; tantôt il s'y appelle Laude, Ayde, Minage ; tantôt Bichetage, Levage, Sesterage, Estallage, ou Stellage, &c.

Si c'est une vérité constante qu'il n'y a en France que le Roi seul qui puisse imposer des levées de déniers sur ses sujets, il en faut conclure qu'il n'y a que le Roi seul qui puisse établir le droit de Leyde ; ce pouvoir ne peut absolument competer qu'à l'autorité Royale.

Quantité de Seigneurs regardent cependant la Leyde comme un droit attaché à la haute-Justice & purement seigneurial ; c'est une erreur qui répugne visiblement aux principes les plus connus.

Il est bien vrai qu'il n'y a que le Seigneur haut-Justicier qui puisse avoir le droit de Leyde, parce que lui seul, dans sa Seigneurie, peut avoir droit de foires & marchés. S'il se trouve des particuliers qui ont droit de Leyde, ils n'en ont que l'utile, & ils ne l'ont que par la concession qui leur en a été faite par le Seigneur haut-Justicier qui la démembre de sa Justice. On en voit un exemple dans la Chartre de Margueritte de Jérusalem & de Sicile, Comtesse de Tonnerre, de 1293, pour fonder l'Hôpital de cette ville ; entr'autres biens elle lui donna tout ce qui lui appartenoit au minage de Tonnerre. Thibault, Comte de Champagne, fit une semblable donation à cinq Eglises de la ville de Provins. Mais, en abandonnant l'utile de la Leyde, les Seigneurs ont toujours conservé sur ce droit la supériorité que donne la haute Justice. Au seul Seigneur haut-Justicier, & jamais au propriétaire de la Leyde, appartient la police, l'inspection sur les foires & marchés, ainsi que sur les mesures dont on s'y sert. Les amendes prononcées pour les contraventions appartiennent au Seigneur haut-Justicier ; il peut encore contraindre le propriétaire de la Leyde à remplir toutes les charges imposées, pour la conservation & la manutention des foires & marchés.

Malgré toutes ces prérogatives, on ne peut point dire que la Leyde soit un droit purement seigneurial, & qu'il dépende de la volonté des Seigneurs haut-Justiciers de l'établir de leur autorité privée. S'ils l'ont jamais fait, c'est par usurpation sur les droits du Souverain. Dans tous les temps il a toujours appartenu au Roi seul dans ce Royaume d'ériger des foires & marchés, de permettre aux Seigneurs d'en tenir dans leurs Terres, de leur accorder la Leyde & autres semblables droits, pour les indemniser des charges dont ils sont tenus pour l'entretien des halles, des greniers, des chemins, des ponts & autres établissements nécessaires pour la sûreté & l'aisance des Marchands.

Ecartons donc de nos principes que la Leyde puisse partir d'une autre origine que de la concession de nos Rois ; la maxime contraire est un préjugé qui ne peut plus avoir cours.

Il est cependant vrai que quantité de Seigneurs, qui perçoivent aujourd'hui la Leyde, l'ont usurpée pendant les guerres civiles, les minorités, dans ces temps où les hauts-Justiciers s'attribuoient toutes sortes de pouvoirs. Si on les forçoit de représenter leurs titres, peu en rapporteroient émanés de l'autorité royale. Cependant on peut risquer de dire qu'ils n'en ont pas moins le droit de percevoir la Leyde, quand ils ont l'usage de cette perception de temps immémorial, parce qu'au moins les rues, les chemins où se tiennent les foires leur appartiennent, & qu'ils y ont seuls la police.

Nous disons *s'ils sont en possession immémoriale de percevoir ces droits ;* s'ils n'y étoient pas, quoiqu'ils eussent des titres, ils ne pourroient plus s'en servir pour faire revivre leur droit, & s'en remettre en possession après l'avoir interrompu pendant un certain temps : il faudroit avoir recours à l'autorité du Prince.

On ne peut pas proposer la question de sçavoir si un Seigneur haut-Justicier sans titre peut prescrire la Leyde, & autres semblables droits, pour les avoir perçus pendant trente ans. Une semblable perception est une exaction manifeste prohibée par l'article 205 de l'Ordonnance de 1629, & punissable suivant la rigueur portée par la même loi. On ne prescrit point contre le Roi & le public. A parler même dans les vrais principes, la possession immémoriale, & les actes qui la prouvent, ne peuvent être que tolerés. Si on les attaquoit, ils courroient risque d'être supprimés, comme il est arrivé au Chapitre de Lyon pour les droits de cartelage qu'il percevoit sur le pont & à la porte du Rhône à Lyon.

Le Chapitre justifioit d'une concession accordée par l'Empereur Frederic Barberousse, suivie d'une possession immémoriale ; le Conseil n'y eut aucun égard, & par son Arrêt du 16 Octobre 1736 il supprima ce droit de cartelage prétendu par le Chapitre. On jugea que les Lettres de l'Empereur Fréderic, qui n'avoit jamais eu aucune domination sur la ville de Lyon, n'étoient pas un titre légitime, & que la possession qui avoit suivi ce titre vicieux n'étoit d'aucune considération.

Le motif de l'établissement de la Leyde est l'entretien des lieux nécessaires pour la tenue des foires & des marchés, & la fourniture des poids & mesures nécessaires pour le débit des marchandises. Il est donc conséquent de penser qu'il ne peut y avoir de Leyde sans charge; cependant on en trouve de cette espèce qui ne laisse pas de subsister quand la possession immémoriale se trouve jointe au titre. Rarement dans les anciennes concessions on trouve les charges de la Leyde détaillées; il y est quelquefois dit seulement que la Leyde se percevra suivant qu'elle sera reglée par le Maître des foires. Ces charges, qui sont supprimées depuis long-temps, existoient encore sous Henry III, ainsi qu'on le voit par un Procès-verbal du 6 Juin 1583, à Châlons sur Saone; il y a encore un Maître des foires, dont la jurisdiction s'exerce par le Lieutenant-Général du Bailliage.

De même qu'il n'appartient qu'au Roi d'établir des foires & marchés, de même il n'appartient qu'à lui de fixer les droits qu'on doit y percevoir. Aujourd'hui on ne confieroit ce soin à personne, & dans les Lettres de concession on ne manqueroit pas de détailler les droits dont Sa Majesté accorde la perception. Il est nécessaire, pour la Leyde, ainsi que pour le Péage, que le tarif de ces droits soit affiché à un poteau public où chacun puisse les lire. Il y a une Sentence de la Chambre du Trésor, qui condamne à cette formalité les Fermiers de la Leyde de la Palice.

Toutes Lettres-patentes contenant concession du droit de Leyde doivent être enregistrées au Parlement, à la Chambre des Comptes & à celle du Trésor. C'est dans ce dernier Tribunal qu'on doit porter toutes les contestations qui peuvent s'élever sur la Leyde; les Juges des lieux n'en peuvent connoître que dans les cas pressants, & qui requierent célérité.

Ce que nous venons de dire sur la nature & la qualité de la Leyde, a dû faire connoître qu'elle consiste principalement

ment dans les droits que les Seigneurs hauts-Jufticiers perçoivent fur le mefurage & fur le poids des marchandifes expofées aux foires & aux marchés qui fe tiennent dans leurs Seigneuries. Il eft donc conféquent de penfer que tout Seigneur haut-Jufticier qui a droit de Leyde, a auffi droit de tenir foires & marchés, & d'avoir des mefures particulières; ces deux objets demandent quelques obfervations.

Aucun Seigneur haut-Jufticier ne peut, de fon autorité privée, indiquer des foires & des marchés. Il n'y a abfolument que le Roi feul qui puiffe faire ces établiffements; à lui feul appartient le pouvoir de fixer, de changer le jour des foires & des marchés, d'en prolonger le cours, de les transferer d'un lieu à un autre. Pour le tout, il faut abfolument une conceffion ou une permiffion de Sa Majefté accordée par des Lettres-patentes. Un Arrêt de 1296, rendu contre le Comte de Châteauroux en Berry, parlant des foires, & marchés, porte, *quod nullus in regno poteft facere fine permiffu Domini Regis.* L'Ordonnance de Charles V, du 8 Mai 1372, article 12, eft conforme à cet Arrêt. « Au » Roi appartient feul & pour le tout, dit l'article, en tout » fon Royaume, & non à autre, à octroyer & ordonner » toutes foires & tous marchés, & les allans, demourans » & retournans font en fa fauve-garde & protection ». La raifon eft que les foires fuppofent toujours des affemblées publiques, & la néceffité d'y lever des impôts fur les fujets du Roi: or il n'y a que le Roi qui puiffe permettre l'un & l'autre.

L'établiffement des foires & marchés s'eft fait en France, à l'exemple des Grecs & des Romains, pour favorifer le commerce fous la protection du Roi, procurer les aifances des voifins pour le débit & la vente de toutes fortes de marchandifes. L'importance de ces objets fait que l'établiffement d'une foire ou d'un marché demande un examen férieux & de grandes formalités.

Il faut dabord, nous l'avons dit, des Lettres-patentes: mais feules, elles ne fuffifent pas; il faut encore que l'impétrant faffe fes diligences pour les faire vérifier & enregiftrer au Parlement, à la Chambre des Comptes & à celle du Domaine. A cet effet, on présente les Lettres au Parlement avec une Requête tendante à l'enregistrement. Intervient un premier Arrêt qui ordonne que la Requête & les Lettres-patentes seront communiquées à M. le Procureur Général, qui requiert qu'il sera informé à sa requête, poursuite & diligence de son Substitut au Bailliage du ressort dans lequel est située la Seigneurie, de la commodité ou incommodité que peut apporter l'érection des foires & marchés énoncés dans les Lettres-patentes. Sur ces conclusions, la Cour rend un second Arrêt qui ordonne l'information *de commodo & incommodo*, ensemble que l'impétrant sera tenu de rapporter en la Cour un état signé de lui des droits qu'il prétend lever sur les bestiaux, grains & marchandises qui seront amenés & vendus auxdites foires & marchés : ordonne en outre que les Lettres-patentes seront communiquées aux Vassaux & Justiciables de la Seigneurie assemblés en la manière accoutumée pour y donner leur consentement, ou dire autrement ce qu'ils aviseront.

En poursuivant l'exécution de cet Arrêt, il faut observer que l'information doit être absolument faite à la requête de M. le Procureur Général. La Cour, par Arrêt du premier Juillet 1716, déclara nulle une information faite en pareille circonstance à la requête du Seigneur. La raison de décider est que le Seigneur est regardé comme Partie principale, & que l'information est, pour ainsi dire, ordonnée contre lui-même. D'ailleurs il s'agit du bien public dont M. le Procureur Général est spécialement le protecteur & le défenseur.

Lorsque l'information est faite, le Lieutenant commis pour l'exécution de l'Arrêt, en présence du Procureur du Roi, & à la requête du Seigneur qui comparoîtra par un Procureur, dressera procès-verbal de l'état des places où se tiendront les foires, de celles où seront construites les halles; il y sera fait mention si ces places sont du domaine du Seigneur, des commodités qu'y trouveront les Marchands; ensuite le Procureur du Seigneur remettra l'état des droits de Leyde par lui prétendus sur les foires & marchés nouvellement érigés ; l'état sera signé du Seigneur & joint au procès-verbal.

Si, dans le cours de ces opérations, il survient quelques oppositions de la part des Seigneurs voisins, des Justiciables, des Commerçants, elles seront reçues par le Procureur du Roi, qui les joindra aux autres pièces & enverra le tout à M. le Procureur Général. Alors sur ses conclusions, si les oppositions sont jugées valables, la Cour renvoie l'impétrant de l'enregistrement des Lettres-patentes. Si au contraire les opposants sont déboutés, la Cour fixe le tarif des droits de Leyde, ordonne que les Lettres seront enregistrées pour être, ensemble le tarif, exécutées suivant leur forme & teneur ; après quoi l'impétrant fait enregistrer l'Arrêt du Parlement & les Lettres-patentes en la Chambre des Comptes & en celle du Domaine. Tous ces enregistrements sont de rigueur, à peine de nullité.

Le Seigneur, après avoir satisfait à toutes ces formalités, peut faire imprimer les Lettres-patentes, les Arrêts du Parlement & de la Chambre des Comptes, la Sentence d'enregistrement de la Chambre du Domaine, avec le tarif des droits, qu'il fera afficher dans le chef-lieu de la Seigneurie, & dans tout le voisinage, afin que chacun ait connoissance de l'établissement & n'en puisse ignorer.

De même qu'il n'y a que le Seigneur haut-Justicier qui puisse avoir droit de Leyde, de même il n'y a que lui qui puisse obtenir du Roi des Lettres-patentes, pour établir des foires & des marchés. C'est ce que nous trouvons jugé par un Arrêt donné en la Chambre de l'Edit en 1602. Le sieur de la Maillotiere fut débouté des Lettres qu'il avoit obtenues du Roi pour l'érection d'une foire dans sa Terre de Blanzay, parce qu'il n'étoit pas Seigneur haut-Justicier.

Après avoir parlé du droit de Leyde, & des foires & marchés, il est à propos de dire un mot sur les mesures nécessaires tant pour la vente des grains que pour la perception du droit de Leyde.

Les mesures, le pouvoir de les étalonner, de les fournir aux peuples, dans l'origine, a toujours été en France un droit royal, un privilége spécialement affecté au Souverain.

Sous la première race de nos Rois il n'y avoit qu'une seule mesure, dont l'étalon & la matrice se conservoient dans le palais du Roi. Il en étoit de même dans tout l'Empire Romain, il n'y avoit qu'une seule mesure dont la matrice se conservoit à Rome. L'Empereur Julien ordonna au Gouverneur de cette Capitale de veiller à ce que les étalons publics qu'on établiroit dans les Provinces fussent conformes à l'étalon de Rome; & afin qu'on ne pût les altérer, il voulut qu'ils fussent conservés dans l'Eglise principale de chaque ville.

Au commencement de la seconde race de nos Rois, on vit établir en France les Seigneuries particulières & tous les droits qu'il plut aux Seigneurs d'y attacher. Il y a apparence que, parmi ceux qu'ils usurpèrent sur l'autorité royale, le droit de donner des mesures à leurs vassaux fut du nombre; & ce qui y donna lieu, ce furent sans doute les redevances en grains que chaque Seigneur recevoit de ses censitaires & emphythéotes. Pour les percevoir, chaque Seigneur avoit sa mesure plus ou moins grande, selon qu'il avoit jugé à propos de la regler. Source de quantité d'abus dont le plus dangereux fut l'altération des mesures publiques. Pour tâcher d'y remédier, Charles le Chauve rendit, en 864, une Ordonnance qui ne laisse aucun doute sur le fait. Ce Prince ordonne, en premier lieu, que toutes les mesures qui se trouveront trop grandes seront réformées sur l'étalon royal qui, suivant l'ancien usage, se gardoit encore dans le palais du Roi; en second lieu, il fut défendu aux Seigneurs, qui avoient des mesures plus petites pour recevoir leurs droits de vassellage & de censive, de se prévaloir de l'Ordonnance pour les augmenter; il leur fut au contraire enjoint d'en continuer la perception, suivant les mesures qui étoient d'usage & de coutume.

Il est inutile de faire observer ici l'inconséquence de la Loi de Charles le Chauve, & combien elle étoit peu propre au but que ce foible Prince se proposoit, de rétablir dans son Empire l'usage d'une seule mesure. Il faut croire que dès-lors la chose n'étoit plus praticable; elle le devint encore moins lorsque les usurpations des Seigneurs furent devenues générales, lorſque le Royaume ſe trouva diviſé en un nombre preſqu'infini de Seigneuries, dont les propriétaires ſe croyoient autant de Souverains. Alors chaque Seigneur établit dans ſa Terre des poids & des meſures particulières. Nos Rois occupés pendant près de deux ſiécles à défendre leur trône & leur autorité contre les entrepriſes de leurs vaſſaux, perdirent de vue cet objet; c'eſt de cette façon qu'une longue poſſeſſion, abuſive à la vérité, donna aux Seigneurs un droit qui n'appartenoit qu'au Roi; & lors de la rédaction de nos Coutumes, on crut ce droit ſi bien établi en faveur des Seigneur, que nos Loix municipales n'ont point fait de difficulté de l'attribuer non-ſeulement aux hauts-Juſticiers, Châtelains ou Barons, mais encore aux moyens-Juſticiers. L'étalon royal qu'on conſervoit anciennement dans le palais du Roi, depuis long-temps, n'étoit plus la règle générale des meſures; il eſt ſeulement dit, dans quelques-unes de nos Coutumes, que le Seigneur inférieur ſera tenu d'ajuſter ſa meſure à l'étalon du Seigneur ſupérieur, & que s'il fait le contraire il perd ſon droit de bailler meſure, & eſt amendable d'amende arbitraire. Tours, art. 41. Anjou, art. 43. Le Maine, art. 50. Poitou, art. 66, & pluſieurs autres.

En vain pluſieurs de nos Rois, Louis XI, François I, Henry II, Charles IX, Henry III, ont fait différentes tentatives pour ramener en France l'uniformité des poids & des meſures; ils ont toujours trouvé des difficultés qu'il n'a pas été poſſible de ſurmonter. Les choſes en ſont donc reſtées où elles étoient lors de la rédaction des Coutumes.

Les Seigneurs, pour avoir droit de donner des meſures à leurs vaſſaux, n'ont point beſoin de titres précis de conceſſion de la part de nos Rois; aucuns des Seigneurs qui ont aujourd'hui droit de meſures, n'ont de ſemblables titres, du moins on n'en connoît point. Il ſuffit donc qu'on ſoit fondé en coutume, ou qu'on ait une poſſeſſion immémoriale du droit public & authentique, au vu & au ſçu des Officiers royaux dont la Juſtice releve. Mais un Seigneur haut-Juſticier qui n'auroit en ſa faveur ni poſſeſſion ni l'autorité de la Coutume, ne pourroit pas, de ſon autorité privée, donner des mesures à ses vassaux. Il faudroit nécessairement, pour le faire, avoir recours à la source de tous les pouvoirs, obtenir de Sa Majesté des Lettres-patentes qui devroient être enregistrées au Parlement, en la maniere accoutumée.

Les Seigneurs qui ont droit de mesures, ont celui de les marquer à leurs armes & de les étalonner. L'étalonnage devient absolument nécessaire, lorsqu'il y a erreur dans les mesures répandues dans le public, lorsque la vétusté de celle qui sert d'étalon demande un rétablissement; ou même en cas de perte de l'étalon ou de la mesure matrice, alors il est indispensable d'en rétablir une qui soit certaine, & qui, pour l'avenir, serve d'une regle fixe & invariable aux vendeurs & aux acheteurs. Dans ces cas, c'est aux Officiers du Seigneur haut-Justicier de faire rapporter devant eux toutes les mesures qui peuvent être dans l'étendue de la haute Justice, d'assembler les meilleurs Bourgeois & les plus honnêtes Marchands, s'il y en a, afin de constater les différences qui se trouveront dans les Mesures, & de les réformer suivant l'étalon qu'on fixera, & du tout on dressera procès-verbal.

La plupart des Juges qui ont fait les anciens étalonnements se sont presque toujours arrêtés au poids des grains qui remplissoient ces sortes de mesures, pour les fixer à tant de livres pésant, par exemple à vingt livres. Mais cette opération est sujette à erreur, à cause de la pesanteur ou de la légereté des grains suivant leur qualité, ce qui nécessairement opère des différences; mais pour rendre l'étalon invariable, après la fixation de la mesure qui en doit servir, il faut décrire dans le procès-verbal sa profondeur par pouces & lignes, ainsi que son diametre. Il n'est plus possible d'alterer une mesure ainsi fixée; & quand on ne peut pas avoir un étalon en pierre, ou en cuivre, l'expérience a appris que c'étoit le moyen le plus sûr pour empêcher les variations.

Quand les Officiers de police ont une fois réglé un étalon, ils doivent obliger tous les Justiciables de s'y conformer; avoir l'attention que les particuliers mettent aux mesures dont ils se servent un fer qui en traverse le diametre, afin de tenir toujours la mesure dans une même situation, & de raser les grains à fer découvert lorsqu'on ne les mesure pas au comble. Les Officiers de police doivent encore empêcher les particuliers de mettre à leurs mesures des cercles de bois sur le bord en dehors ; bien des gens ont l'industrie de rendre ces cercles mobiles, & en les haussant de rendre leurs mesures plus grandes, & plus petites en les baissant. On sent de quelle conséquence pour le public peuvent être de semblables monopoles, soit en vendant, soit en achetant.

Le Seigneur haut-Justicier qui perçoit la Leyde, doit fournir ses mesures *gratis* & sans aucune rétribution, non-seulement aux Bourgeois du lieu qui vendent au marché, mais encore aux Marchands forains. Le droit de Leyde qu'on paie au Seigneur est pour l'indemniser de la fourniture des mesures qui sont toujours une des charges attachées à la Leyde. Il y a souvent des Fermiers de ce droit qui s'en font payer un autre pour la fourniture des mesures; mais c'est une exaction que nous trouvons avoir été sévèrement punie par un Arrêt du 18 Août 1716, qui condamne plusieurs Jurés-Porteurs de grains, qui avoient exigé des droits pour fourniture de mesures, à aumôner dix livres au pain des prisonniers, leur fait défenses de récidiver, à peine de punition exemplaire, & en 3000 livres d'amende envers le Roi.

Les Marchands forains, à qui le Seigneur est obligé de fournir des mesures gratuitement, ne peuvent pas se servir d'autres que de celles dont on se sert sur le marché; quand même les mesures de ces marchands seroient à la marque des Seigneurs, le Procureur-Fiscal qui l'apprendroit auroit lieu de présumer la fraude, & seroit en droit, ne fût-ce que pour la police, de saisir & confisquer ces mesures; & si elles se trouvoient fausses, de faire faire le procès aux Marchands.

QUESTIONS PARTICULIERES SUR LA LEYDE.

QUESTION PREMIÈRE. *Si un Seigneur avoit exigé & levé des droits de Leyde sans titre & sans cause, quelle peine encourroit-il?*

Il s'exposeroit à toutes celles que méritent ceux qui, d'autorité privée, & sans la permission du Roi, levent des impôts & des contributions sur ses sujets. On peut voir à cet égard les Ordonnances d'Orléans & de Moulins, & l'art. 205 de celle de 1619.

QUEST. II. *En quoi consiste la Leyde sur les grains qui se vendent aux foires & marchés? Cette imposition est-elle uniforme?*

Ce droit n'est & ne peut être uniforme: il dépend des charges plus ou moins grandes auxquelles est obligé le Seigneur leydier pour la tenue des foires & des marchés. Au surplus il faut toujours suivre le tarif des droits accordés par le Roi, & ne pas confondre, comme a fait Lamarre, la Leyde qui est une vraie imposition sur les grains, avec le droit de minage qu'en certains endroits on perçoit seulement pour le mesurage des grains: ce sont deux droits très-différents.

QUEST. III. *Les habitants des villes où il y a foire & marché sont-ils exempts de payer la Leyde?*

Oui, on le pratique ainsi dans la plupart des endroits où la Leyde est établie, à Lyon, à Grenoble, & ailleurs. Il faut cependant observer qu'en plusieurs lieux l'exemption du droit en question n'est pas pour les jours de marché, mais simplement pour les autres jours de la semaine, pendant lesquels ils peuvent vendre dans leurs maisons & dans leurs greniers les grains provenant de leur cru. Mais s'ils en en vendent, quoique de leur crû, sur les halles les jours de foires & de marchés, en ce cas ils doivent moitié de la Leyde ; c'est constamment l'usage en Bourgogne, en Bourbonnois, en Auvergne, & peut-être par-tout ailleurs. Au surplus sur ces exemptions il faut s'en tenir à ce qui est reglé par la Coutume des lieux, & par les transactions particulières des habitants avec les Seigneurs.

Lorsque les habitants, exempts de la Leyde, font commerce de grains, c'est une regle générale qu'ils sont obligés, pour les vendre, de les exposer aux marchés : & d'en payer le droit en entier par plusieurs raisons, 1°. les jours de foires & de marchés sont au Seigneur, & c'est dans ces jours que son droit est ouvert. 2°. S'il étoit permis à un ou plusieurs particuliers de vendre dans leurs greniers, les jours de foires & de marchés, les marchés seroient moins fournis ; ce qui pourroit y procurer une augmentation. 3°. Enfin, sous prétexte de vendre du bled du crû, ou d'user du privilege, ils pourroient en vendre qu'ils auroient acheté, ce qui seroit également préjudiciable à la police & au droit de Leyde.

QUEST. IV. *Le Fermier du droit de Leyde peut-il faire commerce de grains ?*

Il seroit d'une conséquence infinie de tolérer cet abus : aussi rien n'est plus expressément défendu par la Déclaration du Roi Jean, du 30 Janvier 1350, par les Ordonnances des 4 Février 1567, 27 Novembre 1577, Janvier 1629, & en dernier lieu par la Déclaration du Roi du 14 Mars 1709. L'article 7 prononce contre les contrevenants 3000 livres d'amende, la confiscation des grains, & en outre le carcan ou le fouet & le bannissement. L'article 8 ajoute les galères perpétuelles ou à temps, & même la peine de mort, s'il y échoit, suivant la gravité des circonstances.

QUEST. V. *Est-il à l'option du Marchand de payer le droit de Leyde en grains ou en argent ?*

Il n'en est pas de la Leyde, comme du cens & autres semblables droits qui doivent être toujours payés en l'espece stipulée par le titre. A l'égard de la Leyde, il est loisible au Marchand, & sur-tout dans les temps de calamité publique, de payer en argent ou en grains. C'est ce que nous voyons prescrit par plusieurs Déclarations du Roi, & entre autres par celles du 11 Juin 1709, 11 Mai 1710, & 14 Décembre 1740. Plusieurs Arrêts du Parlement sont conformes à ces Déclarations; de sorte qu'on ne peut douter qu'en tout temps la Leyde peut être payée en argent, ou en grains, au choix du vendeur.

QUEST. VI. *Les Marchands qui font commerce de grains sont-ils obligés de prêter serment?*

Le commerce des grains est d'une si grande importance qu'il a toujours été un des principaux objets de la sollicitude du Gouvernement. Mais il est arrivé quelque fois que les précautions prises pour maintenir l'abondance, ou du moins pour prévenir la disette, ont donné à ce commerce des entraves qui ont produit des effets contraires à ceux que l'on en attendoit. Les Ordonnances de Charles IX, du 4 Février 1567, d'Henri III, du 23 Novembre 1577, & la Déclaration du 31 Août 1699, soumettoient ceux qui faisoient le commerce de grains à se faire connoître des Officiers de Police, & à prêter serment devant eux. Ce serment les obligeoit à ne vendre que de bons grains, à ne les acheter qu'à deux ou trois lieues des marchés où ils avoient la liberté de vendre, à ne se point servir de fausses mesures, à dénoncer ceux dont les prévarications à cet égard venoient à leur connoissance, & enfin à ne point aller au-devant des particuliers qui conduisent des grains au marché pour les acheter, à peine d'amende & de confiscation.

On a enfin reconnu que cet usage de n'admettre exclusivement que certains Marchands pour vendre le bled dans un marché, & de les astreindre à ne le prendre que dans un arrondissement fort borné, ne servoit qu'à entretenir la disette dans les cantons où la récolte avoit été ingrate, & une abondance nuisible dans ceux où l'année avoit été fertile.

On a reconnu en outre que ce privilége exclusif, dont la concession dépendoit arbitrairement d'Officiers que leur éducation & leur fortune ne mettent pas toujours à l'abri de la séduction, donnoit souvent lieu à des monopoles funestes. Ces considérations, & plusieurs autres, ont déterminé la sagesse & la bonté de notre Monarque à donner, le 25 Mai 1763, une Déclaration *portant permission de faire circuler les grains, farines & légumes dans toute l'étendue du Royaume, & exemption de tous droits, même ceux de péages.* L'article I de cette loi s'exprime ainsi : « Permettons à tous nos sujets, » de quelque qualité & condition qu'ils soient, même les » nobles & privilégiés, de faire, *ainsi que bon leur semblera*, » dans l'intérieur du Royaume, le commerce des grains, » d'en vendre & d'en acheter, même d'en faire des magasins; » sans que, pour raison de ce commerce, *ils puissent être inquiettés, ni astreints à aucunes formalités* ».

Cette Déclaration a été enregistrée au Parlement le 22 Décembre 1763; & l'Arrêt d'enregistrement porte cette modification : « Sans néanmoins que les Officiers de Police » puissent prétendre être compris directement ou indirectement dans la permission accordée par l'article I de ladite » Déclaration ». La Cour a appréhendé que ces Officiers n'abusassent de leur autorité pour s'attribuer, dans leur canton, exclusivement le commerce, s'il leur étoit permis, en écartant les concurrents, par des chicanes ou autres voies de fait.

L'article II de la même Déclaration est ainsi conçu : » Permettons pareillement à tous nos sujets de transporter librement, d'une Province dans une autre, toute espece de » grains & denrées, sans être obligés de faire aucune dé» clarations, ni prendre aucun congé ou permission. *Faisons très-expresses inhibitions & défenses à tous nos Officiers,* » *& à ceux des Seigneurs, d'exiger aucunes formalités*, sous » quelque prétexte que ce puisse être ».

Ainsi toutes personnes, à l'exception des Officiers de Police, peuvent se livrer au commerce des grains, & les porter à tels marchés du Royaume qu'ils jugeront à propos, sans être astreints à aucun serment; & les cantons où les

Marchands peuvent se pourvoir ne sont plus circonscrits.

Au reste, la Déclaration dont on vient de parler porte expressément, dans l'article V, qu'Elle n'entend déroger à tous les précédents Edits & Réglements qu'en ce qui pourroit y être contraire. Ainsi la liberté indéfinie qu'elle accorde ne préjudicie point à la proscription des fausses mesures & des mauvais grains.

QUEST. VII. *Lorsque le marché d'une ville seigneuriale n'est pas garni, que fera le Procureur-Fiscal pour le rendre abondant?*

Il paroît que la liberté que le Roi vient de rendre au commerce des grains, rend cette question superflue. En effet il est certain que le ressort naturel du commerce est la liberté; il se transporte de lui-même par-tout où il est appellé par le gain. Ainsi, n'ayant plus aucunes entraves pour la partie qui concerne le bled, il en portera promptement, & de partout, dans les endroits où la rareté pourra faire espérer du profit; & l'abondance naîtra promptement.

QUEST. VIII. *Les Marchands de grains peuvent-ils augmenter le prix du bled dans un Marché? peuvent-ils s'associer pour faire commerce de grains?*

1°. Du moment qu'un Marchand a fixé le prix de son grain, il ne peut plus l'augmenter dans un même marché, il ne peut plus le renchérir, ni par lui, ni par un autre; cela est expressément défendu par l'Ordonnance de Henri III, du 27 Novembre 1577.

2°. Les Marchands de grains ne pouvoient pas non plus s'associer pour le commerce des grains, ni les acheter sur pied, ni en verd, sous les peines les plus rigoureuses énoncées dans la Déclaration du 11 Juin 1709. Mais il paroît que cette liberté est rendue par l'article I de la Déclaration du 25 Mai 1763, qui permet à tous les sujets de Sa Majesté de faire, *ainsi que bon leur semblera*, le commerce des grains.

Il paroît encore que la défenſe portée par la Déclaration du 11 Juin 1709, eſt levée par la diſpoſition que l'on vient de lire dans celle de 1763.

En effet, la liberté rendue par cette dernière Loi établira dans ce commerce une concurrence qui préviendra bien plus efficacement toutes les monopoles que les Loix antérieures avoient voulu proſcrire.

QUEST. IX. *Les Marchands qui conduiſent des bleds pour les vendre au marché, peuvent-ils les dépoſer dans des maiſons particulières, ſans les expoſer au marché?*

La Déclaration du Roi du 29 Avril 1723, porte que tous bleds, farines & autres grains ne pourront être vendus, achetés ni meſurés ailleurs que dans les halles & marchés publics, à peine de confiſcation des grains, & de 1000 livres d'amende. Mais il paroît que l'article I de la nouvelle Déclaration a encore fait tomber ces entraves.

QUEST. X. *Les grains qui paſſent & repaſſent ſur la Seigneurie ſont-ils ſujets au droit de Leyde, & peut-on les arrêter?*

Il n'y a que les grains expoſés ſur les marchés qui doivent la Leyde.

On ne peut arrêter aucuns grains, ſi ce n'eſt dans les grandes diſettes, & qu'il n'y en eût point dans la Seigneurie; alors on peut forcer les Marchands d'y reſter pendant deux heures pour y débiter leurs bleds au prix du dernier marché.

On ne peut jamais, ſous quelque prétexte que ce ſoit, arrêter les bleds deſtinés pour l'approviſionnement de Paris; c'eſt la diſpoſition préciſe de l'Arrêt du Conſeil du 20 Janvier 1661.

Il faut encore obſerver que les bleds qui ſont affranchis du droit de Péage, ne le ſont pas de la Leyde; la

Déclaration du 25 Mai 1763, article III, le décide formellement.

QUEST. XI. *Quelle police doit-on tenir dans les marchés ?*

1°. On en doit faire l'ouverture à des heures fixes, pour éviter la confusion & les monopoles, ce qui dépend de la prudence des Juges de police.

2°. L'Ordonnance du 21 Novembre 1577, qui porte que les bourgeois de l'endroit doivent se fournir avant les cabaretiers & les corratiers, est généralement par-tout exécutée.

3°. Dans les tems de disette, un Marchand qui porte des bleds à un marché pour y être vendus, s'il ne les vend pas, ne les peut remporter chez lui ; ils doivent être déposés dans le grenier ou halle publique, pour être vendus au marché suivant. L'Arrêt du Parlement du 19 Avril 1709 l'a ainsi jugé ; mais pour les différentes expositions, le Marchand ne doit qu'un seul droit de Leyde.

4°. Le Fermier de la Leyde doit lever le droit en personne, s'il n'a excuse légitime, se servir des mesures bien étalonnées, prêter serment en Justice de s'acquitter fidelement de ses fonctions, tenir un registre exact de sa recette, & un autre registre du prix des grains de chaque marché.

5°. Il n'est point permis de vendre du bled par montre, à peine de confiscation ; & lorsqu'il est subhasté, le Fermier de la Leyde perçoit son droit.

6°. Il n'est permis à personne, les jours de marché, de vendre du bled chez soi. Les autres jours, les habitants du lieu, exempts de la Leyde, peuvent vendre chez eux les bleds de leur crû seulement.

7°. Les Marchands forains doivent avoir place sous les halles, préférablement aux revendeurs ; ainsi reglé par les Ordonnances de la police générale de Lyon, chapitre des Marchands de grains, art. 8.

QUEST. XII. *Qui doit répondre du bled déposé qui se perd sous les halles ?*

C'est le Fermier de la Leyde ; s'il est insolvable, le Seigneur en est garant : article 6 du Réglement de 1663. Sur la quantité, le Marchand en est cru à son affirmation. Si cependant le bled avoit été volé avec effraction, ni le Fermier ni le Seigneur n'en seroient responsables ; c'est le cas de la force majeure : *res domino perit.*

QUEST. XIII. *Qu'est-ce que la petite Leyde ?*

La grande Leyde se perçoit sur les grains ; les droits de petite Leyde sont ceux que les Seigneurs levent sur tous les Marchands qui étalent les jours de foires, de marchés, soit sous les halles, soit dans les places, soit dans les rues pupliques ; c'est ce qu'on appelle droit de plaçage, d'étau, de banc.

Pour percevoir ces droits, il faut être fondé en titres, les afficher sur une pancarte attachée publiquement à un poteau, fournir aux Marchands les bancs, étaux nécessaires pour étaler leurs marchandises, leur fournir les halles libres de tous empêchements, & à ceux qui n'y peuvent tenir, des places dans les rues ; alors les propriétaires des maisons devant lesquelles ils se placent, ne peuvent les empêcher, ni exiger d'eux aucun droit. Cependant un Marchand forain ne pourroit pas se placer devant la boutique d'un Marchand de la ville. On trouve tous ces petits détails ainsi reglés par une Ordonnance de police de la ville de Paris, du 12 Décembre 1701.

CHAPITRE III.

Des Chemins, & des droits que les Seigneurs peuvent y prétendre.

UN Chemin eſt une route pratiquée de tout tems pour aller d'un endroit à un autre. Les Chemins qui, hors des villes & des bourgs, ſervent de routes, ſe diviſent en grands Chemins, & Chemins particuliers. Nous ne traiterons ici de cette matiere que relativement à l'intérêt qu'y peuvent prétendre les Seigneurs.

Une obſervation générale à faire ſur les Chemins, eſt que tout ce qui concerne leur établiſſement, leur ſuppreſſion eſt de droit public, d'où on tire les conſéquences ſuivantes.

1°. Il n'eſt permis à aucun Seigneur, & encore moins à aucun particulier, de rompre un chemin public, ou de s'emparer de ceux qui, depuis quelque temps, ne ſont plus fréquentés. *Viam publicam populus non utendo amittere non poteſt*, dit la loi 2 *au ff. de viâ publ.* Le défaut d'uſage n'eſt point une raiſon aux voiſins de s'emparer des Chemins; leur deſtruction emporte des conſéquences infinies dans les campagnes, & il n'y a aucune preſcription pour ceux qui uſurpent, changent, ou rognent les Chemins. Le Parlement de Dijon l'a ainſi jugé par ſon Arrêt du 17 Décembre 1617, rapporté par Bouvot.

2°. Un particulier qui ſe ſeroit emparé d'un Chemin, ne ſeroit point reçu à le donner ailleurs. C'eſt encore la diſpoſition de la loi premiere au ff. *de viâ publicâ*. C'eſt ſans doute ſur le fondement de cette loi qu'eſt intervenu un Arrêt du Parlement de Provence, du 25 Juin 1726, au profit des Cordeliers de Siſteron, contre les Urſulines de la même ville, qui, dans l'aggrandiſſement de leur enclos, avoient renfermé un Chemin, & offroient d'en donner un autre. On n'eut point d'égard à leurs offres.

3°. Si

3°. Si, ſans néceſſité, on ne peut pas détruire un ancien Chemin, on n'en peut pas auſſi établir de nouveaux ſans cauſe. On peut voir à cet égard un Arrêt du Conſeil, du 30 Novembre 1742, rendu pour la réformation des Chemins de la Varenne des Tuilleries.

4°. Quand on fait dans les chemins quelqu'une des innovations dont on vient de parler, il eſt libre à chaque particulier de s'en plaindre, d'intenter ſon action, ſans attendre le conſentement de la communauté. Cette action eſt populaire, dit la loi premiere au ff. *de viâ publicâ*; non-ſeulement elle compete à toute la communauté, mais encore à chaque habitant en particulier. La queſtion eſt préciſément jugée par l'Arrêt rendu au profit des Cordeliers de Siſteron, que nous venons de citer.

Les grands Chemins, qu'on appelle royaux, leur entretien, les délits qui s'y commettent, ne ſont point matieres de la compétence des Seigneurs, ni de leurs Juges; la connoiſſance en appartient abſolument aux Juges royaux, & aux Tréſoriers de France, chacun à leur égard.

Quant aux chemins particuliers qui ſe trouvent dans l'étendue d'une Seigneurie, ils appartiennent ſans contredit aux Seigneurs hauts-juſticiers, qui, pour l'utilité publique, ſont cenſés avoir donné les terreins néceſſaires pour former ces chemins; en conſéquence ils ont ſur eux tous droits de voierie & de police; & à leurs Juges appartient la connoiſſance des excès & des délits qui s'y peuvent commetre, à l'exception toutefois des cas royaux.

Quantité de nos Coutumes accordent aux Seigneurs hauts-juſticiers la propriété des chemins qui ſe rencontrent dans leurs Seigneuries. On peut voir Amiens, article 114; Artois, article 5; Montreuil, article 19; Senlis, article 272; & pluſieurs autres.

Autrefois les Seigneurs étoient chargés de l'entretien des grands Chemins qui paſſoient dans leurs Seigneuries, c'eſt par cette conſidération que Sa Majeſté leur avoit accordé les droits de péage, barrage, travers, & autres de cette eſpece: mais comme les Seigneurs percevoient les droits, & ne rempliſſoient point les charges, Sa Majeſté, pour le bien public & du commerce, a pris la direction générale de tous les grands Chemins, dont elle confia d'abord le soin & la police à un grand-Voyer créé par Edit de 1599. Ses fonctions ont été depuis réunies aux offices des Trésoriers de France, par les Edits de 1626 & 1635.

La largeur des grands Chemins royaux est fixée à soixante-douze pieds par plusieurs Réglements, & notamment par l'Arrêt du Conseil d'Etat, du 3 Mai 1720. La voie de ces grands Chemins a aussi été reglée; & pour qu'on ne pût pas la rompre, par un Réglement du 4 Mai 1624 il fut ordonné que les essieux de toute espece de voitures, en bois ou en fer, seroient de cinq pieds dix pouces, & il fut défendu d'en fabriquer dans tout le Royaume d'une plus grande, ou moindre largeur. A l'égard des Chemins seigneuriaux, rien n'est plus incertain que leur largeur, sur laquelle les coutumes ont différentes dispositions. Quelques-unes, comme Clermont, article 226, leur donnent cinq pieds; d'autres quatre; celle d'Anjou, article 60, ne leur donne qu'un pied de largeur, ce qui vient sans doute de la différence des terreins, & de leurs différentes dispositions. Il est facile, en ce cas, à chacun de se regler suivant ce qui lui est prescrit par sa coutume.

L'article 150 de l'ancienne coutume de Boulonnois, défend à tous particuliers de planter aucuns arbres sur les Chemins, sans la permission du Seigneur, à peine d'amende. L'article précédent décide que, si aucuns arbres s'accroissent sur les chemins, ils appartiendront au Seigneur féodal. C'est encore la disposition de l'art. 19 de la coutume de Montreuil.

Quand il y a difficulté entre le Seigneur & le Propriétaire de l'héritage voisin du Chemin, pour sçavoir à qui les arbres accrus sur le Chemin appartiennent, on examine si les arbres sont du côté de l'héritage, & s'il y a un fossé entre le Chemin & l'héritage: alors il y a lieu de décider que les arbres sont au propriétaire de l'héritage. Si, au contraire, les arbres sont du côté du chemin, séparé de l'héritage par un fossé, alors ils sont dans l'emplacement des Chemins, & appartiennent au Seigneur.

Par un Réglement du 3 Mai 1720, Sa Majesté ordonna des plantations d'arbres sur tous les Chemins du Royaume. L'article 6 porte que tous propriétaires d'héritages tenant & aboutissant aux grands Chemins & branches d'iceux, seront tenus de les planter d'ormes, hêtres, châtaigniers, &c.

L'article 7 décide que, faute par les propriétaires de planter lesdits arbres, pourront les Seigneurs auxquels appartient le droit de voierie sur lesdits Chemins, en planter à leurs frais dans l'étendue de leurs voieries; & en ce cas, les arbres plantés par eux, & les fruits d'iceux, appartiendront auxdits Seigneurs voyers. Ce Réglement, dont le motif étoit d'embellir tous les Chemins du Royaume, & de lui procurer une ressource du côté des bois, est absolument resté sans exécution pour les Chemins de traverse, & n'a été exécuté qu'en partie sur les Chemins royaux.

Le paccage sur les Chemins, le long des buissons qui se trouvent dans les Seigneuries qui ont droit de blairie, appartient, comme nous l'avons observé ailleurs, au Seigneur blairier.

Un Arrêt du Parlement de Bretagne, du 22 Juillet 1642, rapporté par Dufail, liv. 3, chap. 105, ordonne, entr'autres choses, aux propriétaires voisins des Chemins de cette Province, où il se trouvera des bourbiers & des concavités, de les remplir de pierres ou graviers qu'ils pourront à cet effet prendre aux lieux publics ou pierrières proches des lieux, sans que les Seigneurs ou propriétaires les en puissent empêcher, ni qu'à cet égard on puisse prétendre d'eux aucune chose. Il seroit fort à désirer que cet Arrêt fût généralement exécuté dans tous les Chemins de traverse du Royaume; la plûpart sont impraticables par le peu d'attention qu'on a de les réparer. On s'en plaint tous les jours, mais personne ne pense à remédier au mal, & ceux qui sont préposés pour le faire sont ceux qui y pensent le moins.

Un Arrêt du 16 Mars 1571, rapporté par la Roche Flavin, liv. 3, lett. S, tit. 4, condamne des propriétaires d'héritages à donner un chemin pour aller à une fontaine, de telle largeur & espace que deux personnes puissent aller de font l'une à côté de l'autre. Il faut obſerver que la fontaine étoit publique ; le bien commun exigeoit que chacun y ſacrifiât du ſien.

Un voiturier ſurpris paſſant avec ſon chariot dans des terres enſemencées, ou à travers des prés qui ne doivent point de Chemin, peut être arrêté pour l'amende, s'il ne laiſſe un de ſes chevaux, ou s'il ne donne caution. Bouvot, tome 2, *verbo* Meſus, rapporte un Arrêt du Parlement de Dijon, du 15 Juin 1607, qui l'a ainſi jugé. Cet Arrêt a été ſuivi d'un autre du même Parlement, du 2 Mai 1608, qui a décidé qu'il n'eſt permis à perſonne de ſe faire un Chemin à travers les terres & les prés.

Mais ce qu'un particulier ne peut pas faire, le public le peut ; de façon que ſi pendant trente ans tout un public a paſſé ſur un héritage, au vu & au ſçu du propriétaire, ſans qu'il s'en ſoit plaint, le public a acquis par la preſcription le droit de ſentier ſur ce champ ; on ne peut plus le refuſer, on ne peut plus dire que c'eſt par familiarité qu'on a ſouffert le paſſage. C'eſt le ſentiment de Faber, *inſt. de act.* §. *æquè ſi*, *n*° 21. C'eſt la diſpoſition préciſe de quelques Coutumes, telle qu'Anjou, articles 449, 454 ; c'eſt enfin la Juriſprudence conſtante des Arrêts. On en trouve quantité du Parlement de Dijon qui l'ont ainſi jugé. Ainſi, pour empêcher que le public n'acquiere droit de Chemin ou de ſentier ſur un héritage, il faut avoir grande attention à veiller pendant les trente ans ſur les entrepriſes des particuliers.

Ceux qui coupent, qui volent les arbres plantés ſur les grands Chemins, doivent être condamés en 60 liv. d'amende, & au fouet en cas de récidive : ce ſont les peines prononcées par l'article 8 d'un Réglement du 3 Mai 1720. Un autre du Bureau des Finances de Paris, du 23 Août 1743, condamne en 30 livres d'amende les pâtres qui laiſſent brouter & manger l'écorce des arbres par leurs beſtiaux. Ce dernier Réglement porte que les propriétaires des beſtiaux ſeront garants du fait de leurs pâtres. Il n'eſt pas douteux que les Seigneurs qui, à leurs frais, auroient planté des arbres sur les grands Chemins, ne pussent se servir de ces Réglements, pour faire punir ceux qui voleroient, couperoient ou dégraderoient ces arbres.

Il est défendu par un Arrêt du Conseil, du 17 Juin 1721, de jetter sur les grands Chemins des fumiers, gravois & autres immondices. Il est également défendu de les couper. Cette derniere défense de couper les grands Chemins a aussi lieu pour les Chemins particuliers; c'est la Jurisprudence du Conseil: par son Arrêt du 29 Novembre 1735, il condamna le nommé Desjardins, qui avoit coupé par un fossé le Chemin de la commune d'Anneret en Normandie, à rétablir les choses en leur premier état, & en 100 liv. d'amende.

Enfin un Arrêt du Conseil d'Etat, du 9 Mars 1633, défend à tous particuliers d'ouvrir carriere, tirer sable à la distance de quinze toises des grands Chemins, pour éviter sans doute les ruines que telles excavations y pourroient occasionner. Les motifs de sûreté publique qui ont dicté cet Arrêt pour les grands Chemins, doivent le faire exécuter pour les Chemins seigneuriaux; & si le cas arrivoit, le Procureur-Fiscal de la Seigneurie seroit bien fondé à s'opposer, & empêcher qu'on ne fît de semblables entreprises le long des Chemins de la Seigneurie.

CHAPITRE IV.

Des Eaux, & des droits des Seigneurs sur les Eaux.

L'Eau est un élément si salutaire pour la vie de l'homme, si utile pour son commerce, si agréable pour l'embellissement des ouvrages publics & particuliers, qu'il n'est pas étonnant que dans tous les temps les Législateurs aient apporté la plus grande attention pour en regler l'usage. Il est donc extrêmement important à tout le monde, & surtout aux Seigneurs, d'être instruits des loix qui concernent les Eaux, les Rivieres navigables & flottables, les petites Rivieres, les Ruisseaux, les Fontaines, les Etangs, même les Puits & les Eaux pluviales. Sur tous ces objets il y a des principes de droit public & particulier que nous allons examiner.

Des Rivières navigables & flottables.

Toute les Rivières de cette espèce, dans toute l'étendue du Royaume, appartiennent en toute propriété au Roi; elles font partie du domaine de sa Couronne, quoiqu'elles traversent les terres & Justices des Seigneurs, nonobstant tous titres & possessions contraires, dit l'article 41 du titre 27 de l'Ordonnanee de 1669. Sous le nom de Rivières navigables, on entend celles qui le sont tant par bateaux que par radeaux, comme la Garonne & la Daude. Un Arrêt du Conseil du 9 Novembre 1694 l'a ainsi décidé.

Si dans les Rivières navigables & flottables les Seigneurs peuvent prétendre quelques droits, ce sont seulement ceux de pêche, d'établissements de moulins, de bacs, pontonnage, ports & passages; encore ne peuvent-ils jouir de ces droits qu'en vertu des concessions qui ont dû leur en avoir été faites par Sa Majesté. C'est la disposition textuelle de l'article de l'Ordonnance de 1669, que nous venons de citer.

De ce que les Rivières navigables & flottables appartiennent au Roi en toute propriété, il s'en suit qu'il a sur elles tous droits de Justice & de police. Si nous voyons aujourd'hui quelques Seigneurs s'arroger ces droits, c'est usurpation manifeste, ou concession extorquée pendant des temps de troubles, les guerres civiles, ou les minorités.

La Justice & la police du Roi sur toutes les Rivières navigables & flottables, s'exerce dans tout le Royaume, non par les Officiers du Seigneur, non pas même par ceux des Bureaux des Finances, mais, exclusivement à tous autres Juges, par les Officiers des Eaux & Forêts; leur compétence à cet égard est établie sans contredit par un Arrêt du Conseil du 13 Septembre 1740.

Il est cependant un cas particulier où cette règle générale souffre une exception. Si, par exemple, une petite Rivière, qui appartenoit à un Seigneur, est devenue flottable par ses soins & par la dépense qu'il y aura faite, alors le Roi n'y a que la haute-Justice & la haute-police pour la sûreté du commerce, pour le faciliter; sans doute le bien public l'exige ainsi. A l'égard des autres droits ordinaires de Justice, ils demeurent au Seigneur, & il en jouit comme auparavant. Il faut observer que la haute-Justice du Roi sur une Rivière devenue navigable de la façon que nous venons de dire, n'empêche pas les Juges des Seigneurs, dans tous les cas qui requierent célérité, de statuer par provision; ils le peuvent même sur les grandes Rivières navigables qui appartiennent en toute propriété à Sa Majesté.

M. le Bret remarque que le droit qui donne en France la propriété des Rivières navigables au Roi, n'est point un droit nouveau & particulier: c'est un droit général & universel à tous les Souverains, à cause de la protection qu'ils doivent à la navigation & au commerce; c'est pour l'entretenir avec vigueur que leurs Officiers sont chargés d'écarter tous les empêchements qui pourroient nuire à la navigation & au flottage des bois. Il est donc intéressant pour l'Etat & pour le bien des sujets, que les Rois, protecteurs du commerce, aient sur les Rivières & fleuves navigables tous droits de propriété & de souveraineté.

Les propriétaires d'héritages, voisins des Rivieres navigables, ne peuvent creuser aucunes terres, en tirer pierres, sables, & autres semblables matières, si ce n'est à six toises de distance, à peine de 100 livres d'amende. C'est la disposition de l'article 40 du titre 27 de l'Ordonnance de 1669. L'article 42 leur défend pareillement de jetter dans les Rivières navigables aucunes ordures ou immondices, ou de les amasser sur les quais & rivages, à peine d'amende arbitraite. Enfin l'article 44 défend à toutes personnes de détourner l'eau des Rivières navigables & flottables, ou d'en affoiblir & altérer le cours, par tranchées, fossés & canaux, à peine, contre les contrevenants, d'être punis comme usurpateurs, & les choses réparées à leurs dépens.

Ceux qui, en vertu des concessions faites par Sa Majesté, jouissent des droits de pêche, ports, passage, péage & pontonnage, qui ont droit d'avoir moulins sur les Rivières navigables, doivent jouir du tout, conformément à leurs titres de concession, & sur-tout n'apporter aucun empêchement à la navigation & au flottage.

Les épaves qui se trouvent sur les Rivières navigables appartiennent au Roi; elles doivent être vendues à son profit, sauf à en rendre le prix à celui qui reclamera l'épave un mois après la vente. Voyez l'art. 16 du tit. 31 de l'Ordonnance de 1669.

Le droit de souveraineté qui attribue au Roi la haute-Justice & la propriété des Rivières navigables, lui donne aussi celle des isles, islots, accroissements & atterissements qui s'y forment; tous ces objets font partie de son domaine. C'est la disposition de toutes les Ordonnances & de tous les Arrêts intervenus en conséquence. Il est maintenant inutile aux prétendus propriétaires des isles & islots, dans les Rivières navigables, d'opposer les coutumes & possessions contraires. 1°. Toutes les Ordonnances, Edits & Déclarations intervenus sur la matière, ont dérogé aux coutumes, & les ont abrogées à cet égard. 2°. Les coutumes ni les particuliers ne peuvent jamais prescrire contre le Roi & son domaine des droits établis en faveur de tous les Souverains du monde, & aussi anciens que leurs Monarchies.

Il faut cependant distinguer ici une chose essentielle. Lorsqu'une Rivière se partage en deux, & renferme entre ses deux bras portion des héritages de quelque particulier, alors le propriétaire des héritages ainsi renfermés peut en conserver & en continuer la jouissance. Un fonds, dit Boutaric sur les Institutes de Justinien, qu'un fleuve, en se divisant, renferme entre ses deux bras, n'est point proprement une isle, il n'en a que l'apparence. Il est de l'essence d'une isle de naître, pour ainsi dire, dans la Rivière. Ainsi un pareil fonds, pour se trouver entre deux eaux, ne change point de maître, il n'appartient point ni au Roi ni au Seigneur haut-Justicier, il continue toujours d'appartenir au propriétaire

propriétaire. Tel est aussi le sentiment de Grotius & de Salvaing. Mais si le propriétaire en abandonnoit la jouissance pendant dix années, alors le fonds appartiendroit incommutablement au Roi. C'est le sentiment des Auteurs que nous venons de citer, & ce qui a été jugé contre les Religieux de la Chartreuse de Villeneuve-lès-Avignon, par Arrêt du Conseil d'Etat du 10 Février 1728.

Ceux qui, dans l'étendue des Rivières navigables, possedent des isles & islots, doivent les tenir de Sa Majesté par concession expresse, & les posseder en fief relevant du Roi; le titre d'inféodation doit être avant l'Edit de 1566, & revêtu de toutes les formalités requises. Voyez les articles 1, 2, 3 & 4 du titre 2 de l'Ordonnance du Domaine.

Lorsqu'on ne peut pas rapporter les titres de concession & d'inféodation, on peut y suppléer par d'autres titres, par des foi & hommages suivis d'aveux & dénombrements : mais pour que ce dernier acte soit admis, il faut qu'il contienne la qualité de l'isle, son étendue, ses confrontations; il faut qu'il ait été précedé d'un hommage fait au Roi en sa Chambre des Comptes, qu'il ait été publié par trois dimanches consécutifs aux prônes des messes paroissiales de la situation des héritages, & à trois audiences du Siège royal le plus proche; & enfin que le Procureur du Roi de la Maîtrise en ait eu communication, & qu'ensuite il ait été reçu par le Juge qui avoit commission de le recevoir. Il est certain qu'anciennement la Chambre des Comptes de Paris, avant l'établissement des autres, avoit le pouvoir de recevoir seule les aveux & dénombrements, ou de commettre, pour leur réception, les Trésoriers de France ou les Sénéchaux.

Si on ne peut pas prouver la concession primitive de l'isle par les titres dont nous venons de parler, on peut encore, aux termes de l'Edit d'Avril 1683, la prouver par les actes d'une possession commencée sans vice avant le premier Avril 1566, continuée sans trouble & sans interruption; sur quoi il faut faire deux observations importantes.

1°. Que les actes de possession sans vice commencée

avant le premier Avril 1566, doivent être des contrats d'acquisition, des baux à ferme, des partages; le tout passé pardevant Notaires. On n'auroit aucun égard à des actes sous signature privée.

2°. La possession doit avoir été continuée sans interruption & sans trouble, c'est-à-dire, 1°. que la possession depuis le premier Avril 1566 doit avoir continué jusqu'à présent, sans aucun intervalle de non-jouissance. 2°. Que dans les recherches du domaine faites par les Procureurs de Sa Majesté, ou ses préposés, les uns & les autres n'aient point demandé la réunion des isles & islots, comme biens usurpés ou acquis en vertu de titres vicieux; en l'un & l'autre cas les biens doivent être réunis au domaine. De la disposition de l'Edit de 1682, il en résulte encore que tous les biens, ou droits, dont on ne rapporte des inféodations que depuis 1566, doivent être réunis au domaine; parce qu'aux termes de l'Edit, il faut commencer sa possession avant le premier Avril 1566. Ainsi tout ce qui est postérieur doit être rejetté, & ne mérite aucune attention.

L'attérissement d'une Rivière, c'est-à-dire son ancien lit qu'elle laisse à sec lorsqu'elle prend un autre cours, occasionne souvent des contestations entre les Seigneurs, les particuliers, & les Officiers du domaine, & ceux des Eaux & Forêts; mais il est facile de les résoudre, en se rappellant les principes.

Si la propriété de toutes les Rivières navigables appartient au Roi, fait partie de son domaine, il est conséquent de dire que le lit de ces Rivières lui appartient également. Ainsi soit que la Rivière roule ses eaux sur son lit naturel, soit qu'elle l'abandonne pour en prendre un autre, l'ancien lit, qui alors forme un attérissement, ne cesse point d'appartenir au Roi, il ne perd point son caractère de bien domanial de la Couronne.

En vain les Seigneurs riverains objecteront la Justice qu'ils ont jusqu'aux bords de cette Rivière; en vain les particuliers, qui ont des héritages qui bordent la Rivière, diront & prouveront même par titres que l'attérissement est composé de leurs héritages qu'anciennement la Rivière a inondés, & dont elle a formé son ancien lit; ces raisons ne sont d'aucune considération pour les Rivières navigables; il suffit qu'une Rivière ait coulé pendant dix ans dans un même lit pour que la propriété en soit acquise pour toujours au Roi; les particuliers n'y peuvent plus jamais rien prétendre. Que la Rivière continue de couler dans ce lit, ou qu'elle l'abandonne, ces variations ne peuvent changer des droits & une propriété irrévocablement acquise au Roi & à son domaine.

Il en seroit autrement si la Rivière, après avoir fait canal dans son nouveau lit pendant sept à huit ans, ce qui arrive assez souvent dans les fleuves rapides, abandonnoit encore son lit pour en reprendre un autre; alors dans cet attérissement, c'est-à-dire dans l'ancien lit nouvellement abandonné par la Rivière, chacun reprendroit ses droits, le Seigneur sa haute-Justice, & les particuliers les héritages que la Rivière auroit submergés. La raison de décider est que le Roi n'auroit pas en pareille circonstance la possession de dix ans, qu'il a lui-même jugé nécessaire pour réunir un héritage à son domaine.

Les moulins que les Seigneurs, ou les particuliers, ont droit d'avoir sur les Rivieres navigables, sont susceptibles de plusieurs observations importantes.

1°. Aucun Seigneur, ou particulier, ne peut bâtir un moulin, ou autre semblable édifice sur les Rivières navigables ou flottables, sans la permission expresse du Roi. C'est la disposition de l'article 43 du titre 27 de l'Ordonnance de 1669. Ceux qui, avant cette Ordonnance, en avoient pour lesquels ils n'ont pas pu justifier de la permission du Roi, ont dû les démolir.

2°. Ceux à qui Sa Majesté a permis d'avoir ou de bâtir des moulins sur une Rivière navigable, doivent les entretenir de façon qu'ils n'apportent aucun empêchement à la navigation, ce que Lamarre réduit à six articles. 1°. Ne point diminuer l'élévation, ou la quantité d'eau par des saignées, en donnant plus d'étendue au lit de la Rivière qu'elle n'en doit avoir. 2°. Ne point trop au contraire resserer le lit de la Rivière, & en augmenter ainsi trop considérablement la rapidité. 3°. Ne point baisser ses bords & ses digues, ensorte que, n'étant plus retenue suffisamment, elle inonde les campagnes voisines. 4°. Ne point occuper ou embarasser les havres, ports, rades, qui servent à retirer, garrer, charger ou décharger les bateaux. 5°. Ne point poser le moulin, ou autre édifice, dans le cours de l'eau qui sert à la navigation. 6°. Ne point rompre, retrécir, gâter ou occuper les quais, levées ou chemins qui servent aux hommes, ou aux chevaux de trait qui tirent les bateaux.

3°. Par Arrêt du 30 Juillet 1738, il est ordonné que tous les propriétaires de moulins sur la Seine, en la ville de Paris, seront tenus de les retirer à la distance de six toises des ponts, aux piles desquels ils pourront néanmoins les faire attacher.

4°. Par autre Arrêt du Conseil d'Etat, du 8 Mars 1746, il est enjoint à tous propriétaires de moulins sur les ponts des Rivières, d'en remettre les titres de propriété entre les mains des Intendants & Commissaires départis, qui les enverront à M. le Contrôleur général, avec leur avis, pour être sur le tout statué ce qu'il appartiendra; & faute par eux d'y satisfaire dans le délai de trois mois, veut Sa Majesté que lesdits moulins soient démolis. Le motif de cet Arrêt est que les ouvrages nécessaires pour faire tourner un moulin resserrent le cours de l'eau, lui donnent plus de rapidité, dégradent les pieds des piles; ce qui souvent occasionne la chûte des ponts.

5°. Si le propriétaire d'un moulin sur une Rivière navigable a cessé pendant plus de dix ans d'en user, si pendant ce temps il l'a laissé vaquer, il est censé l'avoir abandonné, & il ne peut plus le rétablir sans une nouvelle concession du Roi.

6°. Un particulier à qui appartient un moulin sur une Rivière navigable, ne peut pas non plus le changer de place, sans la permission des Officiers du Roi. Il faut que les motifs & la nécessité de ce changement leur soient exposés, & qu'ils les vérifient par leur transport sur les lieux; alors si les causes du changement leur paroissent justes, ils désigneront un autre endroit pour l'emplacement du moulin; & du tout il dresseront procès-verbal.

7°. Il faut enfin observer que les moulins sur bateaux qui peuvent se transporter d'un lieu à un autre, sont réputés meubles. Ils sont au contraire immeubles quand ils ne peuvent être ôtés, *sans dépecer ou désassembler*, dit l'article 90 de la Coutume de Paris. Voyez encore Normandie, art. 515; Orléans, art. 352; Tours, art. 321; Bourbonnois, art. 282, & plusieurs autres.

Des petites Rivières, des Rivières seigneuriales & bannales, & des Ruisseaux.

Elles appartiennent, sans contredit, aux Seigneurs sur les terres desquels elles passent; ils y ont les mêmes droits de propriété, de Justice & de police que le Roi sur les Rivières navigables. Mais les principes qui régissent les Rivières seigneuriales diffèrent en quelques points de ceux établis pour les Rivières navigables, ainsi qu'on pourra le remarquer dans ce qui suit.

Lorsqu'une Rivière particulière sert de limites à deux Justiciers, chaque Seigneur exerce sa Justice jusqu'au rivage qui est de son côté, & le courant de l'eau fait la séparation des deux Justices. Si une semblable Rivière abandonnoit son lit, qui pour lors formeroit un attérissement, le courant de l'eau du nouveau lit seroit toujours la séparation des deux Justices, & l'attérissement demeureroit au Seigneur du côté duquel il se seroit formé, sans que le Seigneur du côté opposé y pût prétendre aucune propriété, ni aucun droit de Justice. Il est vrai que dans ce changement, le Seigneur, sur la Justice duquel la Rivière a pris son nouveau lit, perd; il est également vrai que l'autre Seigneur gagne; la Justice de l'un est retrécie par l'emplacement du nouveau lit que prend la Rivière, la Justice de l'autre est augmentée par l'attérissement qui lui reste. Mais le gain & la perte peuvent être réciproques; une Rivière sujette à changer de lit, en change souvent: ce que dans une occasion elle a donné à un Seigneur, elle peut le lui ôter dans une autre, & alors le Seigneur qui avoit perdu recouvrera son terrein, sans que l'autre à son tour y puisse rien prétendre.

Les attériſſements, accroiſſements, les iſles & iſlots qui ſe forment dans les Rivières ſeigneuriales appartiennent au Seigneur haut-Juſticier, au même titre que le tout appartient au Roi ſur les Rivières navigables. S'il ſe forme une iſle dans une Rivière commune à deux Seigneurs, elle appartiendra à celui des deux Seigneurs qui aura le rivage le plus près de l'iſle. C'eſt la diſpoſition de l'article 341 de la Coutume de Bourbonnois, qui, conforme aux vrais principes, doit ſervir de règle générale.

A l'égard des iſles qui ſe forment dans les Rivières ſeigneuriales, il y a la même diſtinction à faire que pour celles qui ſe forment dans les Rivières navigables; c'eſt-à-dire que ſi l'iſle eſt compoſée de la totalité d'un héritage, il eſt entièrement perdu pour le propriétaire; ſi au contraire elle n'eſt compoſée que de partie, la portion qui reſte ſur le rivage conſerve au propriétaire celle du terrein dont eſt formée l'iſle. C'eſt la diſpoſition de l'article 342 de la Coutume de Bourbonnois, qui dit que *motte ferme eſt conſervatrice au Seigneur propriétaire & très-foncier*. Ainſi d'un héritage compoſé de douze arpents, ſi la Rivière n'en ſépare de la totalité que ſix, les ſix autres, ou la moindre portion qui reſte ſur le rivage, conſervent au propriétaire les ſix arpents dont ſera formé l'iſle. Il en ſera de même de la directe pour le Seigneur à qui elle appartient, parce que motte ferme eſt également conſervatrice de propriété & de directe. Si au contraire la Riviere emporte les douze arpents, alors le propriétaire perdra totalement ſon héritage, & il appartiendra totalement au Seigneur haut-Juſticier. Si cependant, dans ce dernier cas, la Rivière ſe retiroit après deux ou trois ans, & rejoignoit l'iſle au continent, alors j'eſtime que l'héritage retourneroit à ſon ancien propriétaire. C'eſt ce qui ſe trouve, en pareille hypothèſe, décidé contre le Roi même pour les iſles qui ſe forment dans les Rivières navigables, & qui, après ſept à huit ans, ſont rejointes au continent.

Il ſe trouve dans l'article 340 de la Coutume de Bourbonnois une de ces obſcurités qui ne ſont que trop fréquentes dans nos Coutumes. L'article dit en termes généraux que la Rivière *tole & donne*, c'est-à-dire *ôte & donne* au Seigneur haut-Justicier. Cette disposition paroît contradictoire avec l'art 342, qui dit que *motte ferme est conservatrice de propriété*; mais la contradiction n'est qu'apparente, & un Auteur moderne concilie les deux articles d'une façon qui paroît fort naturelle.

On suppose que d'un ténement de douze arpents, sujet à un cens envers tout autre Seigneur que le haut-Justicier, la Rivière en ait emporté six dont il s'est formé une isle, dont le haut-Justicier a joui pendant long-temps; on suppose que pendant la jouissance du Seigneur, l'ancien propriétaire a toujours continué de payer au Seigneur direct la totalité du cens qu'il lui devoit sur tout le ténement. Les choses en cet état, si après plusieurs années de jouissance de la part du haut-Justicier, la Rivière rejoint les six arpents à ceux qui sont restés sur le rivage, alors l'ancien propriétaire recouvre les six arpents qu'il avoit perdus, & le Seigneur censier reste dans sa directe; chacun reprend ses droits, sans que le haut-Justicier, sous prétexte d'une longue jouissance, puisse même opposer la prescription à l'un ou à l'autre. Il ne la peut pas opposer au propriétaire par deux raisons; la premiere, parce que la coutume est le titre conservatoire de sa propriété, & qu'on ne prescrit point contre la coutume qui est un titre commun à toutes les Parties. La seconde, parce que la coutume, article 342, dit formellement que, *si la Rivière, par trait de temps, laisse ladite partie inondée, le Seigneur la reprendra, & ne sera en ce cas au Seigneur haut-Justicier*. Or, personne ne peut définir le temps où la Rivière rejoindra au continent l'héritage qu'elle en a séparé; ainsi quelque longue que puisse avoir été la jouissance du haut-Justicier, elle ne peut être ici d'aucune considération, parce qu'elle n'est point & ne peut être fixée par la Coutume. Le haut-Justicier ne peut pas aussi opposer la prescription au Seigneur direct, 1°. parce que la motte ferme est conservatrice de directe; c'est le sentiment de Salvaing, en son usage des fiefs, chapitre 60. 2°. Parce que le Seigneur censier ayant toujours été servi de son cens, on n'a pas pu prescrire la directe contre lui. 3°. Parce que, dit Salvaing, les autres héritages qui sont restés au continent sujets à sa directe, la lui ont conservée sur ceux qui en ont été séparés par la Rivière. C'est par cette explication qu'on éclaircit l'article 340 de la Coutume de Bourbonnois, & qu'on le concilie avec l'article 342. Ce que nous venons de dire prouve que la Rivière *ôte & donne* au Seigneur haut-Justicier ; ce qui ne se contrarie point avec ce que dit l'article 342, que *motte ferme est conservatrice de proprpriété.* Nous avons jusqu'à présent parlé des attérissements & des isles qui se forment dans les Rivières seigneuriales, il faut maintenant dire un mot des accroissements.

L'accroissement est un morceau de terre submergé, que les flots d'une Rivière jettent contre une isle ou contre un attérissement, ce qui augmente ou accroît le continent de l'un & l'autre.

Lorsque la Rivière qui a submergé l'héritage, en se retirant, le remet dans sa première position, alors l'accroissement n'appartient ni au Roi ni au Seigneur haut Justicier; l'héritage retourne sans difficulté au propriétaire, qui n'en a point été dépouillé par cet évenement momentané & passager. Lorsque l'héritage submergé reste pendant plus de dix ans joint à l'isle, ou à l'attérissement ; si c'est dans une Rivière navigable, l'accroissement appartient au Roi, parce que tout héritage que le Roi a possedé pendant dix ans réuni à son domaine, il le possede irrévocablement & sans retour pour l'ancien propriétaire. Si c'est dans une Rivière seigneuriale, l'équité l'emporte sur la rigueur du droit, qui en général donne tous les accroissements au Seigneur haut-Justicier. La disposition de toutes les Loix & le sentiment de tous les Interprêtes est que, lorsque l'accroissement en question est rejoint au continent dont la Rivière l'avoit séparé, alors l'ancien propriétaire doit recouvrer sa propriété.

Lorsque l'accroissement ne se forme que de partie d'un héritage, dont le restant demeure joint au continent, il faut alors avoir recours à la maxime que *motte ferme est conservatrice de propriété*, & se décider par les principes que nous avons établis plus haut.

Il est encore une autre espece d'accroissement qui se fait

lorsque

lorsque la Rivière, par une longue suite d'années, mine insensiblement un héritage, & le joint de la même façon à une isle, ou à un attérissement : c'est ce qu'on appelle une alluvion. Elle appartient sans contredit au Roi dans les Rivières navigables, & au Seigneur haut-Justicier dans les Rivières seigneuriales. Mais si l'héritage d'un particulier, hors la Rivière, se trouve accru par alluvion, le cas n'est pas sans difficulté : si l'héritage de ce particulier est limité par des bornes immuables, ou par une contenue certaine énoncée par ses titres, par exemple, de dix arpents, la disposition de la Loi 16 au ff. *de acquirendo rerum dominio*, est qu'un semblable héritage n'est pas susceptible d'être accru par alluvion : *in agris limitatis jus alluvionis locum non habere constat.* Mais si cet héritage, que nous supposons de dix arpents, se trouve accru de deux par une alluvion, à qui appartiendront donc ces deux arpents ? Du Moulin pense qu'ils doivent appartenir au Seigneur direct de l'héritage; traité des Fiefs, §. 1, glos. 5, n°. 115 & suiv. Henrys, tom. 2, liv. 3, quest. 30, soutient que cet accroissement appartient au Seigneur haut-Justicier; il rapporte un Arrêt du 30 Mars 1601, qui l'a ainsi jugé. Ce sentiment est adopté par Bretonnier dans ses observations. Bacquet enfin, *des Droits de Justice*, chap. 30, n°. 8, dit que tout accroissement fait par alluvion hors des Rivières, appartient au propriétaire de l'héritage auquel l'accroissement est fait, sans distinguer si l'héritage est limité ou non. Dans cette diversité de sentiments, je me déciderois volontiers pour le Seigneur haut-Justicier; il a en sa faveur, outre le sentiment de Henrys & de Bretonnier, la décision de la Loi, & l'autorité de la chose jugée.

On pousse encore plus loin la difficulté, en faisant la question suivante. On suppose qu'un Seigneur haut-Justicier & direct a donné à un particulier à cens un tenement d'*environ* cinquante arpents, près d'une Rivière; par la suite cet héritage accroît d'un dixième, ou plus. On demande si le Seigneur haut-Justicier & direct peut prétendre ce surplus ? La raison de douter, c'est que ce mot *environ* semble annoncer que l'héritage n'a pas une contenue certaine, & qu'il n'est pas certainement limité.

Pour résoudre cette question, il faut d'abord fixer ce qu'on entend par le mot *environ*; il signifie, sans doute, le plus ou le moins de la contenue & de la quantité donnée à un héritage; mais en quoi consiste-t-il? C'est ce que nous ne trouvons décidé nulle part, si ce n'est dans l'article 10 du titre 15 de l'Ordonnance de 1669, qui le fixe au vingtième. Si on s'arrête à cette fixation, il est clair que l'héritage en question aura une contenue fixe & limitée, qui sera de cinquante arpents & un vingtième en sus, en le prenant de la façon la plus avantageuse pour le tenancier. Or le surplus doit sans doute appartenir, comme une alluvion, au Seigneur haut-Justicier & direct. Le Seigneur réunissant les deux qualités, la question est sans difficulté à son égard.

Tous les ruisseaux, les ravins, & autres eaux qui coulent dans les Rivières seigneuriales dans toute l'étendue de la Justice, appartiennent sans doute au Seigneur haut-Justicier. Les particuliers n'y peuvent faire des saignées, ni les couper pour arroser leurs héritages, sans la permission du Seigneur haut-Justicier. Il a droit d'empêcher qu'aucun ne détourne le cours des ruisseaux & autres eaux qui traversent la Seigneurie, & ne les emploie à son utilité particulière au préjudice du public.

Toutes les épaves qui se trouvent sur les Rivières, Ruisseaux, & autres eaux étant dans la Seigneurie, appartiennent au Seigneur haut-Justicier, à l'exclusion du moyen & bas-Justicier, si elles se trouvent sur leurs Justices. Quelques-uns ont pensé que les épaves trouvées sur les Rivières flottables appartiennent aux Seigneurs haut-Justiciers; cette décision me paroît hazardée, & n'être point conforme à l'esprit de l'article 16 du titre 31 de l'Ordonnance de 1669.

QUESTIONS SUR L'USAGE DES RIVIÈRES SEIGNEURIALES.

QUESTION PREMIÈRE. *Un particulier peut-il faire construire, sans la permission du Seigneur, un moulin sur une Rivière seigneuriale qui passe dans son héritage?*

La Coutume de Berry, titre 16, article 2; celle de Sole, titre 12, article premier, le permettent, sans le congé du Seigneur, pourvu que ce ne soit pas dans une Terre & Justice où le Seigneur a moulin bannal, & que l'établissement puisse se faire sans préjudicier au public. La Coutume de Bretagne, art. 601, restreint cette liberté à l'homme noble; d'autres Coutumes, comme la Ferté-Imbault, chap. 5, article 10; Mezières, art. 9, exigent la permission du Seigneur. La liberté que donnent les Coutumes de Berry, de Sole & de Bretagne est fondée sur l'utilité publique que procure l'établissement d'un moulin; mais dans le droit général & dans les Coutumes muettes, il est certain que le Seigneur haut-Justicier a seul droit de permettre de construire un moulin sur sa Rivière; il est raisonnable que le Seigneur règle la construction d'un édifice qui interresse non-seulement ses sujets, mais encore le public. Quelques Coutumes permettent au bas-Justicier d'édifier moulins dans sa Justice, en les rachetant du Seigneur féodal & les employant dans son aveu.

QUEST. II. *Est-il permis aux propriétaires de faire des bâtis pour empêcher la Rivière d'endommager leurs héritages?*

L'usage des Rivières étant de droit public, il n'est permis à personne de rien faire qui puisse nuire à cet usage. Cependant, dit *la Loi 1, ff. de alluvio, ripam suam adversùs rapidi amnis impetum munire prohibitum non est.* Ainsi ceux qui se trouveront dans le cas doivent obtenir la permission du

Juge du Seigneur, qui l'accordera en connoiſſance de cauſe; mais on ne le peut faire de ſon autorité privée.

QUEST. III. *Qu'eſt-ce qu'une Rivière bannale?*

C'eſt une Rivière qui appartient en propriété domaniale à un Seigneur qui a droit de défendre d'y pêcher, d'y faire des conſtructions, de la ſaigner, &c.

Pour toutes les autres bannalités, il faut titre; mais pour la bannalité de la Rivière, il ſuffit d'être Seigneur haut-Juſticier du territoire où elle paſſe. Ainſi jugé par Arrêt du Parlement de Paris du 18 Juillet 1733, premiere des Enquête, au rapport de M Paſquier, en faveur du Prieur de Marcilly.

QUEST. IV. *Le Seigneur haut-Juſticier d'une Rivière non navigable n'a-t-il pas le droit de marche-pied le long d'icelle?*

Ce droit ne peut être conteſté au Seigneur qui a la puiſſance publique ſur les eaux qui coulent dans ſa terre. Ainſi, pour le libre exercice de ſes droits ſur la Rivière, il faut lui laiſſer l'aiſance d'aller le long des rivages; & cette aiſance ne peut être moindre qu'un ſentier de deux pieds; c'eſt ce qu'on appelle *marche-pied.*

QUEST. V. *Eſt-il permis à un Seigneur de fief de prendre librement de l'eau dans une Rivière pour arroſer ſes prés, ou pour quelqu'autre uſage?*

Ce droit n'appartient qu'au Seigneur haut-Juſticier à qui ſeul appartient la Rivière. Ainſi jugé à la Table de Marbre à Paris le 21 Février 1720, au profit du ſieur de Bouvoult, Seigneur haut-Juſticier de Prulay, contre le ſieur de Bourmars, Seigneur du Fief de Confranſueil.

QUEST. VI. *Est-il permis de prendre du sable & des pierres dans une Rivière seigneuriale sans la permission du Seigneur ?*

Jugé pour la négative par Arrêt du Parlement de Dijon, du 20 Août 1746, au profit du Seigneur de Loges, contre les Abbé & Religieux de Chassagne. Il leur fut défendu de prendre des pierres propres à faire de la chaux dans la Rivière d'Ains dans l'étendue de la Justice & Seigneurie de Loges; & ils furent condamnés en 5 liv. de dommages & intérêts pour quarante voitures de pierres qu'ils avoient fait enlever sans la permission du Seigneur.

QUEST. VII. *Un Seigneur haut-Justicier peut-il détourner le cours de sa Rivière, & la faire passer dans un autre lit ?*

La Coutume de Normandie, article 206, décide la question en ces termes : « Le Seigneur peut détourner l'eau » courante en sa terre, pourvu que les deux rives soient en » son fief, & qu'au sortir d'icelui il les remette en leur » cours ordinaire, & que le tout se fasse sans dommage » d'autrui ».

QUEST. VIII. *Si la Rivière est commune entre deux Seigneurs, peut-elle être détournée par l'un d'eux, sans la participation de l'autre ?*

Cette entreprise seroit contraire aux principes. Dans le cas proposé, chaque Seigneur est maître de son rivage, leur Justice n'est divisée que par le courant de l'eau. Ainsi l'un des Seigneurs ne peut pas disposer du rivage qui ne lui appartient pas, sans le consentement du propriétaire.

QUEST. IX. *Le curage d'une Rivière commune ne doit-il pas être fait à frais communs ?*

Oui, sans doute; & si l'un des Seigneurs étoit refusant de

le faire, l'autre pourroit l'y contraindre après une sommation.

QUEST. X. *Lorsqu'il y a deux Seigneurs d'une même Rivière, peuvent-ils construire des moulins chacun de leur côté?*

Il n'y a nul doute que chaque Seigneur haut-Justicier d'une moitié de la Rivière, peut, de son côté, édifier un moulin, ou permettre d'en édifier; mais il ne peut rien entreprendre sur l'autre côté. Arrêt du Parlement de Paris du 9 Septembre 1651, au profit du Prieur de Pommiers, contre le sieur de Vassoilles, qui avoit un avaloir sur la Rivière de Loire au-dessus de Rouanne, du côté dépendant & dans la Justice du Prieuré de Pommiers. Cet Arrêt juge trois choses importantes.

1°. Que les Fleuves & Rivières navigables ne sont Rivières royales qu'à l'endroit où elles commencent à porter bateau jusqu'à la mer.

2°. Que le surplus de ces Rivières, en remontant jusqu'à leur source, sont Rivières bannales & seigneuriales.

3°. Que l'on ne peut faire aucune construction dans une Rivière, sans la permission du Seigneur haut-Justicier, qui peut le permettre sous telles conditions qu'il jugera à propos, gratuitement, ou sous une redevance par un bail à cens.

QUEST. XI. *Est-il permis aux propriétaires des hériges de l'un & l'autre côté de la Rivière, qui aura fait lit nouveau, de la remettre dans son ancien lit?*

Une Rivière qui quitte son cours ordinaire, forme un atterissement, qui est l'ancien lit qu'elle laisse; or cet atterissement appartient au Seigneur haut-Justicier, c'est un fruit de son fief dont on ne peut le priver. Poitier sur l'art. 341 de la Coutume de Bourbonnois, conforme à la Loi *adeò 7*, §. 5, *ff. de acq. rer. domin.*

QUEST. XII. *Toutes les eaux mortes, boires & autres eaux provenant des Rivières, n'appartiennent-elles pas au Seigneur haut-Justicier?*

Il faut distinguer; les unes sont seulement entretenues dans des trous ou creux par les eaux pluviales; d'autres sont entretenues en certains temps par les débordements des Rivières; dans d'autres coulent de petits ruisseaux provenant de la Rivière qui les entretient; d'autres enfin sont partie de la Rivière même qui y passe en forme de bras, tellement qu'on peut y entrer en bateau de l'une à l'autre. Les trois premières appartiennent aux particuliers sur les héritages desquels elles se trouvent; mais la quatrième appartient au Seigneur haut-Justicier.

QUEST. XIII. *A qui appartient la Rivière ou ruisseau qui fait la limite des héritages du Roi d'avec ceux des particuliers?*

Elle appartient au Roi, par la raison sans doute que le Roi l'a voulu. On le trouve ainsi jugé contre le Seigneur de Saint-Poursain, qui prétendoit avoir la Justice sur la moitié de la Rivière de son côté, & que l'autre appartiendroit au Roi.

QUEST. XIV. *La faculté de prendre de l'eau dans une écluse, ayant cessé par la rupture de l'écluse, cette faculté est-elle prescrite lorsque l'écluse est rétablie après trente ou quarante ans?*

Il ne peut y avoir de prescription, le droit n'ayant cessé que par le fait du propriétaire de l'écluse. Arrêt du Parlement d'Aix, du 17 Février 1671, rapporté par Boniface, tom. 4, liv. 9, tit. 2, chap. 6.

CHAPITRE V.

Des Fontaines, des Puits & Egouts, des Eaux pluviales, des Rutoirs, des Etangs.

OUTRE les rivières navigables, flottables & seigneuriales dont nous venons de parler, il y a encore dans les campagnes plusieurs petites eaux dont l'usage ne laisse pas d'être très important. Nous allons rapporter ce qu'il y a de plus certain dans la Jurisprudence sur cette espece d'eaux.

DES FONTAINES.

Les Fontaines sont ou publiques ou particulieres; les unes & les autres sont de la plus grande utilité pour les hommes & pour les bestiaux dans les villes, dans les bourgs & villages, dans les héritages où elles se trouvent. Mais les Fontaines publiques méritent une attention particulière; elles sont de droit public, parce qu'elles appartiennent à la commune; il n'est donc permis à personne de se les approprier à son préjudice, de les appliquer à sa commodité particulière. Une Ordonnance de Charles VI, du 9 Octobre 1392, rapportée par Lamare dans son traité de Police, défend de les altérer, de les détourner, de les corrompre en tout ou partie. Cette Jurisprudence est fondée sur toutes les loix, contre lesquelles il n'y a nulle prescription à opposer; & elle est constamment suivie dans l'usage, ainsi qu'on le peut voir dans une Ordonnance du 5 Janvier 1745, rendue par les Officiers du Bureau des Finances de la ville de Paris, à l'occasion des Fontaines publiques de Juvisy.

A l'égard des Fontaines particulières qui prennent leur source dans un héritage, elles appartiennent sans contredit au propriétaire de l'héritage; il peut en divertir l'eau, la faire couler ailleurs que par sa pente naturelle, l'employer toute

toute entière à ses besoins, sans que les voisins puissent s'en plaindre. Le propriétaire d'un héritage est maître de tout ce que produit son champ, par conséquent il peut user, ainsi que bon lui semble, de la Fontaine qui s'y trouve; & le propriétaire du champ inférieur n'y peut rien prétendre. C'est le sentiment de tous les Auteurs, & la Jurisprudence constante des Arrêts. Bardet, Auzannet, Dunod en rapportent plusieurs qui l'ont ainsi jugé.

Il y a plus, le propriétaire du champ inférieur, qui pendant plusieurs années se seroit servi de l'eau de la Fontaine qui découle du champ supérieur, ne pourroit pas se maintenir dans cette possession par la prescription. Dunod (*a*) cite un Arrêt du Parlement de Besançon, du 5 Avril 1710, qui l'a décidé contre un particulier, sans avoir égard à la possession immémoriale qu'il opposoit.

(*a*) Traité d[e] prescript. part. chap. 12.

Mais si la Fontaine qui prend sa source dans le champ supérieur, après avoir passé par l'inférieur, est appliquée à l'usage public, alors le propriétaire n'en peut plus détourner le cours. Boniface (*b*) rapporte un Arrêt du 12 Décembre 1671, conforme à cette décision. Ici l'intérêt public l'emporte sur celui du particulier; c'est par le même principe que, si quelqu'un avoit dans son héritage une Fontaine murée, dont le public se seroit servi pendant un temps immémorial, il ne pourroit plus lui en refuser l'usage.

(*b*) Tom. 4, L[iv.] tit. 2, chap. 4.

Il peut arriver que le propriétaire d'un héritage d'où coulent les eaux d'une Fontaine, se soit acquis le droit, ou par titre, ou par convention, de les faire passer sur l'héritage d'autrui; dans cette hypothèse, si le propriétaire de la Fontaine vouloit changer l'endroit où les eaux ont coutume de passer, il ne le pourroit pas sans le consentement du propriétaire de l'héritage inférieur; la raison de décider est que ce changement, ainsi fait d'autorité privée, pourroit rendre la servitude de l'héritage inférieur plus considérable, ce qu'on ne peut faire contre le gré de la partie interessée; à moins que le lieu de la servitude ne soit spécifié par le titre, toute la faveur doit être pour le propriétaire de l'héritage asservi. C'est l'esprit de la loi 20, §. 5, *ff. de servit. præd. rust.* On peut adoucir la servitude, mais on ne peut pas l'augmenter. *Leniùs facere possumus, acriùs non*, dit la loi.

Tom. 1, liv. quest. 10. Duperrier (*a*) a agité la question de sçavoir si un particulier qui a une source d'eau dans son héritage, peut la vendre à l'un de ses voisins au préjudice de l'autre ; & si, lorsqu'il le fait, le Seigneur haut-Justicier a le droit de retenue. Sur la premiere question, notre Auteur se décide pour l'affirmative, parce que ce particulier, comme nous l'avons observé plus haut, est absolument le maître des eaux qui prennent source dans son héritage. Sur la seconde question, Duperrier tient la négative : sa raison de décider est que le Seigneur haut-Justicier, & même le Seigneur direct, ne peuvent exercer le droit de retenue que sur les héritages qu'ils ont démembrés de leurs fiefs ; & les Fontaines & les sources d'eau ne sont point de ce nombre.

DES PUITS ET DES EGOUTS.

Toutes les Ordonnances de Police rassemblées par Lamare sur le fait des Puits publics s'accordent toutes à décider qu'il n'est permis à personne de les combler, d'y jetter des immondices, d'en corrompre les eaux. Il est au contraire partout ordonné de les conserver, de les curer & de les entretenir en bon état. Il en est de même des cîternes où on ramasse les eaux pluviales dans les lieux où on ne peut creuser de Puits.

Les Puits & les cîternes publiques, pour prévenir des accidents funestes, doivent être revêtus de margelles posées sur un mur d'appui qui couvre tout le bord de la cîterne ou du Puits.

Ceux qui bâtissent des latrines dans le voisinage des Puits publics, & même particuliers, pour éviter la corruption des eaux, doivent laisser neuf pieds de distance. Telle est la disposition de l'article 246 de la Coutume d'Orléans qui forme le droit commun. Quelques Coutumes exigent une plus grande distance, d'autre une moindre. Paris, article 101, n'ordonne que quatre pieds, mais on ne doit pas faire de cette coutume une loi générale ; comme à Paris on ne boit point l'eau des puits, on n'y a pas eu une si grande attention qu'ailleurs.

D'un autre côté, ceux qui veulent faire creuser un Puits dans leur héritage, doivent, en le faisant, observer de ne point nuire aux eaux d'autrui. Brillon rapporte qu'un particulier voulant faire construire un Puits, Madame la Princesse de Conti s'y opposa, prétendant que ce Puits portoit préjudice aux eaux qui lui avoient été accordées venant d'Issy près Paris. A la Princesse se joignirent M. le Maréchal d'Etrées & la Communauté. Sur le rapport qui fut fait à la Cour que l'entreprise de ce particulier donnoit atteinte aux eaux publiques, il fut condamné par Arrêt à s'en désister.

Les Egouts sont publics ou particuliers : les Egouts publics, *cloaca*, sont d'une grande utilité pour la propreté des grandes villes, dont ils entraînent les boues, les immondices & les eaux ; on a beaucoup d'attention à les entretenir, & il est sévèrement défendu d'y jetter aucune chose qui puisse les engager & en arrêter le cours.

Les Egouts particuliers forment ordinairement une servitude qu'on appelle *droit d'Egouts ou de goutieres*. Pour avoir ce droit, il faut absolument un titre qui y asservisse le voisin; il n'est pas même permis de faire tomber ses eaux dans une allée commune, s'il n'y a titre précis. C'est l'esprit & la disposition de toutes les Coutumes.

DES EAUX PLUVIALES.

Qui l'auroit pensé que la puissance des Seigneurs se seroit étendue jusques sur cet objet ! Il paroît que l'eau qui tombe du ciel tombe également pour tout le monde ; mais le pouvoir n'admet point de partage. Les Seigneurs auroient voulu qu'il n'eût plu que pour eux ; & s'ils n'ont pas enlevé l'eau qui tombe sur la tête & sur l'héritage du malheureux paysan, ils l'ont au moins gêné au point de ne pouvoir disposer des eaux pluviales qui coulent dans les grands chemins ; & cette prétention, toute extraordinaire qu'elle paroisse, a été adoptée par la Jurisprudence des Arrêts.

On a donc jugé, & même on en fait un principe qui ne peut plus être contesté, que les eaux pluviales qui coulent dans les grands chemins appartiennent au Seigneur haut-

Justicier. Ainsi jugé par Arrêt du Parlement de Grenoble, du dernier Juillet 1652, au profit du sieur de Murat, contre le nommé Davity; sauf à Davity à se pourvoir pour obtenir la permission d'alberger, c'est-à-dire d'affermer les eaux. Ainsi jugé par autre Arrêt du 19 Décembre 1654 au profit du Prince de Monaco, contre les Consuls de la Communauté de Chabeul. Ces deux Arrêts sont recueillis par Basset, tom. 2, liv. 3, tit. 7, chap. 1.

Ces Arrêts, & quantité d'autres semblables, sont fondés sur des Lettres-patentes données par Henri II en 1549, qui déclarent que les Eaux pluviales qui coulent dans les grands chemins lui appartiennent, & aux Seigneurs haut-Justiciers chacun à leur égard.

Le 18 Mai 1679, il fut fait un Réglement par M. Dugué, pour lors Intendant à Lyon, & autres Commissaires nommés par le Roi à cet effet, dans lequel on trouve l'article qui suit.

« Lorsque dans l'étendue des Justices du Roi, il se trouvera des particuliers qui perçoivent les Eaux des rivières, » même *les Eaux de pluie* qui tombent en chemin public, & » les conduisent dans leurs héritages, sans titre ni concession, ils seront contraints d'en passer reconnoissance au » profit de Sa Majesté ».

Ce Réglement qu'on trouve dans le Dictionnaire de Brillon, *verbo Eau*, atteste que le droit des Seigneurs haut-Justiciers sur les Eaux pluviales qui coulent dans les chemins, ne peut plus être contredit. Ils peuvent donc en disposer, en gratifier qui bon leur semble; & le pauvre paysan, dont le pré est attenant au chemin, ne peut plus s'en servir, les détourner, les forcer d'entrer dans son héritage; il faut qu'il demande la permission à son Seigneur : ce n'est pas assez, il faut qu'il l'achete bien chèrement.

DES RUTOIRS.

Les Rutoirs sont de grandes fosses dans lesquelles on fait rouir, naiser & macerer le lin & le chanvre. Cet objet mérite une attention particulière de la part des Officiers de

Police, sur-tout dans les campagnes. D'un côté, les chanvres & les lins sont d'une grande utilité pour le service de l'homme, & forment une branche considérable de commerce; d'un autre côté, la mauvaise odeur des Rutoirs les rend fort incommodes dans le voisinage; ils sont d'ailleurs d'une qualité dangereuse pour le poisson, & par conséquent préjudiciables à la pêche: c'est pourquoi il y a peu de Coutumes, où les chanvres & les lins soient communs, qui n'aient quelques loix particulieres au sujet des Rutoirs; telles sont Haynault, chap. 16, article 103; Mons, chap. 53, art. 6; Normandie, art. 209; Amiens, art. 243; & plusieurs autres.

Suivant toutes ces loix, il n'est point permis de faire rouir des chanvres dans les rivières seigneuriales, dans les étangs, sans la permission du Seigneur ou du propriétaire. Un Arrêt de la Table de Marbre à Paris, du 20 Août 1746, condamne un particulier en 20 livres de dommages & intérêts envers le Seigneur de la Villeneuve, pour avoir fait rouir trois mille poignées de chanvre dans une rivière qui appartenoit à ce Seigneur. Auparavant, le même Tribunal avoit rendu un autre Arrêt le 14 Janvier 1733, au profit du Seigneur de Mesmont, qui condamne le nommé Jean Giroux en dix livres de dommages & intérêts, pour avoir fait rouir des chanvres dans la rivière de Mesmont.

Quand les Rutoirs se trouvent établis depuis plusieurs années dans un bourg ou un village, le Seigneur est censé en avoir donné l'emplacement gratuitement, à moins qu'il ne prouve par titre, ou par une longue possession, qu'il ne l'a accordé qu'à la charge des droits qu'il demande.

Rien ne contracte plus promptement une mauvaise odeur que les Rutoirs; & pour la diminuer, il convient de les nettoyer souvent. Alors on demande aux frais de qui se fera cette opération. Il faut distinguer; si les Rutoirs sont tenus à cens du Seigneur par la Communauté, c'est à elle, propriétaire des Rutoirs, à les faire nettoyer. Si au contraire le Seigneur ne tire qu'un droit de quelques particuliers à qui il les a accordés, c'est à lui à les tenir en état. Si enfin les Rutoirs sont publics & communs, & si le Seigneur n'y perçoit aucun droit, ils seront curés à frais communs; & si le Seigneur s'en sert, il y contribuera comme premier habitant.

Les propriétaires des héritages, des prés qui sont voisins des Rutoirs, ne sont point obligés de souffrir qu'on étende chez eux les chanvres ou les lins, qui sortent des Rutoirs, pour les faire sécher; ceci a sur-tout lieu pour les prés, lorsqu'ils sont en herbe, ou qu'ils servent de paccage; les chanvres nouvellement sortis de l'eau pourroient les corrompre. Si cependant l'héritage, sur lequel on étendroit ainsi ses chanvres, n'étoit d'aucune conséquence, il y auroit de la mauvaise humeur, & il est probable qu'on n'écouteroit pas celui qui se plaindroit en pareil cas.

DES ETANGS.

Cette matière est beaucoup plus importante que celles que nous venons de traiter. Les Etangs sont d'une égale utilité & pour le public & pour les particuliers; mais leur situation dans le milieu des campagnes, les eaux qu'ils renferment, qu'ils rassemblent, qu'ils attirent des héritages circonvoisins, les inondations qu'ils peuvent occasionner sur les héritages inférieurs lors des crues d'eau, ou lors de la pêche, les rendent susceptibles de plusieurs difficultés, dont nous allons examiner les plus essentielles, en bornant cependant nos observations à ce qui regarde l'établissement, l'entretien, la pêche & l'empoissonnement des Etangs.

Il est permis au Seigneur haut-Justicier de construire un Etang où bon lui semble dans l'étendue de sa Justice, même dans les héritages de ses Justiciables; cependant à deux conditions, 1°. pourvu que la chaussée de l'Etang soit sur un héritage appartenant au Seigneur. 2°. Il faut dédommager les Justiciables pour leurs héritages submergés. Ce dédommagement est de droit; il doit se faire à dire d'experts, & même avant que les héritages soient inondés. C'est la disposition précise de plusieurs Coutumes, de Troyes, art. 180; de Chaumont, art. 111; de Nivernois, ch. 16, art. 4; & de plusieurs autres.

A l'égard des particuliers, les Coutumes varient sur la

liberté qu'ils peuvent avoir de former un Etang sur leurs propres fonds. La Coutume de Berry, titre 16, article 3; celle d'Orléans, article 170, décident que sans la permission du Seigneur, chacun peut faire dans son fonds un Etang, pourvu que ce soit sans préjudice du droit du Seigneur, & d'autrui. Quelques Coutumes, comme Vatang, chap. 18, art. 19; Menetou, chap. 5, art. 14, assujettissent de demander la permission du Seigneur. Il faut donc que chacun se conforme à ce qui est prescrit par sa Coutume; mais quelque liberté que puissent avoir les particuliers de construire un Etang dans leurs propres héritages, il est des principes & du bon ordre, qu'avant de le faire, l'emplacement soit vu & visité par les Officiers de la Justice du lieu, pour constater si la construction de l'Etang, si la retention des eaux, & leur affluence, ne nuit point au Seigneur, au public & aux particuliers.

Il y a encore une observation à faire sur les chemins que peut englober l'étang. L'art. 170 de la Coutume d'Orléans ne permet la construction de l'Etang que dans le cas qu'il ne nuira pas aux chemins. Ainsi lorsque l'emplacement d'un Etang rompt un chemin public, il est donc nécessaire qu'il soit visité par les Trésoriers de France, à qui seuls la police des chemins appartient. Si ces Officiers jugent que le changement du chemin soit nuisible au public, l'Etang ne peut avoir lieu; mais un particulier qui dans son Etang a mis un chemin, peut l'offrir sur sa chaussée : alors si cet arrangement n'est sujet à aucun inconvénient, il peut obtenir la permission de construire son Etang.

Dans les Coutumes qui obligent les particuliers à demander l'agrément du Seigneur pour construire un Etang, le Seigneur la doit donner gratuitement, à moins qu'il n'y soit interessé par quelqu'endroit; sans cette circonstance, il ne peut rien prétendre. Collet, sur les Statuts de Savoye, liv. 3, sect. 1, se récrie avec raison contre les Seigneurs qui, sans cause, exigent des cens, ou autres semblables redevances, pour la permission qu'ils accordent de construire un Etang dans leur Justice. C'est, dit-il, ôter la liberté naturelle à tous les hommes de faire dans leurs héritages ce qui leur plaît;

on ne peut sans doute les en empêcher, sur-tout lorsqu'ils satisfont exactement à ce qui leur est prescrit par les Coutumes.

Non-seulement les particuliers, en construisant un Etang, doivent le faire de façon qu'il ne puisse nuire au Seigneur, à autrui, & aux chemins; mais encore ils doivent toujours l'entretenir en cet état. Si-tôt qu'il manque quelque chose à la chaussée ou à la bonde, le propriétaire doit le réparer incessament, & en tous temps entretenir son Etang en tel état de réparations qu'il ne puisse causer préjudice à personne; autrement, il est tenu de réparer tous les dégats que peut occasionner la chûte des eaux. Ce n'est pas ici le cas de la force majeure: le voisin qui s'appercevroit du mauvais état de l'Etang, pourroit sommer le propriétaire de le rétablir; mais indépendamment de cette sommation, le voisin peut toujours poursuivre ses dommages & intérêts, pourvu qu'il soit en état de prouver que le dégât a été fait par le mauvais état des réparations de l'Etang.

Lorsqu'il est question de rehausser la chaussée d'un Etang pour l'agrandir, Revel & Collet, *des Statuts de Savoye*, enseignent que le propriétaire ne le peut pas sans le consentement des voisins; & que même, lorsqu'il est nécessaire de le faire pour cause de réparations, si-tôt qu'elles sont achevées, il faut rétablir la chaussée à son premier niveau. Il est donc de la prudence de celui qui forme un Etang, d'élever tout d'un coup sa chaussée à telle hauteur qu'elle puisse lui servir dans tous les cas & dans toutes les occasions.

Il arrive souvent que des Etangs sont si voisins les uns des autres, que l'eau de l'Etang inférieur touche la chaussée de l'Etang supérieur. Dans cette position, le propriétaire de l'Etang inférieur est tenu de donner au supérieur la vuidange en temps convenable pour la pêche. Quant à l'Etang inférieur, dont les eaux touchent la chaussée de l'Etang supérieur, Revel & Collet distinguent lequel des deux Etangs a été établi le premier; si c'est l'inférieur, le propriétaire de l'Etang supérieur a eu tort de n'avoir pas pris de justes mesures, & d'avoir tenu sa chaussée si bas; si l'Etang supérieur est le plus ancien, en ce cas l'Etang inférieur est tenu des dégradations

dégradations que ses eaux causent à l'Etang supérieur ; c'est la faute du propriétaire s'il a mal choisi son emplacement & dans un lieu où il pouvoit continuellement nuire à ses voisins.

Revel observe que, si l'eau d'un Etang regorge jusqu'à un chemin, & qu'il en soit inondé, le propriétaire peut être contraint d'y bâtir un pont pour procurer l'aisance de passer commodément, comme auparavant.

Lorsqu'un Etang est possédé par plusieurs, les réparations doivent être faites en commun. Mais si l'un des co-propriétaires refusoit de s'y prêter, il peut, sans contredit, y être contraint par les autres. Il n'est pas juste, dit Revel, que la négligence de ce co-propriétaire nuise aux autres, & les force de laisser leur fond oisif.

L'article 173 de la Coutume d'Orléans, qui est à cet égard d'un usage général, décide qu'on ne doit pas pêcher un Etang par ailleurs que par la bonde ; l'évacuation des eaux par un autre endroit causeroit sur les héritages voisins les plus grands ravages, & exposeroit infailliblement le propriétaire imprudent à des dommages & intérêts considérables.

Les articles 175 & 177 de la même Coutume d'Orléans prescrivent encore deux règles importantes pour la pêche des Etangs. La première est que, si l'Etang d'en bas est si plein que l'eau remonte jusqu'à l'Etang supérieur, le propriétaire de ce dernier peut sommer le maître de l'Etang inférieur d'ouvrir son Etang, & de l'évacuer au point de lui procurer la facilité de vuider le sien ; le propriétaire de l'Etang inférieur est tenu de le faire trois jours après la sommation. La seconde règle est que le propriétaire de l'Etang supérieur ne peut pas le faire pêcher dans le temps que l'inférieur met le sien en pêche.

Lorsque le poisson s'écarte pendant la pêche, ou qu'il sort de l'Etang dans les grandes crues, il est sans contredit que le propriétaire le peut suivre par-tout ; nous avons même quelques Coutumes qui en font une loi précise, comme Blois, art. 228 ; Orléans, art. 171, 172, 174.

Il est loisible à tout particulier laïque d'empoissonner ses Etangs ainsi qu'il juge à propos, & de la façon qu'il estime la plus convenable à ses intérêts. Les Seigneurs

Eccléſiaſtiques n'ont pas la même liberté ; l'échantillon dont ils doivent ſe ſervir leur eſt preſcrit par l'article 21 du titre 31 de l'Ordonnance de 1669. Il s'explique en ces termes : « Pour les empoiſſonnements de nos Etangs, le carpeau » aura ſix pouces au moins, la tanche cinq, & la perche » quatre ; à l'égard du brocheton, il ſera de tel échantillon » que l'adjudicataire voudra, mais il ne ſe jettera aux Etangs » qu'un an après leur empoiſſonnement, ce qui ſera obſer- » vé pour les Etangs des Eccléſiaſtiques & Communautés, » de même que pour les nôtres. Enjoignons aux Officiers » des Maîtriſes d'y tenir la main, ſans pouvoir prétendre » aucuns frais, à peine de concuſſion ».

Les brochetons & les perches détruiſent le poiſſon ; ce ſeroit donc une eſpece de crime d'en jetter par malice dans un Etang : mais c'eſt un bien plus grand crime de le voler ; ceux qui le font dans les Etangs, foſſés ou réſervoirs, ſont puniſſables du fouet ou des galères. Une Sentence du Prévôt des Marchands de la ville de Paris, du 5 Mars 1735, condamne à ces peines les nommés Lagaze, Lamotte & Landure, voleurs de poiſſon. Un Arrêt du Parlement, du 29 Mars de la même année, condamne à ſemblables peines, & pour le même crime, le nommé Pierre Leroſt. La ſévérité de ces Jugements eſt fondée ſur l'art. 18 du titre 31 de l'Ordonnance de 1669.

La diſpoſition de toutes les coutumes eſt que quand le poiſſon eſt hors de l'Etang, ou quand il a fini ſon temps pour la pêche, il eſt réputé meuble : d'où il ſuit,

1°. Que pendant la ſaiſie féodale, le Seigneur ſaiſiſſant pêchera les Etangs dont la pêche tombera dans le temps de la ſaiſie ; la pêche eſt alors un fruit de fief qui appartient au Seigneur.

2°. Un acquéreur pendant l'an du retrait, n'eſt point propriétaire incommutable ; par conſéquent pendant ce délai, ou tel autre fixé par les coutumes, il ne peut pêcher, à moins que le poiſſon n'ait fait ſon temps. S'il anticipoit la pêche, il en devroit reſtituer le prix au retrayant. Telle eſt la diſpoſition de pluſieurs Coutumes, de Melun, chap. 7, art. 161 ; de Bourbonnois, art. 482 ; de Sens, tit. 7, art. 39 ; de Mantes, chap. 4, art. 85 ; & de pluſieurs autres.

CHAPITRE VI.

De la Pêche.

LA Pêche est bien un divertissement, comme la chasse; mais il y a cette différence que le droit de chasse est personnel & ne peut pas s'affermer; au lieu que la Pêche est un droit utile que les Seigneurs peuvent affermer dans les rivières qui leur appartiennent, & dont on peut tirer un gros profit.

Ce droit s'exerce dans les grandes rivières navigables, ou dans les petites rivières bannales & seigneuriales. Nous allons exposer les principes qui règlent l'une & l'autre Pêche.

La Pêche, dans les grandes rivières navigables, appartient au Roi seul; lui seul peut en faire concession, lui seul peut l'affermer à des Maîtres Pêcheurs qu'il peut y établir; les seuls Officiers des Eaux & Forêts peuvent connoître, à l'exclusion de tous Juges seigneuriaux, des délits qui se commettent à cet égard: leur compétence est incontestablement reglée par l'article 22 du titre 31 de l'Ordonnance de 1669.

Il y a cependant beaucoup de Seigneurs qui ont droit de Pêche dans les rivières navigables; mais ils le tiennent ou de la concession de nos Rois, ou de celles qui leur ont été abusivement faites par des Princes apanagistes, des engagistes, & même des Gouverneurs des Provinces. Tous ces Seigneurs anciennement se comportoient comme des Souverains, sur-tout pendant les minorités & les guerres civiles; on ne regardoit qu'eux pour les graces & les concessions. On trouve encore aujourd'hui quantité de Seigneurs qui pensent que le droit de Pêche dont ils jouissent dans les rivières navigables, est un droit attaché à leur Justice, ou qui n'ont pas d'autres titres que des concessions de Princes qui n'avoient aucun pouvoir de les accorder. Leur possession, dans les vrais principes, est un abus & une usurpation manifeste. Tous ceux qui s'arrogent le droit de Pêche dans les rivières navigables n'en peuvent jouir, s'ils ne sont fondés en concession expresse du Roi regnant, ou des Rois ses prédécesseurs, confirmée par Sa Majesté, duement enregistrée au Parlement, à la Chambre des Comptes & au Greffe des Maîtrises. Dans ces titres, l'étendue de la rivière dans laquelle la Pêche est accordée, doit être spécifiée depuis un tel endroit jusqu'à tel autre.

Les Juges & Officiers des Seigneurs qui ont ainsi droit de Pêche dans les rivières navigables, ne peuvent connoître d'aucuns des délits qui peuvent survenir à ce sujet; cette compétence appartient aux seuls Officiers des Maîtrises. C'est la disposition expresse de l'art. 22 du titre 31 de l'Ordonnance de 1669.

Les Seigneurs qui jouissent du droit de Pêche dans les rivières navigables ne peuvent l'exercer que par eux-mêmes ou par leurs domestiques, pour la provision de leur maison seulement. Ils ne peuvent pêcher ni faire pêcher pour vendre ou pour donner le poisson. Il ne peuvent enfin affermer leur droit; & lorsqu'ils en usent, ils doivent se conformer exactement à ce qui est prescrit par les Réglements sur le fait de la Pêche, & les faire observer à leurs domestiques, à peine de privation de leur droit, dit l'article 19 du titre 31 de l'Ordonnance de 1669. L'article suivant oblige les Seigneurs de faire déclaration au Procureur du Roi des Maîtrises, des noms, sur-noms & demeures des Pêcheurs auxquels ils auront fait bail de leur Pêche dans les rivières de leurs Seigneuries; la déclaration doit être enregistrée au Greffe de la Maîtrise, où les Pêcheurs seront tenus de prêter serment, & d'élire annuellement par-devant les Maîtres Particuliers ou leurs Lieutenants, lors de leurs Assises, des Maîtres de Communauté, pour être par eux gardé pareil ordre que par les Pêcheurs des Maîtrises.

« Comme il est défendu, dit Galon sur cet article, à tous » autres qu'aux Maîtres Pêcheurs reçus dans les Maîtrises, » de pêcher dans les rivières navigables, c'est avec raison » qu'il est ordonné à tous ceux qui ont droit d'y pêcher, de

» donner par déclaration les noms & demeures des Pêcheurs » auxquels ils *auront affermé* leur droit, afin que les Officiers » des Eaux & Forêts les puissent connoître, veiller sur leur » conduite, & leur faire observer les Réglements ».

Galon se trompe ici, & se contredit même avec ce qu'il a dit sur l'article précédent. Ce qui est porté dans ces deux articles ne concerne point la permission qu'ont les Seigneurs de pêcher dans les rivières navigables, mais seulement le droit qu'ils ont d'affermer la Pêche qui leur appartient dans les rivières seigneuriales.

A l'égard de la Pêche qui appartient au Roi dans les rivières navigables, on l'afferme ordinairement à des Maîtres Pêcheurs. Le titre 31 de l'Ordonnance de 1669, depuis l'article 2 jusqu'au 19, prescrit les règles qu'ils doivent observer, sous les peines y portées.

1°. Nul ne peut être reçu Maître Pêcheur qu'il n'ait au moins l'âge de vingt ans.

2°. Les Maîtres Pêcheurs, dans villes & ports où ils seront au nombre de huit & au-dessus, doivent avoir un Maître de Communauté qui sera élu tous les ans aux Assises de la Maîtrise, pour avoir l'œil sur eux, & avertir les Officiers de la Maîtrise des abus qui se commettent. S'ils ne sont pas au nombre de huit, ils convoqueront ceux des deux ou trois plus prochains ports ou villes, pour, tous ensemble, en nommer un d'entr'eux. Le tout se fera sans frais & sans exaction de deniers, présents ou festins.

3°. Il leur est défendu de pêcher les jours de dimanches & fêtes. A cet effet, tous les samedis & veilles de fêtes, après le soleil couché, ils doivent porter chez le Maître de la Communauté tous leurs filets & lamois, pour ne les reprendre que le lendemain, après le soleil levé.

4°. Il leur est défendu en tous temps de pêcher de nuit; ils ne doivent le faire que depuis le soleil levant jusqu'au couchant, sinon aux arches des ponts, aux moulins & aux gords où s'étendent les dideaux; ils y peuvent pêcher tant de nuit que de jour, excepté les dimanches & fêtes.

5°. Ils ne peuvent pêcher ni de nuit ni de jour dans le temps de fraie: sçavoir, aux rivières où la truite abonde sur tous les autres poissons, depuis le premier Février jusqu'à la mi-Mars; & aux autres rivières depuis le premier Avril jusqu'au premier de Juin, à l'exception de la Pêche au saumon, aloses & lamproies.

6°. Pendant le temps de la fraie, les Maîtres Pêcheurs ne peuvent mettre bires ou nasses d'osier à bout des dideaux; peuvent néanmoins y mettre des chausses ou sacs de dix-huit lignes en quarré. Mais après la fraie, ils peuvent y mettre des bires ou nasses d'ozier à jour, dont les verges seront éloignées les unes des autres de douze lignes au moins.

7°. Il est très expressément défendu aux Maîtres Pêcheurs de se servir d'aucuns engins, filets & harnois prohibés, tels que ceux appellés gilles, tramail, furet, épervier, chasson, & sabre, & de tous autres inventés pour le dépeuplement des rivières. Parmi ces instruments, l'épervier est le plus dangereux.

8°. Il leur est également défendu de bouiller avec bouilles ou rabots, tant sous les chevrins, racines, saules, osiers, terriers & arches, qu'en autres lieux, ou de mettre lignes avec échets & amorces vives, ensemble de porter chaînes & clairons dans leurs batelets, & d'aller à la fare, de pêcher dans les noues avec filets, d'y bouiller pour prendre le poisson & le frai qui a pu y être porté par le débordement des rivières.

9°. Les Maîtres Pêcheurs doivent rejetter dans la rivière les truites, carpes, barbeaux, brêmes & meusniers qu'ils auront pris, ayant moins de six pouces entre l'œil & la queue, & les tanches, perches & gardons qui en auront moins de cinq.

10°. Les Maîtres Pêcheurs ne peuvent se servir d'aucuns filets, engins & harnois qu'ils ne soient scellés en plomb aux armes du Roi, dont le coin se conservera dans chaque Maîtrise.

11°. Il est défendu à toutes personnes, & encore plus aux Maîtres Pêcheurs qu'à tous autres, de pêcher au feu, de jetter dans les rivières de la chaux, des noix vomiques, des coques de levant, des momies, & autres drogues, pour endormir & détruire le poisson.

12°. Il est enjoint aux Maîtres Pêcheurs, lorsqu'ils trouvent des épaves sur les rivières navigables, de les garrer sur terre, & d'en donner avis aux Sergents-Gardes-Pêches des Maîtrises.

La quantité des Réglemens dont nous venons de parler, l'exactitude avec laquelle Sa Majesté veut qu'ils soient exécutés, la sévérité des peines imposées aux contraventions, font connoître combien la Pêche a paru un objet important au bien public. Sa Majesté n'en a voulu confier l'exercice qu'à des gens connus, obligés par leurs ferments à s'acquitter fidellement de leurs devoirs; elle ne l'a pas voulu permettre indistinctement à tous ses sujets; l'attrait d'une occupation si agréable auroit entraîné le peuple, les ouvriers, les artisans dans l'oisiveté, source trop féconde de la licence, du libertinage & de la débauche.

On doit donc conclure de tout ce que nous venons de dire, que rien n'est plus défendu par les Ordonnances, les Réglements rendus sur la matière, à toutes sortes de personnes, que la Pêche dans les rivières navigables; elle n'est permise qu'aux Maîtres Pêcheurs qui ont prêté serment dans les Maîtrises, aux Seigneurs qui en ont concession expresse de nos Rois, à leurs domestiques, & qui sont en tout assujettis aux mêmes Réglements que les Pêcheurs des rivières navigables; il est même défendu à toutes personnes, qui n'ont point droit dans les rivières, d'y pêcher à la ligne. C'est la loi écrite dans l'article 18 du titre 25 de l'Ordonnance de 1669. Enfin l'article 15 du titre 31 de la même Ordonnance, défend toute espece de Pêche à tous Mariniers & Bateliers sur les rivières navigables. Voyons maintenant comment la Pêche doit s'exercer dans les rivières & eaux qui appartiennent aux Seigneurs.

Nous avons déja fait connoître, comme un fait constant, que tous Seigneurs haut-Justiciers sont Seigneurs universels des rivières non navigables qui coulent dans leurs territoires. Pour en avoir la propriété, ils n'ont besoin d'autres titres que de celui que donne la haute-Justice; en conséquence ils y ont tous droits de Justice & de Police qu'ils peuvent faire exercer par leurs Officiers; ce qui n'empêche cependant pas ceux des Maîtrises particulières d'avoir inspection & jurisdiction sur les rivières seigneuriales, & de veiller à ce que les Ordonnances & Réglements sur le fait de la Pêche y soient exactement observés. La raison est que par le secours des petites rivières, les grandes deviennent poissonneuses. Si dans les petites rivières tous les abus qu'on peut commettre sur le fait de la Pêche étoient permis, les grandes seroient bien-tôt dépeuplées, & le public en souffriroit un préjudice considérable.

Le droit qu'a le Seigneur de faire exercer sa haute-Justice sur toutes les rivières, ruisseaux & autres eaux qui coulent dans l'étendue de la Seigneurie, lui donne sans contredit le droit d'empêcher qu'aucun n'y pêche sans sa permission. C'est un principe certain que la Pêche est absolument défendue à tous ceux qui n'ont aucun droit dans les rivières. Il n'est pas plus permis à un particulier de pêcher, même à la ligne, dans une rivière seigneuriale sans la permission du Seigneur, que dans une rivière navigable sans la permission du Roi. Il y a un Arrêt de la Table de Marbre de Dijon, du 30 Avril 1749, qui condamne un Pêcheur, pour avoir pêché à la ligne volante dans une rivière seigneuriale, en 3 liv. d'amende. Cet Arrêt est fondé sur l'art. 18 du tit. 25 de l'Ordonnance de 1669.

Quelque pouvoir que les Seigneurs aient sur leurs rivières, ils ne peuvent cependant pas disposer arbitrairement de ce qui concerne la Pêche ; ils doivent conserver, & non pas détruire ; ils sont les maîtres, il est vrai, mais ils doivent tous égards au bien public. Ainsi les Seigneurs, lorsqu'ils prennent le plaisir de la Pêche, même dans leurs propres rivières, sont soumis aux mêmes règles que s'ils pêchoient dans une rivière navigable ; ils ne peuvent se servir d'autres filets que de ceux permis par les Ordonnances, marqués du plomb des Maîtrises. S'ils permettent à leurs domestiques de pêcher, ils doivent avoir soin de leur faire observer les Réglements. S'ils afferment leur Pêche à des Pêcheurs, ils doivent leur faire prêter serment & les faire recevoir pardevant les Officiers des Maîtrises. C'est la disposition des art. 19 & 20 du tit. 31 de l'Ordonnance de 1669, que nous avons ci-dessus rapportés.

Les

Les Pêcheurs des rivières seigneuriales, en conséquence du serment qu'ils sont tenus de prêter, sont soumis, & sous les mêmes peines, aux mêmes Réglements que l'Ordonnance prescrit aux Pêcheurs des rivières navigables; si les premiers osoient s'en écarter, ils doivent se ressouvenir que leur conduite est soumise à l'inspection & à la censure des Officiers des Maîtrises, qui ne manqueroient pas de leur faire subir les peines dûes à leurs prévarications.

QUESTIONS PARTICULIERES SUR LA PÊCHE.

QUESTION PREMIÈRE. *Un Seigneur qui a permission de pêcher dans une rivière navigable, & dans un espace limité, peut-il empêcher d'autres particuliers d'y pêcher, & même les Maîtres Pêcheurs ?*

Les Seigneurs qui ont une semblable permission dans les rivières navigables, n'en peuvent jouir que personnellement par eux-mêmes, ou par leurs domestiques, pour leur usage ou celui de leur maison, sans pouvoir affermer ce droit. Ainsi ils ne peuvent empêcher ceux qui ont de semblables permissions, & encore moins les Maîtres Pêcheurs du Roi, qui n'est pas censé donner des permissions tendantes à le gêner dans l'exercice de ses propres droits.

QUEST. II. *Lorsqu'une Communauté a droit de pêcher dans une rivière, comment doit-elle en user ?*

Les particuliers de cette Communauté n'ont pas pour cela droit de pêcher; cette liberté feroit naître l'oisiveté parmi les gens de la campagne. On a donc sagement réglé qu'une Communauté qui a droit de pêcher dans une rivière navigable ou seigneuriale, pour en jouir, doit l'affermer à un particulier, & que le prix de la ferme sera employé aux besoins de la commune. Voyez les art. 17 & 18 du titre 31 de l'Ordonnance de 1669.

Les Communautés qui ont droit de Pêche dans les rivières navigables, doivent le faire confirmer par chaque Roi règnant; autrement le droit seroit éteint.

QUEST. III. *Comment les Communautés de Religieux doivent-elles user du droit de pêche?*

Dans les rivières navigables, ainsi que dans les rivières seigneuriales, elles en doivent user pour elles-mêmes, pour les besoins de leur maison, sans pouvoir l'affermer, vendre le poisson, & en donner. Si elles le faisoient, ce seroit un abus qui leur feroit perdre le droit de Pêche.

QUEST. IV. *Un Seigneur haut-Justicier peut-il donner à titre de fief, ou de cens, le droit de pêche dans sa rivière?*

Le Seigneur le peut sans difficulté. La Pêche est un droit dont il lui est permis de tirer toute l'utilité possible. Le particulier à qui la Pêche aura été ainsi concedée, en pourra jouir, tant qu'il paiera le cens; mais s'il cesse de le payer, le droit cessera.

QUEST. V. *Est-il nécessaire de s'opposer à un décret pour conserver un droit de pêche dans une rivière seigneuriale dépendante d'une Terre saisie réellement?*

Cette question a été jugée pour l'affirmative par Arrêt du Parlement de Dijon, du 13 Août 1718, entre le Baron de Lugny & le Curé de cette Paroisse, opposant au décret de la Terre de Lugny pour être conservé au droit de Pêche. Le Curé fut débouté de son opposition, quoiqu'il alléguât avoir pêché *avant*, *lors* & *depuis* le décret. Cette possession ne fit aucune impression sur les Juges, parce que l'exercice de la Pêche est un signe très-équivoque du droit de pêcher. Plusieurs le font sans droit & sans titre.

QUEST. VI. *Eſt-il permis à un Seigneur qui a droit d'écluſe dans une rivière, de la barrer tellement par ſes écluſes, qu'il empêche le cours de la rivière, & le poiſſon de remonter ?*

Une ſemblable entrepriſe a été condamnée par Arrêt de la Table de Marbre du Parlement de Paris, du 18 Octobre 1743, entre pluſieurs particuliers Seigneurs riverains de la rivière de Loire, & le ſieur Darlort de la Servette qui avoit droit d'écluſe. Il l'avoit fait faire de façon qu'elle barroit preſque toute la rivière; l'Arrêt le condamne à retirer ſon écluſe de ſon côté, & à laiſſer libre le fil de la rivière. La raiſon de décider, eſt que perſonne ne peut uſer de ſon droit d'une manière qui puiſſe nuire au public, dont l'intérêt eſt toujours préférable à celui du particulier.

QUEST. VII. *En quoi conſiſtent les fonctions d'un Garde au ſujet de la Pêche ?*

Les Gardes doivent veiller ſoigneuſement à ce que tous ceux qui pêchent pour le Seigneur, ou avec ſa permiſſion, obſervent très-exactement les Ordonnances, Edits, Déclarations & Réglements ſur le fait de la Pêche; qu'ils ne ſe ſervent point de filets prohibés, ne pêchent point dans les temps défendus, & ſe conforment entièrement aux Réglements preſcrits par l'Ordonnance de 1669 à tous les Pêcheurs, & dont nous avons parlé plus haut.

Les Gardes ne doivent jamais boire avec les délinquants, ni compoſer avec eux, ni en recevoir aucunes ſommes pour ſupprimer les rapports & les procès-verbaux. Cette dernière prévarication pourroit même les expoſer à des punitions corporelles.

Si le Garde apprend que quelqu'un a enlevé quelqu'épave ſur la rivière, il ira la réclamer pour la remettre au Greffe; & ſi elle lui eſt refuſée, il en dreſſera procès-verbal, & donnera aſſignation à la première Audience.

Si le Garde est voisin d'une rivière navigable appartenant au Roi, quoiqu'il ne soit que Garde seigneurial, s'il a prêté serment à la Table de Marbre, il pourra faire les mêmes prises & saisies sur les rivières navigables que sur la rivière du Seigneur. Il observera seulement, au lieu d'apporter les filets & harnois qu'il saisira, au Greffe de la Seigneurie, de les porter dans celui de la Maîtrise, avec son procès-verbal qu'il y affirmera véritable. Le Procureur du Roi ensuite fera assigner les délinquants, & sur l'amende le Garde sera payé tant de son voyage que de ses frais de procès-verbal & de saisie.

Au surplus, le Garde s'appliquera à remplir ses fonctions avec une probité & une vigilance également capables de mériter la confiance du Seigneur qui l'a établi, & d'inspirer la crainte aux délinquants; il s'abstiendra sur-tout de commettre lui-même aucunes des contraventions que, par état, il est obligé de réprimer.

CHAPITRE VII.

De la Chasse.

CET exercice, de tout temps, a été regardé comme très-noble & très-amusant. Il parut d'abord naturel qu'il devoit être permis à tous les hommes; & il est constant que le premier divertissement que l'homme, dans son origine, a pris, étoit celui de la Chasse. Outre le plaisir, il en retiroit encore beaucoup d'utilité pour sa nourriture & son habillement. Mais les hommes ayant été forcés de recevoir des Loix, de se soumettre au plus fort, la Chasse fut regardée par les Législateurs avec des yeux bien différents; les uns pensèrent que ce divertissement étant le premier qu'ait goûté l'homme, il y auroit de l'inhumanité à l'en priver. D'autres le défendirent, sous prétexte que la Chasse rendoit l'homme trop féroce, trop dissipé, & le conduisoit à l'indépendance. D'autres ont pris un milieu; ils ont permis la Chasse à la noblesse, l'ont défendue au peuple, & se sont réservé le pouvoir d'accorder la permission à qui bon leur sembleroit. Ce dernier systême est le fondement de toutes nos Loix sur la Chasse. Nos Rois l'ont permise à la noblesse, qui ne pouvant s'occuper ni au commerce, ni aux arts méchaniques, doit cependant ne pas vivre dans une perpétuelle oisiveté. On l'a défendue au peuple par deux raisons principales; en premier lieu, pour le rendre plus assidu à la culture des terres & des arts; en second lieu, pour lui ôter des mains les armes qu'il faudroit nécessairement lui laisser, si on lui permettoit la Chasse.

C'est sur ces principes qu'en France nous regardons la Chasse comme un droit domanial, c'est-à-dire, que la Chasse est un plaisir réservé au Roi seul, & que lui seul peut l'accorder à qui bon lui semble.

C'est une erreur de penser que le droit de Chasse soit attaché à la haute-Justice & aux Fiefs. Pour se convaincre du contraire, il suffit de voir l'Ordonnance de 1669, titre 30, articles 14, 16 & 27; il en résulte bien clairement que la Chasse accordée par le Roi aux Seigneurs, Gentilshommes & nobles, ne l'est que sur de simples permissions plus ou moins étendues, qui ne peuvent former un droit certain & incommutable qui puisse se céder, transporter & affermer.

Il est cependant vrai que ces permissions assurent un droit d'usage à tout Seigneur haut-Justicier & propriétaire de Fief. La preuve s'en tire de l'art. 26 du titre 30 de la même Ordonnance.

Il y a cette différence entre la Chasse & la pêche, que celle ci est un droit utile qu'on peut affermer, & que la Chasse ne le peut pas être. Arrêt du 30 Octobre 1722, qui défend aux Fermiers-Généraux d'affermer la Chasse dans les Domaines du Roi. Il y en a un autre du 29 Avril 1732, qui fait mêmes défenses. Ordonnances du 5 Novembre 1749, pour les Départements de Blois & de Berry.

Les Juges des Seigneurs sont compétents pour juger des délits de la Chasse, à l'exception de celle aux bêtes rousses, qui est un cas royal. L'appel de ces Sentences doit être relevé à la Table de Marbre. Déclaration du Roi, du 13 Novembre 1711.

Les Seigneurs ne peuvent point se servir de leur droit de *Committimus* en fait de Chasse. On vient de le décider tout récemment entre M. Raganeau, Conseiller au Parlement de Bourdeaux, contre le sieur Dupin, Président en la Cour des Aydes de la même ville. Ce dernier voulut évoquer; mais par Arrêt du Conseil, du 12 Janvier 1751, sa procédure fut cassée & annullée, & la Cause renvoyée à la Maîtrise de Bourdeaux où M. Raganeau avoit rendu plainte.

Les délits sur la Chasse peuvent s'instruire à l'extraordinaire, parce qu'en cette matière tout délit est une désobéissance formelle aux ordres & à la volonté du Prince. L'Ordonnance de 1601 avoit statué la peine de mort pour les délits de Chasse; mais cette rigoureuse loi a été abolie par l'article 2 du titre 25 de l'Ordonnance de 1669. La peine de mort n'a plus lieu, s'il n'y a d'autres crimes mêlés avec celui de Chasse.

Le chasseur pris en délit ne peut se prévaloir de la permission du Seigneur; Arrêt de la Table de Marbre, du 2 Octobre 1679 : il condamne les sieurs Rousteau & Godard d'Agis en 100 livres d'amende, pour avoir chassé aux lévriers, & avoir été à l'affût avec des fusils, quoiqu'ils alléguassent la permission du sieur d'Allesé, Seigneur du Fief, & qu'ils l'eussent mis en cause pour la faire valoir.

La raison de ce Jugement est que, quelque permission que puisse donner un Seigneur, il ne peut pas permettre de chasser contre la prohibition des Ordonnances.

QUESTIONS PARTICULIERES SUR LA CHASSE.

QUESTION PREMIÈRE. *Si la Justice appartient à plusieurs frères, ou à plusieurs particuliers, auront-ils tous droit de Chasse?*

Leur droit est reglé par l'article 27 du titre 30 de l'Ordonnance de 1669; il n'y a que celui qui a la plus grande portion, ou celle qui procède de l'aîné. Cette disposition prouve combien le droit de Chasse est personnel.

Dans les Justices en pariage, la Chasse appartient au Seigneur, si le contraire n'appert du titre. Dans le Livre premier, chapitre III, nous avons expliqué ce que c'est que Fief en pariage, quelle est son origine, quelle est la nature du pariage, & quelles en sont les conditions. La Justice, à la vérité, s'exerce par les Seigneurs paragiers tour à tour, chacun pendant trois ans. Il n'en est pas de même de la Chasse, c'est un droit indivisible & personnel. L'article 27 du titre 30 de l'Ordonnance de 1669, règle que, si la Justice appartient à plusieurs freres, l'aîné seul jouira de la Chasse. Or dans les Justices en pariage le Roi ne peut jamais être mis à la place de l'aîné, parce qu'il n'est devenu propriétaire que par association gratuite. Si l'un des deux Seigneurs doit avoir la préférence, c'est sans contredit le Seigneur qui a appellé le Roi à son secours.

QUEST. II. *Le moyen & bas-Justiciers ont-ils droit de Chasse dans l'étendue de leur Justice?*

Non. Ce droit est personnel & indivisible, & appartient tout en entier au Seigneur haut-Justicier, qui ne peut l'accorder à personne; si vrai que les freres du Seigneur haut-Justicier étant portionnaires de la Justice avec lui, ne peuvent prétendre aucun droit de Chasse.

Il y a plus, le Seigneur dominant de plusieurs fiefs qui relevent de lui, n'a aucun droit de Chasse sur ces fiefs, si par le titre de concession il ne s'est réservé la Chasse; autrement le Seigneur dominant, en abandonnant le fief à son vassal, est censé lui avoir quitté tous les droits, privileges & prérogatives qu'il avoit sur le fief. Entre plusieurs Arrêts qui l'ont ainsi décidé, on peut voir celui du 16 Mai 1724, qui fait défenses au sieur de Montplacé, Seigneur dominant, de chasser en personne ou faire chasser sur les Terres de la Dame de Campagnole sa vassale. Si cependant le Seigneur dominant étoit en même temps Seigneur haut-Justicier, il n'y a aucun doute qu'il n'eût droit de chasser sur les fiefs mouvants de lui enclavés dans son territoire. Sa haute-Justice lui donne un droit universel de chasser sur tous les fiefs situés dans sa Justice, non-seulement sur ceux qui relevent de lui, mais encore sur ceux qui pourroient relever d'autres Seigneurs. Lorsque la question se présente, il faut donc bien distinguer si le Seigneur qui prétend le droit de Chasse est en même temps Seigneur dominant & haut-Justicier, ou simplement dominant; & en ce dernier cas, s'il a des titres ou s'il n'en a pas.

QUEST. III. *Un Seigneur qui a droit de Chasse ne peut-il pas laisser chasser qui bon lui semble? Ou peut-il donner la permission à des roturiers?*

Dans la rigueur, il ne peut ni l'un ni l'autre. Toutes les Ordonnances & les Arrêts sur le fait de la Chasse concourent également à prouver que ce droit est absolument personnel & n'est point cessible. Les Seigneurs haut-Justiciers ne peuvent même envoyer chasser leurs domestiques; & lorsqu'ils ne peuvent pas par eux-mêmes jouir de leur droit à cause de leur vieillesse ou de leurs infirmités, l'Arrêt du Conseil, du 28 Octobre 1728, leur permet seulement en ce cas de faire chasser pour eux une personne dont ils répondront, & dont la commission doit être enregistrée au Greffe de la Maîtrise.

Cependant on voit tous les jours des Seigneurs donner des permissions de chasser, non-seulement à des Gentilshommes de leurs amis, mais même à des roturiers. Ces permissions sont extrêmement abusives & contraires à tous les principes connus sur la matière; mais puisqu'elles sont tolerées, les Seigneurs qui les donnent, doivent au moins observer, 1°. qu'ils ne peuvent permettre de chasser que dans les temps, les cas & la forme prescrite par les Ordonnances. 2°. Que le Seigneur haut-Justicier qui n'a pas le Fief joint à la Justice, ne peut absolument donner aucune permission; son droit de chasser est si personnel qu'il ne peut pas même mener son frere chasser avec lui; il doit chasser seul: il ne peut donc pas le permettre à d'autres.

QUEST. IV.

QUEST. IV. *N'y a-t-il pas des temps où la Chasse est défendue ; même aux Seigneurs haut-Justiciers sur leurs Terres ?*

Les temps prohibés pour la Chasse sont reglés par l'article 18 du titre des Chasses de l'Ordonnance de 1669. Il n'est permis à qui que ce soit de chasser à pied ou à cheval dans les bleds quand ils sont en tuyau ; & dans les vignes, depuis le premier Mai jusqu'à la dépouille. Quand il arrive des froids excessifs qui font périr le gibier, on défend encore la Chasse pour quelques années, afin de repeupler.

QUEST. V. *Les armes brisées, les bâtons creux ne sont-ils pas défendus aux Ecclésiastiques comme aux Laïcs ? & comment les Ecclésiastiques, ayant haute-Justice ou Fief, doivent-ils user du droit de Chasse ?*

La défense de porter des armes brisées & des bâtons creux, d'en fabriquer & d'en vendre, portée par l'article 3 du titre des Chasses de l'Ordonnance de 1669, est générale pour tout le monde. Un Ecclésiastique qui y contreviendroit devroit même être puni plus sévèrement qu'un Laïc, à cause du mauvais exemple. Il y a un Arrêt de la Table de Marbre du 30 Avril 1675, qui condamne René Duchesne, Prêtre de Pontvalin, en 100 liv. d'amende pour avoir porté un bâton creux.

La Chasse est pareillement prohibée à tous Ecclésiastiques, Prêtres, Moines & Religieux, non-seulement par l'Ordonnance, mais encore par les Canons. Lorsqu'ils tombent dans cette faute, ils doivent être condamnés aux peines & amendes portées par les Ordonnances, au paiement desquelles on peut les contraindre par saisie de leur temporel. S'ils étoient assez téméraires pour troubler les Gardes-chasse dans leurs fonctions, ils doivent être condamnés en 3000 livres d'amende, avec défenses, pour la première fois, de demeurer plus près des forêts, bois, plaines & buissons de quatre lieues ; & de dix en cas de récidive. Voyez les articles 34 & 35 du titre des Chasses de l'Ordonnance de 1669.

Si les Ecclésiastiques, Prêtres, Moines & Religieux, lorsqu'ils sont poursuivis pour la Chasse, demandent leur renvoi par devant les Juges de leur privilège, on ne doit pas les écouter. Il en est de même des écoliers qui reclament les privilèges de leurs Universités. Laisné, dans sa Jurisprudence, rapporte plusieurs Arrêts qui l'ont ainsi jugé.

Les Seigneurs écclésiastiques qui jouissent de la haute-Justice, & de Fiefs dépendants de leurs Bénéfices, ne peuvent pas chasser personnellement, à cause de leur état; mais il leur est permis, par la Déclaration du Roi du 27 Juillet 1701, de commettre une personne qui chasse pour eux, en faisant enregistrer sa commission au Greffe de la Maîtrise. On observe que les Dames qui ont la haute-Justice & des Fiefs, & qui ne peuvent chasser, doivent aussi se conformer à cette Déclaration.

QUEST. VI. *Comment doivent user de la Chasse les Seigneurs qui ont Justice sans Fief, ou Fief sans Justice, les Gentilshommes qui n'ont ni l'un ni l'autre, les Engagistes & les Usufruitiers?*

1°. Le Seigneur haut-Justicier sans Fief peut chasser dans l'étendue de sa Justice; mais alors, comme nous l'avons ci-dessus observé, ce droit lui est absolument personnel, il ne le peut communiquer, il doit chasser en personne & seul. Un Arrêt du Parlement de Paris, du 13 Mars 1702, rapporté par Brillon, *verbo Chasse*, l'a ainsi jugé. Cet Arrêt est conforme à un autre du 23 Décembre 1556, cité par Bacquet, *des Droits de Justice*, chap. 24, n°. 11. Le Seigneur haut-Justicier peut cependant, dans l'étendue de sa Justice, faire tous les Réglements, toutes les défenses & les prohibitions convenables sur le fait de la Chasse; lui seul a par-devers lui la puissance publique, qui consiste dans le pouvoir de défendre, prohiber & proclamer.

2°. Il est sans contredit que tous Seigneurs de Fief, quoiqu'ils n'ayent point de Justice, peuvent chasser dans l'étendue de leurs Fiefs, si ce n'est à trois lieues de distance des Capitaineries royales; cette restriction est générale pour tout le monde, même pour les Seigneurs, ainsi que la défense d'y chasser le cerf, la biche, le chevreuil, & autres bêtes fauves.

3°. Les Gentilshommes qui n'ont ni Fief ni Justice ne sont cependant pas exclus de la Chasse, il faut une occupation à la noblesse; ils peuvent donc chasser. L'article 119 de l'Ordonnance d'Orléans permet aux Gentilshommes, qui n'ont ni Justice ni droit de Chasse, de s'y exercer avec armes à feu au dedans du pourpris de leurs maisons, c'est-à-dire sur les terres à eux appartenant aux environs de leurs maisons. C'est ainsi que l'Ordonnance a été expliquée par un célebre Arrêt du 2 Juillet 1680, rendu en faveur du sieur de Perget, contre le Marquis de Fontenilles; il fut dit que le premier pourroit chasser sur les terres à lui appartenant joignant sa maison.

Les Gentilshommes peuvent encore chasser sur les terres du Domaine du Roi, si ce n'est à la distance de trois lieues de ses plaisirs. Sa Majesté qui le défend à tous les roturiers, ne le défend point aux Gentilshommes. Voyez l'art. 17 du tit. 30 de l'Ordonnance de 1669, & l'Arrêt du Conseil du 3 Octobre 1722.

Ceux qui n'ont que des terres allodiales peuvent y chasser, si leur franc-aleu est noble, s'il a Justice, censive ou Fief annexé; mais ils ne le peuvent pas, si le franc-aleu est roturier, de quelqu'étendue qu'il soit; cette espece de bien n'a d'autre privilege que d'être exempt de toutes charges.

4°. Les Usufruitiers & Douairieres ont droit de Chasse dans les Justices & Fiefs sujets au douaire ou à l'usufruit. A l'égard de l'Engagiste, s'il est noble, il pourra chasser sur la terre engagée; mais s'il est roturier, il n'a aucun droit de chasser; & s'il en veut prendre le plaisir, il faut qu'il obtienne un brevet de Sa Majesté, portant permission, & qu'il fasse enregistrer ce brevet au Greffe de la Maîtrise, à peine de nullité. Ces faits sont si constants que s'il se commet quelque délit dans les bois engagés, l'amende appartient au Roi, & non à l'Engagiste.

Il faut observer que les Engagistes ne peuvent point, de leur autorité, établir des Gardes-chasse; ils doivent se pourvoir par-devant Sa Majesté, qui, sur leur représentation, commettra ceux qui sont nécessaires, & qui seront reçus au Greffe des Maîtrises; ainsi reglé par Arrêt du Conseil d'Etat du 9 Février 1720, contre le Marquis de Plancy, Engagiste du domaine de Sezanne.

Les rapports de ces Gardes doivent se faire aux Greffes des Maîtrises, & non devant le Juge de la Seigneurie engagée, ainsi qu'il a été ordonné par Arrêt du Conseil d'Etat du 19 Août 1704, contre le sieur Baudry, Seigneur engagiste de la Châtellenie de Villaine.

QUEST. VII. *Tous Seigneurs ont-ils droit de faire parc dans leurs Terres?*

Ce droit n'est point seigneurial; ainsi tout particulier peut se clorre chez lui & avoir parc, sauf dans les plaisirs du Roi, où, depuis l'Ordonnance de 1669, il n'est pas permis de faire un parc sans la permission de Sa Majesté. Voyez l'article 24 du titre des Chasses; l'article 25 porte : « N'entendons néanmoins obliger nos Sujets à demander permission de clorre les héritages qu'ils ont derrière leurs maisons, situés dans les bourgs, villages & hameaux hors des plaisirs, qu'ils pourront faire fermer de murs, si bon leur semble, sans que nos Capitaines puissent les en empêcher ».

A l'égard de ceux qui, avant l'Ordonnance de 1669, avoient des parcs & autres héritages clos de murailles dans l'étendue des Capitaineries royales, il leur est défendu par l'article 21, de faire en leurs murailles aucun trous, coulisses ni autres passages qui puissent y donner l'entrée au gibier, à peine de 10 liv. d'amende. L'article 22 met à cette défense la restriction suivante : « N'entendons néanmoins » toutefois comprendre en la prohibition ci-dessus les trous

» ou arches qui servent au cours des ruisseaux, ni les chante-» pleures, ventouses & autres ouvertures nécessaires à l'é-» coulement des eaux, lesquelles subsisteront en leur en-» tier. »

Un roturier, ou tout autre qui a parc dans une haute-Justice, doit le tenir ouvert pour les plaisirs du Seigneur. Ainsi jugé par un Arrêt du Parlement de Provence du 17 Mai 1668, rapporté par Boniface, pour le Marquis de Marignanes, contre le sieur Barigou, bourgeois de Marseille. On ne peut s'empêcher d'observer que cet Arrêt, ainsi qu'un autre semblable du Parlement de Toulouse, cité par Boutaric sur les Institutes de Justinien, tom. 4, liv. 2, établissent une Jurisprudence très-onéreuse & très-gênante pour les particuliers. L'Ordonnance de 1669 n'ordonne rien de pareil, non pas même à ceux qui ont des parcs dans les plaisirs du Roi.

Un chacun peut clorre ses héritages de fossés, hors dans les plaisirs du Roi, sans qu'on puisse en être empêché, sous prétexte que ces fossés gênent la chasse du Seigneur. Papon rapporte plusieurs Arrêts qui l'ont ainsi décidé.

QUEST. VIII. *Est-il permis d'acheter des œufs de faisans & de perdrix, de se servir de filets pour la Chasse, de chasser au feu & aux chiens couchants ?*

1°. L'article 8 du titre des Chasses de l'Ordonnance de 1669, défend d'acheter aucuns œufs de faisans, perdrix & cailles, à peine de 100 liv. d'amende pour la première fois, de 200 liv. pour la seconde fois, & en outre du fouet & du bannissement. Un Arrêt de la Table de Marbre de Paris prononce les mêmes peines tant contre l'acheteur que contre le vendeur, à moins qu'il n'apparoisse par un acte en bonne forme que les œufs ont été achetés ès pays étrangers.

2°. L'article 4 du titre des Chasses de l'Ordonnance de 1669, défend de chasser de nuit & au feu, à peine de 100 liv. d'amende, & de punition corporelle s'il y échet. L'article 12 est plus précis contre ceux qui chassent avec des filets, des tirasses, des bricolles, & autres semblables instruments : pour la première fois ils doivent être condamnés au fouet & en 30 liv. d'amende ; & pour la seconde ils doivent être fustigés, flétris & bannis pour cinq ans hors des Maîtrises.

Suivant l'article premier du Réglement du Siège de la Table de Marbre à Paris, il est encore défendu de prendre à la glu, à la pipée les oiseaux de chant & plaisirs, tels que les linottes, serins, chardonnerets, & autres semblables, sans la permission du Roi, ou de ses Officiers dans son domaine, & sans la permission des Seigneurs haut-Justiciers sur leurs terres.

3°. La Chasse au chien couchant est un plaisir réservé pour le Roi seul, & pour ceux à qui Sa Majesté veut bien le permettre ; aussi défend-elle expressément cette espece de Chasse à tous ses sujets par l'article 16 du titre 30 de l'Ordonnance de 1669. Les défenses portées par cet article sont conformes à toutes les anciennes Ordonnances, & générales pour tout le monde, même pour les Seigneurs de quelque qualité & condition qu'ils soient.

Les roturiers, à qui toute espece de Chasse est interdite, ne peuvent garder chez eux aucuns chiens de Chasse, & sur-tout des chiens couchants qui sont plus défendus que tous les autres.

QUEST. IX. *Est-il permis de se servir pour la Chasse de grenaille de fer ?*

L'Arrêt du Conseil, du 31 Août 1700, en interdit l'usage à tous tireurs & chasseurs, & défend à tous Marchands du Royaume d'en vendre & débiter à peine d'amende & de confiscation. Le motif de cet Arrêt, est que la grenaille corrompt très-promptement le gibier ; & quand, en le mangeant, on la rencontre sous les dents, elle leur fait mal. D'ailleurs ceux qui voudront s'en servir doivent sçavoir qu'elle ne peut porter loin, & qu'il faut tirer de près pour tuer le gibier.

QUEST. X. *La Chasse aux cerfs, biches, bêtes rousses & noires, n'est-elle pas défendue à toutes personnes, même aux Seigneurs ?*

Les anciennes Ordonnances la défendoient expressément à tout le monde, aux Seigneurs comme aux autres, même sur leurs propres terres. Mais l'Ordonnance de 1669, titre des Chasses, art. 14, a permis à tous Seigneurs, Gentilshommes & Nobles de chasser noblement à force de chiens & oiseaux dans leurs forêts, buissons, garennes & plaines, pourvu qu'ils soient éloignés d'une lieue des plaisirs du Roi; même aux chevreuils & bêtes noires dans la distance de trois lieues : « Leur permettons aussi, dit l'art. 15, de tirer de »l'arquebuse sur toutes sortes d'oiseaux de passage, & de gi-»bier, hors le cerf & la biche, à une lieue de nos plaisirs, »tant sur leurs terres que sur les étangs, marais & rivières »appartenants à Sa Majesté ». Suivant l'art. 16, l'usage de tirer en volant est défendu à trois lieues près des plaisirs du Roi; & suivant l'article 17, la liberté n'en est accordée à trois lieues de distance, qu'aux Seigneurs, Gentilshommes, nobles, ou Seigneurs des Paroisses.

QUEST. XI. *N'y a t-il pas des Communautés d'habitants qui ont droit de Chasse dans leurs territoires ?*

Il y en avoit autrefois beaucoup à qui les Princes & hauts Seigneurs avoient concedé ces privileges; mais comme ils en abusoient, & comme il est contre toute bonne politique de permettre la Chasse au menu peuple, nos Rois, par différentes Ordonnances, ont révoqué toutes concessions, qui d'ailleurs étoient abusives. L'article 203 de l'Ordonnance de 1629 porte : « Révoquons dès-à-présent tous privileges »prétendus par les habitants d'aucunes villes de notre »Royaume, de pouvoir chasser en nos terres, & autres voi-»sines desdites villes ». On trouve quantité d'Arrêts de toutes les Cours souveraines qui ont débouté les Villes & Communautés de leurs prétendus droits de Chasse : le dernier est de la Table de Marbre du Palais de Dijon de l'année 1710, en faveur du Comte de Chevigny, contre les habitans de Sémur en Auxois, qui vouloient exercer leur droit de Chasse sur la Terre de Chevigny.

QUEST. XII. *Un Gentilhomme qui lève du gibier dans sa Terre & Seigneurie, peut-il le suivre dans la Seigneurie de son voisin ?*

On ne le peut pas. Autrefois ce droit de suite étoit toleré, mais les conséquences ont donné lieu aux Cours souveraines de ne le plus permettre. Il y a un Arrêt de la Table de Marbre du Parlement de Toulouse rendu entre le Seigneur d'Aignan & le Seigneur de Marsan fort instructif sur cette question. Il fut dit que, si le gibier levé par le Seigneur d'Aignan dans sa Terre passoit sur celle de Marsan, le Seigneur d'Aignan seroit tenu de s'arrêter à l'extrêmité de sa Terre, d'où, avant que d'entrer dans celle de Marsan, il seroit tenu d'envoyer un de ses domestiques *sans armes*, ou autre personne de sa part au Seigneur de Marsan, pour l'avertir qu'il n'entroit dans sa Terre que pour rompre ses chiens, ou reclamer & prendre son oiseau; & qu'en cas que le gibier suivi viendroit à être pris avant d'avoir rompu les chiens, réclamé & pris l'oiseau, le Seigneur d'Aignan seroit tenu d'envoyer offrir le gibier tué par un de ses valets au Seigneur de Marsan dans son château, & de se retirer ensuite, ses chiens couplés & son oiseau sur le poing, &c. Rien n'est plus sage que cet Arrêt, pour prévenir toutes les disputes, & conserver à un chacun les égards qui lui sont dûs.

QUEST. XIII. *Les Rôtisseurs, Cabaretiers, Aubergistes & autres personnes de cette espèce, sont-elles condamnables pour vendre & acheter du gibier ?*

Il y a un Arrêt de la Table de Marbre de Paris, du 17 Avril 1674, rapporté par Laisné dans sa Jurisprudence sur les Chasses, qui fait défenses aux Marchands forains, Rôtisseurs, Lardeurs, & autres, d'acheter, vendre ni exposer aucuns

aucuns lièvres & perdrix, & aux Pâtissiers de les mettre en pâté; sçavoir, à l'égard des lièvres, depuis le premier jour de Carême jusqu'au dernier Juin suivant; & à l'égard des perdrix, depuis le même temps jusqu'au dernier Juillet, à peine de confiscation & de 20 livres d'amende pour chaque pièce de gibier, tant contre le vendeur que contre l'acheteur.

Il y a un autre Arrêt du même Tribunal, du 26 Juin 1680, rapporté dans le Code des Chasses, qui permet à un Seigneur, dans sa Terre, de faire saisir & confisquer le gibier que l'on présente à vendre & qui se trouve chez les Cabareriers, & de les faire condamner en l'amende, à moins que ceux qui le vendent, ou ceux chez qui il se trouve ne justifient l'avoir acheté de quelqu'un qui a Fief & Seigneurie.

Il n'entre point de gibier à Paris que le porteur ne représente un certificat du propriétaire des Terres ou Fiefs d'où il a été tiré.

QUEST. XIV. *Les Procureurs du Roi des Maîtrises, & les Procureurs-Fiscaux des Seigneuries, ne doivent-ils pas être fort vigilants à poursuivre la punition des délits sur le fait de la Chasse?*

Il n'arrive que trop souvent que ces Officiers sont les premiers à donner le mauvais exemple sur le fait de la Chasse: e mauvais exemple occasionne un autre abus, sçavoir l'immunité de ceux qui, comme eux, chassent contre la prohiition des Loix.

Plusieurs articles de l'Ordonnance de 1515, celle de enry II du 7 Avril 1548, ordonnent que les Officiers des aux & Forêts qui auront abusé de leurs Charges, en chassant aux bêtes rousses & noires, seront privés de leurs Offices, condamnés en 500 liv. d'amende; & s'ils n'ont de quoi payer, qu'ils seront battus de verges dans les forêts & garennes dont ils seront bannis à trente lieues.

Un Jugement de la Table de Marbre à Paris, du 16 Février 1683, rendu contre le Procureur du Roi en la Maîtrise de Chinon, lui enjoint d'être plus exact à l'avenir; & pour avoir négligé les obligations de sa Charge, le rend civilement responsable des condamnations prononcées contre différents particuliers dont il avoit favorisé les entreprises en fait de Chasse, & à qui il avoit procuré l'impunité de leurs délits.

Ce Jugement, quantité d'autres semblables, ainsi que les Ordonnances que nous venons de citer, prouvent deux choses. La première, que les Officiers des Eaux & Forêts ne doivent jamais abuser de leurs Charges pour chasser. La seconde, que sans aucuns égards ils doivent employer la sévérité de leur ministère à punir les délinquants.

Toute procédure sur les délits de Chasse doit être sommaire & jugée sommairement autant qu'on peut le faire. C'est l'esprit de l'Ordonn. de 1669. Il ne faut prendre la voie extraordinaire que quand le délit est assez grave pour mériter une des peines afflictives prononcées par les Ordonnances.

S'il arrivoit que le procès-verbal de délit de Chasse fût nul, faute d'avoir été affirmé dans les 24 heures, ou faute de quelqu'autre formalité, le Procureur du Roi ou le Procureur-Fiscal doivent requérir qu'avant faire droit il sera informé des faits mentionnés au procès-verbal, qui, à ce moyen, servira de plainte. Cette procédure est autorisée par un Jugement de la Table de Marbre à Paris, du 17 Février 1680, rendu sur l'appel d'une Sentence de la Capitainerie de Chambord.

Quoique les Juges des Seigneurs, ainsi que nous l'avons observé, ne doivent pas connoître de la Chasse aux bêtes rousses, qui est un cas royal réservé aux Maîtrises ou à la Table de Marbre, si cependant ces sortes de Chasses se faisoient dans le district d'un Juge subalterne, le Procureur-Fiscal doit donner sa plainte, en faire informer devant le Juge du lieu, & ensuite envoyer l'information au Siège général de la Table de Marbre, ou au Maître particulier de la Maîtrise où le délit a été commis.

Il faut ici observer deux choses; 1°. le Siège de la Table de Marbre à Paris connoît généralement de toutes les matières comprises en l'Ordonnance de 1669, non-seulement dans son ressort, mais encore dans ceux des autres Parlements où il n'y a pas de Siège de Table de Marbre établi. Voyez la Déclaration du Roi du 27 Septembre 1607.

2°. Suivant la Déclaration du 13 Septembre 1711, les appellations des Jugements rendus par les Maîtres particuliers & par les Juges des Seigneurs, pour crimes, excès & délits commis pour le fait & occasion de la Chasse, qui prononcent des peines afflictives, doivent être jugées aux Sièges des Tables de Marbre par les Juges établis pour y juger en dernier ressort. A l'égard des appellations de tous autres Jugements rendus dans les Maîtrises particulières & dans les Justices des Seigneurs, qui ne prononceront pas des peines afflictives, elles ne peuvent être jugées en dernier ressort dans les Tables de Marbre, mais bien dans les Cours de Parlement.

Aucuns Juges des Maîtrises & autres ne doivent & ne peuvent modérer les peines & les amendes prononcées par les Ordonnances contre les délinquants, sur quoi il faut faire deux observations importantes.

1°. Les maîtres ne sont point responsables des faits de leurs valets & domestiques surpris en chassant, si on ne prouve qu'ils chassoient par ordre du maître. Ainsi jugé par Arrêt de la Table de Marbre de Paris, du 29 Décembre 1679. Il y en a un plus récent du 13 Mai 1735, qui condamne les Religieux de Saint-Vincent du Mans, & deux de leurs domestiques solidairement en l'amende & aux dépens. Il étoit prouvé que ces domestiques avoient chassé par ordre des Religieux.

2°. L'amende de 500 liv. prononcée par l'article 17 du titre des Chasses de l'Ordonnance de 1669, ne regarde uniquement que les Seigneurs qui chassent dans les vignes & terres ensemencées dans les temps prohibés, & non les roturiers à qui la chasse est interdite en tous temps & en tous lieux. Ainsi les peines doivent être différentes, & deviennent arbitraires : le Juge doit les infliger suivant l'exigence des cas, & faire en outre droit sur les dommages & intérêts dûs pour les dégâts commis dans les champs & les vignes, ce qui n'a rien de commun avec l'amende. Il faut encore remarquer à cet égard que, si le délit de Chasse est simple, on ne doit jamais prononcer de dommages & intérêts. Ainsi jugé par Arrêt de la Table de Marbre de Dijon, du 3 Décembre 1708, contre la Dame Présidente Baillet, qui prétendoit des dommages & intérêts contre un particulier qui avoit chassé sur sa Terre. L'amende tient lieu de dommages & intérêts; c'est pourquoi lorsqu'on la prononce dans les Jurisdictions des Maîtrises & des Tables de Marbre pour délits de Chasse commis sur les Terres des Seigneurs, on en adjuge moitié au Roi & moitié aux Seigneurs par forme de dommages & intérêts. Si cependant le délit étoit accompagné de dégâts dans les vignes & dans les terres ensemencées, il est sans difficulté qu'il y auroit lieu à des dommages & intérêts au profit des Seigneurs ou des particuliers qui auroient souffert, & qui en auroient formé la demande.

C'est constamment la Jurisprudence des Arrêts, que les procédures & les demandes en fait de Chasse doivent, en première instance, être poursuivies à la requête du Procureur-Fiscal, & non à celle du Seigneur. Sur l'appel à la Table de Marbre, la procédure se fait au nom du Seigneur, comme prenant le fait & cause de son Procureur-Fiscal.

Comme la Chasse n'est point un crime grave & d'un scandale public, suivant l'article 26 de l'Edit de 1695, on ne peut point obtenir de monitoires pour en découvrir les auteurs.

Il arrive souvent entre Seigneurs voisins des querelles pour la Chasse où le point d'honneur se trouve intéressé; lorsque dans ce cas les Seigneurs ont recours au Tribunal des Maréchaux de France, on y décide le point d'honneur, mais on renvoie les faits de Chasse aux Officiers des Eaux & Forêts; ainsi qu'il est décidé par un Arrêt du Conseil du 17 Juin 1681. L'on voit qu'il n'y a nul privilège, nulle évocation qui puisse priver la Jurisdiction des Eaux & Forêts de la connoissance des matières qui lui sont attribuées.

QUEST. XV. *Quels sont les devoirs d'un Garde-chasse?*

La vigilance d'un bon Garde conserve le gibier d'une terre, qui rarement est ravagée par les braconniers lorsque le Garde est actif, vigilant & assez honnête homme pour ne recevoir aucune composition de leur part.

Les Gardes-chasses doivent sur le champ dresser procès-verbal des délits qu'ils rencontrent, l'affirmer dans les vingt-quatre heures, & dans le même délai le signifier aux délinquants, avec assignation pour répondre sur les faits énoncés au procès-verbal.

Si le délinquant est inconnu au Garde, ou prend la fuite avant que le Garde puisse le reconnoître, celui-ci en fera mention dans son procès-verbal. C'est une erreur grossière de penser que le Garde puisse assigner verbalement ce fuyard ou cet inconnu; on n'a jamais admis dans l'ordre judiciaire ni dans aucun Tribunal, l'usage des assignations verbales. Pour condamner un homme sur un délit, il faut absolument une citation juridique.

Les Gardes sont obligés d'apporter tous leurs soins pour conserver le gibier qui leur est confié; c'est donc un vol manifeste, & qu'on peut qualifier de vol domestique, lorsqu'ils abusent de leur commission & de la confiance de leur Seigneur, pour détruire, voler & vendre son gibier. De semblables excès ont été punis du fouet, du bannissement & autres semblables peines prononcées contre de simples particuliers par plusieurs Arrêts, & notamment par un Jugement rendu aux Requêtes de l'Hôtel au Souverain, le 4 Septembre 1738. Il faut dire qu'un Garde en pareil cas mériteroit des peines bien plus rigoureuses.

Pour ôter aux Gardes toute occasion de tuer le gibier, il leur est défendu de conduire avec eux aucuns chiens, & de porter le fusil. L'article 7 du titre des Chasses de l'Ordonnance de 1669 le défend précisément aux Gardes des Chasses du Roi. Mais un Jugement de la Table de Marbre, du premier Mars 1706, rendu sur les remontrances de M. le Procureur-Général, a étendu les défenses aux Gardes des Seigneurs, leur permet seulement de porter un pistolet de ceinture pour la sûreté de leurs personnes.

Lorsqu'un Seigneur fait une résidence continuelle dans sa Terre, & qu'il n'y peut chasser à cause de ses infirmités, il commet, pour tuer du gibier, son Garde, qui en ce cas peut porter fusil. Mais lorsqu'un Seigneur se porte bien, quand il ne vient dans sa Terre que quelques mois de l'année, le Garde ne peut chasser & porter fusil que quand le Seigneur est présent. Si le Seigneur résidoit dans sa Terre située dans le voisinage de Paris, il pourroit faire chasser pour y envoyer du gibier depuis le mois d'Octobre jusqu'au Carême. Hors ces cas, un Garde ne peut porter de fusil; & lorsqu'il en obtient la permission, il faut qu'elle soit enregistrée au Greffe de la Maîtrise.

Il y a quelque fois des Gardes assez téméraires pour entreprendre d'enlever les fusils aux chasseurs qu'ils rencontrent; mais les défenses qui leur sont faites à eux-mêmes par les Ordonnances & les Réglements, de porter le fusil, prouvent clairement qu'ils n'ont pas le pouvoir d'ôter celui des chasseurs. Les inconvénients qui en pouvoient résulter ont donné lieu au Réglement du 17 Avril 1674, qui défend précisément à tous Gardes d'enlever le fusil; ce Réglement est si bien observé qu'on trouve plusieurs Arrêts de la Table de Marbre, qui ont condamné des Gardes à restituer les fusils qu'ils avoient enlevés, quoique les Seigneurs fussent en cause pour soutenir le procédé de leurs Gardes.

Lorsque les Gardes enlevent le fusil d'un chasseur, cela donne occasion à un autre abus encore plus condamnable, qui est de s'approprier le fusil; les Gardes doivent sçavoir que c'est un vol manifeste. Les armes, filets & autres harnois qu'ils saisissent doivent être déposés au Greffe; c'est la disposition de toutes les Ordonnances que les Gardes à cet égard ne peuvent observer trop exactement, à peine d'être punis comme coupables de vol.

Quand un Garde rencontre un chasseur avec un fusil, il doit se contenter de lui demander s'il veut le remettre; & sur son refus, il lui déclarera qu'il le saisit entre ses mains, & qu'il l'en rend gardien pour le représenter à Justice.

Les Gardes-chasses, sous prétexte de faire des recherches de gibier, ne peuvent entrer dans les maisons; c'est un asyle domestique que tout le monde doit respecter. Ils peuvent cependant y aller en deux cas: l'un, quand il y a information & décret; l'autre, quand ils sont à la suite d'un flagrant délit.

Rien n'est plus défendu par toutes les Ordonnances & tous les Réglements que de maltraiter les Gardes-chasses, de les troubler dans leurs fonctions, & de leur arracher des mains le gibier qu'ils ont saisi; c'est une vraie rébellion à Justice. Galon, dans sa Conférence, rapporte plusieurs Arrêts du Conseil rendus en pareil cas, qu'on peut voir pour se convaincre des peines que méritent ceux qui osent maltraiter les Gardes, & leur enlever ce qu'ils ont saisi.

Les Seigneurs doivent éviter de prendre des Gardes qui sont natifs de leurs Terres, & même mariés sur les lieux; les parents, les amis, les liaisons qu'ils y ont les entraînent nécessairement dans différentes fautes contre leurs devoirs & leurs obligations.

QUEST. XVI. *La Chasse n'est-elle pas expressément défendue à toutes personnes dans les Capitaineries royales & dans les plaisirs du Roi?*

Il n'y a guere que les braconniers & les voleurs de gibier qui s'exposent à y chasser furtivement. L'abondance du gibier de toute espece les attire, malgré la sévérité des peines dont on punit tous les jours ceux qu'on surprend. On n'a cependant rien oublié pour les écarter; les moindres contraventions exposent les délinquants à des amendes encore plus considérables que celles prononcées par l'Ordonnance de 1669. Le carcan, le fouet jusqu'à effusion de sang, le bannissement, les galères sont les peines afflictives qu'on prononce ordinairement contre ces braconniers.

Il est généralement défendu à toutes personnes, de quelque qualité & condition qu'elles soient, de porter des armes à feu dans l'étendue des Capitaineries royales & des plaisirs du Roi, de s'y faire suivre avec des chiens s'ils n'ont le jarret coupé, s'ils ne sont tenus en laisse, ou s'ils n'ont au col des billots suffisants ; & enfin de chasser en quelque temps que ce soit, & de tuer aucun gibier à poil & à plume de quelqu'espèce qu'il puisse être. Mais il est encore plus défendu de chasser de nuit, au feu, avec des filets & autres harnois propres à détruire le gibier, de prendre aucunes aires d'oiseaux, œufs de faisans, perdrix, cailles; d'en vendre ni d'en acheter. Ces dernières défenses sont à la vérité générales pour tout le Royaume, mais les contraventions qu'on y peut faire dans les Capitaineries royales sont plus sévèrement punies que par-tout ailleurs.

Souvent le Roi, ou les Capitaines de ses Capitaineries royales, donnent des permissions d'y chasser. Ceux qui les obtiennent n'en doivent point abuser, soit en chassant en plus grand nombre de personnes que la permission ne porte, ou en transmettant la permission à d'autres. Pour prévenir ce dernier abus, ceux qui chassent sur des permissions données à d'autres sont sujets aux mêmes peines que ceux qui chassent sans permission dans les plaisirs du Roi.

Il est défendu à ceux qui ont permission de chasser dans les Capitaineries royales, de le faire avant que l'ouverture des chasses soit faite chacune année, d'avoir pour leur chasse plus de deux fusils simples, de ne laisser tirer ni rabattre le gibier par aucuns de leurs domestiques ou autres de leur suite ; comme aussi de se servir d'aucuns levriers & chiens courants, de les mener & faire conduire à leur chasse. Il leur est enjoint de s'y comporter avec discrétion & modération, sans aucune destruction de gibier, à peine d'être privés de l'usage des permissions pour l'avenir, & sous les autres peines portées par les Ordonnances.

Les domiciliés dans l'étendue des Capitaineries & plaisirs de Sa Majesté ne peuvent avoir dans leurs maisons aucunes armes à feu propres à la chasse, aucuns furets, filets & autres harnois servant à prendre le gibier à poil ou à plume; il leur est défendu d'en fabriquer & de les exposer en vente, comme aussi de colporter, faire colporter, vendre ni exposer aucuns gibiers, soit dans la ville & banlieue de Paris, soit dans les villes & villages de l'étendue des plaisirs.

On

On peut voir ce que nous avons dit ci-dessus des parcs dans les plaisirs du Roi, & de quelle façon ils doivent être clos. On ajoute seulement qu'il est défendu à tous propriétaires, fermiers, & locataires d'héritages de les faire enclorre de haies vives ou séches, d'y faire aucuns fossés, rayons d'asperges ou fossés de vignes, sans la permission des Capitaines des Chasses; & en cas qu'il y ait d'anciennes berges autour desdites terres le long des chemins, il doit y avoir de cinquante toises en cinquante toises des descentes ou passages de quatre pieds de large.

A l'égard des vignerons & propriétaires de vignes, il leur est défendu d'y laisser aucuns échalas après la vendange. Les propriétaires de prés, bourgognes, sainfoins, luzernes, de champs ensemencés en bleds, orges, avoines, & autres grains, n'y peuvent entrer ni les traverser pendant le temps de la ponte des perdrix, même sous prétexte d'arracher les mauvaises herbes. La ponte des perdrix est, suivant les derniers Réglements, depuis le premier Mai jusqu'à la Saint Jean. Il est également défendu de couper les bleds en verd, & de faucher aucuns prés, sainfoins, bourgogne ou luzernes avant la Saint Jean. Il arrive quelquefois que les chaleurs avancent la maturité des prés, & sur-tout des sainfoins & des luzernes; alors Sa Majesté permet de les faucher quand on juge à propos, sans demander aucune permission : c'est ce qu'elle fit en 1731 par son Ordonnance du 10 Juin.

Dans les gelées extraordinaires, comme celle de 1709, on redouble les précautions pour la conservation du gibier, & sur-tout des œufs de perdrix & de faisans. On peut voir à cet égard les Déclarations des 11 Juin 1709 & 10 Mai 1710.

Comme il se trouve beaucoup d'isles dans la rivière de Seine qui traverse les plaisirs du Roi, dans lesquelles les perdrix font leurs pontes, il est défendu à toutes sortes de personnes, même aux propriétaires, d'aller ni de venir dans ces isles, d'y couper ou faire couper des herbes ou osiers le long des bordages, & aux bateliers d'y passer aucunes personnes, sous quelque prétexte que ce soit, pendant le temps de la ponte des perdrix.

QUEST. XVII. *N'est-il pas permis aux Communautés de la campagne de s'assembler pour la Chasse aux loups? & quelles règles doit-on y observer?*

Le loup est une bête carnicière & féroce, également ennemie de l'homme & des bestiaux, la plus rusée de tous les animaux sauvages, & malheureusement si féconde que les femelles en portent jusqu'à treize d'une seule portée. Ils multiplieroient donc jusqu'à l'infini, & ravageroient toutes les campagnes, s'il n'étoit permis de les détruire en les chassant. Mais comme cette Chasse, pour laquelle il faut nécessairement que le paysan soit armé, pourroit occasionner des assemblées tumultuaires, & qu'il pourroit s'y introduire quantité d'abus; la sagesse du Gouvernement & des Magistrats a prescrit les Réglements dont nous allons donner le précis pour la Chasse au loup, afin d'y mettre la police convenable, pour empêcher qu'il n'y arrive aucun accident, & afin qu'en veillant au bien des sujets il ne se passe rien de contraire au bon ordre.

L'article 6 de l'Ordonnance du mois de Juin 1601 exhorte tous les Seigneurs haut-Justiciers & les Seigneurs de Fiefs de faire assembler de 3 mois en 3 mois les habitants de leurs Terres avec fusils & autres armes nécessaires pour détruire, dans les campagnes, les loups, renards, blaireaux, loutres & autres animaux nuisibles. On doit prendre attestation de cette Chasse des Juges des lieux, & l'envoyer aux Greffes des Maîtrises où ils sont demeurant. L'article premier du titre 30 de l'Ordonnance de 1669, ordonne que celle de 1601 sera exécutée. On en doit conclure que l'esprit de l'Ordonnance de 1669 est, que ce qui est prescrit par celle de 1601 pour la Chasse au loup soit ponctuellement observé.

Il est donc du devoir des Seigneurs haut-Justiciers de faire cette Chasse de trois mois en trois mois, ou au moins de la faire ordonner par leurs Officiers. Les uns & les autres ne doivent pas attendre, comme il arrive ordinairement, que les habitants se plaignent des dégâts que font les loups; au contraire le Procureur-Fiscal doit les prévenir, & à la dernière Audience qui précède les trois mois, il doit, conformément aux Ordonnances de 1601 & 1669, requérir une Chasse au loup, qu'on appelle communément une battue ou huée. Le Juge faisant droit sur le requisitoire, ordonne qu'à tel jour, lieu & heure qu'il indiquera, tous les habitants s'assembleront avec armes, fusils, poudre & plomb pour la Chasse au loup, à peine, contre les défaillants, de telle amende qu'il sera jugé convenable. Les jours qu'on indique pour la battue sont les fêtes & les dimanches, après le service divin, afin de ne pas distraire les habitants des travaux de la campagne.

Par un Arrêt du Parlement d'Aix, du 16 Décembre 1675, il est sagement prescrit que le Procureur-Fiscal, ou tel autre Officier de la Justice qui sera nommé par le Juge, assistera à la Chasse qui doit être commandée par le Seigneur de la Paroisse, s'il est sur les lieux, & s'il le peut; en son absence, par un Gentilhomme s'il s'en trouve, sinon par telle personne expérimentée en fait de pareille Chasse, qui sera nommée par le Procureur-Fiscal, ou l'Officier qui sera présent.

Lorsque les habitants sont au rendez-vous, le Garde de la Terre en doit faire l'appel, & sur son rôle noter les absents. Ensuite le Commandant séparera en deux bandes ceux qui sont présents, les batteurs d'un côté & les tireurs de l'autre; on envera les batteurs avec le Garde pour les placer autour du bois, de distance en distance; s'il y a des tambours, il faut les mettre au centre & sur les aîles. Cette disposition faite, le Commandant tirera un coup de pistolet pour avertir les batteurs d'entrer dans l'enceinte, & les tireurs de se tenir sur leurs gardes, & il leur recommandera de n'aller pas plus vîte les uns que les autres, & d'être toujours de même hauteur. Les batteurs doivent toujours, & autant qu'il se peut, avoir le vent derrière le dos; cette observation est importante pour la réussite de la Chasse.

Cependant le Commandant marchera à la tête de tous les tireurs, les placera de distance à autre à l'opposition des batteurs, ayant, s'il le peut, le vent au visage, & de façon qu'ils puissent se voir à droite & à gauche pour éviter les accidents. On observera de placer les meilleurs tireurs aux endroits des passages des loups qui sont ordinairement les fonds & les ravines.

Il faut avoir grande attention pour empêcher que personne ne se dérobe pour se placer devant les tireurs; l'empressement de tirer le premier produit souvent ce désordre qui peut occasionner les accidents les plus funestes.

Quand les batteurs sont parvenus jusqu'aux tireurs, & que la battue sera faite, on rassemblera les chasseurs; & lorsqu'ils seront tous joints, le Garde fera un second appel, pour sçavoir si, pendant la Chasse, personne ne s'est échappé : en ce cas il en fera note sur son rôle, & assignera celui qui s'est ainsi absenté pour le faire condamner en l'amende.

Tout ce qu'on vient de dire de la Chasse aux loups est sans préjudice du grand Louvetier de France & de ses Lieutenants, qui, dans les Provinces de leur Département, peuvent faire des Chasses aux loups, assembler une ou plusieurs Paroisses; à cet effet, lever sur les habitants les droits qui leur sont attribués, en se conformant aux Arrêts du Conseil du 3 Juin 1671, & 16 Janvier 1677. Ce dernier, pour prévenir tous les abus que ces Officiers pourroient commettre dans l'exercice de leurs charges, défend très-expressément à tous Lieutenants de Louveterie de faire aucunes publications de Chasse aux loups que du consentement de deux Gentilshommes de leur Département, qui seront nommés par les Intendants des Provinces, qui, avant que de consentir à ladite publication, auront soin de voir si les habitants des lieux où les Officiers voudront faire la Chasse, pourront y assister sans quitter leur labeur; & lorsque lesdits Officiers auront tué quelques loups, ils seront tenus de les représenter auxdits Gentilshommes qui leur délivreront leur certificat, sur lesquels les Intendants feront la taxe des frais qu'ils auront faits pour la prise desdits loups, laquelle sera levée sur les villages des environs où les loups auront été pris, à raison de deux sols pour Paroisse, & sans aucuns frais. Il y a apparence que cet Arrêt du Conseil n'est point exécuté en ce qui concerne les taxes accordées aux Lieutenants de Louveterie. On voit dans les provisions de semblable Office données par M. le Marquis d'Heudicourt, Grand-Louvetier de France, le premier Août 1709, au sieur Oreillard, & rapportées au second tome du Code des Chasses, qu'il est accordé à ce Lieutenant de Louveterie des droits plus considérables, sçavoir deux deniers parisis pour loup & louveteau, & quatre deniers pour louve & louvette, à prendre sur chaque habitant par feu, deux lieues à la ronde de l'endroit où la prise aura été faite ; ce qui est conforme à l'article 6 du Réglement du 26 Octobre 1608. Mais quels que puissent être ces droits, il faut qu'ils ne paroissent pas encore assez considérables aux Lieutenants de Louveterie, pour les engager, au moins dans les Provinces, à rendre les services que, par état, ils doivent au Roi & au public.

Il faut observer que les Grands-Maîtres des Eaux & Forêts ont sur la Chasse aux loups, à l'exclusion de tous autres Officiers, la même Jurisdiction que sur toutes les autres Chasses. En 1697, le Grand-Maître du Département de Berry ayant été commis, par Arrêt du 25 Février, pour faire des battues dans cette Province ; M. de Seraucourt qui en étoit Intendant, prétendit que c'étoit à lui à ordonner ces Chasses, fondé sur les Arrêts du Conseil de 1671 & 1677. Il rendit en conséquence son Ordonnance ; mais elle fut cassée par Arrêt du Conseil contradictoirement rendu le 14 Janvier 1698, & la commission du Grand-Maître fut confirmée. Cet Arrêt prononce, 1°. la compétence de la Jurisdiction des Grands-Maîtres sur la Chasse aux loups, à l'exclusion de tous autres Officiers. 2°. Que les Arrêts du Conseil de 1671 & 1677 n'étoient intervenus que pour réprimer les abus que commettoient les Officiers de Louveterie dans l'exercice de leurs fonctions, en assemblant les habitants des Paroisses de leur autorité privée, & en levant sur eux des droits qui ne leur étoient point attribués par les Réglements.

Les habitants des campagnes, pour exterminer les loups, ont encore un moyen peut-être aussi efficace que les battues, c'eſt d'exécuter un Arrêt du Parlement de Beſançon du 20 Décembre 1675. Il ordonne à toutes les Communautés de ſon reſſort de faire, dans les endroits les plus commodes, & que les loups fréquentent le plus ordinairement, des foſſes propres à les prendre, obſervant néanmoins qu'elles ſoient écartées des grands chemins, & diſpoſées de façon que les voyageurs n'en puiſſent recevoir aucun dommage.

CHAPITRE VIII.

Des Garennes.

IL y a deux ſortes de Garennes; les Garennes ordinaires non fermées, en plaine campagne; & d'autres qui ſont entourées de foſſés ou de murs, enſorte que le gibier n'en puiſſe ſortir. Le lapin eſt celui qu'on y renferme communément; & comme cet animal multiplie beaucoup, un Seigneur en tire un double avantage, l'utilité & le plaiſir de la chaſſe.

Si la fécondité du lapin rend une Garenne également fructueuſe & agréable au propriétaire, d'un autre côté elle peut être fort incommode & même très-nuiſible aux voiſins. On prétend que deux ſeuls lapins, mâle & femelle, portés du continent dans les Iſles Baléares, aujourd'hui Majorque & Minorque, y multiplièrent ſi prodigieuſement & y causèrent dans la campagne des dégâts ſi effroyables, que les habitants furent obligés de demander à l'Empereur Auguſte des troupes pour les détruire. L'Empereur non-ſeulement leur en envoya, mais encore leur conſeilla de ſe ſervir de chats d'Afrique, que nous appellons furets. Un procès-verbal du 11 Juin 1737 prouve que dans la ſeule Paroiſſe de Vaux, près Meulan, il ſe trouva plus de huit cents arpents, tant en terres labourables que vignes & bois, totalement endommagés par les lapins des Garennes voiſines. On ſuppoſe que ces huit cents arpents euſſent été enſemencés en bleds, & que le produit de chaque arpent eût été de trois septiers, c'est 2400 septiers de perte. Il est d'expérience que trois septiers de bled suffisent par an pour la nourriture d'un homme ; c'est donc la subtance de huit cents personnes que les lapins peuvent consommer en un an dans une seule Paroisse. M. Poncher, Maître des Requêtes, a éprouvé en partie la vérité de ce calcul; les dégâts causés par les lapins de ses Garennes furent évalués une année 1000 livres & une autre 1500 liv. Il fut obligé de payer ces deux sommes à son Fermier pour le dédommager.

Le lapin est donc un animal d'autant plus nuisible qu'il est plus fécond; c'est cette considération qui, dans tous les temps, a engagé les Législateurs à apporter une attention particulière à l'établissement des nouvelles Garennes, à écouter favorablement les plaintes qu'on a faites à cet égard. Si nos loix ont donné aux Seigneurs la liberté d'avoir des Garennes, & d'y prendre le plaisir d'une espece de chasse domestique, elles n'ont pas voulu que ce plaisir fût une occasion de ruine & de destruction pour les voisins & pour les biens de la terre. Afin de prévenir des inconvénients si fâcheux, il a été décidé qu'aucun ne peut jouir des anciennes Garennes sans titre, qu'on n'en peut établir de nouvelles sans la permission expresse du Roi, & que celles établies d'autorité privée sont une usurpation; elles doivent être détruites & démolies. Ces différents points de Jurisprudence sont fondés sur des loix précises.

La Coutume de Meaux, art. 211, dit, qu'aucun ne peut tenir Garenne jurée, s'il ne l'a par permission du Roi, & s'il n'a titre particulier & exprès. La Coutume de Blois, article 239, porte que nul ne pourra faire Garenne, sinon qu'il ait ce droit.

Deux anciens Arrêts, l'un de 1256, & l'autre du 14 Avril 1339, défendent d'établir aucunes Garennes sans la permission du Roi. L'article 20 de l'Ordonnance de Jean I, du 28 Décembre 1335, veut que toutes les nouvelles Garennes, même celles du Roi, soient abolies. L'article 104 de la réformation de M. de Barillon pour l'Isle de France, du premier Mai 1666, porte que toutes Garennes établies sans titre seront ruinées, & celles établies avec titre réduites à leurs anciennes bornes & limites ; & fait défenses à tout particulier d'en établir. Mais il est ici inutile d'accumuler les autorités, après ce qui est prescrit par l'article 19 du titre 30 de l'Ordonnance de 1669 : il ordonne que nul ne pourra établir Garenne à l'avenir, s'il n'en a le droit par les aveux & dénombrements, possession, ou autres titres suffisants, à peine de 500 livres d'amende, & en outre d'être la Garenne détruite & ruinée à ses dépens. Voilà une loi précise dont il n'est permis à personne de s'écarter.

Toutes les autorités que nous venons de rapporter prouvent suffisamment qu'une Garenne ne peut subsister sans titre. Or ceux qui en veulent établir une nouvelle doivent donc se procurer un titre, qui doit être absolument une permission du Roi, accordée par des Lettres-patentes, qui, après une information *de commodo & incommodo* faite à la requête de M. le Procureur-Général, seront enregistrées à la Table de Marbre & à la Chambre des Comptes.

Pour obtenir la permission du Roi nécessaire à l'établissement d'une Garenne, il faut qu'elle ne nuise point à autrui, & que l'impétrant ait autour de sa Garenne des terres suffisamment pour nourrir ses lapins, ensorte qu'ils ne causent aucun dommage aux héritages voisins. Il faut encore avoir le consentement & l'avis des habitants de la Paroisse où est situé l'endroit qu'on destine pour l'emplacement de la Garenne.

Si cette Garenne étoit sur les limites d'une autre Paroisse ou Justice, si même les héritages voisins de la Garenne appartenoient à des particuliers qui ne demeurassent pas dans la Paroisse ; il faudroit assigner les habitants de l'autre Paroisse, & les propriétaires de ces héritages, comme Parties interessées à empêcher cet établissement, sans quoi ils pourroient former opposition à tout ce qu'on auroit fait sans eux.

Il faut encore observer que, si un Seigneur voisin avoit une Garenne près de l'endroit où l'on voudroit en établir une nouvelle, cela suffiroit pour en empêcher l'établissement. C'est la disposition de l'article 391 de la Coutume de Tours. Le Seigneur voisin & les habitants pourroient également

ment s'oppofer ; le Seigneur, parce que la nouvelle Garenne nuiroit à la fienne; les habitants, parce que les deux Garennes pourroient produire une trop grande quantité de lapins qui procureroient bien-tôt la deftruction des héritages voifins.

Quelque permiffion qu'un particulier puiffe avoir d'établir Garenne, il ne doit pas y tenir plus de lapins qu'elle n'en peut nourrir. S'ils fe multiplioient trop, & s'ils caufoient du dommage aux héritages voifins, comme il n'arrive que trop fouvent, les habitants & les propriétaires auroient lieu de fe plaindre, & on ne manqueroit pas de leur adjuger des dommages & intérêts proportionnés aux dégâts qu'ils auroient foufferts. C'eft ce qui eft arrivé à plufieurs Seigneurs, & nous en avons cité un exemple. Il eft même permis aux propriétaires des héritages de tuer les lapins lorfqu'ils les y rencontrent & qu'ils y font du dégât; c'eft la difpofition de toutes les Ordonnances intervenues fur la matière. Un Arrêt de la Grand'Chambre du Parlement de Paris, du 5 Mai 1614, rapporté par Mornac, a jugé qu'il étoit permis à toutes perfonnes, même aux roturiers, de prendre & chaffer lapins fur leurs terres & bois, quoique tenus en cenfives. Les ravages que caufent les lapins font ceffer ici la prohibition générale faite aux roturiers de chaffer.

Quantité de perfonnes regardent comme un jeu de tuer un lapin dans, ou proche la Garenne d'un Seigneur, ou dans les terres qui lui appartiennent; c'eft fans doute faute d'être inftruites des févères défenfes faites par toutes les Coutumes & toutes les Ordonnances à cet égard. Les unes & les autres regardent l'action dont il s'agit comme un vol, & ordonnent des peines corporelles contre ceux qui s'en rendent coupables. L'article 10 du titre 30 de l'Ordonnance de 1669 porte que ceux qui feront convaincus d'avoir ruiné les halats ou rabouillères qui font dans les Garennes du Roi, ou dans celles de fes fujets, feront punis comme voleurs. Les Garennes font défenfables en tout temps; c'eft la difpofition de toutes les Coutumes. Voyez entr'autres l'art. 14 du tit. 10 de la Coutume de Berry.

Il eft permis aux roturiers, comme aux nobles, d'avoir

Garenne; on le prouve par une Ordonnance de Louis X, du 15 Mai 1315; mais il n'est permis qu'aux Gentilshommes d'avoir des furets; c'est la disposition de l'Ordonnance de Philippe IV, à laquelle celle de 1669 n'a point dérogé.

Le Seigneur qui a droit de jouir du revenu du fief pour son année de rachat, jouit aussi des fruits de la Garenne; mais sans détérioration ni diminution, dit l'article 47 du titre 5 de la Coutume de Berry. Pour son vivre seulement, disent celles d'Anjou & du Maine; c'est la disposition de quantité de Coutumes. Poitou & Bretagne disent cependant que les Garennes ne courent en rachat.

Il est sans difficulté que la Garenne peut être affermée & comprise dans le bail général d'une Seigneurie. Les lapins sont regardés comme des animaux domestiques. Il en est de même de tous les animaux, quoique sauvages, qui sont renfermés dans un parc entouré de bonnes & hautes murailles. C'est le sentiment de M. le Président Bouhier, qui, dans ses observations sur Bourgogne, rapporte deux Arrêts qui l'ont ainsi jugé.

CHAPITRE IX.

Des Colombiers.

LES pigeons sont des oiseaux domestiques aussi utiles qu'agréables. Il y en a de plusieurs especes : les fuyards sont les plus communs & ceux qui peuplent les Calombiers à pied, les fuies & les volières à quatre piliers. Les pigeons ramiers & bizets se retirent dans les bois. Les pigeons patus sont plus familiers, s'élèvent dans des volières basses, & par leur grosseur & la beauté de leur plumage sont l'ornement des basses-cours. Les tourterelles sont encore une espèce de pigeons; elles habitent les bois & les champs, & souvent on en nourrit dans des volières.

Les Colombiers où on élève des pigeons sont de plusieurs sortes. Il y a des Colombiers à pied; ce sont des tours rondes ou quarrées, qui en dedans sont garnies de trous ou boulins depuis le haut du mur jusqu'au bas du rez-de-chaussée, avec une échelle posée dans le milieu, qui sert à visiter tous les boulins du Colombier depuis les plus bas jusqu'aux plus hauts.

Le Colombier à fuie est celui qui n'a aucune ouverture, si ce n'est une petite fenêtre par où sortent & rentrent les pigeons, & qui a des boulins depuis le rez-de-chaussée jusqu'au haut du mur.

Le Colombier à quatre piliers est souvent sur la porte d'un domaine; on le construit aussi sur des murs, dans un angle de bâtiment, dans une cour, sur une étable, ou sur quelqu'autre édifice. Cette espèce de Colombier s'appelle volet ou volière; il n'a pas tant de boulins que le Colombier à pied, il n'est pas aussi d'une si grande conséquence.

Il y a encore des volières construites dans les bâtiments pour nourrir une ou deux douzaines de pigeons; ces volières sont sans conséquence, ce n'est pas d'elles dont il est ici question.

Il y a une distinction importante à faire sur les Colombiers à pied, & sur ceux à quatre piliers appellés volières. Les premiers sont toujours isolés des bâtiments, & les seconds au contraire placés sur quelque bâtiment. Il s'est trouvé des particuliers qui ont prétendu qu'un Colombier bâti dans le milieu d'une cour, séparé de tous les autres bâtiments, parce qu'il se trouvoit sur la voûte d'une cave, d'une serre à mettre des fruits, ou sur d'autres édifices, étoit une simple volière. Mais tous les auteurs décident qu'un semblable Colombier est un véritable Colombier à pied, dont le Seigneur haut-Justicier peut demander la démolition. Taisand, au titre 15 de la Coutume du Duché de Bourgogne, rapporte un Arrêt du Parlement de Dijon, du 27 Novembre 1560, qui l'a ainsi jugé. La raison de décider est que quantité de châteaux & de maisons seigneuriales sont bâtis dans des endroits bas & marécageux, qui sont très-nuisibles aux pigeons. Pour rendre les endroits plus sains, on est obligé de pratiquer dessous quelqu'édifice, comme une cave, une étable, ou quelqu'autre ſemblable, ce qui eſt fort en uſage dans le Châlonnois.

La diverſité des uſages de chaque Province ſur les Colombiers eſt cauſe qu'il n'eſt pas poſſible de réduire en maximes générales ce qui doit s'obſerver à cet égard. Les pays de Droit écrit, ainſi que les pays Coutumiers, ne ſont point uniformes entr'eux. Dans les uns, le droit de Colombier à pied eſt attribué aux Seigneurs haut-Juſticiers, excluſivement à tous autres. Ailleurs, les Seigneurs de ſimples Fiefs ont le même droit. Quelques Coutumes attachent au droit de Colombier des charges & des conditions, d'autres en font un droit abſolu de Juſtice & de Fief. Enfin dans quelques endroits ce droit eſt attribué à la ſeule nobleſſe, & les roturiers en ſont exclus. Malgré toutes ces différences, on peut cependant établir des principes, quoique très-variés, & qu'il convient de ſçavoir ſur ce droit.

1°. Le Colombier à pied, de quelque façon qu'il ſoit conſtruit, doit être généralement regardé comme un droit ſeigneurial appartenant au Seigneur haut-Juſticier. N'importe que le Colombier ſoit rond ou quarré, que ſes murs commencent au rez-de-chauſſée, ou qu'il y ait deſſous cave, étable, ou autres ſemblables aiſances. Il ne faut pas s'arrêter à ce que dit M. Guyot, que la marque diſtinctive du Colombier à pied eſt d'avoir *créneaux* & *meurtrieres*; ces marques ne ſont point néceſſaires; s'il s'en trouve à quelques Colombiers, ce n'eſt que ſur les frontières où ils ſervoient de défenſes.

2°. En général le Colombier ſur quatre piliers, appellé volière, eſt permis à tous particuliers, bourgeois & autres, ayant des héritages en ſuffiſante quantité pour nourrir leurs pigeons. La volière doit être bâtie & liée avec les bâtimens de la maiſon, doit faire corps avec eux, & ne doit contenir qu'un certain nombre de boulins.

3°. Lorſque les Colombiers ſur piliers ſont garnis au-deſſus de cent vingt, deux cents, quatre cents ou cinq cents boulins tout au plus, ſelon qu'il eſt reglé par les différentes Coutumes, on les répute Colombiers à pied, & faits en fraude du droit ſeigneurial.

4°. C'est un principe général que ceux qui ont des Colombiers, & même des volières, doivent avoir des terres & héritages suffisants, ou au moins des censives & champarts, comme le décident quelques auteurs, pour la nourriture de leurs pigeons ; il n'est pas nécessaire que la Coutume en fasse une loi précise, c'est le droit commun : les pigeons & leur quantité causent un dégât considérable dans les héritages lors des semailles & lorsque les grains sont prêts à être moissonnés.

5°. Il faut que les héritages soient en terres labourables & en culture ; il ne suffit pas que ce soit des bois, prés, étangs, pâtureaux & autres héritages incultes où les pigeons ne peuvent trouver leur nourriture. Il faut encore que ces héritages en labour soient dans le Fief, aux environs du Colombier ou de la volière. Il ne suffiroit pas, pour remplir les conditions requises par les Coutumes, que ces héritages fussent épars, en différents petits morceaux, éloignés du Colombier ou de la volière. Enfin ils doivent être dans la Justice, dans le Fief du Seigneur, & non en différentes Justices & en différents Fiefs; ainsi qu'on le trouve jugé par un Arrêt du premier Juillet 1697, cité par Tourette sur l'article 47 de la Coutume de Montfort. Cet Arrêt décide qu'un Seigneur de Fief ne pouvoit faire construire une volière dans l'étendue d'une autre Seigneurie où il n'avoit que trois arpents de vigne.

6°. Le Colombier à pied est toujours la marque de la haute-Justice ou du Fief; car il y a quantité de Coutumes qui accordent au Seigneur de Fief le droit de Colombier à pied; mais toutes généralement accordent ce droit au Seigneur haut-Justicier. Il ne s'ensuit cependant pas que tout haut-Justicier puisse avoir Colombier à pied. S'il n'a que la Justice, sans domaine ni censive, il n'a alors aucunes terres pour nourrir les pigeons; & dans ce cas tous les Commentateurs des Coutumes décident qu'il ne peut prétendre droit de Colombier à pied.

7°. Dans le Dauphiné, la Bretagne & la Normandie, il est prohibé à tous roturiers d'avoir des Colombiers, fuies & volières ; il n'y a que des nobles qui puissent avoir des pigeons. Dans la Coutume de Calais il n'y a que ceux qui possedent des héritages féodaux ou censuels qui puissent avoir des volières.

8°. Dans cette même Coutume de Calais, ainsi que dans celle de Bar, pour tenir volière ou Colombier, il faut avoir la permission du Roi. Avant que le Barrois fût réuni à la France, on prenoit celle du Duc de Lorraine, suivant l'Ordonnance de Henri le Bon, donnée à Nancy le 7 Août 1612, & la Jurisprudence établie sur cette Ordonnance.

9°. Tous Seigneurs haut-Justiciers peuvent, dans les Coutumes qui leur donnent cette liberté, accorder permission de bâtir Colombier. Mais le peuvent-ils seuls ? le peuvent-ils sans le consentement des habitants? Il paroît par nombre d'Arrêts que, quand les Seigneurs ont voulu faire abattre des Colombiers construits au préjudice de la Coutume & de leurs droits, ils se sont fait assister de leurs habitants pour l'obtenir des Parlements. Si les Cours supérieures ont écouté les plaintes de ces Communautés sur le dégât des pigeons & la multiplicité des Colombiers, n'est-il pas également important que ces habitants soient écoutés sur un pareil établissement? Nous pensons donc que leur consentement est indispensable; ils sont fondés à s'opposer à ce qui leur est nuisible en général & en particulier. Auzannet rapporte un Arrêt rendu dans la Coutume de Senlis, du 8 Février 1639, qui a jugé qu'il étoit permis à tout particulier, ayant des héritages dans une Paroisse, de former son action, pour faire réduire les boulins des volières ou Colombiers sur quatres piliers.

10°. Dans les Coutumes qui sont muettes sur les Colombiers, comme Berry, Senlis, & plusieurs autres, il n'est pas exactement vrai, comme l'ont dit Salvaing, Choppin & Papon, qu'il est libre à un chacun d'avoir Colombier dans son fonds, sans la permission du Seigneur haut-Justicier. Suivant la Jurisprudence des Arrêts, dans ces Coutumes, on doit suivre celle de Paris qui sert de règle générale pour toutes les Coutumes muettes. Quantité d'Arrêts rendus dans les Coutumes de Senlis, Meaux, Ponthieu, Amiens, prouvent cette vérité. La Combe, dans sa Jurisprudence, au mot *Volière*, rapporte un Arrêt rendu dans la Coutume de Vitry, qui a jugé que pour avoir une volière il falloit avoir cinquante arpents de terre; ce qui est conforme à la Coutume de Paris. L'article 69 dit que le Seigneur haut-Justicier *qui a censive*, peut avoir Colombier à pied, ayant boulins jusqu'au rez-de-chaussée. Par l'article 70, la Coutume donne la même liberté au Seigneur non Justicier, ayant *fief*, *censive* & *terres en domaine*, jusqu'à cinquante arpents. Ainsi dans la Coutume de Paris, un Seigneur qui n'est pas haut-Justicier, pour avoir Colombier à pied, doit réunir trois qualités; 1°. il faut qu'il soit Seigneur d'un Fief. 2°. Qu'il soit propriétaire d'une censive. 3°. Qu'il possede en propriété ou en domaine jusqu'à cinquante arpents.

11°. On ne peut point prescrire ou acquérir par la prescription le droit d'avoir Colombier; cette maxime a principalement son application contre les Curés de campagne, qui souvent veulent se prévaloir d'une longue possession pour conserver leurs Colombiers, quoiqu'ils n'aient ni fiefs, ni censives, ni même aucunes terres labourables dans leurs Paroisses. Un Arrêt du Parlement de Dijon, du 19 Janvier 1668, au profit de la Dame de Rabutin, fait défenses au Curé de Monthelon de tenir Colombier en pied dans son Presbytère. Cet Arrêt est rapporté dans les notes de Lamarre sur les Observations de M. Bretagne, page 569. La Paluelle, dans sa résolution des cas de conscience, cite un autre Arrêt du Parlement de Rouen de l'année 1706, au profit du sieur Franquetot, Seigneur de Tourlaville, qui fait défenses au sieur Faullain, Curé de cette Paroisse, de réédifier un Colombier, dont il paroissoit d'anciens vestiges, quoique le Curé articulât une possession de deux à trois siècles.

Les peines prononcées contre ceux qui tuent les pigeons, les chassent aux filets ou au fusil, sont très-sévères; outre les amendes & les dommages & intérêts, il y échet souvent des peines afflictives, comme le fouet & le bannissement. L'Ordonnance de Charles V, du 29 Août 1368, défend de tendre des filets aux pigeons dans la Vicomté de Paris, à peine d'être pendu. Mais l'article 2 du titre des Chasses de l'Ordonnance de 1669, a révoqué la peine de mort pour les délits de chasse. L'Ordonnance de 1601, dont celle de 1669 ordonne l'entière exécution, ne prononce qu'une amende de vingt liv. parisis contre ceux qui tirent sur les pigeons.

Quelques Casuistes décident que ceux qui ont droit d'avoir Colombier, peuvent obtenir monitoires contre ceux qui tuent leurs pigeons. Voyez la Paluelle dans la résolution des cas de conscience, pag. 87.

C'est un point de Police générale, qu'on ne peut élever & nourrir des pigeons dans les villes, à cause du mauvais air qu'ils y apportent. Il y a une Sentence de M. le Lieutenant-Général de Police de Paris, du 4 Juin 1726, qui condamne différents particuliers de cette ville chacun en 15 liv. d'amende, pour avoir nourri des pigeons chez eux au mépris des Ordonnances & Réglements de Police.

Le Seigneur qui jouit de l'année du fief pour son droit de rachat, l'usufruitier, même la veuve qui a pour son habitation un château après le décès de son mari, ont droit de jouir du Colombier; mais avec modération & sans en abuser, dit Berry, titre 5, article 47. Il y a cependant des Coutumes qui ne permettent pas au Seigneur féodal d'étendre son droit de rachat sur les Colombiers. Voyez la Coutume de Poitou, titre 1, art. 158; celle de Bretagne, tit. 2, art. 7.

Les pigeons qui sont dans les Colombiers à pied, ou réputés à pied, sont regardés comme des immeubles; & ceux qui sont dans des volières sont considerés comme meubles.

CHAPITR

CHAPITRE X.

De différents autres droits seigneuriaux rapportés par Ragueau dans son Indice des Droits royaux & seigneuriaux, ou tirés des Coutumes générales & locales, ou des titres particuliers.

LES droits Seigneuriaux dont nous avons traité jusqu'à présent sont ceux qui sont le plus généralement établis; il en est encore une grande quantité d'autres moins connus & moins étendus, qui n'ont lieu que dans quelques Coutumes, ou dans quelques Seigneuries en vertu de titres particuliers. Cette diversité vient de ce que lors des affranchissements, les Seigneurs exigeoient tout ce qu'ils pouvoient de leurs serfs affranchis, suivant les lieux & les circonstances, ou même suivant leurs caprices; car il y en a de si singuliers, qu'on ne peut pas leur donner une autre origine. Il ne seroit pas sans doute possible de rassembler ici tous ces droits particuliers; on va seulement indiquer ceux dont on a pu avoir connoissance; ils sont encore en assez grand nombre pour satisfaire la curiosité du lecteur.

Droit d'Abeillage.

C'est un droit établi dans quelques Seigneuries, en vertu duquel le Seigneur peut prendre une certaine quantité d'abeilles, de miel ou de cire sur les ruches de ses sujets.

Droit d'Afforage.

Ce droit est très-commun dans l'Artois & la Frandre, le Haynault, la Picardie, la Lorraine, & quelques autres Coutumes. Il est dû au Seigneur haut-Justicier par ceux qui veulent vendre vin, bierre, & autres boissons, en gros ou en détail. Ils doivent demander au Seigneur permission de mettre l'enseigne, faire taxer le prix des boissons par le Juge du lieu, qui doit examiner si elles sont bonnes & marchandes. Voyez Montreuil, article 23 & 24; Saint-Paul, article 18; Herly, article 3; les Ordonnances du Duc de Bouillon, article 666.

Droit d'Affouage.

C'est le droit de prendre son chauffage dans un bois, dans une forêt. Voyez Fabert sur l'article 286 de la nouvelle Coutume de Lorraine.

Droit d'Arbans.

Ce sont droits seigneuriaux établis par les articles 136, 146 & 430 de la Coutume de la Marche. Les arbans sont des corvées à bras, ou de bœufs, ou de charrettes, que les sujets tenant héritages serfs & mortaillables doivent à leur Seigneur.

Droit d'Arciut.

On trouve ce droit établi par l'article 30 du titre premier de la Coutume de Béarn. C'est une redevance que les Abbés laïcs, les Chapitres ou autres Ecclésiastiques, qui ont acquis des dixmes par achat ou par donation, paient aux Evêques en signe de supériorité.

Les Evêques, en faisant la visite de leurs Diocèses, se retiroient autrefois dans les maisons de ces Abbés, & leur dépense étoit compensée avec le droit dont est question; c'est d'où est venu le nom d'*Arciut*; à l'exemple de semblable droit dû aux Seigneurs séculiers: car les Seigneurs de Béarn jouissoient, en plusieurs maisons du droit d'hébergement nommé *Albergata*.

Droit d'Arrière-capte.

En Languedoc & en Guyenne c'est ce qu'on appelle, en pays coutumier, relief ou rachat. Le droit d'acapte est dû par la mort du Seigneur direct; & l'arrière-capte par la mort du tenancier. La Jurisprudence des Arrêts a fixé le droit d'acapte & d'arrière-capte au doublement du cens ou de la rente que le tenancier paie par chacun an au Seigneur ; & ces droits sont à peu près la même chose que le marciage de Billy dont nous avons parlé ailleurs. Boutaric dans son traité des Droits seigneuriaux, enseigne que les acaptes & arrières-captes ne sont point de l'essence du bail à cens, & qu'ils ne sont dûs qu'autant qu'ils sont expressément stipulés.

Droit d'Aubenage.

C'est un droit qui, dans quelques Coutumes, est dû au Seigneur pour l'inhumation d'un forain ou étranger décédé dans sa Terre, sans s'être advoué bourgeois. Voyez Tours, article 43 ; Lodunois, chapitre 2, article 5 ; chapitre 37, article 8.

Ce droit doit être payé vingt-quatre heures après l'enterrement du forain ; sinon ses héritiers, outre le droit d'aubenage, doivent une amende de soixante sols. Par la Coutume locale de Preuilly en Tourraine, outre le droit général, il est dû une livre de cire ; & par la Coutume locale de la Roche-Pouzé & de la Guierche, le droit doit être payé avant l'enterrement du corps.

Droit d'Avenage.

C'est un droit seigneurial consistant en quelque redevance en avoine dûe aux Seigneurs dans quelques Coutumes, à cause des droits d'usage ou de paccage par eux accordés aux habitants de leurs Seigneuries dans les bois & les terres qui en dépendent. Voyez Anjou, art. 128 ; le Maine, art. 138 ; Blois, art. 40.

Dans quelques Coutumes locales du Berry, comme Melun, Linières, l'avenage est un droit qui se paie à cause de la bourgeoisie. Les Chanoines de la Chapelle de Taillefer ont long-temps plaidé contre les habitants d'Issoudun pour semblables droits d'avenage qu'ils prétendoient sur une partie des maisons de cette ville. Les Chanoines ont enfin perdu leur procès par Arrêt du Parlement en 1759.

Droit d'Aveu nouvel.

Dans quelques Coutumes, c'est le droit que le Seigneur a de recevoir le serment de fidélité des aubains qui viennent demeurer dans sa Terre, & de se les acquérir par ce moyen. Voyez la Coutume de Linières, article premier; du Châtellet, article 2; de Thevé, article 36. Il paroît que tous les Seigneurs n'avoient pas droit de recevoir de nouveaux adveux; on le conjecture de ces mots de l'article premier de la Coutume de Linières..... *S'ils n'ont fait nouvel adveu aux vavasseurs de ladite Baronnie ayant puissance de nouveaux adveux.*

L'effet de l'aveu nouvel est d'empêcher que le nouveau venu dans une terre serve n'y devienne serf, après y avoir demeuré pendant an & jour. Pour l'éviter dans l'an, l'aubain se déclare bourgeois du Seigneur, & offre de payer les droits de bourgeoisie accoutumés. Les Seigneurs de la Terre de Mareuil en Berry, appartenant aujourd'hui à M. le Duc de Charost, ont droit de nouvel aveu.

Droit de Bachellerie.

C'est un autre droit seigneurial aussi établi dans la Châtellenie de Mareuil, suivant lequel chaque marié en premières nôces doit au Seigneur un esteuf de trente-deux carreaux & de neuf couleurs. Chaque marié en secondes nôces doit un billard neuf de deux pieds & demi, compris la masse, & deux billes neuves. Ceux qui sont mariés en troisièmes ou quatrièmes nôces sont sujets au même devoir, ou pour icelui payer deux oisons & vingt deniers. Les habitants du village de Villiers, pour leurs premières nôces, au lieu du devoir ci-dessus, doivent chacun un oiseau que dans le pays on appelle *Roybry*. Ils sont obligés de le porter à leur col, sur une grosse perche, avec un autre homme qui aide à la porter. Pour les secondes & troisièmes nôces, ils doivent les mêmes droits que les autres habitants de Mareuil.

Tous ces droits ne se paient qu'une fois pour chaque

mariage ; ils ſont dûs au jour de la Trinité qui ſuit le mariage, & payables au Fermier de ce droit, qu'on appelle *le Roi des Bacheliers*. Ce Fermier, le jour de la Trinité, depuis les premières vêpres juſqu'aux ſecondes, fait toutes les fonctions de Juge ; mais il doit régaler à déjeûné & à dîner tous les autres Officiers de la Terre. Il eſt pareillement tenu d'aller avec les nouveaux mariés, & les inſtruments qu'ils peuvent trouver, chercher le Seigneur ou la Dame de Mareuil, pour les conduire à la meſſe, & enſuite les reconduire à leur château. Après le dîner des Seigneurs, il doit encore tirer la quintaine ſous les fenêtres du château. On verra en quoi conſiſte ce divertiſſement, lorſque nous parlerons du droit de quintaine.

Droit de Barrage.

C'eſt un droit dû à quelques Seigneurs, qui ſe lève ſur les marchandiſes qui paſſent dans le détroit de la Seigneurie, tant par terre que par eau. C'eſt à peu près la même choſe que les péages, qui ſont appellés barrage à cauſe de la barre qui traverſe le chemin pour empêcher le paſſage, juſqu'à ce qu'on ait payé le droit.

Droit de Bichenage.

Ce droit ſe perçoit dans quelques Seigneuries ſur les bleds qui s'y vendent. Bichenage vient du mot *Bichet*, nom d'une petite meſure dont on ſe ſert pour percevoir ce droit. Il eſt le même que celui de leyde dont nous avons traité ailleurs ; il ſe régit par les mêmes principes.

Droit de Bladage.

Il ſe perçoit dans l'Albigeois par forme de cenſive, & par-deſſus la cenſive lorſqu'il eſt établi par titre. Il eſt ainſi appellé, parce qu'il conſiſte dans une certaine quantité de grains que l'emphytéote paie pour chaque bête de labourage qui travaille dans le fonds inféodé. Voyez Graverol ſur la Roche-Flavin des Droits ſeigneuriaux, chap. 35, art. 2.

Droit de Bordage.

Dans le Nivernois & dans le Bourbonnois, c'est la même chose que le bordellage dont nous avons parlé.

Droit de Boutage ou Bottage.

Il est parlé de ce droit dans l'affranchissement de la Baronnie de Linières, du mois de Novembre 1268, rapporté par la Thaumassière dans ses Coutumes locales. Il consiste en un septier de vin que le Baron de Linières a droit de percevoir sur chaque tonneau de vin exposé en vente dans l'étendue de sa Terre, soit dans les cabarets, soit dans les assemblées. Ce droit a été confirmé au profit du Seigneur par plusieurs Sentences du Bailliage d'Issoudun, dont les habitants n'ont point appellé. La Seigneurie d'Arton près Châteauroux a aussi un semblable droit.

Droit de Bris.

Jus naufragii. C'est un droit que le Roi ou les Seigneurs exercent sur les choses qui sont jettées par les orages & les tempêtes sur le rivage de la mer. Voyez ce que nous avons dit sur le Varech, à l'art. des Epaves, Liv. I, chap. V.

Droit de Meilleur-cattel.

Ce droit est établi par la Coutume de Haynault, chapitre 83. Il est dû au Seigneur lors du trépas du Justiciable, ou à cause de la condition de sa personne, ou à cause de la qualité des héritages que le défunt possedoit. Ce droit peut proceder du rachat de la servitude.

Droit de Cauciage.

Ce droit est encore établi par le chapitre 106 de la Coutume de Haynault. C'est une espece de péage qui se paie au Seigneur pour l'entretien des chemins.

Droit de Cellerage.

C'est un droit seigneurial qui, dans quelques endroits, est

dû au Seigneur sur les vins recueillis par ses sujets dans la Seigneurie, lorsqu'après la récolte on le renferme dans le cellier. De ce mot est venu sans doute le mot de cellerier, qui dans quelques Monastères signifie le Religieux qui a soin de la cave.

Droit de Chambellage.

Dans quelques Coutumes il est appellé *Cambrelage*. C'est un droit qui est dû par le vassal au Seigneur féodal en toute mutation de Fief. Ce droit est plus ou moins considérable suivant les Coutumes où il a lieu, selon la valeur & la qualité du Fief. Par exemple, dans la Coutume de Peronne, article 33, le droit de chambellage est de 10 liv. parisis lorsque le Fief vaut par an 100 liv. de revenu & au-dessus; & lorsqu'il vaut moins de 100 liv. le droit n'est que de 20 sols parisis. Dans la Coutume de Hesdin, art. 12, 13, 22, le droit de Chambellage est plus ou moins considérable selon la qualité du Fief, selon qu'il est tenu en pairie ou demi-pairie, en plein lige, demi-lige ou quart de lige. Quantité d'autres Coutumes parlent du droit de Chambellage; il est facile de se conformer à ce que chacune règle à cet égard.

Le mot chambellage vient de ce que ce droit se payoit au Chambellan du Seigneur, ainsi qu'il se payoit au Chambellan de France par les vassaux qui relevoient du Roi. Le droit de chambellage se paie encore aujourd'hui au premier Huissier de la Chambre des Comptes par les vassaux qui y rendent la foi & hommage.

Droit de Chantellage.

C'est un droit seigneurial dû au Seigneur dans quelques terres sur les vins qui se vendent en gros ou en détail, dans les caves & les celliers de la Seigneurie. Il n'est parlé dans aucune Coutume de ce droit; ainsi pour l'exiger, de même que tous ceux qui lui ressemblent, il faut que les Seigneurs soient fondés en titres précis.

Droit de Chemage.

C'eſt une eſpece de péage qui ſe paie à Sens pour le paſſage dans un chemin. Par Arrêt du 18 Avril 1387, l'Abbaye de Saint Pierre-le-Vif de Sens a été exemptée de ce droit.

Droit de Chevage.

Il conſiſte en douze deniers pariſis qui ſont dûs au Roi ou aux Seigneurs dans le Vermandois ſur chaque homme marié qui eſt bâtard ou aubain. Il eſt fait mention d'un ſemblable droit dans le procès-verbal de la Coutume de Laon ſur le titre premier.

Droit de Cheval, ou Roucin de ſervice.

La loi des fiefs obligeoit les vaſſaux à faire le ſervice militaire auprès de leurs Seigneurs. Dans quelques Coutumes ils ſont encore obligés à leur fournir les chevaux pour aller à la guerre, & c'eſt ce qu'on appelle *cheval ou roucin de ſervice*. Il en eſt parlé dans pluſieurs de nos Coutumes. Voyez Montargis, chap. 1, art. 73; Poitou, art. 148 & ſuivants; Grand-Perche, art. 76; Meaux, art. 139, & quantité d'autres.

Ce cheval n'étoit dû par le vaſſal qu'une fois en ſa vie; il étoit dû ou à chaque mutation de Seigneur, ou à chaque mutation de vaſſal, ou pour toutes les deux, ainſi qu'il eſt reglé par les Coutumes d'Anjou ou du Maine.

Dans la Coutume du Grand-Perche, le cheval de ſervice n'eſt dû qu'à chaque mutation du vaſſal, & ne doit être payé qu'après la foi & hommage faite.

Anciennement ce cheval ſe donnoit en nature; mais je ne connois plus que la Coutume de Haynault où il ſe paie ainſi. Suivant le chap. 79, au décès du vaſſal, le Seigneur, ou ſon Bailli, peut prendre le meilleur cheval de ceux qui étoient à l'uſage du défunt. Dans toutes les autres Coutumes, ce cheval eſt évalué en argent, proportionnément à la valeur du fief tenu de ce devoir. Dans les Coutumes de Montargis & d'Orléans, il a été eſtimé ſoixante ſols, & n'eſt n'est point dû à moins que le fief ne vaille de revenu annuel la somme de dix liv. tournois & au-dessus. Dans la Coutume d'Anjou & du Maine, le cheval de service vaut cent sols, s'il n'est abonné plus ou moins; & ainsi des autres Coutumes où ce devoir a lieu.

Dans la Coutume de Poitou, art. 166, 168, 183, 185, il y a, outre le cheval ordinaire de service, des chevaux traversants. Ce sont ceux que perçoit le Seigneur, pendant l'année de son rachat, des arrières vassaux du vassal décedé, & dont la mort a donné lieu au rachat; ils sont regardés comme fruits de fiefs qui tombent en rachat. Dans la même Coutume de Poitou il y a encore des chevaux de rencontre; suivant l'article 187, ce sont ceux qui sont dûs quand le Seigneur & le vassal décedent dans la même année, & quand de part & d'autre il y a ouverture de fief.

Droit de Chevrotage.

Despeisses, *des Droits seigneuriaux*, tit. 6, sect. 11, dit que c'est un droit qu'ont certains Seigneurs sur leurs tenanciers à cause des chèvres qu'ils nourrissent dans leurs terres.

Droit de Civerage.

C'est un droit seigneurial qui consiste en grains, avoine ou geline; & qui est le même que le droit de blairie dont nous avons traité liv. IV, chap. IV.

Droit de Commande.

Il en est fait mention dans l'ancienne Coutume de Mehun en Berry. Il consiste en deux deniers tournois que le Seigneur prend par chacun an sur les veuves de serve condition, pour la conservation de son droit de servitude.

Droit de Congrier.

Ce droit consiste dans la faculté qu'ont quelques Seigneurs de se faire une garenne à poisson dans la rivière d'autrui, par le moyen de gros pieux enfoncés & joints près l'un de l'autre, entre lesquels le poisson est renfermé.

Droit de Coponage.

Il appartient aux Chanoines de Saint-Jean de Lyon. Ils le perçoivent sur les bleds & les grains qui se vendent en la ville de Lyon. Ils y ont été maintenus par Arrêt du 18 Juillet 1655. C'est à peu près la même chose que les droits de leyde, de cartelage, de bichenage.

Droit de Coutelage.

Ragueau dit que ce droit consiste en quelques deniers qu'on perçoit sur toutes les marchandises que l'on vend & qu'on achette. Il cite Cujas, & l'art. 66 de la Coutume de Lille où ce droit ne se trouve point.

Droit de Coutume.

On perçoit ce droit dans la Coutume du Grand-Perche. Voyez les articles 126, 127 & 128. Il consiste dans un denier tournois dû au Seigneur pour chaque bête à quatre pieds nourrie, vendue & livrée dans leurs fiefs, pourvu que ce ne soit bête de lait. Le droit se paie par l'acquéreur huitaine après la livraison de la bête, à peine de deux sols six deniers d'amende. Si l'acquéreur est demeurant hors de la Seigneurie, il doit être payé par le vendeur, qui est censé l'avoir retenu sur la chose vendue. Il est encore parlé du droit de Coutume au chapitre 122 du Livre coutumier de Normandie.

Droit de Doublage.

Dans les Coutumes d'Anjou, art. 128, 129, 130; du Maine, art. 138, 140; de Bretagne, art. 82, ce droit consiste dans le double des cens, rentes & redevances qui sont dûs au Seigneur, au-dessous de 25 sols. Lorsque ces droits excèdent, on ne paie pour le doublage que 25 s. Le droit est dû au Seigneur par les vassaux & les justiciables une seule fois pendant sa vie, lorsqu'il fait son fils aîné Chevalier, lorsqu'il marie sa fille aînée, ou pour sa rançon lorsqu'il est fait prisonnier pour le service du Roi.

Droit du Double d'Août.

Il est parlé de ce droit dans les articles 92, 128, 129 & 149 de la Coutume de la Marche. Ce n'est autre chose que la taille ordinaire dûe au Seigneur au mois d'Août par ses hommes serfs, ou tenant héritages de servile condition.

Droit de Douzième, Dixième & Centième.

Suivant le chapitre 83 de la Coutume de Haynault, ces droits sont dûs au Comte de Haynault par les serfs qui ont été affranchis & qui tiennent de lui le droit de bourgeoisie; ils sont de douze deniers pour les hommes, & de six pour les femmes.

Droit d'Egage.

Ce droit n'est guère connu que dans le Dauphiné. Il consiste dans le tiers des lods qui sont dûs au Seigneur haut-Justicier sur les fonds aliénés que les petites rivières de sa Terre arrosent, soit qu'ils se trouvent en franc-aleu, ou qu'ils relèvent en directe d'un autre Seigneur. Voyez Salvaing, *de l'usage des Fiefs*, chap. 58.

Droit d'Echelle.

Est celui d'avoir une échelle pour marque de la haute-Justice; c'est une espèce de carcan dont quelques Seigneurs se servent à cet effet. On voit encore à Paris une échelle de cette façon qui sert de signe patibulaire à la Justice du Temple. Voyez en outre Auxerre, art. 1, 2; Nivernois, tit. 1, art. 15; Bourbonnois, art. 2.

Droit d'Essongne.

Ce droit est expliqué au procès-verbal de la Coutume de heims. C'est un droit seigneurial d'un, de deux, de douze eniers parisis, suivant qu'il est statué par la Coutume ou ar les titres, que les héritiers ou successeurs des trépassés doivent aux Seigneurs dans la censive desquels les défunts possedoient des héritages au jour de leur trépas.

Droit d'Epavité.

Il en est fait mention aux Ordonnances du Duc de Bouillon, art. 617. Il appartenoit à ce Seigneur par le décès d'un étranger qui n'étoit son sujet, & qui laissoit des biens meubles & immeubles dans sa Seigneurie. Suivant l'article 72 de la Coutume de Victri en Partois, l'épavité n'a pas lieu pour les nobles.

Droit d'Eperons dorés.

Il en est parlé en l'article 158 de la Coutume de Senlis; & en l'ancienne Coutume de Mantes, art. 103. Ils se donnent par le vassal au Seigneur féodal pour droit de rachat, ou en signe d'investiture. Au sacre de nos Rois, l'un des Pairs de France porte les éperons. Il y a beaucoup de fiefs qui ont été donnés à la charge de ce devoir, ou d'autres semblables, comme d'une hure de sanglier, d'un épervier, d'un faucon, d'une couple de chiens, d'un chapelet de roses, de porter tous les ans la veille de Noël la buche au feu de son Seigneur féodal, de dire la chanson à la Dame, de tirer la quintaine, de danser habillé en arlequin devant le Seigneur à sa première entrée dans sa Seigueurie; & d'autres semblables droits, qui font connoître le gout & les caprices des anciens Seigneurs féodaux. Il ne seroit pas facile de trouver aujourd'hui des Seigneurs qui voulussent donner d'amples possessions pour une capriole ou pour une chanson.

Droit d'Establage.

C'est un droit que le Seigneur prend pour permettre aux Marchands d'exposer leurs marchandises en vente. Dans quelques Coutumes on appelle ce droit, droit de plassage ou de hallage.

Droit d'Estocage.

Surenne, article 3. Il est de quatre deniers, & dû au

Seigneur en vente d'héritage. Il doit se payer au jour de la vente, au lieu de relief.

Droit de Festage.

Berry, tit. 6, art. 3; Menetou-sur-Cher, art. 19; Dunois, art. 26 & 27. C'est un droit seigneurial qui semble être dû par chacun an pour chaque faîte de maison, comme le fouage pour chaque feu.

Droit de Formariage.

Meaux, art. 78; Troyes, art. 3 & 6; Chaumont, art. 3; Vitry, art. 144. C'est un droit ou une amende que l'homme serf paie à son Seigneur, lorsque, sans sa permission, il épouse une femme d'une autre condition & d'une autre Justice que la sienne, & même d'une autre servitude. Cependant les bâtards peuvent se marier librement sans encourir l'amende de formariage; Laon, art. 7; Rheims, article 339. Dans la Coutume de Châlons, art. 16, cela est également permis aux aubains. Dans quelques lieux, la peine du formariage est de la moitié, du tiers, ou de telle autre portion des biens meubles & immeubles que l'homme serf possède dans l'étendue de la Seigneurie, quoiqu'il ait la permission du Seigneur qui ne sert qu'à lui sauver l'amende. Loysel, liv. 1, chap. 1, règle 24, dit qu'en formariage le pire emporte le bon.

Droit de Fouage.

C'est un droit qui est, dans quelques Coutumes, dû au Seigneur sur chaque feu, maison ou famille; il se paie en argent ou en grains, & on n'en peut demander que cinq années.

Droit de Fournage.

Il consiste dans une certaine redevance que, dans quelques endroits, le Seigneur perçoit par chacun an sur ceux qui, sujets à son four bannal, ont la permission de faire cuire leur pain dans leurs maisons.

Droit de Gants & Ventes.

Il est dû au Seigneur censuel par l'acquéreur pour la saisine de l'héritage acquis. Selon la Coutume de Senlis, article 246, ce droit est de deux deniers parisis. Par la Coutume de Valois, art. 13, par celle d'Orléans, art. 107, & celle de Montargis, chap. 2, art. 4, les gants sont estimés deux sols parisis.

Quand les censives sont à gants & ventes, l'acheteur doit une paire de gants, & en outre seize deniers parisis par livre du prix de la vente. Dans la Coutume de Châteauneuf, articles 48, 50, 52, 91, 147, & dans celle de Chartres, articles 21, 46, 47, 49, 78, les gants sont estimés vintg deniers tournois; ils appartiennent au Sergent du Seigneur qui reçoit les ventes, lesquelles sont de vingt deniers pour livre du prix de la vente. Les gants qu'on donne sont un signe que le Seigneur censuel donne main-levée au possesseur qui a fait son devoir.

Droit de Grurie & Garenne.

Suivant les Coutumes de Montargis, chap. 1, art. 72; de Senlis, art. 107; d'Orléans, chap. 1, art. 95, ce droit n'est pas celui d'avoir garenne à tenir lapins dont nous avons précédemment parlé; mais c'est un droit qui appartient au Seigneur haut-Justicier, & en vertu duquel il a la chasse, le poisson & le passage dans les bois qui appartiennent à ses vassaux.

Droit de Hallage ou Ostellage.

Nous trouvons ce droit établi dans plusieurs titres de la Coutume de Bayonne. Il se paie par les Marchands au Seigneur haut-Justicier pour le louage des maisons, boutiques, échoppes où ils étalent leurs marchandises aux jours de foires & marchés.

Droit de Pains de Hostellage.

L'article 27 de la Coutume de Dunois parle de ce droit

Il est seigneurial, & se paie au Seigneur par les sujets à raison des tenements qu'ils possedent dans la Seigneurie.

Droit de Haut-ban.

Il y a sur ce droit une Ordonnance de Philippe-Auguste de l'an 1201. Il se levoit à Paris sur les Boulangers & sur quelques artisans. Le droit étoit de six sols parisis.

Droit de Herbage vif & mort.

Dans les Coutumes d'Amiens, art. 181; de Montreuil, art. 28; de Saint-Riquier, art. 1; de Vimeu, art. 3 & 4, c'est un droit seigneurial qui appartient au Seigneur haut & moyen-Justicier sur tous leurs sujets tenant bêtes à laine dans des héritages cottiers & non francs. Si le troupeau est de dix, douze ou vingt-cinq chefs, le Seigneur en prend un pour son droit de vif herbage. Si le nombre est moindre, le Seigneur ne prend que le mort herbage, qui, pour chaque bête, consiste en un denier parisis, ou une maille, ou une obole, suivant qu'il est reglé par la Coutume.

Droits de Huictième.

Il en est parlé en l'article 229 de la Coutume de Tours. Ces droits y sont réputés immeubles en la personne de ceux qui les ont acquis du Roi. Ils consistoient dans la huitième portion des vins, cidres, & autres boissons vendues en détail. Ils furent imposés par Charles VI en 1382 par Edit du 23 Janvier. Charles V avoit déja donné l'exemple de semblables droits sur les vins & sur le sel : cependant on fait remonter l'origine des droits sur le sel jusqu'à Philippe de Valois; ce qui fit dire assez plaisamment à Edouard III, Roi d'Angleterre, qu'*il étoit l'auteur de la Loi salique.*

Droit de Jurée.

Ce droit est connu dans la Châtellenie de Coulommiers en Brie, & est dû à cause de la Jurisdiction du Seigneur. Il y a au même lieu des bourgeois de jurée. Dans la Coutume de

Troyes, art. 2, il est parlé d'hommes & de femmes de jurée. Dans Vitry, art. 78, c'est un droit dû au Seigneur haut-Justicier par les bourgeois qui ne sont pas abonnés; il est de six deniers pour livre des meubles, & de deux deniers pour les immeubles.

Droit de Levage.

Dans l'Anjou, art. 9, 10 & 30; le Maine, art. 10, 11 & 35, c'est une espèce de péage qui appartient au Seigneur Justicier sur les marchandises qui ont séjourné huit jours dans son fief, & qui sont vendues & transportées hors du fief. C'est encore un droit qui appartient au Seigneur Justicier sur les biens de ses sujets qui vont demeurer hors de son fief.

Droit de Liage.

Il est fait mention de semblable droit dans les Ordonnances de la Prévôté & de l'Echevinage de Paris. Le Chapitre de Notre-Dame de cette ville prétend que ses sujets en sont exempts. Il en est encore fait mention en un Arrêt du Seigneur des Noyers, du 7 Avril 1347. Ce droit se prend par le Seigneur sur le vin, comme les droits de forage, de rouage, chantellage, de cellerage & d'afforage.

Droit de Logies.

Le Roi perçoit ce droit en Poitou par chacun an sur chacune Prévôté de la Sénéchaussée & Comté de Poitou; il est de huit livres cinq sols, outre le prix auquel sont affermées lesdites Prévôtés.

Droit de Loges.

Il appartenoit autrefois aux Seigneurs pour les loges que leurs sujets prenoient au dedans de l'enclos du château, lorsqu'ils s'y retiroient en temps de guerre. Chassanée en fait mention sur la Coutume de Bourgogne, au titre des Mainmortes, art. 8.

Droit de Logues.

Il étoit dû au sous-cellerier de l'Abbaye de Deols en Berry sur certaines dixmes de l'Abbaye.

Droit de Louade, ou de Laude.

Ce droit se lève au bourg de Rian, près Bourges, à la foire qui s'y tient le 25 Juillet ; il est d'un dernier sur chaque Marchand ou autres qui vendent à ladite foire. Ce droit s'appelle encore *Droit de Maille-Billeron*, & appartenoit autrefois à M. François Ragueau, Auteur de l'*Indice des droits royaux*.

Droit de Maille d'or.

Il se payoit par le Prieur de Saint-Privé de la ville de Bourges au Duc de Nivernois, pour la garde d'une foire.

Droit de Mannée de sel, ou de salage.

Il fut adjugé à l'Abbé & au Couvent de St Sulpice de Bourges par Arrêt de l'an 1257, & à l'Abbaye de Bourgmoyen de Blois par Arrêt du 29 Mai 1543. L'Abbaye de Saint Sulpice le prenoit sur chaque cheval chargé de sel entrant en la ville de Bourges, & sur chacun vendant sel au marché de cette ville. L'Abbaye de Bourgmoyen le percevoit sur chaque bateau chargé de sel arrivant & passant par le port ou sous les ponts de Blois. Depuis l'établissement des Gabelles tous ces droits ont été abonnés.

Droit de Marque.

Ce droit appartient au Roi seul, qui, par Lettres, l'accorde à ceux qui, sans raison, ont été volés & pillés par des étrangers, à l'effet d'user de représailles envers eux, quand autrement on n'en peut avoir Justice. M. du Tillet rapporte plusieurs Arrêts du Parlement de Paris, qui prouvent que la Cour accordoit autrefois ce droit ; témoin l'Arrêt qu'elle donna en 1272 contre la Comtesse de Flandres, qui violant la foi d'un ſauf-conduit duement notifié, avoit fait prendre les marchandiſes d'un Marchand Anglois. Il eſt fait mention du droit de marque dans la Coutume de Bearn, tit. 36.

Les Eccléſiaſtiques n'étoient point ſujets aux Lettres de marque, ni pour le corps ni pour les biens. Le ſauf-conduit empêchoit l'effet des Lettres de marque, & elles ne pouvoient s'exécuter par corps, ſi les Lettres n'en faiſoient une expreſſe mention. Par une commiſſion du Parlement de Paris, du 12 Juillet 1345, les Lettres de marque furent adjugées contre le Roi de Sicile. En 1420 le Comte de Penthièvre fut pris par le Marquis de Bade en vertu de Lettres de marque. Voyez Monſtrelet, 1 vol. chap. 237.

Droit de Marquettes.

Etoit un droit conſiſtant en un demi marc d'argent que les maris en Ecoſſe, ſuivant l'Ordonnance du Roi Milcolumbe, payoient au Seigneur pour ſe racheter du droit que celui-ci prétendoit avoir de coucher la première nuit des nôces avec la nouvelle mariée. J'ai vu des Seigneurs qui prétendoient avoir ce droit, mais qui a été, ainſi que bien d'autres de cette eſpèce, ſagement proſcrit par les Arrêts de la Cour.

Droit de Minage ou de Stellage.

Ce droit appartient au Duc de Bouillon ſur les grains qui ſe vendent en la halle ou ailleurs; & ſur le ſel, à raiſon d'une écuellée par chaque ſeptier. Voyez ſes Ordonnances, art. 570, 571.

Droit de Moiſon.

Il en eſt fait mention en la charte du Roi Louis VIII de l'an 1224 pour les Coutumes de la ville & ſeptaine de Bourges. Ce droit appartenoit au Roi, & étoit par chacun an d'une quarte de froment & d'une quarte d'orge.

Droit de Monnéage.

La Coutume de Normandie, chap. 15, parle de ce droit; il étoit de douze deniers par feu, & se payoit au Duc de Normandie de trois ans en trois ans, afin qu'il ne pût changer les monnoies. Il est encore parlé de ce droit dans la charte aux Normands. Le peuple d'Arragon promit à son Roi de lui payer, de sept ans en sept ans, un maravedis par feu en reconnoissance de ce que le Roi avoit juré aux Etats de ne changer jamais sa monnoie.

Droit d'Oubliage.

Ce droit seigneurial est établi par l'article 40 de la Coutume de Blois. Suivant un interprète de cette Coutume, ce droit consiste dans l'amende que le sujet doit à son Seigneur pour avoir oublié de lui payer sa rente au jour accoutumé. Montargis, chap. 2, art. 40, parle d'un droit d'oublie. On prétend que c'est un chapon ayant une oublie au bec. Il est dû aux Chanoines de Notre-Dame de Grocay en Berry certaines rentes qu'on appelle oubliage; ces rentes n'entrent point dans les revenus communs du Chapitre, elles sont perçues par les titulaires des prébendes auxquelles ces rentes sont affectées.

Droit d'Ostise.

Par l'article 40 de la Coutume de Blois, ce droit est seigneurial; c'est un devoir annuel de geline que le sujet paie à son Seigneur pour le fouage, ou pour tenement d'héritage.

Droit de Pannage.

Senlis, art. 107; Poitou, art. 159; Normandie, chap. 7, art. 93, 101, 107, 121; la Marche, art. dernier; Bretagne, art. 255. C'est le droit de paisson dans les bois; il appartient au Seigneur haut-Justicier qui a droit de gruerie & garenne. En Anjou, art. 497, le droit de Pannage est un devoir en argent qui est dû au Seigneur d'une forêt pour la glandée, ou la paisson des porcs, ou pour le paccage des bêtes.

Droit de Pellage.

Mantes & Meulan, art. 195. Ragueau dit qu'il ignore ce que c'est que ce droit; il ajoute cependant que c'est un droit qui se lève sur les bêtes à poil; Ragueau s'est trompé. Dans les Bailliages de Mantes & Meulan le pellage est un droit seigneurial qui se perçoit par les Seigneurs qui ont des terres & des ports le long de la rivière de Seine. Il consiste en quelques deniers sur chaque muid de vin chargé ou déchargé dans lesdits ports. Voyez le Glossaire du Droit françois, *verbo Pellage*; M. de Ferrière, Dictionnaire de droit, au même mot.

Droit de Plassage.

Il est dû en quelques lieux par ceux qui exposent marchandises & denrées en la place publique de la ville, ou ailleurs, par les rues & les carrefours. La quotité de ce droit est différente suivant les titres qui l'accordent aux Seigneurs.

Droit de Pontenage.

Amiens, art. 192. Il est parlé de ce droit au procès-verbal de la Coutume de Peronne, en la Somne rurale, dans une Ordonnance de Charles VI de l'an 1413, art. 245. Dans la Coutume de Bearn, art. 46, il est appellé *Pontage*. C'est un droit à peu près semblable aux droits de péage & de vignage que les Seigneurs lèvent sur les marchandises qui passent sur leurs terres.

Droit de Préage & de Faultrage.

Tours, art. 100 & 101. C'est un droit en vertu duquel un Seigneur peut envoyer ses chevaux, ses bœufs & vaches paître à garde faite dans les prés de ses sujets. Il est fait mention de ce droit en la Coutume locale des Ecluses.

Droit de Prévôté.

Tours, art. 59, 295; Lodunois, chap. 5, art. 1, chap. 28, art. 3; Anjou, art. 10, 43, 49, 58, 59; le Maine, art. 11, 50, 57, 58. Ce droit appartient au Seigneur Châtelain ou Baron qui a Justice, & consiste à établir un Prévôt, ou Receveur pour percevoir les péages & autres droits qui se lèvent sur les marchandises.

Droit de Parée.

Ce droit est le même que le droit de suite sur les serfs dont nous avons parlé ailleurs. Le droit de parée dans les Coutumes serves consiste donc à revendiquer les hommes serfs lorsqu'ils sortent d'une terre pour se refugier sur celle du Seigneur voisin. Souvent les Seigneur ont fait des traités entr'eux pour suivre leurs serfs les uns sur les autres; & alors le droit de parée s'appelloit droit de pariage, de parcours.

Droit de Pasques.

Ragueau dit que ce droit consistoit en un agneau que chaque particulier tenant troupeau de brebis dans la Paroisse doit donner au Curé. Il ajoute que ce droit a été adjugé au Curé du Bourg-Beauterre, par Arrêt du Parlement de Rennes, du 16 Octobre 1561.

Droit de Pasquerase.

Ce droit est une redevance dûe dans quelques Seigneuries par les laboureurs, à raison de chaque joug de bœufs pour le paccage qu'ils font dans les terres de la Seigneurie. C'est à peu près la même chose que les droits de blairie, d'avenage, de civerage.

Droit de Portage.

Ce droit est en usage dans le Lyonnois; il consiste dans la part que prend celui qui lève & qui apporte les droits au Seigneur; c'est la huitième partie du lot. Ainsi quand le

Seigneur donne quittance générale des lots à lui dûs sans réserve, le droit de portage n'est point dû; quand il fait grace d'une partie des lots, le droit de portage diminue à proportion. Voyez Henrys, tome 1, liv. 3, chapitre 3, quest. 31.

Droit de Pulverage.

Ragueau n'a point parlé de ce droit qui est fort commun en Dauphiné & dans la Provence. C'est un droit que les Seigneurs haut-Justiciers, fondés en titre ou en possession immémoriale, ont accoutumé de prendre sur les troupeaux de moutons qui passent dans leurs terres à cause de la poussière qu'ils y excitent. On peut appeller ceci le dernier rafinement des droits seigneuriaux. Voyez Salvaing de l'*usage des fiefs*, chap. 34; Boniface, tome 4, livre 3, titre 7, chap. 3.

Droit de Quintaine.

La quintaine est un Jacquemart ou grosse pièce de bois plantée en terre, ou dans le courant d'une rivière, à laquelle on attachoit autrefois un bouclier, contre lequel on rompoit quelques lances, ou contre lequel on tiroit en courant des traits ou quelques dards.

Anciennement dans les campagnes les paysans s'amusoient à cet exercice; & comme alors les Seigneurs demeuroient presque tous dans leurs terres, leurs Justiciables, pour les amuser, alloient prendre le divertissement de la quintaine sous les fenêtres du château. Les jeunes Seigneurs laïcs ou ecclésiastiques se mêloient dans la foule, & prenoient sans façon, sur-tout avec les jeunes filles & les jeunes mariées, des libertés publiques que la décence des mœurs a proscrites dans la suite.

Il y a toujours des Seigneurs plus attentifs à leurs intérêts que les autres; ceux-ci, d'une déférence volontaire, se sont fait un droit qu'ils ont exigé dans la suite par force. Les Justiciables à certains jours de l'année ont été contraints, sous peine d'amende, d'aller divertir Monseigneur.

Dans la Baronnie de Mezières on est obligé de tirer la

quintaine une fois l'an ſur la rivière la plus proche du château ; ceux qui manquent au jour indiqué, ou qui font ſemblant de rompre leurs lances, doivent une amende de 60 ſols au Seigneur.

A Mehun en Berry, les jeunes mariées de l'année, le jour de la Pentecôte, doivent tirer la quintaine ſous les fenêtres du château. Les jeunes mariées ſont tenues de donner un chapeau de roſes au Procureur du Roi, & une collation au Greffier; le Fermier des amendes doit fournir le Méneſtrier. Les défaillants, quand ils ont été ſommés la veille de faire le devoir, doivent une amende de 60 ſols. Les nouveaux mariés, qui dans l'année ont eu des enfants de leur mariage, ſont exempts de tirer la quintaine.

En Vermandois, en Bourbonnois & ailleurs, les nouveaux mariés tirent la quintaine à cheval. A la Chapelle d'Angillon en Berry, les jeunes mariés ſe jettent la pelotte les uns contre les autres le jour de la Pentecôte. En la Châtellenie de Mareuil, reſſort d'Iſſoudun en Berry, les jeunes mariés tirent auſſi la quintaine ſur la rivière d'Arnon, comme nous l'avons remarqué au droit de Bachellerie. Enfin il y a quantité de Seigneuries où le droit de quintaine eſt établi, ainſi que quantité d'autres divertiſſements gothiques, que les Seigneurs ont preſque par-tout convertis en redevances pécuniaires.

Par Arrêt du Parlement de Bretagne de 1546, il fut défendu au Prieur de Livrée, & à tous autres ayant droit de quintaine, d'en uſer le lendemain de Pâques, ni de prendre la chanſon & le baiſé des nouvelles mariées; ſauf à eux d'indiquer un autre jour pour tirer ſeulement la quintaine.

Il y a auſſi des Seigneuries où, à chaque mutation de Seigneur ou de vaſſal, le vaſſal, pour tout devoir féodal, eſt tenu de tirer la quintaine.

Droit de Rivage.

Ripaticum. Il eſt fait mention de ce droit dans les Ordonnances de la Prévôté & Echevinage de Paris. C'étoit le droit qui se payoit sur le vin & autres marchandises qui entroient ou qui sortoient en bateau sur la rivière de Seine.

Droit de Rodage.

Il est parlé de ce droit dans la Coutume de Saint-Sever, titre 10, art. 5, 6; dans celle d'Acs, titre 12, art. 5, 6. C'est un droit que le Seigneur péager prend pour une charrette vuide ou chargée de marchandise qui passe dans les chemins de la Seigneurie, outre le péage dû pour la marchandise.

Droit de Rouage.

C'est un droit seigneurial qui se prend sur le vin vendu en gros pour être transporté hors de la Seigneurie par charrois, & avant que la roue tourne. Dans quelques Seigneuries le rouage est aussi dû pour chaque charrette chargée de vin qui entre dans la Terre. Le Seigneur d'Ars, près la Châtre en Berry, a un droit de rouage sur toutes les charrettes chargées de vin qui entrent dans la ville de la Châtre.

Droit de Sacquage.

Therouanne, art. 7. Cette Coutume donne ce droit à l'Evêque de cette ville; il se perçoit sur chaque sac de grain vendu au marché. L'origine de ce droit est ancienne dans le Code Theodosien, liv. 14; il y a le titre 22 *de saccariis portus Romæ.*

Droit de Segorage.

Ce droit consiste dans la cinquième partie des bois qui se vendent par les vassaux, laquelle est dûe au Seigneur avant la coupe de ces bois. Avant même de les exposer en vente, le propriétaire est tenu de le déclarer à son Seigneur, ou à ses Officiers, & le prix qui en aura été offert.

Droits de Sexterage & Stellage.

Ce sont des droits qui se perçoivent sur les grains vendus au marché de la Seigneurie. C'est absolument la même chose que le droit de leyde.

Droit

Droit de Tabellionage.

Dans les Coutumes de Châteauneuf, art. 21 ; de Blois, art. 17 & 20, & dans plusieurs autres, ce droit appartient au Seigneur haut-Justicier, qui dans sa Justice peut établir un ou plusieurs Notaires pour recevoir les actes de ses Justiciables. En France ce droit est presque par-tout domanial ; les Seigneurs haut-Justiciers qui le prétendent doivent être fondés en bons titres.

Droit de Terceau.

Ce droit se perçoit dans la Coutume de Chartres. Voyez l'article 113. C'est un droit qui se lève par le Seigneur sur le vin, à raison de tant par cuve, par tonneau ou autre mesure. Le sujet, avant que de tirer son vin, doit avertir le Seigneur ou son Receveur, à peine de 60 sols d'amende.

Droit de Tonlieu.

Montreuil, art. 24, 26 ; ou *Tormelieu* à la fin du procès-verbal de la Coutume de Peronne ; ou *Toulieu*, Normandie, chap. 7 ; Theroanne, art. 7 ; Bourbonnois, art. 129 ; Surenne, art. 4 ; Haynault, chap. 106 ; ou *Thonneu*, Châlons, art. 3. C'est un droit seigneurial qui est dû par les vendeurs & les acheteurs pour les places qu'ils occupent à la foire, ou au marché, pour exposer leurs marchandises en vente. C'est à peu près la même chose que le droit de plassage.

Droit ou gabelle de Thonnieu.

Ordonnances du Duc de Bouillon, art. 577, 623, est un droit que le Duc lève sur chacun tonneau de vin ou autre breuvage vendu en gros.

Droit de Traicte.

Ancienne Coutume de Mehun, art. 11, étoit un droit de deux deniers tournois dûs au Roi sur chacun charroi de marchandise qui se transporte hors de la Terre de Mehun.

Droit de Treu accoutumé.

Comté de Bourgogne, art. 107. C'eſt quand la bête eſt priſe & tuée dans une autre Seigneurie que celle du chaſſeur, & doit être portée au Seigneur haut-Juſticier du lieu où elle a été priſe ou tuée. Dans les anciennes chroniques le mot *Treu* ſignifie *Péage*.

Droit de Vientrage.

Senlis, art. 125. C'eſt un droit ſeigneurial qui ſe perçoit ſur les vins, comme les droits de chantellage, de forage & d'afforage ci-deſſus.

Droit de Vins & Ventes.

Senlis, art. 215 ; Clermont, art. 13. C'eſt un droit qui eſt dû au Seigneur cenſuel par celui qui a acheté un héritage cenſuel. Dans les Coutumes d'Orléans, art. 107 ; & de Montargis, chap. 2, art. 4, ce droit eſt d'une jattée de vin & de ſeize deniers pariſis pour franc.

Droit de Vinage.

Senlis, art. 263 ; Rheims, art. 161. Ce droit eſt dû ſur les vignes, au lieu des cenſives. Il ſe doit payer à bord des caves ; & le détenteur ne peut tirer ſon vin ſans auparavant avoir payé le droit.

Droit de Vinade.

Auvergne, chap. 25, art. 21 ; la Marche, art. 92, 138, 139, 429, 430. C'eſt un droit qui eſt dû au Seigneur par ſes ſujets pour charroyer ſon vin ; c'eſt à peu près la même choſe que la bohade.

Droit de Xomage.

Lorraine, chap. 8, art. 5. Suivant cet article, le Seigneur foncier eſt capable des droits d'attouchements de bois, de fourage, rouage, *xomage* & ajuſtements de poids & meſures.

Ragueau a dit qu'il ne ſçavoit en quoi conſiſtoit le droit du xomage qu'il a donné ſous le mot de *ſomage*. Je n'en ſçais pas plus que Ragueau, qui ne pouvoit pas, comme il le dit lui-même, tout ſçavoir. Au ſurplus, le travail de Ragueau dans cette partie a été immenſe; non-ſeulement il a recueilli avec exactitude dans toutes les Coutumes ce qui étoit propre à ſon ſujet, mais encore il lui a fallu fouiller dans les anciennes chartes & les anciennes chroniques : travail ſec & dur! Que nous devons avoir d'obligation à ces laborieux Ecrivains qui nous ont ainſi facilité nos études! ils en ont écarté les ronces & les épines, nous recueillons les fleurs. Quand M. de Monteſquieu ſe livra à l'étude des loix féodales, il nous apprend qu'il fut épouvanté de cette multitude d'écrits froids, ſecs & inſipides qui contiennent le droit des fiefs; qu'il lui fallut dévorer les difficultés comme la fable dit que ſaturne dévoroit les pierres.

La grande quantité de droits ſeigneuriaux dont nous venons de parler prouve combien les anciens Seigneurs ont été attentifs & même ingénieux à tirer parti de tout; les quatre éléments ſe trouvent ici aſſervis à la puiſſance des Seigneurs. Pour reſpirer l'air de leurs Seigneuries, pour y tenir feu, il faut payer un droit. Toutes les eaux, même pluviales, qui tombent dans les Seigneuries, appartiennent aux Seigneurs. La terre, ſoit en culture, ſoit en friche, leur paie mille différents tributs. Ce n'eſt pas tout, les hommes, leur vie, leur mort, leur liberté, leurs contrats, leurs héritages, leurs troupeaux, leur commerce, leurs moindres actions, tout enfin, juſqu'à leurs plaiſirs, eſt devenu l'objet d'un droit ſeigneurial.

PRINCIPES SUR L'ORIGINE, L'USAGE ET LA PRATIQUE DES DROITS SEIGNEURIAUX.

LIVRE SIXIEME.

CHAPITRE PREMIER.

Des Bois des Seigneuries ; & en général des droits seigneuriaux qui naissent de la propriété & de la concession des Bois.

DE tous les héritages qui composent une Seigneurie ceux qui sont plantés en Bois sont aujourd'hui sans doute les plus précieux. Pour en convaincre les propriétaires, il n'est plus maintenant question de faire un grand éloge de cette parti. de biens. Depuis environ 80 ans que notre Marine s'est perfectionnée & augmentée ; depuis qu'elle a porté notre commerce dans toutes les parties du monde ; le prix des Bois sutaïes a monté au plus haut degré. Cette amorce a flatté généralement tous les Seigneurs & toutes les communautés qui avoient de grandes forêts ; de toutes parts on les a coupées & vendues. L'Ordonnance de 1669 sembloit devoir mettre un frein à ce désordre, mais ceux à qui l'exécution de la loi a été confiée ont été séduits comme les autres. Galon remarque que c'est sur-tout depuis l'époque de l'Ordonnance des Eaux & Forêts qu'on peut se plaindre de la dévastation des Bois. Leur destruction en effet a été poussée si loin, que dans ce Royaume, autrefois couvert de forêts immenses, on a peine à trouver les Bois nécessaires, non-seulement pour le service de l'Etat & de la Marine, mais même pour les besoins particuliers.

Il y a encore une autre cause de la destruction des Bois, c'est le luxe contre lequel tout le monde déclame, & dont personne ne se corrige. La consommation du Bois de chauffage est inconcevable ; les ouvrages de ménuiserie, les parquets, les lambris dont tous nos appartements sont décorés ont peut-être ruiné plus de forêts que la Marine militaire & commerçante. Toutes ces causes réunies ensemble ont rendu le Bois futaye d'une rareté & d'une chèreté excessives. Mais il ne doit plus être question d'encourager les Seigneurs & les particuliers à mettre la hache & la coignée dans leurs bois, en leur vantant le prix qu'ils en peuvent retirer ; au contraire, on ne peut trop les exhorter, & pour le bien de l'Etat & pour leur utilité personnelle, à bien économiser les Bois qui leur restent, & à réparer, s'il est possible, les pertes qu'ils ont faites.

Dans tous les Etats bien policés, on trouve des Réglements admirables pour empêcher la dégradation & le dépérissement des bois ; la France s'est sur tout distinguée par la sagesse, la prudence & même par la rigueur de ses Ordonnances sur le fait des Eaux & Forêts. Pourroit-on ajouter quelque chose en ce genre à l'Ordonnance de 1669 ? Il ne s'agit que de la faire exécuter. Ce n'est pas à nous que Sa Majesté a confié ce soin ; tout ce que notre zèle, en secondant ses intentions, peut faire, est de rappeller ici aux Seigneurs, aux Ecclésiastiques & aux Particuliers qui ont des forêts, les Réglements faits pour la conservation, l'agrandissement & la propagation de leurs Bois.

Rien n'est si essentiel à un Seigneur, qui a une grande Terre, que d'en tirer tout le parti possible du côté des bois. Ceux qui ont le bonheur d'en avoir, ne peuvent les conserver avec trop de vigilance & d'économie. Ceux dont les terres sont dépourvues d'un avantage si précieux, ne peuvent apporter trop de soins pour se le procurer, soit en semant, soit en replantant du moins les anciennes forêts, dont les terreins, depuis leur dernière exploitation, demeurent de tous côtés incultes & inutiles. Les Seigneurs qui sont dans cette dernière position ne doivent point être allarmés par la crainte de voir leurs soins & leur dépense infructueuse; ils n'ont qu'à bien examiner & étudier la nature du terrein qu'ils veulent semer ou planter, & on peut leur promettre qu'il n'en est point, si stérile qu'il paroisse, qui ne soit propre à rapporter quelqu'espece de Bois utile à quelque commodité de la vie, & qui récompensera abondamment le propriétaire de la dépense qu'il aura faite.

Pour confirmer cette vérité, on rapporte un exemple frappant. Un pere, dans la Coutume de Paris, avoit deux fils, & deux Terres; l'une valant 11000 liv. de rente que l'aîné eut par la force de la loi municipale; l'autre affermée 1500 liv. fut le partage du cadet. Elle étoit située du côté de Fontainebleau, embrassoit un terrein très-spacieux, mais si stérile qu'il n'y croissoit que du bouleau à travers les bruyeres. Des paysans d'expérience persuadèrent à ce cadet qu'il devoit s'appliquer à semer, planter & cultiver cette espèce de Bois; qu'on en feroit des balais dont il auroit aisément le débit à Paris, & qu'il y transporteroit par la rivière de Seine qui n'étoit pas éloignée. Cet avis ne fut point négligé; en peu de temps tout fut planté en bouleau: les habitants des environs demandèrent à l'envi différents cantons de ses bruyeres qu'ils prirent à titre de cens: de façon que bientôt il n'y eut pas dans cette Terre un seul arpent de terre inculte, & que cette Terre, qui auparavant ne rapportoit que 1500 livres de rente, en donne aujourd'hui 13 à 14000. Il est vrai qu'il falloit être à la portée de Paris, où tout se débite, pour tirer un profit aussi considérable d'un Bois tel que le bouleau; mais il n'y a ni Province ni endroits où avec de l'industrie on ne puisse trouver des débouchés pour le commerce de quelqu'espèce de Bois que ce soit; de même qu'il n'y a aucun terrein à qui, avec des soins & du travail, on ne puisse faire rapporter quelqu'espèce de Bois utile au commerce ou à quelque commodité de la vie. Le châtaignier, le sapin, le hêtre croissent dans les terreins montueux & secs; le saule, le peuplier, l'aulne dans les terreins marécageux, humides, le long des rivières & des ruisseaux; l'orme, le charme, le tilleul viennent dans presque toutes sortes de terreins. Mais de tous les arbres, le plus utile & le plus estimé c'est sans doute le chêne; il vient presque par-tout, mais cependant mieux dans les bonnes terres & un peu humides que par-tout ailleurs. C'est le chêne qui peuple les grandes forêts; cet arbre précieux fournit plus que tout autre des secours nécessaires aux besoins les plus essentiels de la vie, à l'entretien du commerce & de la Marine; aussi est-ce à cette seule espèce d'arbre, dont l'utilité & les propriétés sont presque générales, que nous bornerons ici nos observations.

Saint-Yon observe qu'il y a plusieurs espèces de chêne, dont les plus considérables sont le *rouvre*, l'*yeuse* & le *chêne-vert* qui produit le liége. Cette dernière espèce est plus rare & moins considérable que les deux premières; on n'en trouve que dans les pays chauds & montueux, comme dans la basse Provence & en quelques endroits d'Italie. Parmi le chêne ordinaire on distingue le mâle & le femelle. Le premier est préférable, parce qu'il est plus gros, que sa tige est plus haute & plus droite, & qu'il dure plus long-temps.

Le chêne croît autant dedans que hors terre; mais lorsque sa racine a une fois trouvé un mauvais tuf, qu'elle ne peut plus percer, alors elle rampe, & l'arbre commence à périr par le sommet. Quand le propriétaire s'en apperçoit, il doit songer à tirer parti de son bois, en le coupant & le faisant ouvrager. Il ne faut pas attendre que le chêne vieillisse trop long-temps, & encore moins le laisser mourir sur pied. S'il meurt sur pied, il ne sert de rien; s'il vieillit trop, il dégénere; & mis en œuvre, il ne dure pas si long-temps que s'il eût été coupé plus jeune.

Il se trouve des terreins d'un fonds excellent où le chêne est verd & vigoureux jusqu'à deux cents & trois cents ans; dans d'autres il commence à déperir à cent cinquante; dans d'autres à cent, à quatre-vingt, suivant que le fonds se trouve plus ou moins favorable à cette espèce de production.

On a observé que depuis quatre-vingt jusqu'à cent cinquante ans, le bois de chêne est très-bon à bâtir, & qu'il est meilleur à ces âges qu'à tout autre; l'arbre se trouve en effet dans sa plus grande force, ce qui fait qu'il dure cinq à six cents ans sans dégénerer, pourvu qu'il soit de bonne nature & coupé dans les temps convenables. On a même remarqué qu'étant de cette qualité, & employé en pilotis, il dure plus de quinze cents ans sans se gâter. Il n'en est pas de même quand on coupe le chêne après deux cents ans; il est certain qu'à cet âge il dépérit dans les bâtiments comme il fait sur pied, & même plus vîte; parce que renfermé dans les matériaux il s'échauffe & pourrit en très-peu de temps.

Les Bois se divisent ordinairement en Bois futaies & Bois taillis. Les Bois futaies sont composés d'arbres qu'on laisse croître jusqu'à cent, cent cinquante ans, & même davantage. D'anciennes Ordonnances rapportées par Saint Yon fixent la coupe de ces Bois à cent ans; celle de 1669, tit. 26, art. premier, la pousse à cent vingt. Cependant lorsque le Bois futaie est en bon fonds, on en peut retarder la coupe jusqu'à cent soixante ou deux cents ans; il est même nécessaire de la reculer le plus qu'il est possible, afin d'avoir des pièces assez considérables pour la construction des vaisseaux, auxquels il faut des longueurs & des grosseurs extraordinaires.

Les bois taillis sont ceux qu'on coupe depuis dix jusqu'à trente-cinq ou quarante ans, & qu'on emploie pour le chauffage, pour faire du charbon, & pour le service des forges. Il y a quantité de Réglements faits par les Ordonnances, & notamment par celle de 1669, pour la conser-

vation,

vation, l'augmentation & l'exploitation de ces deux espèces de Bois.

Le peu d'observations que nous venons de faire tendent toutes à prouver combien les Bois sont précieux. Quoiqu'ils ne demandent point tant de culture ni de dépense que les autres biens de la campagne, cependant un Seigneur qui veut tirer parti de ses Bois doit y apporter de grandes attentions.

1°. Les Seigneurs ne peuvent trop être instruits des Réglements faits par nos Ordonnances, & sur-tout par celle de 1669, sur le fait des Bois, soit sur ceux qu'ils possèdent en propriété, soit sur ceux qu'ils possèdent à titre de tiers & danger, de grurie & grairie, ou à titre d'engagement; ceux qu'ils possedent en commun avec les Communautés. Ceux dans lesquels ils ont, ou ils souffrent le droit d'usage, ont encore leurs règles particulières, dont il est très-important qu'ils soient instruits, soit pour restreindre leurs droits dans de justes bornes, soit pour empêcher les autres d'abuser des leurs.

2°. Le Seigneur doit avoir grand soin de renfermer ses Bois de bons fossés, tant pour prévenir les usurpations des riverains, que pour écarter de ses bois, & sur-tout des jeunes taillis, les bestiaux. Ces fossés sont indispensables, si les Bois du Seigneur joignent les Bois du Roi.

3°. Il doit faire lever par un habile arpenteur un plan figuré de ses Bois. Les plus beaux cantons & la grande quantité de ses futaies, il les mettra en réserve; c'est une ressource assurée pour les réparations des bâtiments, & pour d'autres pressants besoins qui peuvent survenir. Le restant de ses Bois, il le destinera pour être exploité en coupes reglées, en observant les loix prescrites par l'Ordonnance de 1669, & les Réglements rendus en conséquence.

4°. Il visitera souvent ses Bois lui-même, sur-tout les futaies; il observera s'il n'y a point d'épines & de mauvais arbres, qui souvent empêchent les jeunes chênes de croître; il fera couper ces arbres nuisibles, & cette attention fera fructifier son Bois.

4°. S'il y a des places vuides & des chaumes dans ses Bois,

il les fera repeupler comme il eſt ordonné pour les Bois du Roi. On trouvera dans le dernier chapitre de ce Livre ce que doit faire un particulier qui veut ſemer ou planter un Bois nouveau.

6°. Il établira dans ſes bois de bons & fidèles Gardes, capables des attentions que cette fonction demande. Il leur donnera de bonnes inſtructions, & veillera à ce qu'ils s'y conforment avec vigueur, ſans aucune complaiſance pour les délinquants. Il n'oubliera pas de leur recommander d'exterminer autant qu'il leur ſera poſſible les corneilles dans ſes Bois : ces oiſeaux y ſont extrêmement nuiſibles ; ils mangent & coupent les ſommités des futaies avec les boutons & les glans dans leur naiſſance, ce qui par la ſuite fait mourir & ſécher les arbres.

Les droits qui naiſſent de la propriété ou de la poſſeſſion des Bois ſont conſidérables par eux-mêmes ; mais aujourd'hui plus que jamais ils ſont pour les Seigneurs d'une extrême conſéquence.

Les droits en queſtion ſont, pour ainſi dire, une claſſe ſéparée des autres droits ſeigneuriaux, en ce que les Seigneurs en doivent jouir non-ſeulement ſuivant les règles du Droit civil, qui gouverne la propriété des autres biens, mais encore conformément aux loix politiques preſcrites par le Souverain & par l'Etat pour l'augmentation, la conſervation & la deſtination de tous les Bois du Royaume.

Les Seigneurs n'ont point ſur la jouiſſance de leurs Bois un pouvoir auſſi arbitraire que ſur celle de leurs autres poſſeſſions ; ils ne peuvent point en changer la nature de leur autorité privée ; il leur faut une permiſſion du Souverain. Ils ne peuvent couper une forêt, un Bois futaie, un chêne épars le long d'un buiſſon, ſans l'agrément du Prince ; ils ne peuvent en diſpoſer au préjudice des beſoins de l'Etat. Malgré toute cette gêne apparente, également utile au bien public & à celui des particuliers, les Bois ſont & ſeront toujours les plus précieux de tous les héritages.

Parmi les droits que donne aux Seigneurs la propriété des Bois, il en eſt de pluſieurs eſpèces. La première conſiſte dans le pouvoir qu'a le Seigneur haut-Juſticier d'établir un

Juge séparé de sa Justice ordinaire, pour veiller à la conservation de ses Bois, y faire observer les Ordonnances, punir les délinquants, prononcer contr'eux les amendes, restitutions & confiscations portées par les loix. Dans un chapitre particulier nous ferons connoître quel est l'état de ces Juges, quelles sont leurs fonctions, dans quelles bornes ils doivent les renfermer.

Le droit le plus flatteur pour un Seigneur qui possède d'amples forêts est la chasse. Nous avons vu dans le Livre précédent en quoi consiste ce droit, & comment les Seigneurs doivent l'exercer.

Après les droits dont nous venons de parler, qui sont ou de prééminence, ou de simple agrément, il en est aussi d'utiles; comme les droits d'usage, la faculté de prendre du bois pour son chauffage, ou pour bâtir, le paccage, le panage. Ces droits sont actifs ou passifs. Ils sont actifs en un double sens par rapport aux Seigneurs, 1°. en ce qu'ils sont toujours inséparables de la propriété des Bois; d'où il suit qu'ils appartiennent toujours, & comme de raison, au propriétaire dans ses Bois. 2°. En ce que les Seigneurs peuvent exercer ces mêmes droits dans les Bois d'autrui, lorsque la concession leur en a été faite.

Les droits en question sont au contraire passifs relativement à ces mêmes Seigneurs, lorsqu'ils les ont accordés dans leurs propres Bois à titre gratuit ou onéreux à un Seigneur, à une Communauté, à un particulier. Un autre droit qui naît de cette concession est la faculté qu'a le Seigneur de demander le triage contre la Communauté, & le cantonnement contre les particuliers, lorsque les uns & les autres abusent de sa libéralité.

On peut encore regarder comme passifs, par rapport aux Seigneurs, les droits de tiers & danger, de grurie, grairie & ségrairie qui appartiennent à Sa Majesté dans une grande partie des forêts de ce Royaume. Les loix qui règlent la jouissance & la perception de ces droits, ainsi que l'administration des Bois en général, sont immenses; nos Rois, soit pour la conservation de leur domaine, soit pour le bien de l'Etat, ont porté leurs attentions sur tout; ils ont tout réglé.

Il eſt donc très-important aux Seigneurs propriétaires de Bois, de ſçavoir à cet égard ce qu'ils doivent au Roi & à l'Etat, ce qu'on leur doit à eux-mêmes, & enfin ce qu'ils doivent aux autres; de bien connoître au moins l'eſprit des loix qui gouvernent les Bois. Il ſeroit ſans doute pour eux fort déſagréable de les chercher dans la multitude des volumes énormes où elles ſont comme enſevelies; pour leur éviter un travail auſſi ſec & auſſi ennuyeux, on va les aſſembler ici ſous un ſeul point de vue, & le plus brièvement qu'il ſera poſſible. Dans les différents chapitres de ce Livre, les Seigneurs eccléſiaſtiques ou laïcs, leurs Juges, leurs Fermiers trouveront, ſur chacun des objets dont nous venons de parler, toutes les inſtructions & tous les principes qu'on peut deſirer. On s'attachera ſur-tout à ceux qui ſont indiqués par l'Ordonnance des Eaux & Forêts de 1669. Pour captiver davantage l'attention des lecteurs, on les avertit que cette Ordonnance eſt toute pénale, que la contravention eſt toujours ſuivie d'une peine proportionnée, qu'aucun Juge n'en peut diminuer le poids & la rigueur, & que les délinquants ne peuvent eſpérer de modération que dans la clémence de Sa Majeſté.

CHAPITRE II.

Des Juges & Officiers des Seigneurs pour la conſervation de leurs Bois.

IL n'y a guère de matière moins connue par les Juges & les Officiers des Seigneurs, que celle qui concerne les Eaux & Forêts; ils ignorent également leur compétence & leurs fonctions en cette partie. Il eſt donc important de les inſtruire ſur l'un & l'autre objet, en leur rappellant le précis des Ordonnances & des loix qui règlent leur état & leurs fonctions à cet égard.

En matière de délits concernant les Eaux & Forêts, il faut diſtinguer ceux qui ſont commis par les Seigneurs, même dans leurs bois, d'avec ceux qui y ſont commis par des particuliers.

Quant aux premiers, la connoiſſance en appartient ſans doute aux ſeuls Officiers des Maîtriſes des lieux où ſont ſitués ces bois. C'eſt la diſpoſition textuelle de l'article 13 du titre premier de l'Ordonnance de 1669. Le motif de cette loi eſt expliqué dans la Déclaration du 8 Janvier 1715; c'eſt que les Juges ſeigneuriaux n'oſeroient pas informer des délits que commettent leurs Seigneurs, ni en pourſuivre la punition ſuivant la rigueur des Ordonnances.

A l'égard des délits qui ſont commis par les particuliers dans les bois des Seigneurs, il n'y a aucun doute que leurs Juges n'en puiſſent connoître. Cette compétence eſt reconnue par pluſieurs articles de l'Ordonnance de 1669. L'article 11 du titre premier ordonne que, dans les Juſtices où les Seigneurs auront un Juge particulier pour le fait des Eaux & Forêts, les Juges des Maîtriſes auront la prévention, lorſqu'ils auront été requis. L'article 2 du titre 13 concernant la Table de Marbre en dernier reſſort, dit .... « Connoîtront auſſi de toutes les appellations des Sentences » & Jugements rendus par les Officiers des Maîtriſes & au- » tres Juges inférieurs de leur reſſort; *comme auſſi des Juge-* » *ments émanés des Juſtices ſeigneuriales concernant la matière* » *des Eaux & Forêts* ». C'eſt ce qui eſt encore répeté dans l'article 5 du même titre. Par l'article 9 du titre 25, Sa Majeſté veut que les Juges des lieux faſſent l'aſſiette des coupes ordinaires des bois des Communautés en préſence du Procureur-Fiſcal, du Syndic, & de deux habitants. Enfin l'article 2 du titre 26 lève toute difficulté ſur la matière, en ce qu'il permet aux Grands-Maîtres & autres Officiers la viſite & inſpection dans les bois des particuliers, pour y faire exercer l'Ordonnance, & réprimer les contraventions, *ſans qu'ils y exercent autres Juriſdictions*, & prennent connoiſſance des ventes, gardes, polices & délits ordinaires, *s'ils n'en ſont requis par les propriétaires.*

D'après tous ces articles de l'Ordonnance de 1669, il n'eſt pas poſſible de douter de la compétence des Juges ſeigneuriaux ſur les matières des Eaux & Forêts en ce qui concerne les bois de leurs Seigneuries. Il faut cependant obſerver que l'Ordonnance n'attribuoit aux Juges ſeigneuriaux la connoiſſance de ces matières qu'autant qu'elle ſuppoſoit que les Seigneurs qui prétendoient avoir un Juge pour les Eaux & Forêts, étoient fondés en titres précis. Que tel ait été dans l'origine l'eſprit de la loi, on n'en peut douter après la quantité d'Arrêts du Conſeil d'Etat rendus depuis 1669 juſqu'en 1707, rapportés par Galon ſur l'article 12 du titre premier. Les uns défendent à pluſieurs Seigneurs de donner à leurs Officiers la qualité de Juges des Eaux & Forêts, s'ils n'y étoient fondés en titres confirmés par Lettres-patentes duement vérifiées, qu'ils ſeroient tenus de repréſenter au Grand-Maître du département dont ils prendroient l'attache; le tout à peine de nullité, caſſation des procédures, dépens, dommages & intérêts des Parties, & d'amende arbitraire. Les autres défendent à différents Juges ſeigneuriaux, dont les Seigneurs n'avoient pas titre, de prendre la qualité de Juges des Eaux & Forêts, & de connoître des matières qui y ſont attribuées. Mais dans tout ceci il eſt arrivé de grands changements.

En 1707, par Edit du mois de Mars, Sa Majeſté créa, moyennant finances, en titre d'Office formé & héréditaire, un Conſeiller du Roi Juge Gruyer, un autre Conſeiller du Roi ſon Procureur, & un Greffier, pour être établis en chacune des Juſtices des Seigneurs eccléſiaſtiques & laïcs de tout le Royaume; ordonne Sa Majeſté que leſdits Officiers connoîtront en première inſtance, à l'excluſion des Maîtres particuliers, Table de Marbre, & tous Juges ordinaires royaux ou des Seigneurs, de toutes matières concernant les Eaux & Forêts.

Perſonne ne s'étant préſenté pour acquérir ces Offices, le Roi, par ſa Déclaration du premier Mai 1708, les réunit aux Juſtices ſeigneuriales, pour être à l'avenir les fonctions deſdits Offices faites par les Juges & Officiers deſdites Juſtices. Permet Sa Majeſté aux Seigneurs qui auront acquis ladite réunion, de diviſer leſdits Offices, ſi bon leur ſemble, pour les vendre à telles perſonnes & pour tel prix qu'ils aviſeront bon être; le tout en payant la finance de la réunion, ſuivant les rôles qui en ſeront arrêtés au Conſeil, moitié comptant, & l'autre moitié dans deux mois.

En exécution de cette Déclaration, on arrêta des rôles au Conseil pour contraindre les redevables ; l'Ordre de Malthe y fut même compris, & paya une somme de 20000 livres, ainsi qu'il résulte d'un Arrêt du Conseil du 13 Mai 1710.

Ces Edits bursaux firent cesser la rigueur de l'Ordonnance de 1669. Comme les Officiers des Eaux & Forêts n'avoient plus aucune inspection ni aucune jurisdiction sur les bois des ecclésiastiques & des particuliers, les délits & les abus s'y multiplioient à l'infini. Pour en arrêter le cours on crut qu'il n'y avoit pas de meilleur moyen que de rendre aux Officiers royaux des Eaux & Forêts, sur les bois des ecclésiastiques & des particuliers, la même jurisdiction qui leur avoit été attribuée par l'Ordonnance de 1669. A cet effet, par Edit du mois de Janvier 1715, Sa Majesté ordonna qu'à l'avenir les Officiers des Maîtrises exerceroient sur les eaux & forêts des ecclésiastiques, & autres gens de main-morte, la même jurisdiction que sur les forêts du Roi : qu'à l'égard des eaux & forêts appartenant aux Seigneurs laïcs, les Officiers des Maîtrises en connoîtroient pareillement, sans qu'ils en eussent été requis, ou qu'ils eussent prévenu, lorsque les propriétaires desdites eaux & forêts auroient eux-mêmes commis les délits; mais que les Maîtrises n'en pourroient prendre aucune connoissance, quand les délits auroient été commis par d'autres, à moins qu'elles n'en ayent été requises, ou qu'elles n'ayent prévenu les Juges des Seigneurs, dont les Jugements, sur le fait des eaux & forêts, releveroient directement aux Sièges des Tables de Marbre.

Cet Edit fixe, sans ambiguité, les fonctions des Juges seigneuriaux sur les eaux & forêts des Seigneurs laïcs ; & depuis 1715 nous ne voyons pas qu'on ait donné aucune atteinte à la compétence de ces Juges. Ils continuent à jouir de leurs fonctions sans aucun empêchement, en se conformant néanmoins aux restrictions portées par l'Edit de 1715 ; sur quoi les Juges des Seigneurs & les Seigneurs eux-mêmes doivent observer deux choses.

En premier lieu, les Juges des Seigneurs ne peuvent point prendre la qualité de Maîtres particuliers des Eaux & Forêts ;

& les Seigneurs, dans leurs provisions, ne doivent point donner cette qualité à leurs Juges. Plusieurs Arrêts du Conseil d'Etat contiennent l'une & l'autre défense; entr'autres celui du 24 Août 1724 défend au Juge de Maisons de prendre la qualité de Juge des Eaux & Forêts, ni d'entreprendre aucune jurisdiction sur la matière, si ce n'est en qualité de Juge de Seigneur, sans pouvoir connoître d'aucun cas royal, ni de réformation. Un autre Arrêt du 27 Août 1743 fait également défenses au Seigneur de Cluys en Berry de donner à son Juge la qualité de Maître particulier, & au Juge de la prendre, à peine contre l'un & l'autre de 500 liv. d'amende, qui ne pourra être réputée comminatoire. Le Seigneur articuloit une possession de deux cents ans, appuyée de titres, auxquels le Conseil n'eut aucun égard.

En second lieu, les Juges des Seigneurs, ceux des ecclésiastiques encore plus que les autres, doivent bien prendre garde de ne point connoître, sous quelque prétexte que ce soit, d'aucuns délits dans les quarts de réserve des bois des Communautés, ni des coupes d'arbres futaies, baliveaux sur taillis, ou arbres épars, à peine de 800 liv. d'amende qui demeurera encourue pour la première fois, & de plus grande peine en cas de récidive. Il leur est enjoint de renvoyer aux Officiers des Maîtrises la connoissance desdits délits, sous les mêmes peines, & en outre de demeurer garants & responsables en leur propre & privé nom du montant des amendes auxquelles les délinquants auroient pû être condamnés, & de tous dommages & intérêts. Telle est la teneur d'un Arrêt du Conseil d'Etat du 8 Août 1738, contre le Juge du Marquisat de Perrières, qui avoit connu de délits commis dans la réserve des bois communs des habitants du lieu.

Un autre Arrêt du 18 Septembre 1736 a défendu au Greffier de la Communauté d'Essartenne, & à tous Greffiers des Justices seigneuriales qui sont dans la distance des quatre lieues portées par l'article 15 du titre des bois des Communautés, de l'Ordonnance de 1669, de recevoir aucuns rapports des délits commis dans les bois des Communautés, au Procureur d'office de les poursuivre, & au Juge de les juger;

juger; il leur eſt enjoint de les renvoyer à la Maîtriſe, à peine, contre chacun des contrevenants, de 500 liv. d'amende, & de repréſenter le regiſtre des rapports & celui d'audience à la première requiſition des Officiers de la Maîtriſe. Tous ces différents Arrêts prouvent également aux Juges des Seigneurs, & les juſtes bornes dans leſquelles ils doivent ſe renfermer ſur le fait des eaux & forêts, & la ſubordination dans laquelle ils ſont à l'égard des Maîtriſes.

Les Juges Gruyers des Seigneurs ne peuvent trop être inſtruits des devoirs que leur impoſe leur qualité, afin de ne pas s'expoſer par quelque prévarication aux peines prononcées par l'Ordonnance de 1669. Ainſi dans les martelages, les ventes & les récolements qu'ils font des bois des Seigneurs, ils doivent exactement obſerver ce qui eſt preſcrit par la même Ordonnance; s'ils y manquoient, outre les amendes & les peines portées par cette rigoureuſe loi, ils pourroient encore être tenus à de gros dommages & intérêts envers leurs Seigneurs.

Dans leurs Jugements, ils ne peuvent, ſous quelque prétexte que ce ſoit, s'écarter de ce qui eſt reglé par l'Ordonnance de 1669, ſur les peines, les amendes & les reſtitutions; l'article 14 du titre 32 le leur défend expreſſément. Ils doivent encore moins chercher à émolumenter; en matière de délits dans les eaux & forêts, tout doit être jugé ſommairement autant qu'il eſt poſſible; c'eſt l'eſprit de l'Ordonnance, c'eſt même la diſpoſition textuelle de l'article 3 du titre 4. Si cependant il n'y avoit point de procès-verbal, ſi le délit étoit dénié, en ce cas le Juge peut ordonner la preuve par enquête ſommaire.

Si le Seigneur, ou quelque particulier, rend plainte de quelque délit conſidérable, la preuve peut s'en faire par information; mais après le décret on civiliſe l'affaire. Nous avons deux Arrêts de la Table de Marbre de Dijon tout recents, qui caſſent deux procédures criminelles pour délits ſimples commis dans les bois, inſtruites par récolement & confrontation, condamnent les Officiers à rendre les droits par eux perçus pour ces deux opérations. Quand le délit ſimple d'eaux & forêts eſt accompagné de quelqu'autre délit, il n'est pas douteux qu'on ne doive continuer la procédure à l'extraordinaire.

Les Juges des Seigneurs doivent encore observer que généralement tous les bois du Royaume, ceux des Seigneurs laïcs & des particuliers, comme ceux du Roi, & des Seigneurs ecclésiastiques, doivent être mesurés à l'arpent de Paris, contenant cent perches, la perche vingt-deux pieds, le pied douze pouces, & le pouce douze lignes, nonobstant tous usages & possessions contraires, à peine de 1000 livres d'amende. C'est la disposition de l'art. 14 du tit. 27 de l'Ordonnance de 1669.

Tout arpentage de bois doit donc être fait & ordonné à la mesure ci-dessus, & il n'y a que pour l'arpentage des autres héritages qu'on peut se servir de la mesure ordinaire des lieux. Augeard rapporte un Arrêt du Parlement de Paris, du 3 Mars 1690, conforme à cette décision, & dont voici l'espèce.

Le sieur Scarron de Varres avoit vendu la forêt de Marigny à raison de 150 liv. l'arpent. Le bois avoit été mesuré par le vendeur suivant la mesure des lieux dont la perche étoit de vingt pieds. Après l'adjudication, les adjudicataires prétendirent qu'il y avoit erreur dans l'arpentage, qu'il devoit avoir été fait suivant la mesure générale prescrite par l'Ordonnance, & offrirent de payer sur ce pied. Leurs offres furent déclarées suffisantes & valables par l'Arrêt infirmatif d'une Sentence du Châtelet qui avoit condamné les adjudicataires.

Il est libre aux Seigneurs de se servir pour leurs arpentages, ou des arpenteurs des Maîtrises, ou de ceux créés par l'Edit du mois de Mars 1702 pour toutes les villes & bourgs du Royaume. Mais de quelques arpenteurs qu'ils se servent, (qu'on nous permette cette petite digression) ils doivent veiller :

1°. A ce que l'arpenteur, pour mesurer leurs bois, n'emploie d'autre mesure que celle prescrite par l'Ordonnance de 1669; qu'il ne se serve dans ses opérations que des instruments ordinaires & connus, tels que l'équerre, le bâton, les affiches, la planchette, le cercle, le demi-cercle, la boussole, avec une chaîne qui doit être chatonnée.

2°. A ce que l'arpenteur, dans son plan, figure avec exactitude & avec justesse, les pieds corniers, les arbres & de paroi, leur nombre & leur distance les uns des autres, les bornes, les places vuides, les charbonnières, les chemins, les sentiers, les rivières, fontaines & ruisseaux qui passent dans les bois, les marais, étangs, combes, goutes, ravines qui peuvent s'y trouver, les roches, montagnes, creux, élévations, enfin tout ce qui paroîtra remarquable, ensemble les héritages riverains, leur qualité, les haies vives, ou fossés qui les séparent des bois, les noms des propriétaires. L'arpenteur doit orienter son plan avec la boussole, en diviser les longueurs & les mesures par une échelle, de façon que, le plan à la main, le Seigneur dans son cabinet puisse reconnoître ses bois, & en prendre toutes les distances avec le compas.

3°. Parmi les fautes que peut commettre un arpenteur, le Seigneur doit distinguer les fautes qui proviennent de pure inadvertence d'avec celles où il sçaura qu'il y aura du dol ou de la connivence avec les adjudicataires & les délinquants. Les premières sont excusables; pour les secondes, l'arpenteur doit être privé de son Office, condamné en 500 liv. d'amende, & chassé pour toujours des forêts. C'est la peine prononcée par l'art. 8 du tit. 11 de l'Ordonnance de 1669 contre les arpenteurs des Maîtrises.

Il est sans contredit que les Juges Gruyers des Seigneurs peuvent connoître de la propriété des bois. L'Ordonnance de 1669, ni l'Edit de 1715 ne restreignent point leur pouvoir à cet égard. Bardet, dans ses Arrêts, en rapporte un du 13 Février 1629, qui décide la question pour l'affirmative en faveur des habitants de Magny, sur une usurpation qu'on prétendoit qu'ils avoient faite dans des bois communaux. Cette affaire fut portée par devant le Juge des lieux; & revendiquée par le Procureur du Roi de la Maîtrise qui en fut débouté. Sur l'appel interjetté de sa part, l'appellation fut mise au néant, & l'Arrêt ordonna que la Sentence sortiroit effet.

Toutes Sentences seigneuriales qui prononcent sur abus, délits & malversations, qui contiennent des condamnations d'amende, & restitution de confiscation, sont exécutoires par provision, nonobstant l'appel. C'est la disposition de l'article 2 du titre 13 de l'Ordonnance de 1669. Leur appel se relève, non aux Sièges des Maîtrises, mais directement aux Tables de Marbre. Ce point est non-seulement règlé par l'Edit de 1715, mais encore par les articles 2 & 5 du titre 13 de l'Ordonnance de 1669. Galon, dans sa Conférence sur ces deux articles, rapporte quantité d'Arrêts du Conseil d'Etat, qui dans tous les temps ont confirmé cet usage, malgré les efforts réiterés des Parlements & des Maîtrises particulières.

On ne peut finir ce chapitre sans dire un mot pour exciter le zèle des Procureurs-Fiscaux à prendre avec chaleur les intérêts de leurs Seigneurs sur un objet aussi précieux que celui de leurs bois. Le Procureur-Fiscal est l'ame de la Justice, il en est le grand ressort; son activité & sa vigilance doivent le porter par-tout où il peut présumer les délits, ou quelque négligence de la part des Gardes. Il doit d'ailleurs sçavoir qu'il ne doit rien être statué sur les rapports, procès-verbaux & prises faites par les Gardes, qu'il n'ait donné ses conclusions; & que dans la huitaine du dépôt des procès-verbaux au Greffe, il doit poursuivre la punition des délits qui y sont mentionnés, à peine de privation de son Office & de ses gages. L'une & l'autre obligation lui est expressément imposée par les articles 3 & 7 du titre 6 de l'Ordonnance de 1669. Un Arrêt du Conseil, du 16 Novembre 1669, casse le Procureur du Roi de la Maîtrise de Laigne, Duché de Valois, le condamne en 1000 liv. d'amende, déclare sa Charge confisquée, pour avoir, dans un récolement, fait plusieurs monopoles qui tendoient à couvrir les délits commis dans l'exploitation de la forêt de Laigne. Il y a un semblable Arrêt du Conseil du 27 Décembre 1683, contre le Procureur du Roi de la Maîtrise de Fontainebleau pour semblables malversations. Enfin un autre Arrêt du Conseil, du 29 Mai 1702, ordonne que le Procureur du Roi de la Maîtrise de Gray se défera de sa Charge, pour avoir été négligent d'en remplir les fonctions. Si les Procureurs du Roi, dont les Charges sont héréditaires, peuvent être si sévèrement punis de leurs négligences & de leurs prévarications, que ne doit point craindre un Procureur-Fiscal révocable à volonté ?

CHAPITRE III.

Des Gardes des eaux & forêts, pêche & chasse des Seigneurs.

LE choix d'un Garde n'est pas une chose indifférente pour les Seigneurs ; ils y doivent observer, 1°. que ce Garde, autant qu'il est possible ; & nous l'avons déja remarqué ailleurs, soit étranger ; s'il est de la Seigneurie, les liaisons de parenté, d'amitié se joignent à celles du cabaret, & l'engagent à dissimuler les délits. 2°. Que le Garde soit, autant qu'on le peut esperer de cette espèce de gens, honnête homme, actif & instruit des Réglements. S'il est tel, les bois seront bien gardés, le gibier abondera dans les plaines & les bois, le poisson dans les rivières. Quelles ressources à la campagne & même pour la ville ! Si au contraire le Garde est fripon, paresseux, & ignorant, tout languira, tout périra, tout sera dégradé ou pillé ; & qui pis est, souvent les Seigneurs qui se croient obligés de prendre le fait & cause de leurs Gardes, se trouveront embarqués dans mille procès désagréables.

L'établissement d'un Garde se fait ordinairement par de simples Lettres de provision accordées par le Seigneur, & signées de lui. Celui qui les a obtenues, avant de commencer ses fonctions, doit les faire enregistrer au Greffe de la Justice, se faire recevoir par le Juge de la Seigneurie, & prêter serment par-devant lui. Depuis l'Edit de 1715, par lequel Sa Majesté a réuni aux Justices seigneuriales les Offices de Juges Gruyers, il n'est pas douteux que les Juges seigneuriaux ont le pouvoir de recevoir les Gardes de leurs Seigneuries. On fera cependant encore mieux si on les fait recevoir à la Maîtrise particulière dans l'étendue de laquelle est située la Seigneurie. Alors le Garde aura le même pouvoir & le même privilége qu'un Garde des eaux & forêts du Roi, qui est d'en être cru seul à son serment sur les prises qu'il fera, jusqu'à l'inscription de faux.

Il n'y a aucune Ordonnance, aucun Réglement qui définisse à quel âge on peut recevoir un Garde; mais on pense qu'ayant le pouvoir de faire un rapport, & le privilége d'en être cru à son serment, son âge ne peut être moindre de vingt-cinq ans. Suivant l'Ordonnance de 1669 un Maître Pêcheur doit avoir vingt-cinq ans; or le Garde, à qui la loi donne inspection sur les Pêcheurs, doit avoir un âge plus mûr.

Les Gardes des Seigneurs, ainsi que ceux des bois du Roi, doivent être de bonne vie & mœurs; lors de leur réception il en doit être informé par témoins; il doit être aussi constaté qu'ils sçavent lire & écrire par l'expérience qu'ils en doivent faire par devant le Juge qui procede à leur réception. C'est ce qui est précisément ordonné par l'art. 2 du titre 10 de l'Ordonnance de 1669. L'art. 16 du tit. 1, veut même que les Gardes soient interrogés sur les articles de l'Ordonnance qui interressent leurs fonctions, à peine de nullité de leurs réceptions.

La pratique de certains Seigneurs qui exigent de leurs Gardes une caution de 300 l. pareille à celle qu'on exige des Gardes des bois du Roi est bonne; cette précaution excite la vigilance & la crainte du Garde.

Dans le Livre précédent nous avons remarqué quelles étoient les obligations d'un Garde par rapport à la chasse & à la pêche; ainsi nous bornerons ici nos observations à ce qui concerne la garde des bois.

Le premier & le principal devoir du Garde à cet égard est de porter toute sa vigilance sur les bois de la Seigneurie confiés à sa garde; & pour le faire avec fruit, il ne peut être trop instruit de l'Ordonnance de 1669, & des Réglements survenus en conséquence, afin de veiller autant qu'il dépendra de lui, & en ce qui concerne son ministère, à l'exécution de ces loix, d'empêcher les abus, & d'arrêter le cours des délits.

Pour l'y rendre plus attentif, il seroit à désirer que le Seigneur pût faire exécuter à son Garde les articles 9 & 10 du titre 10 de l'Ordonnance de 1669. Le premier rend les Gardes des forêts du Roi responsables des délits, dégâts, abus & abbroutissements qui se trouvent en leurs gardes, & dont ils n'auront pas fait leur rapport dans le temps porté par l'Ordonnance. L'article 10 oblige les Gardes des bois du Roi à mettre tous les trois mois au Greffe de la Maîtrise un rapport du nombre des bornes faisant les limites desdits bois, de leur état, de celui des fossés & haies étant en leur garde, contenant les défauts qu'ils y auront remarqués.

Les Seigneurs trouveroient peut-être beaucoup de difficultés à faire exécuter ces deux articles de l'Ordonnance à leurs Gardes; mais ces derniers, s'ils veulent exactement remplir leurs devoirs, ne peuvent s'empêcher d'observer ce qui suit.

1°. Ils doivent soigneusement veiller à l'économie des bois de la Seigneurie, en bien connoître l'étendue, les bornes, les limites, afin d'être certains de leur fait, & sans crainte de se tromper, dans les prises qu'ils pourront faire; ils doivent sur-tout être actifs à découvrir les délits, à surprendre les délinquants, les fraudeurs, les chasseurs, les braconniers, les pêcheurs, & être inexorables sur toutes les malversations que ces gens là peuvent commettre.

2°. S'il y a des communaux & des usages dans les bois de la Seigneurie, ils doivent veiller à ce que les usagers ne mesusent point de leurs droits au préjudice du Seigneur & de la Communauté.

3°. Si dans la Seigneurie il y a des bois taillis en coupe réglée, le Garde doit veiller à ce que les coupes soient faites conformément à l'Ordonnance; qu'elles soient à tire & aire, le plus près de terre que faire se pourra; qu'on laisse les balivaux de nombre & qualité convenables, qu'on ne fasse point de places à charbon dans les endroits peuplés, &c.

4°. S'il y a des garennes à lapins, il empêchera que personne n'y chasse; il bouchera les trous où se retirent les renards; il prendra garde qu'on ne détruiſe les petits buiſſons qui ſervent de retraite aux lapins; en tout temps il doit tenir la garenne bien cloſe, parce qu'en tout temps elle eſt défenſable.

5°. Les Gardes ne doivent ſouffrir que les payſans aient des chèvres dans la Seigneurie, à moins qu'ils ne les faſſent ſi exactement garder qu'elles ne puiſſent cauſer aucun dommage ni aux bois taillis, ni aux haies vives qui renferment les héritages. Ils veilleront ſur-tout à ce que les bergers ne portent point de feu trop près des bois & des garennes. Cet article eſt très-eſſentiel.

6°. Les Gardes des Seigneuries doivent non-ſeulement porter leurs attentions ſur les bois principalement confiés à leurs ſoins, mais encore ſur les iſles, iſlots, attériſſements, alluvions, pâturages, glandages, landes, marais, pâtis, communaux, étangs, rivières, ruiſſeaux, viviers, pêcheries, moulins, bâtiments ſur leſdites rivières, le tout en l'étendue des Seigneuries dont ils ſont Gardes; bien entendu, pour ce qui concerne les iſles, iſlots, &c. qu'ils ne faſſent point partie des rivières navigables, parce que la propriété en appartient au Roi, & la connoiſſance de ce qui s'y paſſe à ſes Officiers.

7°. Quoiqu'un Garde ne puiſſe exploiter, & n'ait d'inſpection que ſur les eaux & bois de la Seigneurie confiés à ſa garde, cependant ſi dans le territoire de la Seigneurie il y avoit des bois appartenant au Roi, aux Princes appanagiſtes ou engagiſtes, & même aux particuliers, & ſi le Garde, dans le cours de ſes viſites, y trouvoit des délinquants, il pourroit dreſſer contre eux procès-verbal, & il ſeroit très-bon. Une pareille conduite a été approuvée par un Arrêt de la Table de Marbre au Souverain de Dijon, du 19 Janvier 1746. Le fait étoit que le Garde-bois de la Seigneurie de Dracy avoit dreſſé procès-verbal de délits commis dans les bois d'un particulier. Les délinquants furent condamnés aux amendes & reſtitutions ordinaires, quoiqu'ils allégaſſent que le Garde n'avoit prêté ferment que ſur la nomination du Seigneur pour la garde de ſes bois, & non pour celle des particuliers.

8°. Quand le Garde trouve le délinquant en flagrant délit, il peut le suivre hors des limites de la Justice où il est établi, saisir, même sans *pareatis*, les bois, charrèttes & chevaux qui enlèvent des bois coupés dans la Seigneurie. Il peut encore en ce cas entrer dans les maisons des particuliers pour y faire des recherches, comme aussi quand il est porteur de quelque décret. Mais hors ces deux cas, il n'est jamais permis à un Garde d'entrer dans les maisons sous prétexte de vouloir y faire des recherches. Corbin, dans ses *Loix de la France*, rapporte un Arrêt du 23 Février 1613, qui l'a ainsi jugé.

9°. Il n'est point permis à un Garde de porter le fusil ni de l'enlever aux autres. On peut voir à cet égard ce que nous avons dit au chapitre de la Chasse, Livre V.

Un Garde, en remplissant même exactement toutes les fonctions dont nous venons de parler, seroit d'une très-petite utilité à son Seigneur, si d'ailleurs il n'avoit pas la capacité requise pour bien dresser un rapport. Cet article est des plus essentiels.

Un rapport est un acte dressé & attesté par un Garde duement reçu, qui contient ce qui s'est passé dans la découverte qu'il a faite des délits commis dans les bois de la Seigneurie, la nature du délit, la qualité des délinquants, leurs noms quand on les connoît, leurs dires, remontrances, requisitions & protestations lorsqu'ils sont pris sur le fait, & qu'ils restent présents à la rédaction du rapport. Cet acte doit pareillement faire mention, si la découverte des délits a été faite sans trouver les délinquants, ou si à l'arrivée du Garde ils ont pris la fuite, ou s'ils ont fait résistance, commis quelque violence, & fait rébellion.

Les Gardes des Seigneuries doivent avoir l'attention de ne se point écarter de la plus exacte vérité dans le détail des faits & des circonstances qui sont l'objet de leurs rapports. S'ils étoient convaincus d'y avoir commis la moindre supposition, la moindre fraude, il y va pour eux des galères perpétuelles, sans aucune modération. Cette peine est expressément prononcée par l'art. 26 du titre 32 de l'Ordonnance de 1669. L'article 4 de l'Edit du mois de Mai 1716 y est conforme. Il est vrai que ces Réglements ont été faits pour les Gardes des bois du Roi ; mais si le cas arrivoit, il n'est pas douteux qu'on en feroit usage contre les Gardes des Seigneuries.

Ce n'est pas encore assez à un Garde d'être exact sur la vérité des faits & des circonstances énoncées dans son rapport ; ce rapport doit en outre être revêtu des formalités requises par les Ordonnances, & notamment par l'Ordonnance civile de 1667, & par celle des Eaux & Forêts de 1669. Le rapport doit être présenté & affirmé véritable dans les vingt-quatre heures par devant le Juge de la Seigneurie, ou en la Maîtrise des lieux, s'il y a été reçu. Il doit enfin être contrôlé dans les trois jours de sa date. Il n'y a que les rapports des Gardes des bois du Roi, qui, par l'Arrêt du Conseil du 26 Février 1689, aient été exemptés du contrôle, en observant les formalités prescrites par l'Ordonnance.

Il s'en suit de ce qu'on vient de dire, qu'il est extrêmement important aux Seigneurs, ainsi que nous l'avons annoncé au commencement de ce chapitre, de se procurer des Gardes d'une probité & d'une capacité également reconnues. Si ces gens là sont des fripons ou des ignorants, nous le répetons, outre que les Seigneuries seront mal gardées, ils compromettront à chaque instant les Seigneurs, qui assez souvent, & quelquefois assez légèrement, prennent le fait & cause de leurs Gardes sur des procès-verbaux faux ou nuls, & paient les dépens de la confiance qu'ils ont mal placée.

On a observé plus haut que les Gardes des Seigneurs, lorsqu'ils sont reçus aux Maîtrises, ont le même privilége que les Gardes des bois du Roi, qui est d'en être crus à leur serment des prises qu'ils font, sauf l'inscription de faux. Quand les Gardes ne sont reçus que par les Juges des Seigneurs, on pense qu'il faudroit y apporter de plus grandes précautions, & que leurs rapports fussent recordés de deux témoins, sur-tout s'ils ont part aux amendes, ou s'ils sont domestiques du Seigneur. L'article 206 de la Coutume d'Amiens en fait une loi précise. C'est le sentiment de Terrien ns son Commentaire sur l'Ordonnance de 1554. Rousseau ns ses Arrêts & Réglements, sur celui du dernier Juin 607, rapporte un Arrêt du 26 Octobre 1609, qui semble toriser la précaution dont nous parlons. Il permet à Guilume Dathis, Sergent-Collecteur des amendes de la forêt Compiegne, de faire des rapports, pourvu qu'il fût sisté de deux témoins. Enfin suivant l'annotation mise au lémorial des Eaux & Forêts, *verbo Rapport*, le rapport d'un arde seul, s'il est domestique, ou au service actuel du Seineur, n'est pas cru en Justice, s'il n'est signé & certifié ar d'autres témoins, ou si on n'offre pas la preuve du connu au procès-verbal. Il seroit bon d'avoir sur cet objet une i précise qui fît un Réglement général.

Ceux qui font rébellion & maltraitent les Gardes des Seineurs peuvent être punis des mêmes peines que ceux qui altraitent les Huissiers, puisque les uns & les autres sont s ministres de la Justice, & prêtent le même serment. Il y nombre d'exemples de Seigneurs & de particuliers trèsévèrement punis pour avoir maltraité des Huissiers.

L'article 13 du titre 10 de l'Ordonnance de 1669, défend toutes personnes de méfaire & de troubler les Gardes en a fonction de leurs charges, à peine d'être punis suivant a rigueur des Ordonnances. Cette loi faite pour la sûreté es Gardes des bois du Roi, doit sans doute avoir son aplication aux Gardes-bois des Seigneurs. Brillon, au mot *ébellion*, rapporte des Arrêts qui fournissent des exemples e toute espèce qui convaincront qu'un Sergent Garde-bois, oit du Roi, soit des Seigneurs, fait un acte de Justice quand l dresse un procès-verbal des délits qu'il rencontre; & que 'est une rébellion manifeste à Justice quand on trouble les ns & les autres dans l'exercice de leur ministère. Guenois, ans sa Conférence des Ordonnances, dit qu'en 1553, aux rands Jours de Troyes, le sieur de Montour fut décapité our avoir tiré un coup de pistolet à un Procureur-Fiscal; qu'en 1559, aux Grands Jours de Poitiers, le Seigneur e Beauveau eut la tête tranchée pour avoir blessé un Records qui assistoit un Sergent. Par Arrêt de la Tournelle de Paris, du 5 Février 1755, le nommé Jacquin, du Châtelet en Berry, fut condamné à être pendu, & en conséquence exécuté, pour avoir blessé un Huissier pendant qu'il instrumentoit.

L'article 8 du Réglement pour Villers-Cotterets défend expressément aux Nobles, Gentilshommes, & à tous autres de quelque qualité & condition qu'ils soient, de troubler & empêcher les Sergents & Gardes dans leurs fonctions; de les intimider, battre, molester en quelque sorte & manière que ce soit; leur enjoint au contraire de leur donner main-forte, assistance & aide si besoin est. Galon, dans sa Conférence sur l'art. 13 du titre 10 de l'Ordonnance de 1669, rapporte un Arrêt du Conseil d'Etat, du 17 Janvier 1711, qui commet M. de Bouville, Intendant d'Alençon, pour informer des excès commis en la personne de René Gautier, Garde-bois d'Argenton, par le sieur de Saint-André, Garde du Corps, & le sieur de Lamarre son frere. A la suite de cet Arrêt il y en a plusieurs autres semblables.

Il y a beaucoup de Seigneurs qui, éloignés de leurs Terres, se reposent entièrement sur leurs Gardes du soin de garder leur gibier. Mais il y en a souvent d'infidèles, qui bien loin de conserver le gibier, en vivent toute l'année, & qui plus est le vendent. Ceci est un vol manifeste; c'est en outre une contravention formelle aux Ordonnances, qui, en défendant aux Gardes de porter le fusil, leur interdit toute espèce de chasse. C'est donc au Procureur-Fiscal de la Seigneurie à veiller sur la conduite des Gardes, sur l'abus qu'ils pourroient faire de leur état; & lorsqu'ils en font, à les faire changer, & même punir suivant la rigueur des Ordonnances, comme voleurs domestiques, attendu qu'ils volent le gibier du Seigneur confié à leur garde.

Les Seigneurs feroient très-bien d'empêcher leurs Gardes de tenir cabaret, d'exercer aucun métier où on emploie du bois, d'en tenir attelier, & d'en faire aucun commerce; tout cela est défendu aux Gardes des bois du Roi par l'art. 31 du titre 27 de l'Ordonnance de 1669, à peine de destitution, d'amende & de confiscation.

CHAPITRE IV.

[D]es Bois tenus par les Seigneurs eccléſiaſtiques & Gens de main-morte.

[S]'Il eſt vrai que les eccléſiaſtiques ne ſont que les uſufrui[ti]ers des biens attachés à leurs bénéfices, cette vérité a ſur[to]ut ſon application aux bois qui en dépendent; ils ne doi[ve]nt s'en ſervir qu'avec beaucoup d'économie, & en ſe [co]nformant aux loix qui leur ſont preſcrites par le Souve[ra]in. Afin qu'ils ne puiſſent pas les oublier, nos Rois ont eu [a]ttention de leur en rappeller de temps en temps la mémoire [d]ans différentes Ordonnances. Louis XIV en a enfin rendu [u]ne ſi préciſe, il a prononcé contre les prévaricateurs des [p]eines ſi ſévères, qu'aujourd'hui aucun eccléſiaſtique n'oſe[r]oit prendre la moindre licence dans ſes bois, à moins [q]u'il ne fût sûr de trouver une impunité infaillible dans la [n]égligence ou dans la connivence de ceux à qui Sa Majeſté a [c]onfié l'exécution de ſa loi.

Les eccléſiaſtiques & gens de main-morte poſſèdent peut-[ê]tre les deux tiers des bois du Royaume; il étoit donc d'une [e]xtrême importance de donner une attention particulière [à] cet objet, & ce fut un des principaux motifs de l'Ordon[n]ance de 1669. Mais à peine cette loi fut-elle rendue publi[q]ue, que le Clergé fit au Roi les plus vives remontrances [p]our en écarter l'exécution. L'Ordre de Malthe, dont les [b]ois n'étoient pas mieux gouvernés que ceux des autres [m]ain-mortables, fut nommément compris dans l'Ordonnance [d]e 1669. L'Ordre ſe plaignit de ce qu'on avoit confondu [l]es bois des Commanderies avec ceux des autres Commu[n]autés eccléſiaſtiques; il repréſenta qu'il avoit des Régle[m]ents particuliers pour l'adminiſtration de ſes bois, dont l'exécution ne pouvoit s'accorder avec celle de l'Ordonnance de 1669. Mais comme ces Réglements étoient mal exécutés, & que d'ailleurs ils n'ordonnoient point de quart de réserve en futaies, & ne régloient point les taillis en coupes ordinaires, le Ministère ne fit pas plus d'attention à ces plaintes & aux représentations de la Religion, qu'à celles des autres ecclésiastiques; tout ce que les uns & les autres purent obtenir, ce furent différentes surséances. Le Clergé en obtint une de deux ans par Arrêt du Conseil du 30 Octobre 1670. Il en obtint encore une nouvelle en 1675 pour trois ans; mais depuis on a toujours refusé constamment de l'écouter; il a fallu enfin, quoiqu'avec beaucoup de répugnance, subir le joug.

Quant à l'Ordre de Malthe, il eut aussi une surséance de deux ans par Arrêt du Conseil du 6 Juillet 1671. Depuis, les Commandeurs n'ayant pas été recherchés, ils continuèrent de jouir de leurs bois, suivant les statuts de leur Ordre, jusqu'en 1718 que la Religion obtint une nouvelle surséance pour dix ans. Elle auroit bien voulu avoir une exception absolue de l'Ordonnance de 1669, mais cette grace lui a toujours été constamment refusée; toutes ses négociations n'eurent d'autre succès que de faire rendre l'Arrêt du Conseil du 12 Octobre 1728, contenant un Réglement général en vingt-huit articles pour l'administration des bois de l'Ordre de Malthe. Par ce nouveau Réglement, les Commandeurs sont assujettis, ainsi qu'ils y étoient par l'Ordonnance de 1669, à mettre un quart de leurs bois en réserve, & à régler leurs bois taillis en coupes ordinaires de 25 ans. L'Ordonnance de 1669 les avoit fixées à 10. Les Commandeurs sont maintenant obligés d'observer le Réglement, que pour le surplus on a rendu autant qu'il a été possible conforme aux statuts de leur Ordre.

La première chose nécessaire pour introduire une bonne police dans les bois ecclésiastiques, étoit d'en connoître précisément la quantité, la qualité & l'étendue. Pour procurer cette connoissance si importante, l'Ordonnance de 1669, titre 24, article premier, enjoint à tous bénéficiers, gens de main-morte, & même aux Commandeurs de Malthe, de faire arpenter & borner leurs bois, d'en mettre aux Greffes des Maîtrises des plans figurés, sur lesquels seront marquées les bornes selon leur juste assiette & distance; sinon qu'il y sera pourvu à la diligence des Procureurs du Roi en chaque Maîtrise, aux frais des défaillants, qui seront contraints de les payer par saisie de leur temporel, suivant la taxe qui en sera faite par les Grands-Maîtres. Les articles 1, 2 & 3 du Réglement de 1728 pour l'Ordre de Malthe, sont conformes à l'article que nous venons de citer. Ainsi les Commandeurs sont obligés, comme les autres main-mortables, d'exécuter en ce point l'Ordonnance de 1669.

L'article premier du titre 24 de cette Ordonnance, dit Galon, est la pierre d'achoppement des bénéficiers; ils ne s'y sont soumis qu'après beaucoup de résistance. En 1681, les ecclésiastiques de Bourgogne n'y avoient pas encore satisfait; ils y furent contraints par Arrêt du Conseil d'Etat du 24 Juin de la même année. En 1711 il fallut un semblable Arrêt pour faire obéir l'Abbé de Clairvaux. En 1715 il en fallut encore un autre pour y forcer les ecclésiastiques du Berry & du Blesois, qui même n'obéirent pas encore; mais enfin le 31 Juillet 1730 est intervenu un autre Arrêt qui a été exécuté.

Les alarmes du Clergé venoient principalement de ce qu'après avoir mis un plan figuré de tous leurs bois aux Greffes des Maîtrises, ils n'auroient plus la liberté d'en disposer de la moindre partie, sans que les Officiers des Maîtrises n'en eussent connoissance; & c'est précisément cette liberté que la loi a voulu réprimer. Aussi Sa Majesté a-t-elle toujours résisté aux pressantes sollicitations & du Clergé & de l'Ordre de Malthe, tendantes à laisser cette loi sans exécution: malgré tous leurs efforts, elle est aujourd'hui devenue une loi générale, à laquelle aucun main-mortable ne peut se soustraire. Les ecclésiastiques doivent considérer que si cette loi les gêne d'un côté, de l'autre elle peut leur être d'une grande utilité. En effet, aucun riverain de leurs bois n'en peut plus usurper la moindre portion, sans que dans tous les temps il ne soit facile de reconnoître l'usurpation, & de la réparer.

Sa Majesté, après avoir pris par l'article premier du titre 24 de son Ordonnance de 1669, les plus sûrs moyens pour avoir une connoissance exacte de la quantité & de la qualité des bois eccléſiaſtiques, porta enſuite ſes ſoins à en faire une deſtination convenable au bien de leurs bénéfices. Par l'article 2 du même titre elle ordonne que, dans chaque bénéfice la quatrième partie des bois qui en dépendent, & toujours en nature de futaie, ſeroit miſe en réſerve; que s'il ne ſe trouvoit aucune futaie, ou ſi celle qui s'y trouveroit étoit au deſſous de la quatrième partie, ce qui s'en manqueroit ſeroit pris dans leurs taillis juſqu'à la concurrence du quart pour être mis en réſerve & croître en futaie. Suivant ce même article, le quart de réſerve doit être ſéparé des taillis par des bornes & limites, ſans qu'il ſoit permis aux eccléſiaſtiques d'en couper aucuns arbres ſans les formes preſcrites pour la futaie.

Cet article n'a pas eſſuyé de moindres contradictions de la part des main-mortables que le précédent. Le Conſeil fut accablé de Requêtes; les Commandeurs de Malthe ſur-tout ont long-temps combattu pour être diſpenſés du quart de réſerve, mais ils y ont été aſſujettis comme les autres. Voyez l'article 4 du Réglement de 1728. Il n'y a que les eccléſiaſtiques des Provinces de Haynault, Flandres & Artois, qui par Arrêt du Conſeil du 29 Juin 1706, ont été exemptés du quart de réſerve; à la charge ſeulement de laiſſer la huitième partie des bois, qui contiendront quarante arpents & au deſſus en un ſeul tenement, avec défenſes d'y faire aucunes coupes ſans la permiſſion de Sa Majeſté. Cet Arrêt a ſans doute été rendu ſur des conſidérations particulières, & ſans tirer à conſéquence pour les autres Provinces.

Galon, dans ſa Conférence ſur cet article 2, ſe plaint que de ſon temps, c'eſt-à-dire environ en 1715, il n'avoit pas encore été généralement exécuté. On ajoute qu'il ne l'étoit pas même en 1730, ainſi qu'il réſulte de l'Arrêt du Conſeil du 11 Juillet de la même année, rendu pour le Bleſois & le Berry, & que nous avons déja cité. Mais je ne penſe pas qu'il y ait à préſent aucun bénéfice, même aucune Commanderie de l'Ordre de Malthe, où on n'ait pas établi un quart de réſerve dans leurs bois. S'il y en avoit encore où l'Ordonnance de 1669 & le Réglement de 1728 n'euſſent pas été exécutés en ce point, les Grands-Maîtres ne ne pourroient apporter trop d'empressement pour marquer ces réserves ; il est de la dernière conséquence, & sur-tout aujourd'hui, de le faire pour l'augmentation des bois futaies dans ce Royaume, qui deviennent rares de plus en plus. Cette espèce de bois manquera bientôt aux besoins de l'Etat & à ceux des particuliers, si on n'y apporte les plus prompts remèdes.

Les ecclésiastiques auroient fait avec résignation le sacrifice du quart de réserve dans leurs bois, si on eût voulu leur laisser la libre disposition du restant. Mais Sa Majesté ayant jugé combien cette liberté entraîneroit d'abus, ordonna, par l'article 3 du titre ci-dessus, que le quart de réserve distrait & séparé, le surplus des bois taillis seroit reglé en coupes ordinaires de dix ans au moins, avec charge expresse de laisser seize baliveaux de l'âge du bois par chaque arpent, outre les anciens & les modernes qui seront pareillement réputés futaies. Cet article n'est pas par-tout exécuté à la lettre. Comme il y a des Provinces où le taillis, essence de chêne, & autres bois durs, est de peu de valeur à l'âge de dix ans, Sa Majesté en a reculé la coupe dans quelques Provinces jusqu'à l'âge de vingt-cinq ans. C'est ce qui est ordonné par l'Arrêt du Conseil du 11 Juillet 1730 pour le Blaisois & le Berry. Il porte encore que les coupes s'y feront à un âge plus ou moins avancé, ainsi qu'il sera jugé plus convenable, pour l'aménagement des bois. L'article 5 du Réglement de 1728 recule pareillement la coupe des bois taillis de l'Ordre de Malthe à 25 ans, en laissant 25 baliveaux de l'age du taillis par chaque arpent, outre les anciens & les modernes.

L'article 4 du titre ci-dessus fait défenses à tous ecclésiastiques de toucher au quart de réserve, de rien entreprendre au-delà des coupes ordinaires & réglées, & enfin de couper aucun arbre futaie, ou baliveau sur taillis, si ce n'est en vertu de Lettres-patentes bien & duement registrées, à peine d'amende arbitraire envers Sa Majesté, & de la restitution du quadruple des bois coupés ou vendus. Cet article est si clair qu'il n'a pas besoin de commentaire ; & s'il en étoit susceptible, on pourroit consulter les Arrêts du Conseil rendus en conséquence : ils prouvent tous que la loi a eu jusqu'à présent son entière exécution, & que Sa Majesté n'y a jamais dérogé, si ce n'est en faveur de l'Ordre de Malthe. L'article 11 du Réglement de 1728 lui permet de prendre dans les bois des Commanderies ceux nécessaires pour réparations, conformément aux statuts de la Religion.

Les ecclésiastiques, sous prétexte de réparations nécessaires aux bâtiments de leurs bénéfices, auroient pu surprendre du Conseil des permissions de couper leurs bois futaies ; au moyen de quoi toutes les précautions prises pour la conservation des bois ecclésiastiques devenoient inutiles. Pour prévenir les abus, Sa Majesté, par l'article 5 du titre ci-dessus, a déclaré qu'elle n'accorderoit aucunes Lettres-patentes pour coupe & vente de bois futaies, ou baliveaux réservés sur les taillis, qu'en cas d'incendies, ruines, démolitions, pertes & accidents extraordinaires arrivés par forfait, guerre, ou cas fortuit, & non par la faute ou le fait des bénéficiers. Les ecclésiastiques qui se trouvent dans le cas d'obtenir de semblables Lettres-patentes doivent informer le Grand-Maître du Département de la nécessité où ils se trouvent ; & comme il seroit quelquefois dangereux que le Grand-Maître les en crût sur leur parole, Sa Majesté a voulu qu'il informât des faits, qu'il visitât les lieux en présence du Procureur du Roi des Maîtrises ; qu'il fît dresser par des Experts un devis estimatif des réparations nécessaires. Quand ces opérations sont faites, les Grands-Maîtres envoient à M. le Contrôleur général des Finances leurs procès-verbaux, contenant au vrai la valeur, l'état & la qualité des bois qu'on demande permission de couper, ensemble leur avis sur le tout. Cet avis détermine ordinairement Sa Majesté à accorder ou à refuser ses Lettres-patentes ; & quand elle les accorde, on joint sous le contre-scel & l'avis & le procès-verbal du Grand-Maître.

Lorsque les ecclésiastiques ont obtenu des Lettres-patentes pour quelques coupes extraordinaires de bois, elles ne peuvent être mises à exécution que par le Grand-Maître du Département, qui fera procéder en sa présence aux assiettes & martellage desdits bois, en fera les adjudications & les récolements avec les mêmes formalités que celles prescrites pour les bois de Sa Majesté dans les titres 15 & 16 de son Ordonnance de 1669. Telle est la disposition précise de l'article 8 du titre 24 de la même Ordonnance.

L'Ordre de Malthe, par les articles 11 & 12 du Réglement de 1728, a été dispensé de ces formalités. Suivant ces articles les Commandeurs, pour obtenir permission de couper les arbres nécessaires pour leurs réparations, étoient obligés de s'adresser au Chapitre Provincial du grand Prieuré où étoient situées les Commanderies: mais l'expérience a fait connoître que de l'exécution des articles 11 & 12 il résultoit un inconvénient considérable, en ce que, lorsqu'il arrivoit quelque réparation pressante, les Commandeurs étoient tenus d'attendre l'assemblée du Chapitre Provincial pour demander des Commissaires; ce qui causoit un retard de quatre à cinq mois, pendant lesquels l'objet des réparations devenoit plus considérable. Pour y remédier, le Grand-Maître & le Conseil de Malthe rendirent une Bulle le 5 Juillet 1751, approuvée & ratifiée par Sa Majesté suivant ses Lettres-patentes du mois d'Octobre 1756, enregistrées au Grand-Conseil le 28 Février 1757. L'article 12 de cette Bulle a établi dans chaque grand Prieuré un Commissaire perpétuel à qui les Commandeurs peuvent en tout temps exposer leurs besoins, dit l'article 13; & pour éviter que sous prétexte de réparations les Commandeurs ne voulussent s'approprier les bois futaies de leurs Commanderies, les articles 14, 15 & 16 de la Bulle portent que le Commissaire, à la réquisition du Commandeur, se transportera sur les lieux, y fera constater par Experts les réparations indiquées, & fera la marque avec le marteau de l'Ordre aux arbres que les Experts estimeront convenables; & du tout dressera procès-verbal qu'il remettra, dit l'art. 20, au prochain Chapitre Provincial, pour en être délibéré. Lorsque le Chapitre a déterminé d'accorder les arbres contenus dans le procès-verbal du Commissaire, l'assemblée fait passer le procès-verbal, avec sa délibération scellée de son cachet, à l'Agent général de l'Ordre à Paris, pour présenter Requête au Conseil du Roi, & obtenir Arrêt portant permission de couper les arbres marqués par le Commissaire, en se conformant au surplus à ce qui est prescrit par les art. 19, 20, 21, 22, 23, 24 & 25 du Réglement de 1728.

Le Commandeur, qui a ainsi obtenu Arrêt du Conseil portant permission de couper, ne doit point oublier d'en remettre, dans les trois mois, au Greffe de la Maîtrise dans le ressort de laquelle les bois sont situés, une copie signée du Greffier, ou de l'Officier de la Commanderie. C'est la disposition de l'art. 23 du Réglement de 1728. La délivrance des bois que l'on a permis de couper par l'Arrêt du Conseil sera faite par les Officiers des Commanderies. Ils en feront pareillement le récolement après l'exploitation ; & les procès-verbaux de ces opérations seront aussi remis au Greffe des Maîtrises, trois mois après la date de celui de récolement. Voyez l'art. 26 du Réglement de 1728, dont l'exécution est ordonnée par l'art. 23 de la Bulle de 1751.

L'article 10 du Réglement de 1728 ordonne que les Commandeurs établiront pour la conservation de leurs bois un ou plusieurs Gardes, & les feront recevoir devant les Officiers des Maîtrises, conformément à l'Ordonnance de 1669. L'article 27 décide enfin que toutes les contraventions qui se commettront dans les bois de l'Ordre de Malthe, contraires au Réglement de 1728, seront jugées aux Sièges des Maîtrises jusqu'à Sentence définitive inclusivement, sauf l'appel en la manière accoutumée & prescrite par l'Ordonnance de 1669.

Toutes ces dispositions du Réglement de 1728 prouvent que, quelque faveur que Sa Majesté ait voulu faire à l'Ordre de Malthe, elle n'a point entendu soustraire les bois qui en dépendent à la police & à la jurisdiction des Officiers des Eaux & Forêts ; ce qui doit rendre les Commissaires de l'Ordre très-attentifs à remplir leurs commissions, & les Commandeurs à ne point abuser des permissions qu'on leur accorde. Au surplus, ceux qui voudront une plus ample instruction sur l'administration des bois de l'Ordre de Malthe, peuvent consulter un Ouvrage qu'un Auteur anonyme a donné en 1757, & qui ne laisse rien à désirer sur la matière ; il est imprimé à Paris chez *Le Breton*, Imprimeur de l'Ordre ; & nous y avons puisé le peu d'observations que nous avons faites ici, & que nous avons cru nécessaires, afin qu'on ne confonde point les bois de l'Ordre de Malthe avec ceux des autres Communautés ecclésiastiques. Nous allons continuer de parcourir les Réglements qui concernent ces dernières.

L'article 7 du titre 24 de l'Ordonnance de 1669 ordonne aux Bénéficiers de faire exactement observer les Ordonnances sur le fait des Eaux & Forêts par leurs Fermiers, Economes, Receveurs, Marchands & Adjudicataires ; l'Ordonnance veut même que les Fermiers & les Marchands soient tenus de l'observer, encore qu'ils n'y fussent pas tenus par leurs baux & leurs marchés, à peine d'amende arbitraire, & des autres peines portées par l'Ordonnance.

Les mêmes peines, amendes, restitutions & condamnations prononcées par l'Ordonnance de 1669 pour les délits & malversations commises dans les bois du Roi, ont lieu pour ceux des ecclésiastiques & des gens de main-morte. C'est la disposition précise de l'art. 11 du tit. 24, & celle de l'art. 28 du tit. 32.

Les amendes, dans tous les cas, appartiennent au Roi, comme protecteur & conservateur des biens ecclésiastiques. Voyez les articles 4 & 7 du titre 24. A l'égard des restitutions, il y a trois distinctions à faire. 1°. Si les délits sont du fait de quelques particuliers, les restitutions & dommages & intérêts appartiennent aux ecclésiastiques. 2°. Si les amendes sont pour délits ou contraventions commises par les ecclésiastiques, la restitution alors ne leur appartient pas ; elle est du quadruple de la valeur des bois coupés. Si elle excede la somme de 500 livres, le prix doit être employé en fonds au profit du bénéfice, & le revenu appliqué à l'Hôpital des lieux pendant la vie du bénéficier. Si la restitution est moindre de 500 livres, elle appartiendra en entier à l'Hôpital des lieux, ou plus prochain des lieux. Voyez l'article 4 du titre 24. 3°. Suivant l'article 7 du même titre, si les délits sont commis par les Fermiers, Receveurs, Economes, Marchands & Adjudicataires des ecclésiastiques, les restitutions & dommages & intérêts seront pareillement au profit du bénéfice, dont sera fait fonds, & le revenu affecté à l'Hôpital le plus prochain des lieux pendant la vie du bénéficier.

Le motif de toutes ces loix est que si dans les cas ci-dessus, les ecclésiastiques profitoient des amendes & restitutions, ils seroient les premiers à commettre ou à favoriser les délits, ce qui bientôt occasionneroit la ruine totale de leurs bois. Il faut encore observer, que les amendes qui sont adjugées en réformation, ou autrement, à la requête des Procureurs-Généraux, ou de leurs Substituts, appartiennent au Roi; c'est ce qui est porté par l'art. 17 du tit. 32 de l'Ordonnance de 1669. On entend ici par réformation, lorsque dans le cours de leurs visites, ou de leurs autres opérations, les Grands-Maîtres, ou les Officiers des Maîtrises, trouvent des délits, usurpations, abus dans les bois des ecclésiastiques, & même des particuliers; alors ils en doivent dresser des procès-verbaux, sur lesquels, à la poursuite du Procureur du Roi, le Grand-Maître, ou le Maître particulier, prononce les peines prescrites par les Ordonnances. Or cette procédure est une véritable réformation; & en ce cas les amendes ne s'en peuvent adjuger qu'au profit du Roi.

Les ecclésiastiques, gens de main-morte, & même les Commandeurs de l'Ordre de Malthe doivent observer que par Arrêt du Conseil d'Etat, du 9 Août 1732, il leur est expressément défendu d'établir à l'avenir, pour la consommation de leurs bois, aucuns fourneaux, forges, martinets & verreries, sinon en vertu de Lettres-patentes bien & duement vérifiées, à peine de 3000 livres d'amende, & des autres peines portées par l'Arrêt, dont l'exécution est renvoyée aux Grands-Maîtres, chacun dans leur département. Par autre Arrêt du 22 Février 1729, il est aussi défendu à tous ecclésiastiques, & même à l'Ordre de Malthe, & à tous autres, de défricher aucuns de leurs bois, soit futaies ou taillis, sans permission de Sa Majesté, à peine de 3000 livres d'amende pour chaque arpent de futaies; & de 3000 livres pour chaque arpent de taillis, & d'être tenus de rétablir les lieux en bois à leurs frais & dépens.

Les Abbés Commendataires doivent être instruits que les

Religieux de leurs Abbayes qui ont des bois, n'ont point le droit de faire porter à leurs Gardes des bandoulières à leurs armes, au préjudice de leur Abbé ; c'est dans sa personne que réside le véritable caractère du Seigneur. Ainsi jugé par Arrêt du Parlement de Paris du 22 Janvier 1706, entre l'Abbé Commendataire de saint Nicolas d'Angers, & les Religieux de son Abbaye.

Le précis que nous avons donné du titre 24. de l'Ordonnance de 1669 ne tend qu'à confirmer ce que nous avons dit plus haut, que les ecclésiastiques ne doivent être regardés que comme les usufruitiers de leurs bénéfices ; & encore plus de leurs bois que de leurs autres biens. Ils n'en peuvent jouir qu'en bons pères de famille, dont l'intention ne doit tendre qu'à conserver au lieu de détruire. Si dans l'administration de leurs bois ils s'écartoient de ces règles, s'ils y commettoient des abus & des délits, ils doivent en être punis suivant la rigueur des Ordonnances, qui ne peuvent recevoir aucune modération de la part des Juges a qui l'exécution en est confiée. Ces Juges ne doivent pas même écouter les ecclésiastiques lorsqu'ils demandent à faire preuve qu'ils ne sont pas les auteurs des délits commis dans leurs bois, & constatés par un rapport en règle ; ils y sont absolument non-recevables. Ainsi jugé par Arrêt du Conseil d'Etat du 5 Août 1738, qui casse & annulle un Jugement de la Table de Marbre de Paris, en dernier ressort, du 6 Mars 1738, qui avoit admis les Prieur & Religieux de Vauluisant à faire preuve qu'ils n'étoient point les auteurs des délits mentionnés au procès-verbal de la Maîtrise de Sens, du 15 Octobre 1736. Il est sensible, dit le Procureur du Roi de cette Maîtrise dans sa Requête au Conseil, que si cette preuve étoit admise, les ecclésiastiques & tous les délinquants auroient bientôt une retraite assurée contre la rigueur de l'Ordonnance & des Réglements. Il observe en outre qu'il n'y a que l'inscription en faux principal qui puisse attaquer un rapport de Gardes, ou les procès-verbaux de visite des Officiers des Maîtrises ; que si l'Arrêt de la Table de Marbre subsistoit, l'ordre judiciaire seroit renversé, l'Ordonnance méprisée ; & que lorsque les Officiers des Maîtrises dresseroient des procès-verbaux pour arrêter les désordres des délinquants, ces Officiers seroient sûrs que ce seroit un procès qu'ils s'intenteroient à eux-mêmes, & qu'ils s'exposeroient à une prise à partie, sous le poids de laquelle ils ne manqueroient jamais de succomber, dès que pour se purger il seroit loisible aux délinquants de faire entendre des gens affidés, & souvent fort aisés à corrompre, qui attesteroient qu'il est à leur connoissance que les riverains, ou autres personnes, sont entrés dans les bois, & y ont commis les délits mentionnés aux rapports & procès-verbaux de visite.

CHAPITRE V.

Des Bois appartenant aux Seigneurs laïcs.

LES Seigneurs qui, dans l'étendue de leurs Terres, ont des bois considérables, ne doivent pas s'en croire tellement propriétaires, qu'il leur soit permis d'en disposer comme bon leur semble. Les prés, vignes, terres & autres héritages de cette espèce, dit Saint-Yon, sont de droit particulier; mais les bois sont de droit public: pourquoi, dit cet Auteur, les propriétaires d'iceux sont admonestés de ne se point départir, en la coupe & usage de leurs bois, du Réglement politique des Ordonnances. S'ils font autrement, ils sont exemplairement punissables suivant la rigueur d'icelles, comme contrevenant à ce qui est précisément nécessaire pour la commodité de la société civile.

L'Ordonnance de 1669 n'a point obligé les Seigneurs laïcs à régler leurs bois sur le pied qu'ils doivent être tenus par les Seigneurs ecclésiastiques; elle n'exige point d'eux qu'ils mettent aux Greffes des Maîtrises le plan de leurs bois, qu'ils y établissent un quart de réserve. Mais tout ce que les Seigneurs laïcs & les particuliers peuvent faire de mieux, c'est d'introduire dans leurs bois la même police que Sa Majesté & ses Officiers exercent sur les bois des bénéficiers. Il viendra peut-être un jour où, pour l'augmentation des bois,

bois futaies qui sont maintenant si rares, le Roi sera forcé d'ordonner dans les bois des particuliers les mêmes réserves que dans ceux des bois ecclésiastiques, & de renouveller l'Ordonnance de Charles IX de 1561, qui avoit ordonné un quart de réserve dans tous les bois du Royaume. Si du temps de Charles IX on eut recours à cet expédient pour prévenir la rareté des bois futaies, que doit-on faire maintenant? Ne pourroit-on pas au moins, dans tous les bois de cinquante arpents & au dessus en un seul tenement, ordonner un quart de réserve de même nature que celui ordonné pour les bois ecclésiastiques?

Dans les premiers chapitres de ce Traité nous avons parlé des attentions personnelles que les Seigneurs doivent avoir pour bien gouverner leurs bois, du soin qu'ils doivent apporter pour se procurer des Officiers suffisamment instruits des matières concernant les eaux & forêts; il ne nous reste plus que de leur rappeller quelques loix qui leur ont été imposées par le Souverain sur l'administration de cette partie de leurs biens & dont ils ne doivent jamais s'écarter.

Suivant l'article premier du titre 26 de l'Ordonnance de 1669, les Seigneurs & les particuliers, sans aucune exception, sont tenus de régler la coupe de leurs bois taillis au moins de dix années; ils doivent laisser par chaque arpent seize baliveaux de l'âge du taillis, du plus beau brin & des plus droits, outre les anciens baliveaux & les modernes. S'ils exploitent des futaies en coupes ordinaires, ils feront réserver dix arbres par arpent. Les Seigneurs peuvent disposer à leur profit de tous ces arbres réservés; sçavoir après l'âge de quarante ans pour les taillis, & de cent vingt pour la futaie.

Dans les coupes que les Seigneurs & les particuliers font, soit de bois taillis, soit de bois futaies, ils sont expressément tenus, & sous les peines portées par l'Ordonnance de 1669, de se conformer à tout ce qui y est prescrit pour l'usance & l'exploitation des bois du Roi. C'est-à-dire, 1°. que les coupes seront faites en temps convenable, depuis l'automne jusqu'au 15 Avril. 2°. Qu'elles seront faites à tire & aire, à fleur de terre, de suite, sans laisser ni bouquets ni cepées,

& sans aucune intermission de la vieille coupe à la nouvelle. 3°. Les futaies seront coupées le plus bas que faire se pourra, & les taillis abattus à la coignée à fleur de terre, sans les ruiner ni éclater. 4°. Les bois de cepées doivent être coupés à la coignée, & non à la serpe ou à la scie. 5°. Dans le cours de l'exploitation, on doit couper, receper & ravaler, le plus près de terre que faire se pourra, tous les mauvais bois creux, gelés, éventés, les vieilles souches, chicots & estocs rabougris, avortés, broutés & mangés par les bêtes, ensorte que le prochain recru soit de belle venue. 6°. Outre les baliveaux réservés par l'Ordonnance, on doit encore laisser les arbres de paroi, de lizières, les pieds corniers, & tous les arbres fruitiers. Telles sont les loix prescrites par les articles 6, 40, 42, 44, 45 du titre 15 de l'Ordonnance de 1669.

Les Seigneurs, en faisant faire le récolement de leurs ventes, ne peuvent être trop attentifs à examiner si les adjudicataires ont bien observé toutes ces règles, & s'il n'y a point de connivence de la part des Officiers de la Seigneurie pour couvrir les délits ou les négligences des adjudicataires. En ce cas les Seigneurs seroient bien fondés à faire supporter aux uns & aux autres toute la rigueur des peines prononcées par les Ordonnances.

Suivant l'article 3 du titre 26 de l'Ordonnance de 1669, ceux qui possedoient des bois de haute futaie assis à dix lieues de la mer, & à deux lieues des rivières navigables, étoient tenus, six mois avant d'en faire la vente, ou de les faire exploiter, d'en avertir le Grand-Maître du département & le Contrôleur général des Finances. Mais Sa Majesté, ayant été informée que la plupart des futaies situées dans les distances ci-dessus avoient été coupées, donna, par son Arrêt du Conseil d'Etat du 9 Novembre 1683, une extension à l'article 3, en fixant les distances y mentionnées à quinze lieues de la mer, & à six des rivières navigables.

Les Seigneurs & les particuliers ne s'étant point conformés à cet Arrêt, & le Roi informé qu'ils faisoient couper leurs bois futaies de tous côtés, sans en donner avis, & de façon qu'on avoit peine à en trouver pour la construction des vaiſſeaux, Sa Majeſté, par Arrêt du Conſeil d'Etat du 10 Mars 1685, ordonna que les propriétaires qui voudroient faire couper plus de vingt-cinq arpents de bois futaies ſeroient tenus d'en donner avis à M. le Contrôleur général & au Grand-Maître du département, un an avant d'en faire la vente & l'exploitation. Que s'ils n'en vouloient faire couper que vingt-cinq arpents, & au-deſſous, il ſuffiroit de leur en donner avis ſix mois auparavant, & de leur envoyer copie de la déclaration qui en auroit été faite au Greffe de la Maîtriſe; lequel temps paſſé, ils pourroient librement les vendre & exploiter; & qu'au cas qu'ils euſſent beſoin de bois pour réparations, ils pourroient en faire couper juſqu'à cent pieds au deſſous de trois pieds de tour, & cinquante au deſſus de cette groſſeur, en faiſant une ſimple déclaration au Greffe de la Maîtriſe particulière dans le reſſort de laquelle les bois ſeront ſitués, un mois avant l'exploitation.

Par un Réglement fait pour la Marine le 15 Avril 1689, le Roi a défendu à tous propriétaires de bois & forêts, ſitués à quinze lieues de la mer, & à ſix des rivières navigables, de les vendre ni faire exploiter *ſans la permiſſion expreſſe & par écrit de Sa Majeſté*, à peine de 3000 liv. d'amende & de confiſcation des bois. En conſéquence de ce Réglement, & pour ſon exécution, le Roi, par Arrêt du Conſeil d'Etat du 29 Mars 1695, fit très-expreſſes défenſes à tous Seigneurs & propriétaires de bois & forêts ſitués dans les diſtances énoncées par ledit Réglement, de faire couper aucun bois futaie, baliveau ſur taillis, arbre, ſapin ni autres, qu'ils n'aient été vus & viſités par les Officiers qui ſeront à cet effet commis par Sa Majeſté, & après en avoir obtenu ſa permiſſion, à peine de 3000 liv. d'amende & de confiſcation des bois.

En 1700 les bois futaies devenant tous les jours plus rares, Sa Majeſté porta ſes attentions non-ſeulement ſur les futaies qui étoient en corps de forêts, mais encore ſur tous les arbres futaies étant ſur les haies & buiſſons épars de long des terres, des prés & autres héritages. Par Arrêt du Conſeil d'Etat du 21 Septembre 1700, le Roi fit un Réglement contenant neuf articles. Par l'article 5, Sa Majesté a défendu à tous propriétaires ayant des arbres futaies, soit en corps de bois, soit sur les taillis, soit qu'ils fussent épars le long des héritages, de les couper sans en avoir fait déclaration au Greffe de la Maîtrise dans laquelle les bois sont situés, six mois auparavant la coupe. Dans leurs déclarations, les particuliers doivent faire mention de la quantité, essence, âge des bois qu'ils veulent couper, de leur distance de la mer & des rivières navigables, à peine de 3000 liv. d'amende & de confiscation des bois coupés. Par autre Arrêt du Conseil du 2 Décembre 1738, Sa Majesté a renouvellé cette disposition & réiteré ses défenses à tous propriétaires de bois, de quelque qualité & condition qu'ils soient, de couper aucun arbre futaie, soit en corps de bois, baliveaux sur taillis, ou arbres épars, qu'ils n'en aient obtenu la permission du Conseil, ou fait leur déclaration au Greffe de la Maîtrise particulière des lieux, six mois avant la coupe, sous les peines portées par l'Arrêt du Conseil du 21 Septembre 1700.

Afin que les propriétaires eussent toutes les facilités pour faire leurs déclarations, & afin qu'elles ne leur fussent point onéreuses, Sa Majesté a enjoint aux Greffiers des Maîtrises de ne prendre que dix sols pour chacune desdites déclarations, quelque quantité d'arpents de futaies, baliveaux sur taillis, ou arbres épars qui s'y trouve comprise, à peine de destitution de leurs Charges, de restitution des sommes qu'ils auront reçues au-delà des dix sols, & de 1000 livres d'amende, qui ne pourra être réputée comminatoire. Fait défenses Sa Majesté à tous Officiers des Maîtrises de donner aucune permission verbale, ou par écrit, de couper aucuns bois, & de recevoir pour raison de ce aucune somme d'argent, ou autre chose équivalente, à peine de suspension de leurs fonctions, radiation de leurs gages, de 500 livres d'amende qui ne pourra être réputée comminatoire, & autres plus grandes peines si le cas y échet.

Cette dernière disposition du Réglement de 1738 est conforme à celles des Arrêts du Conseil des premier Mars & 26 Août 1692, qui font pareillement défenses aux Juges de Longueville & de la Vallière, & à tous autres Juges, de donner aucune permiſſion de couper aucuns bois. Le Procureur du Roi de la Maîtriſe de Caudebec étant contrevenu à ces défenſes, en permettant au ſieur de Guetteville, par ſon Ordonnance du 22 Mai 1700, de couper différents arbres futaies; Sa Majeſté en ayant été informée, par Arrêt de ſon Conſeil d'Etat, du 21 Mars 1702, interdit le Procureur du Roi de ſes fonctions pendant un mois, le condamna en 100 l. d'amende; & le ſieur de Guetteville en 150 liv. pour avoir coupé leſdits arbres ſans la permiſſion de Sa Majeſté, & ſans avoir fait au Greffe la déclaration preſcrite par l'Arrêt du Conſeil du 21 Septembre 1700.

Les amendes prononcées pour délits commis dans les bois du Seigneur haut-Juſticier lui appartiennent comme Seigneur haut-Juſticier; & les reſtitutions, qui ſont toujours inſéparables de l'amende, lui appartiendront comme propriétaire. Mais ſi les amendes ſont prononcées pour délits commis dans les bois de quelques particuliers, elles ſeront au profit du Seigneur haut-Juſticier; à l'égard des reſtitutions, elles ſeront pour le propriétaire des bois. Il faut cependant obſerver que, lorſque les Grands-Maîtres, ou les Officiers des Maîtriſes, préviennent les Officiers des Seigneurs, & font condamner les délinquants, en ce cas l'amende appartient au Roi, & non au Seigneur haut-Juſticier, qui ſe trouve par cet endroit puni de la négligence de ſes Officiers. Voyez les articles 11, 12 & 13 du titre 1 de l'Ordonnance de 1669. Le Seigneur ne peut prétendre que les reſtitutions lorſque les délits ſont commis dans ſes bois. Si enfin les amendes ſont prononcées pour délits commis par les Seigneurs mêmes dans leurs bois, l'amende ſans contredit appartient au Roi. A l'égard des reſtitutions en pareil cas, je ne vois point que l'Ordonnance de 1669 en ait diſpoſé; mais je crois qu'en ſuivant ſon eſprit, on doit les adjuger au profit des hôpitaux plus prochains des lieux. Que pour les délits commis par les Seigneurs dans leurs bois, on doive prononcer des reſtitutions, cela ne peut pas faire de difficulté; l'article 8 du titre 32 en ordonne pour tous les délits, ſans en excepter aucun, au moins à pareille ſomme que portera l'amende.

Toutes les Ordonnances, Déclarations & Arrêts du Conſeil dont nous avons juſqu'à préſent parlé, les peines qui y ſont énoncées prouvent bien évidemment ce que dit Saint-Yon, que les bois ſont de droit public, & que les Seigneurs & autres propriétaires ne peuvent en diſpoſer que ſuivant les loix du Souverain. Un Seigneur qui entendra bien ſes intérêts, loin de chercher à éluder des loix ſi ſages, ſi utiles au bien de l'Etat & des particuliers, doit au contraire mettre toute ſon application à les obſerver & à les faire obſerver exactement ; c'eſt un moyen sûr d'augmenter ſes revenus & même la valeur de ſes fonds. Ce qu'il en coûtera d'abord eſt un foible objet par rapport au revenu à eſperer. S'il eſt des Seigneurs qui n'ayant aucune poſtérité, ſe mettent peu en peine de travailler pour leurs collatéraux, le bien de l'Etat & du public qui doit animer tout bon citoyen, le reſpect que tout bon & fidèle ſujet doit avoir pour les loix & les volontés de ſon Souverain, ſans doute l'emportera ſur des vues & des intérêts particuliers.

Comme très-ſouvent, dans les Seigneuries où il y a quantité de bois, il peut ſe préſenter ſur cette matière quantité de queſtions très intéreſſantes, nous allons donner la ſolution de celles qui nous ont paru mériter le plus d'attention.

1°. Il n'eſt aucun Seigneur, ni même aucun particulier, qui ne ſe croie en droit d'arracher & de défricher ſes bois. Cette liberté leur eſt cependant interdite par pluſieurs Ordonnances ; celles de 1518, 1520, 1588 preſcrivent à tous Seigneurs de donner tel ordre à l'entretenement de leurs bois, que par leur faute il n'en avienne perte à la choſe publique & aux ſujets du Royaume. Sa Majeſté par ſon Ordonnance de 1669, a renouvellé ces défenſes, & même ordonné que dans ſes propres bois il ne pourroit être fait aucuns arrachés ou défrichés. On peut voir l'article 18 du titre 3.

Par Arrêt du Conſeil, du 9 Décembre 1703, le Roi fit

très-expresses défenses à tous propriétaires de bois des environs de Mont-Louis d'en défricher aucuns, à peine de 500 liv. d'amende. Depuis, Sa Majesté, informée que plusieurs Seigneurs & Curés excitoient leurs habitants & paroissiens à défricher leurs bois communaux pour se procurer aux uns de nouveaux accensements, & aux autres des droits de dixmes, par Arrêt du Conseil du 29 Mars 1735, fit défenses à toutes sortes de personnes de défricher ni faire défricher aucuns bois communaux à peine de 1000 livres d'amende, de confiscation des terres défrichées au profit du Roi, de prison contre les habitants, outre le rétablissement des bois à leurs dépens.

Boniface (*a*) rapporte un Réglement du Parlement de Provence, du 7 Octobre 1633, qui défend à toutes personnes de couper ou essarter aucuns bois, à peine de 500 livres d'amende contre les propriétaires; enjoint à ceux qui l'ont fait, de rétablir incessamment les terreins défrichés en leur premier état de bois.

(*a*) Tom. 2, L. 1, tit. 14, chap. 2.

2°. Il n'est permis à aucun Seigneur ou particulier d'établir dans ses bois aucunes forges, fourneaux & verreries, sans la permission de Sa Majesté, à peine de 3000 livres d'amende, de démolition des forges, fourneaux & verreries, & de confiscation des bois, charbons, mines & ustensiles servant à leur usage.

3°. La saisie-réelle d'une Terre n'empêche point le propriétaire saisi d'en couper les bois, lorsqu'il y a nécessité & que c'est le bien de la chose; mais il en faut remettre le prix au Greffe, ou entre les mains du Receveur des Consignations, pour être distribué aux créanciers opposants & poursuivants.

4°. La question a été long-temps indécise de sçavoir si, en vente de bois de haute futaie, la rescision pouvoit avoir lieu. L'affirmative ne souffre plus de difficulté. La question a été ainsi jugée au Parlement de Bourgogne par Arrêt du 19 Décembre 1749, au profit du Seigneur de Saint-Vincent, contre le nommé Philibert Sordet, Marchand de bois. Ce Parlement avoit préjugé la question par un Arrêt du 22

Juillet 1615, qui décida qu'un bois de haute futaie étoit sujet au retrait lignager.

5°. On a encore demandé si, pendant que le Seigneur poursuit contre le nouvel acquéreur l'entérinement de Lettres de rescision, ce nouvel acquéreur peut couper les bois; Me Charles Dumoulin, en ses Arrêts du Parlement de Paris (*a*), estime que non. Sa raison de décider est que, tant que le procès dure, le nouvel acquéreur n'est point propriétaire incommutable; & il rapporte un Arrêt du 14 Juin 1515 qui l'a ainsi jugé.

(*a*) Part. 7, n. 99, tom. 2, pag. 680.

6°. Coquille en ses questions, chap. 30, dit que si le fief consiste en une seule pièce d'héritage, qui soit forêt ou bois de haute futaie, ou bien que tel bois fasse la meilleure partie du fief, de façon qu'après la coupe le fonds soit inutile ou à la revenue, ou à être mis en terre labourable; le Seigneur féodal peut empêcher la coupe, en tant que par elle le fief se perd & s'éteint. Salvaing en l'*usage des fiefs*, chap. 83, est du même sentiment.

7°. Le Seigneur qui a fait saisir féodalement, & qui en conséquence a droit de faire les fruits siens, a aussi droit de faire exploiter les bois taillis qui tombent en coupe pendant la saisie. Les bois taillis sont au nombre des fruits, le Seigneur saisissant peut les prendre, & ils lui sont dévolus dans toutes les Coutumes qui n'ont point de disposition contraire. Mais il doit les couper en saison, & ne point avancer les coupes; ainsi l'ordonnent toutes les Coutumes qui en parlent. Blois, chap. 7, art. 78; Berry, tit. 5, art. 42. Outre cela le Seigneur saisissant a encore droit de prendre pour son chauffage du bois mort & du mort bois, mais modérément & sans détériorer, dit la Coutume de Berry, tit. 5, art. 43. Plusieurs autres Coutumes, comme Anjou, tit. 7, art. 101; le Maine, tit. 8, art. 114, ont semblables dispositions.

8°. A l'égard des futaies, le Seigneur saisissant n'y peut pas toucher; toutes les Coutumes le défendent, ainsi que de couper les bois marmenteaux, c'est-à-dire les allées, les avenues & bosquets qui servent de décoration aux maisons seigneuriales. Si cependant, dit la Coutume de Dunois, art.

art. 22, le vassal avoit vendu cette espèce de futaie, & en avoit commencé l'exploitation avant la saisie féodale, en ce cas le Seigneur saisissant peut faire exploiter à son profit ce qui a été vendu seulement.

9°. Lorsque le Seigneur jouit du revenu de l'année du fief pour son droit de rachat, toutes les Coutumes veulent qu'il ait sa part du prix des bois taillis qui sont en coupe au *prorata* de son année, & suivant l'estimation, dit l'art. 5 du tit. 45 de la Coutume de Berry.

10°. Une douairière qui a l'usufruit d'une Seigneurie peut, ainsi que tout autre usufruitier, couper les bois taillis qui dépendent de son usufruit, mais sans avancer ni désaisonner les coupes. Ce principe est général & de droit commun. Les uns & les autres peuvent encore prendre pour leur chauffage le mort-bois & le bois mort, sans dégrader ni détériorer, sans en pouvoir vendre & distribuer à d'autres, disent les Coutumes d'Anjou & du Maine. Quant aux futaies, le principe est aussi général, qu'aucun usufruitier, douairière, ou autre, n'a la liberté d'en disposer, si ce n'est pour réparations de bâtiments; mais en ce cas il faut le faire ordonner avec l'héritier ou le propriétaire.

11°. Le douaire fini, si les bois taillis sont encore sur pied, ils appartiennent aux héritiers du mari; mais si le bois est coupé, il appartient à ceux de la douairière. C'est ainsi que l'ordonnent toutes les Coutumes; on peut consulter entre autres Clermont, tit. 13, art. 165; Ponthieu, titre 2, art. 58; Cambray, tit. 4, art. 9.

12°. Saint-Yon (*a*) propose la question de sçavoir à qui, du Propriétaire ou du Marchand, appartient la glandée d'un bois vendu, lorsqu'il n'en est pas fait mention dans le marché; & il la résout ainsi. . . . . « Le gland, dit notre Auteur, » qui tombe de l'arbre avant la coupe appartient au Pro- » priétaire, & celui qui tient à l'arbre lorsqu'on l'abat ap- » partient au Marchand, par la raison que tenant à l'arbre » il est censé en faire partie ».

(*a*) Liv 1, tit. 30, n. 4.

13°. Un Seigneur afferme sa Terre y compris la glandée de ses bois sans aucune réserve. Postérieurement au bail il vend partie de sa forêt; les Marchands l'exploitent; le Fermier demande du dédommagement pour la glandée qu'il perd ; y est-il fondé ? Oui, sans doute. Il ne doit point le prix d'une chose dont il ne jouit pas, & qui lui appartient en vertu de son bail. Il a donc des dommages & intérêts à répeter contre son bailleur, si avec la forêt il a vendu le gland ; ou bien contre le Marchand, si n'ayant pas acheté le gland, il empêche le Fermier d'en jouir, en coupant hors le temps de la sève, ou autrement.

14°. Le Fermier qui, pendant son bail, a élevé une pépinière, en sortant ne peut pas l'enlever toute entière ; il en doit laisser la moitié, pourvu néanmoins que la pépinière ait été faite du consentement du propriétaire, & six ans avant l'expiration du bail, autrement le Fermier devroit la laisser toute entière. C'est la disposition des art. 116 & 117 de la Coutume de Normandie, la seule parmi toutes nos Coutumes qui parle des pépinières.

15°. Il est de l'humanité des Seigneurs de ne pas confondre avec les mendiants, vagabonds & gens sans aveu, dont parle l'Ordonnance de 1669 dans plusieurs art. du titre 27, les pauvres habitants de la Seigneurie, qui pendant l'hiver vont dans les bois du Seigneur y ramasser quelques fagots de bois mort, pour empêcher leur famille de mourir de froid. Il y auroit de la dureté à faire subir à ces malheureux les peines prononcées par l'Ordonnance contre les vagabonds. Mais comme il faut de l'ordre par-tout, il conviendroit au moins que les pauvres dont nous parlons demandassent au Seigneur ou à ses fermiers la permission de ramasser le bois mort dont ils ont besoin, en promettant de ne couper aucun arbre sur pied. S'ils le faisoient, ils seroient alors doublement punissables ; outre le vol, il y auroit abus de confiance.

CHAPITRE VI.

Des Bois que les Seigneurs tiennent du Roi à titre d'engagement, conceſſion, douaire, ou uſufruit.

LOUIS XIV, dans le préambule de ſon Ordonnance de 1669, fait connoître le cas & l'eſtime qu'il faiſoit des bois de ſon domaine; il nous apprend qu'ils en ſont la plus noble & la plus précieuſe partie, capable de produire avec abondance au public tous les avantages qu'il en peut eſperer, ſoit pour les commodités de la vie privée, ſoit pour les néceſſités de la guerre, ou enfin pour l'ornement de la paix & pour l'accroiſſement du commerce par les voyages de long cours dans toutes les parties du monde. Ceux à qui Sa Majeſté accorde la jouiſſance d'un bien qui lui eſt ſi cher, ne peuvent donc apporter trop d'attention pour le régir ſuivant la volonté de leur Souverain & de leur bienfaiteur. Si la reconnoiſſance ne ſuffiſoit pas pour les y engager, ils doivent au moins être arrêtés par l'autorité des loix & par la ſévérité des peines qu'elles prononcent contre les réfractaires.

Les Seigneurs qui tiennent de Sa Majeſté des terres à titre d'engagement, ou tel autre titre que ce puiſſe être, doivent obſerver que, quelque amples que ſoient les conceſſions faites par le Roi, elles ne peuvent jamais comprendre le don d'aucun bois de haute futaie ni de la coupe d'iceux, à peine de nullité. C'eſt la diſpoſition préciſe de l'art. 9 de l'Ordonnance de Moulins de 1566, renouvellée par l'article premier du titre 27 de l'Ordonnance de 1669. Galon, ſur cet article, rapporte deux Arrêts du Conſeil. Le premier, du 31 Août 1688, fait défenſes aux Officiers de la Chambre des Comptes de Pau, & à tous autres, d'aliéner ou inféoder aucuns bois appartenant à Sa Majeſté, ſous quelque prétexte que ce ſoit. Le ſecond, du 11 Août 1703, fait de semblables défenses aux Officiers de la Chambre des Comptes de Dole.

Le Roi, dans les engagements, dans les aliénations & ventes des Terres & Seigneuries de son domaine, n'entend donc jamais y comprendre que les bois taillis dont les coupes sont ordinaires; aussi voyons-nous que, par l'article 5 du titre 22 de l'Ordonnance de 1669, Sa Majesté défend expressément à tous douairiers, donataires, usufruitiers & engagistes de disposer, dans les terres dont ils jouissent à ces titres, d'aucune futaie, d'aucuns baliveaux anciens, modernes, & de l'âge du taillis, pas même des chablis; & ordonne Sa Majesté que le tout demeurera à son profit. La disposition de cet article a été renouvellée par Arrêt du Conseil d'Etat du 24 Mars 1685. En exécution de ces loix, par autre Arrêt du même Tribunal, du 16 Janvier 1698, le Roi ordonna que, sans s'arrêter à l'opposition de M. le Duc de Vandôme, engagiste de la forêt d'Amboise, l'adjudication des baliveaux faite au profit de Sa Majesté dans trente arpents de bois enclavés dans ladite forêt seroit exécutée. Un Arrêt du 18 Janvier 1707, ordonne la vente au profit du Roi des baliveaux de la forêt de Carerelle engagée à M. le Prince de Conti.

Malgré tant de loix qui défendent aux engagistes de disposer d'aucuns arbres futaies sur les bois & forêts situés dans les terres de leurs engagements, combien n'y en a-t-il point cependant qui coupent non-seulement des arbres, mais même des forêts entières; & afin qu'il n'en reste aucuns vestiges, donnent les emplacements à titre de cens pour les réduire en terres labourables? Il est inutile de rapporter des exemples qui ne feroient pas honneur aux Seigneurs coupables de semblables malversations. Si elles sont arrivées, il faut esperer que la vigilance des Officiers préposés pour veiller au domaine de Sa Majesté ne les permettroit pas aujourd'hui. Les différentes dispositions du Réglement général du domaine du Roi leur sont trop présentes à l'esprit. L'article 8 porte: « Ceux auxquels notre domaine » auroit été aliéné, ne pourront cependant couper les bois » de haute futaie, ni toucher aux forêts qui se trouveront dans les terres aliénées ou engagées ». L'article 11 or-nne qu'on ne pourra faire aucune coupe de bois de haute taie dans les terres du domaine, ni bail des terres vaines vagues, sans Lettres-patentes duement vérifiées & enre-ſtrées ès Cours de Parlement & Chambre des Comptes.

La partie des bois devenant tous les jours plus précieuse, a Majeſté non contente des précédentes défenſes, pour 'autant plus contenir les Seigneurs engagiſtes, & leur ôter ans retour la liberté de diſpoſer d'aucunes futaies, par rrêt de ſon Conſeil du 12 Novembre 1719, a ordonné réunion générale à ſon domaine de tous les bois futaies ngagés, & réiteré les défenſes faites par les anciennes rdonnances à tous les engagiſtes de ſes domaines de cou-er aucuns bois dépendant des Terres & Seigneuries en-agées, & à tous Marchands & autres particuliers de s'im-iſcer auxdites coupes, ſous les peines portées par les Or-onnances.

La néceſſité de faire des réparations aux châteaux, mai-ons & bâtiments des Seigneuries engagées, auroit été ouvent un prétexte d'enfreindre la loi, ſi dans ces occaſions es engagiſtes euſſent eu la liberté de prendre dans les forêts es bois convenables, & s'ils l'euſſent pu faire de leur ſeule utorité. Sa Majeſté a voulu prévenir les inconvénients qui n pourroient réſulter ; par l'article 6 du titre 22 de l'Or-onnance de 1669, elle a défendu aux engagiſtes, leurs ermiers, agens ou receveurs de couper aucuns arbres utaies, baliveaux anciens, modernes, ou de l'âge des aillis, pour réparations, ou ſous quelqu'autre prétexte ue ce ſoit, ſi ce n'eſt en vertu de Lettres-patentes bien & uement regiſtrées ès Cours de Parlement & Chambre des Comptes du reſſort, ſur l'avis & les procès-verbaux des rands-Maîtres du département, à peine de privation & es amendes & reſtitutions portées par l'Ordonnance.

Le fermier de la Terre d'Argilly engagée à M. le Prince e Conti étant contrevenu à cette loi, en coupant quelques arbres pour être employés en réparations ; par Sentence de la Maîtriſe de Dijon, du 3 Janvier 1713, il fut condamné en 300 livres d'amende au profit de Sa Majeſté. La protection de Madame la Princesse de Conti fit modérer cette amende à 100 liv. par Arrêt du Conseil du 28 Mars suivant. Mais cet Arrêt ne prouve pas moins que la loi portée par l'article 6 du titre 22 est une loi générale, & que les Princes mêmes ne peuvent se dispenser de l'observer.

Les Seigneurs qui ont obtenu de Sa Majesté à titre d'engagement, douaire, usufruit, concession, ou autrement, quelque Terre ou Seigneurie de son domaine, ne peuvent commencer la jouissance des eaux, bois, & forêts qui en dépendent, sans observer les formalités prescrites par les articles 1, 2 & 3 du titre 22 de l'Ordonnance de 1669, qui consistent, 1°. à ce que par les Grands-Maîtres, chacun en leur département, les lieux soient visités, & à ce qu'il soit dressé procès-verbal de l'état où ils se trouvent, contenant en détail l'âge, la nature & qualité des bois, l'état, l'essence & le nombre des baliveaux sur taillis, distinctement par gardes & triages, la consistance & la valeur des coupes ordinaires par estimation & rapport des six dernières adjudications. 2°. Le procès-verbal doit contenir en outre l'état des garennes, rivières, étangs, forges, fourneaux, écluses, pertuis, bondes, vannages, décharges & chaussées, avec description des réparations qu'il y conviendra faire. 3°. Ce procès-verbal doit être mis & enregistré dans la quinzaine au Greffe du Grand-Maître & en celui de la Maîtrise, au ressort de laquelle les eaux & bois se trouveront situés. 4°. Les engagistes ne peuvent jouir à leur égard de l'effet de leurs contrats & adjudications, que les eaux, bois & garennes en dépendant n'aient été préalablement évalués par la Chambre des Comptes en la présence du Grand-Maître, ou sur les avis & procès-verbaux par lui faits, à peine de 10000 liv. d'amende, & de réunion au domaine des eaux & bois engagés.

Il est de la dernière importance, pour la conservation des bois, eaux & forêts des domaines engagés, que toute ces formalités soient exécutées à la lettre; elles serviront à contenir les engagistes, qui sans elles pourroient à leur gré couper les bois, les dégrader, ruiner les domaines, de manière que réduisant les terres engagées à peu de valeur, le

Loi ne songeroit plus à les tirer; ce qui produiroit insensiblement la ruine du domaine de Sa Majesté.

Suivant l'article 7 du titre 22, les engagistes, en jouissant des bois compris en leur engagement, doivent observer deux choses; 1°. soit qu'ils vendent des bois taillis, soit qu'ils fassent exploiter des bois futaies, quand pour répartitions Sa Majesté leur en accorde la permission, ils doivent faire les mêmes réserves & garder les mêmes formalités que celles prescrites pour l'usance des bois appartenant à Sa Majesté. 2°. Afin que cette loi fût plus sûrement exécutée, Sa Majesté ne l'a point voulu confier aux Juges des Seigneurs engagistes, mais bien aux Officiers de ses Maîtrises particulières des eaux & forêts. Ainsi ce sont eux seuls qui doivent faire les assiettes, martelages, délivrances, ventes & adjudications des bois engagés; & il est défendu à tous Fermiers & Marchands de s'immiscer en la jouissance ou exploitation desdits bois, lorsque la délivrance ou la vente n'en aura pas été faite par les Officiers des Maîtrises, à peine de 3000 livres d'amende, & de confiscation des ventes. Les Arrêts rapportés par Galon sur cet article, prouvent que le Conseil ne s'est point encore relâché sur les deux dispositions qu'il contient.

Les Seigneurs engagistes doivent encore observer que, suivant l'article 8 du même titre, les Grands-Maîtres & les Officiers des Maîtrises particulières ont sur les eaux & bois ecclésiastiques situés dans les domaines engagés, la même jurisdiction qu'ils ont dans le domaine dont jouit Sa Majesté, sans que les engagistes, ou leurs Officiers, en puissent prendre aucune connoissance, sous quelque prétexte que ce soit.

Nous avons dit qu'il est défendu aux Seigneurs engagistes de couper aucun arbre futaie dans les bois engagés; qu'ils n'ont pas même la liberté de disposer des chablis qui doivent tourner au profit de Sa Majesté. Il en est de même des amendes, restitutions & confiscations prononcées pour délits commis sur les mêmes futaies. Elles appartiennent entièrement au Roi. Voyez l'article 5 du titre 22. Les engagistes, dit Galon, ne peuvent jouir que des amendes des délits commis dans les taillis, & je crois que Galon se trompe, & que les amendes pour délits commis dans les taillis des engagistes appartiennent aussi au Roi, si Sa Majesté ne les leur a précisément abandonnées par le titre de l'engagement, & que l'engagiste ne peut prétendre que l'intérêt ou la restitution. Ce sentiment peut être justifié par une observation très-judicieuse de Galon même, c'est que si les amendes, pour délits commis dans les bois des engagistes, leur appartenoient, pour en profiter ils laisseroient couper & dégrader tous leurs bois.

Lorsque le terme de la jouissance des engagistes, douairières ou usufruitiers est arrivé, les eaux, bois & domaines dont ils ont joui doivent être visités, reconnus & estimés par le Grand-Maître du département, avec les mêmes formalités observées lors de l'entrée en jouissance. Le procès-verbal doit être dressé en présence des engagistes ou de leurs héritiers duement appellés; il doit contenir l'état & la consistance de tous les objets mentionnés au premier procès-verbal. S'il se trouve des dégradations, dépérissements ou changements préjudiciables, ceux qui ont possédé, leurs successeurs & ayant-cause, doivent être contraints de remettre incessamment les choses en état, condamnés à indemniser Sa Majesté en ce qui concerne les bois au pied du tour, conformément aux Ordonnances; & pour le surplus, à dire d'experts convenus ou pris d'office. Telle est la disposition de l'article 4 du titre 22 de l'Ordonnance de 1669.

CHAPITRE VII.

Des Bois tenus par les Seigneurs à titre de tiers & danger, en grurie & grairie.

Les droits de tiers & danger, de grurie & grairie ont la même origine que les autres droits seigneuriaux qui dérivent de la concession d'héritages. Ce sont des réserves que le Souverain s'est faites sur les bois dépendant des fiefs, lorsque l'érection l'érection & la distribution en a été faite ; elles sont la marque de la directe Seigneurie que le Prince s'est conservée. En Normandie les droits de tiers & danger sont généraux & universels sur tous les bois de cette Province. On en peut attribuer l'établissement ou à la première distribution des fiefs faite par nos Rois après la conquête, ou peut-être au célebre traité de Saint-Clair sur Epte, par lequel Charles le Simple, en 912, donna à Rollon, Chef des Normands, sa fille Giselle en mariage, avec une partie de la Neustrie, qui depuis s'est appellée *la Normandie*. La réserve des droits de tiers & danger a pu être une des conditions du traité. Quoiqu'il en soit, ces droits ont été perçus de toute ancienneté sur les bois de la Normandie : il en est fait mention dans la charte aux Normands donnée par Louis Hutin en 1315.

Il y a dans l'Ordonnançe des Eaux & Forêts de 1669 un titre particulier (le 23) concernant les bois tenus en grurie, grairie, tiers & danger. C'est d'après les loix consacrées dans ce titre que nous allons observer ce qu'on doit sçavoir sur la nature & la quotité des droits en question, & sur l'administration des bois qui y sont sujets.

Les droits de tiers & danger, grurie & grairie, comme provenant de concession de l'ancien domaine de la Couronne, en font encore aujourd'hui partie. En cette qualité ils sont imprescriptibles & inaliénables ; la propriété par indivis avec les autres Seigneurs n'en peut être donnée, vendue, aliénée ni engagée en tout ou partie ; ces droits même ne peuvent être affermés sous quelque prétexte que ce soit. Dans les bois qui y sont sujets, Sa Majesté a la Justice, tous les profits qui en procédent lui appartiennent, ensemble la chasse, la paisson & la glandée privativement à tous autres, si ce n'est qu'à l'égard de la paisson il n'y ait titre au contraire. Voyez les articles 1, 6 & 8 du titre cidessus.

L'art. 3 du même titre nous apprend très-clairement quelle est la quotité du droit de tiers & danger. Il sera levé & payé, dit l'article, selon la coutume ancienne, qui est de distraire à notre profit sur le total de la vente, soit en espèce ou en deniers, à notre choix, le tiers & le dixième. Suivant cet article, si la vente est de trente arpents, & si le Roi veut prendre son droit en espèce, il aura dix arpents pour le tiers, & trois arpents pour le dixième de trente; ainsi de trente parts, le Roi en a treize. De même Sa Majesté prenant son droit en argent, si les trente arpents sont vendus 300 liv. le Roi aura 100 liv. pour le tiers de 300 liv. & 30 liv. pour le dixième de la même somme. De la disposition de l'article il résulte deux choses, 1°. qu'il est au choix de Sa Majesté de lever son droit en argent ou en espèce, selon qu'il lui est plus avantageux. 2°. Que tiers & danger sont deux droits différents; le droit de tiers est la tierce-partie du prix principal de la vente; le droit de danger est le dixième de la même somme. Cette distinction se tire de l'article 4 de notre titre. S'il se trouve, dit Sa Majesté, quelques bois dans notre Province de Normandie pour lesquels les particuliers aient titre & possession de ne payer qu'une partie de ce droit, à sçavoir le tiers simplement, ou seulement le danger qui est le dixième, nous voulons qu'il n'y soit rien innové à cet égard. Ainsi quelque généraux que soient en Normandie les droits de tiers & danger, on voit cependant qu'il y a des bois dans cette Province, où il n'est dû au Roi que le tiers sans danger, & d'autres où il n'est dû que le danger sans tiers. Ces droits ne son pas même dûs sur toutes espèces de bois. L'article 5 du titr ci-dessus excepte les morts bois énoncés dans la charte Normande de Louis Hutin, qui sont saulx, morsaux, épines, puînes, seur, aulnes, genêts, genêvres & ronces; l'Ordonnance de 1669 y ajoute au même article le bois mort en cime & racine ou gisant, dont les possesseurs de bois sujet au droit de tiers & danger, peuvent prendre par leur mains & pour leur usage. L'article 7 excepte encore le bois plantés à la main; mais pour jouir de l'exemption du droit, & avant de commencer aucune coupe, les propriétaires doivent justifier de la plantation par devant le Grand Maître, ou les Officiers de la Maîtrise, au Greffe desquels les titres qui le prouvent doivent être enregistrés, sauf au Roi, dit Galon, la preuve contraire.

Lors de la publication de l'Ordonnance de 1669, plusieurs

possesseurs de bois de la Normandie, sous prétexte qu'ils en payoient la dixme, se prétendirent exempts du droit de tiers & danger. Plusieurs Seigneurs de cette Province, non-seulement voulurent en affranchir leurs bois, mais encore le voulurent percevoir sur les bois de leurs vassaux au préjudice de Sa Majesté; d'autres se prétendirent engagistes des mêmes droits. Pour régler toutes ces différentes prétentions, Sa Majesté ordonna par Arrêt du Conseil d'Etat du 13 Août 1670, que dans un mois un chacun justifieroit de ses titres par devant les Commissaires départis & le Grand-Maître des Eaux & Forêts de Normandie, sinon, ledit temps passé, que leurs bois demeureroient comme les autres sujets aux droits de tiers & danger. Ainsi de toutes ces exemptions il ne doit subsister aujourd'hui que celles qui ont été légitimement établies par des titres non suspects qui ont dû être vérifiés par les Commissaires, & enregistrés aux Greffes des Maîtrises.

L'Ordonnance de 1669, en parlant des droits de grurie & grairie, dit qu'il seront levés & perçus, lors de la coupe & usance des bois qui y sont sujets, en espèce ou en argent suivant l'ancien usage de chaque Maîtrise. Voyez l'article 2 du titre 23. Mais l'Ordonnance ne définit point ces droits & n'apprend point quelle en est la quotité. Pour en être instruit, il faut consulter Galon & Saint-Yon. Selon le premier, le droit de grurie est la moitié qu'il faut ajouter à telle autre portion reglée par l'usage & les titres, que le Roi prend du prix de la vente dans quelques forêts de son Royaume, en espèce ou en deniers. Le droit de grairie est un droit que le Roi prend sur les ventes de bois qui sont faites au très-fonds d'autrui, à cause de la Justice que Sa Majesté y fait exercer par ses Officiers des Eaux & Forêts, ainsi qu'il se pratique dans les forêts d'Orléans.

La différence qu'il y a entre les bois tenus en grurie & grairie, & ceux de tiers & danger, c'est que dans ces derniers, les droits ont une fixation certaine, & sont généraux & universels dans la Province de Normandie. Il n'en est pas de même des premiers, non-seulement il y a en Normandie des bois tenus en grurie & grairie, mais encore dans toutes les autres Provinces du Royaume, & nulle part le droit eſt uniforme. Saint-Yon en a remarqué différentes quotités.

Dans l'Orléanois, dit cet Auteur, au-delà de la rivière de Loire, dans la Beauce, le Gatinois & Hurepoix, le Roi a la moitié.

A Beaugency, il a le tiers du principal, & toute l'enchère qui ſe fait ſur la publication du contrat de la vente du très-foncier.

A Senlis, le Roi dans de certains bois a le tiers, dans d'autres la moitié, dans d'autres le quint & le vingtième, ailleurs le vingtième ſeulement. A Chaulny il a le quart & le quint, & ainſi des autres.

Toutes ces différences, & tant d'autres qu'il ſeroit inutile de recueillir, prouvent qu'il n'y a aucune uniformité dans la quotité des droits de grurie & de grairie, & qu'ils ſe perçoivent ſelon les titres & uſages qui donnent au Roi le droit de les prendre; enſorte que l'on ne peut à ce ſujet donner aucune règle préciſe & générale.

Dans l'intitulé du titre 10 de l'Ordonnance de 1669, il y eſt parlé de Sergents-Gardes des bois en grurie, grairie & *ſégrairie*. Il faut obſerver que le mot *ſégrairie* eſt ſynonime avec grurie & grairie, & ne ſignifie point un droit différent; ce qui eſt confirmé par le texte de l'Ordonnance même, qui n'a aucune diſpoſition particulière pour la ſégrairie, & ne la différencie nulle part des droits de grurie & grairie.

La jouiſſance des bois tenus en grurie, grairie, tiers & danger aſſujettit les poſſeſſeurs à quantité de règles qui leur ſont expreſſément preſcrites par l'Ordonnance de 1669, & dont ils ne doivent jamais s'écarter dans l'adminiſtration de leurs bois.

Comme les bois en queſtion ſont partie du domaine du Roi, Sa Majeſté ſeule y a toute Juſtice qui s'exerce par les Grands-Maîtres & les Officiers des Maîtriſes particulières; eux ſeuls ont droit de connoître des délits, abus & malverſations qui s'y commettent, d'y exercer la police tant pour la Juſtice que ſur la chaſſe, la paiſſon & la glandée; eux seuls peuvent faire les ventes, toutes les opérations qui les précédent & les suivent, & enfin tout ce qui convient pour la réformation & la conservation des mêmes bois. Tout est ainsi reglé par les articles 1 & 9 du titre 23 de l'Ordonnance des Eaux & Forêts.

Afin que la police que Sa Majesté a entendu établir dans les bois dont nous parlons fût ponctuellement observée, Elle a elle-même tracé à ses Officiers le plan de conduite qu'ils doivent tenir à cet égard. Elle veut que les Grands-Maîtres visitent chacune année tous les bois en question, & y fassent telle réformation qu'ils estimeront convenable; Elle veut pareillement que les Maîtres particuliers, ou leurs Lieutenants y fassent leurs visites au moins une fois l'an, le Garde-Marteau de six mois en six mois, & les Gardes sans discontinuation; à l'effet de quoi il y aura dans chaque Maîtrise un ou plusieurs Gardes selon le nombre & la distance des bois. Les Officiers, ainsi que les Gardes, chacun à leur égard, doivent dresser des procès-verbaux de leurs visites, les mettre incessamment aux Greffes des Maîtrises; le tout à peine de privation de leurs charges & commissions, & de répondre en leurs noms des délits, abus & malversations. Telles sont les dispositions des articles 15, 18 & 19 du titre 23.

Si dans le cours de leurs visites les Officiers trouvent quelqu'usurpation ou défrichement entrepris sans la permission du Roi, les auteurs doivent être condamnés à rétablir les choses en leur premier état, & aux amendes, restitutions, dommages & intérêts suivant la rigueur des Ordonnances. On doit punir avec la même sévérité tous les délits, abus & malversations qui seront commis dans les mêmes bois. Voyez l'art. 23.

La Justice que le Roi exerce sur tous les bois en question lui en assure tous les émoluments & les profits; par conséquent toutes les amendes & confiscations qui seront adjugées pour raison desdits bois appartiennent entièrement à Sa Majesté, sans que les possesseurs y puissent rien prétendre. Ils auront seulement dans les restitutions & dommages & intérêts les mêmes portions qu'ils ont droit &

coutume de prendre dans les ventes. Voyez l'article 12 du titre 23.

Par d'anciennes Ordonnances qui remontent jusqu'à l'an 1385, comme on peut le voir dans des comptes rendus à la Chambre des Comptes de Paris, il a toujours été défendu aux possesseurs des bois en question d'en vendre ou couper sans la permission du Roi; avec cette limitation cependant que, si le marché n'excedoit pas 10 liv. il suffiroit d'avoir la permission des Maîtres particuliers. Mais la nouvelle Ordonnance de 1669, à laquelle seule il faut aujourd'hui s'arrêter, est sans réserve. L'article 10 du titre 23 le défend à tous possesseurs sans avoir obtenu Lettres-patentes du Roi duement enregistrées, à peine de privation de tous droits contre les possesseurs, d'amende arbitraire, & de confiscation des ventes contre les Marchands.

Si cependant les possesseurs ont besoin de quelques pieces de bois pour réparations ou autres pressants besoins vérifiés par les Officiers des Maîtrises, il leur sera permis de couper quelques arbres, suivant la marque & la délivrance qui doit leur en être faite par le Grand-Maître, lequel à l'instant en fera couper & vendre au profit du Roi pour la valeur & à proportion de ses droits. C'est ce qui est expliqué par l'article 16 du titre 23. L'article suivant permet encore aux possesseurs de prendre leur chauffage, qui est la part qui leur revient, dans les ventes ordinaires; mais s'il n'y a point de vente ouverte, ils ne peuvent prendre aucun chauffage, si ce n'est en bois mort ou mort bois des neuf espèces, ainsi qu'il est ordonné par l'art. 5.

Pour éviter tous les abus préjudiciables aux intérêts de Sa Majesté dans la vente des bois où elle prend les droits de tiers & danger, grurie & grairie, le Roi a voulu que les ventes fussent faites par les Officiers des Eaux & Forêts avec les mêmes formalités que pour les bois appartenant à Sa Majesté. C'est la disposition de l'article 2 du titre 23. L'article 10 s'explique avec plus de détail; il ordonne que les ventes ordinaires seront faites par le Grand-Maître ou par les Officiers de la Maîtrise; & les ventes extraordinaires en exécution de Lettres-patentes, par le Grand-Maître seulement ; le tout avec les mêmes formes qui se doivent observer pour l'assiette, martelage, balivage, publications, adjudications, doublement, tiercement & recolements des bois du Roi. L'article 14 ajoute que les ventes, adjudications & récolements seront signés par les possesseurs des bois, ou leurs Procureurs, ainsi que par les Marchands ou leurs facteurs.

Dans les ventes, lors de leur exploitation, on y doit faire les mêmes réserves de baliveaux que pour les bois du Roi, ainsi que des arbres de lisière, paroi, pieds corniers, &c ; on y doit observer les mêmes précautions pour la coupe ; & ce, sous les peines portées par l'Ordonnance. Voyez l'art. 13 du titre 23.

Les chablis, c'est-à-dire les arbres qui sont abattus, déracinés & rompus par les vents & les orages, n'appartiennent point en entier aux possesseurs des bois en question. Voyez comme Sa Majesté s'explique à cet égard dans l'article 11 du titre 23. Il sera procedé à la vente des chablis rompus ou arrachés en la manière ordinaire pour nos bois, à la charge de nous payer, sur le prix, la même part qui nous appartient dans les ventes ordinaires.

CHAPITRE VIII.

Des règles prescrites par les Ordonnances aux Seigneurs & Propriétaires riverains des forêts du Roi.

ON entend par forêts du Roi, non-seulement celles dont il jouit par les Receveurs de ses domaines & bois en chaque Province, mais encore celles tenues par les Princes apanagistes & les engagistes, celles que Sa Majesté possède à titre de don, douaire & usufruit ; les bois enfin qu'elle a à titre de tiers & danger, en grurie, grairie & ségrairie.

Il auroit manqué quelque chose à la bonne police de tant de belles forêts appartenant à Sa Majesté dans toute l'étendue de son Royaume, si par des loix également sages

& précifes, on n'avoit pas cherché à arrêter le cours des ufurpations & des délits auxquels le voifinage des propriétaires riverains pouvoit donner lieu. L'Ordonnance de 1669, titre 27, contient plufieurs difpofitions pour prévenir les abus à cet égard. Il eft donc très-important à tout Seigneur & à tout propriétaire qui poffède des héritages voifins des forêts du Roi de fçavoir ce qui leur eft prefcrit & ce qui leur eft défendu par une loi dont l'exécution rigoureufe n'a encore fouffert aucune atteinte.

La première & la principale intention du Légiflateur, dans le titre 27 de l'Ordonnance de 1669, a d'abord été de bien connoître les propriétaires d'héritages voifins de fes forêts, & d'en écarter les gens fans domicile & les vagabonds. Pour remplir le premier objet, Sa Majefté, par l'article 7, ordonne qu'on communiquera à fes Procureurs des Maîtrifes tous les procès-verbaux de criées, affiches & publications qui fe feront à l'avenir des maifons, terres, bois & autres héritages en fief ou roture affis en l'enclos, aux rives, ou à cent perches de fes forêts, bois & buiffons; qu'à cet effet lefdits procès-verbaux feront mis aux Greffes des Maîtrifes, du moins quinzaine avant l'adjudication des décrets. L'Auteur du *Nouveau Traité des Criées* dit avec raifon qu'il paroîtroit plus convenable de fatisfaire à cette loi avant le congé d'adjuger. En effet, on applaniroit ainfi, & de bonne heure, toutes les difficultés qui peuvent naître, & rien n'arrêteroit plus les pourfuites de l'impétrant.

L'article 8 ordonne qu'on communiquera pareillement aux Procureurs du Roi des Maîtrifes tous aveux & dénombrements, contrats d'acquifition & déclarations d'héritages tenus en cenfives dans l'enclos & à cent perches des forêts du Roi, fans qu'ils puiffent être reçus en la Chambre des Comptes, ou Bureau des Finances, ou par les Seigneurs dominants, qu'après cette communication, du confentement des Procureurs de Sa Majefté, ou après le Jugement de leurs oppofitions; le tout à peine de réunion des droits féodaux & cenfives contre les Seigneurs, & de confifcation des biens donnés par aveux & déclarations contre des particuliers qui les auront faits fans cette formalité.

Dans

Dans les titres ci-dessus dont Sa Majesté ordonne la communication, elle entend que les héritages y mentionnés soient exprimés avec leur consistance, quantité d'arpents, nature & qualité ; & si besoin est, seront les héritages réarpentés par l'Arpenteur-juré de la Maîtrise, sans frais, en cas que l'expression faite par l'acte de communication soit fidèle ; mais aux frais des Parties qui se trouveront en fraude, pour l'arpentage seulement. Telle est la disposition textuelle de l'article 9. On peut voir dans les articles 17, 35, 36, 37, 38 & 39 les loix établies par l'Ordonnance pour écarter des bois du Roi les vagabonds & les gens inutiles.

Quand on connoît bien tous les propriétaires riverains des forêts du Roi, la quantité & la qualité de leurs héritages, il est sans doute facile de recouvrer les usurpations qui peuvent avoir été faites sur les domaines du Roi, & d'empêcher celles qu'on pourroit faire. Pour les prévenir autant qu'il est possible, & pour empêcher la confusion des bois des particuliers avec ceux de Sa Majesté, par l'article 4 du titre ci-dessus, elle ordonne à tous riverains possedant bois joignant ses forêts de les en séparer par des fossés ayant quatre pieds de largeur & cinq pieds de profondeur ; & s'ils ne les entretiennent en cet état, leurs bois seront réunis au corps de la forêt du Roi. Par l'article 6, Sa Majesté défend à toutes personnes de planter bois à cent perches de ses forêts sans sa permission expresse, à peine de 500 liv. d'amende, & de confiscation des bois qui seront arrachés & coupés. On sent aisément de quelle conséquence il seroit de laisser semer ou planter des bois dans le voisinage de ceux de Sa Majesté ; le mélange qui s'en feroit bientôt rendroit les entreprises plus fréquentes & plus faciles.

Outre les défenses ci-dessus, il y en a encore plusieurs autres concernant les riverains des bois du Roi dont il est important qu'ils soient instruits.

1°. L'article 11 leur fait défenses, ainsi qu'à tous autres, d'arracher aucuns plans de chênes, charmes & autres bois dans les forêts du Roi sans sa permission & l'attache du Grand-Maître, à peine de punition exemplaire, & de 500 liv. d'amende. Les Ordonnances antérieures à celle de 1669 ont été extraordinairement rigides sur ce point; voyez sur-tout le Réglement de la Table de Marbre du Palais à Paris, du 20 Décembre 1599. Ces sages Réglements faits pour la conservation de l'espèce méritent toute l'attention des Officiers à qui l'exécution de la loi est confiée. Il est cependant vrai que dans les bois du Roi, sur-tout après les glandées abondantes, il se perd une quantité prodigieuse de jeunes plans qui suffiroient pour composer des forêts, ou pour rétablir celles où il manque du plan. Dans ces circonstances, Sa Majesté, dans la disposition de l'article 11, laisse entrevoir qu'elle ne se refuseroit point aux besoins de ses sujets qui imploreroient ses bontés. Mais en matière de bois, les Seigneurs aiment mieux détruire que planter; c'est ainsi qu'ils négligent des secours qui leur seroient d'une grande utilité.

2°. L'article 12 défend d'enlever, dans l'étendue & aux reins des forêts du Roi, sables, terres, marnes, ou argille, comme aussi de faire de la chaux, à cent perches de distance; sans la permission expresse de Sa Majesté, & aux Officiers de le souffrir, sur peine de 500 liv. d'amende, & de confiscation des chevaux & harnois.

Postérieurement à l'Ordonnance, il y a eu un Arrêt du Conseil d'Etat du 23 Décembre 1690, qui fait défenses à toutes personnes d'ouvrir carrières dans l'étendue & aux reins des forêts du Roi, sans une expresse permission de Sa Majesté & l'attache du Grand-Maître du département; & aux Officiers des Maîtrises particulières de le souffrir, à peine d'interdiction, & de répondre, en leur propre & privé nom, de tous dommages & intérêts résultant desdites ouvertures. Ces défenses ont été renouvellées par un Arrêt du Conseil du 4 Janvier 1729, qui condamne différents particuliers en l'amende pour avoir ouvert des carrières dans la forêt de Fontainebleau sans la permission de Sa Majesté.

Dans les Ordonnances concernant les eaux & forêts, ce mot *reins de forêts* est souvent employé, mais aucune n'explique précisément la distance des forêts du Roi qu'il peut signifier. Galon, sur cet article, cite plusieurs Arrêts qui ont interpreté différemment cette étendue. De cette diversité il conclud que les Ordonnances ont laissé à la prudence des Officiers des Eaux & Forêts de limiter cettte distance suivant la situation des lieux. On pense que cette étendue doit être de cent perches. Dans les articles de l'Ordonnance de 1669, où Sa Majesté défend de faire quelque chose dans les environs de ses forêts, c'est presque toujours à la distance de cent perches.

3°. L'article 18 défend à toutes personnes de faire construire à l'avenir aucuns châteaux, fermes & maisons dans l'enclos, aux rives, & à demi-lieue des forêts du Roi, sans espérance d'aucune remise ni modération des peines, d'amende & de confiscation du fonds & des bâtiments. Cet article est conforme à l'Ordonnance donnée par Henry IV. au mois de Mars 1597. Il arrivoit souvent autrefois que des particuliers, séduits par les commodités qu'ils en tiroient, alloient s'établir sur le bord des forêts du Roi, & ensuite prétendoient y avoir droit d'usage, parce qu'ils étoient d'un village ou d'une Paroisse usagère.

Par l'article 27 il est défendu à tous usagers & tous autres d'abattre la glandée, faine, & autres fruits des arbres dans les forêts du Roi; d'amasser ni d'emporter lesdits fruits, ainsi que ceux qui seront tombés, à peine de 100 liv. d'amende.

Par l'article 30 il est ordonné que ceux qui habitent des maisons situées dans les forêts du Roi, ou sur leurs rives, ne pourront y faire commerce ni tenir atteliers de bois, ni en faire plus grand amas que ce qui est nécessaire pour leur chauffage, à peine de confiscation, d'amende arbitraire, & de démolition de leurs maisons.

Ceux qui demeurent dans le voisinage des forêts du Roi, ainsi que toutes autres personnes quelconque, ne peuvent point, en quelque temps que ce soit, porter & allumer du feu dans les forêts, landes & bruyères appartenant au Roi, ainsi que dans celles des Communautés & des particuliers, à peine de punition corporelle & d'amende arbitraire, outre la réparation des dommages occasionnés par les incendies, dont les Communautés, & autres qui auront choisi les

Gardes demeureront civilement responsables. C'est la disposition de l'article 32.

Comme les peines corporelles prononcées par cette loi ne sont point déterminées, les Juges étoient souvent embarrassés; ce fut pour fixer la Jurisprudence que Sa Majesté, par la Déclaration du 13 Novembre 1714, ordonna que les pâtres & autres qui seront convaincus d'avoir porté du feu, ou d'en avoir allumé dans ses forêts, dans celles des Communautés & des particuliers, ou d'avoir fait du feu plus près d'un quart de lieue desdites forêts, seront punis de la peine du fouet pour la première fois, & de celle des galères en cas de récidive; entend Sa Majesté que ceux qui de dessein prémédité auront mis le feu dans lesdites forêts soient punis de mort; & que tous ceux qui auront causé des incendies dans lesdites forêts, outre les peines ci-dessus, soient condamnés en telle amende qui sera arbitrée par le Juge, & aux dommages & intérêts soufferts par les propriétaires desdites forêts.

Les fréquents incendies arrivés dans les forêts par la négligence ou la malice des pâtres & des vagabonds, ont occasionné la sévérité de ces loix, qui cependant ne sont pas encore suffisantes pour arrêter les désordres, puisqu'il ne se passe pas une seule année que les forêts du Roi ou des particuliers ne souffrent quelqu'incendie; ils arriveroient peut-être plus rarement, si les Officiers des Maîtrises veilloient plus exactement à l'exécution de la loi.

On trouve encore dans l'article 8 du titre 15 de l'Ordonnance de 1669 une disposition qui regarde les riverains des forêts du Roi; il leur est défendu d'enlever à leur profit les bois abattus dans les layes & tranchées, à peine d'être punis exemplairement.

Par l'article 4 du titre 26 de la même Ordonnance, il est encore enjoint aux possesseurs des bois joignant les forêts du Roi, à titre de propriété ou d'usufruit, de déclarer au Greffe des Maîtrises le nombre & la qualité qu'ils en voudront vendre chacune année, à peine d'amende arbitraire & de confiscation.

Les Seigneurs riverains des forêts du Roi doivent observer que par l'art. 13 du tit. des Chasses de l'Ordonnance de 1669, il est très-expressément défendu à tous Seigneurs, Gentilshommes, haut-Justiciers, & autres personnes de quelque qualité & condition qu'elles soient, de tirer ou chasser à bruit dans les forêts, buissons & garennes appartenant à Sa Majesté, à peine de désobéissance, & de 1500 liv. d'amende.

Toutes ces loix si sévères, dit Galon sur le titre 32 de ladite Ordonnance, seront toujours inutiles, tant que les Officiers chargés de leur exécution ne les feront pas observer avec la diligence & la sévérité qu'exigent leurs devoirs. Il viendra un temps, s'écrie l'Auteur, où le Roi sera obligé de prononcer les peines les plus rigoureuses; mais qu'il est à craindre que ce ne soit trop tard & quand il n'y aura plus de bois! Leur dégradation journalière & l'indolence des Officiers préposés pour réprimer & punir les abus sont des maux si invétérés, qu'on ne peut point espérer de voir rétablir le bon ordre sans faire rejaillir la peine de la destruction des bois sur ceux qui les ont en garde, & sans une réformation générale.

CHAPITRE IX.

Des Bois communaux, & du triage qu'y peuvent prétendre les Seigneurs.

IL est d'une extrême importance pour les Seigneurs de veiller à la conservation & à l'aménagement des bois qui appartiennent aux Communautés qui se trouvent dans leurs Seigneuries. Si ces bois procèdent de leur libéralité gratuite, elle leur assure la liberté de demander le triage; & ce triage leur sera toujours plus avantageux quand les bois seront bien conservés. Si les Seigneurs n'en ont que le simple usage, comme premiers habitans, il est encore constant que plus les bois seront en bon état, & plus ils tireront parti de leur usage.

Une Communauté presque toujours divisée par la différence des esprits qui la gouvernent, qui opposent leurs vues particulières au bien général, est rarement gouvernée suivant l'intention de la loi ; l'intérêt personnel d'un côté, la négligence de l'autre s'opposent journellement au bien commun : voilà ce qui occasionne la ruine des bois communaux, & ce qui jusqu'à présent a empêché que les sages Réglements prescrits par l'Ordonnance de 1669 pour la bonne administration de ces bois, ne fussent exécutés. Il est donc bien essentiel de rappeller ici ces Réglements, de faire connoître de quelle importance il est qu'on les observe avec exactitude, & les pertes que leur inexécution fait aujourd'hui souffrir à l'Etat, aux Communautés & aux particuliers.

L'Ordonnance de 1669, en renouvellant les dispositions de celle du mois d'Octobre 1561, prescrit pour les bois communaux à peu près la même administration que pour les bois ecclésiastiques. L'article 1 du titre 25 ordonne qu'à la diligence des Syndics il seroit mis au Greffe des Maîtrises un plan figuré de tous les bois communs. L'article 2 ordonne la distraction d'un quart de réserve pour croître en futaie dans les meilleurs fonds & les lieux plus commodes, suivant la désignation qui en seroit faite par le Grand-Maître du département, ou par les Officiers des Maîtrises qu'il pourra commettre. L'article 3 veut que, la réserve faite, le surplus soit reglé en coupe ordinaire de taillis au moins de dix ans, avec marque & retenue de seize baliveaux de l'âge du taillis par arpent, outre les baliveaux anciens & modernes & les arbres fruitiers. Par l'article 8, Sa Majesté a défendu aux Communautés, ainsi qu'aux ecclésiastiques, de couper aucuns bois futaies sur le quart de réserve, à peine de 2000 livres d'amende contre chaque particulier contrevenant, & en outre contre les Officiers de privation de leurs Charges, sauf en cas d'incendie ou ruine notable des Eglises, ponts, ports, murs, & autres lieux publics, à se pourvoir en Lettres-patentes, ainsi qu'il est ordonné pour les ecclésiastiques. Suivant l'article 9, il doit y avoir dans la Seigneurie, pour procéder au balivage des bois communs, un marteau aux armes du Seigneur, qui sera conservé dans un coffre à trois clefs, dont une pour le Juge, l'autre pour le Procureur-Fiscal, & la troisième pour le Syndic de la Communauté. Enfin par l'article 14, Sa Majesté enjoint aux Communautés de préposer annuellement un ou plusieurs Gardes pour la conservation de leurs bois communs; faute de quoi le Juge des lieux y pourvoira, & taxera d'office les salaires qui seront payés par la Communauté.

Le Roi en qualité de Législateur, de père de ses peuples, ne pouvoit pas imaginer de plus sages Réglements que ceux dont on vient de parler pour conserver à l'Etat, aux Seigneurs & aux Communautés des ressources aussi précieuses que celles des bois; mais ces Réglements n'ont point été exécutés par les Communautés: il y a plus, l'oubli en a été si grand, même dans quelques unes des Cours souveraines, qu'on voit que, par un Jugement de la Chambre souveraine des Eaux & Forêts de Besançon, du 7 Novembre 1713, des Communautés furent dispensées de mettre en réserve le quart de leurs bois communaux. Il est vrai que ce Jugement a été cassé par Arrêt du Conseil du 21 Mai 1710; mais l'Ordonnance n'en a pas été mieux exécutée; elle ne l'est presque nulle part: aussi rien n'est plus affreux ni plus déplorable que l'état de dépérissement où on voit de tous côtés les bois communaux, sans que le bien de l'Etat & des particuliers ait jusqu'à présent excité le zèle des Officiers à qui l'exécution de la loi a été confiée.

Quelles obligations ne leur auroit-on pas cependant, si depuis 1669 ils s'étoient appliqués à mettre le bon ordre dans les bois communaux? Dans le seul département de Blois & de Berry, il y a plus de deux cents mille arpents de cette espèce de bois. Quelles ressources pour les Communautés de ces Provinces, que la réserve de cinquante mille arpents de futaie! De quelle utilité en outre ne seroient point pour les particuliers les cinquante mille restant, si la police prescrite par l'Ordonnance y avoit été exactement observée?

Il viendra sans doute un temps où la rareté des bois déterminera le Ministère à réveiller son attention sur les bois communaux, en faisant ponctuellement exécuter l'Ordonnance de 1669 à leur égard; c'est le seul remède efficace pour empêcher leur total dépérissement. Il est étonnant que, sans attendre des ordres précis, le zèle des Officiers des Eaux & Forêts ne se soit pas réveillé sur cet objet si intéressant. L'article 16 du titre 25 leur a donné tous les pouvoirs nécessaires pour réformer & punir les délits, abus, négligences & malversations qui se commettent dans les bois communaux.

L'Ordonnance de 1669, outre les Réglements dont nous avons parlé, en contient encore plusieurs autres, tendant tous également à la bonne administration, à l'économie & à la vraie destination des bois communaux.

L'article 9 du titre ci-dessus ordonne que l'assiette des coupes ordinaires sera faite sans frais par le Juge des lieux, en présence du Procureur d'office, du Syndic & de deux députés de la Paroisse. Les pieds corniers, arbres de lisière & baliveaux seront marqués du marteau de la Seigneurie. Toutes ces opérations peuvent être faites, dit l'article 10, par tel arpenteur que le Juge voudra commettre. Il n'en est pas de même du récolement des coupes, qui doit être fait par l'arpenteur-juré de la Maîtrise, à peine, dit le même article, de nullité, de 500 liv. d'amende, & d'interdiction contre le Juge qui contreviendroit.

L'assiette d'un bois n'est autre chose que la division des bois taillis qui restent, le quart de réserve prélevé, en dix portions égales, ou plus, si l'étendue de la forêt le permet; pour être, chaque portion, exploitée chaque année jusqu'à ce que le nombre des coupes reglées par l'assiette soit épuisé.

Après la révolution de plusieurs coupes, il peut arriver que les taillis se trouvent trop chargés de baliveaux & autres arbres réservés, qui, tous les jours devenant plus gros, empêchent le recru du taillis; il n'est pas permis aux Communautés de couper, de leur autorité privée, ces arbres nuisibles. Pour en obtenir la permission, ils doivent se pourvoir

voir au Conseil, qui, sur l'avis des Grands-Maîtres, & lorsque la demande se trouve fondée, ne la refuse jamais. Alors on en ordonne la vente, dont l'adjudication est renvoyée au Juge du lieu, qui doit y procéder avec les formalités prescrites pour la vente des bois du Roi. Les deniers provenant de la vente doivent être employés aux réparations extraordinaires, ou affaires urgentes de la Communauté; à peine de restitution du quadruple, & de 500 livres d'amende contre ceux qui auront diverti les deniers. Lorsque dans la même Paroisse il se trouve une Maîtrise ou une Grurie, c'est aux Officiers de ces Sièges à faire la vente, mais sans frais. Voyez l'art. 12 du tit. 25.

Lorsque la Communauté a fixé le canton de taillis qui doit être coupé en suivant l'assiette, le Juge des lieux indique le jour que s'ouvrira la coupe, qui doit s'y faire en saison convenable, à tire & aire, à fleur de terre, par gens entendus & capables de répondre de la mauvaise exploitation. Telle est la disposition de l'article 11. L'article 13 veut que si dans les bois communaux il se trouve des places abrouties, elles soient récepées aux frais de la Communauté, & qu'elles soient défensables jusqu'à ce que ce rejet ait au moins six ans, sous les peines reglées à cet égard pour les bois du Roi.

Dans les coupes reglées, les Communautés ne doivent point oublier de laisser les baliveaux prescrits par l'Ordonnance, les pieds corniers, les arbres de lisière & paroi, & tous arbres fruitiers.

Lorsque la coupe est finie, il faut la distribuer, suivant la coutume des lieux, aux différents chefs qui composent la Communauté, pour leur chauffage & leurs besoins annuels; & en cas de plainte ou de contestation, il y sera pourvu par le Grand-Maître dans le cours de ses visites. Voyez l'article 11.

Lorsqu'un habitant a besoin de bois propre à bâtir, il n'en doit pas prendre dans les bois communaux de son autorité privée. Un Arrêt du Parlement de Dijon, du 27 Mars 1744, condamne le nommé Gaudart en 7 liv. 10 sols d'amende, & en pareille somme de restitution, pour avoir coupé, de son propre mouvement, des arbres, pour réparations, dans les bois communaux de la Communauté de Cessy; lui fait défenses d'en plus couper à l'avenir, sans auparavant en avoir donné connoissance aux habitants, en la personne de leur Syndic, & sans avoir préalablement fait apparoir de la nécessité, pour, après la vérification faite, lui être délivré la quantité d'arbres marqués par les Gardes; le tout à peine de privation de son droit dans lesdits bois communaux.

Les bois, ainsi que tous les biens qui appartiennent aux Communautés, sont inaliénables de leur nature; on n'en peut absolument disposer sans le consentement & l'expresse permission du Souverain. Cette règle générale en France est précisément établie par l'article 11 de l'Edit du mois d'Avril 1667. Il est vrai que par deux Déclarations des années 1677 & 1702, le Roi a confirmé ceux qui avoient acquis des Communautés, dans leur propriété & jouissance; mais il faut observer que ces deux Déclarations sont des Edits bursaux qui ne peuvent préjudicier aux loix de l'Etat, qui établissent les formalités nécessaires pour l'aliénation des biens des Communautés, ni aux motifs qui ont déterminé les Législateurs à prescrire ces formalités. Ces motifs sont développés dans l'Edit de 1667 avec tant de force, que nous croyons ne pouvoir nous dispenser de les rapporter ici.

La dissipation des biens des Communautés, dit l'Edit, est un désordre général; les Seigneurs, leurs Officiers, les personnes puissantes se prévalent aisément de la foiblesse des plus nécessiteux; & les intérêts des Communautés étant mal soutenus, rien n'est davantage exposé que leurs biens, dont chacun s'estime le maître. En effet, quoiqu'ils leur appartiennent à un titre qui n'est ni moins privilégié, ni moins favorable que ceux des autres Communautés, qui se maintiennent dans leurs biens par l'incapacité de les aliéner, sinon dans des cas extraordinaires, & toujours à faculté de regrès; cependant on a partagé les usages & les bois communs: chacun s'en est accommodé suivant sa bienséance; & pour en dépouiller les Communautés, l'on s'est servi de dettes simulées, on a abusé à cet effet des formes les plus régulières de la Justice. Ainsi ces communes qui avoient été accordées par forme d'usage seulement, pour demeurer inséparablement attachées aux habitants des lieux, pour leur donner moyen de nourrir leurs bestiaux & d'engraisser leurs terres, ayant été aliénées, ces habitants ne peuvent plus faire subsister leurs familles, ils sont forcés d'abandonner leurs maisons; ensuite les bestiaux périssent, les terres demeurent sans culture, les manufactures & le commerce souffrent, & le public en reçoit de tous côtés des préjudices très-considérables.

On n'a jamais peint avec plus d'énergie & plus de vérité que le fait ici Louis XIV, tous les maux qui peuvent provenir de l'aliénation des biens des Communautés; ce fut pour arrêter le cours de ces malheurs que l'amour paternel de ce grand Prince lui dicta l'Edit de 1667, également propre, comme il l'annonce lui-même, à garantir les foibles de l'oppression, & à procurer aux malheureux du soulagement dans leurs misères. A cet effet, il défend non-seulement aux Communautés d'aliéner leurs biens communs, mais encore leur permet de rentrer dans ceux qu'elles avoient aliénés, depuis 1620, en remboursant dans dix ans.

Toutes amendes & confiscations qui s'adjugeront pour délits, abus, malversations commis dans les bois communaux par les particuliers, appartiendront au Seigneur haut-Justicier, & les restitutions & dommages & intérêts à la Communauté; excepté les cas de réformation dans lesquels toutes les amendes & confiscations appartiendront au Roi, & les dommages & intérêts aux Communautés, pour être, ainsi que les restitutions, employés aux réparations ou autres besoins publics, à peine de 500 livres d'amende & de restitution du quadruple contre ceux qui en auront autrement disposé ou ordonné. Art. 21 & 22 du tit. 25; ils sont assez clairs pour n'avoir pas besoin de commentaire.

Les délits & mesus commis par les habitants des Communautés doivent sans doute être punis suivant la rigueur de l'Ordonnance; mais on doit punir plus sévèrement ceux qui ne sont pas usagers ni habitants de la Communauté. S'ils commettent les délits de jour, outre l'amende suivant l'espèce du délit, il doit y avoir encore confiscation des chevaux, bêtes de charges, harnois & outils. C'est l'esprit des articles 1 & 9 du titre 32 de l'Ordonnance de 1669. Si le délit est de nuit, suivant l'article 5 du même titre, outre les confiscations, l'amende doit être double, sans préjudice à la Communauté, dans l'un & l'autre cas, de poursuivre contre les délinquants ses dommages & intérêts. Ces décisions sont conformes à plusieurs anciennes Ordonnances & à quelques Coutumes. Voyez l'Ordonnance de 1518, & l'art. 25 de celle de 1588; les Coutumes de Troyes, art. 173; de Chaumont, art. 106; Lorraine, tit. 15, art. 26; Nivernois, tit. 17, art. 18.

Une Communauté n'est point responsable en corps des délits commis par les particuliers. Ainsi jugé par Arrêt du Parlement d'Aix, du 8 Mai 1671, qui déclare le Marquis de Vins non-recevable dans ses conclusions contre la Communauté d'Ongles en pareil cas, sauf à lui à se pourvoir contre les particuliers.

Du triage prétendu par les Seigneurs dans les Bois communaux.

Lorsque le Seigneur d'une Paroisse où il y a des bois communaux, s'apperçoit que les habitants les régissent mal, ce qui n'est que trop ordinaire, ou lorsqu'il pense pouvoir tirer plus d'utilité de la propriété d'une portion, que de son usage sur le total, il peut demander le triage, c'est-à-dire, qu'on lui abandonne le tiers du bois commun pour en jouir seul en toute propriété, séparément & distinctement des deux autres tiers restant à la Communauté.

Cette demande est très-favorable aux Seigneurs, mais souvent elle est arrêtée par les difficultés qui peuvent s'y rencontrer; & pour les résoudre, soit en faveur du Seigneur, soit en faveur des habitants, il faut consulter l'Edit du mois d'Avril 1667, & l'Ordonnance des Eaux & Forêts de 1669, titre 25. Les articles 4 & 5 de ce titre opposent à la cupidité des Seigneurs plusieurs barrières qu'il leur est souvent difficile d'écarter.

1°. Pour qu'une demande en triage puisse avoir lieu, il

faut absolument que les deux tiers restant à la Communauté soient suffisants pour l'usage de la Paroisse, sinon, dit l'Ordonnance, le partage n'aura lieu.

2°. Il faut justifier que les bois communaux sont de la concession gratuite des Seigneurs, sans charges d'aucun cens ou servitude.

3°. La concession ne pourra être réputée gratuite de la part des Seigneurs, si les habitants justifient du contraire en prouvant l'acquisition qu'ils ont faite des bois communaux, ou que pour raison d'iceux ils paient au Seigneur quelques cens ou autre redevance. S'ils en payoient, continue l'article 5, en argent, corvées, ou autrement, la concession passera pour onéreuse, quoique les habitants n'en montrent pas le titre, & empêchera toute distraction au profit des Seigneurs qui jouiront seulement de leur usage & chauffage, ainsi qu'il est accoutumé.

De cette dernière disposition de l'article 5, il en résulte clairement deux choses; la première, que c'est au Seigneur qui demande le triage, à justifier de la concession gratuite; cela est conforme au droit commun, c'est l'esprit de l'article 19 du titre 24 de l'Ordonnance de 1669. Les Seigneurs doivent même observer qu'il faut rapporter les titres originaux, d'anciennes collations ne suffiroient pas. C'est une jurisprudence maintenant établie que, lorsque les titres sont censés au pouvoir de la partie, elle doit produire les originaux, sinon on n'a aucun égard aux extraits ou copies, quoiqu'anciennement collationnées. Conformément à cette jurisprudence intervint Arrêt du Parlement de Bourgogne, le 5 Mars 1746 ..... entre l'Abbesse de Baume-les-Nonnes, & la Dame Maillard; il rejetta quatorze copies de reconnoissances collationnées hors la présence des parties interressées, quoique les collations fussent des années 1604, 1618 & 1625, & déclara les cens demandés par l'Abbesse prescrits. Le motif de l'Arrêt fut que l'Abbesse étoit présumée avoir les originaux des titres dont elle ne rapportoit que des copies.

En second lieu, les habitants qui défendent à la demande en triage, ne sont point obligés de représenter aucuns titres.

Il leur suffit de prouver qu'ils paient au Seigneur pour raison de leurs communaux quelques droits: d'où il suit que, si les habitants paient au Seigneur des droits généraux, tels que la taille servile, les corvées, la blairie, le fouage; il leur est libre, pour empêcher le triage, d'alléguer, quoiqu'ils ne rapportent pas le titre, que ces droits ont pour objet la concession des bois communaux; & presque toujours le fait sera très-vrai. Dans ce cas, le Seigneur ne peut se sauver de l'objection, qu'en prouvant par des titres précis que les droits généraux qu'on lui paie ont des causes toutes différentes de celles de la concession des bois communaux.

Dans les Coutumes allodiales, les Communautés ont de grands avantages pour défendre à la demande en triage: elles peuvent tout d'un coup alléguer que leurs bois communaux leur appartiennent en franc-aleu, francs & quittes de toutes servitudes; il faut alors nécessairement que le Seigneur rapporte le titre de concession gratuite. Mais en supposant le Seigneur & les habitants sans titres de part & d'autre, la question ne peut balancer en faveur des Communautés.

Outre l'examen des titres nécessaires pour établir la demande en triage, & la question de sçavoir si, le tiers prélevé en faveur du Seigneur, les deux tiers restant seront suffisants pour remplir les besoins de la Communauté, ce qui doit être établi par un rapport d'Experts qui constate la possibilité des bois communs; il y a encore nombre d'observations à faire pour établir la concession gratuite des bois communaux en faveur du Seigneur.

1°. Il y a quantité de Paroisses où le Seigneur haut-Justicier n'a droit d'en prendre la qualité que parce qu'il est seul Seigneur du lieu où est bâtie l'Eglise; mais il ne l'est point du restant de la Paroisse. Dans cette position, il est sensible que sa qualité ne sera pas suffisante pour faire croire, & même présumer, que la concession gratuite des bois communaux provient de ses auteurs; il faudra un titre précis.

2°. Il peut encore arriver que le Seigneur n'ait dans la Paroisse que la haute-Justice, sans aucune directe & sans domaine, ce qui exclut absolument toute idée de la concession gratuite d'aucuns bois communaux.

3°. En ſuppoſant même que le Seigneur haut-Juſticier ait la directe, il eſt encore queſtion d'examiner s'il eſt Seigneur univerſel du territoire, & ſi les biens communaux ſont enclavés dans ſa directe. S'ils n'y étoient pas, il y auroit lieu de penſer que les habitants auroient pu les acquérir d'un autre Seigneur; ce qui mettroit le Seigneur dans la néceſſité de rapporter un titre pour établir le contraire, quand même il n'y ſeroit pas indiſpenſablement obligé par l'Ordonnance de 1669.

Lorſque le Seigneur a écarté toutes les difficultés qui s'oppoſent à la demande en triage, lorſqu'il ſera bien décidé qu'il a droit de la former, il ne s'agira plus que d'examiner comment ſe fait le triage, & devant qui? C'eſt ce que nous apprend l'article 19 du titre 25 de l'Ordonnance de 1669.

Tous partages, dit cette loi, entre les Seigneurs & les Communautés ſeront faits par les Grands-Maîtres, en connoiſſance de cauſe, ſur les titres repréſentés par avis & rapports d'Experts, & ſe paieront les frais par les Seigneurs & les habitants à proportion du droit qu'ils auront dans la choſe partagée.

Cet article contient quatre diſpoſitions également juſtes & conformes aux principes.

1°. Le triage ſera fait par les Grands-Maîtres. Il auroit été dangereux de confier cette opération aux Juges ordinaires des lieux, qui, pour favoriſer leurs Seigneurs, auroient pu trahir leurs Communautés.

Un Arrêt du Conſeil d'Etat, du 20 Août 1737, rendu entre le Seigneur de Vernot, & les habitants de ce lieu, caſſe un triage fait par l'arpenteur ſeul de la Maîtriſe, pour n'avoir pas été fait conformément à l'Ordonnance de 1669; ſauf au Seigneur de Vernot à ſe pourvoir, s'il y a lieu, pour obtenir ſon triage, ainſi qu'il eſt preſcrit par la même Ordonnance: il condamne l'arpenteur en 100 liv. d'amende. Cet Arrêt du Conſeil a été ſuivi de près d'un autre du 29 Mars 1740, qui juge la queſtion encore plus préciſément. Il caſſe deux Jugements de la Table de Marbre de Paris, & renvoie par devant M. de Courtagnon, Grand-Maître des

Eaux & Forêts de France au département de Champagne, une demande en triage formée par le Chapitre de Châlons, dont la Table de Marbre avoit attribué la connoissance à la Maîtrise de Sainte-Ménehoult. Ces deux Arrêts du Conseil avoient été précédés d'un autre du 25 Janvier 1701, rapporté par Galon, qui renvoie pareillement par devant M. de Liancourt, Grand-Maître des Eaux & Forêts au département de Picardie, une demande en triage formée par le sieur Comte de Bournonville, contre les habitants de Courière, à l'exclusion de la Maîtrise particulière d'Arras, qui prétendoit procéder à ce triage. De la disposition de ces Arrêts, ainsi que de celle de l'Ordonnance de 1669, on doit en conclure deux choses; 1°. qu'on ne doit avoir aucun égard à tous triages faits à l'amiable, ou par transaction, entre les Seigneurs & les Communautés. C'est encore l'esprit de l'arricle 7 de l'Edit de 1667. 2°. Qu'il faut absolument que tous triages ou partages avec les Communautés soient accordés, ordonnés & faits par les seuls Grands-Maîtres, à l'exclusion de tous autres Officiers, & avec le concours du Ministère public. Le motif de la loi est de mettre à couvert, autant qu'il est possible, les intérêts des Communautés contre les entreprises des Seigneurs.

2°. Le triage doit être accordé sur les titres représentés par le Seigneur. S'il n'en rapporte point, ou s'ils n'ont pas les qualités dont nous avons ci-dessus parlé, le Seigneur ne peut prétendre aucun partage.

3°. Lorsque les titres du Seigneur sont concluants pour le triage, le Grand-Maître ordonne que le Seigneur & la communauté conviendront chacun d'un Expert, pour constater si les deux tiers des bois communaux restant à la Communauté sont suffisants pour ses besoins. Si le procès-verbal des Experts établit la possibilité des bois communaux à cet égard; alors, sur les conclusions des Gens du Roi, le Grand-Maitre ordonne le triage au profit du Seigneur. Ce Jugement doit encore être exécuté par le Grand-Maître en personne. A cet effet, il doit, avec les Officiers de la Maîtrise, le Procureur-Fiscal de la Seigneurie, le Syndic, deux notables habitants de la Communauté, & un arpenteur, se transporter

sur

sur les bois communaux, les faire mesurer en sa présence; après le mesurage, on fixera le tiers qui doit appartenir au Seigneur, en observant, suivant la jurisprudence des Arrêts, d'abandonner aux habitants, par préférence au Seigneur, les portions qui leur sont les plus commodes & le plus à leur portée. Elles doivent être séparées de la portion du Seigneur par des fossés, & limitées par des bornes; & du tout faire dresser un procès-verbal, ainsi qu'un plan figuré des bois partagés, où seront désignés les pieds corniers, arbres de lisière, les bornes, les fossés, & autres marques de division. Les originaux du procès-verbal & du plan figuré seront mis au Greffe de la Maîtrise, & en seront délivrées copies tant au Seigneur qu'aux habitants.

4°. S'il survient quelques difficultés dans le cours de ces différentes opérations, elles seront jugées sommairement par le Grand-Maître, & les Officiers de la Maîtrise, sans que les Juges des lieux en puissent connoître, dit l'article 20 du titre 25. Il y a un double motif de cette disposition de la loi. 1°. S'il y avoit quelque difficulté entre le Seigneur & les habitants, comme le Juge fait partie de la Communauté, il seroit Juge en sa propre cause. 2°. Dans le cas proposé, la difficulté deviendroit la matière d'une action personnelle au Seigneur, dont son Juge ne peut pas connoître, suivant l'article 11 du tit. 24 de l'Ordonnance de 1667.

Lorsque le triage est une fois fait, le Seigneur ne peut plus prétendre, dans la part des habitants, aucun droit d'usage, de chauffage, ou de pâturage, ni pour lui, ni pour ses fermiers ou domestiques, ni pour ses chevaux & autres bestiaux; mais elle demeurera franche & déchargée de toutes servitudes, dit l'article 6 du titre 25. L'article 9 de l'Edit de 1667 ordonne que les Seigneurs qui, après le triage, continueront d'aller sur les portions échues à la Communauté, seront privés de leur triage qui demeurera réuni aux bois communaux. Les Seigneurs conservent cependant sur les portions accordées aux habitants, l'exercice de la Justice & de la chasse; à eux seuls appartiennent les amendes & confiscations adjugées pour délits, sauf à la Communauté à poursuivre ses dommages & intérêts contre les délinquants. D'un autre côté, la portion échue aux Seigneurs demeure pareillement déchargée de tous droits d'usages & servitudes envers les habitants. C'est ce que nous trouvons avoir été jugé par Arrêt du 29 Mars 1548, au profit des Religieux de Pontigny, contre les habitants de Venissy ; & par autre Arrêt du 23 Septembre 1647 au profit de M. le Duc de Longueville, contre les habitants de Saint Nicolas de Fréteral.

Après le triage fait suivant les règles prescrites par l'Ordonnance de 1669, les habitants ne sont plus reçus à s'en plaindre; ils ne seroient pas non plus recevables à prendre des Lettres de rescision contre le partage, sous prétexte de lésion. Il en seroit autrement si le partage avoit été fait à l'amiable, ou par transaction, ou autrement; la rescision seroit indubitable, également fondée sur les dispositions de l'Edit de 1667 & de l'Ordonnance de 1669. Ces deux loix fourniront toujours aux Communautés des armes infaillibles contre l'avidité des Seigneurs & contre les manœuvres qu'ils pourroient pratiquer pour la satisfaire.

Il n'est pas permis aux habitants de partager entre eux les portions qui leur sont échues lors du triage, pour en jouir divisément & chacun en propriété. Deux raisons s'opposent à cette division; la première, qu'elle occasionneroit la ruine des bois communaux. La seconde, c'est qu'il n'y auroit que les habitants existant lors de la division qui en profiteroient, & non ceux qui viendroient par la suite. Rien n'est plus contraire à la vraie destination des communaux. La seule consolation de ceux qui n'ont plus de bien, dit Ricard, sur l'art. 96 de la Coutume de Senlis, est d'avoir leur part dans les communes qu'on ne peut leur ôter.

Dans les bois communaux qui proviennent de la concession gratuite du Roi, Sa Majesté s'est interdit la liberté d'y demander aucun triage. Cette marque de son amour paternel pour les Communautés, & de son attention à les traiter favorablement, est consacrée dans l'article 13 de l'Edit de 1667.

CHAPITRE X.

Des droits d'usage dans les Bois des Seigneurs ; du cantonnement des usagers ; & des droits d'usage dans les Bois du Roi.

L'Usage dont est question consiste dans le droit qu'on a de prendre dans les forêts d'autrui les bois nécessaires pour son chauffage, pour la clôture de ses héritages, pour réparations ; ou bien dans le droit qu'on a de faire paccager ses bestiaux dans les bois des autres, d'y prendre du gland, du fouage, de la faine, &c.

Tous les usages sont ordinairement de concession faite par les Seigneurs à des particuliers ou à des Communautés. Ils sont à titre gratuit ou onéreux : d'où on distingue l'usage en personnel, ou réel.

L'usage personnel est celui qui est accordé à un particulier pour en jouir sa vie durant. Quand l'usage est accordé à lui & à ses hoirs, il passe à ses enfants, à ses héritiers ; quand il est ajouté, *& à ses ayant-cause*, il passe aux acquéreurs de ses biens. Cet usage ne peut se vendre, affermer ni transporter ; il finit à la mort de ceux à qui il a été accordé.

L'usage réel est celui qui est attaché à la jouissance d'un château, d'un fief, d'un domaine, d'une métairie, ou qui est accordé à une Communauté. Cet usage se continue à perpétuité à tous ceux qui sont habitants de la Communauté qui subsiste toujours, & ne peut naturellement s'éteindre ; ainsi qu'à tous ceux qui sont propriétaires du château, du fief, du domaine & de la métairie. Mais ni les uns ni les autres, non plus que l'usager personnel, ne peuvent vendre, transporter à d'autres leur droit d'usage ; ils doivent l'exercer par eux-mêmes : c'est une jurisprudence certaine, fondée sur les loix Romaines, sur toutes nos anciennes Ordonnances, & sur les Arrêts. Henrys en rapporte un du Parlement de Paris de l'an 1628. Cet Arrêt a jugé que les Religieuses de Chaseau, transférées à Lyon, qui auparavant étoient usagères de la forêt de Cornillon, avoient perdu leur droit d'usage depuis leur translation, parce qu'elles n'en pouvoient plus jouir par elles-mêmes.

Après ces notions générales sur le droit d'usage, il convient d'examiner comment on peut acquérir ce droit, comment on en doit jouir, & de quelle façon le Seigneur, propriétaire de la forêt usagère, peut en disposer.

On peut acquérir le droit d'usage dans une forêt, ou par la concession qui en est faite par le Seigneur; ou par la prescription, en jouissant de l'usage pendant un temps immémorial sans aucune contradiction.

Dans les anciennes chartes, lorsqu'il est question sur-tout d'un droit d'usage personnel, à vie & gratuit, il se trouve souvent accordé par un simple brevet signé du Seigneur & scellé de ses armes. Aujourd'hui il faudroit un acte passé par devant Notaire en forme de donation, & revêtu des formalités prescrites par les Ordonnances. Un pareil acte deviendroit encore plus nécessaire, s'il étoit question d'un usage réel. Comme ces concessions sont presque toujours faites aux particuliers ou aux Communautés à titre onéreux de cens ou de quelqu'autre redevance, les Parties contractent alors des obligations respectives; pour en assurer l'exécution, il convient sans doute de les munir du sceau de l'autorité publique.

Il y a des concessions d'usage, sur-tout de celles faites aux Communautés, qui remontent jusqu'aux temps de l'établissement des Seigneuries. Il n'est guère possible que ces titres se soient conservés entre les mains des habitants; mais on les suppose toujours entre les mains des Seigneurs: ainsi c'est à eux de les rapporter, quand ils prétendent qu'il leur est dû quelque droit pour raison des usages.

Une Communauté, un usager peut donc jouir de son usage, sans en rapporter le titre: de-là est venue la maxime que la possession immémoriale est reçue pour prescrire le droit d'usage. C'est la disposition de presque toutes les Coutumes, de Nivernois, chap. 17, art. 10; de Troyes, art.

168; de Chaumont, art. 102; de Sens, art. 147; & de plusieurs autres. De Laistre, sur l'article 102 de la Coutume de Chaumont, met en principe que la possession immémoriale est le meilleur titre que les usagers puissent avoir; en sorte que, quand ils en auroient quelques autres, il leur conseille de les supprimer pour s'en tenir à celui-là. Cette maxime n'est pas cependant généralement vraie, elle souffre une exception, mais que je crois unique dans la Coutume de Bourgogne, dont l'article 262 porte : « Par la » Coutume, usage sans titre ou sans redevance ne vaut sur » le fonds d'autrui, nonobstant longue possession ». Dans la Coutume de Bourgogne, il faut donc un titre ou le paiement de quelque redevance. M. Bouhier pense qu'à défaut de titre, si l'on peut constater qu'on ait payé au Seigneur quelque redevance, cette preuve seroit suffisante pour conserver le droit d'usage; c'est aussi le sentiment de Saint-Yon. Coquille ajoute que le paiement doit être fait au Seigneur, ou à son Receveur comptable, de façon que le Seigneur ne le puisse ignorer; cependant quantité d'Auteurs pensent que trente ans de prestation prouvée par des lièves bien & duement affirmées suffiroient pour assurer le droit d'usage, & que ce paiement seroit regardé de même œil que si le Seigneur avoit reçu la redevance en personne.

Lorsque les usagers jouissent de leur droit d'usage à titre de cens, ou de quelqu'autre semblable redevance, ils ne peuvent l'acquitter avec trop d'exactitude. S'ils cessoient de le faire pendant trente ou quarante ans, le Seigneur prescriroit contre eux le droit d'usage; c'est la disposition de la loi. Mais l'usager ne perd pas son droit d'usage par quelque temps qu'il cesse d'en user, pourvu qu'il paie régulièrement sa redevance, parce que le droit de l'usager est de pure faculté; il est le maître d'en user ou de n'en pas user.

Il y a plusieurs règles à observer par rapport à la jouissance du droit d'usage dans une forêt; la première & la plus générale est que tout usage, soit réel, soit personnel, doit être exercé conformément au titre de concession, qui jamais ne peut recevoir d'exention de la part de l'usager.

Ainsi un usager, qui n'a que son chauffage, ne doit pas prendre du bois pour enclore ses héritages, & encore moins pour bâtir; ainsi lorsque l'usage est réel, attaché à quelque château, domaine, ou métairie, le propriétaire usager ne peut pas prétendre un plus grand usage que ceux auxquels la concession a été faite. Si l'usager, disent tous les Auteurs, & notamment Coquille sur l'article 12 de la Coutume de Nevers, devient beaucoup plus grand Seigneur, & bâtit une maison plus ample, son usage sera restreint à l'état premier de sa maison. Ce sentiment est fondé sur les Ordonnances de François I. du mois de Mai 1515, article 88, & de Henri III, de l'an 1584; elles défendent aux usagers de prendre une plus grande part que ceux auxquels la concession aura été originairement faite, & de transporter l'usage à personnes plus puissantes & qui pourroient prendre davantage.

Si le château, les domaines & métairies auxquels le droit d'usage a été accordé, étoient partagés en plusieurs portions, & si dans chaque portion il y avoit plusieurs ménages; en ce cas il n'y auroit qu'un seul ménage, tel qu'il seroit accordé entre les usagers, ou ordonné par Justice, qui jouiroit du droit d'usage. Telle est la disposition d'un Arrêt du 26 Février 1572, rapporté par Rousseau dans ses Ordonnances.

L'habitant d'une Paroisse usagère ne peut participer au privilége de l'usage, qu'il n'y ait acquis un domicile permanent par an & jour; la raison est qu'il faut un pareil temps d'habitation pour qu'il puisse être imposé à la taille, à la capitation, & aux autres charges personnelles de la Paroisse. Il est juste alors que, contribuant aux charges de la Communauté, il ait part aux biens dont elle jouit. Il y a cependant une exception à faire; lorsqu'un nouvel habitant vient s'établir dans une Paroisse, à cause de son mariage avec une fille domiciliée, qui naturellement a portion par elle-même dans les usages & autres biens communs, en ce cas il ne faut pas considérer à la rigueur le domicile de ce nouvel habitant; il doit jouir sur le champ du droit d'usage, non pas de son chef, mais à cause de sa femme,

C'est encore une règle générale que tout usager ne doit point abuser de son droit d'usage, qu'il en doit jouir en bon père de famille, & qu'il ne doit rien entreprendre dans la forêt usagère de son autorité privée. La raison de décider est que les usagers ne sont pas propriétaires de la forêt; d'ailleurs ne pouvant prendre que certains bois pour leur usage, il est naturel que le propriétaire, ses Officiers, ou préposés, soient instruits de leurs besoins, & en soient avertis, pour leur marquer les bois qui leur sont nécessaires.

Nous avons observé que l'usage dans une forêt consiste dans la faculté d'y prendre du bois pour son chauffage, pour la cloture de ses héritages, pour réparations; ou bien dans le droit d'y envoyer paccager ses bestiaux. Tous ces différents usages ont chacun leurs règles particulières dont on ne peut s'écarter.

Lorsque le droit d'usage ne consiste que dans le chauffage, l'usager doit se restreindre à son simple chauffage, sans pouvoir prendre aucun bois pour réparations, ou pour fermer ses héritages. Le bois ordinairement destiné pour le chauffage des usagers, s'il n'y a titre au contraire, est le mort bois des neuf espèces énoncées en l'Ordonnance de 1669, & le bois mort. Il n'est pas permis aux usagers de prendre ces bois dans toute l'étendue de la forêt, mais chaque année ils doivent se faire marquer par le Juge du lieu un canton où ils seront tenus de couper le mort bois, & de ramasser le bois mort qui leur est nécessaire, sans qu'ils en puissent prendre ailleurs. Telles sont les règles prescrites par les Ordonnances, par quantité d'Arrêts, & notamment par celui de la Table de Marbre du Parlement de Paris, du 6 Juillet 1737, rendu au profit du Seigneur de Pressigny, contre les habitants du même lieu. Cet Arrêt peut servir de Réglement général.

Si le droit de l'usager consiste dans la faculté de prendre du bois pour bâtir, ou pour réparations, il ne le doit point prendre de son autorité privée; il doit faire dresser un état des bois qui lui sont nécessaires, représenter ses besoins au Seigneur-propriétaire de la forêt usagère, qui, après la vérification faite par son Procureur-Fiscal, fera marquer par le Garde les bois convenables. Telle est la disposition d'un Réglement fait par le Parlement de Bourgogne, le 27 Mars 1744, & qu'on trouve à la suite de l'Arrêt du même jour, rendu au profit des habitants de la Communauté de Cessy, contre le nommé Jean Gaudart, & dont nous avons parlé dans le chapitre précédent.

Si le Seigneur, ou ses Officiers, par caprice ou mauvaise humeur, refusoient de marquer & faire délivrer à l'usager les bois pour ses réparations urgentes & jugées nécessaires par un procès-verbal, en ce cas l'usager doit sommer le Seigneur en Justice, ou par devant Notaire; & ce fait, huit jours après, il pourra user de son usage franchement & sans péril d'amende, dit l'article 14 du chapitre 17 de la Coutume de Nivernois. Cette loi est très-sage & peut servir de règle générale.

Si le droit d'usage consiste dans la faculté d'envoyer les bestiaux paccager dans la forêt, d'y mettre des porcs à la glandée, les usagers doivent observer,

1°. Qu'ils ne peuvent envoyer paccager dans la forêt que la quantité de bestiaux qu'elle peut supporter, & relativement au nombre des usagers; ce qui doit être reglé par le Juge des lieux.

2°. Quant aux porcs, ils ne peuvent en mettre d'autres à la glandée que ceux qui sont de leur nourriture avant le mois de Mai de l'année du panage, & non ceux dont ils font trafic & commerce; à peine d'amende & de confiscation, dit l'art. 14 du titre 19 de l'Ordonnance des Eaux & Forêts. La disposition de cet article doit être prise généralement, & appliquée à tous les usages dans les bois des Seigneurs; l'usage n'est pas présumé avoir été concedé pour les bestiaux & les cochons étrangers. Voyez en outre l'art. 19 du chap. 15 de la Coutume de Nivernois.

3°. La vaine pâture dans les forêts usagères, suivant quelques Coutumes, doit cesser du jour de la saint Remy jusqu'au premier Février inclus; & suivant d'autres, depuis le jour de saint Michel jusqu'à celui de saint André inclusivement. Pendant ces temps, les usagers n'y peuvent absolument envoyer aucun bestiaux. Voyez la Coutume de Bar, article

article 207 ; Bourgogne Duché, chapitre 13, article 4. La raison qu'on peut en apporter est que, pendant cet intervalle, le gland, la faine & autres fruits étant tombés, ils s'enterrent, ce qui par la suite produit des arbres de même espèce, & ce qui peut-être n'arriveroit pas, si l'usager avoit la liberté de faire paccager ses bestiaux pendant les temps de repos ordonnés par les Coutumes.

C'est un axiome certain que les usagers ne peuvent vendre les choses dont ils n'ont que l'usage ; rien ne leur appartient au-delà : d'où il suit que tout usager dans une forêt ne peut vendre le bois de son usage. Il s'en suit encore qu'il n'en peut employer que la quantité nécessaire pour son usage ou pour la consommation de sa maison ; ceux qui font le contraire commettent un abus punissable suivant la rigueur portée par les Coutumes. Les peines les plus ordinaires sont des amendes & la privation de l'usage. Voyez l'article 174 de la Coutume de Troyes ; les articles 15, 17 & 18 du chapitre 17 de la Coutume de Nivernois ; l'article 265 des anciennes Coutumes de Bourgogne, & les Arrêts cités par le Grand, Papon & Charondas. Ceux-là commettent encore des abus, qui, par exemple, n'ayant que droit de chauffage, coupent des chênes, charmes, hêtres & autres arbres que les neuf espèces de mort bois, qui ramassent du gland & de la faine, qui écorcent les arbres, qui emportent du fourrage, & qui enfin dégradent la forêt. De quelque façon que ce soit, outre la privation de l'usage, ils doivent encore être punis suivant la rigueur de l'Ordonnance de 1669 au titre 27 ; on doit la suivre à la lettre pour ces derniers délits.

Une Communauté usagère, dont quelques habitants ont commis des délits & mesus dans la forêt, n'est pas pour cela privée de son usage ; il n'y a que les particuliers qui ont commis les mesus & les délits qui sont sujets à cette peine.

Le droit d'usage n'arrérage point, c'est une maxime générale ; ainsi l'usager, qui n'a pas pris son usage pendant plusieurs années, ne le peut pas prétendre les années suivantes. C'est une des questions jugées par un Arrêt du Parlement de Dijon, du 23 Août 1744, en faveur du Seigneur de Pommier, contre Joseph Favier, Ecuyer, Sieur de Pontoux. La raison de décider est que le droit d'usage est de pure faculté. Cependant s'il y avoit demande en règle du droit d'usage, il arrérageroit à compter du jour de la demande; c'est encore une question jugée par l'Arrêt que nous venons de citer.

Un usager à titre onéreux peut abandonner son usage pour se libérer de la redevance; c'est le sentiment de Loyseau en son Traité *du déguerpissement*, liv. 4, chap. 5, n°. 2, 14 & 15, confirmé par un Arrêt du Parlement de Paris en la Troisième des Enquêtes, le 19 Août 1702, en faveur des habitants de la Valtette en Poitou, contre le sieur Dreux. Cet Arrêt permet aux habitants de déguerpir le droit d'usage qu'ils avoient dans la forêt de leur Seigneur; pour se libérer d'une redevance de vingt-quatre quarts avoine. Pareille chose avoit été jugée au Parlement de Bourgogne le 28 Mars 1583.

On a fort agité la question de sçavoir, si le propriétaire d'une forêt usagère peut la vendre ou l'exploiter au préjudice des usagers? Il est certain que l'usage ne peut être tel qu'il nuise à la propriété, & la rende absolument inutile. Quelqu'étendu que soit l'usage, il ne prive point le propriétaire d'user de ses bois pour sa propre nécessité, pas même de la vente de la superficie; mais il résulte de tous les Arrêts qui ont prononcé sur la question, (M. Bouhier en rapporte plusieurs,) que s'il peut être permis au Seigneur de vendre ou exploiter la forêt usagère pour ses nécessités particulières, il ne peut pas l'altérer de façon que les usagers n'en puissent plus user.

Il n'est point douteux que le propriétaire peut vendre le fonds, ensemble la superficie de la forêt usagère, à la charge de l'usage. S'il faisoit le contraire, les habitants pourroient s'opposer à la vente; alors de deux choses l'une, ou le Seigneur seroit tenu de dédommager les usagers, ou l'acquéreur, si l'usage étoit jugé devoir continuer. De même si le Seigneur changeoit de nature une partie de la forêt usagère, comme ce changement diminueroit l'usage des habitants, ils pourroient s'y opposer, & même prétendre des dommages & intérêts. Ainsi jugé par un Arrêt de la Table de Marbre du Parlement de Bourgogne du 26 Octobre 1718.

Quant à la superficie, un Seigneur-propriétaire, lorsque la forêt est d'une grande étendue, peut sans doute l'exploiter par cantons; l'usager alors exerce son droit dans ce qui n'est pas exploité, & ne souffre aucun préjudice; mais je doute qu'on pût couper en un même temps toute la superficie; alors les usagers seroient privés de leur droit au moins pour un temps. Si cependant la forêt, comme il arrive assez ordinairement, étoit tellement dégradée, que pour la remettre en état il fût nécessaire de la réceper, les habitants auroient mauvaise grace de s'opposer au bien de la chose. Mais pour prévenir les difficultés, le propriétaire doit s'adresser par requête aux Officiers des Maîtrises, ou au Grand-Maître, à qui il fera connoître le mauvais état de la forêt, & ordonner le récepage, avec défenses aux usagers d'y envoyer aucuns bestiaux, que le recru n'ait atteint l'âge porté par les Ordonnances. Au surplus, pour écarter toutes les tracasseries que les usagers peuvent susciter au Seigneur, ce dernier a un moyen bien simple, c'est de leur offrir de les cantonner; ce qui lui restera sera à l'avenir pour son seul & singulier profit, & déchargé de toute servitude.

Le propriétaire de la forêt usagère peut sans doute vendre à qui bon lui semble la paisson qui lui appartient; mais s'il le fait, ce ne peut être encore qu'à la charge de l'usage de tous ceux qui ont droit à la paisson; c'est le texte de l'art. 21 du chap. 15 de la Coutume de Nivernois.

Du Cantonnement des usagers.

Les Seigneurs n'ont jamais pu rien faire de si préjudiciable à leurs forêts, que d'en permettre l'usage aux particuliers, & sur-tout aux Communautés. Il est vrai que le projet de la concession des usages, dans son origine, présentoit aux Seigneurs de grands avantages; le mort bois qu'ils abandonnoient à l'usager procuroit le nettoiement de leurs forêts; les commodités du paccage attiroient les habitants dans la Seigneurie, la rendoient plus peuplée & plus florissante. Rien n'auroit été plus favorable aux Seigneurs & aux habitants, si la même économie, qui avoit fait imaginer le projet, avoit pu passer dans l'exécution. Mais quel est le particulier, quelle est la Communauté qui, dans la jouissance des droits d'usage, porte les vues du bon père de famille, & se renferme dans les bornes de la concession? Rien n'est plus affreux que l'aspect d'une forêt usagère; chacun s'en croît le maître & en dispose en maître: lorsque sur-tout une forêt usagère est en proie à une Communauté d'habitants, les désordres sont également multipliés & irrémédiables; chacun coupe ce qui lui plaît davantage & où sa fantaisie le conduit, sans égard pour les loix, pour le bien commun & celui du propriétaire. D'un autre côté, si les Gardes ne sont pas assez vigilants pour surprendre les délinquants, on ne sçait jamais à qui imputer les délits, le particulier se décharge sur le général, & le général sur le particulier, qu'on ne peut ou qu'on ne veut jamais désigner.

Ces excès ont souvent fait repentir les Seigneurs de leurs libéralités; & pour se débarrasser d'hôtes si incommodes, ils ont enfin imaginé de leur abandonner une partie de leur bien pour conserver l'autre, en offrant aux usagers de les cantonner; c'est l'unique & le seul remède pour empêcher la ruine d'une forêt usagère.

Lorsqu'on offre le cantonnement à un particulier, l'objet ne peut pas être susceptible de beaucoup de difficulté, il ne s'agit que de lui abandonner une portion de la forêt, propre & proportionnée à son usage, de borner & limiter cette portion. L'abandon peut se faire en Justice, à l'amiable, ou par transaction; mais quand il s'agit de cantonner une Communauté, il y faut beaucoup plus d'attentions & plus de formalités.

La demande en cantonnement, même contre une Communauté, n'est cependant pas discutée avec tant de précision que la demande en triage. Pour obtenir le cantonnement, il suffit d'être propriétaire de la forêt usagère; si la concession de l'usage est à titre onéreux, ce n'est point, comme dans le triage, un obstacle au cantonnement, c'est simplement un motif pour traiter plus favorablement les usagers. Le triage, dans les bois communs, ne peut avoir absolument lieu, lorsque les deux tiers qui restent aux habitants ne sont pas suffisants pour leurs besoins. Dans le cantonnement, les choses se passent autrement ; si le tiers qu'on abandonne ordinairement aux usagers ne suffisoit pas à leurs nécessités, on donne la moitié, les deux tiers. Il n'y a qu'un seul cas où le cantonnement ne peut pas absolument avoir lieu, c'est, dit Saint-Yon, lorsqu'on juge que toute la forêt est nécessaire aux usagers, relativement à leur nombre, à la qualité de leurs usages & à la quotité des droits qu'ils paient alors ; & il observe que pareille chose a été jugée à son rapport. Il faut leur abandonner toute la forêt pour la jouissance de leurs droits ; ils sont, ajoute l'Auteur, préférables à la commodité du Seigneur, qui n'est point recevable à demander le cantonnement, sinon quand un tiers, ou telle autre portion qu'on peut abandonner aux usagers, suffit à leurs besoins. Saint-Yon appuie son sentiment de l'autorité de la chose jugée par quantité d'Arrêts. Les parts & portions qu'on délaisse aux habitants doivent être les plus à leur portée, les plus commodes pour eux, & cependant les moins dommageables que faire se pourra pour le Seigneur. C'est encore constamment la jurisprudence des Arrêts rapportés par Galon sur l'art. 4 du tit. 25 de l'Ordonnance de 1669.

Ces principes ainsi établis, on voit que la plus grande difficulté qui puisse se rencontrer dans le cantonnement demandé contre une Communauté, c'est de fixer la portion qu'on peut & qu'on doit lui abandonner. Pour s'y déterminer avec équité, il faut examiner, 1°. l'étendue & la possibilité de la forêt, dont à cet effet il faut faire l'arpentage. 2°. La nature & la quotité des droits que la Communauté paie pour ses usages. 3°. Le nombre des habitants, pour proportionner à leurs besoins les portions qu'on leur délaisse. 4°. Il faut envisager, non-seulement les habitants présents, mais encore ceux dont moralement parlant la Communauté peut s'augmenter à l'avenir. Cette observation ne doit point échapper à ceux qui procèdent à un triage ou au cantonnement des Communautés ; c'est l'esprit de l'Edit de 1667 qu'elles soient toujours dans ces opérations extrêmement favorisées, soit à cause des charges de l'Etat dont elles supportent le plus grand poids, soit à cause des charges personnelles qu'elles paient aux Seigneurs.

Toute demande en cantonnement contre une Communauté doit absolument être formée par devant le Grand-Maître du département. C'est la disposition précise de l'article 19 du titre 25, qui veut que tous partages entre les Seigneurs & les Communautés soient faits par les Grands-Maîtres. L'instruction sur cette demande est la même que sur la demande en triage. Lorsque le cantonnement est ordonné, c'est ordinairement la tierce-partie de la forêt usagère qu'on abandonne aux habitants; mais, nous le répétons d'après Saint-Yon, cette règle n'est pas générale; tantôt c'est le tiers, tantôt la moitié, ou même les deux tiers, lorsque les besoins de la Communauté l'exigent. Quand cette portion, telle qu'elle puisse être, est fixée, on la borne, on la limite avec les mêmes formalités prescrites pour le triage par l'art. 20 du tit. 25 de l'Ordonnance de 1669, dont nous avons parlé dans le chapitre précédent.

Le cantonnement ainsi fait, borné & limité, le Seigneur n'y peut plus prétendre aucun droit ni pour les fruits, ni dans la coupe des arbres, ni pour le pâturage; il y conserve seulement la nue propriété, la Justice, tous les droits qui en dépendent, tels que les amendes, les confiscations; il conserve pareillement les cens & autres redevances qui lui sont dûs pour la concession des usages, & dont il peut faire passer reconnoissance à son terrier auquel il conviendra joindre, pour plus grande exactitude & pour plus sage précaution, la grosse du procès-verbal du cantonnement.

Des principes que nous avons établis pour le triage & le cantonnement, il en résulte que ces deux opérations diffèrent en beaucoup de choses. 1°. Pour obtenir le triage il faut rapporter des titres précis de concession gratuite; pour obtenir le cantonnement, la concession à titre onéreux n'est point un obstacle. 2°. Le triage ne peut absolument avoir lieu lorsque les deux tiers des bois communs ne sont pas suffisants aux besoins de la Communauté. Lorsqu'il est question du cantonnement, on ne s'y comporte pas avec tant de précision ; si la tierce-partie de la forêt usagère ne suffit pas aux besoins de la Communauté, on lui abandonne telle autre portion convenable. 3°. Le triage emporte les deux tiers des bois communs au profit de la Communauté, & le cantonnement emporte les deux tiers de la forêt usagère au profit du Seigneur. 4°. Après le triage, le tiers échu au Seigneur lui appartient en toute propriété. Après le cantonnement, le tiers échu à la Communauté ne lui appartient, pour ainsi dire, qu'en usufruit; la vraie propriété reste au Seigneur. 5°. Un autre effet du triage est que les deux tiers délaissés à la Communauté lui restent exempts de toutes charges & de toutes servitudes; le cantonnement au contraire demeure toujours chargé de cens & autres charges que la Communauté devoit au Seigneur pour la concession primitive des droits d'usage.

Des droits d'usage dans les Bois du Roi.

Ceux qui prétendent des droits d'usage dans les bois du Roi, doivent justifier des titres de concession, qui sont des Lettres-patentes de Sa Majesté, duement vérifiées en Parlement & en la Chambre des Comptes, soutenues d'une possession constante de quarante ans; autrement les droits sont censés perdus.

On ne peut prétendre d'autre usage dans les bois du Roi que ceux de paccage & de pannage. Le chauffage a été supprimé par le titre 20 de l'Ordonnance de 1669, sauf l'indemnité à ceux qui justifieroient de leur possession avant l'année 1560.

Quant à ceux qui jouissoient du droit à titre onéreux, en payant des cens, ou autres semblables redevances, ils en ont été déchargés par l'article 4 du titre ci-dessus.

Dans cette réforme, Sa Majesté n'a favorisé que les Abbayes, Chapitres, Monastères, Hôpitaux, & autres Communautés régulières ou séculières, à qui nos Rois ont anciennement accordé le droit de chauffage pour dotation ou fondation ; on le leur a conservé en espèce autant que la possibilité & le bon état des forêts pourroit le permettre, autrement il doit être payé en argent, suivant la liquidation qui en sera faite au Conseil sur l'avis des Grands-Maîtres. Les Religieux, Hôpitaux & Communautés, à qui le chauffage n'a été accordé que par aumône, ne le peuvent prétendre en espèce, mais seulement en deniers, dont les fonds seront faits dans les états du Roi au chapitre des fiefs & des aumônes. Voyez les art. 5 & 6 du tit. 20.

Quant à la faculté de prendre dans les forêts du Roi des bois à bâtir, par l'article 10 du même titre, elle a été généralement éteinte & supprimée pour tout le monde, sous quelque prétexte, dit l'article, que la concession ait été faite, nonobstant toutes confirmations, lettres, titres ou possessions; sauf, s'il se trouvoit qu'ils eussent été acquis ou concedés à titre de fondation ou dotation, ou par une possession justifiée avant l'année 1560, ou autrement à titre onéreux, de pourvoir à l'indemnité ou décharge des interessés, ainsi que de raison.

Le seul usage qui soit aujourd'hui permis dans les forêts & bois de Sa Majesté est donc le pâturage. Il y en a de trois sortes. Le premier, du gros betail, comme de chevaux, bœufs, vaches, & autres bêtes aumailles. Le second est des porcs, & s'appelle pannage. Le troisième est des bêtes à laine, chèvres, moutons & brebis; ce dernier est absolument interdit & défendu dans les forêts du Roi, même dans celles des particuliers, comme étant la ruine totale non-seulement des taillis, mais encore des vieilles forêts; art. 13 du titre 19 de l'Ordonnance de 1669. Cette loi ne fixe point les saisons où il n'est point permis d'envoyer paccager dans les forêts; mais suivant deux Réglements des 14 & 25 Juin 1602, art. 23 & 28, cités par Galon, le paccage dans tous les bois est absolument défendu depuis la mi-Avril jusqu'à la mi-Mai, à cause que les gistes sont tendres, & que le bétail y feroit beaucoup plus de tort que dans toute autre saison.

Les usagers, qui dans les forêts & bois de Sa Majesté ont droit

droit de paccage & de pannage, doivent être très-circonspects dans l'exercice & la jouissance du droit, & ne point s'écarter de ce qui leur est prescrit par le titre 19 de l'Ordonnance de 1669, & qu'on peut réduire aux règles suivantes.

1°. Les usagers ne doivent exercer leur droit que dans les endroits qui auront été déclarés défensables par les Grands-Maîtres dans le cours de leurs visites, sur l'avis des Officiers des Maîtrises. Article 1 du titre 19. On entend ici par bois défensables, ceux qui sont assez âgés pour se défendre par eux-mêmes des bestiaux.

2°. Les usagers doivent annuellement faire déclaration du nombre des bestiaux qu'ils possèdent ou qu'ils tiennent à louage, avec les noms de ceux à qui ils appartiendront; du tout sera fait un rôle qui sera porté au Siège de la Maîtrise, pour être transcrit en un registre qui sera tenu au Greffe, & paraphé du Maître & du Procureur du Roi. Article 2, *idem.*

3°. Il n'est pas permis aux usagers d'envoyer leurs bestiaux paccager indistinctement dans toute la forêt. Pour prévenir les abus & les dégats qui en pourroient résulter, l'article 3 ordonne que les Officiers des Maîtrises assigneront à chaque Paroisse, Hameau, Village ou Communauté usagère, un canton particulier le plus commode qu'il se pourra, dans lequel, ès lieux défensables seulement, les bestiaux pourront être menés & gardés séparément, sans mélange de troupeaux d'autres lieux.

4°. La déclaration des contrées, & de la liberté d'y envoyer en pâturage, afin que personne n'en puisse ignorer, sera publiée aux messes paroissiales usagères, dans le courant du mois de Février de chaque année, à la diligence du Procureur du Roi de la Maîtrise. Art. 4, *idem.*

5°. Suivant l'art. 6, les bestiaux appartenant aux usagers d'une même Paroisse seront marqués d'une même marque, dont l'empreinte sera mise au Greffe de la Maîtrise, avant que de les pouvoir envoyer au pâturage.

6°. Chaque jour les bestiaux seront assemblés en un seul troupeau dans le lieu qui sera destiné pour chaque bourg, village ou hameau. Le troupeau sera conduit par un seul pâtre, & par un seul chemin qui sera désigné par les Officiers de la Maîtrise, le plus commode & le mieux défendu, sans qu'il soit permis de changer ou prendre une autre route, soit en allant, soit en revenant. Telle est la disposition de la seconde partie de l'article précédent.

7°. Les usagers (art. 7.) sont tenus de mettre au col de leurs bestiaux des clochettes, dont le son puisse avertir des lieux où ils pourront s'échapper & faire dégât. Alors les pâtres doivent y courir pour arrêter les bestiaux, & les Gardes doivent saisir ceux qu'ils trouveront écartés & en dommages hors les cantons désignés & publiés défensables. Il y a un Arrêt du Conseil d'Etat, du 3 Mars 1693, qui ordonne aux Religieux du Couvent de Preavin, Ordre de la Sainte-Trinité, Rédemption des Captifs, situé dans la forêt de Nieppe en Flandre, de se conformer au présent article.

8°. Il n'est permis à aucun usager de mener au paccage ses bestiaux à garde séparée, ni de les envoyer dans la forêt par sa femme, ses enfans ou domestiques, à peine de dix livres d'amende pour la première fois, confiscation pour la seconde, & pour la troisième de privation de tout usage; ce qui sera pareillement observé à l'égard des Seigneurs ecclésiastiques, Gentilshommes & autres personnes indistinctement qui jouissent du droit comme habitants, nonobstant les droits de troupeau à part, & toutes coutumes ou possessions contraires; c'est le texte de l'art. 8, *idem*.

9°. Les pâtres seront choisis annuellement & nommés par les usagers de chaque Paroisse, en présence du Juge du lieu, qui en délivrera acte sans frais; ensorte que tous les usagers d'une même contrée ou Paroisse n'aient qu'un seul pâtre dont elle demeurera responsable. Voyez l'article 9 de notre titre. Les maîtres propriétaires de bestiaux, & pères de famille, seront pareillement responsables civilement des condamnations prononcées contre leurs bergers. Voyez l'article 13.

10°. Les habitants des maisons usagères jouiront du droit de pâturage & pannage pour les bestiaux de leur nourriture seulement, & non pour ceux dont ils feront trafic &

commerce, à peine d'amende & de confiscation. C'est la disposition textuelle de l'article 14 du titre 19. Cet article est très-important. Par plusieurs Arrêts de la Table de Marbre du Palais à Paris, il est défendu à tous usagers, ayant droit de paisson ou pâturage, de prendre aucuns bestiaux à louage, à moitié ou autrement, & d'en faire commerce. Il ne leur est permis de jouir de leurs droits d'usage que pour les bêtes de leur nourriture seulement. Elles ont été limitées par Arrêt du Conseil d'Etat du 18 Mars 1585, à deux vaches & quatre porcs pour chaque feu & ménage de chaque maison coutumière, de quelque qualité que soient les propriétaires. Il paroît que l'Ordonnance de 1669 n'a pas suivi cette limitation, puisque, sans aucune restriction, elle permet à l'usager d'envoyer en pâturage tous les bestiaux qui sont de sa nourriture; mais aussi on ne devroit point se relâcher des peines portées par l'Ordonnance contre ceux qui y contreviennent.

Par la Coutume de Nivernois, chap. 17, article 14, il est défendu aux usagers de prendre ni mener bêtes appartenant à autrui avec les leurs, c'est-à-dire celles qu'ils tiennent à moitié ou à cheptel. Comme la nourriture du bétail est un des plus grands commerces que l'on fasse en Nivernois, cela fait que la coutume n'y est pas exactement observée; on tolère que les usagers envoient en pâturage les bêtes qu'ils tiennent à cheptel, en payant par le bailleur indemnité au Seigneur de la forêt, ce que je ne crois pas praticable pour les bois du Roi.

11°. La glandée n'est ouverte, suivant l'art. 3 du titre 18 de l'Ordonnance de 1669, que depuis le premier Octobre jusqu'au premier Février.

12°. Par Arrêt du Conseil d'Etat, du 29 Juin 1728, il est défendu à tous usagers, pâtres des hameaux & villages riverains des forêts, d'envoyer & mettre en pâturage aucuns bestiaux dans lesdites forêts où le feu aura passé, si ce n'est après l'expiration de quatre ans, & après en avoir obtenu permission du Grand-Maître ou des Officiers des Maîtrises, à peine de confiscation des bestiaux, d'un mois de prison contre les pâtres, & de trente livres d'amende pour chaque bête, même d'être poursuivis & punis comme incendiaires, desquelles amendes les habitants demeureront civilement responsables.

Il n'est point douteux que ceux qui ont droit de paccage & de pannage dans les forêts des Seigneurs, ne doivent suivre toutes les règles que nous voyons ici prescrites pour les bois du Roi, & que les Seigneurs ne puissent les forcer à les observer. Par un Arrêt de la Table de Marbre du Palais à Paris, du 10 Mai 1741, contenant Réglement général pour les usagers de la forêt de Voudelle, appartenant au Seigneur de Boucé, on voit que la Cour imposa à ces usagers les mêmes loix que Sa Majesté a prescrites par son Ordonnance de 1669 pour le paccage & le pannage dans ses forêts.

CHAPITRE XI.

Différentes questions sur les Bois.

QUESTION PREMIÈRE. *Tous les bois viennent-ils naturellement, sans les planter ni les semer?*

La terre produit seule les bois comme toutes les autres plantes; chacune rapporte sa graine pour se perpétuer. Mais si les bois viennent naturellement, ils se détruisent de même par vétusté; & souvent on prévient ce terme par la coupe qu'on en fait, par le dégât des bestiaux, par le peu de soin qu'on en prend. Les incendies font encore disparoître des forêts entières; ceux qui veulent les rétablir attendroient sans doute long-temps, s'ils se reposoient sur la reproduction de la nature. Souvent il faut planter ou semer; & alors la première précaution qu'on doit prendre, est de clorre avec de bons fossés le terrein qu'on veut remettre en bois, pour en interdire absolument l'entrée aux bestiaux.

QUEST. II. *Que doivent faire ceux qui veulent ſe procurer un bois ou une forêt ?*

1°. Il faut faire choix du bois qu'on veut avoir, & choiſir l'eſpèce la plus convenable au terrein qu'on veut mettre en bois. Parmi les arbres, le chêne tient le premier rang par ſa force & par l'uſage preſque général qu'on en fait. Le châtaignier & l'ormeau tiennent le ſecond rang; le premier à cauſe de la bonté de ſes fruits, de l'utilité de ſon bois plus léger que le chêne; il vient dans les plus mauvais terreins. Le ſecond, parce qu'il croît preſque par-tout, & parce que ſon bois ſert particulierement au charronnage. Le hêtre, le ſapin, le cormier, le charme, l'érable & le tilleul tiennent le troiſième rang.

2°. Quand on a déterminé le terrein qu'on veut planter, il faut le renfermer avec des foſſés comme nous avons dit.

3°. On peut faire venir du bois en deux manières, ou avec du jeune plan, ou en ſemant. Si on ſe ſert de plan, il faut le choiſir un peu fort, bien garni de racines, & tout nouvellement arraché; deux jours d'intervalle ſont capables d'en faire périr une bonne partie. On emploie ordinairement quatorze mille plans pour planter un arpent de bois; on prétend qu'ainſi planté, il vient plus promptement, mais que la dépenſe en eſt plus grande. La manière la plus aiſée de mettre en terre le jeune plan eſt d'y employer la charrue, en ouvrant un ſillon, le long duquel on poſera le plan, & le ſillon qu'on fera après le couvrira auſſi-tôt.

Lorſqu'on prend le parti de ſemer un bois nature de chêne, il faut préferer le gland mâle au femelle; le chêne mâle vient plus gros & plus droit. Les uns ſement le gland en plein champ, comme on fait le bled; d'autres le ſement en raies avec alignement; d'autres font des trous en quarré de la largeur d'une bêche, ou de ſept à huit pouces, éloignés les uns des autres de quatre pieds. On met dans chaque trou quatre à cinq glands, ils produiſent des cepées ou bouquets de bois qui ne peuvent manquer. C'eſt de cette dernière façon que fut plantée, il y a environ 90 ans, la forêt de Marité dépendante du Comté de Châteaumelllan en Berry ; on ne peut rien voir de plus beau & de mieux venant que cette forêt. Ceux qui voudront de plus amples instructions pour planter des bois de toute espèce, peuvent consulter *le Spectacle de la nature*, tom. II, entretien 16 ; ou *la nouvelle Maison Rustique* du sieur Liger ; l'Ouvrage de M. Duhamel *des semis & plantations des arbres, & de leur culture*. Il y a dans ce livre tout ce qu'on peut desirer sur la culture des grands bois.

Les bois semés ou plantés doivent être gardés jusqu'à ce qu'ils soient en âge de se défendre des bestiaux ; ce qui dépend de la nature du terrein plus ou moins propre à cette espèce de production ; mais régulièrement il faut plus de temps à un bois semé ou planté qu'à un bois coupé sur taillis, qui peut être défensable cinq ans après sa coupe. La Coutume de Berry ne donne que trois ans & un mai ; tit. 10, art. 12 & 13.

QUEST. III. *Parmi le mort bois, doit-on comprendre le charme ?*

Il n'y a point d'autre espèce de mort bois que les neuf énoncées en l'art. 5 du titre 23 de l'Ordonnance de 1669. La Table de Marbre du Parlement de Dijon ayant rendu deux Arrêts les 6 & 10 Juillet 1748, qui mettoient le charme au nombre du mort bois, ils ont été cassés par Arrêt du Conseil d'Etat du 10 Septembre suivant. L'article 1 du titre 32 de l'Ordonnance de 1669, prononce 50 sols d'amende pour chaque pied de tour d'arbre charme coupé en délit.

QUEST. IV. *Quand les bois sont incendiés, que faut-il faire pour les rétablir ?*

Le seul & unique moyen pour y parvenir est de les réceper, c'est-à-dire de les couper à blanche taille, sans y laisser aucuns baliveaux.

QUEST. V. *Qu'est-ce que des bois de bourdenne & marmenteaux ?*

Le bois de bourdenne est un bois dont se servent les salpétriers pour faire du charbon à fabriquer la poudre. Par Arrêt du Conseil d'Etat, du 23 Août 1710, Sa Majesté a permis aux Salpétriers de couper dans ses bois, ainsi que dans ceux des Communautés & des particuliers, les bois de bourdenne dont ils auront besoin, à l'âge de trois ans, avec serpette seulement, en payant comptant.

Les bois marmanteaux sont ceux qui servent de décoration & d'embellissement à une maison, comme les avenues d'un château.

QUEST. VI. *A quelles peines sont condamnés ceux qui coupent des arbres marmanteaux pendant la nuit, par injure, par insulte ?*

Ces sortes de délits sont toujours punis très-sévèrement. Un Arrêt du Parlement de Paris rapporté au Journal du Palais, condamne le sieur de Courcy, Gentilhomme, pour avoir, pendant la nuit avec son valet, & par dérision, coupé plusieurs arbres dans l'avenue du sieur Gréard, Ecuyer, au bannissement de la Province de Normandie pendant un an, en 3000 livres de dommages & intérêts, & à lui faire réparation d'honneur. Un autre Arrêt du Parlement de Paris, du 25 Juillet 1671, contient des peines encore plus sévères; il condamne le nommé Michel Guillette aux galères, pour avoir coupé 269 ormes dans l'avenue du château de Lanteuil appartenant à M. le Président Turgot.

QUEST. VII. *Qu'est-ce qu'un arbre arsin ou charmé ?*

L'arbre arsin est celui au pied duquel on a mis le feu pour le faire mourir. L'arbre charmé est celui qu'on mutile, ou dont on enlève l'écorce pour le faire mourir. L'un & l'autre est un délit défendu par l'Ordonnance de 1669, titre 27, art. 22 & 32, à peine de punition corporelle.

QUEST. VIII. *Qu'eſt-ce qu'un arbre perot, un tayon ?*

Un perot eſt celui qui a deux âges de la coupe du bois, & le tayon celui qui a trois âges de la coupe. On les appelle encore *baliveaux ſur taillis*. Si, par exemple, le bois taillis eſt en coupe reglée de dix ans, les baliveaux de la première coupe s'appellent *eſtallons*, *lais* ; à la ſeconde coupe ils s'appellent *perots*, & ont vingt ans ; à la troiſième coupe on les appelle *tayons*, & ils ont trente ans.

QUEST. IX. *Qu'eſt-ce que bois en puel ?*

On appelle ainſi dans l'Auvergne un jeune taillis défenſable trois ans après ſa coupe. C'eſt ainſi que l'explique l'art. 23 du tit. 28 de cette Coutume.

QUEST. X. *Qu'eſt-ce que bois en pleſſis ?*

C'eſt un bois, ſuivant de Laurière, entouré de haies pliées & faites de branches des arbres de la forêt même. Il n'eſt point d'eſpèce de haie plus durable & plus propre à défendre la forêt contre les beſtiaux.

QEEST. XI. *Qu'eſt-ce que bois en eſtant, & bois giſſant ?*

Le premier eſt celui qui eſt debout, ſoit ſec ou verd. Le ſecond eſt celui qui eſt coupé, abattu, tombé ou couché par terre. On appelle encore bois giſſant celui qui reſte ſur les coupes, & n'eſt pas enlevé par les adjudicataires dans le temps accordé pour la vuidange. Ce temps expiré, il appartient au Roi dans ſes bois, & aux propriétaires dans les leurs.

QUEST. XII. *A quelle diſtance du fond du voiſin peut-on planter des arbres ?*

Un Arrêt du Parlement de Grenoble règle qu'ils ſeront plantés à ſix pieds de diſtance des héritages, & à trois toiſes

toises des bâtiments. L'article 259 de la Coutume d'Orléans dit qu'ils seront plantés à trois toises des bâtiments.

QUEST. XIII. *A qui appartient l'arbre situé sur les limites de deux fonds ?*

Un arbre, dont le tronc & la tige sortent d'un héritage, appartient à l'héritage. Si l'arbre a ses racines dans l'héritage supérieur, quoiqu'il paroisse sortir de l'héritage inférieur, il appartient à l'héritage supérieur. Si l'arbre est précisément entre les deux héritages, il est mitoyen, les fruits s'en partagent par moitié, & les propriétaires des deux héritages ne peuvent couper l'arbre sans le consentement de l'un & de l'autre. Le propriétaire voisin d'un héritage a droit d'entrer dedans pour en ramasser les fruits. C'est le sentiment de Dunod, *Traité des Prescriptions*, page 118. Cet Auteur remarque encore que lorsqu'un arbre voisin nuit par son ombre, on peut forcer le propriétaire à l'élaguer jusqu'à la hauteur de quinze pieds.

QUEST. XIV. *Paie-t-on la dixme des bois ?*

Cette espèce de dixme n'est pas ordinaire ; il y a cependant des diocèses où elle se paie ; il faut à cet égard consulter les usages. On trouve dans le *Code des Curés*, tome 1, page 91, un Arrêt du Parlement du 23 Août 1664, qui adjuge au Curé de Saint Just la dixme sur tous les bois appartenant à la Demoiselle Bunache, à l'exception de ceux qu'elle emploiera pour son chauffage. Plusieurs Ordonnances décident que quand cette dixme se trouvera dûe sur les bois du Roi, elle sera payée en argent.

QUEST. XV. *Les saules sont-ils défensables, & jusqu'à quel âge ?*

L'article 528 de la Coutume de Bourbonnois dit qu'ils sont défensables jusqu'à quatre ans inclusivement. La Coutume de Mons, chap. 53, art. 9, défend de cueillir ni de couper aucune branche de ces arbres. Le saule est un arbre qui vient en peu de temps; quantité de Seigneurs qui ont des marais, prairies & pâturaux marécageux en font des plantations considérables; ils en tirent beaucoup de profit, sur-tout dans les pays de vignobles, pour les perches & les échalats que le saule fournit abondamment. Il se plante de bouture, & de trois à quatre ans on coupe les perches.

QUEST. XVI. *Qu'est-ce que désaisonner la coupe d'un bois?*

C'est intervertir la saison & le Réglement des coupes. On suppose un bois taillis de deux cents arpents; si on veut en régler les coupes, on les partage en dix années de chacune vingt arpents; pour être exploitées annuellement, en commençant par la première coupe. Or s'il arrive que l'on manque une année de faire la coupe marquée, ou si en une seule année on anticipe de deux ou trois coupes, alors l'ordre établi pour la règle des coupes se trouve dérangé, & c'est ce qu'on appelle les désaisonner. Nous avons ailleurs observé plusieurs cas où il n'est pas permis de le faire.

QUEST. XVII. *Qu'entend-on par laye, layon, route, tranchée?*

Ces différents noms signifient les routes que les arpenteurs sont obligés de faire dans les bois pour faire passer les portes-chaînes & les Marchands qui vont visiter les ventes. L'article 7 du titre 15 de l'Ordonnance de 1669, défend aux Arpenteurs & Gardes de faire les routes plus larges de trois pieds, à peine de 100 liv. d'amende; ce qui doit s'entendre pour les bois du Roi.

QUEST. XVIII. *Qu'est-ce que le martelage d'une vente ou d'un bois?*

Ce mot vient du marteau qui sert à marquer les arbres de réserve, tels que les baliveaux, les pieds corniers, les arbres de lisière & de paroi. Dans chaque Maîtrise il y a le marteau du Roi, & un Officier préposé pour le garder. Les Seigneurs peuvent aussi avoir leur marteau.

QUEST. XIX. *Qu'est-ce que récoler les ventes?*

Faire le récolement d'une vente n'est autre chose que réarpenter & remesurer la vente, pour voir si l'adjudicataire qui l'a exploitée n'a pas coupé plus d'arpents que ne porte son adjudication, examiner si la coupe est conforme à l'Ordonnance, si on a laissé le nombre de baliveaux requis, ensemble les pieds corniers, les arbres de lisière, & autres réservés. Les récolements sont toujours aux frais des adjudicataires & des Marchands.

QUEST. XX. *Qu'est-ce que bois en grume?*

Saint-Yon nous l'apprend sur l'article 13 du Réglement pour Villers-Cotterets du 6 Octobre 1605. Ce sont des arbres en un morceau, en une pièce, bois entier & non dépecé. Or, dit cet Auteur, il est défendu de transporter du bois en grume, s'il n'est équarri, afin d'ôter l'occasion au larcin par la facilité du transport, & afin que par la longueur du temps qu'il faut pour équarrir un arbre, les Gardes aient le loisir de s'appercevoir s'il est bien ou mal pris.

QUEST. XXI. *Est-il permis au propriétaire d'un bois taillis d'y faire paître ses bestiaux avant qu'il ait l'âge requis par les Ordonnances & par les Coutumes?*

Tous les bois du Royaume appartiennent plus à l'Etat qu'aux particuliers; ceux-ci doivent donc les gouverner suivant les règles prescrites par les Ordonnances & par les Coutumes, qui ne permettent pas aux particuliers, soit propriétaires, soit usufruitiers, d'envoyer aucuns bestiaux dans les bois taillis avant qu'ils aient atteint l'âge de trois ans & un mai, à peine d'amende. Quelques Coutumes étendent ce terme jusqu'à cinq, & même sept ans, selon que les terreins sont plus ou moins prompts à reproduire les bois.

QUEST. XXII. *Est-il permis aux voitures de passer dans les routes de traverses pratiquées dans les bois du Roi?*

Comme ces routes ne sont faites dans les bois de Sa Majesté que pour son plaisir, ou pour des causes qu'Elle & ses Officiers ont déterminées, ces routes ne sont point des chemins usités & ordinaires. Sa Majesté, par une Ordonnance du premier Décembre 1742, rendue pour ses forêts de Saint-Germain, Marly, Compiegne & Fontainebleau, a défendu aux voituriers, & même aux Marchands de bois, de passer dans les routes qui y sont pratiquées.

QUEST. XXIII. *S'il n'y avoit point de route d'une forêt à une rivière, si ce n'est en prenant un détour considérable, un Marchand, pour prendre le plus court, pourroit-il traverser les héritages d'un Seigneur, ou d'un particulier, en dédommageant?*

Oui, sans doute. Cela fut d'abord permis par une Ordonnance du mois de Décembre 1672, qui, à la vérité, ne le permettoit qu'aux Marchands de bois qui travailloient pour l'approvisionnement de Paris. Mais depuis, par un Arrêt du Conseil d'Etat, du 7 Septembre 1694, Sa Majesté a étendu cette permission à tous les Marchands de bois du Royaume.

QUEST. XXIV. *Ceux qui coupent & abattent des arbres qui servent de limites aux Justices, aux dixmeries, aux Paroisses, aux chemins, ne méritent-ils pas une peine au-dessus de celle fixée pour les autres arbres?*

Outre les peines portées par l'Ordonnance de 1669, on doit encore leur faire supporter celles prononcées par les Coutumes contre ceux qui commettent de semblables délits.

Ils sont toujours très-préjudiciables au public, aux Seigneurs & aux particuliers. La Coutume de Bourbonnois, art. 164, porte : « Si aucun abat arbres faisant limites de Justice, ou » autre chose, il est amendable, & est tenu aux intérêts des » Parties intéressées ». Les Coutumes de Melun, art. 15; de Bourbonnois, art. 30, fixent l'amende à 60 sols, ordonnent des dommages & intérêts, & que les délinquants feront replanter d'autres arbres à leurs dépens. La Coutume de Saint-Omer, art. 14, décide que celui qui arrache un arbre servant de limites entre deux Seigneuries est amendable, envers chaque Seigneur, de 60 sols. Si l'arbre servoit de limites à trois ou quatre Seigneuries, chaque Seigneur auroit son amende.

QUEST. XXV. *Qu'entend-on par rapatronage ?*

C'est la vérification d'un délit, qui se fait en confrontant le bout de la pile d'un arbre coupé avec le tronc qui reste sur la place. Cette explication deviendra plus sensible par un exemple. Un Garde trouve dans un bois les troncs de trois arbres récemment coupés; & aux traces il reconnoît qu'ils ont pu être transportés dans une maison voisine. Alors il dresse son procès-verbal, dans lequel il fait mention de ses observations, de la qualité, de la grosseur, âge, contour & espèce des arbres coupés; il le met en règle, & l'affirme par devant le Juge du délit; ensuite le Procureur du Roi, ou Fiscal, craignant que les remarques faites par le Garde ne soient fautives, présente sa Requête expositive du contenu au procès-verbal, & demande qu'il soit fait perquisition dans toutes les maisons voisines du bois, en sa présence & celle du Juge dont il requiert le transport. Sur l'ordonnance au bas de cette Requête, ces Officiers se transportent & font recherche dans plusieurs maisons. Dans l'une d'elles il trouve les trois arbres cachés; après leur procès-verbal dressé, ils les saisissent, & font scier le bout de la coupe à environ sept à huit pouces de hauteur, somment le délinquant de les suivre dans le bois, où étant arrivés, ils confrontent ces tronçons aux troncs qui se trouvent sur la place;

& c'eſt ce qu'on appelle *rapatronage* ou *choquetage*. Alors la reſſemblance qui ſe trouve à la jonction de la pille au tronc, entre la groſſeur, l'âge, l'écorce, forme la conviction de l'accuſé.

La juriſprudence de la Table de Marbre de Dijon eſt de caſſer les rapports des Gardes & Sentences, qui dans le cas ci-deſſus n'ont pas ordonné & fait le rapatronage en préſence de la Partie. Cette conduite eſt équitable, autrement les Gardes ſeroient les maîtres d'imputer au premier venu un délit dont ils ſont ſouvent coupables.

PRINCIPES SUR L'ORIGINE, L'USAGE ET LA PRATIQUE DES DROITS SEIGNEURIAUX.

LIVRE SEPTIEME.

CHAPITRE PREMIER.

Des Terriers, de leur origine, & des précautions nécessaires pour faciliter cet ouvrage.

LA multitude & les différentes espèces de droits seigneuriaux dont nous avons traité dans le cours de cet Ouvrage, supposent nécessairement une grande quantité de titres très-anciens & très-précieux pour les établir. Sans ces actes primitifs, un Seigneur ne peut prétendre ni percevoir aucun droit. Dans tous les temps, il a donc toujours été très-essentiel & très-important aux Seigneurs de veiller soigneusement à la conservation de leurs titres & de leurs chartes, soit en les mettant dans un dépôt sûr, soit en prenant les mesures les plus précises pour empêcher qu'ils ne fussent altérés par l'injure des temps & quantité d'autres accidents particuliers. Mais souvent il arrivoit qu'il étoit nécessaire de transporter ces titres hors du dépôt; souvent par la négligence, par la malice, ou par l'ignorance de ceux à qui on les confioit, ils se perdoient; souvent même ils étoient ou pillés ou incendiés pendant les ravages des guerres civiles, ou de celles suscitées par les ennemis de l'Etat. On imagina donc de rappeller tous ces titres dans un seul & même registre, d'y comprendre généralement tout ce qui appartenoit à la Seigneurie, tant en propriété qu'en droits honorifiques, réels, personnels & mixtes. On inséra dans le même registre toutes les déclarations des censitaires, les loix, les usages de la Seigneurie, les baux à cens, les procès-verbaux de limites de la Justice & des dixmeries; & afin que ce registre eût plus d'autorité, on en confia la confection à des personnes publiques, à un ou plusieurs Notaires. Ce registre est ce qu'on appelle le *Papier terrier de la Seigneurie*. On sent de quelle importance est un semblable titre.

Si les choses étoient durables à toujours, il suffiroit de faire une fois un Terrier; mais les vicissitudes continuelles auxquelles sont sujets & les hommes & leurs possessions, ont introduit la nécessité de le renouveller souvent, afin d'y marquer les changements arrivés dans les personnes, dans les héritages, dans leurs confins depuis l'époque du dernier Terrier. Sans cette sage précaution, après un ou deux siècles, on ne trouveroit plus dans le Terrier qu'un cahos inexplicable; la prescription objectée de tous côtés accableroit le Seigneur, & tout seroit perdu.

Les Seigneurs ne peuvent donc pas apporter trop d'attention pour que leurs Terriers soient toujours dans une perpétuelle vigueur; ils doivent consulter les différentes prescriptions qui ont lieu dans les Coutumes qui régissent leurs

leurs Seigneuries ; & dans le cours de chaque prescription ils doivent renouveller leurs Terriers ; ils y sont autorisés par le Réglement des Grands Jours de Clermont, du 9 Janvier 1666, qui leur permet de le faire tous les 20 ans aux dépens des censitaires. Dans le ressort du Parlement, & dans la Coutume de Paris, quoique le cens soit imprescriptible, cependant suivant l'acte de notoriété du Châtelet de Paris du 5 Août 1689, les Seigneurs peuvent renouveller leurs Terriers tous les 30 ans. Il y a peu, ou pour mieux dire, il n'y a aucune Seigneurie où on trouve des Terriers si souvent renouvellés ; on est fort heureux quand on en trouve un dans chaque siècle.

La dépense nécessaire & indispensable pour la confection d'un Terrier est l'obstacle ordinaire qui empêche les Seigneurs de le renouveller. Mais les difficultés qui occasionnent ces dépenses procèdent uniquement de leur faute & de leur négligence. Si les Seigneurs étoient attentifs à faire tenir par leurs fermiers, & à se faire rendre à la fin de chaque bail les liêves en bonne forme, s'ils étoient exacts à suivre les mutations qui arrivent dans les héritages & les détenteurs, à faire servir ponctuellement les redevances qui sont dues, à faire les poursuites nécessaires pour empêcher les prescriptions, la rénovation d'un Terrier seroit un ouvrage aisé qui ne coûteroit presque rien.

L'ouvrage sera encore plus aisé, si aux précautions que nous venons d'indiquer, on y joint celle d'un bon & fidèle inventaire des titres qui établissent les droits de la Seigneurie, & la Seigneurie même.

Cette dernière opération est très-importante, & la confusion qui règne dans la plûpart des archives des Seigneurs la rend quelquefois très-difficultueuse ; alors il faut avoir recours à un habile archiviste, qui mette dans les archives un arrangement tel qu'en un moment on puisse trouver tous les titres qui concernent un même droit, pour en connoître l'origine, l'établissement, les différentes rénovations, les changements, altérations ou confirmations.

L'archiviste qu'on chargera de cette importante opération, doit avoir plusieurs qualités. 1°. Il doit être assez honnête homme pour ne pas abuser de la confiance qu'on a de lui remettre entre les mains tous les titres de la Seigneurie. 2°. Il doit être très-versé dans la connoissance des écritures des différents siècles, des différents dialectes du langage gaulois, & sur-tout de ce latin barbare dont on s'est servi dans presque tous les titres, & dans tous les actes judiciaires jusqu'en 1535 que François I. ordonna qu'ils seroient écrits en françois. 3°. L'archiviste doit être assez versé dans la chronologie pour sçavoir les changements arrivés dans l'époque des temps. Par l'article 39 de l'Ordonnance de Roussillon en 1565, Charles IX. ordonna qu'à l'avenir l'année civile commenceroit au premier Janvier; & ensuite la Bulle de Grégoire XIII. du 6 des Calendes de Mars 1581, dont l'exécution fut ordonnée en France sous Henri III. par la Déclaration du 3 Novembre 1582, introduisit le calendrier Grégorien. Il fut dressé pour réformer la différence qu'il y avoit entre l'année Julienne & l'année astronomique; il s'agissoit de onze minutes par an. Depuis le Concile de Nicée jusqu'à Grégoire XIII. cette différence avoit produit dix jours d'augmentation, que le Pape retrancha par sa bulle. 4°. L'archiviste doit être encore versé dans l'art de sçavoir compter les jours des mois suivant l'usage des Romains par calendes, ides & nones. Toutes ces connoissances sont absolument nécessaires pour fixer dans l'ordre des temps la vraie date des titres.

Lorsqu'on aura trouvé un archiviste capable, la meilleure forme pour dresser un bon inventaire de titre est, 1°. de prendre tous les titres l'un après l'autre, & de mettre les dates à la tête de chaque titre.

2°. Après cette premiere opération, il faut ranger ces titres par siècles, par années, par mois & par jours; on en fera des liasses pour les inventorier, en commençant par le plus ancien.

3°. Après l'arrangement des titres dans l'ordre ci-dessus, & avec les attentions convenables par rapport à leurs dates, ce qui est très-essentiel; il faut extraire le premier titre, en mettant en marge la date du titre, & le droit dont il y est parlé. Cet extrait contiendra les noms & qualités des Parties, ensuite les conventions, concessions, donations, les confins & le détail des héritages ; les cens, les servitudes ainsi qu'ils sont décrits aux titres, sans en rien omettre & sans y rien retrancher que les formalités des actes. L'archiviste continuera ainsi jusqu'au dernier titre.

4°. On joindra à cet inventaire une table qui contiendra, par ordre alphabétique, les différents droits & tous les objets énoncés en l'inventaire.

5°. L'archiviste, lors de l'arrangement des titres, doit avoir attention aux Chartes, Bulles, Lettres-patentes, tels que les concessions, érection de la Terre en dignité, établissements de la Justice, de foires, marchés, droits de leyde, de péages, &c ; les lettres d'annoblissement, confirmation & maintenue de noblesse, les aliénations des domaines du Roi, les échanges & engagements qui servent de titres primitifs aux droits généraux & particuliers de la Seigneurie. L'archiviste avertira le Seigneur qu'il est important pour lui & sa postérité de satisfaire de sa part à l'article 1 de la Déclaration du Roi, du 26 Avril 1738, qui ordonne la représentation & l'enregistrement de ces titres à la Chambre des Comptes à Paris.

L'objet de cette Déclaration a été de réparer la perte des titres de la Couronne & des particuliers, brûlés ou endommagés par l'incendie de la Chambre des Comptes arrivé le 27 Octobre 1737. Le Roi avoit ordonné que depuis le 26 Avril 1738 jusqu'au 31 Décembre 1739 l'opération se feroit à ses dépens ; ce délai a été prorogé par les Déclarations des 21 Décembre 1739 & 14 Mars 1741 jusqu'au 31 Décembre de cette dernière année ; passé lequel Sa Majesté a ordonné que ceux qui auroient négligé de faire la représentation de leurs titres dans les délais ci-dessus, seroient tenus de se pourvoir en la Chambre par requête, & de payer les frais de transcrit, expédition & collation de leurs titres, suivant la taxe qui en seroit modérément faite par la Chambre. Depuis, Elle a rendu deux Arrêts les 31 Janvier 1742, & 21 Janvier 1743, qui, suivant les intentions de Sa Majesté, fixent à très-peu de chose ces frais, & prescrivent la manière dont à l'avenir la représentation des titres doit être faite.

CHAPITRE II.

De la rénovation des Terriers.

ON trouve dans les formules de Marculfe, liv. premier, form. 33 & 34, que ceux dont les titres de propriété avoient été brûlés, volés ou enlevés par force majeure, prenoient des Lettres des Rois de la première race, pour jouir des biens dont ils avoient perdu les titres. M. Bignon, dans ses notes sur ces formules, nous apprend aussi que quelquefois, au lieu de s'adresser au Roi, on s'adressoit aux Comtes & aux Ducs qui gouvernoient les Provinces, ainsi qu'on le voit par les formules d'un Auteur anonyme. M. Mignon remarque que ces Lettres produisoient le même effet que celles que nous appellons aujourd'hui *Lettres en forme de Terrier.*

Lors de l'établissement du Gouvernement féodal, les Ducs, les Comtes, les Seigneurs acquirent un pouvoir qui les égaloit presqu'au Roi. Il est probable que dans ces circonstances ces Seigneurs n'eurent point besoin du recours à l'autorité royale pour se maintenir dans la possession de leurs biens; ils étoient assez puissants pour se soutenir par eux mêmes. On perdit donc l'usage d'avoir recours au Prince pour obtenir, en cas de perte de titres, les Lettres dont Marculfe nous a laissé le modèle dans ses formules. Mais dans la suite les Ducs, les Comtes & les Seigneurs ayant perdu ce pouvoir immense qu'ils avoient également usurpé & sur les Rois & sur les peuples, il leur fallut retourner à la source de toutes les graces; ils y furent encore contraints par quantité d'évenements qui ramenèrent les choses à leur premier point de subordination, & qui firent naître l'ancien usage.

La longue absence des Seigneurs pendant les croisades, les guerres civiles du règne de Jean I, cette révolte terrible de la Jacquerie en 1358, où tous les paysans du Royaume conjurèrent d'exterminer la noblesse; les troubles enfin du malheureux règne de Charles VI. avoient tellement accoutumé les censitaires à vivre dans l'indépendance, à méconnoître des Seigneurs qu'ils ne voyoient point, que quand ceux-ci voulurent, dans des temps plus tranquiles, rétablir l'exercice de leurs droits, ils n'eurent plus assez de pouvoir par eux-mêmes pour forcer leurs vassaux & leurs censitaires à les reconnoître ; leurs châteaux détruits, leurs titres pillés & volés, consommés par le feu, ou alterés par l'injure des temps, augmentoient leur embarras. Dans ces extrêmités ils eurent recours à l'autorité royale pour forcer leurs justiciables, censitaires, vassaux & emphytéotes tant à représenter leurs titres de propriété qu'à reconnoître au profit de leurs Seigneurs les droits, cens & rentes qui y étoient énoncés. C'est depuis ce temps, c'est-à-dire, depuis environ le commencement du quinzième siècle, qu'on trouve introduit l'usage d'obtenir en Chancellerie des Lettres pour la rénovation des Terriers; on a toujours l'attention d'y insérer les motifs de la perte des titres, pour établir la nécessité de les renouveller, ainsi que les droits qui s'y trouvent énoncés.

Ce qui, dans le commencement, fut un usage libre, est devenu depuis une nécessité & une loi; de façon que tous les Seigneurs qui veulent procéder à la rénovation de leur Terrier, sont aujourd'hui forcés d'obtenir à cet effet des Lettres de Terrier de Sa Majesté. Les Seigneurs ecclésiastiques sont dispensés de cette formalité par l'art. 54 de l'Ordonnance de Blois, par l'art. 26 de celle de Melun, & par celle du mois de Décembre 1606.

Les Lettres de terrier se prennent à la grande Chancellerie, ou en celles étant près les Parlements; mais il y a cette différence que les Lettres de la grande Chancellerie durent trente ans, & ont leur exécution par-tout le Royaume. Au contraire, celles prises aux Chancelleries des Parlements n'ont leur exécution que dans le ressort du Parlement d'où elles sont émanées. Ainsi un Seigneur qui a des Terres situées en différents Parlements, doit prendre des Lettres en la grande Chancellerie ; & si le Seigneur veut que son Terrier soit fait par un seul Notaire, il doit y faire insérer la clause que le Notaire par lui commis, ou qui sera nommé par le

Juge à qui les Lettres feront adreffées, recevra toutes les déclarations defdits Terriers, même hors fon reffort.

Nous avons dit que les Lettres à Terrier de la grande Chancellerie durent trente ans; mais celles des Chancelleries près les Parlements font annales & ne durent qu'un an, c'eft-à-dire que dans l'an de leur obtention elles doivent être préfentées au Juge à qui elles font adreffées, enregiftrées en fon Greffe, publiées & affichées, & l'on doit commencer à les mettre à exécution, finon il faut prendre de nouvelles Lettres. Cependant fi le Terrier eft commencé dans l'an, & que de temps à autre on reçoive les reconnoiffances, les Lettres auront toujours leur effet tant que durera la rénovation du Terrier. Il faut obferver que quand il y a changement de Seigneur il faut faire renouveller les Lettres, foit celles prifes en la grande Chancellerie, foit celles prifes aux Chancelleries des Parlements.

Les Seigneurs qui ont leurs caufes commifes aux Requêtes du Palais, ou de l'Hôtel, n'y peuvent pas faire adreffer leurs Lettres de Terrier, parce qu'il s'y agit de cens qui eft une matière réelle dont ces Tribunaux ne peuvent pas connoître. Cependant les Ordres de Malthe & de Cluny font ordinairement adreffer les Lettres de Terrier qu'ils obtiennent, au Grand-Confeil, avec pouvoir de commettre un Juge royal, & de nommer un Notaire pour recevoir les déclarations, même hors de fon reffort.

Il eft fans contredit que lés Seigneurs peuvent choifir tel Notaire qu'il leur plaît pour la confection de leurs Terriers, excepté néanmoins les Notaires de leur Terre qui pourroient être fufpects, comme trop dévoués aux Seigneurs. Arrêt du 19 Juin 1728, qui condamne la Dame Chauffat à paffer nouvelle reconnoiffance au Terrier du Chapitre de Lyon par devant tel Notaire qu'il lui plairoit de nommer.

Mais quand le Notaire eft une fois commis par la Sentence du Juge royal qui enthérine les Lettres, il n'eft plus loifible au Seigneur de le révoquer à fa volonté. C'eft une queftion tout récemment décidée par Arrêt du Parlement du 8 Août 1759, au profit de Me Lejeune, Notaire, commis par le Juge royal à la confection du Terrier du Vicomte d'Aumale.

Ce Seigneur alléguoit l'impéritie de Lejeune, que sa maison n'étoit pas assez sûre pour servir de dépôt; que Lejeune lui avoit dit des injures, qu'il ne pouvoit avoir confiance en lui. Comme apparemment toutes ces allégations ne se trouvèrent pas fondées, la Cour n'y eut aucun égard.

Les Seigneurs, avant de confier à un Notaire ou à un Commissaire la confection de leurs Terriers, doivent s'appliquer à faire un bon choix. Un Commissaire à Terrier doit être homme de bien, plus ami de son devoir que de l'intérêt, aussi zélé pour recouvrer les droits du Seigneur que pour rendre justice aux tenanciers & aux vassaux; il doit être expérimenté dans la pratique des droits seigneuriaux, sçavoir lever des plans, carter les Terriers, faire des placements justes; il doit être bon lecteur des anciens titres, & enfin ne se refuser à aucun travail pour rendre son ouvrage juste, solide & conforme aux anciens Terriers. A ce dernier trait sur-tout les Seigneurs reconnoîtront un habile Commissaire à Terrier.

La plupart des Notaires qui prennent cette qualité ne veulent point se charger de la rénovation des anciens Terriers, & choisissent toujours les plus modernes; ils écartent les vieux titres parce qu'ils ne sçauroient les lire, & qu'ils se sentent incapables d'en faire l'application à l'état actuel des choses. Au contraire un habile homme consulte avec soin, même avec plaisir, les anciens terriers & les titres primitifs; il exige qu'on lui en remette un inventaire exact & général, afin de s'en servir pour établir les droits généraux & particuliers de la Seigneurie, & pour écarter ceux qui sont éteints par la prescription ou autrement.

Il est vrai qu'un Commissaire à Terrier, tel que nous l'indiquons, se fera payer plus cher qu'un ignorant; mais la rénovation d'un Terrier est un ouvrage si important pour un Seigneur, d'un travail si dur, si difficultueux & si rebutant, qu'on ne doit point plaindre la dépense, lorsqu'on a le bonheur de trouver un habile & un honnête homme qui veut bien s'en charger.

Lorsqu'un Seigneur aura obtenu des Lettres à Terrier, avant de les mettre à exécution, il est nécessaire qu'il les présente au Juge royal auquel elles sont adressées, qu'il en demande l'enregistrement au Greffe de la Jurisdiction, & acte de la nomination qu'il fait de tel Notaire pour la confection de son Terrier, s'il ne l'a pas fait nommer par les Lettres.

Ces opérations faites, on fait publier par un Huissier royal, à l'issue des messes des Paroisses où sont situés les biens, & où se perçoivent les droits de la Seigneurie, les Lettres & la Sentence portant leur enregistrement; on les fait afficher aux portes des Eglises, & on en fait dresser procès-verbal.

Cette publication & ces affiches sont une interpellation solemnelle faite à tous vassaux nobles & roturiers censitaires, emphytéotes & justiciables de la Seigneurie, de se présenter dans quinzaine par devant le Notaire royal commis, pour y passer les actes de foi & hommage, aveux & dénombrements, déclarations & reconnoissances des héritages qu'ils tiennent en fief, en roture & en justice, à quelque titre que ce soit, & y rapporter leurs titres de propriété.

Si dans le délai porté par les affiches, les censitaires, emphytéotes, justiciables & vassaux ne comparoissoient pas, leur contumace seroit une désobéissance à la volonté du Roi & de leur Seigneur; désobéissance punissable au moins d'une amende, qui cependant doit être prononcée en connoissance de cause par le Juge royal au profit du Seigneur.

Lorsque toutes les formalités dont nous venons de parler sont remplies, le Seigneur donne au Commissaire qu'il a choisi sa procuration, à l'effet d'accepter les déclarations qui seront passées à son Terrier, de les blâmer s'il y échet, ensemble les aveux & dénombrements qui seront fournis. En vertu de cette procuration, le Commissaire commence son Terrier; dans le préambule il doit faire mention tant de la procuration que des Lettres & de la Sentence qui ordonne leur enregistrement, & il observera que la minute de la procuration, ainsi que les expéditions desdites Lettres & Sentence, doivent demeurer annexées aux minutes du Terrier.

La première opération absolument nécessaire pour la rénovation

rénovation d'un Terrier, & pour que l'ouvrage soit juste & solide, est de lever un plan général & géométrique, où seront marquées exactement les jointes & limites de la Justice & de la Seigneurie : ce plan comprendra ensuite avec le plus de précision qu'il sera possible les bâtiments & les différents héritages qui composent la Seigneurie, les dixmeries, censives qui en dépendent, avec leurs limites. Dans le plan seront distingués par différentes couleurs les bois, prés, étangs, pâtureaux communaux, vignes, terres labourables, terres vaines & vagues, les bruyères & brandes, les marais, avec les chemins, rivières, fleuves & ruisseaux qui les traversent.

La plus grande difficulté n'est pas souvent de lever ce plan général, on en trouve à la tête de beaucoup de Terriers; mais c'est de subdiviser ce plan général en autant de cartes particulières qu'il y a d'héritages différents, pour les joindre aux reconnoissances qui ont pour objet les cens dûs sur ces héritages; & c'est ce qu'on appelle *carter* un Terrier.

Si cette dernière opération est la plus importante du Terrier, c'est aussi celle qui demande le plus de soins, de travail & de sagacité. Pour en donner une idée, on suppose un tenement de terres labourables données à cens à un seul particulier il y a deux cens ans. Lors de la rénovation du Terrier, ce tenement est possédé par trente ou quarante particuliers qui viennent reconnoître le cens pour les portions qu'ils possèdent, ou qui refusent de le faire. Alors si les détenteurs viennent reconnoître, le travail du Commissaire sera de placer juste sur la carte de ce tenement les différentes portions tenues par chaque possesseur actuel, & de lui assigner la portion de cens relative à la portion que possède le censitaire, en prenant bien garde de ne point nuire à la solidité ordinairement stipulée par le bail à cens. Si ces différentes portions de terre, si ces différentes portions de cens calculées se trouvent égaler les quantités énoncées par le titre primitif, l'opération sera juste.

Mais souvent les détenteurs, sous prétexte de prescription, tierce détention, ou autrement, refusent de venir reconnoître ; alors la sagacité du Commissaire à Terrier consiste à suivre les différentes mutations arrivées dans la superficie, & les détenteurs du tenement en partant du titre primitif jusqu'à l'état actuel des choses, à résoudre les difficultés qui peuvent se rencontrer, & à décider sur le mérite des moyens qu'on oppose. Dans cette seule position on sent aisément combien de procès un Commissaire à Terrier peut susciter au Seigneur, si cet Officier n'a pas toute l'intelligence & toutes les lumières qu'il doit avoir.

Lorsque les titres anciens & modernes de la Seigneurie ne sont pas suffisants au Commissaire à Terrier pour lever son plan général & ses cartes particulières, il doit alors se pourvoir de bons indicateurs; les meilleurs sont toujours les plus âgés ; comme ils ont plus vu de choses, ils sçavent mieux par conséquent les différents changements arrivés dans les héritages, & les causes qui les ont occasionnés. Mais il arrive souvent que les paysans, soit par haine pour leur Seigneur, soit pour obliger leurs voisins, soit par crainte pour de gros censitaires dont ils dépendent, refusent leurs services. Dans ce cas le Commissaire à Terrier doit sommer les Syndics & Echevins des Paroisses & Communautés des lieux de lui fournir les indicateurs dont il a besoin, moyennant salaires compétens. Si les Paroisses & Communautés ne satisfont pas à cette sommation, il se pourvoira par devant le Juge royal pour les y forcer.

Il arrive encore souvent que des particuliers mutins refusent d'ouvrir leurs maisons au Commissaire à Terrier pour l'empêcher de prendre les dimensions nécessaires pour lever ses plans ; alors le Commissaire à Terrier doit employer la prudence & la douceur pour les engager à obéir à la volonté du Roi & de leur Seigneur; mais s'il n'y peut réussir, il dressera procès-verbal de leur refus, & se retirera par devant le Juge royal pour les y contraindre. De même si le Commissaire est troublé dans ses opérations par violence & voies de fait, soit de la part du général des habitants, soit de la part de quelques particuliers, il doit en dresser procès-verbaux, rendre sa plainte au Juge royal à qui les Lettres sont adressées, en faire informer. De cette façon il fera punir les rebelles, obtiendra contr'eux des condamnations proportionnées à leurs excès, & se procurera la tranquillité & la liberté nécessaires à ses opérations.

CHAPITRE III.

Des Reconnoissances dûes au Seigneur haut-Justicier ; tant pour les héritages en franc-aleu, féodaux que roturiers.

§. I.

NOus ne connoissons en France que trois conditions de biens, le franc-aleu, le fief & la roture.

Le franc-aleu est un héritage libre, exempt de toutes charges, qui n'est sujet à aucuns devoirs & droits seigneuriaux, serviles, utiles ou honorifiques.

Il y en a de deux espèces, le noble & le roturier. Le noble est celui qui a la Justice annexée, ou qui, sans avoir la Justice, a des fiefs mouvants de lui, ou même qui a simplement des héritages sur lesquels il a droit de cens & directe Seigneurie. Le franc-aleu roturier n'a au contraire ni fief, ni Justice, ni censive, & se partage roturièrement.

Quelque libre que soit le franc-aleu, il est néanmoins soumis à la Justice de quelque Seigneur ; c'est pourquoi les propriétaires d'héritages tenus en franc-aleu, lors de la rénovation d'un Terrier, ne peuvent se dispenser de donner au Seigneur la déclaration de ces biens, & le Seigneur est bien fondé à les y forcer en cas de refus, soit pour la conservation de ses droits de Justice, soit pour qu'il puisse connoître ce qui relève de sa Justice & ce qui n'en relève pas. Tout ceci a lieu, même dans les Coutumes qui admettent le franc-aleu sans titre. C'est le sentiment de M. Argou, *Institution au Droit françois*, liv. 2, chap. 3 ; de la Thomassière, *Traité du Franc-aleu*, chap. 2. La question a été décidée *in terminis* par Arrêt du Parlement de Paris, du 4 Avril

1716, qui juge en outre que les frais de la déclaration sont à la charge du propriétaire du franc-aleu. Cet Arrêt est rapporté par Guyot en son *Traité des Fiefs*, tom. 1, chap. 3.

Un Seigneur haut-Justicier peut encore exiger qu'on reconnoisse à son terrier des héritages situés dans sa Justice, quoi qu'ils relèvent d'un autre Seigneur en fief ou en censive. Une telle déclaration est une déclaration sèche, uniquement faite pour conserver les droits de la Justice, & ne préjudicie en rien aux droits du Seigneur de qui relève l'héritage. Me Guyot, *Traité des Fiefs*, tom. 4, chap. *de la saisie féodale*, sect. 10, rapporte un Arrêt du 18 Mars 1605 conforme à ces principes.

Il est encore décidé qu'un Seigneur haut-Justicier, qui a des dixmes inféodées attachées à sa Seigneurie & à sa Justice, peut forcer les propriétaires d'héritages sujets à ces dixmes, de les reconnoître à la rénovation de son Terrier, quoique d'ailleurs ils ne doivent rien à ce Seigneur haut-Justicier. Il y a deux raisons de cette décision; la première, qu'il est toujours important au Seigneur haut-Justicier de connoître tous les héritages sur lesquels il a droit d'exercer sa Justice. La seconde, que ces déclarations servent à fixer la quotité des dixmes, ainsi que leur nature, ensemble les différents usages, & à prévenir les procès qui peuvent naître à cet égard. Lemaire, *Traité des Dixmes*, tom. 1, pag. 317, art. 4.

§. II.

La seconde condition des biens est celle des héritages tenus en fief. On a vu dans le premier Livre de cet Ouvrage quelle étoit l'origine & la nature de cette espèce de biens, que la foi & hommage & l'aveu & dénombrement étoient proprement les reconnoissances des fiefs. Nous avons pareillement traité des formalités & des solemnités de ces actes importants; le Commissaire à Terrier peut consulter ce que nous avons dit à cet égard.

§. III.

La troisième condition de biens, dont la reconnoissance

doit être faite à la rénovation du Terrier, est celle des rotures & des censives. Pour établir la nécessité de ces reconnoissances, il suffit d'observer qu'il n'y a aucune censive qui ne soit un démembrement du fief dominant. Nous avons observé ailleurs que les possesseurs de grandes Seigneuries ne pouvant cultiver par eux-mêmes toutes leurs terres, voulant cependant tirer parti de tout, attirer dans leurs Seigneuries des cultivateurs, & augmenter le nombre de leurs vassaux, donnèrent à différents particuliers des portions de leurs fiefs pour les cultiver, y bâtir, & à la charge de payer annuellement des cens en grains ou en argent; quelquefois l'un & l'autre.

Ces concessions se faisoient autrefois, & peuvent encore se faire aujourd'hui par des actes publics & authentiques passés par devant Notaires; & ce sont ces actes que nous appellons les *titres primitifs & constitutifs du cens*, qui contiennent en détail les héritages donnés à cens, leur qualité, leur contenu, leurs jouxtes & limites, ensemble les charges réelles ou personnelles auxquelles les preneurs se sont assujettis.

Ces actes sont susceptibles de toutes espèces de conventions, parce qu'il est libre au bailleur de donner à telles conditions qu'il juge à propos, comme il est libre au preneur de les accepter ou de les refuser. Ainsi dans un bail à cens, le bailleur peut y insérer des clauses qui seroient contraires à la Coutume des lieux qui régit les héritages donnés à cens; dès qu'elles sont acceptées par le preneur, il en résulte une loi écrite entre les Parties contractantes, qui assure à toujours la perfection & l'exécution du bail à cens.

Il ne suffit pas aux Seigneurs, pour conserver leur cens, d'avoir uniquement les baux primitifs, il est souvent nécessaire de les faire renouveller par les détenteurs des héritages sujets au cens; c'est ce qu'on appelle passer titre nouvel & reconnoissance. Il est sans doute loisible aux Seigneurs d'exiger ces reconnoissances aussi souvent qu'ils le jugent à propos; mais ce doit être à leurs frais, lorsqu'il n'y a pas de mutation de la part du censitaire, & qu'il n'y a pas au moins vingt ans depuis la dernière reconnoissance. Quant au contraire il y a mutation de la part du censitaire, ou quand depuis sa dernière reconnoissance il s'est écoulé vingt ou trente ans, ou telle autre espace de temps établi par les différentes Coutumes pour prescrire, la reconnoissance dans ces cas est toujours aux frais du censitaire. Voyez l'Arrêt des Grands Jours de Clermont du 9 Janvier 1666, & plusieurs Arrêts rendus en conséquence, dont le dernier est du 14 Mai 1740, en faveur du Comte de Chabannes, contre quelques-uns de ses censitaires. La raison de décider est que le Seigneur doit toujours avoir en main un titre exécutoire contre son débiteur, & que ce dernier doit le fournir à ses frais.

Suivant le Réglement que nous venons de citer, il est certain que tout nouveau détenteur d'un héritage sujet à cens, doit le reconnoître à son Seigneur, & qu'il le doit à ses frais. Il est encore jugé par un Arrêt du 19 Juin 1728, que le Seigneur peut obliger son censitaire à venir dans son château passer sa reconnoissance par devant tel Notaire qu'il jugera à propos.

Si le nouveau détenteur est mineur, ou sous puissance de mari, il est sans difficulté que le mari, les tuteurs, curateurs peuvent passer une nouvelle reconnoissance au lieu & place de la femme & des mineurs. Il en est de même du co-détenteur, il peut reconnoître tant pour lui, que se faisant fort pour ses associés. Ainsi reglé par l'article 2 de l'Arrêt du Conseil d'Etat du 19 Juin 1736 pour la confection des Terriers de Versailles, Marly, Meudon & Saint-Germain.

Si les mineurs n'ont point de tuteurs, on leur en fait nommer un en Justice, qui passe la reconnoissance au Terrier.

Si le détenteur est absent, on le fait assigner à son dernier domicile; & s'il n'en a point, par cri public, & on obtient Sentence qui tient lieu de la reconnoissance.

Si dans une succession vacante il se trouve des héritages sujets à cens, le Seigneur fera nommer un curateur à la succession vacante, par lequel il fera passer reconnoissance au Terrier.

Si l'héritage à cens est possédé par une Communauté ecclésiastique, les reconnoissances s'en passent par les Prieurs, Abbés ou Supérieurs, ou leurs fondés de procuration. Si c'est une Communauté laïque, elle sera passée par les Maires, Echevins & Syndics, en conséquence d'une procuration spéciale.

Si les héritages sujets au cens sont abandonnés & vacans, de façon que personne ne les veuille reconnoître, il faut distinguer si le cens est dû à un Seigneur haut-Justicier, ou à un Seigneur de fief simple.

C'est la disposition de toutes les Coutumes, que le Seigneur haut-Justicier peut, sans aucune formalité, s'emparer de tous les héritages vacans situés dans l'étendue de la Justice; & dans les Lettres à Terrier on ne manque jamais d'y insérer une clause qui lui permet de le faire, sauf aux propriétaires de l'héritage à réclamer dans les trois ans, en payant les arrérages dûs & frais légitimement faits; passé ce temps, le Seigneur haut-Justicier reste propriétaire incommutable, & peut disposer de l'héritage ainsi qu'il le juge à propos.

Quant au Seigneur de fief simple, il ne peut s'emparer de l'héritage vacant que par autorité de Justice. Il faut observer qu'il est toujours de la prudence d'un Seigneur, tel qu'il soit, en s'emparant de l'héritage vacant, d'en constater l'état, de faire liquider, soit en Justice, soit par devant le Commissaire à Terrier, les arrérages qui sont dûs, afin qu'il n'y ait point de contestation quand le propriétaire réclamera. On a dit que le propriétaire de l'héritage sujet à cens avoit trois ans pour le réclamer; mais si c'est un mineur, il peut le faire dans les dix ans de sa majorité, & rentrer dans son héritage, en continuant de payer le cens, & en payant à son Seigneur les arrérages dûs avant sa détention, & les frais légitimement faits.

Lorsqu'un Seigneur a une directe en pariage avec le Roi, il ne peut faire reconnoître ses censitaires sujets à cette directe, qu'en appellant le Procureur du Roi. Il y a une Déclaration du 15 Juillet 1671 qui y est précise; & un Arrêt du Parlement de Toulouse, du 29 Janvier 1675, a décidé que le censitaire qui a passé reconnoissance au Terrier du Roi, ne peut se dispenser d'en passer une autre au Terrier du Seigneur pariager, sous prétexte de celle qu'il a passée au profit de Sa Majesté.

Lorsqu'un Seigneur a plusieurs droits seigneuriaux sur ses Justiciables, tels que les droits de bannalité, de bourgeoisie, de mortaille & autres droits généraux de cette espèce, il peut les faire reconnoître avec le cens; mais pour qu'une semblable reconnoissance puisse être valable, il faut que ces droits généraux soient établis sur des titres authentiques, tels que nous les avons indiqués pour l'établissement de chaque droit seigneurial.

CHAPITRE IV.

De la façon dont les Reconnoissances à Terrier doivent être faites, & des difficultés qui peuvent s'y rencontrer.

SI les héritages compris dans un bail à cens ne souffroient jamais de variations, si le cens lui-même n'étoit jamais altéré, rien ne seroit plus uni que d'en passer la reconnoissance, elle ne seroit qu'un renouvellement pur & simple du bail primitif. Mais dans le cours d'un siècle, terme assez ordinaire d'un Terrier à un autre, par combien de mains ne passent pas les héritages sujets au cens? Quelles divisions ne souffrent-ils pas dans les successions & dans les partages? Quels changements encore n'arrivent pas dans la superficie? Ce qui originairement étoit terre labourable, devient vigne, ou pré, ou terre inculte; des inondations diminuent, augmentent ou font disparoître tout l'héritage; la redevance ou le cens n'est pas exempt de ces variations; souvent il est éteint par la perception, il est altéré par les compositions qui peuvent avoir été faites par les Seigneurs avec les censitaires. Tous ces événements font naître, lors de la rénovation

tion des Terriers, les difficultés les plus épineuses; & si le Commissaire à Terrier n'a pas toute la capacité nécessaire pour les résoudre, il fera un ouvrage également préjudiciable au Seigneur & aux vassaux: source intarissable de procès pour les uns & pour les autres. Par un zèle peu éclairé il exigera des reconnoissances qui ne sont point dûes, & par ignorance il négligera de faire reconnoître des objets qui pouvoient l'être légitimement.

Pour éviter de si grands inconvénients, la première attention d'un habile Commissaire à Terrier sera de rendre toujours la nouvelle reconnoissance conforme au titre primitif; il doit suivre avec attention la filiation des héritages depuis le titre primitif jusqu'à la rénovation du Terrier, chercher les éclaircissements nécessaires dans les anciens titres qu'on lui a remis; & à défaut de titres, vérifier sur les lieux avec de bons indicateurs l'existence, la contenue des héritages sujets au cens, les nouvelles jouxtes comparées avec les anciennes.

Dans ces opérations, nous l'avons dit, & nous ne pouvons trop le répéter, le Commissaire à Terrier, autant qu'il le peut, doit se guider sur les anciens titres, & sur-tout sur les Terriers de 1400 quand il s'en trouve; les héritages y sont ordinairement bien détaillés, bien jouxtés, les rappels y sont sûrs, ce qu'on trouve rarement dans les Terriers postérieurs, sur-tout dans ceux de 1600, qui, presque tous, sont de mauvais ouvrages faits dans le cabinet sur l'indication de quelques paysans aussi ignorants que ceux qui rédigeoient l'ouvrage.

Quand le Commissaire à Terrier a trouvé l'héritage sujet au cens, lorsque dans le plan qu'il en doit lever il en a fixé la contenue & les jouxtes, il doit rechercher les détenteurs actuels de l'héritage. S'il n'y en a qu'un ou deux, l'opération ne souffre pas de difficulté. Mais si, comme il arrive souvent parmi les paysans, l'héritage se trouve divisé & subdivisé entre un grand nombre de détenteurs, il faudra, sur le plan de l'héritage, faire le placement des portions tenues par chaque particulier, faire reconnoître le cens relativement à ce que chacun possède; & l'ouvrage sera parfait lorsque, les différentes portions d'héritages & du cens calculées, le total se trouvera égal aux quantités énoncées par le titre primitif. S'il s'y trouve du mécompte, il faut voir d'où vient l'erreur, si la prescription n'a point travaillé, s'il n'y a point quelqu'affranchissement, si le Seigneur n'a point fait quelques compositions avec les censitaires, s'il n'y a point quelque portion de l'héritage vacante & abandonnée que personne ne veuille reconnoître; c'est dans ces différentes positions qu'on connoît l'exactitude du Commissaire à Terrier, ses lumières & sa capacité.

Dans l'examen de toutes ces difficultés, le Commissaire se conduira non-seulement sur les titres qu'il a entre les mains, mais encore sur ceux qui lui doivent être représentés par les censitaires, qui, en venant reconnoître, sont tenus de justifier de leurs titres de propriété. Il faut que ces titres soient en forme authentique : on doit rejetter ceux qui ne sont que sous signature privée. L'Ordonnance de Philippe-le-Bel du 5 Juin 1300, celle de François I. donnée à Is-sur-Tille au mois d'Octobre 1535, l'Edit de Mars 1683 veulent que tous actes translatifs de propriété soient passés par devant Notaire.

Si le vassal n'a aucuns titres à représenter, il ne faut pas laisser de recevoir sa reconnoissance, lui faire affirmer qu'il n'a aucun titre de propriété; & cependant sur sa déclaration on inserera dans sa reconnoissance à quel titre, depuis quel temps, & comment l'héritage lui est parvenu.

Si le vassal demande communication des titres primitifs & des anciens Terriers, on ne peut la lui refuser; ce sont titres communs entre le Seigneur & le censitaire, titres synallagmatiques, par conséquent communs aux deux Parties: il est même utile de faire mention de cette communication dans la reconnoissance; cela donne plus de poids à la déclaration du censitaire, & donne une idée de l'esprit d'équité du Seigneur qui ne veut point tromper ni surprendre son débiteur.

Nous avons établi pour principe fondamental que le Commissaire à Terrier ne pouvoit trop s'appliquer à rendre la reconnoissance conforme au titre primordial. On a d'abord fait voir comment on devoit le pratiquer par rapport aux héritages énoncés dans le bail à cens ; mais l'application de ce principe est d'une bien plus grande importance par rapport au cens même & aux autres charges, clauses & conditions du bail. Quant au cens, on n'en doit jamais ni augmenter la quotité ni changer l'espèce; quant aux conditions, & autres obligations, on ne leur doit jamais donner plus d'étendue dans la nouvelle reconnoissance qu'elles n'en ont dans le titre primitif. Le titre nouvel, dit Dumoulin sur la Coutume de Paris, sert bien à prouver] l'exécution du titre originaire, à constater la possession dont il a été suivi, mais il ne peut jamais en multiplier les engagements.

En se comportant autrement, le Commissaire à Terrier se rend coupable de deux prévarications également répréhensibles. Il commet gratuitement une injustice criante contre le censitaire qu'il opprime; d'un autre côté, il expose le Seigneur pour qui il travaille à des procès désagréables, & dont l'événement ne peut jamais être douteux en faveur du censitaire.

Si dans le titre primitif le cens est stipulé querable, c'est une surcharge dans la nouvelle reconnoissance de le stipuler portable. Si le cens est de six deniers, non-seulement c'est une surcharge, mais c'est un vol de le stipuler de huit. Si le cens est de quatre boisseaux d'orge, c'est une surcharge de faire reconnoître quatre boisseaux froment; ce seroit même une surcharge, lorsque le titre énonce quatre boisseaux de bled, sans désigner l'espèce, de stipuler le cens payable en une espèce de bled plus cher que celle que produit l'héritage sujet au cens. Dans le cas proposé, le censitaire est toujours censé avoir rempli son obligation en donnant le plus beau grain que produit sa terre. C'est la disposition précise de l'article 8 du Réglement des Grands Jours de Clermont du 9 Janvier 1666. Un Arrêt du Parlement de Toulouse du 28 Mars 1663, rapporté par Catelan, a jugé qu'un cens caractérisé quérable par l'acte primitif, n'avoit pu devenir portable par des reconnoissances géminées de cent ans, ni par la longue possession qui a suivi. La raison de décider est que les surcharges dont nous parlons sont de vraies exactions, & toujours l'effet d'une extorsion contre le malheureux paysan ; que l'erreur de fait ou de calcul ne se couvre jamais, & que nul ne peut jamais prescrire contre son propre titre. Ainsi toutes les fois qu'un censitaire est dans le cas de se plaindre d'une surcharge, quelque géminées que puissent être les reconnoissances de ses auteurs, en rapportant le titre primitif, il fera infailliblement rétablir les choses dans leur premier état.

Il n'est jamais à présumer qu'un Seigneur puisse approuver son Commissaire à Terrier dans les surcharges dont nous parlons, se rendre complice d'injustices & de rapines aussi blâmables. Il s'en est cependant trouvé d'assez peu scrupuleux pour tomber dans une faute si deshonorante, mais qui en ont été rigoureusement punis. La Roche-Flavin, chap. *des Inféodations*, art. 22, en rapporte quelques exemples, & la punition qui en a été faite par des Arrêts solemnels. Ils ont privé les coupables de leurs fiefs & de la Justice leur vie durant, & déchargé les censitaires qui prouvoient la surcharge, du paiement des cens & redevances. Il y en a même un contre un Magistrat, Seigneur de fief, qui, outre les peines ci-dessus, ordonne qu'il sera dégradé en pleine audience ; il falloit que le cas fût bien grave.

Ces exemples, ces punitions, & encore plus le deshonneur qui en résulte, doit contenir l'avidité de certains Seigneurs, & en même temps redoubler les attentions d'un Commissaire à Terrier pour se conformer rigidement dans les reconnoissances qu'il reçoit, aux titres anciens & primitifs. S'il trouve des reconnoissances postérieures qui aient fait des surcharges, il ne les doit pas suivre par deux raisons ; la première, parce qu'instruit par le titre primitif, il agit contre sa propre conscience & contre la justice qu'il doit à un chacun. La seconde, parce que la surcharge, tôt ou tard, peut être découverte, & engendrer un procès qui pourroit attirer au Seigneur des désagréments que souvent il n'auroit pas mérités.

On voit combien on prend de mesures pour persuader aux Seigneurs, & aux Commissaires à Terrier qu'ils emploient, de rendre une exacte justice à leurs censitaires ; les censitaires, de leur côté, ne peuvent point être assez scrupuleux pour rendre à leurs Seigneurs ce qui leur est légitimement dû, & à cet égard ils doivent se comporter avec une droiture qu'on ne trouve pas toujours. Combien de fraudes ne commet-on pas dans les contrats d'acquisition pour diminuer les lods & ventes dûes au Seigneur, pour cacher ou altérer la quotité du cens, même pour se soustraire de sa directe ? Combien n'en a-t-on pas trouvé qui ont volé, altéré ou falsifié les titres de la Seigneurie ? Très-souvent on regarde tout cela comme des tours d'adresse, mais ce sont autant de crimes punissables suivant l'exigence des cas, & dont la moindre peine est la remise des héritages du censitaire convaincu de ces sortes de subtilités. C'est le sentiment unanime de tous les auteurs feudistes. Voyez Me Guyot dans son *Traité des Fiefs*, tit. 4, *du droit de commise en emphythéote*, chap. unique, sect. 2, n. 4, où il rapporte les sentiments de la Roche-Flavin, Graverol, & Despeisses. Voyez encore les Arrêts rapportés par Papon.

La reconnoissance que le censitaire donne à son Seigneur doit donc être sincère, fidèle & entière ; il doit déclarer tous les héritages qu'il possède dans la directe & la Justice du Seigneur, les spécifier dans le plus grand détail, leur contenu, leur qualité, leurs nouvelles jouxtes, & sur-tout la nature & la quotité des droits & des redevances dûes à cause de ces héritages ; il justifiera du tout par ses titres de propriété qu'il représentera ; & afin qu'il ne lui reste aucun doute sur ce qu'on exige de lui, il peut même s'en assurer en prenant communication des titres de la Seigneurie, qu'on ne peut lui refuser.

Si le censitaire en cette occasion ne s'acquitte pas de ses devoirs par amour pour la justice, il doit au moins le faire par la crainte de la commise à laquelle il s'exposera s'il ne déclare pas tous les héritages qu'il possède dans la directe de son Seigneur. C'est le sentiment de tous les Auteurs que nous avons cités. La raison de décider est que c'est désavouer son Seigneur direct, que de ne lui pas déclarer des héritages qu'on ne tient très-souvent que de sa libéralité ; c'est une ingratitude marquée qui doit emporter la commise de la chose recelée.

Nous ne craindrons point de le répéter aux censitaires, leur conscience, les loix, l'esprit de justice & d'équité sur lesquelles elles sont fondées veulent également qu'ils déclarent sincèrement & avec fidélité tous les héritages qu'ils possèdent dans la directe Seigneurie du Seigneur haut-Justicier; c'est encore la volonté du Prince qui l'a ainsi ordonné par les Lettres-patentes qu'il a accordées aux Seigneurs. La Sentence d'enregistrement du Juge royal le prescrit; le refus & le recelé du censitaire sont donc une marque de sa mauvaise foi, c'est une désobéissance au Roi & à Justice, un mépris punissable, dont la peine ne peut être moindre que la commise des héritages non déclarés.

En vain le censitaire, pour excuser sa faute, dira-t-il que s'il a obmis de déclarer quelques héritages, c'est qu'il pensoit qu'ils ne relevoient pas en censive de son Seigneur, mais d'un autre. En ce cas il se pourroit faire que le censitaire fût moins coupable, mais il seroit toujours répréhensible; parce que, comme nous l'avons ci-dessus prouvé, il est tenu de déclarer au Terrier du Seigneur tous les héritages qu'il possède dans sa haute-Justice, soit qu'ils relèvent de lui en censive, ou non, soit même qu'ils soient en franc-aleu. C'est ce qui lui est prescrit par les Lettres de Terrier & par la Sentence d'enregistrement; & pour n'y avoir pas satisfait, il doit au moins subir la peine d'une amende.

QUESTION PREMIÈRE. *Si dans un dernier Terrier le cens se trouve moindre que dans les anciens, sans en rapporter la cause, le Seigneur peut-il faire revivre l'ancien Terrier & le cens qui y est énoncé?*

Si le censitaire a prescrit depuis le dernier Terrier, on ne le peut pas, parce que s'agissant ici de la quotité du cens, il n'est pas douteux qu'elle ne soit prescriptible; le cas seroit moins douteux, si le Seigneur avoit signé & accepté la dernière reconnoissance.

Il arrive encore souvent que la contenue des héritages est moindre dans les derniers Terriers que dans les anciens, mais il est facile de rectifier ces erreurs de fait, en vérifiant les anciennes jouxtes avec les nouvelles. Si dans l'enclave de ces jouxtes on ne trouve que la contenue énoncée dans le dernier Terrier, il y a constamment erreur dans l'ancien; & cette erreur ne peut nuire au Seigneur qui a toujours été servi du cens. Le censitaire est censé avoir été satisfait de la contenue, puisqu'il n'a jamais reclamé. Si au contraire dans l'enclave des jouxtes vérifiées on ne trouve pas la contenue énoncée aux titres, il faut absolument qu'il ait été fait un démembrement de quelque portion de l'héritage, dont il faudra faire recherche, & faire reconnoître le détenteur au cas que ce soit dans une Coutume imprescriptible; car dans une Coutume allodiale, ou prescriptible, on ne le pourroit faire si le détenteur ou le tiers-détenteur avoient prescrit.

QUEST. II. *Lorsque dans un Terrier à renouveller il se rencontre quelques reconnoissances non signées, peut-on les faire renouveller?*

Quelques Auteurs ont pensé que des reconnoissances non signées étoient invalides & nulles, bien qu'elles fussent insérées dans un Terrier. Mais quantité d'Auteurs feudistes, la Roche-Flavin, chap. *des Inféodations*, art. 16; Gerand dans son *Traité des Droits seigneuriaux*, liv. 2, chap. 5, n° 1, pensent que ces anciennes reconnoissances sont bonnes, pourvu qu'elles soient enregistrées parmi d'autres de même main & de même écriture, & que d'ailleurs le Terrier soit signé par le Notaire au commencement & à la fin. Il y a deux Arrêts, l'un du Parlement de Toulouse du 31 Mars 1678, & l'autre du Grand-Conseil en 1711, qui confirment cette jurisprudence. Mais le cas proposé ne pourroit nulle part faire de difficulté, si, d'un côté, ces reconnoissances non signées se trouvoient conformes à d'anciens Terriers; & d'un autre côté, si le cens avoit été servi. Le défaut de signature est alors une pure inadvertance qui n'est d'aucune considération.

QUEST. III. *L'héritier, ou l'acquéreur de celui qui a reconnu, est-il recevable à demander la représentation des anciens Terriers pour examiner s'il n'y a point d'erreur dans les reconnoissances de ceux qu'ils représentent?*

Non, à moins de cotter précisément l'erreur de fait ou de droit; autrement un Seigneur n'auroit jamais fini, & sa rénovation faite à grands frais lui deviendroit inutile. De même celui qui a une fois reconnu le cens sur un héritage qu'il ne possède pas, n'est pas recevable à demander que le Seigneur lui indique l'héritage qu'il prétend être de sa directe; c'est au contraire à lui à nommer & indiquer le détenteur de l'héritage sujet au cens; c'est la peine dûe à son imprudence. Voyez Bornier sur l'article 3 du titre 9 de l'Ordonnance de 1667; & l'article 103 de la Coutume de Bourbonnois.

QUEST. IV. *Si dans un bail à cens un Seigneur avoit donné un héritage avec une consistance certaine, & que cette consistance ne s'y trouvât pas, le Seigneur seroit-il obligé de la parfaire?*

Papon, sur cette question qu'il traite dans son Recueil d'Arrêts, liv. 11, n. 17, fait cette distinction. Si l'héritage est donné dans des jouxtes solaires exprimées par le bail, le Seigneur est tenu de garantir la quantité donnée; il n'y est pas tenu au contraire quand les jouxtes ne sont point expliquées, & qu'il est dit simplement, un tel héritage situé en tel endroit, contenant tant ou environ, que le preneur a dit bien connoître.

QUEST.

QUEST. V. *Si deux Seigneurs avoient la directe ſur un terrein de cent arpents circonſcript & limité; que l'un eût une contenue certaine de quatre-vingt arpents par ſon Terrier, & que l'autre n'eût aucune contenue fixée, comment réglera-t-on ces reconnoiſſances?*

Cette queſtion ſe préſente aſſez ſouvent, & eſt facile à décider. Il faut commencer par faire la contenue de celui qui en a une fixée, & le ſurplus ſera pour celui qui n'a point de fixation.

Il peut encore arriver que dans un tenement de cent arpents, ſur lequel deux Seigneurs ont la directe, l'un en ait cinquante arpents, & l'autre quatre-vingt fixés par leurs titres. En ce cas, il faut examiner ſur les lieux ſi on ne trouve point quelque ſéparation naturelle, comme des levées, haies vives, bois futaies, il faut avoir recours aux liéves pour diſtinguer les jouiſſances & les poſſeſſions des deux Seigneurs; par cette voie on pourra parvenir à donner à chacun ce qui lui appartient, ſinon il faudra donner la préférence au plus ancien titre.

QUEST. VI. *Si, dans le Terrier à renouveller, toutes les reconnoiſſances emportent lods & ventes & directe Seigneurie, & que dans ce même Terrier on trouve une reconnoiſſance d'une redevance de dix boiſſeaux froment, qualifiée rente, pourra-t-on faire reconnoître cette redevance comme un cens emportant directe Seigneurie?*

On le peut dans les Coutumes où la maxime eſt établie, que nulle terre ſans Seigneur. Mais dans une Coutume allodiale, où le franc-aleu a lieu ſans qu'il ſoit beſoin d'en juſtifier par titre, une telle redevance ſera toujours regardée comme une rente ſimple, n'emportant aucune directe Seigneurie, ſi l'on ne rapporte le titre conſtitutif de la rente,

& d'anciennes reconnoissances, pour prouver que la redevance est un chef cens.

QUEST. VII. *Si dans le Terrier à renouveller le Commissaire trouve des dixmeries qui ne sont ni limitées ni circonscriptes, confirmées par d'autres qui le sont; ou si au contraire les dixmeries sont limitées, confirmées par d'autres qui ne le sont pas, comment se comportera le Commissaire?*

Le plus sûr moyen de prévenir toutes les contestations, & de fixer irrévocablement la contenue de dixmeries respectives, c'est de les faire borner toutes, & de le faire contradictoirement avec toutes les Parties interessées. A cet effet, il les faut sommer de concourir à ce bornage. Si elles refusent de s'y prêter, il faut les y forcer par action. Pour planter les bornes avec précision, il faut consulter la possession de chaque décimateur, conférer leurs titres, & donner la préférence aux plus anciens. Dans le cours de l'opération il peut arriver qu'un Seigneur, dont la dixme n'est point limitée par les anciens titres, en rapportât de postérieurs où elle fût limitée, tel que seroit un aveu & dénombrement; on ne pourroit avoir égard à cet acte, à moins qu'on ne justifiât d'un bornage contradictoirement fait avec toutes les Parties interessées : un aveu n'est pas un titre; d'un autre côté le propriétaire d'une dixme non limitée n'a pas pu lui donner des bornes arbitraires. Si cependant cet aveu étoit suivi d'une possession publique, paisible, & suffisante pour prescrire, on pense que la prescription auroit lieu.

QUEST. VIII. *Si par les titres que le censitaire rapporte en venant reconnoître, le Commissaire voit que l'héritage chargé de cens est aussi chargé d'une rente au préjudice du Seigneur, pourra-t-il recevoir la reconnoissance du censitaire purement & simplement?*

Un héritage chargé de cens envers un Seigneur ne peut

point être surchargé d'une autre redevance seigneuriale sans le consentement du Seigneur. C'est la disposition générale des Coutumes. Ainsi dans le cas proposé, le Commissaire doit examiner si le Seigneur a connoissance de la surcharge, si elle lui a été notifiée, s'il l'a soufferte pendant plus de trente ans depuis la notification, auquel cas il ne peut refuser d'admettre la reconnoissance du censitaire; autrement il ne peut ni doit la recevoir.

QUEST. IX. *Si un censitaire, en venant reconnoître, rapporte quelque composition faite avec le Seigneur, quelqu'affranchissement, & que ces titres ne soient pas dans les archives du Seigneur, que fera le Commissaire?*

Le Commissaire doit examiner si les titres qu'on lui présente sont sinceres & authentiques; & lorsqu'ils lui paroissent tels, il peut recevoir la reconnoissance que lui offre le censitaire, relativement au titre rapporté; en outre pour justifier au Seigneur du changement fait dans son Terrier, il fera déposer le titre pour demeurer annexé à la minute de la reconnoissance; & du tout délivrera expédition au censitaire.

QUEST. X. *Si un particulier, exempt par privilége de payer des lods & ventes au Roi, avoit acquis un héritage comme relevant du Roi, & qui se trouveroit relever d'un Seigneur particulier, ne pourra-t-il pas faire résoudre son contrat en prenant des Lettres de rescision?*

Non: cela se réduiroit à une simple action en dommages & intérêts contre le vendeur. Ainsi jugé par Arrêt du Parlement de Paris, du 15 Mars 1737, contre le sieur Borderel de Caumont, Substitut de M. le Procureur-Général, qui avoit acheté en 1720 du sieur Huet une Terre comme relevant du Roi, & qui par la suite se trouva relever de la

Prieure de Marcigny. La rescision au contraire auroit lieu, si on avoit acheté pour fief ce qui n'est que roture. Ainsi décidé par Arrêt du même Parlement du 23 Août 1730. La raison de décider est que la nullité des ventes dans lesquelles le vendeur n'a pas déclaré les charges & la condition de l'héritage vendu, est prononcée par plusieurs Ordonnances, notamment par celle de Janvier 1729, confirmée par Arrêt du Conseil du 29 Août 1721.

CHAPITRE V.

De la prescription des Directes.

NOTRE dessein n'est pas de faire ici un traité de la prescription où cette matiere soit traitée à fond: mais comme la prescription est un des moyens les plus aisés à imaginer, & le plus souvent objecté par les censitaires, il est nécessaire qu'un Commissaire à Terrier soit en état de décider sûrement les questions qu'on peut lui proposer sur cet objet, & qu'il sache de quelle maniere on peut prescrire, quelles sont les causes qui peuvent opérer la prescription, & qui sont celles qui peuvent en empêcher l'effet.

En France nous admettons trois prescriptions principales; la légale établie par la loi, la coutumière établie par la Coutume, la conventionnelle qui naît de la convention des Parties.

Les effets de la prescription sont, 1°. d'acquérir au possesseur le droit de propriété de ce qu'il possède, c'est ce qu'on appelle *prescription active*. 2°. De faire perdre un droit, tel qu'un cens, faute de l'exiger dans le tems fixé par la loi pour prescrire, & par ce moyen affranchir son héritage de la servitude, auquel il étoit originairement assujetti: & c'est ce qui s'appelle *prescription passive*.

Pour que la prescription puisse produire ces deux effets, il faut, 1°. que la chose soit prescriptible; nous ne traitons point ici de toutes celles qui peuvent l'être, nous ne parlons que de la prescription du cens & des directes pour les lieux où ils se prescrivent. 2°. Il faut un juste titre. 3°. Que ce juste titre soit accompagné de bonne foi. 4°. Il faut enfin une possession paisible & sans interruption pendant le tems utile pour acquérir la prescription.

On dit que pour prescrire il faut un juste titre. Selon tous les Auteurs, un juste titre doit être un contrat authentique, revêtu de toutes les formes prescrites par les Ordonnances, & passé entre personnes habiles à contracter; par conséquent un titre vicieux est un titre qui n'a point les formalités prescrites par la loi, & passé entre personnes inhabiles à contracter; telle seroit une donation non acceptée ou non insinuée, une aliénation faite par un mineur, un interdit, un substitué.

La disposition du droit commun est que la force d'un titre légitime s'étend non-seulement sur les héritages qui y sont énoncés, mais encore sur les charges qui y sont attachées, telles que le cens. Ainsi un particulier qui a acquis un héritage franc & quitte de tout cens, qui l'a acquis de la façon que nous venons de dire, a un titre légitime pour prescrire le cens & la directe.

Il est d'autant plus important de bien s'assurer de la légitimité d'un titre d'où on part pour prescrire, que sans lui on ne peut avoir ni la bonne foi, ni la possession légitime, nécessaires à la prescription. Le vice du titre influe sur l'un & l'autre, & les fait cesser. Ainsi celui qui a acquis d'un mineur, d'un interdit, celui qui a une donation, un testament nuls, celui à qui, lors de son acquisition, on a remis des contrats & des actes qui prouvent la mouvance du Seigneur direct, ne peuvent jamais posseder de bonne foi. La retenue qu'on a faite dans la vente du cens dû sur l'héritage, est une fraude contre laquelle reclament continuellement les titres qui ont été remis à l'acquéreur lors de son acquisition.

Le Commissaire à Terrier bien instruit de ces principes généraux, pour en faire une juste application, doit encore avoir attention au pays où il travaille, si c'est en pays Coutumier ou en pays de Droit écrit, dans une Coutume régie par la maxime de *nulle terre sans Seigneur*, ou dans une Coutume allodiale.

Dans les Coutumes imprescriptibles, généralement le cens ne peut se prescrire que d'une façon, *à die contradictionis*. Mais pour produire cet effet, la contradiction doit être judiciaire; ainsi qu'il a été jugé par Arrêt du 19 Juillet 1655 au profit de M. l'Evêque de Rhodès, contre le sieur Baron de Vabre, rapporté par Catelan, L. 3, chap. 30. Pour rendre ceci plus clair, on suppose qu'un Seigneur a formé demande d'un cens contre un particulier; le prétendu censitaire nie le cens judiciairement, & le fait signifier au demandeur; à compter du jour de cette signification, la prescription commence à courir; & si le Seigneur néglige d'établir son cens, & de faire juger l'Instance, le cens sera prescrit.

Ce seroit en vain que dans les Coutumes imprescriptibles régies par la maxime *nulle terre sans Seigneur*, un particulier acquerroit un héritage franc & quitte de tous cens & devoirs seigneuriaux; cette énonciation ne mériteroit aucune attention, elle ne pourroit détruire la loi portée par la Coutume, qu'un acquéreur n'est jamais censé ignorer; elle n'opéreroit en sa faveur que de simples dommages & intérêts contre le vendeur.

Il n'en est pas de même dans les Coutumes allodiales & en pays de Droit écrit; non-seulement le cens peut sans contredit y être prescrit *à die contradictionis*, mais encore il peut y être prescrit par le tiers-détenteur. Dans ces Coutumes, celui qui aura acquis un héritage franc & quitte de tous cens, qui en aura joui en conséquence pendant le tems requis pour prescrire, sans rien payer, sans aucunes poursuites de la part du Seigneur direct, un tel détenteur prescrira infailliblement le cens. Il faut encore observer que ce tiers-acquéreur, dans quelques Coutumes, ne prescriroit pas, si pendant ce tems le Seigneur étoit servi du cens par le vendeur; ce paiement arrêteroit la prescription, & elle ne courroit au profit du tiers-acquéreur qu'à compter du jour que le Seigneur auroit cessé d'être servi par le vendeur.

Berry, tit. 12, art. 14; Auxerre, art. 187; Bourbonnois, art. 32. Le contraire se pratique dans la Coutume de Paris, art. 115; le paiement du cens fait par le vendeur y est regardé *tanquam res inter alios acta*, & n'empêche point le tiers-acquéreur de prescrire. Disposition, dit Brodeau, contraire à l'ancienne jurisprudence des Arrêts, & à l'opinion de plusieurs Docteurs.

A la disposition générale des Coutumes & du Droit écrit qui regardent le cens comme imprescriptible, il y a quelques exceptions. Par exemple, Bourbonnois, Tours, Auvergne, la Marche, Laudunois, & quelques autres Coutumes, mais en petit nombre, veulent que le cens & la directe Seigneurie soient prescriptibles par trente ou quarante ans; ces exceptions confirment d'autant plus la nécessité qu'il y a que le Commissaire à Terrier s'instruise exactement des loix qui régissent les différents pays où il exerce son ministère.

Il est inutile de remarquer que tout ce que nous disons ici de la prescriptibilité du cens, ne doit s'appliquer qu'au cens emportant directe Seigneurie, & non aux autres cens volants ou emphythéotiques qui se prescrivent suivant les différentes Coutumes qui les régissent.

Quant à la quotité du cens, la disposition de toutes les Coutumes, confirmée par une jurisprudence constante des Arrêts, est qu'elle est par-tout prescriptible, pourvu que la prestation soit faite comme de tout un cens, sans aucune réserve de plus grande quantité.

Pour décider si une prescription de directe est pleinement acquise par le censitaire qui l'oppose, le Commissaire à Terrier, outre les observations que nous venons de faire, doit encore bien examiner si la prescription objectée n'a point souffert quelqu'interruption, quelqu'empêchement dans son cours, ce qui peut arriver de plusieurs manieres. Tous les temps ne sont pas favorables à la prescription; on ne prescrit point pendant les troubles de guerre, Ordonnance de Blois, art. 50; Edit de Melun, art. 29: pendant les substitutions; Arrêts des années 1542 & 1550, rapportés par Expilly, part. 2, chap. 13: pendant les usufruits; Arrêt de 1599, rapporté par Cambolas, liv. 3, chap. 1:

pendant les saisies-réelles; Arrêts du Parlement de Paris des 30 Juillet 1726 & 10 Janvier 1740 : pendant les temps de peste & de contagion; Coutume de Bouillon, chap. 23, art. 4, dont la disposition forme le droit commun. Les temps de peste & de contagion suspendent toute société, & sont par conséquent un empêchement à toute prescription pendant leur durée.

On peut encore trouver des empêchements à la prescription dans la qualité des personnes contre qui on veut prescrire, ou par les actions qu'elles peuvent intenter, par les poursuites qu'elles peuvent faire pour arrêter le cours de la prescription.

La disposition du Droit Romain & de la majeure partie des Coutumes, est qu'on ne prescrit point contre les mineurs. Cependant Berry, tit. 12, art. 1, admet contr'eux la prescription. On ne prescrit point aussi contre la femme mariée tant qu'elle est en puissance de mari, contre les interdits qui sont en curatelle, tels que sont les insensés, les imbécilles, les furieux, &c. C'est le droit commun.

Quant aux actions que peuvent intenter les propriétaires du cens pour en empêcher la presctiption, il faut distinguer si ces actions regardent les arrérages du cens, ou la propriété & le fonds du cens. Pour interrompre la prescription des arrérages, un simple commandement, une simple assignation, fût-elle nulle, suffit. Basset en son *Recueil d'Arrêts*, liv. 2, tit. 29, chap. 7, en rapporte qui ont jugé la question. Papon, liv. 2, tit. 3, en rapporte un du 17 Juillet 1518, contre un particulier assigné pardevant Juge incompétent. Cette assignation nulle fut déclarée valable pour interrompre la prescription. Mais il faut citation ou ajournement devant un Juge quelconque; un simple acte extrajudiciaire, tel qu'une sommation, n'est pas suffisant pour interrompre la prescription.

Pour interrompre la prescription de la propriété du cens, la simple assignation peut aussi suffire, pourvu qu'on ne la laisse pas tomber en péremption. La jurisprudence constante aujourd'hui est que la péremption n'a lieu qu'autant qu'ell est démandée, elle ne peut plus s'opposer par forme d'exception

ception; & quand il y auroit trente années d'écoulées depuis l'assignation, la moindre procédure qui sera faite alors par le demandeur contre qui on n'auroit point encore demandé la péremption, l'interrompra de manière qu'elle ne pourroit être demandée qu'après les trois ans de cette dernière procédure.

Non-seulement on trouve des obstacles à la prescription dans la qualité des personnes contre qui on veut prescrire, mais encore très-souvent dans la qualité de ceux qui voudroient prescrire.

1°. Les régisseurs, gens d'affaires, intendants, tuteurs & curateurs des Seigneurs, leurs fermiers, soit judiciaires, soit conventionnels, leurs receveurs-comptables, & généralement tous ceux qui régissent & gouvernent pour & au nom du Seigneur, s'ils possèdent quelques héritages dans sa directe, ne peuvent pas prescrire contre lui. Il en est de même du Commissaire chargé de la rénovation de leurs terriers, tant que l'opération dure. Cette jurisprudence s'étend encore sur leurs Juges, leurs Procureurs-Fiscaux pendant le temps de leurs exercices. Arrêt du 28 Mai 1683 au profit de la Dame Abbesse de Cusset, contre le Lieutenant-Particulier de Cusset. Cet Arrêt juge en outre que les impétrants en lettres de terrier n'y peuvent point faire inscrire la clause que le Juge royal n'aura aucun égard à la prescription, nonobstant la Coutume des lieux; ce qui est conforme à la Déclaration du Roi du 19 Avril 1681, qui abroge l'usage abusif où l'on étoit auparavant d'insérer de semblables clauses dans les Lettres de Terrier.

2°. Un censitaire qui seroit vassal d'un Seigneur pour un fief qui releveroit de lui, & qui d'un autre côté posséderoit des héritages sujets à quelque cens envers ce même Seigneur, ne le pourroit pas prescrire contre lui. Les Docteurs feudistes pensent que la grande intimité qu'il y a entre le Seigneur & le vassal empêche qu'ils ne puissent se nuire l'un à l'autre. Voyez Berry, tit 12, art. 3; Paris, art. 12 & 124; Auvergne, chap. 17, art. 6.

3° Celui qui a un titre vicieux pour principe de sa prescription, ne le peut jamais opposer. Son titre le constitue en mauvaise foi & s'élève continuellement contre sa possession. Auzannet sur l'art. 118 de la Coutume de Paris; les notes sur Duplessis, *des Prescriptions*, liv. 1, chap. 2, font voir l'équité de cette jurisprudence.

4°. L'acquéreur d'un héritage, à la charge d'un cens & de la directe, ne peut jamais prescrire l'un & l'autre. C'est la disposition de l'article 123 de la Coutume de Paris, adoptée par la jurisprudence des Arrêts. Mais si l'acquéreur retrouvoit le titre primitif qui prouvât que l'héritage n'est point sujet à la directe, & que le cens n'est qu'une redevance foncière, on a pensé que l'acquéreur pourroit faire rétablir les choses conformément au titre primitif. Cette question s'est présentée il n'y a pas long-temps; en voici l'espèce. Les Sociétaires de Marcigny donnèrent en 1408, devant Testu, Notaire, par bail à rente, un pré en pur & franc aleu, *de puro & franco allodio*, moyennant une redevance de vingt sols, *sine alio quocumque servitio*, dit le titre. Dans trois terriers postérieurs cette redevance se trouve caractérisée de cens portant lods & ventes & toute directe Seigneurie. Le pré ayant été vendu à un particulier, il paya aux Sociétaires 500 livres de lods & ventes; mais ayant trouvé le titre de 1408, il prétendit se les faire restituer. Mes Begon & Berroyer, Avocats au Parlement de Paris, consultés sur la question, furent d'avis que ces mots de *pur & franc aleu* dénotent exclusion de lods & ventes, de toute directe Seigneurie; que les titres postérieurs ne servent à rien, parce qu'ils n'ont pu rien ajouter au titre primordial. Cet avis est conforme à ce que nous avons ci-dessus établi, que toute surcharge doit disparoître à la vue du titre primitif.

5°. Quand le cens est payé régulièrement par l'un des codétempteurs, les autres ne peuvent pas le prescrire; tant que le Seigneur est ainsi servi du cens, on ne le prescrit point contre lui; il n'y a que la quotité que l'on peut altérer par la prescription.

6°. Celui qui une fois a reconnu le cens, ne peut pas le prescrire, non plus que son héritier; c'est la disposition générale de presque toutes les Coutumes.

7°. Quand deux Seigneurs se doivent mutuellement des

cens, ou que propriétaires par indivis d'une même Seigneurie & d'une même directe, ils se sont associés pour renouveller leur terrier, dans l'un & l'autre cas ils ne peuvent pas prescrire l'un contre l'autre. Bourbonnois, article 26. Boërius, en sa décision 38, rapporte un Arrêt qui l'a ainsi jugé.

Un Commissaire à Terrier, en ne s'écartant point des principes généraux que nous venons d'établir sur la prescription des directes dans la décision des questions qui pourront se présenter à cet égard, sera toujours en état de concilier les intérêts du Seigneur qu'il doit défendre avec zèle, & ceux des vassaux qu'il doit protéger par amour pour la justice.

CHAPITRE VI.

Des demandes en reconnoissance & en paiement d'arrérages du cens.

IL se trouve souvent des censitaires mutins, ou mal conseillés, ou abusés par l'espérance d'avoir prescrit, qui refusent de passer titre nouvel & reconnoissance ; si après la publication des Lettres de terrier ils ne se présentent pas pour le faire, le Seigneur les peut faire assigner pour s'y voir condamner par le Juge à qui les Lettres de terrier ont été adressées. C'est lui qui doit connoître de toutes les contestations qui peuvent survenir à l'occasion de la rénovation du terrier.

Quand cette demande est purement réelle & hors la circonstance des Lettres de terrier, sans contredit elle peut être portée pardevant les Juges des Seigneurs, très-compétents pour connoître de cette matière. C'est l'esprit de la Déclaration du Roi du 24 Février 1537, sur l'article 5 de l'Edit de Crémieu ; c'est également la jurisprudence des Arrêts de la Cour. Dans le grand nombre il suffira d'en rapporter un de la Grand'Chambre, du 9 Août 1737, rendu sur les conclusions de M. Gilbert, Avocat-Général, au profit de M. le Président Duret, Seigneur de Meinière, contre la Dame de Vaudricourt. Cet Arrêt juge précisément que M. le Président Duret a pu assigner en matière réelle pardevant le Juge de sa Seigneurie. La Dame de Vaudricourt soutenoit ce Juge incompétent. L'Arrêt est rapporté par Me Rousseau de la Combe, dans son *Recueil des Arrêts & Réglemens notables*, chap. 14.

C'est donc un abus, souvent une vexation contre le censitaire qu'on veut réduire à l'impuissance d'une légitime défense, lorsque pour de semblables matières un Seigneur le traduit pardevant le Juge royal, & quelquefois aux Requêtes de l'Hôtel ou du Palais. Ces derniers Tribunaux, suivant l'article 24 du tit. 4 de l'Ordonnance du mois d'Août 1669, ne peuvent pas connoître des matières purement réelles. Ainsi pour que le Seigneur puisse se servir de son privilége, il faut que son action soit mixte ou personnelle. C'est la disposition précise de l'article 1 du tit. 4 de ladite Ordonnance.

Il faut cependant observer que les Princes du sang, les Chevaliers de l'Ordre du Roi, & les Sécrétaires du Roi de la grande Chancellerie ont le privilége de porter leurs causes, quoique purement réelles, aux Requêtes de l'Hôtel & du Palais; par conséquent la demande en reconnoissance du cens.

Si le Seigneur, avant d'en venir à l'action ouverte avec son censitaire, veut le ménager, il peut lui faire faire une sommation de comparoître à tel jour & en tel lieu pardevant son Commissaire à Terrier, pour passer sa reconnoissance. Si le censitaire satisfait à cette sommation, il n'en doit pas les frais; mais si après trois jours il ne comparoît pas, le Commissaire dressera son procès-verbal de défaut de comparution. Après ce procès-verbal, dans les Coutumes qui permettent au Seigneur censier de plaider la main garnie, & c'est le plus sûr moyen pour accélérer, il pourra faire saisir domanialement les fruits & les fonds de l'héritage sujet au cens. Cette saisie s'appelle *domaniale*, parce que les fonds des héritages saisis étoient anciennement du domaine de la Seigneurie, & qu'ils sont encore indirectement regardés comme tels par la directe que le Seigneur s'est réservée. Elle diffère de la saisie féodale en ce que le Seigneur censier ne fait pas les fruits siens. Après cette saisie le Seigneur peut faire assigner le censitaire à venir reconnoître.

Le Seigneur qui forme une demande en censive, doit exactement observer ce qui lui est prescrit par l'article 6 du titre 2, & par l'article 3 du titre 9 de l'Ordonnance de 1667.

L'article 6 du titre 2 ordonne que tout demandeur sera tenu de donner, dans le même cahier de son exploit, copie en entier, ou par extrait, des pièces & titres justificatifs de sa demande. C'est pour satisfaire à cette loi que le Seigneur, en faisant assigner son censitaire, doit donner copie en entier de la reconnoissance sur laquelle il fonde sa demande. Si la reconnoissance étoit cependant composée de différents articles sous des cens séparés, & si le censitaire n'en possédoit qu'un ou deux articles, ce seroit le cas, conformément à l'Ordonnance, de lui donner simplement copie de la reconnoissance par extraits des seuls articles qui le concernent. Si au contraire sa reconnoissance étoit de plusieurs articles sous un même cens solidaire & indivis, quand même le censitaire n'en posséderoit qu'un seul, il paroît plus sûr & plus conforme à l'esprit de l'Ordonnance, de donner non-seulement copie en entier de cette reconnoissance, mais même d'indiquer les nouveaux détenteurs & les nouveaux confins de chaque article, par deux raisons. 1°. L'intention du Législateur est que tout défendeur soit pleinement instruit par le demandeur de l'objet de son action. 2°. Dans le cas proposé, il est important que le censitaire puisse connoître ses co-solidaires, pour les appeller à reconnoître avec lui & à payer les devoirs. Mais, dit-on, cela sera fort embarrassant pour le Seigneur. On répond, qu'indépendamment de la disposition de l'Ordonnance, il paroît plus naturel que le Seigneur fasse cette dépense que le censitaire, qui souvent seroit dans l'impossibilité de la faire, & dont même elle pourroit opérer la ruine. On rapporte encore un Arrêt du 3 Mai 1752, qui semble avoir jugé le contraire de ce que nous établissons ici; mais avant de se servir de l'Arrêt, il seroit nécessaire d'en connoître l'espèce & d'en bien développer les circonstances. Il est de la prudence d'en faire un examen bien sérieux avant d'établir sur cet Arrêt une jurisprudence si onéreuse, & même si ruineuse pour les censitaires.

Comme un Seigneur peut avoir plusieurs reconnoissances d'un même cens, il est plus convenable, en assignant le censitaire, de lui donner copie des dernières reconnoissances que des anciennes. 1°. Les dernières reconnoissances instruisent mieux le censitaire, parce qu'elles le rapprochent davantage de l'état actuel des choses. 2°. On peut ainsi abréger la procédure; car dans une Coutume prescriptible le censitaire pourroit exciper que les anciennes reconnoissances sont prescrites, ce qui obligeroit le Seigneur à donner copie des nouvelles pour établir sa demande. Mais dans les Coutumes imprescriptibles il paroît assez indifférent de donner copie des anciennes ou des nouvelles; on doit seulement observer que ces reconnoissances soient en bonne & dûe forme, signées des Notaires qui les ont reçues, & bien scellées. Une remarque essentielle à faire sur cette derniere formalité, c'est qu'avant 1696 les Notaires étoient Garde-scels, & scelloient leurs actes. L'Edit du mois de Novembre 1696 fit changer cet usage, Sa Majesté créa des Offices de Garde-scels dans toutes les Jurisdictions du Royaume; ils subsistèrent jusqu'en 1706 que le Roi rétablit les petits sceaux ès mains des Notaires, à l'effet de sceller eux-mêmes les actes qu'ils passeroient à l'avenir. Ainsi avant d'employer une reconnoissance consentie intermédiairement aux époques de 1696 & de 1706, il faut prendre garde si elle a été scellée en la forme prescrite par l'Edit de 1696. Si elle ne l'étoit pas, ce seroit une nullité qui anéantiroit la reconnoissance, & la demande à qui elle serviroit de fondement.

Si un Seigneur, en formant sa demande en censive, ne donnoit copie d'aucuns titres, sa demande ne seroit pas pour cela nulle; l'Ordonnance à cet égard ne prononce point de nullité; mais les copies que le Seigneur seroit obligé de donner dans le cours de l'instance, & les réponses qu'on y feroit, seroient à ses dépens. Art. 6, tit. 2 de l'Ordonnance de 1667. Voyons maintenant ce qui regarde l'exécution de l'art. 3 du tit. 9 de la même Ordonnance.

Cet article est beaucoup plus rigoureux que le précédent; faute de s'y conformer, il prononce la peine de nullité. Il est donc bien important d'en connoître parfaitement la disposition.

Il ordonne que ceux qui formeront demande en censive par action seront tenus, à peine de nullité, de déclarer par leur premier exploit le bourg, village ou hameau, le terroir & la contrée où l'héritage est situé, sa consistance, ses nouveaux tenants & aboutissants du côté du septentrion, orient, midi & occident, sa nature au temps de l'exploit, si c'est terre labourable, prés, bois, vignes, ou d'autre qualité; ensorte que le défendeur ne puisse ignorer pour quel héritage il est assigné.

Rien n'est plus clair ni plus précis que cette loi, aussi rien ne peut dispenser de l'observer. Il ne suffiroit pas, par exemple, à un demandeur en censive d'employer pour nouveaux confins ceux énoncés dans une ancienne reconnoissance dont il donneroit copie, à moins que les héritages ne fussent limités par quatre confins immuables, non sujets à aucuns changements, comme une rivière, un chemin, un ruisseau, &c. Si l'héritage avoit deux confins immuables, ce ne seroit pas encore satisfaire à l'Ordonnance que de les employer pour nouvelles jouxtes, & se dispenser de donner les deux autres; l'Ordonnance veut absolument qu'on donne les quatre jouxtes solaires; il faut s'y soumettre à peine de nullité; le Législateur a étendu sa loi à tous les cas, & n'en a excepté aucun.

Le censitaire assigné peut d'abord vérifier s'il possède, ou non, l'héritage sur lequel on lui demande le cens, parce qu'il doit nécessairement, dans le cours de la procédure, avouer ou désavouer le posséder. En même temps le censitaire doit examiner s'il n'a point quelques exceptions, quelque nullité à proposer contre la demande; ce qu'il doit faire *in limine litis*; car il y seroit non-recevable après avoir fourni de défenses au fonds.

Si le censitaire prétend que la reconnoissance sur laquelle

on a formé la demande n'est pas suffisante, il peut demander la communication des anciens terriers, qui sont titres communs, par la voie du Greffe, ou par le ministère d'un Notaire, en consignant les frais du dépôt; mais il ne peut exiger du Seigneur qu'il lui donne copie des anciens terriers, il suffira que le Seigneur offre de les représenter. Ainsi jugé par Arrêt du 13 Février 1719, au profit du Sénéchal de Lyon, contre le sieur Martel.

Le censitaire peut encore demander que la reconnoissance dont on lui a donné copie soit collationnée aux originaux, en avançant néanmoins les frais de la collation qu'il pourra répéter en définitif, si par l'événement de la collation la copie qu'on lui a signifiée n'est pas fidelle.

Régulièrement la collation requise semble devoir être faite pardevant le Juge qui instruit la demande; si cependant le Seigneur étoit éloigné de la Jurisdiction, & comme on peut courir beaucoup de risque à transporter un titre aussi précieux qu'un terrier, le Seigneur offrira seulement par un acte de procédure de déposer ses anciens terriers chez tel Notaire royal dans un délai fixé, & il sommera le défendeur de s'y trouver dans le même délai pour être présent au dépôt.

Si le Notaire est suspect, le Seigneur peut offrir de déposer son terrier au Greffe de sa Justice. Arrêt du 15 Janvier 1721. Si le Seigneur, lors de sa demande, fait travailler à la rénovation de son terrier, il peut offrir le compulsoire pardevant son Commissaire, en faisant assigner le censitaire en vertu de ses Lettres de terrier à comparoir dans son château à tel jour & heure précise, avec sommation de rapporter la copie qu'on lui aura signifiée.

Un Arrêt du 31 Mars 1703 a jugé qu'il suffisoit que le terrier, & autres titres ainsi déposés, demeurassent un mois dans le dépôt, pendant lequel temps il est loisible au censitaire de le compulser.

Sitôt que le dépôt sera arrêté entre les Parties, le Seigneur fera signifier au censitaire que tel jour, chez tel Notaire, ou en son Greffe, il fera déposer son terrier, ave sommation au censitaire de s'y trouver pour être présent a dépô dépôt & au procès-verbal qui sera dressé de l'état dud. terrier, avec protestation qu'il n'en sera fait aucun dépôt qu'en sa présence. Au jour indiqué, le Seigneur fera porter son terrier au lieu du dépôt, & en présence de la Partie fera dresser procès-verbal tant du dépôt que de l'état du terrier. Si la Partie fait défaut, le Seigneur en demandera acte, & pourra remporter son terrier, dont sera fait mention dans le procès-verbal.

Comme de pareils dépôts ne se font jamais qu'aux risques, périls & fortune du censitaire qui les demande, lorsque, le mois expiré, il s'agira de retirer le terrier du dépôt, le Seigneur présentera Requête par laquelle il demandera permission de faire assigner le censitaire pour se trouver tel jour, chez tel Notaire, à l'effet d'être présent à la remise qui lui sera faite de son terrier, vérification préalablement faite de son état conformément au procès-verbal de dépôt, avec protestation que le censitaire demeurera responsable de toutes les altérations qui pourroient avoir été faites au terrier. On fera aussi assigner le Notaire de se trouver chez lui à tel jour & à telle heure en son Etude pour faire la remise du terrier. Au jour indiqué, le Seigneur se trouvera chez le Notaire, se fera remettre son terrier, dont sera dressé procès-verbal qui contiendra décharge tant pour la Partie que pour le Notaire. Si en retirant son terrier le Seigneur y remarquoit quelque défectuosité, comme des ratures, des feuillets déchirés ou enlevés, il en fera dresser procès-verbal, avec protestation de se pourvoir contre qui il appartiendra.

Comme toute cette procédure n'est point aux frais du Seigneur, à moins qu'il ne se trouvât quelqu'infidélité dans les copies qu'il a données, l'opération du dépôt finie, il pourra demander exécutoire des sommes qu'il aura avancées. Mais pour ne se pas trouver dans cet embarras, lorsque le censitaire requiert le dépôt, le Seigneur peut lui en faire consigner les frais, & même refuser le dépôt jusqu'à ce qu'il l'ait fait. C'est ce qui est jugé par l'Arrêt du 13 Février 1719, que nous avons ci-dessus rapporté.

Si après les vérifications & communications de titres dont on vient de parler, le censitaire dénie que les héritages qu'il possède ne sont pas les mêmes que ceux énoncés dans les titres, cette dénégation donne lieu à une autre instruction, dans laquelle il est de la prudence & de la probité des Juges de ménager les Parties à cause des frais ruineux qu'elle occasionne.

Si la chose se peut vérifier par un rapport d'Experts, il faut s'en tenir là, & ordonner que par Experts confrontation sera faite des anciennes jouxtes aux nouvelles; on peut même ordonner que par un Arpenteur Peintre il sera levé un plan figuré des lieux, pour, le tout fait, rapporté en la forme prescrite par le tit. 21 de l'Ordonnance de 1667, être ordonné ce qu'il appartiendra. Si cette instruction ne suffit pas pour éclairer la religion du Juge sur la dénégation des Parties, on peut ordonner des enquêtes, même une descente sur les lieux, si elle est demandée; sur quoi il faut observer,

1°. Qu'en matière de censive il faut s'en tenir aux titres, & n'ordonner de preuves par témoins, qu'autant que le différend ne peut pas être éclairci par les titres; car quand il l'est, ou peut l'être suffisamment, c'est compromettre son droit que de le faire dépendre du témoignage équivoque de quelques paysans.

2°. Il y a quelques Coutumes, comme Duché de Bourgogne, tit. 19, art. 18, où dans les enquêtes le Seigneur ne peut pas produire pour témoins ses vassaux justiciables, corvéables & mortaillables; ce qui paroît juste & est fondé sur la loi 6, ff. *de test. Idonei non videntur esse testes quibus imperari potest ut testes fiant.*

3°. Si la chose peut être suffisamment éclaircie par un rapport d'Experts, le Juge ne doit point ordonner de descente sur les lieux, quand même elle seroit demandée par l'une ou l'autre des Parties. C'est l'esprit de l'article 1 du tit. 21 de l'Ordonnance de 1667.

Si le censitaire assigné pour reconnoître & payer un cens sur un ou plusieurs héritages, paie à un autre Seigneur le cens demandé, il doit dénoncer la demande à ce Seigneur, le sommer de la faire cesser, protestant au surplus de payer à celui des deux à qui la directe sera adjugée; & quand les deux Seigneurs sont en cause, il se forme entr'eux ce qu'on appelle *combat de directe*.

Cette matière est susceptible de très-grandes difficultés : on observe seulement en général que le combat de directe se décide toujours en faveur de celui qui rapporte les titres les plus anciens & les plus authentiques, & qui cadrent mieux avec les héritages sur lesquels on a demandé originairement le cens.

Le censitaire assigné en censive peut encore opposer la prescription au Seigneur ; mais le censitaire doit être circonspect à employer ce moyen, & observer que le changement de condition de son héritage peut l'assujettir à des devoirs plus onéreux que ceux qu'on lui demande. Avant donc de se servir de la prescription, le censitaire aura soin d'examiner avec attention, 1°. à quel titre il possède l'héritage affecté au cens, s'il l'a acquis franc & quitte du cens, ou à la charge du cens. Au premier cas, il mettra ses vendeurs en cause pour le garantir. Au second cas, l'acquéreur, comme nous l'avons établi ailleurs, ne peut jamais prescrire.

2°. Si l'héritage qu'on prétend chargé du cens n'est point un franc-aleu, & dans une Coutume allodiale, & c'est le cas le plus favorable où l'on puisse employer la prescription, parce que le franc-aleu ne doit rien.

3°. Si l'héritage que le censitaire soutient affranchi du cens par la prescription n'est point un démembrement de quelque fief, ce qui arrive presque toujours dans les Coutumes régies par la maxime *nulle terre sans Seigneur*, alors l'héritage affranchi du cens se réuniroit de droit au fief dont il auroit été démembré, deviendroit féodal, & par conséquent sujet à tous les droits de la féodalité & des francs-fiefs, bien plus onéreux que le cens tel qu'il puisse être. Dans cette dernière position, ce sera donc au censitaire à examiner s'il lui sera plus avantageux de payer le cens qu'on lui demande, ou de devenir le vassal du Roi ou de quelqu'autre Seigneur. Si le censitaire prend ce dernier parti, il doit encore sçavoir qu'il ne peut être écouté qu'en liant la cause avec le Procureur du Roi du Domaine, en lui apprenant la prescription du cens, en lui dénonçant la demande du Seigneur, & en offrant d'entrer en foi & hommage vers le Roi. Mais quand la cause sera une fois liée avec le Procureur du Roi, le censitaire ne peut plus reculer, il faut qu'il se prépare à subir toutes les charges auxquelles l'assujettira la réunion de son héritage au fief dominant.

Au sujet de l'héritage affranchi du cens par la prescription, & dont au moment de la prescription acquise la réunion se fait au fief dominant, on demande si un censitaire avoit reconnu un cens prescrit, & que le Seigneur en eût été payé pendant 30 ou 40 ans, le Seigneur suzerain pourroit-il faire casser cette reconnoissance comme n'ayant pu se faire au préjudice de la féodalité qui lui étoit ouverte au jour de la prescription acquise ? On répond que si le Seigneur censier a été servi du cens pendant trente ou quarante ans, le Seigneur suzerain est sans action, parce qu'on peut acquérir le cens par la prescription comme on peut le perdre; mais si le Seigneur censier n'avoit pas joui pendant un temps capable de lui acquérir la prescription, on pense qu'alors le Seigneur dominant seroit bien fondé à faire valoir ses droits, parce qu'au moment de la prescription acquise il avoit un droit certain sur l'héritage.

Si dans le cours de l'instance en censive le censitaire s'échappe en injures ou en invectives contre son Seigneur haut-Justicier, il s'expose à en être puni par la commise de son héritage ; c'est la peine prononcée par la disposition générale des Coutumes, c'est aussi la jurisprudence des Arrêts. Il y en a un célèbre du premier Juin 1726, au profit de M. Bigot, Conseiller au Parlement de Rouen ; il prononce la commise des héritages en roture que le sieur Frontin tenoit de M. Bigot : ordonne que trois Mémoires injurieux donnés par le sieur Frontin seront lacérés par l'Huissier de service, & le condamne en 4000 liv. de dommages & intérêts envers M. Bigot.

Nous venons de discuter ce qui regarde la demande en reconnoissance, il nous reste à examiner ce qui concerne la demande en arrérages du cens. Cette demande se forme ordinairement avec la demande en reconnoissance, ou séparément quand le cens est reconnu, mais quand il n'est pas régulièrement servi.

Il faut d'abord observer qu'on ne peut jamais demander en Justice plus d'arrérages du cens que ce qu'il est permis par les Coutumes d'en demander, quoiqu'il en fût dû davantage. En pays de Droit écrit, dans quelques Coutumes, comme Paris, on peut demander 29 années & la courante; dans d'autres, comme Bourbonnois, dix années; & dans d'autres cinq années, comme Auvergne & Berry. Le surplus est prescrit, à moins que le censitaire n'eût prié le Seigneur de ne le point faire assigner, en promettant de payer; mais si malgré sa promesse le censitaire se servoit de la prescription coutumière, alors le Seigneur n'auroit que le serment à lui demander; il ne pourroit pas offrir la preuve par témoins de cette promesse, parce que la preuve seroit contre la loi établie par la Coutume. Voyez Henrys, tom. 1, liv. 4, chap. 6, quest. 74.

Si dans le temps fixé par la Coutume pour prescrire, le censitaire passoit titre nouvel & reconnoissance, quoique cet acte ne contînt aucunes réserves, il n'empêcheroit pas qu'on ne pût demander les arrérages dûs avant la reconnoissance, à moins qu'il ne fût précisément stipulé qu'on tient le censitaire quitte des arrérages échus. Mais le défaut de réserves ne peut point opérer une quittance finale en faveur du censitaire. Maynard, L. 8, chap. 39.

Si la reconnoissance contenoit une réserve de la part du Seigneur de se pourvoir pour les arrérages échus, le Seigneur n'en pourroit pas prendre occasion de demander plus d'années du cens qu'il n'est permis par la Coutume, en joignant les années échues avant la reconnoissance, & celles échues depuis, si le tout excédoit le nombre d'années fixé par la Coutume. Cette question a été ainsi jugée depuis peu par Arrêt du Parlement entre le Comte de Chenelette & le sieur Mathieu, Lieutenant-Général de Rouanne. Le premier avoit demandé quarante-neuf années d'arrérages, sçavoir, vingt-neuf échues avant la reconnoissance du père du sieur Mathieu, & vingt échues depuis. Sous prétexte d'une réserve des années précédemment échues, stipulée de la part du Seigneur, le Comte de Chenelette avoit plusieurs consultations qui le soutenoient bien fondé en sa demande ; cependant le Parlement l'y déclara non-recevable, & jugea qu'il n'avoit pu demander que vingt-neuf années & la courante. Le Comte de Chenelette a sçu de son Rapporteur que la raison de décider qui avoit déterminé la Cour, est que la réserve apposée dans la reconnoissance du sieur Mathieu n'étoit point une obligation de sa part de payer ; ce qui est très-juste, & nous prouve que de simples réserves ne sont obligatoires qu'autant que le censitaire s'oblige de les payer.

Lorsqu'on a obtenu condamnation contre le censitaire d'un certain nombre d'années d'arrérages du cens, il n'est plus question que de les faire liquider par le Juge qui a rendu la Sentence. Il y a des Jurisdictions où ces liquidations se renvoient pardevant un Notaire, & c'est l'usage des Chambres du Domaine.

Si le cens consiste simplement en argent, la liquidation en sera aisée ; il ne s'agit que de calculer le total des années. Mais si le cens consiste en argent & en grains, d'une ou de différentes espèces, l'opération sera plus difficile.

Pour parvenir à cette liquidation, le Seigneur présentera Requête au Juge (si elle doit se faire pardevant lui), aux fins de faire assigner le censitaire à se trouver à l'Hôtel du Juge aux jour & heure indiqués, y apporter ses quittances, & voir liquider les grains des années qu'il n'aura pas payées en la manière accoutumée, sauf la dernière année que le censitaire paiera en espèce, être condamné à payer le montant de la liquidation avec intérêts & dépens.

Si la liquidation est ordonnée pardevant un Notaire, on fera une sommation au censitaire dans le goût des conclusions de la Requête ci-dessus. Si le censitaire ne comparoît pas aux jour & heure indiqués par l'assignation, ou par la sommation, on prendra contre lui défaut & on procedera à la liquidation.

Le Juge qui procède à cette liquidation doit observer,

1°. De ne confier jamais cette opération à son Greffier, & de la faire lui-même ; il est vrai qu'elle est pénible & minutieuse, & qu'elle demande beaucoup d'attention, mais on n'en peut trop apporter pour faire son devoir & empêcher que le pauvre censitaire ne soit opprimé ou par l'ignorance d'un Greffier, ou par les manœuvres qu'on peut pratiquer pour le surprendre & même le corrompre.

2°. Que la dernière année du cens demandé ne se liquide point, qu'elle se paie toujours en espèces.

3°. Que la liquidation des grains des autres années doit se faire sur les mercuriales du plus prochain marché des lieux.

4°. Qu'il y a une très-grande différence entre la liquidation des fruits à restituer & la liquidation des grains censuels. La première se fait sur le prix commun des denrées de chaque année dûe. La seconde doit se faire du plus beau grain & au plus haut prix qu'il a valu au plus prochain marché des lieux qui a précédé ou suivi l'échéance du cens. Voyez les articles 3, 4 & 5 du Réglement des Grands-Jours de Clermont de 1666, la Déclaration du Roi du 11 Juin 1709, & celle du 26 Octobre 1740, art. 4.

5°. Comme la plûpart des Seigneurs ont droit de mesure, il faut suivre ces mesures lors des liquidations; si elles sont plus grandes, ou moindres que celles du plus prochain marché des lieux, il faudra ajouter au prix, ou le diminuer proportionnellement.

6°. Le Juge, dans son procès-verbal de liquidation, doit y viser l'extrait des mercuriales du plus prochain marché, spécifier la quantité des grains & leurs différentes espèces par chaque année, en fixer le prix année par année, en faire un total à chacune d'icelles; cette précision est essentielle, autrement on ne pourroit connoître si on a suivi les taux des mercuriales, ou non; le Juge même ne peut se dispenser d'en agir autrement, parce qu'il est défendu par l'Arrêt des Grands-Jours ci-dessus, article 10, à tous Juges & autres de taxer le prix des grains censuels à plus haute valeur que celles des mercuriales, à peine de répétition du surplus. Les articles 11 & 12 défendent la même chose aux Seigneurs & à leurs Fermiers, & déclarent nulles les obligations extorquées aux censitaires pour évaluation d'arrérages de cens, si on n'y a pas spécifié en particulier la quantité, la qualité des grains & le prix de chacun d'iceux par chaque année. Outre la nullité prononcée par le Réglement, il décerne encore d'autres peines contre ceux qui y contreviennent, sçavoir, la perte des sommes contenues aux obligations au profit des débiteurs, des dommages & intérêts contre ceux qui auront stipulé à leur profit lesdites obligations, & 200 livres d'amende contre les Notaires qui les auront reçues. On ne soupçonne pas qu'il y ait aucun Seigneur capable de rien exiger de ses censitaires au préjudice d'un Réglement si sage ; mais est-il exécuté bien fidelement par les Fermiers ?

7°. Le Juge doit observer que si c'est le Seigneur qui a formé demande en arrérages de cens, il peut en demander 29, 20, 10 années, suivant les Coutumes des lieux; mais si c'est le Fermier seul, il ne peut demander que les années du cours de son bail.

Le Notaire commis pour la liquidation des arrérages du cens, observera dans son procès-verbal les mêmes règles que nous avons ci-dessus indiquées pour les Juges. Lorsque son total sera arrêté, il observera aussi qu'il ne doit pas condamner le censitaire au paiement de ce total & des intérêts; mais si le censitaire est présent & convient devoir la somme, il peut lui en faire passer obligation.

Lorsque le procès-verbal de liquidation est fait, le Seigneur peut en lever expédition en forme exécutoire, & en vertu d'icelle faire commander & exécuter le censitaire.

Si les Seigneurs, ou leurs Fermiers, entreprenoient de faire payer aux censitaires les cens en grains, & autres denrées, à plus haut prix que celui porté par la liquidation & la mercuriale, ils encourroient les peines portées par l'art. 7 du Réglement des Grands-Jours de 1666, sçavoir, la restitution du quadruple de ce qu'ils auront exigé, moitié applicable à l'hôpital de la ville la plus proche, l'autre moitié au dénonciateur; & en cas de récidive, outre semblable peine, il y va de punition corporelle.

CHAPITRE

CHAPITRE VII.

Des frais des Reconnoissances, & des Terriers ; des minutes des Terriers, de leur dépôt, & de la clôture des Terriers.

IL y a eu en différents temps différents Réglements pour fixer les droits que les censitaires doivent payer aux Notaires pour les reconnoissances qu'ils reçoivent.

Le premier est un Arrêt du Parlement de Toulouse du 28 Février 1659, par lequel il fut réglé que le Notaire qui passeroit une reconnoissance, seroit payé de 5 sols pour le premier article, & de 2 sols 6 deniers pour les suivants. Ce Réglement a été exécuté dans le ressort du Parlement de Paris, ainsi qu'il paroît par deux actes de notoriété du Châtelet des 5 Mars & 5 Août 1689, rapportés dans le Recueil de ces Actes, donné par M. le Camus en 1709.

Le second est l'Arrêt de Réglement général des Grands-Jours de Clermont du 9 Janvier 1666; il fixe à 15 sols le premier article, & à 2 sols 6 den. les suivants.

Le troisième est un Arrêt en forme de Réglement du 18 Juin 1703, qui ordonne que lorsque la reconnoissance ne sera composée que d'un ou de deux articles, le censitaire payera 30 sols; s'il y en a plus, jusqu'à dix, le surplus sera payé à raison de 2 sols 6 den. chaque article, non compris le papier timbré, le contrôle & le scellé.

Outre ces Réglements il y a encore un Arrêt du Conseil d'Etat du 19 Juin 1736, rendu à l'occasion de la rénovation des terriers de Versailles, Marly, Meudon & Saint-Germain. Il ordonne que pour chaque maison ou emplacement dans les villes, il sera payé 50 sols, & pour les autres héritages 30 sols pour le premier article & 5 sols pour les suivants, non compris le papier timbré, le contrôle & le scellé, ensemble les expéditions qui seront payées par ceux qui voudront les lever.

Quelques nouveaux Commissaires à Terriers ont pensé qu'il falloit s'en tenir à la taxe fixée par cet Arrêt du Conseil. La décision ne paroît pas juridique ; l'Arrêt du Conseil du 19 Juin 1736 n'est point un Réglement général, il n'en a ni la forme ni le caractère, & son préambule annonce que Sa Majesté, en le rendant, n'a pensé qu'à régler ce qui concernoit la rénovation des terriers de ses terres de Versailles, Meudon, Marly & Saint-Germain. Si Sa Majesté a augmenté les salaires fixés par le Réglement du Parlement du 18 Juin 1703, c'est que par les articles 7 & 8 elle assujettit les Notaires qui travailleront à ses terriers, à remettre tous les trois mois au Procureur du Roi de la Commission copie en papier non timbré des reconnoissances qu'ils auront reçues pendant les mois précédents, un état sommaire des noms des censitaires qui auront signé lesdites reconnoissances, & à les signer eux-mêmes lorsqu'elles auront été portées dans le volume du terrier. Les Commissaires à Terrier qui travaillent pour les Seigneurs ne sont point tenus de tout ce travail ; & s'il plaisoit à un Seigneur de les y assujettir, il devroit en payer les frais. Il faut encore observer que l'augmentation de taxe fixée par l'Arrêt du Conseil du 19 Juin 1736, n'étoit point onéreuse aux censitaires, Sa Majesté (article premier) ayant bien voulu prendre sur son compte la dépense des expéditions des déclarations des censitaires ; ainsi il est sensible qu'un Commissaire à Terrier qui exige son salaire suivant la taxe arrêtée par l'Arrêt du Conseil du 19 Juin 1736, commet, 1°. une injustice en recevant un salaire ordonné pour un travail qu'il ne fait pas. 2°. Une vexation contre le censitaire ; car en lui faisant payer l'augmentation de taxe, on ne manqueroit pas d'exiger encore de lui une grosse de sa reconnoissance dont on lui fait payer les frais, & dont les censitaires de Versailles étoient dispensés. 3°. Il y a exaction contre les Sujets du Roi, sur lesquels il n'est pas permis de lever aucuns droits en deniers, qu'en vertu de loix revêtues de toutes les formalités nécessaires à cet effet. L'Arrêt du Conseil en question n'a point abrogé le Réglement de 1703, n'y a pas même dérogé ; c'est par des considérations particulières remplies de justice & d'équité, même favorables aux censitaires, que la taxe du Réglement général de 1703 a été augmentée ; enfin on n'établit pas que l'Arrêt du Conseil ait été suivi de Lettres-patentes duement vérifiées & enregistrées au Parlement. L'exécution de cet Arrêt doit donc être bornée aux cas particuliers pour lesquels il a été rendu ; le Réglement général de 1703 doit être exécuté jusqu'à ce qu'on y ait autrement pourvu dans les formes prescrites & connues pour faire une loi d'une exécution générale.

Les censitaires ne doivent les frais de leur reconnoissance que quand il y a mutation de leur part, ou quand il y a plus de vingt ou trente ans qu'ils ont reconnu, suivant les différentes prescriptions établies dans les Coutumes. Voyez l'article 25 du Réglement général de 1666. Si le censitaire ne paie pas les frais de sa reconnoissance, le Commissaire en doit être payé par le Seigneur ; ce n'est pas qu'il le doive personnellement, mais indirectement, ayant la liberté de s'en faire rembourser. A cet effet, lorsque le censitaire n'a pas la faculté de payer les frais de sa reconnoissance, on ne manque jamais d'insérer à la fin qu'ils ont été payés par le Seigneur, le Reconnoissant s'obligeant de les lui rembourser à sa première requisition.

Ce seroit une mauvaise chicane de la part d'un Seigneur, pour se dispenser de payer les frais que les censitaires sont souvent dans l'impuissance de payer sur le champ, d'exciper de la somme dont il est convenu pour la rénovation du terrier ; cette somme est la récompense de tous les travaux & de toutes les recherches que doit faire le Commissaire pour bien faire son ouvrage ; travaux & recherches dont naturellement est tenu le Seigneur, & dont il se décharge sur le Commissaire moyennant le prix convenu. Ainsi ce seroit une subtilité déplacée de prétendre que ce prix fût pour des actes qui sont à la charge des censitaires, dont ils doivent payer les frais sur le champ. Quand ils ne le peuvent pas, le Seigneur, qui est une des Parties contractantes, en doit faire les avances; il n'y risque rien, puisque le censitaire lui en passe obligation payable à sa volonté.

Il n'y a point de Réglements qui prescrivent aux Notaires un délai pour former demande de leurs salaires; on ne peut pas les confondre avec ceux des Procureurs, pour lesquels il y a des Réglements précis : d'où on conclut que l'action des Notaires en paiement de leurs salaires ne peut avoir d'autre délai que celui de l'action trentenaire. Un Commissaire à Terrier seroit d'autant plus fondé à le prétendre, qu'il est ordinairement muni d'un traité qui contient obligation de la part du Seigneur de lui payer la somme convenue; & cette obligation, cette promesse dure trente ans. Il y a des Seigneurs qui prétendent ne point payer les Commissaires à Terrier, si après l'opération finie ils ne leur remettent les minutes du terrier; cette prétention est très-déraisonnable: le traité que fait le Commissaire ne l'oblige qu'à renouveller le terrier, & à en fournir au Seigneur une grosse en forme fidèlement extraite sur les minutes des actes. Il ne peut jamais y avoir de Notaire assez mal avisé pour s'engager à remettre ses minutes au Seigneur, l'article 173 de l'Ordonnance de 1539 leur enjoint de les garder diligemment pour y avoir recours toutes fois qu'il sera requis & nécessaire. L'Arrêt du Conseil d'Etat du 7 Septembre 1720 défend aux Notaires de remettre leurs minutes aux Parties, sous les peines d'interdiction pour toujours des fonctions de leurs Charges & Offices, & d'être condamnés comme faussaires sur les grosses & expéditions par eux délivrées des actes ou contrats dont ils ne pourront représenter les minutes.

La question vient encore d'être jugée par l'Arrêt du 8 Août 1759, contre le Vicomte d'Aumale, que nous avons ci-dessus rapporté; il ordonne précisément que les minutes de la rénovation du terrier du Vicomte d'Aumale resteront entre les mains de Me Lejeune, Notaire, commis par le Juge royal lors de l'enthérinement des Lettres.

Si un Notaire étoit assez ignorant pour tenir une conduite différente, & se dessaisir de ses minutes, il pourroit en résulter des inconvénients infinis, & dont le Notaire demeureroit sans doute garant vis-à-vis des Parties. Les actes qui composent la rénovation d'un terrier sont presque tous synallagmatiques, des actes qui obligent respectivement le Seigneur & les censitaires; les nouvelles reconnoissances renferment souvent des transactions, même sur procès, qui quelquefois contiennent des réductions consenties par le Seigneur au profit de ses censitaires; plusieurs reconnoissances diffèrent encore des anciennes, & contiennent des changements considérables, provenants ou des affranchissements ou de la diminution du cens. Ces changements se font en conséquence du rapport des actes que les Parties ont fait joindre à leur reconnoissance. Or dans cette position on sent aisément quel danger il y auroit pour les Parties de remettre entre les mains du Seigneur des minutes si importantes, & combien il lui seroit facile d'en abuser. On doit donc conclure, & des Réglements que nous avons cités, & des inconvénients qu'on auroit tout lieu d'en craindre, & de la nature des actes qui composent un terrier, que les minutes en doivent nécessairement rester entre les mains du Notaire; c'est leur dépôt naturel, le seul qui puisse assurer l'état des Parties & la tranquillité du Public.

Il est cependant assez ordinaire dans les archives des Seigneurs d'y trouver des minutes de terriers; mais il y a apparence qu'elles n'y ont été mises qu'après la mort du Notaire qui les a reçues, par ses héritiers qui les ont vendues aux Seigneurs, toujours très-curieux de ces sortes d'acquisitions. La preuve que ces minutes n'ont point été remises par les Notaires, c'est qu'elles sont toujours accompagnées de la grosse signée du Notaire, & en bonne forme. Au reste, quand un Seigneur parvient à avoir des minutes qui concernent sa Seigneurie & son terrier, en les achetant des héritiers d'un Notaire, ou autrement, ce n'est point dans ses archives, ni dans le Greffe de sa Justice, ni dans tout autre endroit dont il puisse être le maître, qu'il doit les déposer; il faut les mettre dans un dépôt public & libre, tel que l'Etude de quelque Notaire sur les lieux, chez qui les censitaires & justiciables puissent en aller lever des expéditions toutes les fois qu'ils en ont besoin.

On dit que quand les minutes d'un terrier parviennent entre les mains d'un Seigneur, il doit les remettre dans un dépôt public, libre & sur les lieux; c'est ce que ne font pas quelques Seigneurs, qui, possesseurs de semblables minutes, les déposent chez un Notaire au Châtelet de Paris. On voit d'abord que les censitaires éloignés de ce dépôt, quelquefois de plus de cinquante ou soixante lieues, n'ont ni la facilité ni la liberté d'en retirer des expéditions. Il y a plus, c'est que les Seigneurs eux-mêmes ne peuvent point se servir des expéditions que délivreroit le Notaire au Châtelet, soit pour actionner leurs censitaires, soit pour les contraindre; & on le prouve par plusieurs raisons également solides. 1°. Parce que les censitaires ne se sont point obligés pardevant ce Notaire qu'ils n'ont jamais vu. 2°. C'est qu'on ne pourroit regarder la grosse expédiée par ce Notaire, que comme une copie collationnée de l'acte reçu par le Notaire royal des lieux, laquelle collation étant faite sans Partie appellée, est entièrement nulle & suspecte; d'un autre côté, le censitaire demandant une nouvelle collation, on sent combien elle lui deviendroit difficultueuse & coûteuse. 3°. Les actes d'un terrier ne peuvent être mis à exécution sans être scellés, & ils ne le seroient pas du sceau royal de la Jurisdiction du Notaire qui a reçu les minutes. Celui du Châtelet, il est vrai, est exécutoire par tout le Royaume, mais il n'a pas la puissance de donner l'exécution à un acte qui n'est pas passé par un Notaire au Châtelet. 4°. Ce prétendu dépôt fait par le Seigneur seul, est nul & contre le droit commun; un terrier est un titre qui intéresse également le Seigneur & les censitaires; le dépôt n'en doit donc pas être fait sans y appeller tous les censitaires & tous les justiciables de la Seigneurie. 5°. Les Lettres-patentes du Prince, qui commettent le Notaire pour passer les minutes du terrier, l'en rendent dépositaire, ce qui rend nul tout dépôt qu'on en pourroit faire, fût-il même du consentement du Notaire ; en sorte que bien loin que la retention & l'acquisition de ces minutes, leur dépôt & la grosse signée par collation d'un Notaire au Châtelet, pût être utile au Seigneur, elle lui deviendroit infructueuse à un point qu'il ne pourroit jamais se servir de son terrier.

Après avoir exposé ce qui regarde les frais du terrier & le dépôt de ses minutes, il ne nous reste plus qu'un mot à dire sur sa vérification, & la clôture qui donne à cet acte important le dernier degré d'authenticité.

Quand le Commissaire à Terrier a reçu tous les actes qui doivent former sa rénovation, il ne doit pas lui suffire d'avoir apporté toutes les attentions nécessaires pour faire un bon ouvrage, il doit être en état de le prouver, en faisant connoître au Seigneur pour qui il a travaillé, la justesse & l'exactitude de ses opérations ; & c'est ce qu'on appelle *vérification du terrier.*

Cette opération est très-intéressante pour le Seigneur, car si tous les articles de son ancien terrier ne sont pas renouvellés, & s'il ne sait pas les raisons qui ont engagé le Commissaire à ne pas faire reconnoître ceux qui sont obmis, alors sa dépense, quelquefois considérable, non-seulement lui devient inutile, mais encore peut lui causer de grands embarras. Dans la suite des temps, lui ou ses gens d'affaires trouvant dans les anciens terriers des reconnoissances qui ne sont pas renouvellées, se croiront fondés sur ces titres à intenter des procès considérables qui seront mal fondés, & qu'ils n'auroient point entrepris s'ils avoient sçu les raisons qui, lors de la rénovation, ont déterminé le Commissaire à ne les y pas comprendre.

Il est donc très-essentiel aux Seigneus de ne se pas tellement fier à la capacité vraie ou prétendue des Commissaires employés à la rénovation de leurs terriers, qu'ils ne se donnent la peine eux-mêmes de jetter un coup d'œil sur l'ouvrage, & de s'en faire rendre compte dans le plus grand détail.

La plûpart des Seigneurs peu appliqués seront d'abord épouvantés qu'on leur propose un tel travail qu'ils croient très-difficile. Pour les rassurer & les encourager, on leur annonce que rien n'est plus aisé. Il ne s'agit que de prendre tous les articles de l'ancien terrier l'un après l'autre, depuis le premier jusqu'au dernier, à chaque article demander s'il a été reconnu, ou non; s'il a été reconnu, à quel *folio* du nouveau terrier est insérée la nouvelle reconnoissance, & la comparer avec celle de l'ancien terrier; s'il ne l'a pas été, s'en faire dire la raison, & il peut y en avoir plusieurs. Cette manière de vérifier les terriers est la plus sûre, rien ne peut échapper à cet examen, il instruit le Seigneur de tout, il réduit le Commissaire à la nécessité de rendre compte de tout.

Il se trouve quelquefois des Commissaires à Terrier qui croient avoir donné une bonne vérification de leur rénovation en donnant un tableau par lequel il paroît que le total des cens du nouveau terrier est égal à celui de l'ancien. Cette opération n'est pas sûre, & souvent le Commissaire ne l'emploie que pour couvrir son ignorance ou ses négligences. Quoique le total des cens du nouveau terrier soit égal à celui de l'ancien, il ne s'ensuit pas que tous les cens de l'ancien terrier soient reconnus; il peut y en avoir plusieurs d'obmis que le Commissaire remplace par le montant des nouveaux baux à cens faits depuis l'époque de l'ancien terrier. Pour n'être pas la dupe d'une semblable adresse, le Seigneur doit exiger un tableau particulier de ces nouveaux baux, distinct du tableau général, & dans l'ordre. Les reconnoissances de ces nouveaux baux doivent être insérées à la fin de la rénovation sous un chapitre séparé. D'ailleurs, le Seigneur en croira-t-il aveuglément son Commissaire sur la fidélité de ses calculs? Cela pourroit être très-dangereux; il faut donc les vérifier, & en les vérifiant de la façon que nous indiquons, on ne peut manquer de découvrir jusqu'à la moindre des négligences & des infidélités qu'un mauvais Commissaire à Terrier auroit pu commettre dans le cours de son ouvrage.

Les

Les Seigneurs, pour être en état de juger plus facilement de la bonne conduite de leurs Commissaires à Terriers, doivent, à la fin de l'ouvrage, se faire donner un tableau semblable à celui que nous joignons ici ; il rend raison de tout, il instruit de tous les changements qui peuvent arriver au cens dans l'espace d'un siècle & plus, qui se trouve souvent entre un terrier & sa rénovation. Le cens peut être éteint par la prescription, par des affranchissements, par la réunion de l'héritage sujet au cens à la Seigneurie, soit par commise adjugée, par confiscation, par deshérence, bâtardise, soit par acquisition faite par le Seigneur, soit par succession mortaillable ; soit enfin parce que le Seigneur s'en est emparé ayant trouvé l'héritage abandonné, sans détenteur qui voulût reconnoître le cens. La quotité du cens peut aussi essuyer des changements ou par la prescription, ou par des compositions faites avec le Seigneur. Il est encore des cens, & sur-tout des cens volants, qu'on ne peut pas faire reconnoître, dans l'impossibilité de pouvoir trouver ni les héritages, ni leur détenteur. Le tableau qu'on présente ici mettra le Seigneur au fait de tous ces événements : en le suivant, il est impossible qu'il puisse être trompé sur aucun article, qu'il puisse rien lui échapper ; d'un autre côté, il sera aisé au Commissaire de rendre un compte exact, & de prouver la fidélité & l'exactitude de ses opérations. Il seroit même très-utile au Seigneur que le Commissaire lui fournît un semblable état avec la grosse du terrier ; il serviroit par la suite à l'instruire des motifs qui ont déterminé cet Officier à ne point faire renouveller de certains articles de l'ancien terrier ; faute de le sçavoir, on entreprend souvent des procès ruineux, qu'on évitera quand on sçaura qu'on n'y est pas fondé.

Quand la vérification du terrier sera faite, il ne s'agit plus que de le faire clorre ; à cet effet, le Seigueur présentera Requête au Juge royal qui a entériné les Lettres, au bas de laquelle sera le Jugement qui ordonnera que le terrier demeurera clos ; en conséquence qu'il sera exécuté selon sa forme & teneur. Ensuite, par un acte qui sera contrôlé, on déposera cette Requête & ce Jugement ès mains du Commissaire dépositaire des minutes du terrier, qui, après la dernière reconnoissance, fera grossoyer tant ladite Requête, l'Ordonnance étant au bas, que l'acte de dépôt, & signera, ce qui formera la clôture du terrier.

TRAITÉ DES BAUX DES SEIGNEURIES; ET DES VENTILATIONS.

CHAPITRE PREMIER.

Des différentes espèces de Baux.

LEs richesses & le pouvoir de tous les Seigneurs viennent de leurs Terres; la haute-Justice leur donne l'autorité, & le domaine produit l'utile. Il est donc extrêmement important aux Seigneurs de bien gouverner leurs Terres & d'y apporter les plus grandes attentions. S'ils ne les peuvent pas faire valoir par eux-mêmes, attendu que les uns n'ont pas les connoissances nécessaires à cet effet, & que les autres en sont empêchés ou par le service militaire, ou par leurs emplois, ou par leurs plaisirs, il faut au moins qu'ils aient assez de discernement pour choisir des personnes qui puissent bien faire leurs affaires : ce choix doit principalement regarder les Officiers de la Justice pour le maintien de l'autorité; & les Régisseurs, ou les Fermiers, pour la partie des revenus.

Quelqu'intéressant que soit ce choix, il faut avouer qu'il est extrêmement négligé de la part des Seigneurs. Quant à la Justice, nous le dirons en passant, ils l'envisagent toujours comme une partie onéreuse, & ils la font expédier au meilleur marché qu'il leur est possible ; les Juges qu'on préfère sont ceux qui coûtent le moins, ou rien. Il y a même des Seigneurs qui vendent leurs Offices ; qu'arrive-t-il alors ? La Justice, souvent & trop souvent exercée par des ignorants ou par des fripons, dégénère en brigandages, ou dans une impunité affreuse ; les droits du Seigneur sont méprisés ou exercés avec tyrannie. Ces excès sont si communs que souvent on a agité la question, s'il ne seroit pas avantageux d'éteindre toutes les Justices seigneuriales. Ce projet, dont l'exécution depuis long-tems est également desirée & par les peuples & par ceux qui sont témoins des abus & des vexations qui désolent la campagne, n'a pas encore eu lieu ; mais si jamais on l'exécute, les Seigneurs verront alors de quelle importance il leur étoit de bien faire exercer leurs Justices.

Quant au gouvernement de la partie utile des terres, les Seigneurs n'ont que deux moyens, ou de faire régir, ou d'affermer.

Le premier sera toujours préférable, quand le Régisseur sera honnête homme, bon cultivateur, & quand il portera dans sa régie les vues d'un bon pere de famille : le Seigneur alors en sera quitte pour d'honnêtes appointements qu'il donnera à son homme, & il recueillera seul tout le profit d'une bonne régie ; mais où trouver un Régisseur tel que nous l'indiquons ? Tant de Seigneurs ont été ruinés, ou du moins dupés par des Régisseurs, ou ignorants, ou mal intentionnés, qu'on ne peut plus leur proposer ce parti comme le meilleur ; sur-tout à présent qu'on est moins scrupuleux que jamais vis-à-vis du bien d'autrui.

J'ai une fois arrêté les comptes d'un Régisseur ; il me parut singulier que de sa recette, qui en deux ans montoit à 36000 livres, le tiers tout au plus avoit tourné au profit du Seigneur ; cependant le Régisseur étoit honnête homme, mais il s'en falloit de beaucoup qu'il fût intelligent & bon père de famille ; le reste de sa recette s'étoit dissipé en réparations faites mal-à-propos, en mauvais marchés passés avec les ouvriers, en négligences à soigner les denrées, dans la facilité à se laisser duper par les paysans. La régie la plus en usage & la plus sûre aujourd'hui est celle qui se fait par des Fermiers, & cette régie ne laisse pas d'avoir ses inconvénients. Un Seigneur, par exemple, croit avoir fait un grand coup, une bonne affaire, quand il est parvenu à augmenter considérablement le prix des anciens baux ; mais qu'arrive-t-il ? Le Fermier qui paie un prix à peu près égal à la quinte-essence du revenu de la terre, est un loup ravissant qu'on y lâche, qui tire jusqu'aux derniers sucs, qui accable les Sujets, les réduit à la mendicité, fait déserter les cultivateurs, & rend odieux le Maître, qui de son côté se trouve dans le cas forcé de tolérer les vexations du Fermier sous prétexte de le faire jouir. Notre but n'est pas de calculer ces inconvénients, de combiner les avantages d'une conduite opposée ; en général on observe qu'il faut sans doute que les Seigneurs tirent du revenu de leurs fermes, mais il faut aussi que le Fermier fasse un gain honnête, & que le Colon vive aisément avec le Fermier & sous la protection du Seigneur. Pour parvenir à ce but, il faut garder un juste milieu ; & pour y atteindre, il faut nécessairement que la cupidité du Seigneur & celle du Fermier cède quelque chose à l'aisance du paysan & au bien de la terre en général.

Pour établir un Régisseur, il suffit de la part du Seigneur de lui donner une procuration générale qu'on peut révoquer toutes fois & quantes, & qui dure tant qu'elle n'est pas révoquée.

L'établissement d'un Fermier demande plus de formalités. Il faut un bail pardevant Notaire, qui contienne les obligations réciproques du bailleur & du preneur, le détail des objets affermés, le prix, les charges, clauses & conditions du bail ; cet acte est susceptible de beaucoup de difficultés, soit dans sa nature, soit dans son exécution : c'est ce qu'on se propose de discuter, après avoir fait quelques observations générales.

Quelques Fermiers prennent la précaution de faire enregiſtrer leurs baux au Greffe de la Juſtice ; cette formalité n'eſt pas abſolument néceſſaire, mais elle peut être utile, ſoit pour aſſurer au Fermier le paiement des revenus de la terre, ſoit pour l'exempter de donner copie de ſon bail toutes les fois qu'il ſera dans le cas d'aſſigner les débiteurs.

Il n'eſt pas permis à toutes ſortes de perſonnes de prendre des fermes.

1°. Le Juge & le Procureur-Fiſcal d'une Seigneurie n'en peuvent pas être fermiers, non plus que le Greffier : ainſi réglé par l'art. 25 du chap. 12 de l'Ordonnance de François I. de 1525 ; par pluſieurs Arrêts, & notamment par un Réglement de la Cour fait le 16 Août 1716 les Chambres aſſemblées. La raiſon eſt que, dans les cas où le Fermier auroit quelqu'action à former contre les débiteurs de la Seigneurie, il ſeroit Juge & Partie en ſa propre cauſe, & que d'ailleurs le devoir des Officiers de la Juſtice eſt de veiller à la conduite du Fermier, afin qu'il ne vexe pas les cenſitaires & les juſticiables de la Seigneurie.

2°. Le commerce des fermes eſt abſolument défendu aux Gentilshommes, à peine d'être déclarés roturiers, & comme tels d'être impoſés aux tailles ; c'eſt la diſpoſition de toutes les Ordonnances ; on peut voir entr'autres l'art. 8 de l'Edit d'Amboiſe de 1572 ; l'art. 33 de l'Ordonnance de 1629, confirmée par un Arrêt du Conſeil d'Etat du 18 Juillet 1646. Cependant, par celui du 25 Février 1720, Sa Majeſté a permis à toutes perſonnes nobles de prendre des fermes des Princes & Princeſſes du Sang, ſans pouvoir déroger à nobleſſe & à leurs priviléges.

3°. Les Curés des Paroiſſes ne peuvent prendre aucunes fermes. Suivant la Déclaration du Roi du 16 Novembre 1723, il n'eſt permis qu'aux Curés à portion congrue & aux Curés décimateurs, qui ne jouiſſent que de portions indiviſes des dixmes de leurs Paroiſſes, de pouvoir prendre à ferme leſdites dixmes, ou les autres portions indiviſes, ſans être impoſés à la taille.

4°. Les ſous-Fermiers, Commis ou Receveurs des fermes du Roi ne peuvent point être Fermiers, & encore moins faire aucun commerce de grains directement ni indirectement, à peine de 2000 livres d'amende & de punition corporelle s'il y échet. Telle est la loi prononcée par l'article 5 de la Déclaration du Roi du dernier Août 1699. La défense portée à cet égard s'étend en outre à tous les Officiers de Judicature, soit du Roi, soit des Seigneurs haut-Justiciers.

5°. Les aubains, dit Loysel (a), ne peuvent tenir Offices, ni Bénéfices, ni Fermes du Roi & de l'Eglise. Cette maxime est fondée sur l'article 4 de l'Ordonnance de Blois. La raison est que les profits qu'ils pourroient faire sortiroient du Royaume; ils peuvent cependant obtenir l'agrément de Sa Majesté.

(a) Instit. liv. 1 tit. 1, max. 54.

Nous venons d'indiquer ceux à qui, suivant nos loix, le commerce des fermes est prohibé; voyons maintenant les différentes especes de baux qui sont en usage parmi nous, & les principes qui les régissent; cet examen nous conduira insensiblement au bail à ferme qui est ici notre principal objet.

Des Baux des biens ecclésiastiques.

Il y a une infinité d'Ordonnances & de loix qui commandent aux Ecclésiastiques d'affermer les biens dépendants de leurs bénéfices; il seroit inutile de rapporter ces loix, il suffit d'observer qu'elles ont toutes été renouvellées par l'Arrêt du Conseil du 11 Avril 1752, dont voici le précis.

1°. Que tous les Bénéficiers & toutes les Communautés ecclésiastiques sont indispensablement obligées de passer des baux pardevant Notaires de tous les biens de leurs bénéfices sans exception, à peine de 200 liv. tant contre les Bénéficiers que contre les Fermiers.

2°. Qu'il leur est permis de lever leurs dixmes, à la charge de les publier aux prônes des Paroisses, & d'en remettre les publications dans la huitaine au Commis du Fermier, dans l'arrondissement duquel les dixmes sont situées, qui leur en donnera une reconnoissance.

3°. Que s'ils donnent à ferme lesdites dixmes & biens par baux sous seing privé, ils seront condamnés solidairement avec les preneurs aux peines & amendes portées par les Réglements.

La politique qui regne parmi les Eccléſiaſtiques s'eſt toujours oppoſée à l'exécution de ces Réglements, dont le but étoit de connoître au vrai la quotité des biens du Clergé, & en conſéquence la portion qu'il doit ſupporter dans les charges de l'Etat. Cet abus ne ſeroit peut-être pas ſi commun, ſi les Procureurs du Roi & ceux des Seigneurs tenoient une main plus exacte à l'exécution des Réglements.

Les baux eccléſiaſtiques finiſſent, ainſi que ceux de tout uſufruitier, par la mort civile ou naturelle du Bénéficier; quant aux Bénéficiers qui réſignent, il faut diſtinguer; lorſque la réſignation eſt *in favorem*, ou quand elle eſt pure & ſimple.

Au premier cas, le bail n'eſt pas réſolu, parce que le réſignataire eſt regardé comme donataire, & ſa poſſeſſion comme une continuation de celle du réſignant, dont le réſignataire eſt obligé d'entretenir les engagements. Il n'en eſt pas de même au ſecond cas; le bail eſt réſolu de plein droit, parce qu'alors le titulaire ne tient rien du réſignant, mais tout du ſupérieur qui a conféré le bénéfice, & à qui la démiſſion pure & ſimple a acquis le droit de le donner à qui bon lui ſemble. C'eſt la doctrine enſeignée par d'Héricourt dans ſes *Loix Eccléſiaſtiques*, chap. *de l'Adminiſtration des biens de l'Egliſe*, n° 2.

L'article 9 de l'Edit du mois de Décembre 1691 ordonne que les économes des bénéfices qui tombent en régale ſont tenus d'entretenir les baux faits par le dernier poſſeſſeur, pour l'année courante ſeulement, & leur permet de faire de nouveaux baux pardevant Notaires, de l'avis du Subſtitut de M. le Procureur-Général. C'eſt ſur ce principe que le Conſeil, par Arrêt du 6 Juillet 1742, décida la queſtion entre le Prépoſé aux Economats, & les Fermiers de M. le Cardinal de Polignac.

Les baux des Commandeurs de Malte finiſſent également par la mort du bailleur, ou par ſon changement à une autre Commanderie; ainſi jugé dans l'un & l'autre cas par pluſieurs Arrêts rapportés par Deſcluſeaux dans ſon recueil

recueil des *Priviléges de l'Ordre*; à la charge néanmoins de rembourser les labours & les semences.

Les Fermiers dont le bail est ainsi résolu, ne peuvent prétendre aucuns dommages & intérêts ; le Fermier a sçu avec qui il traitoit, il sçavoit que son bail pouvoit être anéanti d'un moment à l'autre, il a donc bien voulu courir le risque de l'événement.

Du Bail des Usufruitiers.

Il est de notoriété que l'usufruit d'une douairière, d'un substitué, d'un appanagiste, & tout autre donataire d'usufruit finit au jour de son décès : dès-lors les fruits non recueillis appartiennent à l'héritier ou propriétaire, soit qu'ils soient fruits de plusieurs années, comme des bois taillis, des étangs, ou seulement de l'année courante ; soit que l'usufruitier jouisse par ses mains, soit qu'il y ait un Fermier dont le bail est résolu au moment de la mort de l'usufruitier. Renusson, *Traité du Douaire*, chap, 14, rend raison de cette Jurisprudence : c'est, dit-il, parce que l'usufruitier ne peut pas donner plus de droit à son Fermier qu'il n'en avoit lui-même.

L'héritier de l'usufruitier ne peut pas prétendre de partager les fruits à proportion du temps. Au moment de l'extinction de l'usufruit, le propriétaire de la chose y rentre en l'état qu'il la trouve, & jouit de la bonne fortune, sans que l'héritier de l'usufruitier puisse prétendre aucune récompense. La question se trouve ainsi jugée par plusieurs Arrêts rapportés par Louet, L. F. ch. 10. La raison est que l'usufruitier a pris les choses en l'état qu'il les a trouvées, & qu'il doit les laisser de même ; c'est encore par cette raison que le propriétaire des biens sujets à l'usufruit, lorsqu'il y rentre, prend tous les fruits prêts à recueillir, sans même être tenu de rembourser aucunes impenses, labours & semences, parce que l'usufruitier a pris possession de l'usufruit sans aucun remboursement en l'état qu'il l'a trouvé. C'est un point de Jurisprudence fixé par les Arrêts rapportés par

Despeisses dans son *traité de l'Usufruit*, sect. 5; par Bacquet, *des Droits de Justice*, chap. 16, n. 58.

Le Fermier de l'usufruit, quand même sa ferme finiroit le lendemain de son bail par la mort de l'usufruitier, ne peut prétendre aucuns dommages & intérêts, ni même être remboursé de son pot-de-vin, s'il en a donné un. Ainsi jugé par Arrêt du Conseil du 13 Février 1716, entre M. le Duc de Fronsac, & un Fermier du Duc de Richelieu son pere, usufruitier de la Baronnie de Mirebaut. Le bail avoit duré très-peu de temps par la mort du Duc de Richelieu; il fut jugé tout d'une voix que le Fermier n'avoit rien à répéter, par la raison que le Fermier qui prend à ferme un usufruit, veut bien courir le risque d'être dépossedé à chaque instant.

Baux des biens des Communautés laïques.

Il y a beaucoup de Villes qui ont des biens patrimoniaux qu'elles donnent à ferme; ils s'adjugent pardevant les Maires & Echevins de la Maison de Ville, après trois publications en forme.

Si les Villes ont des octrois, les baux s'en font pardevant les Intendants des Provinces, ou par un Trésorier de France dans le Bureau, & avec les Officiers de l'Election, suivant les formalités prescrites par les Arrêts du Conseil d'Etat des 14 Juin 1689, 3 Janvier 1693, & 22 Décembre 1745.

Baux des biens des mineurs.

Ils doivent être faits en Justice après trois publications préalables, au plus offrant & dernier enchérisseur.

Ces baux sont ordinairement de trois ou six ans, & le preneur est tenu de donner bonne & suffisante caution, comme acheteur de biens de Justice, dit l'article 196 de la Coutume de Clermont.

Des Baux judiciaires, quelles personnes les peuvent prendre.

L'article 132 de l'Ordonnance de Blois ordonne qu'aucuns Officiers de judicature, Avocats, Procureurs, Solliciteurs, Greffiers, leurs Commis, Sergents, Receveurs des amendes & autres droits, ne pourront être Fermiers judiciaires, ni caution des Fermiers, directement ni indirectement, sous les peines y portéees.

L'Arrêt de Réglement du Parlement de Paris, du 22 Juillet 1690, a renouvellé les défenses faites par cette loi, & décerné de nouvelles peines. Le Réglement ajoute que les mineurs de vingt-cinq ans & les septuagénaires ne pourront être Fermiers judiciaires, ni leur caution, à peine de nullité des baux.

La Partie saisie ne peut pareillement être Fermier judiciaire de l'immeuble saisi sur lui; cela est défendu par les articles 14 & 18 du tit. 19 de l'Ordonnance de 1667. Dans le temps que cette loi étoit encore dans toute sa vigueur, elle fut sévèrement exécutée par Arrêt du Parlement de Bourgogne du 17 Juillet 1668, contre le Baron de Lucinier, qui s'étoit fait adjuger le bail judiciaire de ses biens; mais telle est la malheureuse destinée de presque toutes nos loix les plus sages, elles tombent en non usage à mesure qu'elles s'éloignent de l'époque de leur origine; la cupidité les élude, le crédit & l'argent procurent l'impunité.

Le poursuivant criées ne peut pas non plus être Fermier judiciaire, ni caution du bail, par trois raisons, dit Bruneau, *traité des Criées*, pag. 48: 1°. Parce qu'ayant le bail à vil prix, il ne poursuit plus. 2°. C'est lui qui doit veiller aux dégradations, il en fera lui-même, ou il n'y pensera pas. 3°. N'ayant ni inspecteur, ni contradicteur pour les réparations, il n'en fera aucunes, & cependant consommera tout.

Il y a encore d'autres personnes qui ne peuvent pas prendre des baux judiciaires; ce sont les tuteurs & curateurs d'enfants mineurs, qui n'ont pas rendu compte de leur administration. Il en est de même de ceux qui sont redevables au Roi, à des Communautés laïques ou ecclésiastiques.

Baux emphytéotiques.

Le bail emphytéotique doit son origine à ceux qui ayant beaucoup de terres, les donnèrent pour un temps à des particuliers, afin de les mettre en valeur, & à la charge de quelque redevance pour tenir lieu de ferme.

Le bail emphytéotique diffère du bail à cens, en ce que dans le premier la propriété n'est aliénée que pour un temps, & dans l'autre elle l'est pour toujours.

Quoique dans le bail emphytéotique la propriété ne soit pas aliénée pour toujours, le preneur cependant, pour le temps qu'il doit jouir, a tous les droits du propriétaire; il peut vendre, céder, transporter, hypothéquer le bail; ses héritiers y succèdent, le tout pour le temps & aux charges, clauses & conditions du bail.

Le bail emphytéotique est tellement une aliénation, qu'il est sujet au retrait lorsqu'il y a entrée d'argent, c'est-à-dire, lorsque le preneur donne au bailleur quelque somme par forme de pot-de-vin, ou autrement.

Lorsque l'emphytéote ne paie pas la pension pendant plusieurs années, il perd le bail, pourvu cependant que cela soit ainsi stipulé par le contrat; encore ne peut-il être expulsé que par autorité de Justice: mais pour en éviter les formalités onéreuses au bailleur, dans le contrat il doit stipuler que faute de paiement pendant trois années, le bail sera résolu de plein droit, & le preneur déchu, renonçant dès-à-présent, comme pour lors, à tous droits à ce contraires.

Si le preneur trouve la redevance trop forte, il peut s'en libérer, en déguerpissant les héritages, en payant les arrérages échus & le terme suivant, & en remplissant les charges, clauses & conditions du bail.

Cette faculté que l'emphytéote a de déguerpir empêche que le contrat ne puisse être rescindé par la lésion, quelque grande qu'elle puisse être, si ce n'est en faveur de l'Eglise & des mineurs.

Si lors du contrat il n'y a pas bourse déliée, il n'est dû aucuns lods & ventes; mais si le preneur donne quelqu'argent, il en sera dû, & ils se régleront sur le pied de ce qui a été donné en argent, & non de la valeur entière des fonds. Article 153 de la Coutume de Reims, qui forme le droit commun à cet égard.

Une des principales obligations de l'emphytéote est de laisser à la fin du bail les bâtiments en bon état de réparations, ou en tel état qu'il s'est obligé de les laisser.

Si pendant le cours du bail le preneur, les siens, ou ses ayant-cause, ont fait de nouvelles constructions, à la fin du bail, ils ne peuvent ni les démolir, ni en enlever les matériaux, ni sous ce prétexte obliger le bailleur à lui continuer le bail. Voyez les Arrêts rapportés par Louet, let. E. som. 10.

Du Bail à vie.

Le bail à vie est un acte qui équipolle à la vente des fruits d'un ou plusieurs héritages, fait pour la vie du preneur, de ses enfants & héritiers, ainsi qu'on le juge à propos.

Ce bail ne produit aucun droit au Seigneur direct, parce qu'il ne transfère aucune propriété : & c'est en quoi il diffère du bail emphytéotique.

Quand ce bail est fait en faveur du preneur, de ses enfants, & des enfants de ses enfants, on le restreint de façon qu'il ne passe point la troisième génération.

Le bail à vie d'un fief est sujet au droit du relief dans les Coutumes où ce droit est établi, parce que c'est une mutation dans l'usufruit qui donne ouverture à ce droit.

La représentation a lieu dans le bail à vie quand celui, par exemple, sur qui tombe la dernière vie accordée par le bail, meurt & laisse des enfants, ces enfants peuvent jouir du bail par représentation de leur père, avec leurs oncles, pour le reste du temps que doit durer le bail. Ainsi jugé par Arrêt du Parlement de Dijon du 29 Janvier 1614; & autres rapportés par Charondas, livre 7 de ses Réponses, chapitre 38.

Le bail à vie ne rompt point le bail à loyer; la question a

été jugée par Arrêt du 28 Juillet 1714, entre Madame la Ducheſſe de Duras & le Marquis de Sommery. La première avoit pris à bail à vie un hôtel qu'occupoit le ſieur de Sommery en vertu d'un bail conventionnel de ſix ans. Madame la Ducheſſe de Duras, en conſéquence du ſien, prétendit donner congé au ſieur de Sommery; l'Arrêt l'a déboutée de ſa prétention. La raiſon eſt que l'un & l'autre bail eſt également à temps, & que ni l'un ni l'autre ne donne le privilége du propriétaire.

Des Baux anticipés.

Les Seigneurs qui jouiſſent d'une Terre, d'une Seigneurie, d'un Fief par uſufruit, qui ont la garde-noble des mineurs, généralement tous ceux qui n'ont qu'une ſimple adminiſtration de biens, comme les tuteurs, les maris, ne peuvent point faire bail deſdits biens par anticipation. Tout bail eſt réputé anticipé lorſqu'il eſt fait ſix mois avant le précédent bail expiré. Cette maxime n'eſt cependant pas ſi générale qu'elle ne ſouffre quelques reſtrictions, comme nous le verrons par la ſuite.

Les baux anticipés ſont toujours préſumés avoit été faits en fraude & dans la vue d'un pot-de-vin; on penſe qu'il n'eſt pas poſſible de ſçavoir préciſément la valeur des choſes au temps que le bail commencera.

Ainſi quand le bail d'une maiſon, d'une terre, a été renouvellé plus de ſix mois avant l'expiration de l'autre, le mineur devenu majeur, le ſucceſſeur au bénéfice, le propriétaire après la mort de l'uſufruitier, ne ſont pas obligés d'entretenir le bail, ils peuvent le faire déclarer nul; c'eſt une Juriſprudence conſtante établie par une foule d'Arrêts rapportés par Brodeau ſur Louet, par Rouſſeau de la Combe, let. B. ſom. 5; par Charondas, liv. 6, rép. 23.

Ce que nous diſons ici des baux par anticipation regarde ſur-tout les Seigneurs eccléſiaſtiques qui ne ſont que ſimples uſufruitiers des biens & Seigneuries dépendantes de leurs bénéfices. Quand les baux en ſont faits par anticipation, ils ſont toujours déclarés nuls pour peu qu'il paroiſſe de fraude, ou que le bail soit désavantageux à l'Eglise. Parmi tous les Auteurs qui le décident ainsi, on peut voir Henrys, tom. 1, liv. 1, chap. 2, quest. 4.

L'anticipation de six mois avant l'expiration du précédent bail ne doit s'entendre que des maisons de ville, ou de simples habitations. A l'égard des terres & des fermes de campagne, le bail en peut être fait quelque temps avant la fin du précédent, & ce temps se règle suivant l'usage des lieux ; il est ordinairement d'un an, parce qu'il faut faire publier le bail au moins six mois avant la levée des guerèts, prochaine de l'expiration du bail ; d'ailleurs le Fermier entrant & le Fermier sortant ont besoin de ce temps, l'un pour retirer ses effets, l'autre pour préparer son entrée.

Il y a quelques cas où les baux faits par anticipation ne sont pas sujets à être résolus.

1°. Si le Fermier étoit en jouissance & l'avoit continuée tacitement, le bail qu'on lui feroit alors seroit moins un nouveau bail qu'une approbation du premier.

2°. Si le bail est fait au même Fermier, & pour le même prix que le précédent ; à moins que les héritages n'eussent augmenté considérablement, ou que le précédent bail n'eût été à bas prix en prenant des contre-lettres, cette fraude, ou toute autre semblable, opéreroit sans doute la résiliation du second bail.

3°. Quantité d'Arrêts rapportés par Ferrière sur l'article 227 de la Coutume de Paris, prononcent que la femme est obligée d'entretenir les baux faits par le mari, quoiqu'anticipés, lorsque cependant l'anticipation n'est pas considérable, & lorsqu'il n'y a pas de fraude prouvée.

Dans toute la France coutumière on suit assez exactement la disposition de l'article 227 de la Coutume de Paris, qui regardant le mari comme légitime administrateur des biens propres de sa femme, lui permet d'affermer ses héritages situés à la ville pour six ans, & pour neuf ceux situés à la campagne, pourvu encore une fois que ce soit sans fraude.

Suivant le Droit Romain, le mari ne pouvoit affermer les héritages de sa femme que pour cinq ans. Suivant l'art. 179

de la Coutume de Blois, le mari doit avoir le consentement de sa femme. Mais nous ne suivons point les Loix Romaines à cet égard, & la Coutume de Blois ne s'observe que dans son territoire.

Des Baux à ferme.

Le bail à ferme est une convention rédigée dans un acte passé pardevant Notaire, ou sous signature privée, par lequel on donne à quelqu'un la jouissance d'une terre, d'un fief, d'un héritage, pour, par le preneur, en percevoir les fruits pendant trois, six ou neuf ans, aux charges, clauses & conditions stipulées par le bail. Quand le bail excède neuf ans, ce n'est plus un bail à ferme, c'est un bail emphytéotique.

Le bail à ferme peut rouler sur différents objets. 1°. On peut donner la jouissance d'une chose qui rapporte des fruits ou des revenus aux Fermiers, comme une terre, une vigne, un pré, & c'est ce qu'on appelle proprement *bail à ferme*. 2°. On peut donner la jouissance d'une chose qui naturellement ne produit aucuns fruits, & qui n'est utile que par l'usage qu'on en fait, comme une maison, des meubles, & ce qu'on appelle *louage*, *bail à loyer*. 3°. On peut donner son temps & son industrie moyennant une certaine récompense, & c'est ce qu'on appelle communément se mettre au service de quelqu'un, comme sont les serviteurs, les domestiques, les ouvriers, & généralement toutes les personnes qui sont employées aux affaires d'autrui. Notre but n'est ici que de traiter des deux premieres espèces de baux, de ceux des héritages & des maisons.

Tous ceux qui ont la libre administration de leurs biens, ont sans doute la liberté de les affermer de telle manière, pour tel temps, sous telle forme qu'ils jugent à propos. A l'égard de ceux qui n'ont que la simple administration, ou qui ne jouissent que par usufruit de biens qui ne leur appartiennent pas, nous avons vu à quelles règles sont subordonnés les baux qu'ils en peuvent faire.

La notion que nous avons donnée du bail à ferme, fait tout d'un

1 coup naître l'idée de plusieurs obligations respectives re le bailleur & le preneur de plusieurs droits & actions ils peuvent exercer respectivement l'un contre l'autre : t ce que nous allons examiner ; & pour le faire avec re & précision, nous distinguerons, 1°. quelles sont les igations du propriétaire vis-à-vis du Fermier d'héritages campagne, & quelles actions, quels droits le premier it exercer contre le preneur ? 2°. Comme le bail des mais de ville a quelques principes à cet égard différents de ui des héritages de campagne, nous en ferons un article aré. 3°. On examinera d'un autre côté quelles sont les oblions du Fermier des héritages de campagne envers le proétaire ? Quels droits, quelles actions sont permises au rmier contre son bailleur ? 4°. Comme quelquefois, par négligence ou par le consentement du propriétaire, le rmier après son bail expiré continue sa jouissance, alors se forme ce que nous appellons *tacite reconduction* ; nous pliquerons quelles en sont les suites & les effets. 5°. Enfin ns un chapitre particulier nous donnerons la solution de antité de questions particulières qui peuvent naître sur xécution des baux.

CHAPITRE II.

'bligations du propriétaire vis-à vis du Fermier d'héritages de campagne ; des actions & des droits que le propriétaire peut exercer contre son Fermier.

A première obligation du propriétaire qui donne une erre, un héritage à ferme, est de bien expliquer dans le ail les choses qu'il donne à ferme, & d'en rendre nettenent les charges, clauses & conditions, le propriétaire est l'autant plus obligé d'y faire la plus sérieuse attention, que 'il se trouve quelqu'ambiguité dans une clause, l'interpréation s'en fait toujours contre lui. C'est constamment l'usage adopté par la jurisprudence des Arrêts ; on peut voir entr'autres dans le Journal des Audiences celui du 4 Mars 1701.

Si quelque chose dans un bail doit être clairement expliquée, c'est sur-tout le terme auquel doit être payé le prix de la ferme. Si cependant par négligence, ou par inadvertance, cette circonstance étoit échappée, alors le prix de la ferme seroit payable à la Saint Martin pour les héritages de campagne, & pour les maisons de ville à mi-terme, c'est-à-dire, de six mois en six mois. C'est la règle établie à cet égard par l'article 8 de la rub. 16 de la Coutume de la Châtellenie de Bourgbourg, qui peut former le droit commun en cette partie. Il est cependant vrai que les termes établis par cette Coutume ne sont pas en usage par-tout, ainsi je ne vois aucun inconvénient à suivre ce qui se pratique dans chaque endroit.

Quand le bail est verbal, il arrive souvent qu'il y a contrariété entre le bailleur & le preneur, ou sur le prix du bail, ou sur le terme. Brillon, dans son *Dictionnaire des Arrêts*, verbo *Bail*, n° 40, rapporte un Arrêt du Grand-Conseil du 28 Mai 1716, qui a jugé la question. Le serment fut déféré au preneur ; le bailleur dut sans doute s'imputer la faute de n'avoir pas passé un bail par écrit.

La seconde obligation du propriétaire est de faire jouir son Fermier de la chose qu'il lui a affermée, de la lui délivrer en état de servir pour l'usage pour lequel elle est affermée, de l'entretenir à cet effet en bon état ; & si le Fermier est troublé dans sa jouissance, s'il en est évincé, le propriétaire est obligé de le dédommager : c'est le droit commun.

Si, pendant le courant du bail, le propriétaire vend la chose affermée, il doit avoir l'attention d'insérer dans le contrat de vente, que l'acquéreur se chargera d'entretenir le bail. Sans cette clause, il ne peut se dispenser de dédommager le Fermier au cas qu'il soit dépossédé par l'acheteur ; car il est de principe que tout acquéreur n'est point tenu de continuer le bail de son vendeur ; immédiatement après son acquisition il peut expulser le Fermier & jouir par lui-même. C'est l'usage conforme à la disposition de la loi (a) *Emptorem*

(a) 9 cod. de locat.

fundi necesse non est stare colono cui prior dominus locavit, nisi eâ lege emit.

A peu près par la même raison, le légataire n'est point obligé d'entretenir le bail du testateur; il n'y a que l'héritier, ou un successeur à titre universel, qui ne peut s'empêcher d'entretenir le bail à ferme fait par son auteur; mais le légataire n'a rien de commun avec l'héritier qui l'engage à suivre le bail, il n'est point tenu des faits du testateur, & s'il y a des dommages & intérêts à prétendre par le Fermier pour la rupture de son bail, il doit se pourvoir contre l'héritier du bailleur, *leg. 23, ff. locat.* Ainsi le testateur qui, pendant le courant du bail, legue la chose affermée, s'il veut éviter toute contestation à son héritier, il doit charger le légataire d'entretenir le bail.

Il arrive quelquefois qu'un particulier afferme son bien à différentes personnes & par différents baux. On demande lequel des baux subsistera, car le propriétaire ne peut pas faire jouir deux personnes du même héritage. Charondas, sur cette question (*a*), décide que le bail doit rester à celui qui le premier s'est mis en possession de l'héritage, quoique son bail soit postérieur en date; il dit l'avoir décidé ainsi plusieurs fois contre l'avis de Tiraqueau, & il rapporte un Arrêt du Parlement de Toulouse du 1er Avril 1667, qui l'a ainsi jugé. Si personne ne s'étoit mis en possession, je crois que le bail qui est le premier en date devroit avoir son exécution.

Il est encore arrivé qu'après avoir affermé un fonds à une personne, on en a vendu, par un acte postérieur, les fruits à un autre. Sous prétexte de cette vieille maxime qui dit que *toute vente rompt bail & louage*, on a prétendu que la vente des fruits résilioit le bail. Henrys, & Bretonnier son Observateur, ont agité cette question, & l'ont laissée indécise; mais elle se trouve décidée par un Arrêt du Parlement de Toulouse du 23 Avril 1729, cité dans les Observations de Vedel sur Catelan (*b*): l'Arrêt a jugé que la vente des fruits d'un héritage ne résout point le bail qui en a été fait. La maxime que *vente rompt bail & louage*, n'a lieu que lorsque le fonds est vendu conjointement avec les fruits. D'ailleurs, la

(*a*) En ses [...] liv. 5, nomb[...]

(*b*) Tom. 2, [...] 44.

ferme d'un héritage n'est autre chose dans sa substance que la vente des fruits de ce même héritage ; or si on pouvoit vendre deux fois les fruits du même héritage, on éluderoit avec cette fraude l'exécution de tous les baux du monde.

Le bail d'un héritage possédé par indivis ne peut subsister qu'il ne soit passé par tous les co-propriétaires, ou au moins de leur consentement ; le Fermier qui auroit accepté le bail d'un seul, sans l'agrément des autres, courroit risque d'en être dépossédé, & il n'auroit alors que des dommages à prétendre contre celui qui auroit consenti le bail. C'est l'espèce jugée par un Arrêt du 29 Novembre 1722, rapporté au Journal des Audiences (a). Bouvot, tom. 2, cite un autre Arrêt du Parlement de Bourgogne, du 5 Juillet 1611, qui a jugé la même question conformément à ces principes.

(a) Tom. 7, liv. chap. 43.

Le propriétaire a hypotheque non-seulement sur les fruits de la ferme, mais encore sur tous les biens de son Fermier & de ses cautions, à compter du jour de la date du bail, quand même elle seroit de beaucoup antérieure à l'entrée du Fermier en jouissance. La raison de décider est, que c'est du jour de la date du bail que naissent toutes les obligations respectives, & qu'elles prennent toute leur vigueur. M. Catelan (b) rapporte un Arrêt du 14 Février 1664 qui a jugé, suivant cette doctrine, que des créanciers qui avoient prêté à un Fermier intermédiairement à la date de son bail & son entrée en jouissance, ne pouvoient nuire à l'hypothèque acquise au propriétaire à compter du jour de la date du bail : ces créanciers soutenoient au contraire que l'hypotheque n'avoit lieu qu'à compter de l'entrée en jouissance. D'autres ont encore prétendu que l'hypothèque du propriétaire ne couroit que du jour de l'échéance de chaque terme, fondés sur un Arrêt du 22 Mai 1534, rapporté par Berault sur la Coutume de Normandie ; mais Basnage observe que cet Arrêt, apparemment rendu sur des circonstances particulières, ne se peut soutenir dans l'usage.

(b) Tom. 2, liv. chap. 10.

Il est d'autres principes pour régler l'hypothèque du propriétaire pendant la tacite reconduction ; nous en parlerons en son lieu.

L'hypothèque du propriétaire lui donne un privilége de préférence vis-à-vis de tous les autres créanciers du Fermier ſur tous ſes effets & meubles, non-ſeulement pour l'année courante, mais encore pour les arrérages des précédentes, pour ſes prêts & avances & généralement pour l'exécution de toutes les charges, clauſes & conditions du bail. Ce privilége eſt de droit commun & établi par le plus grand nombre de nos Coutumes.

Lorſqu'il eſt queſtion des arrérages du bail, ils ſe règlent par le bail même; lorſqu'il s'agit de prêts & avances, le propriétaire en eſt cru ſur ſon livre journal : c'eſt par-tout l'uſage. Il ſeroit trop dangereux en pareille circonſtance d'abandonner le propriétaire à la bonne foi d'un payſan.

Le propriétaire, en vertu de ſon privilége, a non-ſeulement le pouvoir de ſaiſir généralement tous les effets de ſon Fermier, mais encore il peut les ſuivre quand ils ont été ſaiſis & enlevés par d'autres créanciers, les arrêter juſqu'à ce qu'ils ſoient vendus par autorité de Juſtice, pour, ſur le prix, être payé de tout ce qui lui eſt dû. Ici ceſſe la maxime que *les meubles n'ont point de ſuite par hypothèque*; auſſi la Coutume de Paris, après avoir établi cette maxime dans l'article 170, ajoute dans le ſuivant, que les propriétaires peuvent ſuivre les biens de leurs Fermiers exécutés pour être les premiers payés de leurs fermages. La plûpart de nos Coutumes ſont conformes à celle de Paris. Ricard & Auzannet, ſur l'article 171 de la Coutume de Paris, ont obſervé que la diſpoſition de cette Coutume & de celles qui lui reſſemblent eſt ſingulière & contraire au droit commun, qu'en conſéquence les Arrêts ont jugé qu'elle ne doit pas être étendue dans les Coutumes qui n'ont pas de ſemblable diſpoſition.

Quelqu'étendu que ſoit le privilége du propriétaire, il eſt cependant dans la pratique ſuſceptible de quelques exceptions; ordinairement les valets ſervant au labourage, les domeſtiques employés à l'exploitation du domaine, pour l'année courante de leurs gages, les moiſſonneurs qui ont récolté les fruits de l'année, pour leurs ſalaires, ſont préférés aux propriétaires. A l'égard des Selliers, Bourreliers, Maréchaux, Charrons, & autres de cette espèce, ils n'ont point de privilége sur le propriétaire; sauf à eux, lors de la discussion du colon, à demander la distraction des objets qu'ils justifieront avoir fournis dans l'année, & qu'ils trouveront existants. Ceux qui ont prêté les semences n'ont point non plus de préférence sur le propriétaire. La Peyrère, Brillon, Taisand rapportent quantité d'Arrêts qui l'ont ainsi jugé.

A l'égard des Collecteurs des tailles, le propriétaire leur est encore préféré pour l'année courante de sa ferme; c'est un usage fondé sur une Déclaration du Roi du 22 Août 1655, & sur plusieurs Arrêts de la Cour des Aydes qu'on voit dans le *Mémorial alphabétique*; encore n'y a-t-il que le Collecteur de l'année courante qui ait ce privilége; les Collecteurs des années précédentes n'ont pas plus de privilége que les autres créanciers ordinaires. La raison est que les rôles des tailles ne sont exécutoires que dans l'année pour laquelle ils ont été faits, & que les Collecteurs doivent porter la peine de leur négligence de n'avoir pas fait dans le temps les contraintes nécessaires. C'est la disposition du Réglement de la Cour des Aydes du 12 Mars 1649, & de tous les Arrêts qu'elle a rendus en conséquence.

Quand le Fermier ne paie pas au terme convenu, il est sans contredit que le propriétaire peut le saisir; mais il le peut encore avant que le terme soit échu, quand il y a du péril dans la demeure, ce qui arrive quand le Fermier dissipe les fruits & les transporte ailleurs, quand il est mauvais travailleur; alors le propriétaire peut demander permission de saisir pour sûreté seulement de ses fermages, & par forme de simple gagerie. C'est l'avis de Cocquille dans sa quest. 202. Suivant cet Auteur, le Fermier saisi a de trois choses l'une à choisir; la première de donner caution bourgeoise pour sûreté du prix du bail; la seconde, qu'il souffre que les fruits restent sequestrés & en main tierce jusqu'à l'échéance du terme; & la troisième, si les fruits courent risque de dépérir, qu'ils soient vendus, & les deniers déposés en main tierce jusqu'au terme.

Ce que nous avons dit jusqu'ici du privilége du propritaire, de sa faculté de saisir, a lieu, soit que le bail ait été passé pardevant Notaire, ou qu'il soit sous signature privée. A l'égard de l'hypotheque, elle ne peut être acquise que par un acte passé pardevant Notaire. C'est l'avis de M. Argou dans son *Institution au Droit François*, liv. 3, chap. 27.

Il faut encore observer, par rapport au privilége du propriétaire, que ce privilége est accordé non-seulement au vrai propriétaire, mais encore à tous ceux qui jouissent à la place du propriétaire, comme les tuteurs, les engagistes, les douairiers, les usufruitiers; c'est la disposition de plusieurs Coutumes (*a*). La raison est que ce privilége n'est pas fondé sur la personne, mais sur la chose, ce qui fait qu'il appartient à tous ceux qui ont droit d'en jouir.

Nous avons dit que l'obligation de celui qui fait un bail est de faire jouir le Fermier, ou de lui payer des dommages & intérêts; mais cette alternative n'a lieu que quand celui qui a fait le bail n'est pas en état, est dans l'impossibilité de faire jouir le Fermier; car s'il peut entretenir le bail, il ne lui est pas permis de le résoudre, quand même il offriroit des dommages & intérêts, si ce n'est dans les deux cas suivants.

Le premier est, quand le Fermier reste deux ans sans payer le prix de son bail, on peut alors lui ôter sa ferme; cela est décidé par toutes les loix (*b*), elles sont très-justes & très-équitables, dit Me Argou. De quel front un Fermier peut-il demander que le propriétaire soit obligé d'entretenir un bail auquel il ne satisfait pas lui-même? Les Juges ont souvent trop d'indulgence pour de tels Fermiers, en leur accordant plusieurs délais après une infinité de procédures & de chicanes; c'est un abus, continue notre Auteur qui tend également à ruiner & le Fermier qui ne peut pas payer, & le propriétaire qui ne peut pas être payé.

Quoique le propriétaire puisse expulser le Fermier qui ne paie pas, il ne faut cependant pas qu'il le fasse de son autorité privée, il ne le peut faire que par autorité de Justice; & même cette expulsion ne se doit ordonner qu'en très-grande connoissance de cause; il faut qu'il soit prouvé qu'il y a plusieurs termes échus, & qu'il paroisse évidemment

(*a*) Berry, tit. 9 art. 42; Bourbons art. 142.

(*b*) L. 54, §. ff. locati cond.

que le propriétaire courroit risque de perdre ses fermages, s'il laissoit subsister le bail.

.. 3, cod. loc. Berry, tit. 9, 18 ; Montar- chap. 18, art.

Le second cas exprimé par les loix (a), & qu'on trouve même dans quelques-unes de nos Coutumes (b), est quand le Fermier abuse de son bail pour détruire & dégrader les lieux, quand il arrache les vignes, quand il abbat les bois de haute futaie, les arbres fruitiers, les couvertures des maisons. Dans tous ces cas les loix permettent d'expulser le Fermier ; mais, comme nous venons de le dire, il faut que ce soit par autorité de Justice, en connoissance de cause, après avoir fait constater les dégradations par un rapport juridique.

On peut encore demander la résolution d'un bail quand le Fermier abandonne & quitte les lieux sans cause ; c'est une raison suffisante : & dans ce cas, ainsi que dans les précédents, le propriétaire est fondé à demander des dommages & intérêts proportionnés aux pertes qu'il a souffertes. Le Fermier dépossédé au contraire n'en peut jamais prétendre aucuns, parce que c'est sa propre faute si le bail est résolu.

Quand le Fermier entre en jouissance il doit garnir sa ferme de meubles & de bestiaux suffisants pour son exploitation ; s'il ne le fait pas, le propriétaire peut le poursuivre pour l'y contraindre, & il paroît que cette cause seule peut l'autoriser à demander la résiliation du bail ; c'est ce qui paroît avoir été jugé par Arrêt du Parlement de Paris du 11 Mars 1724, infirmatif d'une Sentence du Châtelet du 4 Mai 1713. Cette Sentence condamnoit le nommé Papiau, Fermier de la Terre de Brain, à garnir dans huitaine sa ferme de meubles & bestiaux, sinon à faute de quoi son bail déclaré nul, & la Dame de Montauban, propriétaire, autorisée à l'expulser. En exécution, la Dame de Montauban afferma à un autre après avoir chassé Papiau. Sur l'appel interjetté par ce dernier, l'Arrêt dit qu'il avoit été mal jugé en ce que la Sentence n'avoit donné à ce dernier que huitaine pour y satisfaire, sinon que son bail demeureroit résolu ; déclare l'expulsion de Papiau, ainsi que les saisies, ventes de bestiaux & ejection de meubles, nulles, injurieuses, tortionnaires

tortionnaires & déraisonnables, condamne la Dame de Montauban en 4000 liv. de dommages & intérêts, & aux dépens. On voit que l'Arrêt n'a infirmé la Sentence du Châtelet que parce qu'elle n'avoit pas donné au Fermier un temps suffisant pour y satisfaire ; il y a apparence que la Cour auroit approuvé la résiliation du bail, si le Châtelet eût accordé un délai convenable, & si dans ce délai le Fermier n'avoit pas satisfait ; le mal jugé ne consistoit que dans la précipitation.

L'article 142 de l'Ordonnance de 1629 décide que les prix des baux à ferme ne pourront être demandés cinq ans après les baux expirés. Tous les Commentateurs sur cette Ordonnance attestent que dans tous les Tribunaux on a toujours déclaré non-recevables les propriétaires qui se sont présentés après les cinq ans : Bretonnier dit que c'est la jurisprudence du Châtelet, elle est sans doute très-équitable. Si après quinze ou vingt ans on pouvoit former demande en deniers ou quittances contre un Fermier, ou ses héritiers, du prix des années de son bail, les familles des Fermiers ne seroient jamais tranquilles, & il n'en est point qu'on ne pût embarrasser & même ruiner ; sept à huit ans après un bail expiré, le Fermier ou ses héritiers regardent cette affaire comme consommée, & négligent souvent de garder plus long-temps les quittances & autres pièces qui ont opéré la décharge du Fermier. Il est inutile d'observer que quand il y a promesse ou condamnation de payer le prix du bail, l'action dure trente ans.

Les arrérages du prix du bail de leur nature ne portent point d'intérêts, si ce n'est du jour que la demande en a été formée en Justice. C'est le sentiment de Basnage sur l'article 350 de la Coutume de Normandie, conforme à la disposition du Droit Romain (*a*).

(*a*) L. 17, §. ff. *de usuris*; 54, ff. *locat.*

CHAPITRE III.

Des obligations respectives du propriétaire des maisons de ville & de simple habitation, & du locataire ; des droits & actions qu'ils peuvent exercer l'un contre l'autre.

LE propriétaire qui a loué une maison, avant de la remettre au locataire, est obligé de faire toutes les réparations nécessaires pour que le locataire puisse jouir commodément de la maison louée ; la couverture doit être en bon état, les murs bien recrépis, les chambres bien carrelées, les portes fermantes, avec leurs serrures, clefs & autres fermetures convenables, les fenêtres doivent être garnies de leurs vitrages & de leurs chassis ; ensuite au jour convenu le propriétaire doit remettre les clefs de la maison au locataire, l'y introduire, sans quoi le propriétaire seroit exposé aux dommages & intérêts du locataire, & le refus ou le retard de faire toutes ces choses pourroit donner lieu à la résolution du bail, avec une indemnité convenable.

D'un autre côté, lorsque le commencement du bail est arrivé, le locataire doit garnir la maison de meubles suffisants pour sûreté des loyers, faute de quoi le locataire peut être expulsé ; c'est la disposition d'un grand nombre de Coutumes, & le droit commun. Quand nous disons que le locataire doit garnir la maison de meubles suffisants, nous entendons des meubles suivant son état & sa condition, le propriétaire n'en peut pas exiger d'autres.

L'obligation de celui qui a fait bail d'une maison, est de faire jouir le locataire pendant le cours du bail ; si pendant ce temps le propriétaire vend, cède, lègue la maison, les choses se règlent par les mêmes principes que nous avons établis dans le chapitre précédent pour les baux à ferme.

Le principe qui veut que le propriétaire fasse jouir son locataire, souffre deux exceptions ; la première est quand la maison est détruite par une force majeure, par un incendie, par le ravage des gens de guerre. Un Arrêt du Parlement de Dijon, du 2 Janvier 1751, a résilié le bail d'une maison inondée par un torrent qui l'avoit rendue inhabitable.

La seconde exception est quand le propriétaire veut occuper la maison par lui-même ; en ce cas la loi *æde* permet de donner congé au locataire avant que le bail soit expiré ; & comme il pourroit arriver que les propriétaires abusassent de ce privilége, les Arrêts (a) ont décidé que le propriétaire ne pouvoit pas faire sortir le locataire pour occuper une très-petite portion de la maison, tandis qu'il loueroit le reste à d'autres. Le locataire peut offrir de donner un appartement commode au propriétaire qui n'est pas en état d'occuper toute la maison.

(a) Soëf. tom. 1, cent. 2, ch. 18.

Suivant le Droit Romain, & la loi *æde* elle-même, le privilége qu'elle accorde au propriétaire n'avoit lieu qu'en deux cas ; le premier, quand le locataire usoit mal de la chose louée ; le second, quand le propriétaire n'avoit pas d'autre maison pour habiter. Dans ce second cas, la loi *æde* obligeoit le propriétaire de prouver qu'il y avoit pour lui nécessité d'aller habiter sa maison ; mais la jurisprudence actuelle décharge le propriétaire de cette preuve, & se contente de son serment qu'il entend occuper la maison par lui-même.

D'anciens Arrêtistes rapportent différents Arrêts (b) qui ont adjugé aux locataires expulsés en vertu du privilége de la loi *æde*, des dommages-intérêts. Me Argou, apparemment sur l'autorité de ces Arrêts, a aussi pensé qu'il leur en étoit dû ; mais les Annotateurs sur Me Argou ont remarqué qu'on n'en donnoit point, & qu'autrement ce ne seroit plus un privilége. L'usage est seulement de donner au locataire un temps convenable pour chercher une maison, comme trois ou six mois, suivant la qualité des maisons & celle des locataires.

(b) Papon, liv. 1, tit. 3, n° 3. Soë tom. 1, cent. 2 chap. 71.

Suivant la jurisprudence des Arrêts rapportés par May-

(a) Liv. 9, chap.

) Tom. 1, part.

) Edit. de 1717, g. 137.

(d) Brodeau sur ouet, let. B. som. , n. 4.

nard (a), les enfants du propriétaire peuvent jouir du privilége de la loi *æde* comme le propriétaire même, parce qu'ils le représentent. Mais la fille mariée n'a pas ce droit, parce qu'elle est sortie de la famille. Si cependant le père avoit donné la maison en mariage à sa fille, Bouvot (b) observe qu'elle pourroit expulser le locataire; mais on voit qu'en ce cas elle représente son père. Bouvot rapporte un Arrêt du Parlement de Dijon qui l'a ainsi jugé.

On a étendu avec raison le privilége de la loi *æde* à la mère, tutrice de ses enfants, pour les maisons qui leur appartiennent du chef de leur père, & au mari pour les maisons dont sa femme a la propriété, parce que la mère tutrice logeant avec ses enfants, & la femme avec son mari, ce sont effectivement les propriétaires qui vont loger dans leur maison.

Il a encore été jugé par Arrêt du Parlement de Bordeaux, rapporté par la Peyrère (c), qu'une veuve peut, en vertu de la loi *æde*, expulser le locataire de la maison de son défunt mari, en affirmant qu'elle en a besoin & qu'elle veut l'occuper par elle-même.

Le privilége de la loi *æde* n'est accordé qu'à celui qui est propriétaire du total de la maison (d), & non pour celui qui n'est que propriétaire d'une partie, à moins qu'il n'ait le consentement par écrit de tous les autres co-propriétaires.

Le principal locataire d'une maison ne peut point user de privilége vis-à-vis de ses sous-locataires; on trouve dans Papon & dans Brillon, au mot *Bail*, plusieurs Arrêts qui l'ont ainsi jugé. La raison de décider est que le privilége est personnel au seul propriétaire, & qu'on ne peut pas l'étendre à d'autres cas que ceux qui sont énoncés par la loi.

Quand le propriétaire a renoncé par le bail à son privilége, il ne peut plus s'en servir; c'est renoncer au privilége quand il est stipulé que pour sûreté de la location la maison demeurera affectée & hypothéquée à la garantie du bail. La Peyrère rapporte un Arrêt du Parlement de Bordeaux, du 4 Février 1649, qui l'a ainsi jugé.

Le privilége de la loi *æde* n'a lieu que pour les maisons de ville, & de ſimple habitation, & non pour les fermes des champs, ou maiſons ſituées à la campagne, d'où dépendent des héritages, des prés, des vignes, des terres labourables; c'eſt le ſentiment de tous les Auteurs. On peut conſulter entr'autres Brodeau ſur Louet, let. L, chapitre 4, numeros 5 & 6; les Arrêts rapportés par Bardet, tome 2, livre 8, chapitre 3.

On peut réduire à trois principales les obligations des locataires. Premièrement, à jouir en bon pere de famille, à ne point faire de dégradations dans les maiſons dont ils jouiſſent, & à ne point ſouffrir que les gens qui dépendent d'eux en faſſent, car ils en ſeroient reſponſables.

Tout locataire doit être exact à faire faire les réparations locatives dont il eſt tenu ſuivant l'uſage des lieux; communément ces réparations conſiſtent dans le carrelage, le vitrage, & le rétabliſſement des ſerrures, des gonds, des verrouils, &c; la négligence à faire ces réparations peut ſouvent en occaſionner de groſſes dont en ce cas le locataire eſt tenu.

S'il ſurvient de groſſes réparations auxquelles le propriétaire eſt obligé, le locataire doit avoir l'attention de l'en avertir; ſi le propriétaire ne répare pas, on peut lui faire une ſommation; s'il n'y ſatisfait pas, le locataire peut faire ordonner par Juſtice qu'il ſera autoriſé à les faire faire, & à en retenir le prix ſur les loyers; l'uſage eſt que le locataire ne peut pas par chacun an employer en groſſes réparations plus que le revenu de chaque année.

Le locataire doit laiſſer libres au propriétaire les lieux de la maiſon où il eſt néceſſaire de faire de groſſes réparations, pourvu cependant qu'il ne s'agiſſe pas de la reconſtruction entière de la maiſon, mais ſeulement d'une partie, & que la réparation, dit Ferrière ſur l'article 196 de la Coutume de Paris, ne dure pas plus de ſix ſemaines; autrement le locataire pourroit demander non-ſeulement des dédommagements pour la non-jouiſſance, mais encore, s'il étoit obligé de ſortir, le bail ſeroit réſilié, & il ne paieroit rien pour les années du bail qui reſteroient à jouir. C'eſt le ſentiment de Deſgodets dans ſes *Loix des Bâtiments*, ſeconde partie, pag. 5, n° 8.

it. 4, sect. 4, 19, 20 & 21. Bourjon, dans le *Droit commun de la France* (a), donne plus d'étendue que Ferrière au terme pour faire les grosses réparations; il dit que les plus considérables peuvent durer trois mois, mais que si elles excèdent ce temps, le locataire doit être dédommagé; qu'au surplus le propriétaire doit réparer de façon qu'il y ait toujours une portion de la maison libre pour que le locataire ne soit pas entièrement dépossédé, sans quoi il y a lieu à la décharge des loyers & à des dommages & intérêts.

Un propriétaire ne peut point empêcher un locataire d'ajuster la maison à sa commodité, mais il le doit faire sans détériorer les lieux, & après en avoir averti le propriétaire, & à la charge de laisser les choses à sa sortie au même état qu'il les a prises en entrant; c'est le droit commun & même la disposition de quelques Coutumes. On peut voir entre autres celle de Bergh-Saint-Vinox, rubr. 7, art. 25.

Il s'ensuit de ce que nous venons de dire, qu'à la fin de son bail le locataire peut emporter les cloisons & autres semblables ouvrages qu'il a fait faire pour sa commodité, si mieux n'aime les laisser au propriétaire s'ils lui conviennent, suivant l'estimation. Les cloisons, les retranchements & autres semblables ouvrages ne sont censés incorporés que quand ils sont placés par le propriétaire.

Nous avons dit que communément les réparations locatives consistent dans le carrelage, le vitrage, &c. cela doit s'entendre des maisons ordinaires. Dans les maisons somptueuses & commodes, dans les hôtels, les réparations locatives s'étendent plus loin; le locataire est obligé d'entretenir & de rendre à la fin de son bail en bon état les grilles, les balcons, les parquets, les lambris & dessus de portes, attiques, les tableaux, les glaces qui y sont avec leurs bordures, les chambranles de cheminées de marbre, avec leurs foyers, tablettes, revêtissements & attiques, les tables de marbre, les buffets, les coquilles & cuvettes de marbre, toutes les ferrures des portes, croisées, armoires, les tringles des fenêtres, les poulies, leurs chapes & mains de fer; toutes ces choses sont à la charge des locataires, ainsi que quantité d'autres dont ils peuvent avoir l'usage.

Si elles se cassent par violence ou par négligence, si les parquets & la menuiserie se brûlent, si les tableaux se crèvent, les locataires sont obligés de faire rétablir le tout; & quant aux tableaux, s'ils sont assez précieux pour qu'on n'en puisse faire d'aussi bons, de les payer suivant l'estimation.

Lorsque dans les maisons dont nous parlons, il se trouve des jardins, s'ils ont été donnés en bon état, il doit les rendre de même, c'est-à-dire, que les allées, les parterres doivent être bien sablés, garnis de leurs bordures & de leurs gazons, les charmilles, bosquets & arbrisseaux bien entretenus & tondus; s'il en meurt quelques-uns, il faut les remplacer; s'il manque des échalats aux espaliers, il faut en remettre.

A l'égard des palissades, coquilles & portiques en treillage, le locataire n'est tenu de réparer que ce qu'il a abattu par violence, ou de son propre mouvement. S'ils avoient été abattus par les vents, ou s'ils sont tombés de vétusté, ils sont à la charge du propriétaire. A l'égard des jets d'eau & de leurs bassins, les locataires ne sont tenus que de l'entretien des conduits de fer, de plomb ou de grais, dans le cas où ils n'ont pas eu soin d'ôter l'eau de ces conduits pendant l'hyver, & que la gelée a fait crever ces tuyaux. De même si les réservoirs & canaux venoient à être endommagés, faute par le locataire de les avoir fait décharger dans le temps convenable; dans les crues d'eau, pendant les gelées, le locataire seroit encore tenu de réparer les robinets servant aux jets d'eau; ils sont à sa charge.

Les statues, les vases de marbre, de bronze, de faïance, de terre cuite qui ornent les jardins, les caisses de bois qui s'y trouvent ne sont point à la charge du locataire, à moins qu'il ne les ait rompus par violence; l'intempérie seule de l'air suffit pour détruire toutes ces choses; il en est de même des bancs de pierre : à l'égard de ceux de bois, ils sont à la charge du locataire.

Sur tout ce que nous venons de dire des réparations locatives des hôtels & autres maisons somptueuses, il y a deux observations à faire.

1°. Que tout prudent locataire des maisons dont nous

parlons, avant d'y entrer, ou avant de commencer sa jouissance, doit avoir l'attention de faire un état bien exact & bien circonstancié de tous les objets ci-dessus, signé de lui & du propriétaire, avec déclaration expresse de la part du locataire de ceux dont il veut se charger & de ceux qu'il n'entend point entretenir. Sans cette précaution, à la fin du bail, il se trouveroit indéfiniment chargé de tout & de rendre tout en bon état, par la force de la clause qu'on met dans tous les baux, sçavoir, que le preneur, en sortant, rendra le tout en bon état de réparations locatives, ayant reconnu à son entrée que le tout étoit en pareil état.

2°. Il faut encore observer que le locataire n'est point tenu de rendre les choses meilleures en sortant qu'il ne les a reçues en entrant, ni de refaire à neuf celles qui sont usées par vétusté ou par l'usage, mais seulement de représenter en place les mêmes choses, bonnes ou mauvaises, sans changement.

Enfin une dernière observation à faire est que, si le locataire des maisons en question y a fait faire des platfonds peints à fresque, ou de pareilles peintures dans les cabinets, murs & cheminées, il ne lui est pas permis de les effacer, le propriétaire est en droit de l'en empêcher, ce sont des ornements inhérents à la chose qu'il est obligé de laisser.

Tout locataire ne doit jouir de la chose louée que pour l'usage pour lequel elle a été donnée & de la manière dont il a été convenu ; & s'il en use autrement, il sera tenu du dommage qui arrivera, quand même ce seroit par cas fortuit.

Si le locataire est ouvrier, travaillant du marteau, il doit faire construire sous son enclume un pilier de pierre, afin d'éviter l'ébranlement & la ruine des voûtes au-dessous; mais il faut encore que dans le bail la qualité de l'ouvrier n'ait pas été déguisée, autrement il y auroit lieu à la résiliation du bail.

Le locataire est tenu des incendies, non-seulement de ceux qui arrivent par son fait, mais encore par celui de ses domestiques, de ses sous-locataires, & de leurs gens. Ainsi quand une maison est incendiée, c'est toujours au principal locataire à la rétablir, à moins qu'il ne prouve que l'incendie est

est arrivé par cas fortuit, tel que le feu du ciel, ou par des incendiaires étrangers. Il faut à cet égard observer que si le locataire s'étoit attiré un ennemi personnel qui eût causé l'incendie, le locataire en seroit tenu; c'est l'esprit de la loi 25, §. 4, ff. *loc. cond.*

La seconde obligation du locataire est d'entretenir le bail qui lui a été fait, durant tout le temps porté par le contrat; de sorte que si le locataire abandonnoit la maison, ou ne l'occupoit pas, il ne seroit pas moins obligé de payer le prix entier de son bail.

Le locataire n'est cependant pas obligé d'occuper les lieux par lui-même, à moins que cela ne soit expressément stipulé par le bail; hors ce cas, il peut céder la maison à un autre, ou toute entière, ou en sous-louer partie, pourvu que ce ne soit pas à des personnes prohibées, telles que sont les femmes & filles de mauvaise vie. L'Ordonnance de Charles VI. du 14 Septembre 1420, défend de leur en louer aucunes, à peine de confiscation des maisons & des loyers. La sévérité de cette loi a été adoucie: pour les premières fois on se contente de grosses amendes & de la perte des loyers; ce n'est que pour la troisième récidive que la confiscation de la propriété de la maison a lieu, ainsi qu'on peut le voir par un Réglement du Châtelet du 30 Mars 1635; ce Réglement comprend aussi, & sous les mêmes peines, les personnes mal famées, celles qui tiennent des jeux & des brelans. Enfin un Arrêt du Parlement du 15 Septembre 1542, rapporté par Papon (a), défend de louer maisons aux gens inconnus, sans aveu & vagabonds.

(a) Liv. 22, tit. n. 14.

Le locataire ne peut point encore sous-louer à des ouvriers dont le travail peut déteriorer la maison, ou qui useroient de la maison pour tout autre usage que celui pour lequel elle a été louée. Dans tous les cas ci-dessus le principal locataire demeure garant de tous les événements des réparations, des loyers, des détériorations, dégradations, incendies, &c.

La troisième obligation du locataire est de payer exactement le prix de son bail au terme convenu. Lorsqu'il manque de payer un ou plusieurs termes, le propriétaire peut faire saisir & exécuter le locataire en ses meubles, non-seulement en ceux qui lui appartiennent, mais encore en ceux qu'il pourroit avoir empruntés, & qui dès qu'ils sont placés dans la maison deviennent le gage des loyers. Tel est l'esprit de toutes les Coutumes, & notamment de celle de Bourbonnois, art. 118 & 119.

Non-seulement le propriétaire peut saisir & exécuter pour ses loyers les meubles du locataire qui se trouvent dans sa maison, mais encore les suivre & arrêter par-tout où le locataire les pourroit transporter, nuitamment, par fraude, ou autrement. Nous avons vu que c'est la disposition de l'article 171 de la Coutume de Paris; en ce cas de fraude un Arrêt du Parlement de Paris du 14 Juillet 1691, rapporté par Brillon, *verbo Bail*, a jugé que le locataire est contraignable par corps pour le paiement de ses loyers.

Le sous-locataire ne peut être exécuté en ses meubles qu'à proportion des lieux qu'il occupe. Basnage, dans son *Traité des Hypothèques*, rapporte un Arrêt du 6 Mars 1670 qui l'a ainsi jugé. Mais le principal locataire peut être exécuté pour tous les sous-locataires, sauf à lui à exercer contre eux tous les droits du propriétaire, ce qui ne doit s'entendre que pour le prix des loyers seulement.

Le privilége de saisir & exécuter a lieu, soit qu'il y ait bail passé pardevant Notaire, ou sous signature privée, soit que le bail soit verbal, soit même que les Parties ne soient pas convenues du prix; parce que, comme dit Charondas sur l'art. 162 de la Coutume de Paris, ce n'est pas le contrat qui engendre la tacite hypothèque, c'est l'occupation des lieux & des meubles.

Lorsque les meubles du locataire, saisis & arrêtés, sont ensuite vendus par autorité de Justice, si le propriétaire a un bail passé pardevant Notaire, il a sur le prix un privilége certain, non-seulement pour tous les loyers échus, mais encore indéfiniment pour tous les loyers à échoir, ainsi que pour l'exécution de toutes les clauses, charges & conditions du bail. Si le bail n'est que sous signature privée, le privilége n'a lieu que pour trois termes & le courant. Me Argou avoit pensé que le privilége étoit égal, soit que le bail eût été passé pardevant Notaire, ou sous signature privée; mais les Annotateurs de Me Argou l'ont réduit conformément à l'usage du Châtelet, qui est celui que nous suivons & que nous trouvons établi dans les actes de notoriété des 4 Août 1692 & 24 Mars 1702.

Le privilége du propriétaire est de préférence à tous autres créanciers quelconques, il ne souffre d'exception que pour l'ouverture de la terre & le port du corps du défunt, qui se liquide à une somme de vingt livres tout au plus. Après le propriétaire & les frais ci-dessus, sont payés par préférence à tous autres, le Médecin, le Chirurgien, l'Apothicaire qui ont servi pendant la dernière maladie seulement, les gages des domestiques pour une année échue au jour du décès, si tant y a, & les frais de scellés & inventaire; & ce par préférence à tous autres créanciers, & par contribution entr'eux au sol la livre, en cas que le prix ne soit pas suffisant pour les payer. Après lesdits privilégiés, tous les autres créanciers chyrographaires ou hypothécaires seront payés de leur dû par contribution & sans aucun privilége. Tel est l'ordre prescrit par les actes de notoriété que nous venons de citer.

Il y en a qui ont soutenu que ceux qui avoient fourni les aliments pendant la dernière maladie, étoient préférés au propriétaire. Ferrière, sur l'art. 171 de la Coutume de Paris, soutient ce privilége, mais il ne rapporte aucune décision juridique qui l'ait confirmé.

Charondas rapporte un Arrêt du 17 Mars 1598; Chopin en cite un autre du 22 Juillet 1622, qui ont jugé que les Maçons étoient préférés au propriétaire pour les ouvrages qu'ils avoient faits dans la maison, par la raison qu'ils l'ont rendue meilleure qu'elle n'auroit été. Mais en ce cas je penserois que les Maçons ne pourroient exercer leur privilége qu'autant qu'ils auroient un devis ou un marché des ouvrages, passé pardevant Notaire.

Si les meubles du locataire avoient été saisis par ses créanciers avant le bail, & si la saisie avoit été suivie, alors le propriétaire n'auroit aucun privilége sur le prix des meubles, parce que son hypothèque pour ses loyers ne peut s'exercer sur une chose qui étoit saisie avant le bail.

Le locataire ne peut point espérer d'obtenir aucunes lettres de répi, ou d'état, pour retarder le paiement du prix de ses loyers; par l'Ordonnance du mois d'Août 1669, titre 6, article 11, Sa Majesté a déclaré qu'aucuns répis ne seroient accordés pour loyers de maisons; c'est encore la disposition précise de quantité de Coutumes. Par l'article 23 de la Déclaration du 23 Décembre 1702, il est aussi statué qu'aucunes lettres d'état ne seront accordées pour loyers de maisons aux Officiers militaires de Sa Majesté, ainsi qu'aux personnes qui pour affaires importantes sont employées à son service lors de leur résidence.

Dans le courant de la dernière année du bail, lorsque le propriétaire ne convient pas avec le locataire de le continuer, il doit donner congé, & un temps convenable au locataire pour chercher une autre maison. A Paris, suivant l'acte de notoriété du Châtelet du 7 Février 1688, on donne six semaines, trois ou six mois avant la fin du bail, selon la qualité des loyers, des appartements & des personnes. Dans les Provinces on donne ordinairement trois mois, ou tel autre terme établi par l'usage ou par les Coutumes des lieux.

Quand le dernier terme du bail est expiré, le locataire doit laisser la maison en bon état de réparations locatives, suivant les observations que nous avons ci-dessus faites; il doit vuider les lieux sur le champ, ou au moins dans les délais fixés par l'usage ou par les Coutumes, lesquels passés, le propriétaire peut faire expulser le locataire par autorité de Justice, & jetter ses meubles sur le carreau.

Les propriétaires qui louent leurs maisons aux Fermiers-Généraux, ou à leurs Commis, pour y tenir leurs bureaux, doivent observer qu'ils ne peuvent pas les forcer de sortir sous prétexte que les baux sont expirés, ou qu'ils veulent occuper la maison par eux-mêmes; les Commis peuvent rester malgré le propriétaire; & s'il s'agit d'augmentation du prix du bail, le propriétaire doit se pourvoir au Conseil, ainsi qu'il a été réglé par plusieurs Arrêts du Conseil, &

notamment par ceux des 24 Septembre 1720, 17 Novembre & 15 Décembre 1722.

CHAPITRE IV.

Obligations, engagements du Fermier d'une terre, d'un héritage de campagne envers le propriétaire; droits & actions que le Fermier peut exercer contre son bailleur.

LE bail à loyer d'une maison ne comprend qu'un objet; mais le bail à ferme d'une terre, même d'un simple domaine, en comprend plusieurs différents qui varient & qui multiplient les engagements & les obligations du Fermier envers le propriétaire. Mais quelque étendues qu'elles puissent être, le Fermier d'une terre ne doit pas être moins exact à s'en acquitter, soit pour ne se point compromettre vis-à-vis le propriétaire, soit pour être toujours en droit d'exiger de lui ce qui peut lui être nécessaire pour jouir conformément à son bail, soit enfin pour ne pas s'exposer à de justes compensations dans le cas où il auroit à espérer quelqu'indemnité, quelque dédommagement.

La multiplicité des obligations dont peut être chargé un Fermier, doit lui inspirer la prudence de les régler & de les fixer autant qu'il est possible dans le bail qu'il passe avec le propriétaire, d'y faire expliquer & détailler nettement ce dont il se charge en entrant, & ce qu'il doit laisser en sortant, les termes & la quotité des paiements, & sur-tout les réparations dont il doit être tenu. Cet objet est souvent la source de quantité de discussions ruineuses pour les Fermiers; ils n'y peuvent donc apporter trop d'attention. Si dans le bail il n'est quelquefois pas possible de faire un détail circonstancié de réparations, avant d'entrer en jouissance, le Fermier en doit faire dresser un mémoire, ainsi que de l'état actuel des lieux, des bâtiments de la ferme & des domaines;

des moulins, de leurs dépendances; des étangs, de leurs chaussées, des prés, des vignes, de la clôture des héritages. Cet état, signé du propriétaire & du Fermier, joint à la minute du bail, mettra le Fermier à l'abri de toutes contestations, il ne sera tenu précisément que d'entretenir & de rendre les choses telles qu'il les a reçues.

Si dans la terre qu'on afferme il y a des bois à couper, il faut faire expliquer la nature & la quantité de ceux qu'on doit exploiter chaque année. Si, comme il arrive souvent, le propriétaire se réserve les bois, le Fermier doit demander son chauffage, se faire désigner les endroits, & en quelle espèce de bois il le prendra, si lui & les colons de la ferme auront leur chauffage, si les uns & les autres prendront les bois nécessaires pour les ustensiles de labourage.

Si dans le bail sont compris des moulins, le Fermier ne doit point se charger indéfiniment de tous les effets qui sont nécessaires pour leur exploitation, & encore moins reconnoître qu'il les a reçus en bon état pour les rendre de même à sa sortie; une telle clause pourroit être très-préjudiciable au Fermier. Ordinairement on prend ces effets par estimation en entrant, pour les rendre en sortant aussi par estimation; de façon que si l'estimation de la sortie est moindre que celle de l'entrée, le Fermier paie le *deficit*; si elle excède, le propriétaire paie au Fermier le surplus, ce qui de part & d'autre est très-équitable; & quand les choses seront bien gouvernées, & avec soin, cela ne peut jamais produire une grande différence.

Il ne seroit pas aisé d'indiquer un parti aussi sûr au Fermier pour les fumiers, foins & pailles, les bleds ensemencés, les bestiaux que le Fermier reçoit en entrant, & qu'il doit laisser en sortant. Fera-t-il mieux de les prendre par estimation, ou en nature, pour les rendre de l'une ou de l'autre façon à sa sortie? Il n'y a absolument que l'événement & les circonstances qui puissent justifier sa conduite.

Au surplus, il est impossible d'entrer dans un plus grand détail des charges, clauses & conditions qui dans un bail pourroient assurer l'état d'un Fermier; elles dépendent trop de la volonté des Parties, ainsi que des différents usages &

des différents pays, qui étant sujets à différentes manières de cultiver & de régir, varient la nature des engagements presqu'à l'infini.

Lorsque le jour marqué par le bail pour entrer en jouissance est arrivé, le nouveau Fermier doit être mis en possession de tous les bâtiments, magasins, & généralement de tous héritages dépendants de sa ferme, sans qu'il puisse lui être apporté aucun empêchement par le propriétaire ou par le Fermier sortant, à moins qu'il n'ait été convenu d'un certain temps pour donner à ce dernier la facilité de sortir ses effets.

En même temps que le Fermier entre en jouissance, il doit garnir sa ferme de bestiaux & de harnois suffisants pour l'exploitation des lieux. Dans le chapitre II. de ce Traité nous avons vu comment le propriétaire peut l'y contraindre, & sous quelles peines.

Les loix & les principes qui obligent le locataire à jouir en bon père de famille, à entretenir le bail pendant sa durée, à en payer exactement le prix, aux termes convenus, sont les mêmes pour le Fermier; mais ils ont une bien plus grande extension pour le Fermier que pour le locataire; il s'y trouve d'ailleurs quelques différences, c'est ce que nous allons examiner.

L'obligation de jouir en bon père de famille doit engager le Fermier à porter sur tous les héritages de sa ferme cet œil d'économie & d'aménagement qu'auroit tout propriétaire qui gouverne son bien avec soin & avec intelligence. Par son travail, le Fermier peut améliorer, mais par sa négligence il ne peut pas détériorer. On ne parle point ici du Fermier qui dégrade, qui, abusant de son bail, détruit les bâtiments, coupe les hayes, les arbres futaies, arrache les vignes; on sent combien ces dévastations sont éloignées de l'esprit du bon père de famille : nous avons prouvé ailleurs que le Fermier qui commet ces excès peut être expulsé, avec des dommages & intérêts proportionnés.

Le Fermier qui jouit en bon père de famille ne doit donc point en aucune façon détériorer ni dégrader; au contraire il doit avoir grand ſoin d'entretenir les choſes dans le même état qu'il les a reçues, ce qui lui impoſe trois obligations.

La première eſt de ne point changer de nature les héritages compris en ſa ferme, ſans un exprès conſentement du propriétaire. Si d'une vigne & d'un bois, par exemple, le Fermier, de ſon autorité privée, s'aviſoit d'en faire une terre labourable, il s'exposeroit à de très-gros dommages & intérêts vis-à-vis du propriétaire, même à la réſiliation de ſon bail. La Coutume de Bourbourg, article 10 *de la Rubrique des Baux*, défend à tous Fermiers de rompre aucunes prairies ſans le conſentement du Maître, à peine d'être privé du bail, & de payer en outre double loyer de la prairie rompue.

La ſeconde des obligations dont nous venons de parler, doit engager le Fermier à bien cultiver les terres labourables, ſans les deſſaiſonner ni changer la face du fonds, à les fumer, amander & enſemencer dans les ſaiſons convenables; le Fermier doit faire aux vignes les façons qui ſont en uſage dans les pays; s'il y a des étangs dans ſa ferme, il ne doit point prévenir le temps de la pêche; s'il y a des bois taillis en coupe réglée, il ne doit point avancer les coupes, les deſſaiſonner, & ſur-tout il doit avoir grande attention à faire exploiter chaque coupe ſuivant les règles preſcrites par l'Ordonnance des Eaux & Forêts de 1669, & à chaque récolement de tirer une décharge du propriétaire. Si le Fermier n'a que ſon chauffage dans les bois, il doit le prendre de la quantité énoncée par ſon bail; ordinairement c'eſt le bois mort & le mort-bois qu'on abandonne pour le chauffage: & alors il faut obſerver que le charme n'eſt point mort-bois, ainſi que nous l'avons établi ailleurs. S'il eſt accordé au Fermier & aux Colons de prendre des bois pour réparations, charronnage ou uſtenſiles de labourage, ils ne doivent point abattre les arbres de leur autorité privée, ils doivent ſe les faire marquer & délivrer par le propriétaire. Rien ne ſeroit plus contraire aux vues du bon père de famille dans un Fermier, que d'abuſer des permiſſions qu'il auroit par ſon bail de prendre du bois pour ſon chauffage, &

& autres usages, au point d'en prendre plus qu'il n'en pourroit consommer, d'en céder à d'autres, & d'en vendre. Le Fermier doit encore veiller à ce que les Colons, sur-tout ceux qu'il place, ne commettent point les mêmes abus.

La troisième obligation du Fermier qui veut jouir en bon père de famille, est de ne négliger aucunes des réparations dont il s'est chargé par son bail; nous avons vu quelles précautions il doit prendre à cet égard. S'il s'est soumis à quelques grosses réparations, il faut les faire dans le temps & de la façon dont il a été convenu; s'il n'est chargé que des réparations d'entretien, il doit y veiller avec d'autant plus d'attention, que sa négligence à les faire pourroit occasionner de grosses réparations dont il seroit infailliblement tenu.

Les bâtiments qu'il occupe pour son habitation, ainsi que les magasins, celliers, cuves, pressoirs qui en dépendent, il doit y faire les réparations locatives, ainsi que tout autre locataire. Les champs, les pâturaux doivent toujours être bien clos de haies vives ou seiches, selon qu'il les a reçues; il doit remplacer dans les vignes les seps qui y manquent, ou y faire les augmentations qui sont en usage dans chaque endroit, & qui y sont même prescrites par quelques Coutumes. Celle de Berry (a), par exemple, enjoint à tous les Fermiers de provigner par chacun an en chaque arpent de vigne quatre-vingt provings au moins. Quant aux prés, leur entretien consiste à rafraîchir de temps à autre les fossés qui les environnent, y faire couler l'eau, détruire les taupes entretenir le sol toujours bien uni, arracher les épines qui peuvent y croître. S'il y a des étangs compris dans la ferme, le Fermier est tenu d'entretenir les cordons & le couronnement de la chaussée de mottes nécessaires pour qu'il ne s'y fasse aucune brèche, sans quoi peu à peu la brèche s'agrandit, & insensiblement la chaussée se détruit. Il en est de même des moulins: les Fermiers sont presque toujours chargés des réparations d'entretien, parce qu'ils peuvent y veiller aisément; ils n'y peuvent apporter trop d'attention, & sur-tout à ce qui concerne l'entretien des chaussées, des écluses & des glacis; la moindre négli-

(a) Tit. 15, art. 8.

gence à entretenir ces objets de réparations journalières peut en occasionner de grosses. Si le Fermier sous-ferme les moulins, il doit être attentif à ce que les Meûniers fassent exactement toutes les réparations d'entretien dont ils sont ordinairement chargés.

Lorsqu'il survient quelque grosse réparation, ou de celles qui sont à la charge du propriétaire, le Fermier doit l'en avertir promptement; s'il ne répare pas, le Fermier doit lui faire faire une sommation; s'il n'y satisfait pas, le Fermier peut faire ordonner par Justice qu'il sera autorisé à faire faire la réparation & à en retenir le prix sur ses fermages.

C'est encore une attention qui convient à un Fermier, bon père de famille, de faire tous les ans au printemps écheniller les arbres des héritages qui sont dans sa ferme. Un Arrêt de Réglement du Parlement, du 4 Février 1732, l'enjoint à tous les Fermiers, à peine de trente livres d'amende, & de tous dommages & intérêts des Parties. Il est peu de Provinces où les Intendants ne donnent de temps en temps leurs ordres pour faire exécuter ce Réglement.

Mais l'attention la plus importante qui doit continuellement occuper le Fermier, c'est d'éviter les incendies; il est civilement responsable non-seulement de ceux qui arrivent par sa faute, sa négligence, son imprudence, mais encore par celle de ses domestiques, par celle des Sous-Fermiers qu'il a placés. Enfin c'est une règle certaine qu'en général tout Fermier est garant d'un incendie, à moins qu'il ne prouve qu'il est arrivé par cas fortuit, par force majeure, par des incendiaires étrangers; si même le Fermier s'étoit attiré un ennemi, qui par inimitié eût mis le feu, le Fermier en seroit responsable. C'est l'esprit de la loi 25, §. 4, ff. *locat.*

Tout Fermier est obligé d'entretenir le bail qui lui a été fait pendant tout le temps porté par le contrat; s'il cessoit de cultiver les terres, à moins qu'il n'en eût été empêché par une force majeure, il ne seroit pas moins tenu de payer le prix entier de son bail.

Le Fermier doit entretenir le bail par lui-même, il ne

peut point le céder à un autre sans le consentement exprès du propriétaire. La raison qu'en donne Faber sur l'article 21 du titre 12 de la Coutume de Lorraine, est que le propriétaire qui a choisi un Fermier, l'a fait parce qu'il avoit une bonne idée de sa solvabilité & de ses talents pour la bonne régie de son bien; or il pourroit n'avoir pas la même idée de tout autre qu'on pourroit lui donner.

Quand nous disons que le Fermier ne peut pas céder son bail à un autre, nous entendons qu'il ne le peut pas céder tout entier; mais rien ne l'empêche de faire des sous-baux, ou de sous-affermer des objets particuliers; & en ce cas le Fermier demeure civilement responsable & garant de ses Sous-Fermiers, soit pour la solvabilité, soit pour les événements. Mais pour assurer cette garantie, le Fermier général, pour paiement du prix des sous-fermes qu'il a faites, peut exercer les mêmes contraintes & les mêmes priviléges que le propriétaire même dont il a acquis les droits par son bail, à moins qu'il n'y ait dérogé par les sous-baux qu'il a passés avec ses Sous-Fermiers. C'est le sentiment de Coquille dans sa question 204. Mais il faut observer avec Ferrière, sur l'article 171 de la Coutume de Paris, que ce privilége cesse lorsque le bail est fini, de façon que le nouveau Fermier général a la préférence sur les fruits des héritages pour ce qui lui est dû par le Fermier particulier qui avoit pris des sous-baux du précédent Fermier.

On a demandé si le Fermier général est tenu d'entretenir les sous-baux: on distingue; s'il est question de ceux qu'il a faits, il est sans contredit qu'il ne peut les résilier si ce n'est dans le cas où le propriétaire le pourroit lui-même, c'est-à-dire, si le Sous-Fermier dégradoit ou ne payoit pas. A l'égard des Sous-Fermiers ou des Colons qui se trouvent placés par le Seigneur avant le bail, Charondas assure (*a*) que le Fermier général n'a d'autre droit que celui de recevoir des Fermiers particuliers le prix de leurs baux, & que même le Seigneur n'est pas tenu de lui faire valoir le prix de ses fermes, parce que le Fermier général est censé s'en être contenté lorsqu'il a accepté & passé son bail.

(*a*) Pandect. chap. 32.

Quand une terre, un héritage est saisi réellement, ce n'est

pas une cause suffisante pour opérer la résiliation du bail. Plusieurs Fermiers l'ont demandée en pareil cas à cause de la contrainte par corps, mais ils ne l'ont pas obtenue. L'usage constant établi par la jurisprudence des Arrêts est que le bail conventionnel se change en bail judiciaire; mais le Fermier judiciaire peut être expulsé par l'adjudicataire de l'héritage saisi, c'est l'usage, en remboursant le Fermier judiciaire de ses impenses, semences & frais de labour; on trouve dans Charondas (*a*) un Arrêt du 16 Avril 1602 qui l'a ainsi jugé.

(*a*) Pand. liv. 2, chap. 32.

Les Coutumes varient sur la question de sçavoir si on peut prendre des Lettres de rescision contre un bail? Les Coutumes d'Auvergne (*b*) & de Bourbonnois (*c*) décident qu'en bail de trois ans & au-dessous, il n'y a pas lieu à la rescision, à cause, disent les Commentateurs, du peu de temps que dure le bail; mais d'un autre côté de ce que la Coutume ne parle que du bail de trois ans, ils en concluent que la rescision auroit lieu tant pour le bailleur que pour le preneur, s'il étoit question d'un bail de six ou neuf ans, quand cependant il y a une lésion énorme, & quand elle est prouvée relativement au temps que le bail a été passé. En général, comme un bail n'est autre chose qu'une vente de fruits, un tel acte n'est point susceptible de rescision, à moins qu'il n'y ait fraude ou dol personnel de la part du preneur ou du bailleur. Nous avons même quelques Coutumes qui en font une loi précise, comme la Marche, article 110; Berry, titre 2, art. 33: ce qui est conforme au Droit commun.

(*b*) Tit. 16, art. 9.

(*c*) Art. 86.

Si le Fermier décede pendant son bail, ses héritiers sont tenus de l'entretenir pour le temps qui reste à expirer. Il n'en est pas de même des Associés du défunt Fermier; suivant le Grand, sur la Coutume de Troyes (*d*), ils ne sont point tenus d'achever le bail, à moins qu'ils ne s'y soient engagés par quelqu'acte avec le propriétaire, ou que par l'acte d'association il n'ait été stipulé qu'ils suivront le bail jusqu'à la fin. Par Arrêt du Parlement de Dijon, du 7 Mai 1584, rapporté par Bouvot (*e*), il a été jugé que les créanciers du défunt Fermier, dont la succession étoit vacante, pouvoient faire publier la ferme pour ce qui en restoit à jouir, & en percevoir le profit.

(*d*) Art. 101, nomb. 5.

(*e*) Tom. 1, liv. 3.

La dernière obligation du Fermier pendant sa jouissance est de payer ponctuellement le prix de sa ferme à chacun des termes convenus par le contrat. S'il reste deux ans sans payer le prix de son bail, nous avons vu dans le chapitre second avec quelle justice le propriétaire peut l'expulser.

Lorsque le prix de la ferme est en argent, il n'y a pas de difficulté de le payer ainsi qu'il est réglé ; mais quelquefois il est en grains, & quelquefois aussi le Fermier ne paie pas au terme convenu, il est question de sçavoir à quel prix le Fermier paiera ces grains. Dumée, dans sa *Jurisprudence de Haynault* (a), dit que si un Fermier est en demeure de payer le prix de sa ferme stipulé en grains, & que depuis le terme échu le prix du grain vienne à hausser, le propriétaire peut l'obliger à payer le grain de sa ferme en argent, suivant la plus haute estimation depuis le retard ; ce qui paroît fort équitable & conforme à l'article 6 du chapitre 117 de la Coutume du Comté de Haynault. Bouvot prétend (b) que l'estimation en doit être faite au taux des gros fruits de la Saint Martin. Il est sensible que si on suivoit ce sentiment, le Fermier pourroit tirer avantage de sa négligence, & profiter, au préjudice du propriétaire, des augmentations qui pourroient survenir.

(a) Tit. 12, art. 25.

(b) Quest. notab. *verbo* Grains d'amodiation.

Non-seulement le Fermier doit payer exactement, mais encore pendant sa jouissance il ne doit rien faire qui puisse allarmer la confiance du propriétaire.

1°. Il doit resserrer toutes les denrées provenant des différentes récoltes dans les magasins de la ferme, sans les déposer ailleurs ; ces effets sont le gage, & forment la sûreté du bailleur.

2°. Il ne peut pas les vendre au préjudice du propriétaire, sur pied, ou autrement; les fruits qui croissent dans une ferme appartiennent à la vérité au Fermier, mais d'un autre côté ils sont le gage certain du propriétaire, ils sont censés lui appartenir jusqu'à ce qu'il soit payé ; & si avant qu'il le soit ils sont vendus, divertis par le Fermier, ou saisis par ses créanciers, nous avons vu quel privilége en ce cas peut exercer le propriétaire.

3°. Il doit faire consommer les pailles & les foins qui

croiſſent dans la ferme chaque année pour fumer & amander les terres. Tout Fermier bon exploiteur eſt intéreſſé à tenir cette conduite qui ne l'empêche pas de vendre les pailles & les foins qui ſont ſurabondants ; mais ſi un Fermier, mauvais économe & diſſipateur, entreprenoit de vendre les pailles & les foins néceſſaires à l'exploitation, il n'eſt pas douteux que le propriétaire pourroit exiger qu'ils fuſſent conſommés dans les domaines de la ferme.

Lorſque le terme de la ferme eſt échu, le Fermier doit en payer le prix entier, à moins qu'il n'ait quelque diminution à eſpérer par forme de dédommagement & d'indemnité ; elle s'accorde ordinairement quand le Fermier a été privé des fruits de ſa ferme par des accidents imprévus, des grêles, des inondations, les ravages des gens de guerre, & en général par quelqu'un de ces cas fortuits qu'on appelle communément *vimaire*, force majeure. Il eſt queſtion de ſçavoir quand le Fermier peut eſpérer cette indemnité, & comment elle ſe doit régler.

Quand la ferme eſt d'un ſeul objet & pour une ſeule année, ſi l'héritage affermé eſt ravagé par un cas fortuit, ſans contredit le Fermier doit être déchargé du prix du bail, ou du moins obtenir une diminution proportionnée à la perte, parce qu'il n'y a pas eſpérance qu'un tel Fermier puiſſe être indemniſé les années ſuivantes ni ſur d'autres objets.

Les choſes ſe règlent différemment lorſque la ferme eſt compoſée de pluſieurs objets différents & pour pluſieurs années ; dans ce cas voici les diſtinctions que les loix ont faites, ainſi que les a remarquées Me Argou (*a*).

(*b*) Inſtit. liv. 3, chap. 27.

Le Fermier ne peut pas demander de diminution ſous prétexte qu'une année n'eſt pas ſi abondante que les autres, pourvu qu'elle ait produit quelque choſe au-delà des labours & des ſemences ; quand les fruits ne ſuffiroient pas pour payer tout le prix du bail, le Fermier ne laiſſe pas d'en être chargé. La raiſon eſt que s'il y a une fertilité extraordinaire, c'eſt lui ſeul qui en profite, ſans que le propriétaire puiſſe demander une augmentation de la ferme.

Les accidents qui arrivent ſur les fruits qui ont été recueillis, par exemple, quand les bleds & les vins ſont corrompus dans les greniers & dans les caves, ces accidents tombent en pure perte sur le Fermier; il est propriétaire des fruits dès le moment qu'ils ont été séparés des fonds, & c'est un principe de droit que la perte d'une chose doit toujours tomber sur celui qui en est propriétaire, lorsque la perte arrive par un pur hasard qui n'a été ni précédé ni suivi par la faute d'autrui.

Mais si les fruits qui n'ont pas encore été recueillis sont entièrement absorbés par un cas fortuit, ou si la terre n'en a produit aucuns, ou si peu qu'ils n'excèdent pas la valeur des labours & des semences, il faut encore distinguer; si cette perte a été continuelle & générale pendant toutes les années du bail, il est sans contredit que le Fermier doit avoir ou décharge du prix du bail, ou du moins une diminution relative à la perte, parce que d'ailleurs il peut y avoir quelques objets dans le bail qui n'ont pas été exposés à la vimaire.

Si la perte est survenue dans les dernières années du bail, dont les premières récoltes ont été fertiles, en ce cas il est juste de compenser le profit précédent avec la perte présente, au moyen de quoi le Fermier ne peut point demander de diminution; au contraire il en doit avoir si les premières récoltes n'ont pas assez produit pour égaler le profit avec la perte des dernières.

Si la stérilité a commencé dans les premières années du bail, alors il faut attendre l'événement des années suivantes pour sçavoir s'il y aura lieu à la diminution; & dans l'incertitude il faut donner la provision au Fermier, & suspendre le paiement du prix de l'année, ou du moins d'une certaine partie.

S'il est porté par le bail que le Fermier ne pourra demander aucune diminution pour quelque cause que ce soit, cela n'empêche pas qu'on ne lui en doive faire pour raison des vimaires. Comme ce sont des cas extraordinaires, on présuppose que les Parties ne les ont pas prévus, & qu'elles n'y ont pas porté leur pensée.

Si la clause de bail porte expressément qu'on ne pourra demander diminution pour toutes sortes de vimaires, cas fortuits prévus & non prévus, alors, dit M. Argou, il la faut suivre à la lettre, parce qu'il est à présumer que le propriétaire a diminué le prix courant du bail en considération de ce que le Fermier a bien voulu s'engager à une condition aussi dure & aussi extraordinaire. Tel est le sentiment de M. Argou; mais ce sentiment se trouve contredit par celui de plusieurs Auteurs très-graves & par une jurisprudence constante des Arrêts qui n'ont jamais eu d'égard à ces renonciations à toutes sortes de vimaires, cas fortuits prévus & imprévus, comme contraires à l'esprit des loix, qui, fondées sur l'équité & la bonne foi, veulent absolument que le propriétaire fasse jouir le Fermier de la chose affermée, & que où la jouissance du Fermier seroit interceptée par une force majeure, il soit déchargé de payer le prix de son bail.

1°. Charondas (*a*), Domat (*b*), le Grand sur la Coutume de Troyes (*c*), estiment que la renonciation à tous cas fortuits énoncée dans un bail ne peut s'étendre à ceux qui arrivent par le fait des hommes, comme les guerres, les ravages des soldats, les incendies, les séditions populaires, la ruine, la chûte des maisons; mais seulement à ce qui arrive naturellement par l'injure du temps, par stérilité, gelée, débordement de rivières, & autres semblables accidents.

(*a*) Pand. liv. 3, chap. 32.

(*b*) Loix civiles, liv. 1, tit. 4, sect. 3, n. 6.

(*c*) Art. 202, n. 8 & 29.

2°. Si on consulte la jurisprudence des Arrêts, nous en trouvons deux qui n'ont pas même admis cette distinction; le premier est du Parlement de Toulouse du 28 Avril 1655, rapporté par Albert (*d*). Quelques particuliers avoient affermé des Consuls d'une Communauté quelques isles situées dans le fleuve du Rhône; ces Fermiers, par leur bail, avoient renoncé *à tous cas fortuits prévus & non prévus, opinés & inopinés*. La peste survint, qui empêcha, même de l'ordre des Consuls, la communication à ces isles, ensuite dans une inondation le fleuve les emporta. Les Fermiers demandèrent à être déchargés de payer le prix de leur bail, & l'Arrêt le jugea ainsi sans s'arrêter à la renonciation portée par le bail. Le second Arrêt est plus moderne, & juge la question plus précisément, il est du 11 Mars 1724. Jean Papiau avoit affermé de la Dame de Brain en Anjou une prairie

(*d*) Recueil d'Arrêts, *verbo* Cas fort.

prairie située sur les rivières de Loire & d'Authion moyennant 7000 livres par chacun an. Par le bail il étoit stipulé « que le preneur ne pourra demander aucune diminution » pour raison des inondations des rivières de Loire & d'Authion, attendu qu'il étoit instruit que la Terre de Brain » étoit sujette à ces inondations ; il étoit même ajouté que » sans cette condition le bail n'auroit pas été passé ». Malgré une renonciation si expresse, & un cas si bien prévu, Jean Papiau, ayant perdu tous les fruits de sa ferme qui furent emportés les quatre premières années de son bail par des inondations successives de la Loire, demanda une diminution au Châtelet, qui par sa Sentence lui accorda 6000 livres, & l'Arrêt a confirmé la Sentence.

Il est donc bien constant que la renonciation à tous cas fortuits dans un bail est une clause illusoire, qui ne peut jamais profiter au bailleur & préjudicier au preneur. Si cependant le bail avoit été passé pendant une guerre ouverte, ou autre semblable calamité, sans prévoir par le Fermier les cas de non-jouissance, alors le Fermier ne pourroit demander aucune diminution. M. Maynard (*a*) dit que cette espèce a été ainsi jugée à son rapport par Arrêt du Parlement de Toulouse du 6 Mars 1589, en faveur du Commandeur de Grezan, qui en temps de guerre ouverte avoit affermé sans prévoir aucun cas de non-jouissance. Il est vrai qu'en considération de la guerre ouverte il étoit prouvé que le Commandeur avoit affermé à très-bas prix, eu égard à celui des précédents baux faits en temps de paix.

(*a*) Quest. no liv. 2, chap. 8

Sur tout ce que nous venons de dire à l'égard des diminutions que le Fermier peut demander pour cause de stérilité & autres cas fortuits, il y a trois observations à faire.

La première, que les diminutions que l'on peut demander pour cause de stérilité & autres cas fortuits, n'ont lieu que pour les baux qui sont faits à prix d'argent, ou en grains, ou autres fruits ; mais si le bail est fait à condition que le Fermier fournira seulement la culture nécessaire, & que les fruits seront partagés entre le propriétaire & lui, alors il n'y a point de diminution à demander ; ce contrat, à proprement parler, n'est pas un simple bail, c'est une espèce de ſociété dans laquelle chacun a le profit ou la perte de la portion qui lui eſt deſtinée.

En ſecond lieu, les règles que nous avons ci-deſſus établies prouvent de quelle néceſſité il eſt à tous Fermiers de tenir des regiſtres fideles & exacts du produit de tous les objets qui compoſent leur ferme par chacun an, afin que dans les cas où ils peuvent eſpérer des diminutions, ils ſoient en état de prouver les produits manquants, & que les objets en valeur n'ont pas été ſuffiſants pour compenſer les pertes que le Fermier a ſouffertes.

En troiſième lieu, le Fermier qui, en conſidération des pertes qui lui ont été occaſionnées par la force majeure, peut eſpérer quelque dédommagement du propriétaire, doit le demander ſix mois après l'événement. C'eſt le ſentiment de Dumée dans ſa *Juriſprudence du Haynault*. C'eſt auſſi la diſpoſition des articles 17 & 18 de la Coutume du Comté de Haynault.

Quelquefois un propriétaire obéré, chargé de dettes, & qui craint des ſaiſies & arrêts, afferme à condition qu'on lui paiera deux ou pluſieurs termes d'avance. Si par la ſuite il y a ſaiſie entre les mains du Fermier, il ne peut s'empêcher de vuider ſes mains des ſommes qu'il eſt cenſé devoir à ſon Maître, ſauf ſon recours contre lui; il n'eſt pas naturel de penſer qu'un Fermier paie d'avance le prix d'un bail dont il n'a pas joui; ainſi on regarde les paiements anticipés qu'il a faits, comme des ſommes qu'il a bien voulu prêter au propriétaire, pour leſquelles cependant il doit venir en contribution avec le ſaiſiſſant. Brillon, dans ſon *Dictionnaire des Arrrêts*, verbo *Bail*, dit qu'on l'a ainſi décidé à la Bibliothèque des Avocats le 27 Février 1715, & qu'il étoit préſent à la déciſion. Le cas ne feroit pas de difficulté dans la Coutume de Haynault; l'article 5 du chapitre 117 décide préciſément que tous Fermiers ne pourront valablement payer avant le terme échu au préjudice des créanciers: ce qui me paroît très-équitable & très-convenable pour éviter toute fraude.

Le Fermier, pour différer le paiement de ſon bail, ne peut pas eſpérer d'obtenir des Lettres de répi; dans le chapitre précédent nous avons vu quelle eſt à cet égard la diſpoſition de l'article 11 du titre 6 de l'Ordonnacce du mois d'Août 1669. Le Fermier ne peut pas non plus eſpérer d'être déchargé du prix & de l'exécution de ſon bail en faiſant une ceſſion de biens. C'eſt une maxime conſtante dans tous les Tribunaux, le ſentiment de tous les Auteurs, & même la diſpoſition préciſe d'un très-grand nombre de Coutumes.

Nous avons vu quels ſont les cas où le Fermier peut prétendre des diminutions ſur le prix de ſon bail; voyons maintenant ceux où il peut prétendre des dommages & intérêts.

Nous avons établi pour principe que le propriétaire eſt obligé de faire jouir ſon Fermier pendant tout le cours du bail; ſi donc pendant ce temps le Fermier eſt empêché par le propriétaire de jouir en tout ou partie des choſes affermées, s'il eſt expulſé de ſa ferme par le propriétaire, ſes héritiers ou ſes ayans-cauſe, il eſt ſans contredit dû des dommages & intérêts au Fermier dépoſſédé. Mais à combien montent ces dommages & intérêts? Nous n'avons aucune loi préciſe qui le détermine. On les règle ordinairement ſuivant l'état qu'en donne le Fermier, relativement aux circonſtances qui accompagnent ſa dépoſſeſſion, & qui ſont ſoumiſes à l'arbitrage du Juge. On examine les pertes que le Fermier a faites & les gains qu'il aura pu faire; on a égard à ſon déplacement, aux dépenſes qu'il lui a fallu faire pour s'établir dans la ferme, à la quantité de beſtiaux qu'il y a placés, à la qualité du commerce que ſa ferme lui a donné lieu d'entreprendre. Au Châtelet on a coutume d'accorder au Fermier évincé le tiers des fermages qu'il auroit payés pour les jouiſſances dont il eſt privé; mais cette règle n'eſt pas toujours fixe, & nous trouvons des Arrêts qui adjugent des dommages & intérêts bien plus conſidérables; on peut voir entr'autres dans la *Collection de Juriſprudence* de Deniſart, *verbo Bail*, l'Arrêt du 14 Mai 1729 contre le Marquis de Rannes; il accorde à ſon Fermier d'une terre affermée 6600 livres par an, la ſomme de 96617 livres de dommages & intérêts pour ſix années de non-jouiſſance. Ce cas eſt ſans doute extraordinaire, mais il prouve d'autant plus que les dommages & intérêts d'un Fermier dépossédé se règlent toujours suivant les circonstances.

Si le Fermier d'un usufruitier est dépossédé par l'héritier propriétaire de l'usufruit, il ne peut prétendre aucuns dommages & intérêts. Il en est de même d'un Fermier d'une douairiere, du Fermier d'un acquéreur qui est évincé par le retrayant; on y peut encore joindre le Fermier d'un Seigneur qui jouit d'une terre pendant la saisie féodale: dans tous ces cas, & autres semblables, le Fermier dépossédé n'a aucuns dommages à prétendre; parce que le Fermier qui sçavoit l'état des choses a bien voulu courir le risque de l'événement. Il en seroit autrement si le Fermier avoit eu un juste motif d'ignorer la qualité de son bailleur, si ce dernier ne l'avoit pas exprimée dans le bail; en ce cas le Fermier pourroit prétendre des dommages & intérêts contre son bailleur ou ses héritiers. C'est la décision de Duplessis dans son *Traité des Fiefs*, sur l'article 56 de la Coutume de Paris; & de Pontanus sur l'article 179 de celle de Blois.

Nous venons de parcourir les différentes obligations du Fermier à son entrée dans la ferme pendant sa jouissance; nous allons maintenant examiner comment il doit se conduire à sa sortie.

Lorsque le dernier terme de sa jouissance est expiré, le Fermier doit quitter les lieux sur le champ, à moins qu'il ne soit convenu d'un certain temps pour le déplacement de ses effets; mais ce temps passé il doit abandonner sa ferme, sinon le propriétaire peut le faire expulser par autorité de Justice, & faire jetter sa famille, ses meubles & ses effets sur le carreau.

Comme tout propriétaire est maître d'affermer son bien à qui bon lui semble, le Fermier sortant n'a aucune préférence à prétendre sur le nouveau Fermier; il ne peut pas non plus user de stratagêmes, encore moins employer les menaces ou la violence pour détourner ceux qui pourroient augmenter le prix de la ferme & la prendre à son préjudice. On trouve plusieurs exemples de Fermiers sévèrement punis pour de semblables excès.

Souvent les Fermiers, après avoir pendant plusieurs années

exploité une ferme, s'en regardent comme les propriétaires, & emploient toutes sortes de moyens, & même jusqu'aux voies de fait pour se perpétuer dans l'exploitation de cette ferme, malgré les propriétaires ; ils en disposent même en faveur d'autres particuliers par des cessions ou des partages. Ces abus ont sur-tout eu lieu dans la Généralité de Soissons & dans la Picardie, & les choses avoient été poussées si loin dans cette dernière Province, qu'il s'étoit formé entre les Fermiers une espèce de conjuration de se maintenir réciproquement dans l'indue possession des biens qu'ils avoient à ferme, sans qu'aucun pût prendre le bail de l'autre ni le déposséder de sa jouissance ; & ceux qui osoient l'entreprendre étoient exposés à perdre la vie par les mains du Fermier dépossédé & de ceux du canton. On avoit tâché par deux Arrêts du Conseil des 13 Août 1708 & 25 Mars 1724, de remédier à ces abus. Mais enfin le Roi, par une Déclaration du 20 Juillet 1764, enregistrée au Parlement le 9 Août suivant, interdit toute tacite réconduction pour les biens de campagne situés dans les Généralités de Soissons, Amiens & Châlons, si ce n'est du consentement des propriétaires, & en vertu d'un renouvellement par écrit de leur part ; & faute par les Fermiers de quitter leur exploitation au premier commandement, après l'expiration du bail, sur la dénonciation qui en sera faite au Procureur du Roi au Bailliage, ils seront emprisonnés, leur procès fait comme à des perturbateurs du repos public, & ils seront punis en cette qualité suivant la rigueur des Ordonnances. Il est défendu, sous les mêmes peines, à toutes personnes de s'immiscer, directement ou indirectement, dans l'exploitation des biens d'autrui, à titre de loyer ou autrement, sans le consentement par écrit des propriétaires. Il est défendu à tout Fermier de transpoter, céder, rétrocéder ou échanger sa ferme, sans le consentement par écrit du propriétaire, à peine de nullité de ces actes, & d'interdiction du Notaire ou autre Officier de Justice qui les aura passés, & les cessionnaires punis comme perturbateurs du repos public.

Ces Fermiers, pour maintenir leur jouissance usurpée

malgré le propriétaire, s'entendoient & se prêtoient la main pour troubler l'exploitation de quiconque osoit succéder à un autre, quand on étoit venu à bout de l'expulser : les domestiques du nouveau Fermier étoient maltraités, les terres, les bestiaux, les bâtiments se trouvoient endommagés, on ne pouvoit prendre aucune des personnes nécessaires à l'exploitation des terres ailleurs que dans le pays, & les étrangers qui osoient s'exposer à travailler dans les lieux où ces abus étoient enracinés couroient risque d'être au moins fort maltraités. Tous ces abus sont prohibés sous les peines les plus rigoureuses.

Si l'on venoit par hasard à bout d'expulser un Fermier, aucun autre ne vouloit lui succéder, & il falloit ou que la terre restât sans culture, ou qu'elle fût rendue à celui à qui elle avoit été ôtée. Pour remédier à cet abus, le Roi ordonne que, dans le cas où l'on ne trouveroit pas de Fermiers solvables pour remplacer les autres, les propriétaires fassent afficher, deux ans avant l'expiration des baux courants, sur les lieux & dans les Paroisses circonvoisines, que leurs biens sont à donner à ferme ; & si, dans les quatre mois des publications, il ne se présente pas de Fermier solvable, les communautés des lieux de la situation des biens seront chargés de les exploiter & d'en payer ler fermages suivant les anciens baux, ou suivant l'estimation qui en sera faite ; à l'effet de quoi les propriétaires seront tenus de dénoncer leurs publications & affiches aux habitants.

Il est enjoint, sous peine d'être poursuivis comme perturbateurs du repos public, à tous Fermiers, & autres qui exploitent sans bail ou autre écrit portant consentement des propriétaires, de quitter leur exploitation dans un an à compter du jour de la sommation qui leur en sera faite en leur domicile, en parlant à leur personne ; & faute par eux de satisfaire à cette sommation, l'année expirée, ils seront, sur la dénonciation des propriétaires, constitués prisonniers & punis comme perturbateurs du repos public.

Toute contestation qui naîtra sur l'exécution de cette Déclaration, & la punition des délits & contraventions, est attribuée en première instance aux Baillifs & Sénéchaux dans le reſſort deſquels les biens ſont ſitués, à l'excluſion de tous autres Juges ; ſauf l'appel en la Cour.

Le Fermier, en quittant ſa ferme, doit laiſſer tout ce qu'il quitte en bon & ſuffiſant état, en ſe conformant à cet égard à ſon bail, ou à l'état des réparations dont il s'eſt chargé ; ſans quoi on préſume que le Fermier a reçu tout en bon état, & on l'oblige à le rendre de même.

Si par ſon bail, ou autre convention, le Fermier s'eſt chargé de quelque groſſe réparation, il doit la faire recevoir par le propriétaire & en tirer décharge ; s'il n'eſt tenu que des réparations d'entretien, il doit laiſſer les bâtiments de demeure en bon & ſuffiſant état de toutes réparations locatives.

Si pendant le cours du bail le Fermier a fait conſtruire des bâtiments pour ſa commodité ; en quittant le bail, le propriétaire peut prendre ces bâtiments ſuivant l'eſtimation, ſinon le Fermier peut les faire démolir & en emporter les matériaux : ce qui doit s'entendre quand les bâtiments ont été faits avec le conſentement du propriétaire ; car s'ils avoient été conſtruits ſans ſon agrément, il pourroit empêcher de les détruire & de les démolir, parce qu'ils ſe trouveroient ſur ſon héritage & lui appartiendroient de droit. C'eſt la diſpoſition de quelques Coutumes.

A l'égard des pépinières, chenotières, olenières, & autres plantations de ſemblable qualité faites & entretenues par le Fermier, il peut emporter les ſujets après ſon bail expiré, en laiſſant la moitié au propriétaire, pourvu qu'elles ayent été faites du conſentement du propriétaire & ſix ans avant la fin du bail. Telle eſt la diſpoſition textuelle de l'article 517 de la Coutume de Normandie. Les Coutumes d'Aloſt (*a*), de Berhg-Saint-Vinox (*b*), & quelques autres du même canton, me paroiſſent avoir une diſpoſition plus ſimple & plus équitable que celle de Normandie ; elles décident que le Fermier qui a planté des arbres & des pépinières à l'expiration de ſon bail, eſt tenu de les offrir au propriétaire ſuivant l'eſtimation ; que ſi ce dernier les refuſe, le Fermier peut les enlever & les vendre ; qu'enfin ſi le Fermier fait un nouveau bail, il doit faire réſerve de ces arbres,

(*a*) Rub. 1[illegible] 10.

(*b*) Rub. [illegible] 12.

ſans quoi ces arbres ſeroient cenſés faire partie du fonds, & le Fermier n'en pourroit plus demander récompenſe.

Quant à ce qui concerne les autres héritages compris en ſa ferme, le Fermier doit les laiſſer, ainſi que le reſte, en bon état. Les champs & les pâturaux doivent être clos de leurs haies vives ou sèches; les vignes bien façonnées, les prés ſans taupinières, buiſſons ni fourmillières, bien unis & bien foſſoyés; les chauſſées des étangs & des moulins ſeront bien réparées. Le Fermier doit au moins laiſſer toutes ces choſes de même qu'il les a reçues & ſuivant l'état qu'il a dû avoir la précaution d'en faire faire à ſon entrée : car ſans cela, nous le répétons, le Fermier ſeroit réputé avoir reçu tout en bon état, & obligé de les rendre de même.

Si le Fermier, à ſon entrée, a pris les terres enſemencées pour la récolte ſuivante, il eſt ordinairement chargé de laiſſer à la fin de ſon bail autant de terres enſemencées & de même nature de grains qu'il en a trouvé en entrant. Si le Fermier a ſemé plus de terres qu'il ne doit, le propriétaire, ou ſon nouveau Fermier, ont la liberté de les retenir, en rembourſant ſeulement au Fermier ſortant ſes labours & ſes ſemences. C'eſt la diſpoſition des Coutumes. Brillon au mot *Ferme*, rapporte un Arrêt du 5 Août 1712 qui l'a ainſi jugé.

A l'égard des fumiers, foins, pailles & beſtiaux, ſi le Fermier les a reçus en nature, il doit en ſortant les rendre de même; les fumiers, foins & pailles en même quantité & qualité, les beſtiaux chef pour chef. S'il a reçu le tout en entrant par eſtimation, il doit, en ſortant, faire eſtimer le tout, le propriétaire appellé; ce dernier a la liberté de le prendre pour l'eſtimation en payant comptant; ſinon le Fermier, après une ſimple ſommation, peut enlever le tout.

Lorſque le Fermier a fini toutes ces opérations, lorſqu'il a ſatisfait à toutes les clauſes, charges & conditions de ſon bail, il doit payer le dernier terme de ſa ferme, & ſe faire donner une quittance générale. Enfin ſi en entrant on lui a donné une liève, il doit la remettre & tirer décharge. Dans la ſuite nous verrons ce que c'eſt que la liève, & quelles peuvent être les obligations du Fermier à cet égard.

Nous

Nous avons établi que le Fermier, pendant le cours de son bail, peut user des mêmes privilèges, saisies & exécutions que le propriétaire sur les débiteurs de la ferme; mais après le bail fini, Coquille, dans sa question 204, remarque judicieusement à son ordinaire que le bail fini, ce privilége cesse, parce qu'alors la procuration & le mandat général du Seigneur cessent. Ainsi pour le recouvrement des restants de son bail, le Fermier ne peut plus employer contre les débiteurs les saisies privilégiées; il doit se pourvoir par simple action: mais dans quel temps doit-il former cette action? Lhoste, Commentateur de la Coutume de Lorris, sur l'article 3 du chapitre 17, dit qu'il a été jugé à Sens par M. d'Aguesseau, Conseiller d'Etat & Président au Grand-Conseil, tenant l'Audience le 25 Février 1625 ...... *que les Fermiers des Seigneurs étoient non-recevables à demander & poursuivre leurs droits censuels trois ans après leur bail expiré*, ce qui paroît très-équitable. Quantité de Fermiers laissent accumuler exprès les cens, pour ensuite accabler les censitaires & les réduire à des compositions ruineuses; d'ailleurs cinq ou six ans après un bail expiré, le censitaire, sur-tout le paysan qui a payé, perd ses quittances; & si après un si long tems on le recherche, il court risque de payer deux fois. Ce fut sans doute pour obvier à ces inconvénients, que M. d'Aguesseau fit le Réglement que rapporte Lhoste, & ce seroit un bien général qu'il fût exécuté.

Des réconductions.

Lorsqu'un bail de maisons ou d'héritages de campagne est expiré, si le Locataire ou le Fermier continuent à occuper ou à exploiter, quoiqu'il n'y ait point de nouvelle convention entre les Parties, le silence du propriétaire fait présumer un consentement de sa part qui forme un contrat entre les Parties, qu'on appelle *tacite réconduction;* son effet est de faire jouir le Locataire ou le Fermier pendant un, deux ou trois ans, aux mêmes charges, clauses & conditions énoncées au précédent bail.

Quelquefois la réconduction d'un bail se fait par écrit ou par le consentement verbal des Parties; il faut alors s'en tenir à ce qui est stipulé par le contrat ou arrêté par la convention, dont cependant en cas de contestation on doit faire la preuve. Mais si la réconduction est purement tacite, il faut distinguer. Si le bail est de maison, soit à la ville, soit à la campagne, on entend de celles qui sont de simple habitation, de prés, vignes & autres héritages dont la récolte annuelle est toujours la même, la réconduction ne sera que d'une année; mais en toute autre espèce de biens de campagne, dont la culture demande un gros établissement & différentes saisons, la reconduction est toujours de deux ou trois ans, suivant les pays & les usages qui y ont lieu. La raison de décider est que le Fermier, payant le loyer des terres qui sont en repos pendant une année, en doit être récompensé par la récolte des années suivantes.

Dans le principe, la tacite réconduction n'est que d'un an; mais, comme dans les terres qui se cultivent par solle, il faudroit une indemnité au Fermier des terres laissées en jachères ou mises seulement en mars, l'usage s'est introduit de la faire durer trois ans, eu égard aux trois solles; que si on proposoit d'indemniser le Fermier, il paroît dans la règle de la réduire à une seule année.

Pendant la tacite reconduction l'hypothèque du propriétaire a bien lieu sur les fruits de la ferme, mais il ne peut l'exercer sur les biens du Fermier & de ses cautions; les uns & les autres à cet égard demeurent libérés à l'extinction du premier bail, dit Domat dans ses *Loix civiles* (*a*); il en seroit autrement si la réconduction étoit passée pardevant Notaires avec le Fermier & ses cautions, alors l'hypothèque reprendroit sa force contre les uns & les autres à compter du jour du second bail, & non pas du premier. Ferrière dans son *Dictionnaire*, au mot *Tacite réconduction*, rapporte un Arrêt du 22 Août 1604, qui l'a ainsi jugé. Brodeau sur Louet (*b*) rapporte aussi cet Arrêt; & le même Auteur, dans son Commentaire sur l'article 161 de la Coutume de Paris, dit que si la réconduction étoit sous seing privé, elle ne donneroit au propriétaire aucune hypothèque sur les immeubles du Fermier; il cite Dumoulin sur l'article 124 de la Coutume de Bourbonnois.

Si par le premier bail le propriétaire avoit la contrainte par corps contre son Fermier & ses cautions, elle est éteinte

(*a*) Du louage, tit. 4, sect. 4, n. 9.

(*b*) Lett. H, som. 22.

contre eux à la fin du bail, & elle ne peut plus être exercée pendant la tacite reconduction ; c'est une peine qui ne se supplée point, & c'est la remarque de Bornier sur l'article 7 du titre 24 de l'Ordonnance de 1667.

Quelques Fermiers ont prétendu que l'effet de la reconduction étoit de continuer la ferme pour autant d'années que dans le précédent bail. Si, par exemple, il étoit de neuf ans, la reconduction, selon eux, devoit être de neuf ans; mais cette prétention contraire à la disposition de quelques Coutumes, telles que Lille (*a*) & Poperinghe (*b*), a toujours été rejettée par la jurisprudence des Arrêts ; on peut voir entr'autres celui du 4 Février 1725 en faveur du sieur de Popincourt contre son Fermier. Cet Arrêt est rapporté par Bardet, tom. 1, liv. 2, chap. 30.

(*a*) Chap. 15 art. 10.

(*b*) Tit. 6, art. 6.

Nous avons quelques Coutumes (*c*) qui prescrivent que, pour empêcher la reconduction, le propriétaire doit avertir son Fermier, ou son locataire, trois mois avant l'expiration du bail; la même formalité est prescrite au Fermier: ensorte que si dans ce délai il n'y a point d'avertissement de part & d'autre, la reconduction est de droit. Il n'en est pas de même dans les autres Coutumes; le bail y finit précisément à l'expiration du dernier terme, passé lequel tems le Fermier doit vuider les lieux, sinon dans la huitaine suivante le propriétaire, comme nous l'avons observé, peut l'y contraindre, en faisant, de l'autorité de Justice, jetter ses meubles sur le carreau.

(*c*) Châlons, art. 274; Bar, artic. 202; Bourbonn. art. 124; Sens art. 258.

On a exposé plus haut les règles établies par la Déclaration du 20 Juillet 1764, au sujet des tacites reconductions relativement aux Généralités de Soissons, Amiens & Châlons.

CHAPITRE V.

Questions différentes sur l'exercice des Baux.

QUESTION PREMIÈRE. *Le Fermier d'une Seigneurie ne doit-il pas payer la taille pour les profits qu'il fait, ou plutôt à raison de l'exploitation qu'il fait ?*

Les Déclarations des 17 Février 1728 & 19 Mars 1747,

conformes à plusieurs Réglements antérieurs, assujettissent indistinctement tous les Fermiers à la taille. Les Chevaliers de Malte ont prétendu que les leurs étoient exempts de cet impôt; en conséquence le Procureur-Général du Grand-Prieuré d'Auvergne se pourvut au Conseil du Roi en cassation de deux Arrêts du Parlement de Dijon des 27 Mars 1705 & 5 Janvier 1706, qui avoient condamné deux Fermiers de Commanderies dépendantes de l'Ordre à payer la taille. Mais les deux Arrêts furent confirmés par celui du Conseil du 27 Mars 1708. Ce dernier Arrêt est rapporté dans la seconde partie des *Usages de Bresse* par Revel.

Ordinairement on impose les Fermier au sol la livre du prix de leurs baux. Cette imposition est un peu forte; mais c'est aux Fermiers, en passant leurs baux, à prendre leurs mesures à cet égard.

QUEST. II. *Si le Fermier d'une Terre avoit négligé les réparations d'un étang, & que par sa faute l'étang eût été emporté par les eaux, & eût causé un dommage considérable aux héritages inférieurs, le Seigneur ne seroit-il pas responsable du dommage en cas que le Fermier fût insolvable?*

Un propriétaire ne peut jamais être tenu de la faute de son Fermier qu'autant qu'il seroit en faute lui-même. Dans l'espèce présente, si le Fermier avoit averti à temps le propriétaire des réparations nécessaires à l'étang, & prouvât qu'il l'eût sommé de les faire, alors le propriétaire seroit en faute & tenu du dommage; mais hors ce cas, il ne peut être inquiété. C'est l'esprit de la *Loi 1*, §. 4, *ff. de his qui effuderunt vel dejecerunt*. Nous trouvons dans Boutaric sur les Institutes de Justinien (*a*), un Jugement souverain de la Table de Marbre du 23 Septembre 1732, conforme à cette loi. M. Azomar, Conseiller au Parlement, propriétaire d'un moulin situé sur la Garonne, fut renvoyé des dommages & intérêts contre lui demandés par le sieur de la Serre pour ravages causés dans ses héritages par les eaux

(a) Liv. 3, tit. 25, §.

du moulin & par la faute du Fermier. Ce Jugement prouve que jamais un propriétaire ne peut être tenu subsidiairement ni civilement de la faute de son Fermier, quand il n'y a pas de la sienne.

QUEST. III. *Un Fermier qui prend des bestiaux à titre de chepteil, est-il tenu de leur perte lorsqu'ils périssent par contagion ou mortalité générale ?*

Pour résoudre cette difficulté il faut se rappeller quelques-uns des principes que nous avons établis dans le chapitre précédent en parlant des cas fortuits.

1°. Il est incontestable que nul ne peut être tenu de cas fortuits aussi extraordinaires & aussi inévitables qu'une peste, une contagion, une mortalité générale. *Rapinæ, tumultus, incendia, aquarum magnitudines, impetus à nullo præstantur. L. 23, ff. de regul. juris.* Quand bien même le Fermier auroit renoncé par son bail à tous cas fortuits.

2°. Dans quelque chepteil que ce soit, ou de bêtes de fer, ou de bêtes à moitié croît, perte & profit, il est de principe que la propriété des bestiaux reste toujours au maître qui passe le chepteil, & non au paysan qui ne fait que prendre les bêtes sous sa garde pour les soigner & les faire servir à la culture des terres.

3°. C'est une maxime certaine que dans les cas fortuits la perte de la chose tombe sur celui à qui la propriété en appartient, & non sur celui qui en a la garde; *res domino perit.*

D'après ces principes, il est aisé de résoudre notre question, & de dire que la perte des bestiaux par cas fortuits, sans la faute du Fermier, tombe sur le propriétaire, suivant la règle *res domino perit;* il sera en outre dû au Fermier un dédommagement pour le défaut de culture occasionné par la mortalité des bestiaux. On trouve la question ainsi jugée par plusieurs Arrêts; 1°. par un Arrêt du Parlement de Dijon du 12 Avril 1715, à l'occasion de la mortalité des bestiaux, arrivée en 1714. Cet Arrêt ordonne que Pierre Desrasses, Fermier judiciaire des biens saisis réellement sur Dame Marie Rosselin, demeurera déchargé de la représentation des bestiaux énoncés dans un procès-verbal du 12 Février 1714; ordonne à Desrasses de remettre à la fin de son bail ceux qui sont échappés à la mortalité; sur les dommages & intérêts prétendus par Desrasses, ordonne qu'ils seront liquidés par Experts dont les Parties conviendront. 2°. Il y a encore deux autres Arrêts du Parlement de Paris, l'un du 23 Juin 1747, l'autre du 23 Janvier 1748, qui ont jugé de la même façon que celui de Dijon. Par la teneur de ce dernier, on voit que le Fermier qui veut obtenir sa décharge & son dédommagement, doit se mettre en règle, c'est-à-dire, faire constater par des procès-verbaux non suspects le nombre & la qualité des bestiaux enlevés par la mortalité, le propriétaire présent ou duement appellé.

QUEST. IV. *Si le Fermier d'une Seigneurie, qui pour la plus grande partie consiste en prairies & en paccages, permet à des troupeaux d'y paccager, le Seigneur qui n'est pas payé de sa ferme peut-il saisir ces bestiaux & les faire vendre, malgré les offres que les propriétaires font de payer le paccage de leurs bêtes?*

Cette question s'est présentée dans la Coutume de Normandie, où les paccages sont précieux, & forment dans certaines terres une partie considérable de leur revenu. On sent aisément que le Fermier d'une telle terre, mal intentionné, & de concert avec quelques paysans aussi peu honnêtes gens que lui, pourroit faire consommer par leurs bestiaux toute l'herbe des paccages, en retirer le prix, & frustrer par cette fraude le Seigneur de ses fermages. Dans cette hypothèse, le Seigneur qui n'est pas payé, & qui trouve les bestiaux d'autrui mangeant l'herbe de ses prés, & de ses autres paccages, peut les faire saisir & les faire vendre pour être payé de ses fermages. Basnage, dans son *Traité des Hypothèques*, rapporte un Arrêt de la Grand'Chambre du Parlement de Rouen, du 3 Juin 1683, qui l'a ainsi jugé. Cette rigueur inſpire de la crainte aux payſans, & les empêche de ſe prêter aux mauvais deſſeins des Fermiers. Il faut obſerver que, dans l'eſpèce de l'Arrêt ci-deſſus, les propriétaires avoient offert de payer le pâccage de leurs beſtiaux ſaiſis, & que la Cour n'y eut aucun égard.

QUEST. V. *Le Fermier général d'une Seigneurie, dans laquelle pluſieurs particuliers laiſſent des héritages ſans culture, ne peut-il pas les cultiver?*

La protection que l'Etat doit à l'agriculture & aux cultivateurs laborieux, a fait faire différents Réglements qui autoriſent un Fermier, ainſi que tout autre laboureur, à cultiver & enſemencer les terres qui, par la pareſſe & la négligence des propriétaires, reſtent long-temps ſans culture; pourvu que lors de la récolte on leur donne une portion convenable des fruits pour leur tenir lieu du loyer de leurs terres. On peut voir à cet égard l'Arrêt du Conſeil du 13 Octobre 1693, & la Déclaration du 11 Juin 1709.

QUEST. VI. *Le Fermier général d'une terre peut-il prendre les fruits d'un bois taillis en coupe réglée, lorſque la coupe ne ſe fait pas dans le cours de ſon bail?*

Cette queſtion ſe trouve décidée pour l'affirmative par un Arrêt du Parlement du 27 Septembre 1615, rapporté par Ferrière dans ſon Commentaire ſur l'article 48 de la Coutume de Paris. Du Perray, dans ſon *Traité du partage des fruits des bénéfices*, chap. 3, rapporte une très-ſcavante conſultation de Me Favières, du 4 Janvier 1696, qui décide conformément à l'Arrêt ci deſſus. La raiſon de décider eſt que généralement tous les fruits d'une terre appartiennent au Fermier général. Ainſi le Fermier d'un bail de neuf ans, pendant lequel on n'a fait aucune coupe d'un taillis qu'on a coutume de couper tous les dix ans, a droit de prendre ſur le nouveau Fermier neuf dixièmes du prix de cette coupe.

QUEST. VII. *Lorsqu'il y a une saisie & arrêt entre les mains d'un Fermier, pour en éluder l'effet, le propriétaire peut-il résoudre le bail; & le Fermier qui consentiroit à la résiliation seroit-il déchargé de la saisie & arrêt?*

Une saisie & arrêt faite entre les mains d'un Fermier, lie également le Fermier & le propriétaire. Ainsi dans le cas proposé, le Fermier qui, de concert avec le propriétaire, auroit consenti à la résiliation du bail au préjudice du saisissant, ne seroit pas pour cela déchargé vis-à-vis de lui des causes de la saisie & arrêt, à moins que le bail n'eût été résilié du consentement du saisissant, ou contradictoirement avec lui. Sans cela, il seroit facile d'éluder toutes les saisies & arrêts du monde. Ainsi un Fermier saisi n'a d'autre parti à prendre que de faire une sincère déclaration de ce qu'il doit, & d'offrir de vuider ses mains ainsi qu'il sera ordonné par Justice. Le propriétaire, d'un autre côté, n'a aussi d'autre parti à prendre que de consentir au paiement.

Il y a quelquefois des Fermiers assez peu scrupuleux pour payer le maître avant de faire leur déclaration, & qui ensuite affirment ne rien devoir. Mais ils doivent sçavoir que dans l'instant même de la saisie & arrêt ils ne sont plus les maîtres de disposer de ce qu'ils doivent; par autorité de Justice il leur est défendu de le faire jusqu'à ce qu'il en soit autrement ordonné. Ainsi un Fermier entre les mains de qui on a fait une saisie-arrêt, méprisant ces défenses, paie avant sa déclaration, & ensuite affirme ne rien devoir, commet une fraude, se rend coupable d'une désobéissance à Justice, & fait un faux serment d'autant plus punissable qu'il est plus réfléchi. Brillon, au mot *Affirmation*, n. 2, rapporte un Arrêt du Parlement rendu à l'Audience de la cinquième Chambre des Enquêtes, qui condamne un particulier en 500 liv. d'aumône applicable au pain des prisonniers, pour avoir fait une fausse déclaration.

QUEST.

QUEST. IX. *Le Fermier qui ne peut jouir à cause de la peste, peut-il continuer après ?*

Automne, sur l'article 39 de la Coutume de Bordeaux, résout la question. Il dit que la peste qui survient pendant le bail n'en opère point la résiliation, mais seulement la suspension ; que le Fermier doit continuer après la peste cessée pour le restant du bail, & que la question a été ainsi jugée au Parlement de Bordeaux par Arrêt du 11 Avril 1600.

QUEST. X. *Le Fermier général d'une Seigneurie n'a-t-il par le droit de chasser dans toute l'étendue de la terre ?*

Les principes que nous avons établis en parlant de la chasse, prouvent que le Fermier général d'une terre ne peut jamais avoir ce droit ; il est personnel au Seigneur qui en doit user par lui-même, & qui ne le peut céder ni affermer. Les Fermiers mêmes du domaine de Sa Majesté n'y peuvent pas chasser sans une permission expresse.

QUEST. XI. *Le Fermier général d'une terre qui a haute-Justice n'est-il pas tenu de payer les frais des procédures criminelles qui se font pendant son bail ?*

Le Fermier général d'une terre, dans le bail duquel sont compris tous les droits annuels & casuels que produit la haute-Justice, doit, sans contredit, frayer à tous les frais qu'occasionne l'exercice de la Justice ; il est chargé de tous les frais nécessaires pour faire punir les délinquants ; il est tenu de nourrir les enfants trouvés, de payer les gages des Officiers, quand même toutes ces choses ne seroient pas nommément spécifiées dans son bail. Il est juste que celui qui perçoit tous les émoluments de la Justice, en supporte les frais, s'il n'y a clause contraire au bail.

QUEST. XII. *Le Fermier d'une Seigneurie, chargé de faire passer reconnoissance des cens qui sont dus, comment fera-t-il pour s'acquitter de ce devoir?*

Il doit veiller aux temps & aux circonstances où il peut exiger des censitaires de nouvelles reconnoissances, & les faire reconnoître à leurs frais pardevant le Notaire de la Seigneurie, en observant de faire relater dans l'acte les titres de propriété des Parties, & d'y employer exactement les noms des nouveaux détenteurs, & les nouvelles jouxtes des héritages sujets au cens.

QUEST. XIII. *Un Fermier qui, par dol, connivence, négligence, ou autrement, laisse prescrire le cens ou la directe Seigneurie pendant le temps de ses baux, n'en est-il pas responsable?*

Lorsqu'une fois le Seigneur a remis entre les mains du Fermier son terrier non prescrit & en bonne & due forme, ensemble la liève de la Seigneurie bien & duement certifiée, alors c'est l'affaire du Fermier de veiller à ce que les cens & droits mentionnés au terrier & dans la liève soient exactement perçus, de façon que rien ne se perde; sinon il est sans doute garant des pertes que les droits du Seigneur pourroient souffrir; la négligence du Fermier lui est imputée. Il feroit encore bien plus répréhensible si on prouvoit qu'il y a du dol & de la connivence.

QUEST. XIV. *S'il se trouve du sel au fond d'un étang, comme cela arrive quelquefois après une grande sécheresse, ce sel appartiendra-t-il au Fermier?*

Despeisses, dans son *traité de l'usufruit*, sect. 3, n°. 6, dit avoir agité cette question & l'avoir décidée en consultation pour le Prince d'Orange, contre un de ses Fermiers. Sa raison de décider est que le sel trouvé de la manière que nous venons de dire est un don de Dieu qu'on peut regarder comme un trésor, qui étant trouvé n'appartient jamais au Fermier, mais toujours au propriétaire.

QUEST. XV. *Le Fermier général d'une Seigneurie peut-il sous-fermer le droit de banvin?*

En traitant de ce droit, nous avons fait voir que ce droit est personnel au Seigneur, qu'il en doit faire l'exercice par ses domestiques dans son château. L'Arrêt de Châteaumeillan que nous avons rapporté en son lieu, prouve que le Seigneur ne peut point affermer ce droit; ainsi le Fermier qui n'en peut pas jouir ne peut donc pas le sous-fermer.

QUEST. XVI. *Le Fermier du fief dominant peut-il saisir féodalement l'arrière-fief pour en avoir les fruits, lorsque le Seigneur, faute de foi & hommage & de droits non payés, affecte, refuse ou néglige de saisir?*

Si le Seigneur fait saisir, il n'y a point de difficulté que les fruits saisis appartiennent au Fermier, qui, par le bail général, a acheté tous les fruits de la Seigneurie: d'où on doit conclure que le Fermier, au refus du Seigneur, peut faire toutes les diligences nécessaires pour jouir de tous les avantages que lui donne son bail. Par conséquent si dans l'hypothèse proposée, le Seigneur ne saisit pas, le Fermier peut le faire pour gagner les fruits. C'est le sentiment de Dumoulin sur la Coutume de Paris, §. 1, glos. 1, n°. 21, & glos. 3, n°. 26. Boucheuil, sur l'article 82 de la Coutume de Poitou, n°. 4; Coquille sur Nivernois, chap. 4, art. 11, sont de même avis.

A l'égard de la formalité, en suivant l'article 2 de la Coutume de Paris, le Fermier doit faire faire au Seigneur une sommation de saisir, & à son refus faire faire une saisie féodale sous son nom, à la requête du Procureur-Fiscal, sur une commission du Juge. Cette procédure est approuvée par un Arrêt du 11 Mars 1681 rapporté au *Journal des Audiences*.

De même si, aux termes de l'article 26 de l'Edit du mois d'Août 1749, il avenoit à un Bénéficier quelqu'héritage dans l'étendue de la Seigneurie, il n'est pas douteux que le Seigneur n'en demandant pas la réunion, le Fermier pourroit le faire pour jouir des fruits; mais pour y parvenir, suivant l'article 29 de l'Edit, le Fermier doit se pourvoir à la Grand'Chambre du Parlement de Paris.

QUEST. XVII. *Le Fermier d'un fief saisi féodalement, qui a payé sa ferme d'avance, perdra-t-il ses fruits?*

Non, mais il n'a d'autre recours que contre son bailleur; le droit du Seigneur féodal étant plus ancien que celui du Fermier, & si privilégié que la saisie féodale l'emporte sur toutes les autres saisies. Clermont, chap 3, art. 25.

Si c'est un Fermier judiciaire qui est saisi féodalement, il doit dénoncer la saisie au Commissaire & aux Parties du décret, afin que si le vassal refuse de faire la foi & hommage, le Commissaire la fasse pour lui. Tel est l'usage.

QUEST. XVIII. *Le Seigneur peut-il, pour prendre son rachat, expulser le Fermier du fief servant?*

Il doit entretenir le bail, pourvu qu'il soit sans fraude & de bonne foi; Duplessis, sur les articles 56 & 57 de la Coutume de Paris: & ailleurs il ajoute que, sous prétexte de ce changement le Fermier, ne peut pas quitter le bail à son préjudice, dont cependant le vassal demeure garant envers son Seigneur. C'est ce qui est encore décidé par Bouhier dans ses *Observations sur Bourgogne*, chap. 45, nomb. 71. Il faut observer que le Seigneur qui prend son droit de rachat doit rembourser le Fermier de ses frais de labour & semences; autrement il prendroit plus que son droit de rachat qui ne consiste que dans les fruits. Orléans, article 71; Brodeau sur l'article 56 de la Coutume de Paris.

QUEST. XIX. *Le Fermier du fief dominant peut-il user du retrait féodal, s'il n'y a clause dans son bail ?*

Tout ce qui s'appelle fruits, ou qui peut en produire, doit appartenir au Fermier général dont le bail est sans exception ; ainsi point de doute que le Fermier ne puisse exercer le retrait féodal, jouir de la chose retirée pendant le bail. Mais comme le motif du retrait féodal est de réunir au fief dominant ce qui en avoit été démembré, le bail fini, le Fermier doit remettre l'arrière-fief retiré au Seigneur dominant, qui, de son côté, doit lui en rembourser le prix ; & s'il ne le fait pas, le fief retiré demeure au Fermier, & le Seigneur est tenu de l'ensaisiner. Bourbonnois, art. 474 ; Arrêt rendu sur l'ancienne Coutume de Paris du 3 Février 1571, rapporté par Duplessis.

Il faut observer que, si le Seigneur retire lui-même le fief, après le retrait, le Fermier, en vertu de la clause générale de son bail, qui comprend sans réserve tous les droits de la Seigneurie, a droit de percevoir pendant son bail les fruits du fief retiré, à l'exclusion du Seigneur.

QUEST. XX. *Les héritages qui, pendant le bail, échéent au Seigneur par commise & échoette, ou mortaille, appartiennent-ils en propriété au Fermier en vertu de la clause générale de son bail ?*

Non, il ne lui en appartient que les fruits, par la raison que le Seigneur, par son bail, n'a affermé que les fruits, & qu'il n'a jamais pu, par cet acte, aliéner la propriété des héritages qui lui sont reversibles à cause de son fief ; bien est vrai que, si le Seigneur néglige de demander la commise, le Fermier, sous son nom, pourroit se la faire adjuger & jouir des fruits pendant son bail, qui courront à compter du jour de la demande ; car avant de s'emparer d'une commise il faut en former demande en Justice & se la faire adjuger ; mais après le bail fini, la propriété des héritages tombés en commise doit rester au Seigneur.

QUEST. XXI. *Si un Seigneur, pendant le bail, affranchit un héritage mortaillable, le Fermier peut-il demander une indemnité, fondé ſur la commiſe ou la mortaille qui peut échoir pendant ſon bail?*

Cette indemnité eſt de toute juſtice, parce que le Seigneur ayant une fois affermé généralement tous les droits de ſa Seigneurie, il ne peut plus les diminuer au préjudice du Fermier; mais il ne peut pas demander ſon indemnité immédiatement après l'acte d'affranchiſſement paſſé : alors il ſeroit ſans action, ne s'agiſſant que d'une eſpérance pour l'avenir qui n'a rien de réel. Si, pendant le cours du bail, l'héritage affranchi tombe dans le cas de la commiſe ou de l'échoette, l'eſpérance s'étant réaliſée, il eſt en droit de demander ſon indemnité; on ne peut la lui refuſer, parce qu'alors il eſt réellement, par le fait de ſon bailleur, privé d'une choſe qui lui appartient.

Il faut encore obſerver que les fruits des héritages échus au Seigneur par deshérence, confiſcation, bâtardiſe, appartiennent au Fermier, de même que ceux de tous les droits que le Seigneur recouvre pendant le bail même par événement de procès qu'il auroit gagné; bien entendu toujours quand le bail eſt général & ſans réſerve.

QUEST. XXII. *A qui appartiennent les amendes, au Fermier ou au Seigneur?*

Le Fermier général d'une Seigneurie, s'il n'y en a réſerve expreſſe par ſon bail, a droit de jouir de toutes les amendes prononcées au profit du Seigneur. Parmi ces amendes il y en a qui ſont prononcées en Juſtice pour crimes, ou délits, ou contravention aux Ordonnances; il y en a d'autres qui ſont coutumières. Quant aux premières, le Fermier n'a autre choſe à faire que de les percevoir quand elles ſont prononcées; à l'égard des amendes coutumières, elles demandent un peu plus d'examen, & il eſt intéreſſant de ſçavoir ce que c'est, & quels sont les cas où elles peuvent avoir lieu.

L'amende coutumière est la peine imposée par les Coutumes à ceux qui ne paient pas le cens au terme & dans le lieu indiqué par les titres; cette amende dans la Coutume de Paris est de 5 sols parisis; dans d'autres plus forte, dans d'autres moindre, grand nombre n'en prononcent point du tout; à cet égard il faut se conformer aux Coutumes.

Le Seigneur ni son Fermier ne peuvent prétendre ces amendes si elles ne sont demandées & adjugées par Justice. Arrêts généraux des Grands-Jours de Clermont des 27 Novembre 1665 & 9 Janvier 1666; Coutume de Paris, art. 81; Normandie, art. 187.

Quand le Seigneur ne lève pas ces cens par lui-même, il doit faire publier que ses cens se paieront dans une telle maison où il fait élection de domicile, & que son Préposé y résidera pendant un mois; art. 1 & 2 de l'Arrêt ci-dessus du 9 Janvier 1666.

Si, le mois expiré, le censitaire ne porte pas son cens, alors il sera amendable à compter seulement du jour du mois expiré, & non du terme porté par le titre. Il est vrai que le terme porté par le titre est fatal lorsque le Seigneur reçoit lui-même son cens dans son château & sans dérangement; mais quand le Seigneur prend d'autres arrangements, & tels que ceux dont nous avons parlé, alors c'est le propre fait & la commodité du Seigneur dont le censitaire profite pour la prorogation du délai accordé.

Parmi les cens, il y en a qui sont querables & d'autres qui sont portables. Pour les premiers, le censitaire n'est sujet à l'amende que huit jours après qu'il est dû & demandé. Quant au second, l'amende est encourue du jour de l'échéance. Dumoulin sur l'art. 112 de la Coutume de Chartres; Blois, art. 113 & 114.

Les amendes n'arréragent point, on ne peut demander qu'une seule amende pour plusieurs années de cens non payées. Brodeau sur Louet, lett. A; Nivernois, chap. 5, art. 9; Orléans, art. 102; Arrêt du Parlement de Paris du 24 Juillet 1700, rapporté par l'Annotateur de Brodeau. Il est vrai qu'on peut citer quelques Arrêts qui ont jugé le contraire, que Brodeau même en rapporte deux; mais il y a apparence que les Juges ont été déterminés par les titres du Seigneur qui font la loi au censitaire, & auquel l'héritage n'avoit été accordé qu'à cette condition.

L'amende donc en question est personnelle, elle ne procède pas de la chose, mais seulement du retard de payer; d'où il suit, 1°. que si un particulier tient d'un même Seigneur plusieurs héritages, dont chacun sera chargé d'un cens séparé, avec amende, il n'en devra qu'une s'il ne paie pas au terme précis. 2°. Au contraire l'héritage chargé de cens étant partagé entre différents particuliers, chacun de ces particuliers encourra l'amende s'il ne paie pas sa cotité. Dumoulin, §. 78, glos. 4, n. 32, *in Consuetud. Paris.*

S'il y a plusieurs Seigneurs d'un même cens, ils ne peuvent exiger qu'une amende; si le Seigneur ou le Fermier ont donné quittance du cens sans réserve, ils ne peuvent plus demander l'amende; ils ne peuvent non plus l'exiger lorsque le censitaire justifie qu'il a eu des excuses légitimes pour ne le pas porter, comme s'il en eût été empêché par maladie violente, des inondations & autres causes semblables.

Quant aux amendes prononcées pour délits, elles appartiennent sans doute au Fermier; mais si le Fermier, après avoir fait les avances des frais de la poursuite criminelle, sortoit avant que l'amende fût prononcée, l'amende appartiendroit au Fermier entrant, mais le précédent Fermier pourra sur l'amende répéter les frais qu'il aura faits.

Il faut observer que, faute par le Fermier ou le Receveur de demander l'amende pendant trois ans, elle est prescrite; art. 387 de l'Ordonnance de 1629; Berry, tit. 12, art. 13, ne donne même que deux ans. Les amendes pour les délits des Eaux & Forêts ne se prescrivent que par dix ans, art. 25, tit. 22 de l'Ordonnance de 1669. Les Fermiers ni le Receveur ne peuvent point transiger avec les particuliers sur les amendes adjugées; Orléans, art. 82; Conférence des Ordonnances, liv. 2, tit. 3; liv. 9, tit. 19.

QUEST. XXIII. *Un Fermier a-t-il droit de prendre les lods & ventes d'un héritage vendu par le Seigneur pendant son bail ?*

Cette prétention a été proscrite par Arrêt infirmatif d'une Sentence des Requêtes du Palais en Juillet 1723, rapporté par Brillon, *verbo Bail*, n. 55. La raison est que le Seigneur ne peut pas se devoir des cens à lui-même, & que tous les héritages qu'il possede, il les tient ou en fief ou en franc-aleu ; si cependant le Fermier jouissoit de l'héritage, il seroit bien fondé à demander des dommages & intérêts résultants de la non-jouissance.

QUEST. XXIV. *Les lods & mi-lods servant d'indemnité due par les Gens de main-morte, appartiennent-ils au Seigneur ou au Fermier ?*

Ils appartiennent au Seigneur, parce que cette indemnité tient lieu des fonds dont la propriété réside dans le Seigneur seul, & que le Fermier, par son bail, n'a droit que de percevoir les fruits, soit fonciers, soit casuels. Voyez Boniface, tom. 4, l. 2, tit. 2, chap. 4, qui en rapporte Arrêt.

QUEST. XXV. *Un acquereur d'héritage paie les lods & ventes au Seigneur ; dans la suite le Fermier les demande à cet acquéreur : peut-il y être condamné ?*

Il faut distinguer si le bail du Fermier est public, c'est-à-dire, s'il a été lu, publié & enregistré au Greffe de la Justice ; ou s'il ne l'est pas : au premier cas on doit payer au Fermier, & au second au Seigneur. Voyez Pocquet de Livonière, *Traité des Fiefs*, liv. 3, chap. 7, pag. 251 & 252. Il faut observer qu'un Seigneur direct qui a un Fermier, dans le bail duquel sont compris les lods & ventes, n'en peut pas faire remise, à moins qu'il n'en tienne compte au

Fermier, par la raison toute simple qu'on ne peut pas faire libéralité du bien d'autrui.

QUEST. XXVI. *Un ancien bail dans lequel sont énoncés d'anciens droits de la Seigneurie, peut-il être un titre suffisant au Seigneur pour les affermer, & au Fermier pour les percevoir?*

Un semblable titre ne peut jamais être valable, s'il n'est suivi d'une longue possession paisible & bien suivie. En effet il arrive souvent que les Seigneurs, dans leurs aveux & dénombrements, & dans leurs baux, y comprennent des droits éteints par la prescription, & dont même les débiteurs ont été déchargés par Arrêt.

QUEST. XXVII. *Est-il permis à un Fermier de faire composition avec un censitaire pour le paiement des cens qu'il lui doit, de le décharger de la solidité, & sous ce prétexte d'augmenter le cens?*

Il se trouve des particuliers qui, pour se faire décharger de la solidité, ne demanderoient pas mieux que de faire ce que nous proposons, & de donner encore un bon pot-de-vin au Fermier; mais ces sortes de compositions sont presque toujours des exactions & des monopoles; ces compositions ne pourroient être admises qu'autant qu'il seroit prouvé qu'elles auroient été faites avec équité, sur un également arrêté avec tous les co-solidaires, & du consentement du Seigneur; autrement le Fermier seroit garant de tout ce qu'il auroit fait à son préjudice.

QUEST. XXVIII. *Le Fermier est-il tenu de payer les cens dus sur les héritages compris en son bail, quoiqu'il n'en soit pas chargé?*

Il n'en est pas du cens comme de toutes autres rentes ou dettes particulières pour lesquelles les créanciers ne peuvent que saisir & arrêter entre les mains du Fermier; mais pour le cens, il est dû sur les fruits que l'héritage sujet au cens produit. Si, faute de paiement, le Seigneur direct saisit ces fruits, le Fermier, qu'il ait payé le prix de sa ferme ou non, ne peut s'empêcher de souffrir l'effet de la saisie, ou de payer, sauf son recours contre le propriétaire, s'il n'est pas tenu par son bail de payer les charges réelles.

QUEST. XXIX. *Un Fermier qui a payé le prix de sa ferme par avance, dont les fruits sont saisis féodalement & enlevés, perdra-t-il les fruits?*

Si le Seigneur dominant a fait saisir féodalement, & s'il a fait enlever les fruits pour son droit de rachat, il n'a fait que ce qu'il lui étoit libre de faire par la loi des fiefs. Le droit du Seigneur féodal est plus ancien & plus privilégié que celui du Fermier, qui en ce cas n'a d'autre voie que d'exercer son recours contre son bailleur. Pour éviter l'enlèvement des fruits, le Fermier peut offrir au Seigneur le prix d'une année de sa ferme pour son droit de rachat. Si le bail est de bonne foi, le Seigneur pourroit accepter l'offre; mais si le Seigneur vouloit absolument jouir par lui-même, le Fermier seroit dans la nécessité de le souffrir, sauf encore une fois son recours contre son bailleur.

QUEST. XXX. *Si dans le terrier & la liève il y a des redevances en grains, sans expliquer la qualité, en quels grains pourra se faire payer le Fermier?*

Cette question a beaucoup été controversée & jugée différemment. Quelques-uns ont pensé qu'il falloit payer en froment, & Cujas, le docte Cujas, a dit qu'il falloit payer en bled-seigle; on auroit souhaité qu'il eût apporté de cette singulière décision une bonne raison fondée en équité. Le judicieux Coquille me paroît avoir mieux rencontré, en statuant que le débiteur en sera quitte s'il paie le bled tel qu'il croîtra dans la terre sujette au cens. En effet, la redevance doit être relative à la nature du terrein qui la doit. Au surplus l'article 8 du Réglement général des Grands-

Jours de Clermont, pour le paiement des droits ſeigneuriaux, décide la queſtion conformément à l'avis de Coquille, & depuis il y a un Arrêt conforme du 25 Mai 1699, rapporté par Ricard ſur l'article 199 de la Coutume d'Amiens.

QUEST. XXXI. *Un Fermier à qui il eſt dû pluſieurs années de cens en grains, peut-il les faire payer toutes en eſpèces?*

L'article 4 du Réglement ci-deſſus décide qu'il ne peut demander que la dernière année en eſpèce, & les autres en argent; ſuivant les mercuriales; ce qui eſt généralement pratiqué: & lorſque le Fermier & le cenſitaire ne s'accordent pas pour faire la liquidation, il faut ſe pourvoir pardevant le Juge du lieu pour y procéder.

QUEST. XXXII. *Un Fermier peut-il exiger des cenſitaires pour les bleds qu'ils doivent, un plus haut prix que celui des mercuriales?*

C'eſt une vexation dont ſouvent les Fermiers uſent pour voler ou accabler de malheureux payſans; mais s'ils avoient le courage ou le moyen de s'en plaindre, on ne pourroit s'empêcher de leur rendre juſtice & de punir le Fermier ſuivant la rigueur de la loi. L'article 7 du Réglement ci-deſſus veut que l'on condamne le Fermier à la reſtitution du quadruple & en une punition corporelle.

L'article 13 aſſujettit les Fermiers à donner aux cenſitaires des quittances de tous les cens qu'ils reçoivent, d'en ſpécifier la quantité & la qualité.

L'article 14 veut que les Fermiers reçoivent des cenſitaires tout ce qu'ils offriront, quand même ils ne paieroient pas tout ce qu'ils doivent, qu'on leur donne quittance du reçu, ſans préjudice du ſurplus & de la ſolidité.

Il arrive ſouvent que des Fermiers avides refuſent les grains qui leur ſont offerts par les payſans, ſous prétexte qu'ils ne ſont pas recevables & aſſez beaux. L'article 3 du Réglement a encore pourvu à cet abus; il autoriſe les débiteurs à faire au Fermier ou au Seigneur des offres réelles; & pourvu que le bled soit du plus beau qu'on ait recueilli dans la terre sujette au cens, le Fermier doit le recevoir. Qu'il seroit à souhaiter que le sage Réglement dont nous venons de parler, si favorable aux cultivateurs, fût ponctuellement exécuté dans les campagnes où il est à peine connu ! Il arrêteroit quantité de friponneries de la part des Fermiers, & accorderoit aux paysans une protection qui leur est plus nécessaire que jamais.

Les Fermiers doivent encore sçavoir que, lorsqu'ils sont payés en entier d'un censitaire, ils doivent lui donner quittance pure & simple & sans aucune réserve; il n'y a presque point de Fermiers qui, par une espèce de routine, ne mette dans ses quittances: *sauf & sans préjudice de plus, & de plus grands droits ;* ces réserves ne sont ni justes ni raisonnables vis-à-vis d'un homme qui ne doit rien.

QUEST. XXXIII. *Un Fermier peut-il se servir du nom du Seigneur pour former une demande en censive, ou autres droits mentionnés en la liève ?*

Comme ces droits, ainsi que tous les revenus de la Seigneurie, appartiennent au Fermier en vertu de son bail, c'est à lui à en poursuivre le paiement pardevant le Juge des lieux en première instance. L'abus n'est que trop ordinaire de voir tous les jours ces sortes de demandes formées au nom des Seigneurs, qui ayant droit de *committimus*, traduisent les paysans dans des Tribunaux étrangers éloignés de leurs domiciles, les ruinent en frais ; si le paysan intimidé veut l'éviter, il faut qu'il se laisse accabler par le Seigneur ou par le Fermier; cependant le censitaire ne manque point de loix précises dont il pourroit se servir pour faire proscrire de semblables demandes.

L'article 24 du titre 4 de l'Ordonnance des *committimus* veut que les demandes en reconnoissance de censives, & paiements d'arrérages qui en sont dus, ne puissent être faites en vertu de *committimus*. Il en est de même des évocations & attributions de Jurisdiction au Grand-Conseil, qui ne peuvent jamais avoir lieu pour les matières dont il s'agit. Lorsque la mouvance est contestée, ou lorsqu'il s'agit du fonds des rentes, il n'est pas douteux que le Seigneur peut user de son *committimus*, s'il en a; mais hors ces cas, un Seigneur ne doit jamais permettre que pour la moindre bagatelle son Fermier abuse de son nom pour tourmenter ses censitaires & ses sujets, d'autant que, si le censitaire étoit bien conseillé, le Seigneur pourroit en avoir du désagrément. En effet, le censitaire peut exciper que les arrérages qu'on lui a demandés sous le nom du Seigneur, appartiennent à son Fermier; il peut même exiger le serment du Seigneur, s'il n'est pas vrai qu'il en a passé bail, ou bien lever ce bail & le signifier : la demande alors tomberoit, & le Seigneur seroit condamné aux dépens. Mais comment un malheureux paysan pourra-t-il faire valoir ces moyens dans un Tribunal étranger, souvent fort éloigné de son domicile? Où trouvera-t-il l'argent nécessaire pour sa défense? Que ceux qui ont imaginé que pour rendre le paysan docile il falloit l'écraser, doivent se féliciter de voir leurs idées si bien remplies! Graces à l'industrie de ceux à qui l'exécution de ce systême a été confié, les laboureurs désertent tous les jours nos hameaux & nos villages, ou y périssent prématurément accablés sous le poids de la misère & du travail; ceux qui survivent n'offrent que des visages havres & languissants; on ne voit plus dans les campagnes ce spectacle riant, qui forçoit ceux qui autrefois en étoient témoins, de s'écrier :

O fortunatos nimiùm, sua si bona norint,
Agricolas!

CHAPITRE VI.

Des Lièves.

LES Lièves sont des registres sur lesquels les Seigneurs, leurs Régisseurs ou leurs Fermiers mettent les sommes qu'ils ont reçues des censitaires, avec leurs noms, la date de leurs reconnoissances, dans le même ordre qu'elles sont portées au papier terrier de la Seigneurie.

Il est extrêmement important au Seigneur & au Fermier que ces registres soient toujours en règle; au Seigneur, parce qu'ils empêchent la prescription & sont très-utiles pour la rénovation du terrier; au Fermier, parce qu'ils facilitent beaucoup la perception des droits & cens de la Seigneurie.

Pour que la Liève puisse former au Seigneur un titre capable d'empêcher la prescription, on doit observer que la recette faite dans la Liève ne le doit pas être par le Seigneur : personne ne peut se fabriquer un titre à soi-même. En second lieu, qu'elle ne doit pas être faite par son Receveur ou Régisseur, *quia jure civili domesticum testimonium improbatur*, L. 20, *cod. de testibus*. Il n'y a donc que la Liève tenue par un Fermier, signée & affirmée de lui, revêtue de toutes ses formalités, qui puisse faire foi en Justice, non pour prouver le cens, car une Liève ne peut jamais produire cet effet, mais, comme nous l'avons dit, pour empêcher la prescription du cens, & même de sa quotité, lorsque la recette de la Liève est conforme aux reconnoissances du terrier.

Si, d'un autre côté, le Seigneur veut que les Lièves lui soient de quelqu'utilité pour la rénovation du terrier, & pour faciliter la perception de ses cens, il doit, à la fin de chaque bail, être attentif à ce que les Fermiers lui remettent les Lièves en bonne & due forme : en quoi les Seigneurs souvent autorisent par leur négligence des abus de la part des Fermiers qui ne peuvent être que très-préjudiciables aux intérêts des Seigneuries.

En premier lieu, souvent le Fermier chargé par le bail de donner une Liève en forme, n'y travaille qu'à la dernière extrêmité; alors on ramasse à la hâte les comptes qu'on a faits avec les censitaires; avec ces mémoires informes on figure un livre de recette, qui souvent à chaque article ne contient autre chose sinon qu'on a reçu d'un tel pendant les neuf années du bail les cens qu'il devoit; on juge aisément combien un tel ouvrage est peu capable de produire aucun des avantages qu'on doit espérer d'une Liève bien faite.

En ſecond lieu, ſi un Fermier eſt continué pendant pluſieurs baux, ſouvent les Seigneurs négligent à la fin de chaque bail de lui faire rendre ſa Liève, de ſorte qu'il ſe paſſe quelquefois trois ou quatre baux ſans qu'il en donne; quelquefois encore il vient à mourir ſans en fournir, alors quelle confuſion dans le terrier! la preſcription s'en mêle, il faut ſoutenir une multitude de procès, faire des recherches coûteuſes, renouveller enfin le terrier; tout cela ne ſeroit point arrivé ſi pendant le cours de chaque bail le Seigneur avoit été attentif à obliger le Fermier de commencer ſa Liève, & ſi à la fin de chaque bail celui-ci avoit été exact à la remettre.

Les inconvénients dont on vient de parler démontrent aſſez la néceſſité des Liéves, & c'eſt ce que recommande Papon en ces termes: « Pour ſecourir à ce, & à la perte des » vieux titres, doivent les Seigneurs directs donner ordre » à la recette ordonnée de leurs cens & rentes, comme » dreſſer Liéves & papiers de raiſon, où tous tenanciers & » ce que chacun doit ſoient inſcrits d'an en an avec les paie» ments, & les faire autoriſer de dix ans en dix ans par les » Officiers des lieux ».

Ce qu'on preſcrit ici pour les cens & rentes devroit encore être obſervé par les Fermiers pour la perception de chacun des autres droits ſeigneuriaux dont ils devroient tenir regiſtre ſéparé, ſur-tout pour les corvées; ſans cette attention il arrivera ſouvent qu'on ſe trompera en exigeant plus ou moins que ce qui eſt dû.

Après avoir prouvé la néceſſité & l'utilité des Liéves, il convient d'enſeigner comme elles doivent être tenues pour qu'on en puiſſe tirer les avantages qui en ont introduit l'uſage.

1°. En commençant ſon exploitation le Fermier fera faire un regiſtre, & ſur des feuillets ſéparés il inſcrira les noms des cenſitaires, la quotité & la nature des cens que chaque particulier doit, en marquant les *folio* du terrier où ſont les reconnoiſſances qu'il datera; il obſervera de laiſſer des marges aſſez grandes pour faire mention des mutations qui arriveront ſoit dans les perſonnes, ſoit dans les héritages.

2°.

2°. Il faut collationner & vérifier avec le Procureur-Fiſcal ſi tous les articles mis en la Liève ſont conformes au terrier ; & afin qu'on n'y puiſſe rien ajouter, ils ſeront paraphés par le Procureur-Fiſcal.

3°. Il faut porter la Liève au timbre & la faire timbrer, l'Ordonnance des Aydes le preſcrit formellement.

4°. Il faudra requérir le Juge du lieu d'en parapher tous les feuillets par premier & dernier, en faire dreſſer procès-verbal, dont expédition ſera jointe à la Liève.

5°. Le Fermier écrira jour par jour les paiements qui lui ſeront faits, au bas de chaque article, & fera ſigner le cenſitaire, s'il le ſçait ; il ſe fera un devoir & une règle de ne recevoir aucuns droits ſans donner de quittance ſignée de lui ; il ne peut la refuſer au cenſitaire qui a droit de l'exiger.

6°. Après avoir compté avec tous les cenſitaires, le Fermier leur fera ſigner leur compte, dans lequel ſera fait mention de ce que redoit le cenſitaire, & s'il n'y a point procès à cet égard, afin de conſtater l'état dans lequel il laiſſe les choſes.

7°. Toutes ces formalités remplies exactement, le Fermier, à la fin de ſon bail, préſentera ſa Liève au Juge, affirmera que les reçus qu'il a faits ſont ſincères, en fera dreſſer procès-verbal, dont expédition demeurera jointe à la Liève.

8°. Le Fermier remettra ſa Liève au Seigneur, dont il tirera une décharge.

Les règles qu'on preſcrit ici pour la forme & la tenue d'une Liève, ſont plus que ſuffiſantes pour perpétuer la filiation des héritages qui y ſeront contenus, ſans qu'il s'en puiſſe éclipſer un ſeul, ſur-tout ſi l'on charge le Fermier de ne recevoir aucuns lods & ventes, quints & requints, marciages, reliefs, ſans faire paſſer aux nouveaux tenanciers des reconnoiſſances; auquel cas le terrier ſera toujours nouveau. Si les Fermiers & les Seigneurs étoient exacts à obſerver tout ce qu'on vient de dire, ils s'épargneroient à eux-mêmes & à leurs cenſitaires quantité de procès ruineux.

Il nous reſte un avis à donner aux Fermiers qui ſe chargent

quelquefois, mais fort imprudemment, de rendre à la fin de leurs baux la Liève orientée ; c'eſt-à-dire, que tous les articles d'héritages ſujets au cens compris dans la Liève ſeront revêtus de leurs jouxtes & confins nouveaux. Une telle clauſe eſt capable de ruiner un Fermier qui n'en connoît pas la force ; s'il la connoiſſoit, il ſe donneroit bien de garde de s'en charger ; & pour le lui prouver, il ſuffit de lui obſerver qu'il n'y a preſqu'aucune différence entre le travail de renouveller un terrier en ſon entier, & celui de fournir les nouveaux confins des héritages ſujets aux cens & droits mentionnés en la Liève. En effet, quand cette dernière opération, la plus laborieuſe & la plus diſpendieuſe de toutes celles qui ſont néceſſaires pour parvenir à la rénovation d'un terrier, eſt faite, quand les nouveaux confins des héritages ſont certains, le terrier eſt preſque fait, il ne s'agit plus que de faire connoître les détenteurs, ou de les faire condamner.

Il y a plus, ſi après que le Fermier aura fait beaucoup de dépenſes, & ſe ſera donné beaucoup de peine pour orienter ſa Liève, le Seigneur veut vérifier l'ouvrage, s'il y trouve des erreurs, il faudra le recommencer, & ce ſera double dépenſe.

Un Seigneur qui, en affermant ſa terre, donne à ſon Fermier une Liève, eſt ſans doute garant des cens, redevances & droits qui y ſont énoncés. C'eſt le ſentiment de Papon en ſes Arrêts, liv. 11, n°. 17 ; de Boucheuil ſur la Coutume de Poitou, art. 157, num. 9 & 10. Enſorte que, ſi pendant le courant du bail le Seigneur affranchiſſoit le cenſitaire de quelqu'un des cens énoncés en la Liève, s'il en perdoit quelques-uns par l'événement d'un procès, il ſeroit tenu d'en dédommager le Fermier. Si au contraire le Seigneur récupéroit quelques cens pendant le courant du bail, ce ſeroit au Fermier de le percevoir, & non au Seigneur, comme nous l'avons établi ailleurs. La raiſon de décider eſt que le Seigneur doit garantir à ſon Fermier la jouiſſance de toutes les choſes qu'il lui afferme. Ainſi lorſqu'en paſſant le bail il a une fois remis au Fermier une Liève contenant tous les cens en argent ou en grains affermés, le Seigneur doit les garantir; le Fermier eſt cenſé avoir compté là-deſſus, & ſur le compte qu'il a fait, avoir reglé le prix de ſon bail.

On ne peut trop recommander aux Fermiers à qui on a remis une Liève pour la perception des droits affermés, de ne point exiger des cenſitaires de plus grands droits ou plus onéreux que ceux qui ſont énoncés dans la Liève; ce ſeroit une exaction puniſſable d'une peine auſſi rigoureuſe que celle que méritent les perſonnes publiques qui commettent de ſemblables monopoles, & qui ſans droit & ſans qualité font des levées de deniers ſur les Sujets de Sa Majeſté. On peut même ajouter qu'il n'y a point de prévarication plus criante que celle d'un Fermier qui abuſe de ſon bail & des titres que le Seigneur lui a remis entre les mains pour écraſer tous les malheureux payſans qui ſont dans ſes liens; ſouvent intimidés par la crainte des pourſuites ou d'un procès avec le Seigneur ou avec le Fermier, ils paient tout ce qu'on extorque d'eux. Quelles richeſſes que celles amaſſées par de ſemblables voies! *Carbones ardentes ſuper caput peccatoris.*

CHAPITRE VII.

Des Ventilations.

IL arrive ſouvent, dit Domat, que pluſieurs choſes étant vendues toutes enſemble pour une ſomme, ſans diſtinction du prix de chacune, il eſt enſuite néceſſaire de ſçavoir ce prix en particulier, & de régler combien doit valoir chacune de ces choſes ſur le pied du prix unique pour toutes. Ainſi la ventilation n'eſt autre choſe qu'une opération par laquelle on fixe l'eſtimation particulière d'une choſe vendue conjointement avec une autre pour un même prix, ce qui principalement a lieu en trois occaſions.

1°. Quand par un même contrat, & pour un même prix, on a vendu pluſieurs fiefs ſitués en différentes Seigneuries, ou un fief avec des rotures, & quand le Seigneur dominant veut retirer le fief; alors pour sçavoir le prix que le retrayant doit rembourser à l'acquéreur il faut faire l'estimation de l'héritage sujet au retrait, non pas eu égard à sa propre valeur, mais eu égard aux héritages compris dans la vente, & à la valeur particulière de chacun d'eux, & à la totalité du prix fixé par la vente.

2°. Lorsque quelqu'un, par un même contrat & pour un même prix, a acquis plusieurs héritages mouvants de différents Seigneurs, pour fixer les droits dus à chaque Seigneur, il est nécessaire de ventiler la vente; dans ce cas, ainsi que dans le précédent, la ventilation doit être faite aux frais de l'acquéreur, il doit s'imputer la faute de n'avoir pas fixé le prix de chaque héritage en particulier. La Cour l'a ainsi jugé, au moins pour le cas du retrait féodal, par Arrêt rendu en la Grand'Chambre le 29 Décembre 1730, au profit de Madame de la Griffe, contre M. de Moras, acquéreur, pour un même prix, de plusieurs fiefs, dont quelques-uns relevoient de Madame de la Griffe, & sur lesquels elle avoit exercé le retrait féodal. Cet Arrêt est rapporté par Denisart, *verbo Ventilation*.

Si la ventilation étoit faite par le contrat, comme il arrive assez ordinairement, & si elle étoit faite de façon à blesser les droits du Seigneur, il est hors de doute que le Seigneur pourroit demander une nouvelle ventilation pour régler ses droits à leur juste quotité; dans ce cas, si la fraude étoit prouvée, la ventilation seroit encore aux frais de l'acquéreur. C'est l'esprit de l'Arrêt du 4 Mars 1750, rendu contre l'acquéreur de l'hôtel de Cambray situé à Paris Place des Victoires, au profit de M. l'Archevêque de cette Ville, de qui l'hôtel relevoit en censive.

3°. La ventilation a encore lieu lorsqu'on fait estimer séparément le fonds & la superficie, eu égard à la valeur du total & au prix qu'il est vendu & adjugé. Cette opération est nécessaire lorsqu'il y a des créanciers privilégiés sur le fonds, & d'autres sur la superficie; ce qui arrive ordinairement quand le vendeur du fonds n'a pas été payé en tout ou partie, & quand l'acquéreur a fait bâtir avec des deniers empruntés à cet effet, ou lorſque les frais des bâtiments ſont dus aux entrepreneurs ou aux ouvriers.

De ce que nous venons de dire, il ſuit que la ventilation eſt une opération ſouvent très-importante pour les Seigneurs, leurs Fermiers & les particuliers qui à cet égard peuvent avoir affaire avec eux; il eſt donc auſſi très-important & pour les uns & pour les autres de connoître les règles néceſſaires pour faire une ventilation équitable. Preſque tous nos Auteuts, dit Freminville, & cela eſt vrai, ont parlé de la ventilation & des cas où elle eſt néceſſaire, mais aucun d'eux n'a enſeigné la manière d'y procéder; l'Auteur dont nous venons de parler eſt le premier qui ait frayé ce chemin, nous allons donner un précis des principes qu'il a établis.

La première démarche que doivent faire les Seigneurs & les Parties intéreſſées à une ventilation, eſt de choiſir chacun de leur côté d'habiles Experts d'une probité reconnue, qui joignent à la connoiſſance du local la ſcience des droits ſeigneuriaux; ſans quoi des Experts, s'il s'agit ſurtout de ventiler une grande Seigneurie ou des fiefs particuliers, ne pourront jamais faire une bonne & juſte eſtimation de ces différents objets.

Lorſque les Parties ſont convenues d'Experts, chacune leur doit remettre les titres, les mémoires néceſſaires pour leur opération & pour les inſtruire de leurs intérêts reſpectifs; les Parties peuvent encore accompagner les Experts ſur les lieux contentieux pour les leur indiquer, leur faire les obſervations néceſſaires : mais elles ne peuvent point être préſentes aux différentes eſtimations qui doivent être rédigées en particulier hors la préſence des Parties, afin, dit très-judicieuſement *Hévin* ſur l'article 238 de la Coutume de Bretagne, que les Experts ne ſoient point divertis d'une ſaine eſtimation par autorité, par complaiſance, par menaces & par clameurs.

C'eſt dans la ſeule Coutume de Bretagne que les eſtimations ſe font par trois Experts, que les héritages nobles & poſſedés par des nobles ne peuvent être eſtimés que par des Experts nobles, que tous les Experts doivent arrêter leurs estimations sur les lieux; ces usages n'ont point lieu dans le reste du Royaume. Mais cette même Coutume de Bretagne a deux dispositions dont la pratique est générale; la première contenue dans les articles 245 & 246, est que toute estimation d'héritages doit se faire sur le produit des fruits de dix années accumulées & comptées ensemble : la dixième partie sera le juste revenu de chacune année; & le principal de la somme à laquelle monte ce revenu net, déduction faite de toutes charges d'entretien, de réparations, de servitude, de culture, sera le prix de l'héritage sujet à l'estimation. La seconde disposition de la Coutume de Bretagne dont nous venons de parler est portée dans l'article 264 du titre *du Prisage*; elle ordonne que les Experts & les Arpenteurs qui auront prévariqué dans leur ministère seront condamnés, sçavoir, les Experts à refaire leur estimation à leurs dépens; les Arpenteurs en une amende arbitraire, & en cas de récidive à être privés de leurs états, & les uns & les autres en outre condamnés aux dommages & intérêts des Parties.

Les Experts, avant de procéder à leur opération, prêteront serment en Justice de la faire en leur loyauté & conscience, & lors de la prestation de leur serment ils ne doivent manquer de se conformer à ce qui leur est prescrit par l'Arrêt de Réglement du 7 Septembre 1717, qui porte: « . . . . . . Les Experts sont obligés, sous peine d'*amende* » *arbitraire*, même de *punition corporelle*, de déclarer, *en-* » *core qu'ils n'en soient requis*, s'ils ont eu auparavant commu- » nication des pièces des Parties qui leur seront représentées, » & s'ils ont donné leur avis ».

C'est une observation importante à faire, que dans les estimations on ne peut avoir aucun égard aux vues personnelles & particulières qui ont déterminé le vendeur & l'acquéreur lors de la vente; les Experts ne doivent envisager que les avantages généraux qui peuvent en soi rendre l'héritage plus utile & plus fructueux.

Il est maintenant question de faire agir les Experts. On leur suppose pour objet une Terre de 300000 livres, composée d'un château, de plusieurs fiefs, d'héritages en censive & en franc-aleu, qui jouit de la haute-Justice, des droits honorifiques, & de plusieurs autres droits seigneuriaux.

Pour commencer la ventilation d'une semblable Seigneurie, les Experts fixeront d'abord le prix de la vente; si c'est un contrat volontaire, il n'y faut pas comprendre les frais & loyaux-coûts; si c'est une adjudication judiciaire, il n'y faut pas non plus comprendre les frais de criées & autres pour parvenir à l'adjudication. Penser autrement, c'est une erreur de nos vieux Auteurs. Aujourd'hui la jurisprudence est constante que les frais du décret ne font point partie du prix principal de l'adjudication, & ne doivent point de lods & ventes.

Distraction des meubles compris en la vente.

Il n'est guère possible d'acquérir une terre sans que dans la vente il ne s'y trouve compris quantité de choses mobiliaires qui, comme telles, ne peuvent être sujettes ni au retrait féodal, ni aux lods & ventes: il convient donc d'en distraire le prix sur le principal de la vente; & pour le faire avec précision, il est nécessaire de bien sçavoir quelles choses sont meubles & immeubles, ou réputées telles. Pour en instruire les Experts & les Parties, nous allons leur indiquer ce qui est plus généralement décidé, soit par l'usage, soit par les Coutumes, soit par la Jurisprudence.

1°. Il n'y a point de difficulté que les meubles meublans du château sont meubles; mais on répute immeubles tout ce qui est attaché à fer & à clou, scellé en plâtre, *ad perpetuum usum.* Ces objets ne reprennent leur première nature de meubles que quand ils sont détachés & séparés du mur. Les Experts doivent cependant observer que ce qu'on dit des choses attachées à fer & à clou, ou scellées en plâtre, ne doit s'entendre que quand elles l'ont été par le propriétaire du château ou de la maison; il en seroit autrement si elles l'avoient été par un Fermier, un locataire ou un usufruitier; on présume qu'ils ne les ont ainsi attachées que pour en avoir l'usage pendant leur ferme ou leur usufruit. De même les arbres, les pépinières qu'ils ont plantés sont réputés meubles; ils peuvent les emporter à la fin de leur bail, de leur usufruit, si l'acquéreur du fonds n'aime mieux leur en payer la valeur.

2°. L'artillerie & les autres armes destinées pour la défense du château, l'horloge, la cloche, les ornements de la Chapelle, tout cela est réputé immeuble.

3°. Les bustes & statues posés sur des bases séparées du corps des murs sont réputés meubles, parce qu'on peut les transporter sans fraction; ils sont au contraire réputés immeubles si ils sont dans des niches ou sur des piédestaux incorporés dans les murs du château; c'est donc la manière dont ces statues sont posées qui les caractérisent meubles ou immeubles. Par Arrêt du 9 Juillet 1629, on regarda comme immeubles deux statues qu'un Chanoine de l'Église Cathédrale de Mâcon avoit fait poser dans une maison dépendante de son Canonicat sur des bases aux deux côtés de son escalier; il y a apparence que les bases étoient incorporées dans l'escalier, ce qui prouve la destination des statues à perpétuelle demeure. Par autre Arrêt du 13 Mars 1610, il fut jugé au contraire qu'une statue du Roi Henry IV d'une valeur considérable, posée dans une maison sur une base qu'on pouvoit changer de place, étoit meuble.

4°. Les moulins à bras, les moulins sur batteaux, sont réputés meubles; quant aux moulins à vent, quelques Coutumes, comme Bourbonnois, article 282; Nivernois, chap. 26, article 8, les réputent meubles; dans d'autres Coutumes ils sont réputés immeubles. Voyez Paris, article 90; Orléans, art. 352; Laon, art. 102; Reims, art. 23; Berry, tit. 4, art. 3.

5°. Il faut encore consulter les différentes Coutumes pour se décider sur les pressoirs & les cuves; l'art. 90 de la Coutume de Paris répute ces objets meubles lorsqu'ils peuvent se démonter & se transporter sans fraction; & immeubles dans le cas contraire. L'article 6 du titre 4 de la Coutume de Berry les répute immeubles dans tous les cas.

6°. Les pigeons du colombier à pied sont réputés immeubles, & les pigeons de volières meubles. Les poules, les oyes, les canards, & autres volailles nourries dans la bassecour du château, sont aussi meubles & sujets à ventilation.

7°.

7°. Les lapins de la garenne, les mouches à miel sont censés immeubles. Voyez les Commentateurs sur l'art. 90 de la Coutume de Paris.

8°. Les bestiaux gros & menus de toutes espèces, tenus à titre de chepteil, sont meubles ; il n'en est pas de même des bestiaux destinés pour la culture des fonds, des instruments d'agriculture ; ils sont immeubles.

9°. Suivant l'article 92 de la Coutume de Paris, le bois coupé, les bleds séparés du sol sont réputés meubles ; ils sont réputés immeubles quand les bois sont sur pied & les bleds pendants par les racines.

10°. Suivant le même article, les foins fauchés sont meubles, ainsi que les pailles & autres fourages qui sont dans les greniers du château & des métairies.

11°. Les fumiers & les grains réservés pour la culture des terres sont ventilés comme meubles ; il est vrai que dans la vente ils sont réputés immeubles pour l'acquéreur ; mais comme il peut les transporter ailleurs, on les ventile comme meubles.

12°. Les semences qui sont dans les terres sont ventilées comme meubles ; l'art. 252 de la Coutume de Bretagne dit que les bleds ensemencés seront estimés comme semences & labourage jusqu'au premier Mai, & ledit jour passé, qu'ils seront prisés pour ce qu'ils peuvent rapporter en grain & en paille au mois d'Août, déduction faite des frais de semence & de labourage.

13°. L'empoissonnement des étangs, canaux & fossés du château sont réputés meubles ; le poisson dans les étangs, canaux & fossés, est réputé immeuble, à moins que la pêche n'en tombe dans le temps que l'acquéreur entre en jouissance.

14°. Les bateaux, chaloupes, barques & navires, de quelque prix & valeur qu'ils soient, sont meubles. Voyez l'art. 3 de la Coutume de Calais, & l'art. 519 de la Coutume de Normandie.

15°. Les presses d'Imprimerie sont meubles ; jugé par Arrêt du 30 Juillet 1598 entre les héritiers de Robert Etienne.

16°. Les matériaux, comme des pierres, des tuiles, des bois de charpente nouvellement apportés sur le lieu pour bâtir, sont meubles jusqu'à ce qu'ils soient employés; mais les matériaux qui proviennent de la démolition d'un bâtiment, & laissés sur le lieu pour le rétablir, sont réputés immeubles.

17°. Les échalats préparés pour être employés à une vigne sont meubles; ceux au contraire qui sont attachés à la vigne, ou bien séparés, mais disposés pour les y remettre, sont censés immeubles.

Voilà à peu près tous les objets qui sont décidés meubles ou immeubles. Dans la ventilation les Experts doivent commencer par distraire le prix de ce qui sera réputé meuble. Ainsi dans la terre que nous avons supposée du prix de 300000 livres, s'il y a pour 30000 livres de meubles, distraction faite de cette somme, il restera 270000 livres à répartir sur les objets qui composent le restant de la vente.

Estimation du château.

Cet objet, qui comprend la maison qui sert de logement au Seigneur, quelque grande, quelqu'embellie qu'elle soit, ne s'estime jamais plus que la dixième partie du prix principal de la vente; c'est l'usage, ainsi que la disposition de plusieurs Coutumes. Or si dans la terre, à qui nous donnons pour prix la somme de 300000 livres, il y a un château, quelque magnifique qu'il puisse être, il ne sera jamais estimé que 30000 livres.

Estimation des droits de Justice.

Quelques-unes de nos Coutumes, comme Bourgogne & Nivernois, portent l'estimation de la Justice haute, moyenne & basse au dixième du revenu de la terre. Coquille a remarqué avec raison que cette estimation est exhorbitante, & qu'on ne doit pas la suivre; elle pouvoit être bonne au temps de la réformation des Coutumes, les Seigneurs alors exerçoient quantité de droits qui ne subsistent plus. Freminville penſe que la Juſtice ne doit être portée qu'au vingtième du revenu de la Terre, & je crois que cette eſtimation eſt encore trop forte. Il eſt vrai qu'on afferme le Greffe, que cet objet joint aux amendes & aux épaves, produit quelque choſe de fixe; mais le tout eſt ſouvent abſorbé par les frais qu'il convient de faire pour la pourſuite des affaires criminelles & pour l'entretien des enfants trouvés. Les Experts à cet égard auront donc l'attention de ſe faire inſtruire par mémoires, par le rapport des baux, par le témoignage de perſonnes qui peuvent le ſçavoir, du produit des dix années précédentes, pour en compoſer une année commune, les faux-frais défalqués.

Eſtimation des droits honorifiques.

Ils émanent toujours de la haute Juſtice; & quoiqu'ils ne rapportent aucun produit, ils n'en ſont pas moins précieux, ſur-tout lorſqu'il y a droit de patronage; ainſi les Experts doivent les eſtimer relativement à la grandeur, au titre de la Seigneurie, à la dignité du Seigneur. Quelqu'ineſtimables que ſoient les droits honorifiques, il eſt cependant de la prudence des Experts de les porter à un prix modique, mais proportionné, & eu égard aux obſervations ci-deſſus.

Eſtimation des fiefs & arrières-fiefs qui relèvent de la Seigneurie.

La mouvance & les accidents des fiefs & arrière-fiefs qui relèvent d'une Seigneurie forment une partie de ſon revenu, & quelquefois très-conſidérable: ces objets, dans la ventilation d'une terre, doivent donc être eſtimés; mais pour procéder à cette eſtimation avec équité, il faut obſerver avec attention la nature des fiefs, les pays où ils ſont ſitués, & les Coutumes qui les régiſſent.

En pays de Droit écrit, dans quelques Coutumes, comme Bourbonnois, Auvergne, Bourgogne, & autres, les fiefs ne doivent que la bouche & les mains, ils ne produiſent aucun profit au Seigneur dominant, il n'y peut profiter que par le droit de retenue en cas de vente, ou par les accidents qui peuvent donner lieu à la commise, à la confiscation, aux saisies féodales, qui sont des événements très-rares. Les Experts ne peuvent estimer que très-peu de chose la mouvance de cette espèce de fiefs.

Il y a quantité de Coutumes où les fiefs sont assujettis aux droits de quint, requint, relief, rachat & autres droits envers le Seigneur dominant; il y en a d'autres où les fiefs doivent en outre le droit de chambellage, le cheval de service & autres semblables devoirs; dans ces Coutumes la mouvance des fiefs donne souvent des profits considérables; c'est donc aux Experts, lors de l'estimation de la mouvance des fiefs & arrière-fiefs, à faire ces distinctions, à approfondir les devoirs dont ils peuvent être chargés & qui rendent les profits plus ou moins considérables.

Il n'est guère possible de donner à la mouvance des fiefs une évaluation certaine : les Coutumes de Bourgogne & de Nivernois la fixent au dixième du revenu pour les fiefs, & au vingtième pour les arrière-fiefs; mais cette évaluation n'est nullement proportionnée entre ces deux Coutumes : en Bourgogne les fiefs ne sont que de danger, & ne produisent aucuns profits au Seigneur dominant, sauf le casuel de la retenue en cas de vente, & du danger, qui consiste dans le droit qu'a le Seigneur de saisir féodalement le fief lorsque le nouvel acquéreur en prend possession sans avoir rendu la foi & hommage. En Nivernois au contraire les fiefs, lors des ventes, doivent le quint qui se prend même en dedans du prix de la vente, au lieu que dans les autres Coutumes il se prend en dehors, ce que nous avons expliqué ailleurs.

Estimation des droits seigneuriaux.

En procédant à l'estimation des droits seigneuriaux, les Experts doivent observer deux choses.

1°. De n'estimer que ceux qui sont en plein exercice; ce qu'ils doivent juger sur les baux ou sur les mémoires qui leur seront représentés par les Parties; ils doivent aussi faire mention de ceux qui sont litigieux.

2°. En estimant certains droits, comme les dixmes, la bannalité des moulins, des fours, des pressoirs, des halles, les Experts doivent non-seulement estimer le fonds des droits, mais encore les bâtiments qui servent à les percevoir, comme le moulin, le four, le pressoir, la halle, la grange & les celliers destinés à renfermer les bleds & les vins qui proviennent des dixmes.

Estimation des droits de bannalité des fours, moulins, pressoirs, halles & boucheries bannales.

Ces droits sont estimés par année commune sur le produit des dix dernières années, ou sur le montant des baux, de façon que, si le produit des dix dernières années monte à 1000 livres, réparations & charges déduites, l'année commune sera de 100 livres, ce qui donnera un capital de 1000 livres.

Si ces droits sont affermés en grains, comme il arrive souvent, l'estimation s'en fera suivant les mercuriales des dix dernieres années; on en fera un capital dont le dixième sera l'année commune, en observant de prendre la valeur des grains suivant ce qu'ils ont valu au marché des lieux, s'il y en a, sinon au plus prochain, & le plus près de l'échéance des termes.

Estimation du droit de banvin.

Ce droit, ainsi que nous l'avons observé en son lieu, ne s'afferme jamais; le Seigneur doit le faire exercer par ses domestiques: les Experts se feront donc instruire du produit de ce droit pour en fixer l'estimation par année commune.

Estimation des droits de leyde, mesurage, minage, &c.

Les Fermiers des Seigneurs lèvent ordinairement ces droits par eux-mêmes lorsqu'ils sont compris dans le bail général, rarement ils les sous-ferment; cependant cela peut arriver : il peut encore se faire que les Seigneurs en fassent des baux particuliers ; en ce cas les Experts se feront représenter les baux ; mais s'il n'y en a point, ou si le droit est confondu dans le bail général, les Experts l'estimeront par année commune, après s'être exactement informés du produit des dix dernières années.

Estimation des corvées.

On suppose que tous les Justiciables de la Seigneurie doivent par chacun an trois corvées de leurs bœufs & charrettes, s'ils en ont, ou trois corvées à bras, s'ils n'en ont pas. Les Experts se feront donner un rôle ou un état de toutes ces corvées, & ils fixeront celles à bœufs à 20 sols, & les manœuvres à 5 sols ; cet objet devroit être porté plus haut, si le Seigneur n'est pas obligé de nourrir les corvéables & leurs bestiaux ; mais s'il y est tenu, on pense que l'estimation est raisonnable.

Il y a sur les corvées une observation très-essentielle à faire ; il peut arriver que tous les Justiciables en général doivent par chacun an 700 corvées à bœufs & 800 à bras; les Experts ne doivent point estimer la totalité de ces corvées, ils doivent examiner si le Seigneur, pour ses besoins personnels, peut consommer toutes ces corvées ou une partie, & quelle est cette partie. Il y a des Seigneuries qui ont le droit d'exiger par chacun an plus de 800 corvées à bœufs, & plus de 1200 manœuvres, & qui ne peuvent pas en consommer le tiers ; en ce cas il est de l'équité de ne pas estimer un plus grand nombre de corvées que le Seigneur n'en peut employer pour ses besoins annuels, soit en réparations, soit pour l'approvisionnement de sa maison, soit pour la récolte des fruits.

On critiquera peut-être cette observation, mais on doit réfléchir que cette estimation n'est que pour le temps présent de la ventilation, qui doit être de la valeur intrinseque, & qu'elle ne diminue point le nombre des corvées qui sont dues au Seigneur.

Estimation des péages par eau & par terre.

De tous les droits seigneuriaux, il n'y en a point qui doivent être estimés à plus bas prix que les péages, par deux raisons ; la première, parce que ces droits sont très-casuels, & qu'ils peuvent diminuer par quelque révolution de commerce ; la seconde, parce que ces droits sont domaniaux ; ils n'ont été concédés par le Roi qu'à la charge de l'entretien des chemins, ponts & chaussées utiles au commerce. Comme tous ces objets sont maintenant à la charge du Roi & des Provinces, quantité de péages sont aujourd'hui inutiles, par conséquent sujets à suppression, & en effet on en supprime tous les jours. Si, malgré ces observations, les péages sont affermés depuis dix ans, les Experts en useront, comme nous l'avons ci-devant enseigné, avec modération, en déduisant toutes les charges & les réparations annuelles.

Estimation du droit de Bac.

Ce droit est domanial, ainsi que les péages, avec cette différence, que les bacs ayant toujours leur utilité, ils ne courent pas risque d'être supprimés comme les péages ; les Experts estimeront ce droit sur le prix des baux ou par année commune, déduction faite de l'entretien du port, des chemins & du bac.

Estimation du droit de blairie.

La plûpart des Seigneurs font faire chaque année un rôle de tous les redevables de ce droit ; ainsi il sera facile aux Experts de l'estimer par année commune sur la représentation du rôle. Si la perception du droit se fait sans rôle, on en trouvera le détail dans les lièves & registres de recette de la Seigneurie, sur lesquels les Experts pourront aisément former un capital du produit pour en composer l'année commune.

Estimation du droit de guet & garde, & de la taille aux quatre cas.

Les Experts doivent peu faire attention à ces droits; celui de guet & garde étoit anciennement attaché à plusieurs Seigneuries qui avoient des châteaux & des forteresses, où ils retiroient leurs sujets en temps de guerre; ce qui n'a plus lieu, du moins dans l'intérieur du Royaume; ainsi le droit n'existe plus. Si cependant il est abonné en argent, & bien reconnu par les Justiciables, l'estimation en devient aisée. Quant à la taille aux quatre cas, nous avons vu en quoi ce droit consiste; comme il est extrêmement casuel, & que les cas d'exiger cette taille n'arrivent pas quelquefois dans le cours d'un siècle, les Experts n'en doivent point faire d'estimation particulière, ils doivent le porter avec les droits honorifiques.

Estimation des droits d'usage dans les bois du Roi, & de la pêche.

Si dans les bois du Roi, ou dans ceux d'autres Seigneurs il y a des droits d'usage attachés à la Seigneurie, soit pour y prendre du bois à bâtir ou de chauffage, soit pour le paccage des bestiaux & l'engrais des porcs, les Experts estimeront ces droits pour ce qu'ils peuvent valoir par année commune.

Le droit de pêche est seigneurial & utile, il peut être affermé; ainsi il doit être estimé sur le produit des baux s'il y en a, sinon suivant l'étendue & l'importance du droit. Quant à la chasse, c'est un droit, comme nous l'avons vu, purement personnel au Seigneur, qui ne s'afferme pas, & qui par conséquent n'est point au rang des droits utiles; les Experts ne doivent ni ne peuvent le comprendre dans leur estimation.

Il y a quantité d'autres droits seigneuriaux attachés à une Seigneurie qu'il seroit trop long & même impossible de rapporter ici; mais dans les exemples que nous venons de donner,

donner, des Experts intelligents trouveront des règles suffisantes pour ventiler équitablement les droits dont nous ne parlons pas.

Estimation des directes, des cens, des bordellages, & des marciages.

Après avoir fait la ventilation des droits seigneuriaux, les Experts procéderont à celle des directes, des cens, & autres devoirs dus à la Seigneurie.

Le premier est le cens simple ordinaire portant lods & ventes & directe Seigneurie. Suivant la Coutume de Nevers, chap. 37, art. 12, & Bourgogne, le cens de cette espèce s'estime seulement pour le double de sa valeur; mais cette estimation n'est pas proportionnée : aussi n'est-elle pas adoptée par plusieurs Coutumes, telles sont Bourbonnois au titre *des Assiettes;* Perche, art. 39; la Marche, art. 414; Auvergne, tit. 31, art. 32, & quantité d'autres, fixent cette estimation au denier 30 à cause des casualités; cette évaluation est établie & suivie par la jurisprudence des Arrêts.

Le cens consiste souvent en argent, grains & gelines; pour en faire une juste estimation, on commence par faire un total de tous les grains de chaque espèce, on prend ensuite les mercuriales pour fixer le prix de chacune pendant les dix années précédentes, suivant le prix qu'elle a valu au marché, le plus près de l'échéance des termes; on fera un total de chaque espèce, dont on prendra le dixième, qui sera l'année commune, auquel on joindra le montant de l'argent & des gelines; si le tout monte à 40 livres, on y joindra 20 livres pour former le denier 30; le tout donnera 60 livres de revenu annuel, dont le principal sera de 1200 livres.

Il y a quelques Coutumes, comme Poitou, Tours, Nivernois, où les grains censuels sont estimés; si dans ces Coutumes on suit encore cette ancienne estimation, les Experts doivent s'y conformer.

Nous avons vu combien sont onéreux les devoirs de

bordellages établis par la Coutume de Nivernois; par l'article 12 du titre 31, ces droits doivent s'estimer un quart moins que le cens, c'est-à-dire au denier 22 ½, ce qui est encore bien fort.

A l'égard des droits de marciage, tels que nous avons vu qu'ils sont établis dans les Coutumes locales de Billy & de Verneuil en Bourbonnois, & dans d'autres Provinces, sous d'autres noms, on pense qu'ils seront portés à leur juste valeur au denier 25. Ainsi en supposant qu'il y ait des marciages pour 40 livres de revenu, il faudra y ajouter 10 livres pour former le denier 25, ce qui donnera un capital de 1000 livres.

Estimation des tailles réelles & des mains-mortes.

Les devoirs de taille en la Coutume de Bourbonnois doivent être mis dans la même classe que les bordellages; il n'y a de différence que dans la personne du taillable qui, s'il cesse de payer la redevance, n'encourt pas la commise de l'héritage comme le tenancier du bordellage. Ainsi les Experts, dans une ventilation, ne feront aucune distinction entre ces deux devoirs. En effet, quand le Seigneur permet la vente du bien taillable, il a droit d'exiger la moitié du prix pour les lods & ventes, ce qui récompense bien le Seigneur du droit de commise qu'il n'a pas sur les héritages taillables. On observera encore que, dans les Coutumes où les devoirs de taille emportent commise, elle n'a plus lieu que pour les laïcs, elle a été supprimée pour tout le Clergé par l'Edit du mois d'Août 1749; ainsi ceux qui possèdent de ces sortes de biens dans la mouvance des Ecclésiastiques & autres gens de main-morte, ont la liberté d'en disposer, sans le consentement de leurs Seigneurs qui ne peuvent plus ni les retraire ni les commettre.

Il se trouve en différentes Provinces, telles que les deux Bourgognes, la Champagne, l'Auvergne, & quelques autres, des devoirs en main-morte; ces droits qui asservissent presque toujours les personnes, produisent peu de casualités, c'est pourquoi on doit les ventiler au prix le plus bas,

& on croit qu'en les mettant au vingtième c'est leur juste estimation.

Dixièmes & terrages.

Les dixmes inféodées ne peuvent s'estimer moins qu'au denier 25 ; cette espèce de bien est sans soin, sans culture & sans dépense ; les Experts se feront représenter les baux de ces biens depuis dix ans, s'il y en a, pour former une année commune ; si elle est de 40 livres on y ajoutera 10 livres, qui est le quart en sus, pour faire le denier 25 : ainsi le principal de la dixme sera de 1000 livres.

Si le Seigneur lève ses dixmes lui-même, les Experts se feront informer du produit des dix dernières années qu'on estimera par année commune suivant les mercuriales, en observant d'estimer les bleds de dixmes un quart moins que les autres, à cause du grand mêlange qui s'y trouve.

Les droits de terrage, les champarts, les percières, s'ils emportent lods & ventes avec directe Seigneurie, doivent s'estimer comme les simples cens au denier 30 ; & s'ils ne sont point en directe, ils doivent s'évaluer comme la dixme au denier 25.

Estimation des rentes foncières.

Il se trouve souvent des rentes foncières sèches qui ne produisent aucuns lods & ventes ni droit de retenue ; il s'en peut même trouver de constituées : les Experts ne doivent les estimer qu'au denier 20 ; c'est la disposition textuelle de l'art. 14 du chap. 37 de la Coutume de Nivernois, conforme à plusieurs autres & à l'usage.

Estimation des biens immeubles.

Les opérations ci-dessus faites sur tous les droits incorporels qui peuvent être attachés à une Seigneurie, il ne restera plus que les immeubles compris en la vente ; en procédant à leur estimation, les Experts feront les observations suivantes.

1°. Ils auront attention à la qualité & à la bonté des héritages : ceux qui ſont véritablement bons valent un quart plus que les médiocres, & les médiocres un cinquième plus que les mauvais.

2°. Ils doivent diſtinguer les héritages qui ſont en fief d'avec ceux qui ſont en roture ; & parmi ceux-ci, ceux qui ſont à ſimple cens d'avec ceux qui ſont chargés de redevances plus onéreuſes.

3°. Les Experts, en procédant à l'eſtimation des différents héritages, ſoit prés, pâtureaux, terres ou vignes, examineront s'il y a des arbres chênes, noyers & autres arbres fruitiers, ou le long des haies vives, ils en feront mention à chaque héritage, & à l'eſtimation des fonds ils joindront celle des arbres & des haies vives qui s'y trouveront & qui en augmenteront la valeur.

4°. Les Experts auront ſur-tout l'attention de ne point s'arrêter à la contenue des héritages, portée dans les anciens terriers, preſque toujours différente de la contenue actuelle ; il eſt inutile de rechercher d'où peut provenir l'augmentation ou la diminution, il ſuffit aux Experts de ſe borner à la contenue actuelle ſuivant l'arpentage qu'ils en feront faire, & d'arrêter leur eſtimation ſur ce pied.

Héritages tenus en fiefs.

Ces héritages doivent être évalués ſur le produit annuel, eu égard aux charges & différents devoirs dont ils ſont tenus envers le Seigneur dominant ; pourquoi les Experts auront une grande attention aux pays où ſont ſitués les fiefs & aux Coutumes qui les régiſſent, qu'on peut diſtribuer en quatre claſſes.

La première comprend le pays de Droit écrit, & les Coutumes où les fiefs ne doivent que la bouche & les mains, c'eſt-à-dire, la foi & hommage & l'aveu & dénombrement.

La ſeconde eſt des Coutumes où les fiefs ne doivent que la bouche & les mains, & ſont cependant de danger, c'eſt-à-dire, ſont ſujets à la commiſe lorſque le nouveau propriétaire en prend possession réelle sans avoir rendu la foi & hommage au Seigneur dominant : telle est la Bourgogne.

La troisième classe renferme les Coutumes où les fiefs, outre la foi & hommage, l'aveu & dénombrement, sont encore sujets aux droits de relief & de rachat, de quint & requint, comme Paris & quantité d'autres.

La quatrième enfin est des Coutumes où les fiefs, outre les devoirs spécifiés en la troisième classe, sont de plus assujettis au droit de chambellage & de cheval de service : telles sont Mantes, Senlis, Poitou, Vallois, & quelques autres.

Il est sensible que les différents devoirs auxquels sont assujettis les fiefs, en altèrent la valeur à mesure qu'ils sont plus ou moins onéreux, & que les fiefs de la première classe doivent être estimés plus haut que ceux de la quatrième. Les Experts distingueront encore les fiefs qui sont dans la mouvance du Roi d'avec ceux qui sont dans celle des Seigneurs; parce que les formalités pour la foi & hommage & l'aveu & dénombrement des premiers est très-dispendieuse.

Des précédentes observations il résulte que les héritages féodaux, dans les ventilations, obtiennent le plus bas prix à cause des charges considérables dont ils sont tenus. La Coutume d'Anjou, qui a pour les fiefs les mêmes droits que celle de Paris, en porte l'estimation au denier 20; elle paroît assez proportionnée. Il sera de la prudence des Experts d'augmenter ou de diminuer le prix des autres fiefs à raison des charges plus ou moins fortes auxquelles ils peuvent être assujettis, ou par les Coutumes, ou par les titres particuliers. Il est encore essentiel aux Experts de faire mention des Seigneurs d'où relèvent les fiefs.

Héritages en franc-aleu.

Les biens de cette espèce doivent être portés à la plus haute estimation, parce qu'ils sont dégagés de toutes charges & de toutes servitudes.

La Coutume de Nivernois, titre 37, article 11, estime le

franc-aleu un dixième plus que le fief; Auvergne & Bourbonnois en portent l'estimation au denier 40 ; dans les Coutumes qui n'en disposent pas on pense qu'il sera porté à sa juste valeur au denier 30; Nivernois le met trop bas & Bourbonnois trop haut.

Héritages en roture & en censives.

Les Experts, en faisant mention des Seigneurs directs d'où relèvent les héritages, les distingueront en trois classes.

Ils mettront dans la première ceux qui sont à simple cens; après les avoir évalués par année commune, ils déduiront sur l'estimation les cens annuels & ce qu'ils estimeront convenable pour les droits casuels; ce qui restera sera le prix exact de l'héritage.

La seconde classe sera formée des fonds qui, outre le cens ordinaire, sont assujettis à des droits singuliers, tels que le marciage ou autre genre de servitude; les Experts feront les attentions convenables pour diminuer, sur la valeur intrinseque de ces héritages, celle des charges & des servitudes.

La troisième classe sera composée des héritages portés en main-morte, à taille réelle, en bordellage, ou à autre droit équivalent. Les Experts observeront que les propriétaires de ces sortes d'héritages n'en sont proprement que les usufruitiers, qu'ils ne peuvent les aliéner sans la permission expresse du Seigneur. Après l'estimation de leur valeur intrinseque il est donc juste d'en défalquer le montant des redevances annuelles & ce qu'on estimera convenable pour les droits de casualité.

Estimation des maisons de ville.

Elles doivent être estimées suivant le produit du loyer, si elles sont affermées; & si elles ne le sont pas, sur le prix qu'elles pourroient l'être, eu égard à leur situation, déduction faite du vingtième pour les réparations.

Estimation des domaines & métairies.

S'il y a plusieurs domaines ou métairies à ventiler, non-seulement les Experts doivent les distinguer les unes des autres, mais encore séparer les différents héritages qui les composent par chaque nature de fonds, en dénoter la qualité, si c'est fief, censive ou franc-aleu, faire mention des Seigneurs d'où chaque héritage relève en fief ou en censive. Les Experts ne doivent point estimer les corps de domaine ou métairie en gros, mais chacun des héritages qui en dépendent dans le plus grand détail, à cause des bontés différentes dont chaque héritage peut être susceptible, & dont les Experts doivent rendre compte dans leur rapport. Cette pratique est canonisée par un Arrêt du Parlement de Provence du 19 Juin 1661, qui casse un partage où l'estimation des biens avoit été faite en gros, & ordonne qu'elle sera refaite de chaque objet en détail.

Bâtiments des domaines & métairies.

Ces bâtiments ne sont point faits par somptuosité comme pourroit être le château, ils ne sont construits que pour le logement des métayers, des bestiaux, & pour renfermer les fruits de la terre; ils sont donc absolument nécessaires pour mettre la terre en valeur; de sorte que, quand quelqu'un achete un domaine dont les bâtiments sont tombés, ou en ruine, il diminue ordinairement sur le prix des fonds ce que doit coûter la reconstruction des bâtiments; il en est de même que d'un domaine sans bestiaux; c'est par ces justes considérations que les bâtiments qui servent au logement des colons & des bestiaux, & à la conservation des fruits, doivent être estimés en entier selon leur juste valeur: c'est la disposition textuelle de l'article 253 de la Coutume de Bretagne, conforme à l'usage. Il est vrai que Nivernois, titre 37, art. 7, fixe l'estimation des bâtiments au dixième du prix principal des biens auxquels ils sont utiles; mais on voit tout d'un coup que cette estimation n'est point proportionnée ; il n'eſt pas croyable que dans un domaine de la valeur de 10000 livres il n'y ait que pour cent piſtoles de bâtiments : une ſeule grange coûte davantage.

Bois futaies & bois taillis, ſauſſaies, aunaies, paiſſon & glandée.

Suivant la Coutume de Bourbonnois, au titre des *Aſſiettes*, les bois de haute futaie s'eſtiment au denier 30, déduction faite des cens, charges, ſervitudes annuelles & caſuelles; & ſuivant la Coutume d'Auvergne, articles 38 & 40, au denier 40. Mais ſuivant les Arrêts des 19 Mars 1632 & 23 Avril 1637, rapportés ſur l'article 255 de la Coutume de Bretagne, il a été jugé que l'eſtimation des bois de haute futaie devoit ſe faire à leur juſte valeur, ce qui eſt conforme à l'uſage. Il y a ſans doute des forêts dont le denier 30 ou 40 feront la juſte valeur, mais il y en a d'autres qui, par leur proximité des rivières navigables & des grandes villes, ſont aujourd'hui d'un prix ineſtimable.

A l'égard des bois taillis, les Experts feront pluſieurs obſervations toutes eſſentielles : 1°. ſi ces bois ſont ſitués en bon, en médiocre, ou en mauvais fonds ; 2°. s'ils ſont bien revenants; 3°. ſi les bois ſont rares ou communs ſur les lieux ; 4°. s'ils ſont éloignés de la ville ou bourg de la Seigneurie ; 5°. s'ils ſont en pays de commerce & de traite aiſée ; 6°. s'ils ſont en coupe réglée ou non, & de combien d'années ſont les coupes. Toutes ces conſidérations qui peuvent augmenter ou diminuer le prix des bois taillis, ſont importantes pour en faire une juſte eſtimation.

Ordinairement, & ſuivant ce qui eſt preſcrit par les Ordonnances, la coupe des bois taillis eſt reglée de dix ans en dix ans, & les ventes s'en font d'un nombre d'arpens. Les bois taillis, ainſi que de haute futaie, doivent s'eſtimer à leur juſte valeur en ſuivant les obſervations ci-deſſus, après néanmoins qu'on en aura fait faire l'arpentage.

Quant aux fruits des forêts, la glandée & la paiſſon, ſuivant la Coutume d'Auvergne, titre 31, article 39, il faut

faut les estimer sur le produit des neuf dernières années, en faire trois communes, dont l'une sera l'année commune desdites neuf années.

Les saussaies & les aulnoies, qu'en quelques endroits on appelle *vernières*, sont des plantations de saules & d'aulnes le long des rivières, des ruisseaux, des prés, & viennent parfaitement dans les lieux aquatiques ; ces objets méritent l'attention des Experts, sur-tout s'ils se trouvent dans un pays voisin de quelque vignoble. Les saules & les aulnes produisent quantité de bois à faire des perches & des échalats pour les vignes, & les propriétaires en retirent un profit considérable sujet à estimation.

Etangs & moulins.

Les étangs doivent être estimés par année commune, déduction faite des frais d'empoissonnement, des charges réelles, des réparations, & souvent il y en a de considérables pour l'entretien des chaussées.

Il y a des étangs, où passent de petites rivières, qui s'empoissonnent d'eux-mêmes, cette situation doit produire une estimation différente & fort avantageuse.

Les moulins s'estiment dans le même goût que les étangs, mais les Experts ne peuvent trop faire d'attention aux grandes réparations auxquelles cette espèce de bien est sujette ; la Coutume de Bretagne, article 256, les porte au *quart* du revenu annuel pour les moulins qui sont bâtis sur les étangs & les ruisseaux, & au *tiers* pour les autres, ce qui paroît assez proportionné ; il faut en outre déduire les charges réelles s'il s'en trouve.

Forges, fourneaux, martinets, moulins à papier & à foulon.

Ces objets s'estimeront comme les étangs, déduction faite des charges réelles & des réparations, pour lesquelles il faut au moins défalquer un quart.

Prés, chenevières, terres à froment, à seigle ; vignes.

Les prés sont des biens très-précieux, ils produisent comme les bois, sans autre soin que ceux qu'il convient à un père de famille pour empêcher qu'ils ne soient mangés par les bestiaux, détruits par les taupes & par les épines; mais tous les prés ne sont pas également bons, il y en a d'excellents, des médiocres, des mauvais. Il y en a qui produisent une seconde herbe; dans quelques endroits cette seconde herbe n'appartient pas au propriétaire, mais à la communauté des habitants. Toutes ces différences doivent produire différents prix, sur lesquels il convient déduire les charges réelles.

Suivant la Coutume de Nevers, titre 37, article 18, le terrein propre à produire un charrois de foin s'estime le dixième de ce qu'il a pu valoir les dix dernières années, de façon que si le charroi de foin a valu année commune 10 livres, le terrein sera estimé 200 livres, & ainsi à proportion. Cette évaluation paroît assez raisonnable & conforme à l'usage.

Après les prés : les chenevières, les ouches, les verchères & safranières tiennent le premier rang pour la bonté : ensuite viennent les terres à froment; les terres à seigle s'estiment ordinairement un quart moins que les terres à froment; les vignes s'estiment selon la qualité du vin qu'elles rapportent, c'est aux Experts à examiner les lieux, le produit, & le prix ordinaire.

Basse-cour.

Les bâtiments qui composent la basse-cour, le logement du Fermier, les granges, pressoirs, écuries, greniers & autres bâtiments, ne doivent point être compris avec le château qui n'est seulement que pour le logement du Seigneur; ces sortes de bâtiments sont de toute autre nature & ont une destination absolumeut nécessaire à la régie de la terre, par conséquent ils doivent être estimés selon leur valeur intrinseque, comme les bâtiments des domaines; c'est l'esprit de l'article 253 de la Coutume de Bretagne, conforme à l'usage. Dans cette même Coutume il y a des domaines qu'on appelle congéables, parce que le Seigneur peut à sa volonté en déssaisir le possesseur, en lui remboursant les améliorations qu'il aura faites. Devolant, sur l'article 256 de cette Coutume, assure que ces domaines doivent être estimés au denier 25; il cite un Arrêt du 7 Décembre 1678, qui l'a ainsi décidé.

Garennes & colombiers.

Les garennes sont ordinairement plantées en bois taillis, l'estimation doit s'en faire sur ce pied, en y joignant l'utile que peut produire la chasse des lapins.

Les colombiers & fuies, dont les pigeons sont réputés immeubles, doivent être estimés relativement au produit annuel.

Conclusion.

Toutes ces estimations faites, les Experts dresseront un tableau général de tous les objets compris en la ventilation qu'ils distribueront en quatre classes.

La première comprendra les meubles & les choses réputées meubles.

La seconde contiendra l'estimation des droits seigneuriaux & des choses réputées immeubles.

La troisième sera composée du château, de tous les bâtiments de la basse-cour, du colombier, des bâtiments servant au four, moulin, pressoir, & halles bannales de la grange des dixmes, des forges, étangs & bois de toutes espèces.

La quatrième sera des domaines, locatures & métairies, de leurs bâtiments, & des différents héritages qui les composent.

En faisant ces quatre classes, les Experts fixeront le prix de chaque objet qui y est compris, & feront un total des prix contenus en chaque classe.

Dans la quatrième classe ils distingueront non-seulement

les domaines, les locatures, les métairies les unes des autres, mais encore dans le plus grand détail les différents héritages qui les composent, ils désigneront les Seigneurs d'où ils relèvent, soit en fief, soit en censive; ceci est essentiel, puisque l'objet de la ventilation est précisément de connoître les Seigneurs d'où relèvent les biens, de quelle valeur sont ces biens, soit qu'il s'agisse du retrait féodal ou de fixer les lods & ventes ou les droits de quint & requint prétendus par différents Seigneurs.

La distribution de tous les objets compris en la vente sujette à ventilation ainsi faite en quatre classes, il n'est plus question que de calculer les prix du montant des quatre classes, & d'en faire un total général, pour ensuite donner à chaque objet sa juste valeur relativement au prix de la vente; l'opération est facile, il ne s'agit que d'examiner si le montant de la ventilation est égal au prix de la vente, s'il excède, ou s'il est plus bas.

S'il est égal, il n'y a point de difficulté, le prix donné à chaque objet sera sa juste valeur; si le montant de la ventilation excède le prix de la vente, il faudra diminuer le prix de chaque objet au sol la livre jusqu'à concurrence de l'excédent pour faire descendre le prix de la ventilation au prix juste de la vente; si au contraire le prix de la ventilation est plus bas, il faudra augmenter le prix de chaque objet au sol la livre jusqu'à concurrence de ce qui manque pour faire remonter le prix de la ventilation au prix juste de la vente.

Par exemple, si la Terre à qui nous avons supposé le prix de 300000 livres, & dans laquelle nous ne supposons point de château ni aucuns meubles, est ventilé 375000 livres, il faut diminuer sur chaque objet ventilé un quart, & on aura le juste prix de la vente de 300000 livres. Ainsi un fief ventilé pour la somme de 40000 livres sera réduit à celle de 30000 livres qui sera son juste prix relativement à celui de la vente; or si la ventilation a été faite pour sçavoir le prix de ce fief que le Seigneur dominant veut retirer féodalement, la somme de 30000 livres sera celle que le retrayant devra payer pour la valeur du fief retiré; s'il est queſtion de régler les droits de quint & requint pour le fief vendu, le Seigneur les percevra ſur le pieds de 30000 livres.

Si au contraire la même Terre vendue 300000 livres n'eſt ventilée que 225000 livres, il faut augmenter le prix de chaque objet ventilé du quart, & de cette façon on retrouvera la ſomme de 300000 livres. Ainſi une cenſive eſtimée par la ventilation 30000 livres, ſera portée à 37500 livres, qui ſera ſon juſte prix relativement au prix de la vente. Or ſi la ventilation a été faite pour ſçavoir quels ſont les lods & ventes que doit percevoir le Seigneur direct pour la vente de cette cenſive, il doit être décidé qu'il les percevra ſur le pied de 37500 livres.

Si dans la Terre ſuppoſée vendue 300000 livres, il y a un château & des meubles, l'opération ſera un peu différente de celle que nous venons de faire, mais également facile ; il faut défalquer, ſur le montant de la ventilation & ſur le prix de la vente, la valeur du château qui eſt toujours le dixième du prix de la vente, & la valeur des meubles ; enſuite on fera tomber l'augmentation ou la diminution ſur le reſtant des objets ventilés, & alors l'opération ſera juſte & ramenera toujours le prix de la vente qui eſt 300000 livres.

F I N.

TABLE DES MATIERES.

☞ *Tous les Arrêts cités ou rapportés dans l'Ouvrage sont indiqués dans cette Table, sous le mot* Arrêt, *suivant l'ordre des matières rangées alphabétiquement.*

A

ARRÊTS.

ARRÊTS.

ARRÊTS.

B

C

D

DÉMEMBREMENT

E

F

H

J

L

M

N

O

P

Q

R

SEIGNEUR

T

V

Fin de la Table des Matières.

APPROBATION.

J'AI lu par ordre de Monseigneur le Chancelier un Manuscrit qui a pour titre : *Traité historique & pratique des Droits seigneuriaux*, & il m'a paru qu'il contenoit des élémens très-clairs sur cette matiere, & que l'impression en seroit utile au Public. A Paris ce 10 Mars 1765. ROUSSELET.

PRIVILEGE DU ROI.

LOUIS, par la grace de Dieu, Roi de France & de Navarre : A nos amés & féaux Conseillers, les Gens tenant nos Cours de Parlement, Maîtres des Requêtes ordinaires de notre Hôtel, Grand-Conseil, Prevôt de Paris, Baillifs, Sénéchaux, leurs Lieutenans Civils, & autres nos Justiciers qu'il appartiendra : SALUT.

Notre amé ANDRÉ-FRANÇOIS KNAPEN, Imprimeur & Libraire à Paris, Nous a fait exposer qu'il desireroit faire imprimer & donner au Public un Ouvrage qui a pour titre : *TRAITÉ HISTORIQUE ET PRATIQUE DES DROITS SEIGNEURIAUX*, s'il nous plaisoit de lui accorder nos Lettres de privilege pour ce nécessaires. A CES CAUSES, voulant favorablement traiter l'Exposant, nous lui avons permis & permettons par ces Présentes, de faire imprimer ledit Ouvrage, autant de fois que bon lui semblera, & de le vendre, faire vendre & débiter par tout notre Royaume, pendant le tems de six années consécutives, à compter du jour de la date des Présentes : Faisons défenses à tous Imprimeurs, Libraires & autres personnes, de quelque qualité & condition qu'elles soient, d'en introduire d'impression étrangere dans aucun lieu de notre obéissance : comme aussi d'imprimer ou faire imprimer, vendre, faire vendre, débiter ni contrefaire ledit Ouvrage, ni d'en faire aucun extrait, sous quelque prétexte que ce puisse être, sans la permission expresse & par écrit dudit Exposant, ou de ceux qui auront droit de lui; à peine de confiscation des exemplaires contrefaits, de trois mille livres d'amende contre chacun des contrevenans, dont un tiers à Nous, un tiers à l'Hôtel-Dieu de Paris, & l'autre tiers audit Exposant, ou à celui qui aura droit de lui, & de tous dépens, dommages & intérêts : à la charge que ces Présentes seront enregistrées tout au long sur le Registre de la Communauté des Imprimeurs & Libraires de Paris, dans trois mois de la date d'icelles; que l'impression dudit Ouvrage sera faite dans notre Royaume, & non ailleurs, en bon papier & beaux caracteres, conformément à la feuille imprimée attachée pour modele sous le contre-scel des Présentes; que l'Impétrant se conformera en tout aux Réglemens de la Librairie, & notamment à celui du 10 Avril 1725; & qu'avant de l'exposer en vente, le manuscrit qui aura servi de copie à l'impression dudit Ouvrage, sera remis dans le même état où l'Approbation y aura été donnée, ès mains de notre très-cher & féal Chevalier, Chancelier de France, le Sieur DE LAMOIGNON; & qu'il en sera ensuite remis deux exemplaires dans notre Bibliotheque publique, un dans celle de notre Château du Louvre, un dans celle de notre très cher & féal Chevalier Chancelier de France le Sieur DE LAMOIGNON, & un dans celle de notre très-cher & féal Chevalier Garde des Sceaux de France, le Sieur BERRYER; le tout à peine de nullité des Présentes. Du contenu desquelles vous mandons & enjoignons de faire jouir ledit Exposant ou ses ayans cause, pleinement & paisiblement, sans souffrir qu'il leur soit fait aucun trouble ou empêchement. Voulons que la copie desdites Présentes, qui sera imprimée tout au long au commencement ou à la fin dudit Ouvrage, soit tenue pour duement signifiée; & qu'aux copies collationnées par l'un de nos amés & féaux Conseillers-Secretaires, foi soit ajoutée comme à l'original. Commandons au premier notre Huissier ou Sergent sur ce requis, de faire pour l'exécution d'icelles, tous actes requis & nécessaires, sans demander autre permission, & nonobstant clameur de haro, Charte normande, & Lettres à ce contraires; CAR tel est notre plaisir. DONNÉ à Paris, le neuvieme jour du mois de Juin, l'an de grace mil sept cent soixante-deux, & de notre Regne le quarante-neuvieme. Par le Roi en son Conseil.

LE BEGUE.

Je cede à MM. DESPILLY & CELLOT chacun un tiers au présent Privilége, me réservant l'autre tiers. A Paris, ce 18 Juin 1762. *Signé*, KNAPEN.

Registré ensemble le présent Privilége & la cession sur le Registre XV. de la Chambre Royale & Syndicale des Libraires & Imprimeurs de Paris, n°. 580, *fol.* 301, *conformément aux Réglemens de* 1723. *A Paris le* 19 *Juin* 1762.

LE BRETON, Syndic.

On a reconnu en outre que ce privilége exclusif, dont la concession dépendoit arbitrairement d'Officiers que leur éducation & leur fortune ne mettent pas toujours à l'abri de la séduction, donnoit souvent lieu à des monopoles funestes. Ces considérations, & plusieurs autres, ont déterminé la sagesse & la bonté du Roi à donner, le 25 Mai 1763, une Déclaration *portant permission de faire circuler les grains, farines & légumes dans toute l'étendue du Royaume, & exemption de tous droits, même ceux de péages;* & un Edit du mois de Juillet 1764, sur la liberté concernant le commerce extérieur des grains. L'article I de la Déclaration permet à tout François, même aux nobles & privilégiés, de faire, *ainsi que bon leur semblera*, dans l'intérieur du Royaume, le commerce des grains, d'en vendre & d'en acheter, même d'en faire des magasins; sans que, pour raison de ce commerce, *ils puissent être inquiétés, ni astreints à aucunes formalités.*

Cette Déclaration a été enregistrée au Parlement le 22 Décembre 1763, à la charge que les Officiers de Police ne pourront prétendre être compris directement ou indirectement dans la permission accordée par l'article I de ladite Déclaration. La Cour a craint que, si ce genre de commerce étoit permis à ces Officiers, ils ne s'en emparassent exclusivement chacun dans leur canton, en écartant les concurrents, par des chicanes ou autres voies de fait.

L'article II permet à tous les sujets du Roi de transporter librement, d'une Province dans une autre, toute espece de grains & denrées, sans être obligés de faire aucune déclaration, ni prendre aucun congé ou permission. *Faisons très-expresses inhibitions & défenses à tous nos Officiers, & à ceux des Seigneurs, d'exiger aucunes formalités*, sous quelque prétexte que ce puisse être.

L'Edit enregistré le 19 Juillet 1764, confirme la Déclaration dans tous ses points, & permet à toutes personnes, nobles ou autres, de faire commerce de grains, même avec l'étranger; & d'en faire tels magasins qu'ils jugeront nécessaires, *sans être astreints à aucune formalité, & sans qu'aucuns Officiers y puissent mettre obstacle en aucun cas, & sous quelque prétexte que ce soit.*

Il n'y a donc plus de ferments à prêter, ni de cantons circonscrits pour la fourniture des Marchands.

Au reste, la Déclaration porte, article V, qu'elle n'entend déroger à tous les précédens Edits & Réglements qu'en ce qui pourroit y être contraire. Ainsi la liberté indéfinie qu'elle accorde ne préjudicie point à la proscription des fausses mesures & des mauvais grains.

QUEST. VII. *Lorsque le marché d'une ville seigneuriale n'est pas garni, que fera le Procureur-Fiscal pour le rendre abondant?*

La liberté que le commerce des grains vient de recouvrer, rend cette question superflue. Le ressort naturel du commerce est la liberté; il se transporte de lui-même par-tout où il est appellé par le gain : celui du bled n'ayant donc plus aucunes entraves, il en portera promptement, & de partout, dans les endroits où la rareté pourra faire espérer du profit; & l'abondance naîtra promptement.

QUEST. VIII. *Les Marchands de grains peuvent-ils augmenter le prix du bled dans un marché? peuvent-ils s'associer pour faire commerce de grains?*

1°. Du moment qu'un Marchand a fixé le prix de son grain, il ne peut plus l'augmenter dans un même marché, il ne peut plus le renchérir, ni par lui, ni par un autre; cela est expressément défendu par l'Ordonnance de Henri III, du 27 Novembre 1577.

2°. Les Marchands de grains ne pouvoient s'associer pour le commerce des grains, ni les acheter sur pied, ni en verd, sous les peines les plus rigoureuses énoncées dans la Déclaration du 11 Juin 1709. Mais cette liberté est rendue par l'article I de la Déclaration du 25 Mai 1763, qui permet à tous les sujets de Sa Majesté de faire, *ainsi que bon leur semblera*, le commerce des grains.

www.ingramcontent.com/pod-product-compliance
Lightning Source LLC
LaVergne TN
LVHW020958300926
849160LV00007B/190